Scholtyssek/Doll
Nutz- und Ziergeflügel

Tierzuchtbücherei

Herausgegeben von Prof. Dr. Gustav Comberg, Hannover

Geflügel und Kleintiere

Redaktion: Prof. Dr. Siegfried Scholtyssek, Stuttgart-Hohenheim

# Nutz- und Ziergeflügel

Herausgegeben von
Siegfried Scholtyssek, Stuttgart-Hohenheim
und Paul Doll, Bad Wimpfen

unter Mitarbeit von
C. Engelmann, E. Hesse, K. Loeffler,
S. Raethel, F. Regenstein, W. Schmidt †
R. Tüller, H. Woernle

Mit 140 Abbildungen, 8 Farbtafeln
und 59 Tabellen

Verlag Eugen Ulmer Stuttgart

CIP-Kurztitelaufnahme der Deutschen Bibliothek

**Nutz- und Ziergeflügel** / hrsg. von Siegfried Scholtyssek u. Paul Doll. Unter Mitarb. von C. Engelmann ... – Stuttgart: Ulmer, 1978.
(Tierzuchtbücherei: Geflügel u. Kleintiere)
ISBN 3-8001-4331-3

NE: Scholtyssek, Siegfried [Hrsg.]; Engelmann, Carlheinrich [Mitarb.]


Gerokstraße 19, 7000 Stuttgart
Printed in Germany
Umschlaggestaltung: A. Krugmann, Stuttgart
mit einem Foto von Dr. Wolfgang Schiffer, Bensberg
Satz: Maschinensetzerei Alwin Maisch, Gerlingen
Druck: Offsetdruckerei Karl Grammlich, Pliezhausen

# Vorwort

Das Geflügel erfreut sich vor allen anderen Haustieren einer großen Beliebtheit. Alle Arten werden in vielfältiger Weise gehalten und gezüchtet. Die zahlreichen Farbenspiele des Gefieders, die unterschiedlichen Rassen und ihre Lebensweisen sowie die Zutraulichkeit und leichte Zähmbarkeit dieser Tiere mögen die Hauptgründe dafür sein. Da sich aber gleichzeitig das Bestreben nach Wirtschaftlichkeit der Geflügelhaltung einstellte und die Nachfrage der Bevölkerung nach den Nahrungsmitteln Eier und Geflügelfleisch stieg, sind einige Geflügelarten auch in größeren Herden gehalten und nach speziellen Methoden weitergezüchtet und vermehrt worden. Beide Richtungen, die Rassegeflügel- und Wirtschaftsgeflügelzucht, sollten aber trotz unterschiedlicher Züchtungs- und Haltungsmethoden in Kontakt bleiben und sich gegenseitig über ihre Verfahren und Erfahrungen auf den verschiedensten Gebieten informieren. Einem solchen Ziel soll das vorliegende Buch dienen. In ihm ist das Nutz- und Ziergeflügel nach den neuesten Erkenntnissen mehrerer angewandter naturwissenschaftlicher Disziplinen beschrieben worden. Dabei wurden detaillierte technische Probleme des Stallbaus und der Stalleinrichtung ausgespart, um mehr Raum für die Darstellung der biologischen Zusammenhänge zu haben. Desgleichen sind einige Geflügelarten ausführlicher besprochen worden, weil über sie nur ungenügende Literatur vorliegt.

Mit dem „Nutz- und Ziergeflügel“ wenden wir uns an die anspruchsvollen Rassegeflügelzüchter ebenso wie an die Wirtschaftsgeflügelhalter und deren Berater. Desgleichen können Studenten und Dozenten der Zoologie, der Veterinär- und Tierzuchtwissenschaften für ihre Studien oder Forschungen in diesem Buche wichtige Anregungen finden.

Hohenheim, Herbst 1978

Im Namen aller Autoren
S. Scholtyssek

# Die Mitarbeiter an diesem Werk


Paul Doll, Bad Wimpfen
Bund Deutscher Rassegeflügelzüchter

Dr. phil. habil. Carlheinrich Engelmann
Dozent i. R., Rostock, DDR

Emil Hesse, Bürstadt
Bund Deutscher Rassegeflügelzüchter

Prof. Dr. Klaus Loeffler, Stuttgart
Universität Hohenheim

Dr. Heinz-Sigurd Raethel, Berlin
Landesanstalt für Veterinärmedizin und Lebensmittelhygiene

Friedrich Regenstein, Mönchengladbach
Bund Deutscher Rassegeflügelzüchter

Wilhelm Schmidt †, Nidderau
Bund Deutscher Rassegeflügelzüchter

Prof. Dr. Siegfried Scholtyssek, Stuttgart
Universität Hohenheim

Dr. Reinhold Tüller, Krefeld-Großhüttenhof
Landwirtschaftskammer Rheinland

Prof. Dr. Hellmut Woernle, Stuttgart
Staatl. Tierärztliches Untersuchungsamt

# Inhaltsverzeichnis

**Das Verhalten des Geflügels** (C. Engelmann)

**Vererbungslehre** (F. Regenstein und S. Scholtyssek)

**Gesunderhaltung des Geflügels** (H. Woernle)



**Produkte aus der Geflügelhaltung** (S. Scholtyssek)

**Hühner** (P. DOLL und S. SCHOLTYSSEK)



**Gänse** (F. REGENSTEIN)

**Perlhühner** (R. Tüller)



**Tauben** (F. Regenstein und R. Tüller)



**Wachteln und andere Kleinhühner** (S. Raethel)

**Fasanen und Pfauen** (S. RAETHEL)

# Anatomie und Physiologie des Geflügels

## 1 Allgemeine Vorbemerkungen

Die Vögel gleichen im Körperbau und in ihren physiologischen Funktionen in vielen Beziehungen den Säugetieren. Andererseits weisen sie jedoch erhebliche Unterschiede auf, die vor allem durch die Ausrichtung auf ein gutes Flugvermögen bedingt sind. Einige Unterschiede ergeben sich aber auch daraus, daß die Vögel den Reptilien entwicklungsgeschichtlich noch näher stehen als die Säugetiere. Das läßt sich z. B. an den Kopfknochen und an der Entwicklung im Ei erkennen.

Das gute Flugvermögen wird – außer durch die spezielle Form der Vordergliedmaßen und das Laufen auf zwei Beinen – vor allem durch die Konzentration des Gewichts in Schwerpunktnähe und die Erniedrigung des spezifischen Gewichts infolge der Pneumatisierung vieler Knochen, durch das Fehlen der Harnblase als Wasserspeicher und die Konzentration des Harns sowie infolge der Ausbildung von Federn an Stelle von Schuppen oder Haaren erreicht. Auch die Entwicklung im Ei entlastet das weibliche Tier für den Flug, während auf der anderen Seite die Gefahr für die Nachkommen größer ist als bei der Entwicklung im Mutterleib. Spezielle Leistungsfähigkeit weisen auch die Lungen auf, die sich von denen der Säugetiere in ihrem Bau sehr stark unterscheiden.

Während, vor allem in den letzten 15 Jahren, die Kenntnisse über die Anatomie, Histologie und Physiologie des Huhnes sehr stark zugenommen haben und z. T. sehr detaillierte Ergebnisse vorliegen, sind die Angaben über die übrigen Geflügelarten eher spärlich. In den folgenden Abschnitten steht daher zwangsläufig das Huhn im Vordergrund der Beschreibungen. Aber selbst hier mußten viele Abstriche in bezug auf die Vollständigkeit der Angaben gemacht werden, so daß für Einzelfragen Spezialwerke zu Rate gezogen werden müssen. Das gilt in besonderem Maße für physiologische Probleme und solche der Embryonal- und Foetalentwicklung.

Zur Vereinfachung der Darstellung werden folgende Abkürzungen verwandt:

**Abkürzungen**

| | | |
|---|---|---|
| A. | = Arteria | = Arterie |
| Art. | = Articulatio | = Gelenk |
| dext. | = dexter (-a, -um) | = rechter (-e, -es) |
| Cart. | = Cartilago | = Knorpel |
| ext. | = externus (-a, -um) | = äußerlicher (-e, -es) |
| For. | = Foramen | = Loch |
| Gland. | = Glandula | = Drüse |
| Inc. | = Incisura | = Einschnitt |
| Lig. | = Ligamentum | = Band |

| | | |
|---|---|---|
| Ln. | = Lymphonodus | = Lymphknoten |
| M. | = Musculus | = Muskel |
| N. | = Nervus | = Nerv |
| Proc. | = Processus | = Vorsprung |
| prof. | = profundus (-a, -um) | = tiefer (-e, -es) |
| s. | = sive | = oder |
| sin. | = sinister (-a, -um) | = linker (-e, -es) |
| superf. | = superficialis (-e) | = oberflächlicher (-e, -es) |
| V. | = Vena | = Vene |

Der Plural wird bei Abkürzungen durch Verdoppelung des letzten Buchstabens gekennzeichnet, z. B. Mm. = Musculi, Forr. = Foramina.

**Lagebezeichnungen**

| | |
|---|---|
| lateral (lat.) | = zur Seite hin, seitwärts |
| medial (med.) | = zur Mittellinie hin |
| median | = in der Mittellinie gelegen |
| dorsal (dors.) | = zum Rücken hin, rückenwärts |
| ventral (ventr.) | = zum Bauch hin, bauchwärts |
| kranial (kran.) | = kopfwärts |
| kaudal (kaud.) | = schwanzwärts |
| oral | = schnabelwärts |
| aboral | = vom Schnabel abgewandt |
| apikal, rostral | = spitzenwärts, am Kopf identisch mit oral |
| temporal | = schläfenwärts |
| proximal | = körpernah |
| distal | = körperfern |

# 2 Gewebe

Als Gewebe wird ein geschlossener Verband aus gleichartigen und gleichwertigen, einseitig ausgebildeten Zellen samt der von ihnen gebildeten Zwischenzellmasse, also ein Verband von Zellen mit gleichem Bau und gleicher Funktion bezeichnet. Das schließt nicht aus, daß in Geweben neben den für sie spezifischen Zellen auch andere Zellarten vorkommen. Besonders im Bindegewebe sind neben den Bindegewebszellen verschiedene Zellen, vor allem aus dem Blut, vertreten. Die Organe des Organismus setzen sich aus verschiedenartigen Geweben zusammen, wobei jedes Gewebe die ihm entsprechende Teilfunktion übernimmt.

Zwischen den Zellen der Gewebe befindet sich die Interzellularsubstanz, deren Zusammensetzung und Menge für die Gewebsart spezifisch ist und dessen Charakter wesentlich mitbestimmt. Die Interzellularsubstanz wird von den Gewebszellen gebildet. Die physiologische Zusammensetzung der Interzellularsubstanz setzt daher eine ungestörte Zellfunktion voraus. Andererseits müssen die Nährstoffe für die Zellen und deren Abbauprodukte mehr oder weniger weite

Strecken zwischen den Blutgefäßen und den Zellen zurücklegen, so daß die Zellfunktion ihrerseits von der Zusammensetzung der Interzellularsubstanz abhängt. Hieraus ergeben sich vielfältige Wechselbeziehungen zwischen den Zellen und der Interzellularsubstanz eines Gewebes, auf deren Störung manche Krankheitsursachen beruhen.

## 2.1 Epithelgewebe

Die Zellen des Epithelgewebes bilden dicht geschlossene Verbände mit nur wenig Interzellularsubstanz. Im Epithelgewebe verlaufen keine Blutgefäße. Seine Zellen werden durch Diffusion vom benachbarten Bindegewebe her ernährt.

Nach der Funktion unterscheidet man:

1. Deckepithel zur Abdeckung der Körperoberfläche (Epidermis) sowie zur Auskleidung der Hohlräume der Körperhöhlen, der Organe und der Gefäße (Lamina epithelialis der serösen Häute bzw. der Schleimhäute, Endothel der Gefäße und des Herzens),
2. Drüsenepithel, das zur Sekretion befähigt ist,
3. Sinnesepithel zur Aufnahme von Reizen (Riechepithel, Stäbchen und Zapfen der Netzhaut u. a.).

Nach der Zellform werden platte, kubische, zylindrische und polygonale Epithelzellen unterschieden, die in einer oder mehreren Schichten angeordnet sein können. Sind unterschiedlich geformte Epithelzellen in mehreren Schichten angeordnet, so ist die Form der obersten Zellschicht für die Benennung entscheidend. Beim mehrreihigen Epithel sitzen alle Zellen der Basis auf, aber nicht jede Zelle erreicht die Oberfläche.

An der Basis der Epithelzellen befindet sich in der Regel eine sog. Basalmembran, das ist eine homogene dünne Schicht, in die die Epithelzellen mit feinen Fortsätzen hineinragen. Zur Oberfläche hin sind die Epithelzellen mehr oder weniger differenziert. So können sie z. B. feinste Ausstülpungen in großer Zahl, sog. Mikrovilli, zur Vergrößerung der Oberfläche und zur Verbesserung der Resorptionsleistung tragen, wie das z. B. im Darm der Fall ist.

## 2.2 Binde- und Stützgewebe

Unter dieser Bezeichnung werden das Bindegewebe, das Knorpelgewebe und das Knochengewebe zusammengefaßt. Bei diesen Geweben überwiegt die Interzellularsubstanz. Die Zellen sind dadurch räumlich mehr oder weniger weit getrennt. Die Interzellularsubstanz enthält große Mengen von Mukopolysacchariden sowie kollagene Fasern, die sehr zugfest und wenig dehnbar sind, und meist auch elastische Fasern, die nach Dehnung ein ausgeprägtes Retraktionsvermögen besitzen.

Bindegewebe ist vor allem auf Zug beanspruchbar, Knorpelgewebe ist wechselnden Druck- und Zugkräften angepaßt, und Knochengewebe kann vor allem Druckkräfte aufnehmen.

**Bindegewebe**

Die Bindegewebszellen (Fibrozyten) sind schmale Zellen mit kleinem, längsovalem Kern. Die Interzellularsubstanz enthält kollagene Fasern, die im straffen Bindegewebe dichtgelagert und mattenartig verwoben sind, im lockeren Bindegewebe dagegen spärlicher vorkommen. Sehnen und Bänder sind dadurch gekennzeichnet, daß sehr viele kollagene Fasern in ihnen parallel verlaufen.

Das straffe Bindegewebe bildet die Grundlage der äußeren Haut (Corium) sowie der Schleimhäute (Lamina propria mucosae), ferner kommt es als Fibrosa (z. B. der Gelenkkapseln und der Knochenhaut), als Faszien und als Organkapseln vor.

Das lockere Bindegewebe durchzieht als Gefäß- und Saftstraße die Spalten zwischen anderen Gewebearten bzw. dient als Verschiebeschicht.

Außer den Fibrozyten befinden sich besonders im lockeren Bindegewebe Zellen mit Abwehrfunktion. Zu diesen gehören die aus dem Bindegewebe stammenden Histiozyten sowie aus den Blutgefäßen ausgewanderte Granulozyten und Monozyten. Diese Zellen bewegen sich amöboid in den Bindegewebsspalten und können phagozytieren. Die Lymphozyten sind zur Antikörperbildung befähigt (s. Seite 43 u. 49).

Eine besondere Form des Bindegewebes stellt das retikuläre Bindegewebe dar. Seine langgestreckten, verzweigten Zellen (Retikulumzellen), die über Gitterfasern verbunden sind, lassen Hohlräume zwischen sich frei, die von Lymphozyten (Lymphknoten, Milz) oder Stammzellen der Blutbildung (Knochenmark) ausgefüllt werden. Vermutlich können sich Retikulumzellen auch aus dem Zellverband lösen und zu Makrophagen umwandeln.

**Fettgewebe**

Die Fettgewebszellen sind den Bindegewebszellen nahe verwandt. Eventuell können sich zeitlebens Bindegewebszellen in Fettzellen umwandeln, besonders bei fett- oder kohlenhydratreicher Nahrung. Die Fettzellen speichern Fett in Form zusammenfließender Tröpfchen, bis schließlich der Zelleib von einer einheitlichen Fettkugel erfüllt ist und Kern und Zytoplasma an den Zellrand verdrängt werden. Die Fettzellen sind, gemeinsam mit der Leber, am Fettstoffwechsel beteiligt, in dem körperfremde Fette bzw. Kohlenhydrate und Azetat in körpereigenes Fett umgewandelt werden. Dabei kann es vorkommen, daß Nahrungsfett vorübergehend in der ursprünglichen Zusammensetzung gespeichert und erst nach einiger Zeit umgewandelt wird. Wegen ihrer Aufgabe im Fettstoffwechsel bezeichnet man auch die Summe aller Fettzellen eines Organismus als Fettorgan. Aus Untersuchungen an Tauben und Hühnern ist bekannt, daß bei diesen Tierarten das Fettgewebe eine geringere Bedeutung für die Fettbildung (Liponeogenese) besitzt als die Leber. Auch bei den Säugetieren ist bekannt, daß die Rolle von Leber und Fettgewebe für die Liponeogenese von Tierart zu Tierart verschieden ist. Die Fettzellen nehmen das Fett durch Hydrolyse der im Blut zirkulierenden Lipoproteinkomplexe auf (Lipoproteinlipase). In den Fettzellen erfolgt dann die Resynthese der Triglyzeride. Die Zusammensetzung des Fettes variiert nach Tierart und nach Lokalisation im Körper. So ist das Geflügelfett im Vergleich zum Fett der meisten Säugetiere sehr reich an ungesättigten Fettsäuren und besitzt damit einen wesentlich niedriger gelegenen Schmelzpunkt. Seine Wertigkeit für die menschliche Ernährung ist aufgrund des hohen Gehaltes an Linolsäure hoch.

Anteil der Linolsäure im Fett:

| | |
|---|---|
| Rind etwa 2 % | der Fettsäuren |
| Schaf etwa 4 % | |
| Schwein etwa 10 % | |
| Huhn etwa 22 % | |

**Knorpelgewebe**

Die Zellen des Knorpelgewebes, die Chondrozyten, liegen in ovalen Knorpelhöhlchen. Ihre Kerne sind ebenfalls oval. Die reichliche Interzellularsubstanz enthält kollagene Fasern, die im Faserknorpel sehr dicht gelagert sind und damit dem Knorpel große Zugfestigkeit verleihen, im hyalinen Knorpel dagegen das gleiche Lichtbrechungsvermögen wie die homogene Grundmasse besitzen und daher nicht ohne weitere Hilfsmittel erkennbar sind. Sie sind maskiert. Der elastische Knorpel ist infolge seiner zahlreichen elastischen Fasern sehr leicht verformbar.

Das Knorpelgewebe enthält in der Regel keine Blutgefäße. Die Knorpelzellen werden durch Diffusion ernährt.

Knorpelgewebe befindet sich überall dort, wo Druck- und Zugkräfte federnd aufgenommen werden müssen (Luftröhre, Bronchen, Knochenenden), aber auch als Vorläufer des Knochengewebes im jugendlichen Skelett.

**Knochengewebe**

Die Interzellularsubstanz des Knochengewebes ist infolge der Mineralisation so fest, daß keine Diffusion durch sie hindurch erfolgen kann. Die Zellen des Knochengewebes, die Osteozyten, stehen daher durch feinste Fortsätze miteinander in Verbindung. Diese verlaufen in Knochenkanälchen. Der Transport der Nährstoffe und der Stoffwechselprodukte erfolgt in diesen Kanälchen und vermutlich auch von Zelle zu Zelle. Die Osteozyten ordnen sich kreisförmig um die Blutgefäße an, so daß um die Gefäße lamelläre Strukturen entstehen. Die parallel zur Knochenlängsachse verlaufenden Gefäßkanäle werden als Haverssche Kanäle bezeichnet. Querverlaufende Gefäßkanäle nennt man Volkmannsche Kanäle. Ein Haversscher Kanal und die ihn umgebenden Lamellen bilden ein Osteon. Kleine und platte Knochen sind im Innern ebenso wie die Enden der langen Röhrenknochen von Bälkchenknochen, der Spongiosa, ausgefüllt. Der Schaft der langen Röhrenknochen enthält in der Regel eine Markhöhle, in der das Knochenmark gelegen ist. Dieses dient besonders in der Jugend der Blutbildung. Das Knochenmark größerer Röhrenknochen verfettet bei älteren Tieren und wird dann als Fettmark bezeichnet. Mehrere Knochen der Vögel haben lufterfüllte Räume, die mit den sog. Luftsäcken in Verbindung stehen. Hierdurch wird das spezifische Gewicht der Knochen erniedrigt. Besonders deutlich ist dies an den Oberarmknochen zu beobachten (vgl. Seite 25). Man nennt diesen Vorgang Pneumatisation.

An der Oberfläche der Knochen ist die Knochenhaut, das Periost, gelegen. Dieses besitzt eine straffe Bindegewebshaut, Fibrosa, und eine innengelegene Kambiumschicht, von der aus das Dickenwachstum der Knochen erfolgt. Das Periost enthält viele Blutgefäße und sensible Nervenendigungen.

Der Knochenbildung dienen die Osteoblasten. Diese bilden zuerst eine mineralstoffarme Vorstufe des Knochens, das Osteoid, in das anschließend Hydroxylapatitkristalle eingelagert werden. Der Mineralstoffbestand des Skelettes dient nicht nur zur Verfestigung der Interzellularsubstanz, sondern auch als Reservoir für Zeiten erhöhten Bedarfs oder mangelnder Zufuhr. Im Skelett sind ca. 99 % des Körperkalziums und ca. 80 % des Phosphors gebunden. Aber auch andere Ionen, wie Na oder Mg, können aus dem Skelett bereitgestellt werden.

Eine Besonderheit der Röhrenknochen der weiblichen Vögel besteht darin, daß bei diesen sich 10–14 Tage vor dem Legen des ersten Eies markhöhlenwärts eine 0,5 mm (0,2–0,9 mm) starke Schicht sekundären Knochengewebes anlagert. Dieses Knochengewebe wird als medullärer Knochen bezeichnet. Der medulläre Knochen wächst immer weiter in die Markhöhle vor. Bei Tauben füllt er z. B. die Markhöhle der Röhrenknochen der Beine völlig aus, bei den Hennen jedoch nicht. Im medullären Knochen laufen Zubildungs- und Resorptionsprozesse besonders rasch ab, so daß z. B. bei der Legehenne das während des Tages aufgenommene Kalzium in diesem medullären Knochen gespeichert und während der Eischalenbildung in der Nacht wieder abgegeben wird. Die Henne benötigt während der Hauptzeit der Eischalenbildung (ca. 16 Stunden) durchschnittlich 125 mg/h Ca, die dem Blut für ein Ei entnommen werden (2 g Ca/Eischale). Davon stammt ca. 1 g aus den Knochen. Bei Vögeln, die keine Legeperiode besitzen, sondern nur einzelne Gelege ablegen und dann ausbrüten, existiert der medulläre Knochen nur kurz vor und zur Zeit der Eibildung, und es findet kein ständiger Wechsel zwischen Einlagerung und Resorption statt. Bei der Taube besteht der medulläre Knochen ca. 6 Tage lang. Der medulläre Knochen bildet sich unter dem Einfluß von Östrogenen und Androgenen. Er besteht nicht aus Osteonen, und seine Hydroxylapatitkristalle weisen keine strenge Bindung an die Querstreifung der kollagenen Fibrillen auf, wie das bei dem übrigen Knochengewebe des Körpers der Fall ist. Mikroradiografisch weist medullärer Knochen eine stärkere Kalkeinlagerung auf als kortikaler Knochen.

## 2.3 Muskelgewebe

Die Muskelzellen sind durch ihre Kontraktionsfähigkeit gekennzeichnet. Diese beruht auf ihrem Gehalt an Myofibrillen. Die Myofibrillen bestehen aus dickeren Myosin- und dünnen Aktinmolekülen, die in den Skelettmuskelzellen und in den Herzmuskelzellen systematisch angeordnet sind, so daß nicht nur die einzelnen Fibrillen, sondern die gesamten Muskelzellen unter dem Mikroskop eine Querstreifung erkennen lassen. Diese Querstreifung fehlt der Eingeweidemuskulatur, die daher auch glatte Muskulatur heißt. Skelett- und Herzmuskelzellen werden von einer Basalmembran umgeben, die zusammen mit der Zellmembran als Sarkolemm bezeichnet wird. Sie fehlt den glatten Muskelzellen und an den Kontaktstellen der Herzmuskelzellen (Glanzstreifen). An Stellen, an denen kein Sarkolemm ausgebildet ist, kann die Erregung zur Kontraktion von Muskelzelle zu Muskelzelle weitergeleitet werden. Das Zytoplasma der Muskelzellen, das Sarkoplasma, enthält viele Mitochondrien und ein ausgedehntes endoplasmatisches Retikulum. Außerdem befindet sich im Sarkoplasma vor allem der Skelettmuskelzellen und der Herzmuskelzellen der Farbstoff Myoglobin, der dem Blutfarbstoff Hämoglobin sehr ähnlich ist und ebenfalls Sauerstoff binden kann. Der größere oder geringere Gehalt an Myoglobin bestimmt die stärkere oder schwächere Rotfärbung der Muskelzellen. Im allgemeinen kann man davon ausgehen, daß Muskelzellen, die sehr viele Myofibrillen enthalten, wenig Myoglobin besitzen. Sie können sich rasch und kräftig kontrahieren, ermüden aber schnell (sog. weiße Muskelzellen). Ihre Energie stammt aus der Verbrennung oder Vergärung von Glukose. In Muskelzellen mit weniger Myofibrillen ist mehr Zytoplasma mit mehr Myoglobin enthalten. Sie reagieren nicht so kräftig, aber ausdauernder, wobei die Energie vor allem aus der Verbrennung intrazellulär gespeicherten Fettes gewonnen wird (sog. rote Muskelzellen). Schließlich gibt es noch eine Zwischenform. Weiße Muskelzellen überwiegen in der Brustmuskulatur der Laufvögel, rote dagegen in der Beinmuskulatur. Der Wadenmuskel des Huhnes enthält z. B. zehnmal mehr Myoglobin als der Brustmuskel. Der rote Brustmuskel der Taube als Flieger enthält dagegen 40mal soviel Myoglobin wie der Brustmuskel des Huhnes.

Eine andere Einteilung der Skelettmuskelzellen, die sich jedoch mit der vorgenannten nicht völlig deckt, unterscheidet zwischen „Felderstruktur-“ und „Fibrillenstruktur-Muskelzellen“. Die Felderstruktur-Zellen kontrahieren sich langsamer als die Fibrillenstrukturzellen. In ihnen ist die Ordnung der Aktin- und Myosinfibrillen sowie das sog. T-System des sarkoplasmatischen Retikulums nicht so systematisch.

Glatte Muskelzellen sind wesentlich kleiner als die Skelett- und Herzmuskelzellen. Sie sind spindelförmig und enthalten nur einen Kern. Im allgemeinen sind sie zu Bündeln zusammengefaßt. Die Anwesenheit von Aktin in ihnen ist gesichert, diejenige von Myosin wahrscheinlich, aber noch nicht völlig geklärt. Glatte Muskelzellen kontrahieren sich wesentlich langsamer als Skelettmuskelzellen und Herzmuskelzellen, aber sehr ausdauernd.

## 2.4 Nervengewebe

Das Nervengewebe besteht aus den Nervenzellen, die als Ganglienzellen bezeichnet werden, und den Stützzellen, den Gliazellen. Die Nervenzellen besitzen einen großen Zelleib und mehrere Fortsätze. Einer dieser Fortsätze ist besonders lang. Er heißt Neurit oder Axon und leitet bei motorischen Ganglienzellen die Erregung zur Peripherie bzw. zu den Muskelzellen als Erfolgsorgan. Bei sensiblen Ganglienzellen leitet der Neurit Erregungen aus der Peripherie zentralwärts. Mehrere kurze Fortsätze, die Dendriten, dienen der Vernetzung der Ganglienzellen untereinander. Eine Ganglienzelle mit ihren Fortsätzen stellt ein Neuron dar. Die Nervenzellen stehen über bläschenförmige Endigungen, die sog. Synapsen, untereinander in Verbindung. Durch Ausscheidung von Erregersubstanzen, die aus sog. synaptischen Vesikeln entleert werden, wird das Membranpotential benachbarter Ganglienzellen bzw. deren Fortsätze oder auch von Muskelzellen zum Zusammenbrechen gebracht und somit die Erregung weitergeleitet. Diese Transmittersubstanz ist im allgemeinen Azetylcholin. In den sog. postganglionären Fasern des Sympathikus ist es Noradrenalin. Die Neuriten werden im allgemeinen von einer Markscheide aus Myelin umhüllt. Diese weist Unterbrechungen, sog. Ranviersche Schnürringe, auf. Die Markscheiden fehlen den Neuriten des vegetativen Nervensystems. In markscheidenhaltigen Nervenfasern verläuft die Erregungsleitung wesentlich schneller als in markscheidenlosen, da die Erregung von Schnürring zu Schnürring überspringen kann (sog. saltatorische Erregungsleitung).

Die Gliazellen lassen sich nach Lage und Form untergliedern in Ependymzellen, Astrozyten, Oligodendroglia und Mikroglia. Die Ependymzellen kleiden den Zentralkanal des Rückenmarks und die Gehirnkammern aus. An ihrer Oberfläche besitzen sie bewegliche Zilien, die der Durchmischung der Gehirn-Rückenmarksflüssigkeit dienen.

Die Astrozyten verdanken ihre Bezeichnung ihren zahlreichen, langen Fortsätzen, mit denen sie vielfältigen Kontakt zu anderen Zellen aufnehmen, während die Oligodendroglia- und die sehr kleinen Mikrogliazellen nur wenige Fortsätze entsenden. Neben der Stütz- und Füllfunktion, die diese drei Gliazelltypen besitzen, haben vor allem die Astrozyten auch noch ernährende Funktion für die Ganglienzellen, indem sie mit Endfüßchen einerseits Kapillaren umhüllen und andererseits Verbindung zu Ganglienzellen herstellen, so daß Substanzen von den Kapillaren durch sie hindurch zu den Ganglienzellen und umgekehrt gelangen können.

Die Mikrogliazellen sollen dem embryonalen Mesenchym entstammen, während sich die anderen drei Gliazelltypen, ebenso wie die Ganglienzellen, aus dem Ektoderm ableiten.

# 3 Skelettsystem

## 3.1 Allgemeines

Folgende *Knochenformen* werden unterschieden: Röhrenknochen, kurze Knochen und platte Knochen.

Die Röhrenknochen besitzen einen Schaft, Diaphyse, und je eine proximale und eine distale Epiphyse. Im Schaft befindet sich die Markhöhle, während im Bereich der Epiphysen ebenso wie unter der Rinde der kurzen und platten Knochen Bälkchenknochen, Spongiosa, ausgebildet ist. In der Markhöhle und zwischen den Knochenbälkchen befindet sich das rote Knochenmark, das der Blutbildung dient. Bei älteren Tieren verfettet das Knochenmark in den Markhöhlen. Im Humerus wird das Knochenmark nach dem Schlupf allmählich durch eine Aussackung eines Luftsackes ersetzt, der vom For. pneumaticum ausgehend immer tiefer in die Markhöhle vordringt. Auch zahlreiche platte und kurze Knochen der Vögel werden von den Luftsäcken pneumatisiert. Die Kopfknochen werden dagegen vom Atmungsrachen her pneumatisiert.

**Knochenverbindungen**

Zwei oder mehrere Knochen können bindegewebig, knorpelig, knöchern oder durch Muskeln miteinander verbunden sein. Solche Verbindungen werden Hafte, falsche Gelenke, Synarthrosen, genannt (Syndesmose, Synchondrose, Synostose bzw. Synsarkose). Die meisten Knochen sind jedoch in Form echter Gelenke, Diarthrosen, verbunden, wobei sich dann die Bezeichnung im allgemeinen nach der Form der Gelenkerhöhung richtet (Kugelgelenk, Walzengelenk u. a.). Zu einem echten Gelenk gehören die von hyalinem Gelenkknorpel überzogenen Gelenkenden, die Gelenkkapsel, die aus einer straffen Fibrosa und der Gelenkinnenhaut, der Synovialis, besteht und die Gelenkbänder. Zwischen den Gelenkenden befindet sich die Gelenkhöhle, die Gelenkschmiere, Synovia, enthält. Diese ist reich an Mukopolysacchariden, besonders Hyaluronsäure, und dient der reibungslosen Bewegung der Gelenkenden sowie der Ernährung des Gelenkknorpels. Die Synovia wird von der Synovialis gebildet, die reich an Blut- und Lymphgefäßen ist und, ebenso wie die Gelenkbänder, zahlreiche sensible Nervenendigungen enthält. In einzelnen Gelenken, in denen sich zwei Gelenkerhöhungen gegenüberstehen (sog. inkongruente Gelenke) sind Menisken aus Faserknorpel ausgebildet (Kniegelenk, Tarsometatarsalgelenk).

**Knochenentwicklung und -wachstum**

Die Knochen bilden sich, abgesehen von den Deckknochen des Schädels, aus knorpeligen Vorstufen, die allmählich durch Knochengewebe ersetzt werden, und zwar von der Schaft- bzw. Knochenmitte beginnend. Das den Knorpel umgebende Perichondrium wandelt sich in Periost um, von dem das Dickenwachstum ausgeht. Das Längenwachstum wird von den während der Wachstumsperiode knorpelig bleibenden Epiphysen aus aufrecht erhalten.

Epiphysenfugen aus Knorpel zwischen den Epiphysen und dem Schaft der Röhrenknochen wie beim Säugetier sind beim Geflügel nicht vorhanden.

## 3.2 Knochen der Schultergliedmaße, Ossa membri thoracici

Die Knochen der als Flügel ausgebildeten Schultergliedmaße weisen, neben den Kopfknochen, die deutlichsten Unterschiede zum Skelettsystem der Säugetiere auf.

**Knochen des Schultergürtels, Ossa cinguli membri thoracici**

Der Schultergürtel ist zur festen Verbindung von Flügel und Rumpf während des Flügelschlages bei den Vögeln vollständig ausgebildet. Er besteht aus den beiden Rabenbeinen, dem unpaaren Gabelbein und den beiden Schulterblättern.

Das *Rabenbein, Os coracoides,* stützt das Schultergelenk gegen das Brustbein ab und bildet damit ein kräftiges Widerlager für die Kräfte der Flugmuskeln. Daher ist es von den Knochen des Schultergürtels auch am stärksten entwickelt. Mit einer Gelenkvertiefung beteiligt sich das Rabenbein an der Bildung des Schultergelenks. Kranial davon ist ein Fortsatz zur Verbindung mit dem Schlüsselbein vorhanden. Zur gelenkigen Verbindung mit dem Brustbein ist eine kräftige Gelenkwalze ausgebildet.

*Tierartliche Besonderheiten:*

Bei Hühnervögeln und Taube besitzt das Mittelstück einen runden, bei Ente und Gans einen querovalen Querschnitt.

Die *Schlüsselbeine, Claviculae,* beider Seiten vereinigen sich zum *Gabelbein, Furcula,* dessen Spitze bindegewebig mit der Brustbeingräte verbunden ist.

Kranial sind die Gabeläste bindegewebig mit dem jeweiligen Rabenbein und dem Schulterblatt verbunden. Das Gabelbein festigt somit einerseits nach Art einer Zuggurtung die Stütze des Schultergelenkes durch das Rabenbein. Andererseits verhindert es das Auseinanderdrängen der beiden Schultergelenke zur Medianen hin.

*Tierartliche Besonderheiten:*
Bei Hühnervögeln ist das Gabelbein V-förmig mit ventralem Fortsatz, der bei der Taube nur sehr kurz ist. Bei Wasservögeln ist das Gabelbein U-förmig und nach kaudal konkav.

Beim Perlhuhn enthält das Gabelbein ventral eine Tracheaschlinge, bei Papageien sind die Schlüsselbeine nicht verwachsen und bei Laufvögeln fehlen sie.

Das *Schulterblatt, Scapula,* der Vögel ist im Gegensatz zu demjenigen der Säuger schmal, säbelförmig und verläuft fast horizontal. Es liegt dem Brustkorb eng an. Sein dorsaler Rand ist konvex, der ventrale konkav. Kranial besitzt das Schulterblatt eine Gelenkvertiefung, die diejenige des Rabenbeins zur Gelenkpfanne des Schultergelenks ergänzt. Das kaudale Ende des Schulterblattes liegt in Höhe des 5. bis 6. Brustwirbels und damit etwas kranial der Darmbeinflügel.

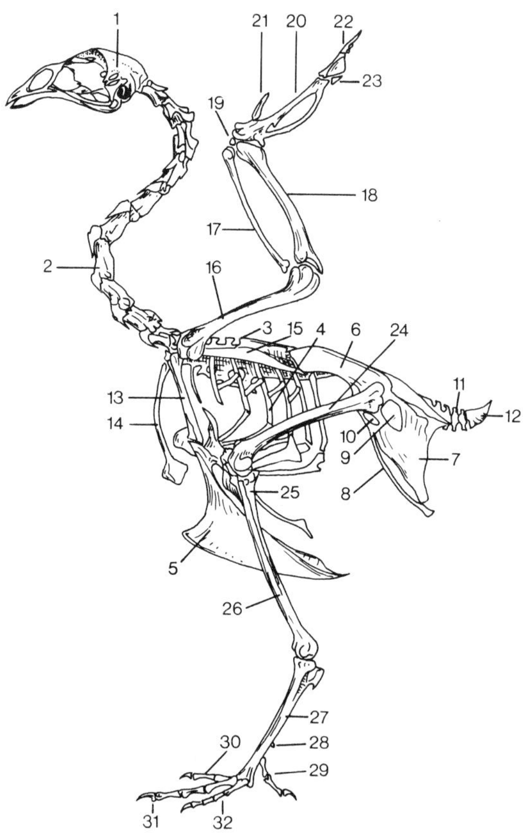


Abb. 1. Skelett eines Hahnes, nach Hoffmann und Völker 1966. 1 Schädel; 2 Halswirbelsäule; 3 Brustwirbelsäule; 4 vierte Rippe mit Hakenfortsatz; 5 Brustbein; 6 Darmbein; 7 Sitzbein; 8 Schambein; 9 For. ischiadicum; 10 For. obturatum; 11 Schwanzwirbel; 12 Pygostyl; 13 Rabenbein; 14 Schlüsselbein; 15 Schulterblatt; 16 Oberarmbein; 17 Speiche; 18 Elle; 19 Handwurzel; 20 Mittelhand; 21 erster Finger; 22 zweiter Finger; 23 dritter Finger; 24 Oberschenkelknochen; 25 Wadenbein; 26 Schienbein; 27 Laufknochen; 28 Spornfortsatz; 29 erste Zehe; 30 zweite Zehe; 31 dritte Zehe; 32 vierte Zehe.

**Knochen des Flügels, Ossa alae**

Das *Oberarmbein, Humerus,* ist wie bei den Säugetieren der kräftigste Knochen der Vordergliedmaße. Sein proximaler Gelenkkopf, Caput humeri, wird von zwei Muskelhöckern flankiert. Am distalen Ende befindet sich die Gelenkrolle, Trochlea humeri, für das Ellbogengelenk, die sich in einen Condylus ulnaris, und einen Condylus radialis gliedert.

Eine Besonderheit der Vögel stellt die Pneumatisierung des Humerus durch den Schlüsselbein-Luftsack dar. Diese Pneumatisierung beginnt erst nach dem Schlupf und erfaßt schließlich die gesamte Markhöhle. Sie geht von einer Grube in der proximalen Epiphyse, und zwar medial und distal des Caput humeri, aus. Diese Stelle markiert sich hinfort als For. pneumaticum.

Die *Speiche, Radius,* der Vögel ist im Gegensatz zu den Verhältnissen bei den Säugetieren deutlich schwächer als die Elle. Sie ist säulenförmig und trägt proximal eine Gelenkvertiefung zur Artikulation mit dem Condylus radialis humeri sowie eine zirkuläre Gelenkfläche zur gelenkigen Verbindung mit der Elle. Distal ist eine walzenförmige Gelenkerhöhung zu den Handwurzelknochen hin vorhanden.

Die relativ kräftige und kaudalkonvexe *Elle, Ulna,* bildet proximal die Gelenkvertiefung für den Condylus ulnaris humeri und eine laterale Grube für die gelenkige Verbindung mit dem Radius. Distal befindet sich eine Gelenkerhöhung, die sowohl mit dem Radius als auch mit dem Os carpi ulnare und dem Os carpi radiale in Kontakt tritt. Ein Ellbogenhöcker, Olecranon, ist nur angedeutet. In vielen Fällen ist proximal der Elle ein Sesambein, Patella olecrani s. cubiti, ausgebildet.

Radius und Ulna sind durch ein mehr oder weniger weites Spatium interosseum getrennt.

*Tierartliche Besonderheiten:*

Beim Huhn, bei der Ente und bei der Gans sind Radius und Ulna kürzer als der Humerus, bei der Taube sind sie dagegen länger.

Die *Handwurzel, Carpus,* der Vögel besteht nur aus zwei Knochen, dem *Os carpi radiale* und dem *Os carpi ulnare.* Nach proximal stehen die Handwurzelknochen mit Speiche bzw. Elle und nach distal mit den verschmolzenen Karpometakarpalknochen in gelenkiger Verbindung.

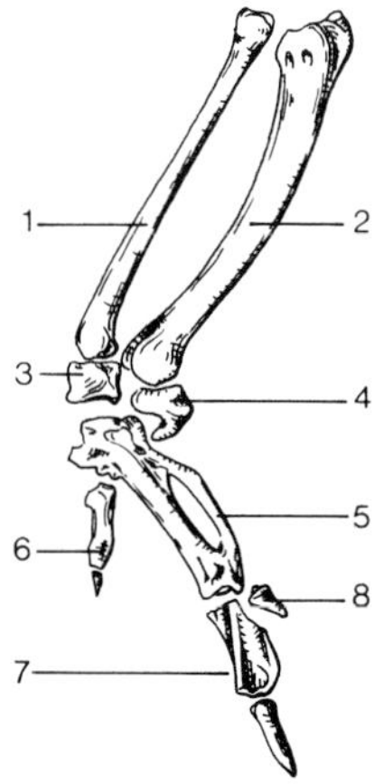


Abb. 2. Knochen des linken Unterarmes und der Flügelspitze, nach SCHUMMER 1973. 1 Speiche; 2 Elle; 3 Os carpi radiale; 4 Os carpi ulnare; 5 Mittelhandknochen; 6 erster Finger, Daumen; 7 zweiter Finger; 8 dritter Finger.

Die *Mittelhand, Metacarpus,* der Vögel wird von einem einzigen Knochen gestützt. Dieser entsteht durch Verschmelzung von Anteilen der distalen Reihe der Handwurzelknochen mit den gleichfalls verschmolzenen Mittelhandknochen, Ossa metacarpalia I, II und III, wobei Os metacarpale II sehr kräftig und Os metacarpale I stark rudimentär sind.

Die *Knochen der Finger, Ossa digiti, Phalanges,* sind stark rudimentär und nur im 1., 2. und 3. Strahl vorhanden. Die distalen Phalangen sind jeweils klein und spitzkegelig.

Der 1. Strahl besteht im allgemeinen aus nur einem Fingerglied, der 2. bei Huhn, Taube und Ente aus 2, bei der Gans aus 3 Gliedern. Der 3. Strahl besitzt bei allen Vögeln nur 1 Glied.

*Tierartliche Besonderheiten:*
Die Knochen der Gliedmaßenspitze sind beim Huhn kürzer als der Humerus und als die Unterarmknochen, bei der Taube sind sie kürzer als der Humerus, aber gleichlang wie die Unterarmknochen, bei Ente und Gans sind sie länger als der Humerus und länger als die Unterarmknochen.

## 3.3 Gelenke der Schultergliedmaße

Das *Schultergelenk, Art. humeri,* ist ein Sattelgelenk. Die Gelenkerhöhung bildet der Humerus, die Gelenkvertiefung liefern Rabenbein und Schlüsselbein.

Das *Ellbogengelenk, Art. cubiti,* ist als Walzengelenk ein Wechselgelenk. Der Gelenkerhöhung des Humerus stehen die Vertiefungen von Radius und Ulna gegenüber.

Das *Handwurzelgelenk, Art. carpi,* hat einen proximalen und einen distalen Gelenkspalt, die jeweils zwischen Radius und Ulna und den beiden Handwurzelknochen bzw. zwischen diesen und den Mittelhandknochen gelegen sind.

Die Form der Knochenenden und der Verlauf der Gelenkbänder im Ellbogengelenk und im proximalen Handwurzelgelenk bedingen eine Koppelung dieser beiden Gelenke in Streckung und in Beugung, so daß bei Beugung des Ellbogengelenkes der Radius nach distal geschoben bzw. bei dessen Streckung nach proximal gezogen wird. Infolge dieser Koppelung wird für die Bewegung bzw. Fixierung des Handwurzelgelenkes keine kräftige Unterarmmuskulatur benötigt und Gewicht eingespart.

Die *Fingergelenke* sind kaum beweglich und unbedeutend.

Die Flügel werden in der Ruhe so getragen, daß Schulterblatt, Oberarmbein, Unterarmknochen und Gliedmaßenspitze jeweils parallel zueinander gelagert sind. Das Schultergelenk und das Handwurzelgelenk weisen dann nach kranial, das Ellbogengelenk und die Fingerspitzen nach kaudal.

## 3.4 Knochen der Beckengliedmaße, Ossa membri pelvini

Wesentliche Unterschiede zum Hintergliedmaßenskelett der Säugetiere ergeben sich aus der Form des Beckengürtels und dessen Verwachsung mit dem Synsacrum sowie aus Verschmelzungsprozessen im Bereich der Fußwurzelknochen.

Außerdem ist hervorzuheben, daß das Schienbein deutlich länger ist als der Oberschenkelknochen.

**Knochen des Beckengürtels, Ossa cinguli membri pelvini**

Die beiden *Hüftbeine, Ossa coxae,* die das *Becken, Pelvis,* bilden, setzen sich je aus einem Darmbein, einem Schambein und einem Sitzbein zusammen. Diese Knochen sind nach Abschluß des Wachstums untereinander und außerdem mit dem Synsacrum knöchern verbunden. Dadurch ergibt sich eine ausgedehnte Stützkonstruktion für die Fortbewegung auf den Hintergliedmaßen, verbunden mit großen Muskelansatzflächen. Nach ventral ist das Becken zur Ablage der harten, relativ großen Eier weit offen.

Die Orientierung nach den seitlichen Gelenkpfannen für die Hüftgelenke führt zur Gliederung des Beckens in einen prä- und einen postazetabularen Abschnitt. Beim Huhn sind diese etwa gleichlang, bei der Taube ist der präazetabulare Abschnitt etwas länger, bei den Wasservögeln ist er deutlich kürzer als der postazetabulare Abschnitt.

Das *Darmbein, Os ilium,* der Vögel ist der größte Knochen des Beckens und besitzt im Gegensatz zu den Verhältnissen bei den Säugetieren nicht nur einen großen präazetabularen Teil, sondern erstreckt sich mit seinem postazetabularen Teil weit nach kaudal. Dorsal ist es breit mit dem Synsacrum verschmolzen. Zur Beckenhöhle hin bildet das Darmbein eine mehr oder weniger ausgedehnte Fossa renalis. In dieser und in tiefen Nischen der Ventralseite des Synsacrum sind die Nieren gelegen. Das Darmbein bildet zusammen mit dem Schambein und dem Sitzbein die Gelenkpfanne für das Hüftgelenk, das Acetabulum, das im Gegensatz zu dem der Säugetiere zentral offen ist. Kaudodorsal des Acetabulum ragt ein Fortsatz, der Antitrochanter, aus dem Darmbein nach lateral, mit dem der Trochanter major des Oberschenkelknochens artikuliert.

Der postazetabulare Abschnitt des Darmbeins verschmilzt ventral breit mit dem *Sitzbein, Os ischii.* Beide Knochen umschließen das For. ischiadicum, durch das der N. ischiadicus aus der Beckenhöhle nach lateral austritt.

Dem Sitzbein lagert sich ventral das *Schambein, Os pubis,* an, das damit eine völlig andere Lage als bei den Säugetieren einnimmt. Es ist sehr schmal und rippenförmig. Nach kaudal überragt es Darm- und Sitzbein. Nur bei Taube und Gans beteiligt es sich an der Bildung des Acetabulum. Zwischen Sitz- und Schambein verbleibt ein mehr oder weniger langer, von einer Membran verschlossener Spalt, die Incisura puboischiadica, von der bei Huhn und Taube kranial ein Teil als For. obturatum abgeschnürt ist.

*Tierartliche Besonderheiten:*

Das Darmbein des Wassergeflügels ist in seinen kranialen Abschnitten schmal und wenig wuchtig. Bei ihnen ist auch nur der kraniale Teil des Darmbeins mit dem Synsacrum verbunden. Während das For. ischiadicum bei Huhn und Taube rund ist, ist es beim Wassergeflügel in kraniokaudaler Richtung ausgezogen. Die Incisura puboischiadica des Wassergeflügels ist ebenfalls sehr langgezogen und breit, so daß die spangenartige Form des Schambeins hervorgehoben wird. Insgesamt ist zu erkennen, daß das Becken beim Wassergeflügel keine so große Stützfunktion zu übernehmen hat wie bei Laufvögeln und guten Fliegern.

**Knochen der Gliedmaßensäule und -spitze**

Das *Oberschenkelbein, Os femoris,* hat proximal den nach medial gerichteten und dem Oberschenkelhals, Collum, aufsitzenden Kopf, Caput, ausgebildet. Dieser bildet, zusammen mit dem Acetabulum des Beckens das Hüftgelenk. Lateral vom Collum befindet sich der große Umdreher, Trochanter major, der als Muskelansatz dient und nach medial mit dem Antitrochanter des Darmbeins artikuliert. Der kranialkonvexe Schaft geht distal in die beiden Rollhöcker, Condylus lat. bzw. med., über. Kranial von diesen sind zwei Rollkämme für die Gleitfläche der Kniescheibe entwickelt.

Die *Kniescheibe, Patella,* ist längsoval und besitzt eine Gleitfläche zum Oberschenkelbein hin. Sie ist ein Sesambein.

Das *Schienbein, Tibia,* der Vögel ist besonders lang. Weil distal die proximale Reihe der Tarsalknochen (Rollbein und Fersenbein) mit der Tibia verschmolzen sind, wird der Knochen als *Tibiotarsus* bezeichnet. Proximal trägt er zwei Rollhöker, Condylen, eine kleine laterale Gelenkfläche zum Wadenbeinkopf und zwei scharfe, senkrechte Knochenleisten zur Vergrößerung der Muskelansatzflächen. Distal sind eine Gelenkwalze, die dem Caput tali der Säugetiere entspricht, und kranial ein horizontaler Knochensteg als Halterung für die Strecksehnen der Zehen ausgebildet.

Das *Wadenbein, Fibula,* ist nur ein kleiner pfriemförmiger Knochen mit einem verbreiterten Köpfchen, Capitulum fibulae, zur Verbindung mit dem Schienbein und einem sich nach distal verjüngenden Schaft, der bindegewebig bzw. knöchern mit der Tibia verbunden ist.

*Fußwurzelknochen, Ossa tarsi,* sind bei den Vögeln postembryonal nicht ausgebildet, da die proximale Reihe mit der Tibia zum Tibiotarsus und die übrigen Knochen mit den Mittelfußknochen zum Laufknochen verwachsen sind.

Der *Laufknochen, Tarsometatarsus,* umfaßt nicht nur die mittleren und distalen Tarsalknochen, sondern auch die Mittelfußknochen, Ossa metatarsalia II, III, IV. Das Os metatarsale I ist nur klein und distal dem Laufknochen bindegewebig angelagert. Es endet mit einer Gelenkwalze. Proximal besitzt der Laufknochen zwei Gelenkvertiefungen zur Artikulation mit dem Tibiotarsus. Distal sind drei kräftige Gelenkwalzen für die 2. bis 4. Zehe ausgebildet, die in ihrer Ausrichtung verschieden sein können. Beim Hahn befindet sich distal der nach hinten und innen gerichtete spitze Knochenfortsatz, der dem Sporn als Grundlage dient.

Die Zahl der *Phalangen der Zehen, Digiti pedis,* ist bei den vier Zehen unterschiedlich. Die erste, nach hinten und innen gerichtete Zehe besitzt 2 Phalangen, die zweite Zehe drei, die dritte Zehe vier und die vierte Zehe fünf Phalangen. Die letzte Phalange ist jeweils krallenförmig. Die dritte Zehe ist beim Hausgeflügel die längste. Beim Hausgeflügel sind die zweite, dritte und vierte Zehe nach vorne gerichtet, bei Papageienvögeln weist die vierte Zehe, wie die erste, nach hinten.

*Tierartliche Besonderheiten:*

Der Laufknochen ist bei Stelz- und Laufvögeln sehr lang. Bei Hühnern ist er länger, bei Ente und Taube kürzer als der Tibiotarsus, bei der Gans ist er ebenso lang wie dieser oder länger. Manche Haushuhnrassen haben 5 Zehen, z. B. Houdans, Lachshühner, Seidenhühner. Die überzählige Zehe ist dann medial in der Nähe der 1. Zehe angelegt.

## 3.5 Gelenke der Beckengliedmaße

Das Kreuzdarmbeingelenk ist infolge der synostotischen und syndesmotischen Verbindung der Darmbeine mit dem Synsacrum nicht entwickelt.

Das *Hüftgelenk, Art. coxae,* wird von der Gelenkpfanne des Acetabulum und dem halbkugelförmigen Oberschenkelkopf gebildet. Obwohl das Hüftgelenk ein Kugelgelenk ist, ist seine Beweglichkeit durch das Gelenk zwischen Trochanter major und Antitrochanter, besonders in Bezug auf die Ab- und Adduktion eingeschränkt.

Das *Kniegelenk, Art. genus,* ist eine komplexe Einheit, die sich aus dem Kniekehlgelenk und dem Kniescheibengelenk zusammensetzt. Als *Kniekehlgelenk, Art. femorotibialis,* wird das Gelenk zwischen den beiden Femurkondylen und dem Schienbeinkopf bezeichnet. Die Inkongruenz der Gelenkflächen wird von einem lateralen und einem medialen Meniskus ausgeglichen. Das *Kniescheibengelenk, Art. femoropatellaris,* ist ein Schlittengelenk und liegt zwischen der Kniescheibe und der Gelenkrolle des Oberschenkelknochens.

Das *Sprunggelenk* der Vögel entspricht als *Art. intertarsea* dem Gelenk zwischen Rollbeinkopf und Os tarsi centrale der Säugetiere. In seinem Aufbau ähnelt es dem Kniegelenk. Ebenso wie bei diesem werden inkongruente Gelenkflächen durch einen lateralen und einen medialen Meniskus ausgeglichen, und ein kniescheibenähnliches Sesambein ist als Scutulum tarsi in die Sehnen der Zehenbeuger eingelagert. Kräftige Seitenbänder sorgen für den Halt und die Gelenkführung.

Die *Zehengelenke* sind Walzen- bzw. Sattelgelenke.

## 3.6 Knochen des Rumpfes

Das Rumpfskelett umfaßt die Wirbel, die Rippen und das Brustbein. Die Brustwirbel, die Rippen und das Brustbein umschließen die Brustkorbhöhle. Die Lenden- und die Kreuzwirbel beteiligen sich an der Bildung der Beckenhöhle.

**Wirbelsäule, Columna vertebralis**

Sie ist der Zusammenschluß aller Wirbel. Entsprechend den Rumpfregionen unterscheidet man Hals-, Brust-, Lenden- und Kreuzwirbel, denen die Schwanzwirbel angeschlosssen sind. In Bezug auf die Wirbelform, besonders aber aufgrund der Verschmelzung mehrerer Wirbel und der festen Verbindung der Wirbelsäule mit den Darmbeinen bestehen erhebliche Unterschiede zu den Verhältnissen bei den Säugetieren.

Die lange Halswirbelsäule ist S-förmig gebogen und erlangt die Funktion eines Federstabes zur Balancierung des Kopfes. Sie gewährleistet darüber hinaus die Bewegung des Kopfes nach allen Richtungen. Hierdurch und infolge der Augenstellung besitzen die Vögel ein großes Gesichtsfeld. Brust-, Lenden- und Kreuzregion sind dagegen als Widerlager für die starken Flugmuskeln und als Tragegerüst für das zweifüßige Gehen fast völlig versteift.

Die Zahl der *Halswirbel, Vertebrae cervicales,* ist bei den Hausvögeln sehr unterschiedlich. Die Taube besitzt 12, Huhn und Ente haben 14 und die Gans 17 Halswirbel. Der 1. Halswirbel, der *Atlas,* ist ringförmig und klein. Der

2. Halswirbel, *Axis* oder Epistropheus, ist vor allem durch seinen nach kranial hervorragenden Zahn, Dens, charakterisiert, der bei den Vögeln auch mit dem Hinterhauptsbein artikuliert, weil der Atlas sehr schmal ist. Die übrigen Halswirbel sind dadurch gekennzeichnet, daß ihr Dornfortsatz niedrig ist und sie ein nach kaudal gerichtetes pfrimförmiges Rippenrudiment tragen.

Die *Brustwirbel, Vertebrae thoracicae,* sind durch weitgehende Verschmelzung gekennzeichnet. Huhn und Taube besitzen 7, Ente und Gans 9 Brustwirbel. Von diesen sind bei Huhn und Taube der 2. bis 5. Brustwirbel miteinander und der 7. mit dem Synsacrum verwachsen. Bei der Ente sind der 8. und 9. Brustwirbel, bei der Gans der 7. bis 9. mit dem Synsacrum vereinigt. Die übrigen sind isoliert. Die Dornfortsätze sind hoch und platt, so daß breite Muskelansatzflächen gebildet werden. Seitlich befinden sich an den Brustwirbelkörpern kleine Gelenkflächen für die Rippenköpfchen und an den Querfortsätzen solche für die Rippenhöckerchen.

In dem *Synsacrum* sind 14–15 Wirbel vereinigt, die teils der Brustwirbelsäule, teils der Lenden-, Kreuz- bzw. Schwanzwirbelsäule zuzuordnen sind. Wie bereits erwähnt, verleiht diese Verschmelzung dem Rumpf der Vögel die notwendige Festigkeit für die bipede Fortbewegung. Diese wird durch die mehr oder weniger vollständige Verknöcherung mit den Hüftbeinen noch vervollständigt. Die Grenzen zwischen den einzelnen Wirbeln sind durch seitliche Austrittslöcher für die Rückenmarksnerven sowie von ventral durch Löcher bzw. Nischen gekennzeichnet, die z. T. den Nieren als Lager dienen.

Bei allen Hausvögeln sind 5 *Schwanzwirbel, Vertebrae caudales,* als Einzelwirbel ausgebildet, denen sich das *Pygostyl* als Grundlage für den Stoß anschließt. Dieses besteht aus mehreren miteinander verwachsenen Schwanzwirbeln.

**Rippen, Costae**

Die Zahl der Rippenpaare entspricht der Zahl der Brustwirbel. Die Rippen sind platt und bestehen aus zwei gelenkig verbundenen knöchernen Anteilen, von denen der distale, Os sternocostale, den Rippenknorpeln der Säugetierrippen entspricht. Proximal sind die Rippen gelenkig mit den Brustwirbeln verbunden. Als Besonderheit weisen die Rippenkörper der meisten Vogelrippen einen nach

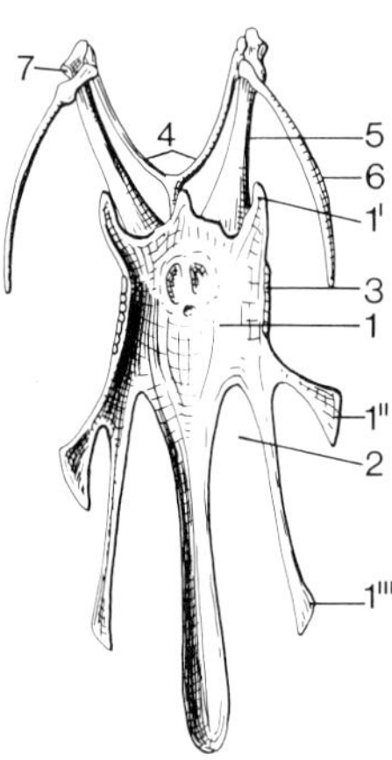


Abb. 3. Brustbein und Schultergürtel eines Huhnes, Dorsalansicht, nach SCHWARZE und SCHRÖDER 1972. 1 Brustbein, Mittelstück; 1′ Proc. lat. cran.; 1″ Proc. thoracicus; 1‴ Proc. lat. caud.; 2 Incisura ovalis; 3 Gelenkgruben für die sternalen Rippen; 4 zum Gabelbein vereinigte Schlüsselbeine; 5 Rabenbein; 6 Schulterblatt; 7 Schultergelenk.

kaudodorsal gerichteten Hakenfortsatz, Proc. uncinatus, auf. Dieser reicht bis zur Lateralfläche der nachfolgenden Rippe und dient zur Versteifung des Brustkorbes im Flug. Er fehlt stets an der ersten Rippe sowie bei Huhn und Taube an den letzten zwei und bei Ente und Gans an den letzten drei Rippen. Das Os sternocostale fehlt der ersten Rippe.

**Brustbein, Sternum**
Es verschließt als größter Knochen des Vogelskeletts den Brustkorb von ventral und bietet mit seiner langgezogenen und stark hervorspringenden Brustbeingräte, Crista sterni oder Carina, der Flugmuskulatur große Ansatzflächen.

Am Kranialrand des Brustbeins befinden sich zwei Gelenkflächen für die Rabenbeine. Die Seitenränder tragen Gelenkflächen für die Verbindung mit den Ossa sternocostalia und laufen schließlich in einen Proc. lateralis caudalis aus. Bei Huhn und Taube entspringt aus der Lateralfläche des Brustbeins in der kranialen Hälfte ein kräftiger Proc. thoracicus nach dorsal.

Zwischen dem Mittelstück des Brustbeins, Corpus sterni, und den Procc. latt. caudd. ist die nur mit einer Membran verschlossene Incisura ovalis ausgebildet. Diese bleibt beim Wassergeflügel auf das kaudale Brustbeindrittel begrenzt und reicht beim Huhn sehr weit nach kranial. Bei der Taube ist sie kaudal durch einen Knochensteg verschlossen, so daß ein For. ovale entsteht. Die tiefe Inc. ovale des Huhnes ist bei intramuskulären Injektionen zu berücksichtigen, da in ihrem Bereich die Bauchorgane, besonders die Leber, nicht knöchern geschützt sind.

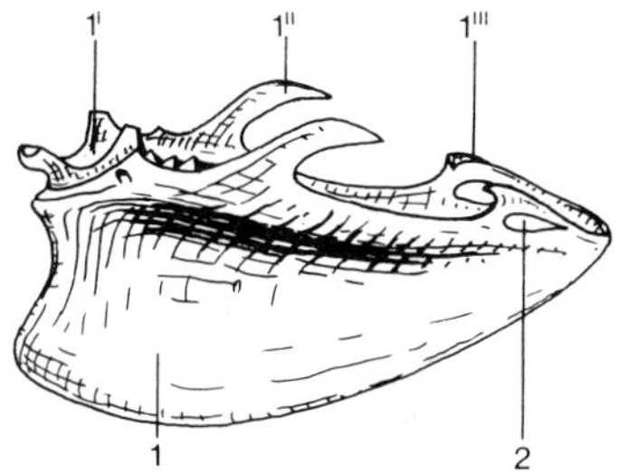


Abb. 4. Brustbein einer Taube, linke Seitenansicht, nach SCHUMMER 1973. 1 Brustbeingräte; 1' Proc. lat. cran.; 1'' Proc. thoracicus; 1''' Proc. lat. caud.; 2 For. ovale.

## 3.7 Kopfknochen, Ossa cranii

Die Knochen des Kopfes der Vögel weichen nach Zahl und Form erheblich von denen der Säugetiere ab. Hier wird die nahe Verwandtschaft der Vögel zu den Reptilien deutlich. Beim erwachsenen Tier sind die Einzelknochen nur noch schwer zu erkennen, da sie weitgehend miteinander verschmelzen. Sie enthalten Lufträume, die mit dem Nasen-Rachen-Raum verbunden sind, von dem die Pneumatisierung ausgeht.

**Hirnschädel, Neurocranium**
Das *Hinterhauptsbein, Os occipitale,* verschließt die Schädelhöhle wirbelsäulenwärts und bildet die Austrittsöffnung für das Rückenmark, das For. occipitale magnum.

Das *Keilbein, Os sphenoidale,* schließt sich an der Schädelbasis an das Hinterhauptsbein an und verschließt im wesentlichen die Schädelhöhle von basal.

Schnabelwärts beteiligt es sich an der Ausbildung des Septum interorbitale, das die beiden Augenhöhlen trennt.

Das *Schläfenbein, Os temporale,* ist paarig ausgebildet. Seine Schuppe begrenzt die Schädelhöhle seitlich. Die Ohrkapsel, Os oticum, des Schläfenbeins entspricht der Pars tympanica und der Pars petrosa der Säugetiere und umschließt Mittel- und Innenohr.

Das *Scheitelbein, Os parietale,* ist ebenfalls paarig, aber nur sehr klein und zwischen dem Hinterhauptsbein und den Stirnbeinen gelegen.

Die paarigen *Stirnbeine, Ossa frontalia,* sind die größten Knochen des Hirnschädels. Sie decken die Schädelhöhle nach dorsal ab. Darüber hinaus tragen sie wesentlich zur Umrandung der Augenhöhlen und z. T. auch der Nasenhöhle bei. Von ihrer Wölbung wird die Kontur des Kopfes stark bestimmt. Die Stirnbeine der Perlhühner bilden einen medianen Kamm.

Das *Siebbein, Os ethmoidale,* bildet bei den Vögeln als vertikale Lamelle einen großen Teil des Septum interorbitale und oral einen Teil des Septum nasi. Im dorsalen Bereich der Augenhöhle befindet sich außerdem ein horizontaler Siebbeinabschnitt mit jederseits einem Loch für den N. olfactorius. Dieser Teil ist der Lamina cribrosa der Säugetiere homolog.

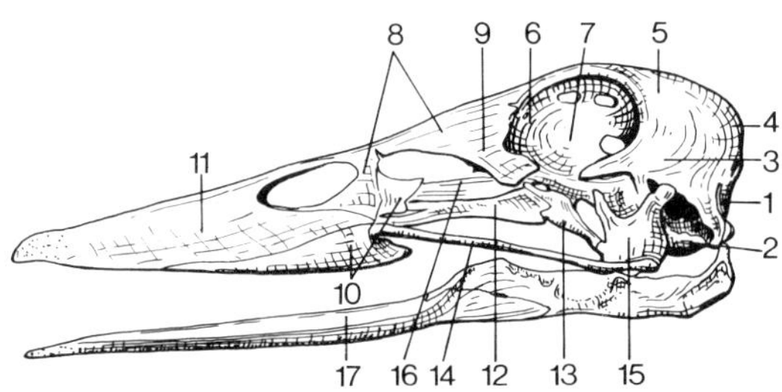


Abb. 5. Kopfskelett einer Ente, nach SCHWARZE und SCHRÖDER 1972. 1 Hinterhauptsbein; 2 Keilbein; 3 Schläfenbein; 4 Scheitelbein; 5 Stirnbein; 6 Siebbein; 7 Septum interorbitale; 8 Nasenbein; 9 Tränenbein; 10 Oberkieferbein; 11 Zwischenkieferbein; 12 Gaumenbein; 13 Flügelbein; 14 Jochbein; 15 Quadratbein; 16 Pflugscharbein; 17 Unterkiefer.

**Gesichtsschädel, Splanchnocranium**

Der Gesichtsschädel der Vögel wird von Größe und Form des Schnabels geprägt. Dem kleinen Gesichtsschädel der Insektenfresser steht der massige Gesichtsschädel des Wassergeflügels gegenüber. Die Körnerfresser nehmen eine Mittelstellung ein.

Das *Nasenbein, Os nasale,* ist paarig angelegt und deckt die Nasenhöhle von dorsal und lateral ab. Die Nasenbeine berühren sich median nicht – wie bei den Säugetieren –, sondern sie sind hier durch den Stirnfortsatz des Zwischenkieferbeins getrennt. Das Nasenbein begrenzt das Nasenloch von aboral und dorsal. Mittels des Stirnfortsatzes ist es mit dem Stirnbein verbunden. An dem Ursprung dieses Stirnfortsatzes befindet sich eine wichtige Beugungslinie, die das Abbiegen des Nasenbeins nach dorsal und damit das Heben des Oberschnabels ermöglicht.

Das ebenfalls paarige *Tränenbein, Os lacrimale,* umschließt – wie bei den Säugetieren – den Anfangsteil des Tränennasengangs. Während das kleine Tränenbein von Huhn und Taube auf diesen Abschnitt im dorsalen Augenhöhlenwinkel beschränkt bleibt, ist das Tränenbein bei Ente und Gans groß und bildet einen Fortsatz aus, der die Augenhöhle auch von ventral knöchern begrenzt und bei der Ente bis nahe an den Proc. temporalis des Schläfenbeins reicht.

Das paarige *Oberkieferbein, Os maxillare,* das beim Säuger der mächtigste Knochen des Gesichtsschädels ist, bildet bei den Vögeln nur den aboralen, ventralen Teil des Oberschnabels, während dieser im wesentlichen das Zwischenkieferbein als Grundlage besitzt, das bei den Säugetieren nur den Schneidezahnbereich des Oberkiefers bildet. Das Oberkieferbein verschmilzt weitgehend mit dem Zwischenkieferbein, dem Nasenbein sowie mit dem Gaumen- und dem Jochbein. Bei Ente und Gans sind allerdings Gelenke zwischen ihm sowie dem Gaumenbein und dem Jochbein vorhanden.

Das *Zwischenkieferbein, Os intermaxillare,* ist unpaar und bestimmt die Gestalt des Schnabels. Von dem kräftigen Körper, der die Schnabelspitze formt, entspringt jederseits nach lateral ein Oberkieferfortsatz, der den ventralen Schnabelrand weitgehend bildet und aboral mit dem Kieferbein verwächst. Median und ventral entläßt das Zwischenkieferbein zwei Gaumenfortsätze, die als Grundlage für den harten Gaumen dienen, bei Huhn und Taube jedoch nur sehr schmal sind. Median und dorsal befindet sich der Stirnfortsatz, der das Zwischenkieferbein mit dem Stirnbein verbindet und bei den Vögeln die beidseitigen Nasenbeine trennt. Mit diesen verwächst er jedoch knöchern. Der Stirnfortsatz und der Oberkieferfortsatz begrenzen das Nasenloch apikal und auf große Strecken auch dorsal und ventral.

Das *Gaumenbein, Os palatinum,* ist ein paariger, langgestreckter Knochen mit je einem apikalen und aboralen Gelenk zur Artikulation mit dem Zwischenkieferbein bzw. dem Flügelbein. Es ist ein wesentlicher Bestandteil des Hebemechanismus für den Oberschnabel.

Das *Flügelbein, Os pterygoideum,* ist ein paariger Knochen und verbindet jederseits das Gaumenbein mit dem Keilbein und dem Quadratbein, das eine Schlüsselstellung bei der Öffnung des Schnabels einnimmt. An den Verbindungsstellen sind jeweils Gelenke ausgebildet.

Das *Jochbein, Os zygomaticum,* ist ein langgezogener, paariger Knochen, der aboral gelenkig mit dem Quadratbein und apikal gelenkig mit dem Nasenbein (Huhn, Taube) bzw. dem Oberkieferfortsatz des Zwischenkieferbeins (Ente, Gans) verbunden ist. Es hat die Funktion eines Schiebegestänges, die medial von Flügel- und Gaumenbein übernommen wird.

Das *Quadratbein, Os quadratum,* ist ebenfalls paarig. Es bildet mehrere Fortsätze zur Artikulation mit den benachbarten Knochen bzw. als Muskelansätze

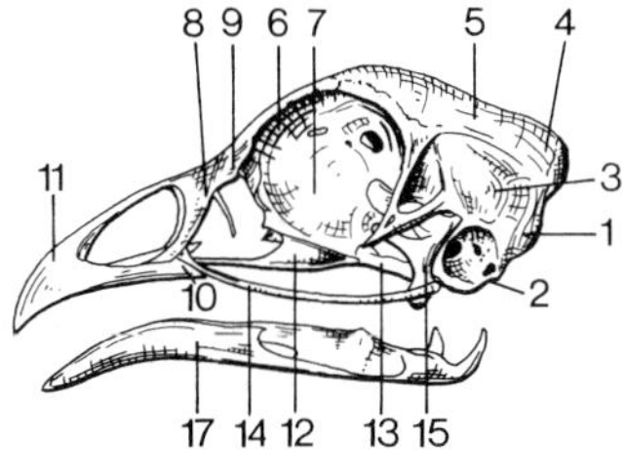


Abb. 6. Kopfskelett eines Huhnes, nach SCHUMMER 1973. 1 Hinterhauptsbein; 2 Keilbein; 3 Schläfenbein; 4 Scheitelbein; 5 Stirnbein; 6 Siebbein 7 Septum interorbitale; 8 Nasenbein; 9 Tränenbein; 10 Oberkieferbein; 11 Zwischenkieferbein; 12 Gaumenbein; 13 Flügelbein; 14 Jochbein; 15 Quadratbein; 16 Pflugscharbein; 17 Unterkiefer.

aus. Durch seine Verbindung mit dem Schläfenbein, dem Flügelbein, dem Unterkiefer und dem Jochbein bewirkt es, daß bei der Öffnung des Vogelschnabels von ihm eine Schubwirkung auf den Oberschnabel ausgeht, die mittels der zwei Gestänge übertragen wird, die vom Jochbein bzw. dem Flügel- und dem Gaumenbein gebildet werden. Dieser Schub auf den ventralen, aboralen Teil des Oberschnabels bewirkt dessen Hebung, wobei die Beugungslinien in den Nasenbeinen und in den Stirnfortsätzen der Zwischenkieferbeine beansprucht werden.

Das *Pflugscharbein, Vomer,* ist als ein nur sehr kleiner, unpaarer Knochen in der Medianen gelegen.

Der *Unterkiefer, Mandibula,* der Vögel setzt sich aus mehreren Knochen zusammen, die verschmelzen. Es sind dies: das die Spitze bildende Os dentale, das Os operculare, das Os complementare, das Os supraangulare, das Os articulare und das Os angulare. Das Os articulare bildet die Gelenkpfanne für den Proc. articularis des Quadratbeins.

Das *Zungenbein, Os hyoideum,* ist unpaar und besteht aus einem pfeilförmigen Mittelstück und dem paarigen Aufhängeapparat. Das Mittelstück setzt sich aus dem Basihyoid, dem Os entoglossum und der Carina zusammen. Letztere verbindet das Zungenbein mit dem Schildknorpel des Kehlkopfes.

*Tierartliche Besonderheiten der Kopfknochen:*
Hirnschädel
Das For. occipitale magnum liegt beim Huhn in einer schrägen Ebene, während es bei der Taube in der Horizontalebene und bei Ente und Gans in der Transversalebene gelegen ist. Bei Ente und Gans befinden sich in der Nackengegend zwei knochenlose Bereiche (Fontanellen), und zwar zwischen den Hinterhaupts- und Scheitelbeinen. An der Schläfenbeinschuppe des Huhns ist ein Proc. zygomaticus ausgebildet, der beim übrigen Hausgeflügel fehlt. Die Stirnbeine des Perlhuhns sind durch einen kräftigen Knochenkamm gekennzeichnet.
Gesichtsschädel
Huhn und Taube besitzen einen relativ kurzen, kräftigen Körnerfresserschnabel mit dreieckigem Querschnitt. Der Querschnitt durch den Schnabel von Ente und Gans ist dagegen mehr queroval und breit. Die Tränenbeine von Huhn und Taube sind klein, bei der Gans und besonders der Ente dagegen stark nach lateral und temporal ausladend, so daß die Augenhöhle mehr oder weniger vollständig umschlossen wird. Gaumenfortsatz sowie das Gaumenbein der Körnerfresser sind dünn und langgezogen. Bei Ente und Gans sind sie mehr gedrungen und kräftig. Am Unterkiefer von Ente und Gans ist der Dorsalrand des Os supraangulare zu einer kräftigen Gräte ausgezogen, die bei Huhn und Taube fehlt. Das Basihyoid von Huhn und Taube ist stabförmig und das Os entoglossum pfeilspitzenförmig. Bei Ente und Gans ist das Basihyoid breit und das Os entoglossum schaufelförmig.

## 3.8 Gelenke des Kopfes

Während bei den Säugetieren nur das Kiefergelenk als echtes Gelenk ausgebildet ist, besitzen die Vögel einen komplexen Öffnungsmechanismus für den Schnabel, der die gleichzeitige Senkung des Unterschnabels und Hebung des Oberschnabels

bewirkt. Dieser Kiefergaumenapparat setzt sich aus dem Quadratbein, dem Flügel- und dem Gaumenbein, dem Jochbein sowie dem Unterkiefer und den Knochen des Oberschnabels zusammen.
Gelenke sind ausgebildet:

1. Zwischen dem Quadratbein und der Schläfenbeinschuppe, die Art. quadratosquamosa.
2. Zwischen dem Quadratbein und dem Flügelbein, die Art. quadratopterygoidea.
3. Zwischen dem Quadratbein und dem Jochbein, die Art. quadratozygomatica.
4. Zwischen dem Quadratbein und dem Os articulare, die Art. quadratoarticulare.
5. Zwischen dem Flügel- und dem Keilbein, die Art. pterygoideosphenoidea.
6. Zwischen dem Flügel- und dem Gaumenbein, die Art. palatopterygoidea.
7. Zwischen dem Gaumenbein und dem Zwischenkieferbein (Huhn, Taube), die Art. palatointermaxillaris, bzw. zwischen dem Gaumenbein und dem Oberkieferbein (Ente, Gans), die Art. palatomaxillaris.
8. Zwischen dem Vomer und dem Keilbein (Ente, Gans), die Art. vomerosphenoidea.
9. Zwischen dem Vomer und dem Zwischenkieferbein (Ente, Gans), die Art. vomerointermaxillaris.

Als weitere Voraussetzung für das Heben des Oberschnabels sind die Beugelinien in den Nasenbeinen und dem Stirnfortsatz des Zwischenkieferbeins zu berücksichtigen. Diese stellen eine besondere Art der „Gelenkung“ dar.

# 4 Skelettmuskelsystem

Bei prinzipiell gleichem Bau weist das System der Skelettmuskeln der Vögel gegenüber demjenigen der Säugetiere erhebliche Unterschiede bezüglich der Entwicklung und Bedeutung der verschiedenen Muskelgruppen auf. Besonders stark sind vor allem die für den Flügelschlag benötigten Brustmuskeln und die für das Stehen und Laufen auf nur zwei Gliedmaßen notwendigen Muskeln am Becken und am Oberschenkel. Hingegen sind die Rücken- und Bauchmuskeln entsprechend der starken Verschmelzung der Brust- und Lendenwirbel nur schwach entwickelt, und distal von den Handwurzel- bzw. Fußwurzelgelenken sind nur noch Sehnen vorhanden. Auch die Kopfmuskeln sind, abgesehen von der Kaumuskulatur, reduziert. Damit ist nicht nur eine Einsparung an Gewicht, sondern auch eine Konzentration der Muskelmasse in Schwerpunktnähe erreicht worden. Aus der sehr großen Zahl der Muskeln sollen im folgenden nur die wichtigsten abgehandelt werden.

## 4.1 Muskeln der Schultergliedmaße

**Rumpf-Gliedmaßenmuskeln**
Wichtigste Muskeln dieser Gruppe sind der oberflächliche und der tiefe Brustmuskel. Sie liegen ventral dem Brustbein an und bilden im wesentlichen das Brustfleisch.

Der *oberflächliche Brustmuskel, M. pectoralis superficialis,* entspringt ventral an der Brustbeingräte sowie am Schlüsselbein und setzt am Tuberculum laterale des Oberarmkopfes an. Er ist ein Niederzieher des Flügels. Seine Fasern verlaufen schräg von unten-hinten schulterwärts.

Der *tiefe Brustmuskel, M. pectoralis profundus,* liegt unter dem oberflächlichen Brustmuskel und dadurch dem Brustbein fest an. Kranial ist er außerdem mit dem Schlüsselbein verbunden. Seine schmale Endsehne tritt durch ein Loch im Schultergelenk (For. triosseum) hindurch und setzt dann ebenfalls lateral am Oberarmkopf an. Infolge des Verlaufs der Endsehne durch das For. triosseum wirkt der tiefe Brustmuskel als Heber des Flügels. Dieser Muskel ist schmaler als der oberflächliche Brustmuskel und deutlich gefiedert.

Von den letzten Hals- und den Brustwirbeln bzw. von den Rippen zum Schulterblatt verlaufen folgende Muskeln: M. trapezius, M. rhomboideus superf. und prof., M. serratus ventr. superf. Pars cran. und caud. sowie der M. serratus prof.

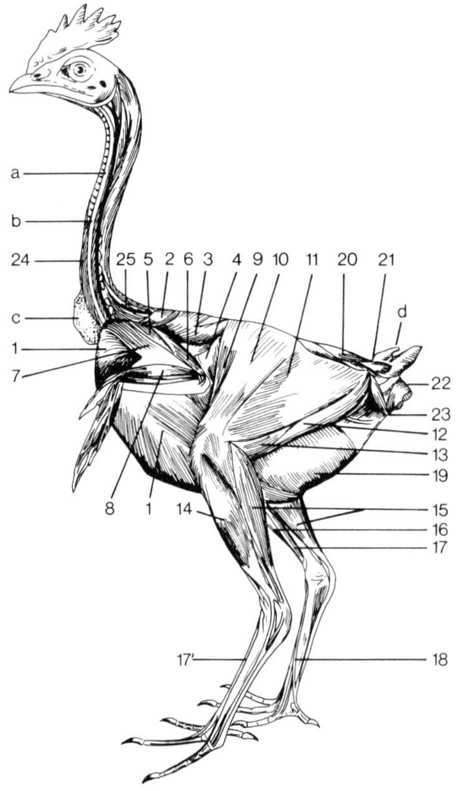


Abb. 7. Oberflächliche Muskeln eines Huhnes, linke Seitenansicht, nach SCHUMMER 1973. 1 M. pectoralis superf.; 2 M. trapezius; 3 M. latissimus dorsi; 4 M. serratus ventr.; 5 M. deltoideus; 6 M. triceps brachii; 7 M. tensor patagii longus; 8 M. extensor carpi radialis; 9 M. sartorius mit kran. Teil des M. glutaeus superf.; 10 M. tensor fasciae latae mit kaud. Anteil des M. glutaeus superf., 11 M. biceps femoris; 12 M. semimembranosus; 13 M. semitendinosus; 14 M. fibularis longus; 15 M. gastrocnemius; 16 M. tibialis cran.; 17 M. extensor digitorum longus, 17′ seine Endsehne; 18 Endsehne des M. extensor hallucis brevis; 19 M. obliquus abdominis ext.; 20 M. levator coccygeus; 21 M. coccygeus lat.; 22 M. sphincter ani; 23 M. levator ani; 24 M. longus colli; 25 M. longissimus cervicis. a Luftröhre; b Drosselvene; c Kropf; d Bürzeldrüse.

Der M. latissimus dorsi entspringt an den Dornfortsätzen der kranialen und der kaudalen Brustwirbel und setzt lateral am Humeruskopf an. Er trägt den Flügel in Ruhelage. Die Pars metapatagialis des M. serratus ventr. superf. entspringt an den Hakenfortsätzen der Rippen und spannt die Flughaut.

**Muskeln an der Schulter und am Oberarm**

Von diesen Muskeln sind vor allem der M. biceps brachii und der M. triceps brachii zu erwähnen.

Der *M. biceps brachii* entspringt am Rabenbein, am Schlüsselbein und am proximalen Ende des Oberarmbeins und endet proximal an den Unterarmknochen. Er ist der wichtigste Beuger des Ellbogengelenks. In dieser Funktion wird er von dem *M. brachialis* unterstützt, der medial über das Ellbogengelenk verläuft.

Der *M. triceps brachii* entspringt am Schulterblatthals (Caput longum) und proximal am Oberarmbein (Capita humeralia). Er setzt am Ellbogenhöcker der Elle an und ist ein Strecker des Ellbogengelenks. In seiner Endsehne ist häufig ein Sesambein, die sog. Patella cubiti, ausgebildet. Das Ellbogengelenk wird darüber hinaus von dem M. anconeus und dem M. ectepicondyloulnaris gestreckt.

Ferner sind vorhanden:

Als Heber des Flügels: der M. deltoideus minor, der M. scapulohumeralis cran. und caud. und der M. supracoracoideus.

Als Niederzieher des Flügels: der M. subscapularis und der M. coracobrachialis.

Als Beuger des Schultergelenkes: der M. deltoideus major.

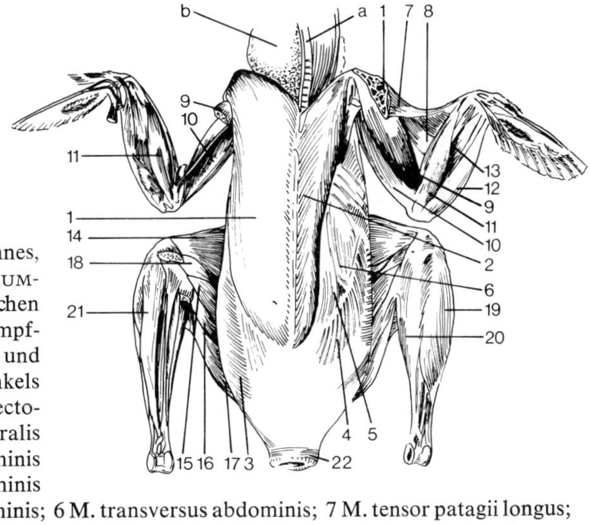


Abb. 8. Muskeln eines Huhnes, Ventralansicht, nach SCHUMMER 1973. Die oberflächlichen Muskeln der linken Rumpfseite, des rechten Flügels und des rechten Unterschenkels sind abpräpariert. 1 M. pectoralis superf.; 2 M. pectoralis prof.; 3 M. obliquus abdominis ext.; 4 M. obliquus abdominis internus; 5 M. rectus abdominis; 6 M. transversus abdominis; 7 M. tensor patagii longus; 8 M. patagii brevis; 9 M. biceps brachii; 10 M. triceps brachii; 11 M. pronator longus et brevis; 12 M. flexor carpi ulnaris; 13 M. flexor digitorum prof.; 14 M. sartorius; 15 M. abductor; 16 M. gracilis; 17 M. semimenbranosus; 18 M. quadriceps femoris, vastus med.; 19 M. fibularis longus; 20 M. gastrocnemius; 21 M. tibialis cran.; 22 M. sphincter cloacae. a Luftröhre; b Kropf.

**Muskeln am Unterarm und an der Hand**

Das Karpalgelenk wird im wesentlichen von dem *M. extensor carpi radialis* und dem *M. extensor carpi ulnaris* gestreckt, die distal am Oberarmbein entspringen, kranial und lateral am Unterarm gelegen sind und an den Mittelhandknochen ansetzen. Die Beugung des Karpalgelenks erfolgt durch den *M. flexor carpi radialis* und den *M. flexor carpi ulnaris,* die ebenfalls distal am Oberarmbein entspringen, jedoch kaudal und medial am Unterarm entlang verlaufen. Sie enden am 2. Mittelfußknochen bzw. am Os carpi ulnare. Die spezielle Form der Gelenkenden der Unterarmknochen bewirkt, daß Ellbogen- und Karpalgelenk stets gemeinsam gestreckt und gebeugt werden (vgl. Seite 26). Darüber hinaus liegen mehrere Muskeln zum Strecken bzw. Spreizen der Finger sowie als Beuger derselben im Bereich des Unterarms sowie der Mittelhand. Vier Spannmuskeln der Flughaut unterstützen die Retraktion der elastischen Membran beim Zusammenlegen des Flügels nach dem Erschlaffen der Streckmuskeln.

## 4.2 Muskeln der Beckengliedmaße

**Muskeln am Becken und am Oberschenkel**

Kraniale Gruppe:

Kranial und lateral liegen der *M. glutaeus superf.*, der *M. glutaeus medius* und der *M. glutaeus prof.* Sie entspringen am Darmbein und setzen am großen Umdreher des Oberschenkelknochens oder in dessen Umgebung an. Die kraniale Portion des M. glut. superf. wirkt, ebenso wie der *M. sartorius* und der *M. pectineus* als Beuger des Hüftgelenks. Die übrigen Anteile der Glutäenmuskeln strecken dieses Gelenk. Als Strecker des Hüftgelenks wirken auch der *M. obturator internus* und der *M. obturator externus,* der *M. quadratus femoris* sowie der *M. cruralis caudalis.* Kranial vor dem Oberschenkelknochen liegt vor allem auch der *M. quadriceps femoris.* Er entspringt proximal am Oberschenkelknochen und setzt proximal an dem Schienbein an. In seine Endsehne ist die Kniescheibe als Sesambein eingelagert. Er ist der wichtigste Streckmuskel des Kniegelenks. In dieser Funktion wird er unterstützt von dem *M. tensor fasciae latae* und dem *M. pectineus.*

Kaudale Gruppe:

Diese Muskelgruppe setzt sich aus dem lateral gelegenen *M. biceps femoris* und den weiter medial liegenden *M. semitendinosus* und *M. semimembranosus* zusammen.* Die genannten Muskeln entspringen an den kaudalen Abschnitten des Beckens und teilweise auch an den Querfortsätzen des Synsacrum bzw. der kranialen Schwanzwirbel. Sie enden in der Unterschenkelfaszie bzw. distal am Oberschenkelknochen und beugen das Kniegelenk. Bei fixiertem Kniegelenk im Stande richten sie den Rumpf auf und strecken das Kniegelenk.

**Muskeln am Unterschenkel**

Kranial am Unterschenkel liegen die Beuger des Tarsometatarsalgelenkes und die Strecker der Zehengelenke. Dieser Gruppe gehören an:

---

* Wegen der zweifelhaften Homologie dieser Muskeln mit jenen der Säuger werden von anderen Autoren die Bezeichnungen *M. iliofibularis, M. flexor cruris lat.* und *M. flexor cruris med.* vorgezogen.

Der *M. tibialis cran.*, der *M. extensor digitorum pedis longus,* der *M. extensor digitorum pedis brevis* und der *M. extensor hallucis brevis.*

Kaudal am Unterschenkel befinden sich die Strecker des Tarsometatarsalgelenkes. Von diesen sind besonders zu erwähnen: der *M. gastrocnemius,* der *M. tibialis caudalis* und der *M. flexor digitorum pedis prof.*

Die genannten Muskeln am Unterschenkel entspringen distal am Oberschenkelknochen bzw. proximal am Schienbein. Sie setzen am Laufknochen bzw. an den Zehenknochen an.

## 4.3 Muskeln des Rumpfes

Aus der großen Zahl der z. T. sehr kleinen Rumpfmuskeln sind besonders die Zwischenrippenmuskeln und Bauchmuskeln hervorzuheben.

**Zwischenrippenmuskeln**

Die *Mm. intercostales extt.* verbinden in kaudoventralem Verlauf jeweils den Kaudalrand und den Proc. uncinatus der Rippen mit dem Kranialrand der folgenden Rippen. Sie erweitern den Brustkorb zur Inspiration. In gleicher Weise wirken die Mm. levatores costarum, die von den Querfortsätzen der Brustwirbel zum kranialen Rippenrand verlaufen.

Die *Mm. intercostales intt.* haben kranioventralen Verlauf und kontrahieren sich bei der Exspiration.

**Bauchmuskeln**

Die Bauchmuskeln der Vögel sind verhältnismäßig schwach entwickelt. Dennoch sind sie mit ihren breiten Endsehnen wesentlicher Bestandteil der Bauchwand, die sie nach Art gegeneinander versetzter Gurte festigen.

Infolge der weitgehenden Verschmelzung der Rumpfwirbelsäule und des Beckens werden die Bauchmuskeln indessen nicht zur Fixierung des Rumpfes benötigt. Dafür wirken sie jedoch verstärkend bei der Exspiration mit, vor allem im Flug, wenn der Brustkorb als Widerlager für die Flugmuskeln festgestellt wird. Außerdem müssen die Bauchmuskeln die Funktion des Zwerchfells der Säugetiere übernehmen.

Das System der Bauchmuskeln setzt sich zusammen aus dem *M. obliquus externus abdominis* mit kaudoventralem Verlauf, dem *M. obl. int. abd.* mit kranioventralem Verlauf, dem *M. rectus abdominis* mit kraniokaudalem Verlauf und dem *M. transversus abdominis* mit dorsoventralem Verlauf. Mit Ausnahme des M. rectus abd. gehen diese Muskeln nach muskulösem Ursprung in breite Endsehnen über, die miteinander verschmelzen.

Auf die Bechreibung der einzelnen Muskeln an der Wirbelsäule und am Schwanz sowie zwischen der Halswirbelsäule und dem Kopf kann in diesem Rahmen verzichtet werden. Sie entsprechen weitgehend denjenigen der Säugetiere und dienen der Bewegung bzw. Feststellung der Wirbelsäule, besonders am Hals der Vögel. Hervorzuheben ist jedoch, daß unter der Haut des Rumpfes kräftige *Hautmuskeln* zur Bewegung der Haut und des Federkleides ausgebildet sind.

### 4.4 Muskeln des Kopfes

Entsprechend der typischen Schädelbildung sind bei den Vögeln am Kopf vor allem solche Muskeln ausgebildet, die der Bewegung des speziellen Öffnungs- und Schließmechanismus des Schnabels sowie differenzierten Bewegungen der in sich starren Zunge dienen. Da ihre praktische Bedeutung jedoch gering ist, wird in bezug auf Einzelheiten auf die Spezialliteratur verwiesen.

## 5 Blut und Blutkreislauf

### 5.1 Blut

Das Blut setzt sich aus der Blutflüssigkeit (Blutplasma) und den Blutkörperchen zusammen. Das Blutvolumen nimmt in Relation zur Körpermasse mit dem Wachstum der Vögel ab. In der ersten Woche beträgt es etwa 12 % derselben. Bei ausgewachsenen Tieren wurden Werte von 6,5–8 % beim Huhn und 9,2 % bei der Taube bestimmt. Bei einer 1,7–2 kg schweren Henne sind das ca. 130 ml. Das Verhältnis von Blutkörperchen zu Blutplasma in Volumenprozent gibt der *Hämatokritwert* an. Er ist bei der Taube besonders hoch.

Tab. 1. Hämatokritwerte des Hausgeflügels in Vol.% (nach SCHWARZE und SCHRÖDER 1972)

| Huhn | Gans | Ente | Taube |
|---|---|---|---|
| 46,0 | 44,5 | 39,5 | 58,5 |

In dem *Blutplasma* sind vor allem Eiweißkörper, Fettstoffe (Lipide) und Kohlenhydrate sowie Mineralstoffe und Spurenelemente gelöst. Darüber hinaus werden mit dem Blut zahlreiche Abbauprodukte, Gase und Hormone transportiert. Nicht zuletzt dient es dem Wärmetransport zur Körperoberfläche bzw. zu den Atmungsorganen. Entzieht man dem Blutplasma das Protein Fibrinogen, indem man dieses zu Fibrin gerinnen läßt, so erhält man *Blutserum*. Blutserum ist also Blutplasma ohne Fibrin. Außer als Transportmedium wirkt das Blut aufgrund der gelösten Stoffe auch als Puffer gegen pH-Verschiebungen, insbesondere mittels der $HCO_3$-Ionen(Alkalireserve). Seine Eiweiße entfalten einen osmotischen Druck (onkotischer Druck), der unter anderem für den Wiedereintritt von Gewebswasser in den venösen Schenkel der Kapillaren verantwortlich ist.

Die Bluteiweiße gliedert man in Albumine und Globuline, letztere bilden Unterfraktionen, die als $\alpha$- und $\beta$-Globuline bezeichnet werden. Auch sie können weiter aufgeteilt werden. Die Albumine sind vor allem osmotisch wirksam. Die $\alpha$- und ein Teil der $\beta$-Globuline dienen als Transporteiweiße. Die $\gamma$-Globuline und ein Teil der $\beta$-Globuline wirken als Immunglobuline bei der Erregerabwehr. Der Eiweißgehalt, vor allem der Fibringehalt, beeinflußt zusammen mit anderen Faktoren wesentlich die *Blutkörperchensenkungsgeschwindigkeit*. Diese beträgt beim Geflügel durchschnittlich 1,5–4 mm/h im senkrecht stehenden Röhrchen.

Lipide treten vor allem während ihres Transportes, also nach der Nahrungsaufnahme und beim Abbau von Fettgewebe während des Hungerns, gehäuft auf.

Unter den Kohlenhydraten ist vor allem die Glukose zu nennen, deren Blutspiegel von der Leber unter hormonellem Einfluß, insbesondere des Insulins, geregelt wird. Der Blutzuckerspiegel beim Geflügel ist höher als bei den Säugetieren. Werte wurden vor allem für das Huhn erarbeitet. Sie differieren stark und liegen im allgemeinen zwischen 220 und 280 mg/100 ml.

Die *roten Blutkörperchen, Erythrozyten,* der Vögel sind oval und haben eine Größe von 12 × 6–7,5 μm. Sie werden im Knochenmark gebildet und enthalten einen Kern. Ihr Farbstoff, das Hämoglobin, bindet in den Lungenkapillaren Sauerstoff reversibel, der in den Geweben, entsprechend dem Partialdruck, wieder abgegeben wird. Voraussetzung ist die Zweiwertigkeit des Eisenatoms im Hämoglobin. Wird dieses, z. B. infolge Schädigung durch chemische Substanzen, dreiwertig, so kann der Sauerstoff nur noch irreversibel gebunden werden, und die Erythrozyten verlieren ihre $O_2$-Transportfähigkeit. Dasselbe ist der Fall, wenn sich Kohlenmonoxid (CO), z. B. bei Schwelbränden, an Hämoglobin bindet. Über den Hämoglobingehalt der Erythrozyten gibt der *Hämoglobinwert* des Blutes (Tab. 2) in Verbindung mit der Erythrozytenzahl Auskunft. Die *Erythrozytenzahl/mm*$^3$ ist bei den Vögeln verhältnismäßig niedrig (vgl. Tab. 3). Bei Jungtieren ist sie niedriger als bei erwachsenen und bei männlichen höher als bei weiblichen Tieren. Während der Legeperiode fällt sie ab. Die Erythrozyten haben eine Lebensdauer von 20–35 (45) Tagen. Sie werden wohl vorwiegend in der Leber, nicht so sehr in der Milz abgebaut.

Die *weißen Blutkörperchen, Leukozyten,* der Vögel gliedern sich in die gleichen Gruppen wie die der Säugetiere, und zwar in Granulozyten, Monozyten und Lymphozyten. Die Leukozyten wechseln in ihrer Zahl unter dem Einfluß von Fütterung, Alter, Umwelteinflüssen etc. sehr stark, so daß die angegebenen Werte (Tab. 3) nur einen ungefähren Anhalt geben können. Die meisten Leukozyten haben auch nur eine Lebensdauer von einigen Tagen.

Die *Granulozyten* haben einen durchschnittlichen Durchmesser von 8 μm, der aber sehr große Variationen aufweist. Sie besitzen große Körnchen im Zelleib, die sich im Blutausstrich verschieden anfärben lassen. Danach unterscheidet man drei Gruppen von Granulozyten, die aber alle im Knochenmark gebildet werden.

Die *pseudoeosinophilen Granulozyten,* auch *heterophile Granulozyten* genannt, entsprechen den neutrophilen Granulozyten der Säugetiere. Ihre Granula sind dicht gelagert und länglich. Sie färben sich rot an. Daher sind diese Granulozyten im Blutausstrich leicht mit den eosinophilen Granulozyten zu verwechseln. Sie können sehr gut phagozytieren und sind maßgeblich an der unspezifischen Abwehr von Krankheitserregern beteiligt. Die *eosinophilen Granulozyten* kommen meist nur in geringer Zahl vor. Sie treten vor allem in Zusammenhang

Tab. 2. Hämoglobingehalt des Blutes in g/ml (Diverse Autoren, zit. nach STURKIE 1976) 1976)

| | |
|---|---|
| Huhn | 8,9– 9,7 |
| Truthuhn | 12,5–15,0 |
| Taube | 13,7–16,1 |

Tab. 3. Durchschnittszahlen der Blutkörperchen der Hausvögel (nach SCHERMER 1950/54 und SOLIMAN 1959, aus SCHUMMER 1973)

| Vogelart | Erythrozyten | Leukozyten | | | | | | Thrombozyten |
|---|---|---|---|---|---|---|---|---|
| | Zahl | Zahl | in Prozenten | | | | | Zahl |
| | Mill. in 1 mm³ | Tausende in 1 mm³ | Lymphozyten | Pseudoeosinophile | Eosinophile | Basophile | Monozyten | Tausende in 1 mm³ |
| Huhn | 3,5 (3–4,5) | 20–30 | 60 (65) | 30 (20–50) | 5 (2–8) | 3 (1–5) | 2 (1–4) | 30 (75) |
| Truthuhn | 2,5 | 33 | 62,2 (59–64) | 28,65 (28–29,4) | 3,9 (3,6–4,2) | 2,95 (2,6–3,4) | 2,3 (1,8–3,2) | |
| Ente | 2,8 | 23,4 | 64,25 (60,2–68,4) | 21,05 (19–24,2) | 5,75 (5,4–6,4) | 5,4 (4–6) | 3,55 (3–4,2) | |
| Gans | 2,8 (2,6–3,3) | 24,5 | 49,20 (40,6–55,6) | 34,15 (32–35,8) | 14,55 (12,6–16) | 1,25 (1–1,4) | 0,85 (0,4–1,2) | |
| Taube | 2,45–3,9 | 9,9–22,3 | 57,9 (49,2–60,6) | 31,15 (29,4–33,2) | 6,15 (5,8–6,6) | 2,35 (2–2,6) | 2,45 (1,8–3) | 7–27 |

mit allergischen oder parasitären Erkrankungen sowie in chronisch entzündlichem Gewebe auf. Ihre Granula sind im Gegensatz zu denjenigen der pseudoeosinophilen Granulozyten rund und etwas weniger zahlreich. Der Kern ist weniger stark segmentiert. Die *basophilen Granulozyten* kommen etwa in gleicher Häufigkeit vor wie die eosinophilen. Ihre Granula färben sich in der Regel blau, gelegentlich aber auch nur sehr schwach. Ihre Funktion ist noch wenig geklärt.

Die *Lymphozyten* sind die häufigsten Leukozyten der Vögel. Nach der Größe unterscheidet man große Lymphozyten mit einem Durchmesser von 11–15 und kleine Lymphozyten mit einem Durchmesser von 4–10 $\mu$m. Ihr Kern ist rund, und ihr Zytoplasmasaum ist schmal. Die großen Lymphozyten sind als Übergangsformen anzusehen. Wichtiger ist die Gliederung in T- und B-Lymphozyten.

Alle Lymphozyten sind mittels ihrer Fähigkeit zur Bildung von Immunglobulinen, die als Antikörper wirken, in die spezifische Infektionsabwehr eingeschaltet. Die T-Lymphozyten weisen jedoch eine besondere Abhängigkeit vom Thymus auf. Die B-Lymphozyten werden vor allem in der Bursa Fabricii dorsal der Kloake gebildet (s. Seite 49). Zur Aufrechterhaltung einer belastungsfähigen Immunität ist ein kompliziertes Zusammenwirken dieser Zellen notwendig, in das auch die Monozyten eingeschaltet sind. Die meisten Lymphozyten sind kurzlebig. Einzelne vermögen jedoch mehrere Jahre zu überdauern. Nach dem erneuten Kontakt mit spezifischen Krankheitserregern oder anderem Antigen reagieren sie mit raschen Zellteilungen und Antikörperproduktion. Sie werden daher memory cells genannt. Lymphozyten werden außer im Thymus und in der Bursa Fabricii auch in allen Lymphgeweben und im Knochenmark gebildet.

Die *Monozyten* des Geflügels sind nur schwer von den Lymphozyten zu unterscheiden. Ihr Kern ist mehr nierenförmig und ihr Zytoplasmasaum ist etwas größer. Sie haben einen durchschnittlichen Durchmesser von 8–17 $\mu$m und sind ausgesprochene Phagozyten. Außer im Knochenmark werden sie mit großer Wahrscheinlichkeit auch in den Geweben aus Zellen gebildet, die den Gefäßwänden angelagert sind.

Die *Blutplättchen, Thrombozyten,* der Vögel sind viel größer als diejenigen der Säugetiere. Sie sind durchschnittlich 8 $\mu$m lang und 5 $\mu$m breit, können aber auch wesentlich größer sein. Wegen ihrer Form werden sie auch als *Spindelzellen* bezeichnet, und wegen ihrer Größe können sie mit Erythrozyten verwechselt werden. Im Gegensatz zu diesen besitzen sie jedoch keinen Blutfarbstoff. Man vermutet, daß sie aus den gleichen Stammzellen im Knochenmark hervorgehen wie die Erythrozyten. Das ist ein wesentlicher Unterschied zu den Thrombozyten der Säugetiere, die sich von Riesenzellen (sog. Megakaryozyten) abschnüren. Die Thrombozyten enthalten das an der Blutgerinnung beteiligte Enzym Thrombokinase (Thromboplastin, Plättchenfaktor). Darüber hinaus sind Vogelthrombozyten aber auch zur Phagozytose von Zellen und Krankheitserregern fähig. Nach Sterz und Weiss sind sie als Makrophagen anzusehen, die in der Infektionsabwehr eine wichtige Rolle spielen.

**Blutgruppen**

Beim Huhn sind nach Gilmour mindestens 11 Blutgruppensysteme ausgebildet, die jeweils von einem Genort abhängen. Einige von ihnen könnten, ähnlich wie beim Säugetier, zur Identitäts- und zur Elterntierbestimmung herangezogen werden. Dem steht jedoch der damit verbundene Aufwand entgegen. Besonders die Systeme A, B und C sind sehr komplex, während andere Systeme nur in einzelnen Inzuchtlinien nachweisbar waren.

**Blutgerinnung**
Die Blutgerinnung als unabdingbare Voraussetzung zum Verschluß zerstörter Blutgefäße und damit Schutz vor dem Verbluten beruht auf der Umwandlung des im Blutplasma enthaltenen Fibrinogens in Fibrin. Daran sind zahlreiche Faktoren beteiligt, die als Gerinnungsfaktoren (I–V und VII–XIII) bezeichnet werden. Die wichtigsten sind das Thromboplastin aus den Plättchen bzw. aus dem Bindegewebe, Blutkalzium und Prothrombin, zu dessen Synthese Vitamin K benötigt wird. Wenn auch die Blutgerinnung bei den Vögeln im Prinzip ähnlich abläuft wie bei den Säugetieren, so scheinen doch gewisse Unterschiede zu bestehen, insbesondere in bezug auf die überwiegende Bedeutung des Gewebsthromboplastins gegenüber dem Plättchenthromboplastin.

## 5.2 Blutkreislauf

**Herz, Cor**
Wie bei den Säugetieren wird das Herz von einem straffen *Herzbeutel, Pericardium,* umhüllt. Zwischen Herz und Herzbeutel verbleibt die Herzbeutelhöhle, Cavum pericardii, die eine geringe Menge klarer, bernsteinfarbener Herzbeutelflüssigkeit, Liquor pericardii, enthält. Die Außenfläche des Herzbeutels ist mit dem Halsluftsack und den beiden kranialen Brustluftsäcken sowie mit dem Brustbein, der Brustwirbelsäule und der Leber verbunden.

Das Herz der Vögel ist kegelförmig und im Vergleich zum Körpergewicht größer als beim Säugetier (s. Tab. 4).

Tab. 4. Herzgewicht in Prozent des Körpergewichts (nach SCHUMMER 1973)

| | |
|---|---|
| Huhn, große Rassen | 0,5 % |
| Huhn, kleine Rassen | 1,42 % |
| Truthuhn | 0,5 % |
| Ente, Gans | 0,8 % |
| Taube | 1,1–1,4 % |

Wie beim Säugetier sind zwei *Vorkammern, Atrium dextrum* und *sinistrum,* sowie 2 *Kammern, Ventriculus dexter* und *sinister,* ausgebildet. In die rechte Vorkammer münden eine hintere und zwei vordere Hohlvenen. In die kleinere linke Vorkammer treten zwei Lungenvenen ein. Muskelbalken, die in das Vorkammerlumen hineinragen, wirken in beiden Vorkammern als Klappen für die Venen, so daß der Rückfluß des Blutes verhindert wird.

Vorkammern und Kammern sind durch eine Bindegewebsplatte getrennt, die von der rechten und der linken Vorkammer-Kammeröffnung, Ostium atrioventriculare dext. und sin., sowie von dem Atrioventrikularbündel (Hissches Bündel) des Erregungsleitungssystems durchbrochen wird. Anstelle der rechten Segelklappe ist bei den Vögeln ein lateraler Muskelwulst ausgebildet, der zusammen mit einer Vorwölbung der Scheidewand die rechte Öffnung während der Systole verschließt. Die linke Öffnung enthält eine Segelklappe, Valva atrioventricularis sin., die bei den Vögeln dreizipfelig ist. Die Innenräume sind von dem dünnen *Endokard* ausgekleidet, das ebenso wie der äußere Herzüberzug, *Epikard,* und die Auskleidung des Herzbeutels von einem einschichtigen Plattenepithel bedeckt ist.

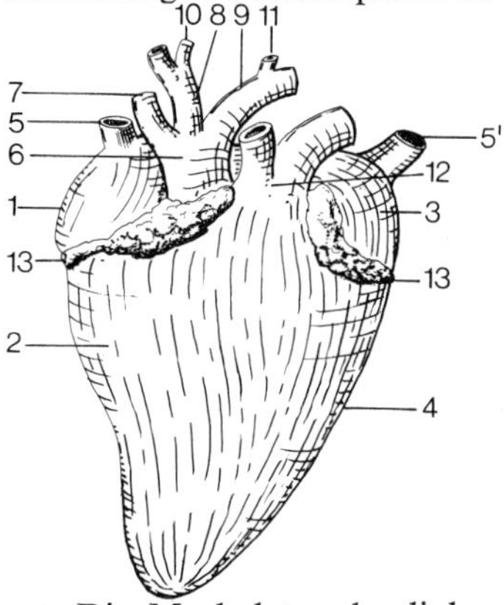


Abb. 9. Herz eines Huhnes, Ansicht von ventral, nach SCHWARZE und SCHRÖDER 1972, geringgradig verändert. 1 rechte Vorkammer; 2 rechte Kammer; 3 linke Vorkammer; 4 linke Kammer; 5 rechte, 5′ linke vordere Hohlvene; 6 Aorta ascendens; 7 Aorta descendens; 8 und 9 rechte bzw. linke A. brachiocephalica; 10 und 11 rechte bzw. linke A. carotis communis; 12 A. pulmonalis; 13 Fettgewebe um die Herzkranzgefäße.

Der Herzmuskel wird als *Myokard* bezeichnet. Die Muskulatur der linken Kammerwand ist doppelt so dick wie die der rechten. Die Anfangsabschnitte der aus der rechten Kammer entspringenden Körperschlagader, Aorta, und der aus der linken Kammer hervorgehenden Lungenschlagader, Truncus pulmonalis, sind von Knorpel gestützt.

**Herzfunktion**

Die rechte Vorkammer nimmt das venöse Blut auf und gibt dieses durch Kontraktion während der Kammererschlaffung *(Diastole)* an die rechte Kammer weiter. Diese pumpt das Blut während der Kammerkontraktion *(Systole)* durch die Lungenarterie in die Lunge, wo es mit Sauerstoff angereichert wird. Anschließend gelangt das Blut über die beiden Lungenvenen in die linke Vorkammer und die linke Kammer, von der aus es über die Aorta wieder dem Körper zugeführt wird.

Der Kontraktionsreiz wird im *Sinusknoten,* Nodus sinuatrialis, gebildet, von dem aus die Muskelerregung über die Vorkammern zum *Atrioventrikularknoten,* Nodus atrioventricularis, geleitet wird. Von hier aus wird sie mit einer kurzen Verzögerung auf das *Atrioventrikularbündel,* Hissches Bündel, Fasciculus atrioventricularis, und damit auf die Kammermuskulatur übergeleitet. Dort übernehmen vor allem die Purkinjeschen Fasern, abgewandelte Herzmuskelzellen, die Erregungsleitung.

Die *Herzschlagfrequenz* der Vögel ist sehr hoch (s. Tab. 5) und wird vom vegetativen Nervensystem beeinflußt.

Sie ist abhängig von dem Alter, dem Geschlecht, der Umgebungstemperatur, der Körpertemperatur, der Bewegung (besonders im Flug), der Erregung und anderen Faktoren.

Die bei einem Herzschlag von einer Herzkammer ausgestoßene Blutmenge wird als Schlagvolumen bezeichnet. Die in einer Minute geförderte Blutmenge ist das Minutenvolumen.

Tab. 5. Herzschlagfrequenz in Schlägen/Min.

| | |
|---|---|
| Huhn | 350–470 |
| Taube | 150–250 |
| Truthuhn | 200–280 |
| Gans | 200 |
| Ente | 175–190 |

**Blutgefäße**

Die Blutgefäße verbinden das Herz mit der Peripherie. Die Strombahn von der rechten Herzkammer durch die Lunge zur linken Herzvorkammer wird als kleiner Kreislauf, die Strombahn von der linken Kammer durch den Körper zur rechten Vorkammer als großer Kreislauf bezeichnet.

Die vom Herz wegführenden Gefäße werden Arterien genannt. Die zum Herz führenden Gefäße heißen Venen. Diese Bezeichnung ist unabhängig vom Sauerstoffgehalt des Blutes. Arterien sind im allgemeinen dickwandiger als Venen. Herznahe Arterien enthalten viele elastische Fasern und als Besonderheit bei den Vögeln starke Bindegewebslager mit kollagenen Fasern (Büssow 1973). Sie sind stark dehnungsfähig. Die peripheren Arterien besitzen dagegen vorwiegend glatte Muskelzellen in ihrer Wand zur Regulation des Blutdurchflusses.

Die Kapillaren, Haargefäße, verbinden Arterien und Venen in den Geweben. Sie sind sehr dünnwandig und ermöglichen den Stoff- und Gasaustausch.

**Arterien**

Die *Körperschlagader, Aorta,* entspringt an der Herzbasis aus der linken Herzkammer. In bogenförmigem Verlauf wendet sie sich schwanzwärts und legt sich als Aorta descendens der Wirbelsäule an.

Im Aortenbogen entspringen die *A. brachiocephalica sinistra* und die *A. brachiocephalica dextra,* die sich nach kurzem Verlauf jeweils in eine *A. carotis communis* (Halsschlagader) und eine *A. subclavia* teilen. Die Halsschlagadern begleiten die Luftröhre und die Speiseröhre unter Abgabe mehrerer Äste kopfwärts, wo sie sich weiter aufteilen.

Aus den Aa. subclaviae gehen die Arterien für das Brustgebiet und die Flügel hervor. Zu erwähnen ist besonders die *A. axillaris* als Stammarterie für den Flügel, die in Höhe des Schultergelenks in die *A. brachialis* übergeht. Diese teilt sich am Unterarm in die *A. ulnaris* und die *A. radialis.* Diese Gefäße liegen medial am Flügel.

Die *Aorta descendens* entläßt im Brustraum segmental *Aa. intercostales.* Weiter kaudal entspringen die *A. coeliaca,* die im wesentlichen Magen, Zwölffingerdarm, Bauchspeicheldrüse, Milz, Leber sowie die mittleren Abschnitte der Blinddärme versorgt, und die *A. mesenterica cranialis* für den Leerdarm und die Blinddarmspitzen. Die *A. mesenterica caudalis* zweigt in der Beckenhöhle aus der Aorta ab und versorgt den Grimmdarm und die Kloake.

Die Arterien für die kranialen Nierenlappen und die Keimdrüsen (Hoden, Eierstock) entspringen in Höhe des Übergangs der Brust- in die Lendenwirbelsäule jederseits mit einem gemeinsamen Stamm. Die mittleren und die kaudalen Nierenlappen der rechten Seite werden von Ästen der A. ischiadica ext. dextr. versorgt. Die entsprechenden Lappen der linken Seite enthalten Arterien, die entweder aus der Aorta selbst oder aus Nebengefäßen derselben entspringen.

Die *Arterien der Hintergliedmaße* gehen jederseits im wesentlichen aus einer *A. ischiadica externa* hervor. Diese geht in der Kniekehle in die *A. poplitea* über, die sich nach Abgabe mehrerer Äste in der Mitte des Unterschenkels gabelt.

**Lungenarterien**

Aus der rechten Kammer entspringt der *Truncus pulmonalis,* der sich in eine linke und eine rechte *A. pulmonalis* teilt. Diese treten von ventral in die Lungenhälften ein und folgen den Bronchen. Ihre Kapillaren legen sich zum Gasaustausch den Luftkapillaren eng an.

**Venen**

Die Venen folgen in ihrem Verlauf weitgehend den Arterien. Das Blut des Kopfes und des Halses wird über die *Drosselvenen, Vv. jugulares,* die am Hals neben Luft- und Speiseröhre verlaufen, den beiden *vorderen Hohlvenen, Vv. cavae crann.* zugeführt. Diese nehmen über die *Vv. subclaviae* außerdem noch das Blut aus den Flügeln und dem Brustgebiet auf und münden getrennt von einander (Unterschied zum Säugetier) in die rechte Herzvorkammer. Hervorzuheben ist die *V. cutanea ulnaris,* die das Ellbogengelenk medial kreuzt und sich zur Blutentnahme beim Geflügel besonders eignet. Sie geht ebenso wie die *V. brachialis* aus der *V. axillaris* hervor.

Das venöse Blut aus dem Rumpf und den Hintergliedmaßen wird dem Herz über die *hintere Hohlvene, V. cava caudalis,* zugeführt, die gleichfalls in die rechte Herzvorkammer mündet.

Zwei von den Arterien abweichende Besonderheiten sind hervorzuheben:

Die *Pfortader, V. portae,* bringt das venöse Blut vom Magen und vom Darm nicht zur hinteren Hohlvene, sondern zur Leber. In dieser durchfließt es die Leberläppchen und gelangt erst danach über die Lebervenen in die hintere Hohlvene. Gleiche Verhältnisse findet man bei den Säugetieren.

Das Blut aus den Hintergliedmaßen und einem Teil der Beckenorgane wird in der *Vena iliaca ext.* gesammelt, die in eine *V. renalis afferens* übergeht. Diese besitzt vor ihrer Einmündung in die *V. renalis efferens* eine Drosselklappe, mit deren Hilfe ein Teil des Blutes in das Nierenkapillarbett eingeschleust wird. Nach Durchfließen desselben gelangt das Blut dann über die V. renalis efferens zur relativ kurzen hinteren Hohlvene. Die physiologische Bedeutung dieser Einrichtung ist nicht bekannt. Dem Blutverlauf entsprechend ist sie als Pfortadersystem anzusehen, weil das Blut nach dem Sammeln aus einem peripheren Kapillargebiet ein weiteres Kapillargebiet durchfließt.

**Regulation des Blutstromes**

Infolge Erweiterung der Endarterien und der Kapillargefäße können Organe oder Gewebe, die einer besonderen Arbeitsleistung oder Belastung unterworfen sind, stärker durchblutet werden. Das macht Einsparungen durch Gefäßverengung in anderen Regionen erforderlich. Hierzu dienen glatte Muskelzellen in den peripheren Arterien. Die Steuerung erfolgt über das vegetative Nervensystem. *Arteriovenöse Anastomosen,* die z. B. an der Basis des Kammes und der Kehllappen gehäuft vorkommen, ermöglichen es, größere Kapillargebiete durch Kurzschließen der Strombahn vorübergehend weniger stark zu durchbluten. Andererseits wird beim Verschließen dieser Kurzschlüsse eine maximale Durchblutung erreicht, z. B. bei Kälteeinwirkung und Gefahr des Erfrierens peripherer Gewebe.

Die Venen besitzen in ihrem Lumen *Taschenklappen,* die das Rückfließen des Blutes verhindern und damit die Einhaltung der Strömungsrichtung herzwärts gewährleisten, auch wenn der Venenblutdruck niedrig ist.

Herzschlagvolumen, Herzschlagfrequenz und Weite des arteriellen und kapillaren Anteiles des Gefäßnetzes bestimmen den arteriellen und den kapillaren Blutdruck, der zur Aufrechterhaltung des Stoffaustausches in den Geweben und zur Nierenfiltration unerläßlich ist. Starke Gefäßerweiterung ausgedehnter Gebiete in der Peripherie verursacht Blutdruckabfall und Kollaps.

# 6 Lymphsystem, Systema lymphaticum

Das Lymphsystem dient der Infektionsabwehr, insbesondere bei spezifischen Infektionen. Darüber hinaus können Zelltrümmer und kleinste Fremdkörper beseitigt werden.

Zum Lymphsystem gehören die Lymphgefäße, die Lymphknoten und Lymphfollikel, die Milz, die Bursa Fabricii und der Thymus.

## 6.1 Lymphgefäße und Lymphknoten

In den *Lymphgefäßen* wird ein Teil der Interzellularsubstanz, angereichert mit weißen Blutkörperchen, parallel den Venen herzwärts transportiert. In Herznähe münden sie in die großen Venen. Ein Teil der Lymphe des Rumpfes wird in zwei großen Lymphgängen, *Ductus thoracici,* abgeleitet. Die Lymphgefäße sind sehr dünnwandig und besitzen bei den Vögeln nur wenige Taschenklappen. Lymphgefäße mit muskulöser Wand an der Schwanzbasis sind zur Pulsation befähigt und werden als *Lymphherzen* bezeichnet.

*Lymphknoten* als Filtereinrichtung fehlen bei Huhn und Taube. Bei Ente und Gans sind zwei Paar Lymphknoten bzw. Lymphknotenpakete ausgebildet, und zwar die *Halslymphknoten, Lnn. cervicothoracales,* an der Halsbasis und die *Lendenlymphknoten, Lnn. lumbales,* in der Beckenhöhle unterhalb der Wirbelsäule. Sie weisen einen wesentlich einfacheren Bau auf als die Lymphknoten der Säugetiere und besitzen keine Kapsel und keine Trabekel. In einem weitmaschigen Netzwerk (Reticulum) sind zahllose Lymphozyten gelagert, die sich beim Kontakt mit Krankheitserregern vermehren. Außer in den Lymphknoten sind Lymphozyten in zahlreichen Organwandungen, besonders im Atmungsapparat und im Magen-Darmkanal als sog. *Lymphfollikel* angereichert. Vor allem in den Blinddärmen sind diese Lymphfollikel stark ausgeprägt. Sie werden dort als *Blinddarmmandeln,* Zäkaltonsillen, bezeichnet.

## 6.2 Milz, Lien, Splen

Sie ist ein braunrotes, kugeliges bis längliches Organ, das dorsal in der Leibeshöhle, nahe dem rechten Leberlappen liegt. Eine kräftige Kapsel umgibt Blutspeicherräume (rote Milzpulpa) und retikuläre Gebiete mit Lymphozyten (weiße Milzpulpa), die von Trennwänden, Trabekeln, durchzogen werden. In der roten Milzpulpa werden Erythrozyten gespeichert und überalterte bzw. geschädigte Erythrozyten vernichtet. Die weiße Milzpulpa entspricht in ihrer Funktion den Lymphknoten. Die Retikulumszellen der weißen Milzpulpa und die Endothelzellen der roten Milzpulpa sind außerdem zur Phagozytose befähigt.

### 6.3 Bursa Fabricii

Die Bursa Fabricii ist ein spezielles Organ der Vögel, das 1611 von Hieronymus Fabricius entdeckt wurde. Sie liegt als sackartige Ausbuchtung dorsal der Kloake und ist bei jungen Vögeln besonders stark entwickelt. Die höchste Aktivität zeigt sie in der 2.–6. Lebenswoche. Bis zur Geschlechtsreife wird sie zurückgebildet. In ihren Hohlraum münden zahlreiche Drüsenschläuche, die von vielen Lymphfollikeln umgeben sind. Diese Lymphfollikel bilden spezielle Lymphozyten, die die Lymphknoten, die Lymphfollikel und die Milz besiedeln und Antikörper produzieren, die sie an das Blutplasma abgeben, sog. humorale Antikörper vom Ig-M-Typ und vom Ig-G-Typ. Diese Lymphozyten werden wegen ihrer Herkunft aus der Bursa Fabricii B-Lymphozyten genannt. Nach experimenteller Entfernung der Bursa ist die Immunitätsbildung der Vögel stark geschwächt.

### 6.4 Thymus

Der Thymus der Vögel besteht prinzipiell wie der der Säugetiere aus der äußeren Rinde, die unzählige Lymphozyten enthält, und dem lymphozytenärmeren Mark. Im Gegensatz zu den Verhältnissen bei den Säugetieren ist das Organ jedoch nicht einheitlich, sondern in 5–8 Lappen jederseits am Hals unterteilt. Wie die Bursa Fabricii bildet sich der Thymus im Alter mehr oder weniger zurück. Der Thymus bildet eine besondere Art von Lymphozyten, die T-Lymphozyten, die zellständige Antikörper bilden und bei der Immunitätsbildung eine zentrale Stellung einnehmen. Die Entfernung des Thymus bringt das Immunsystem zum Erliegen. Auch beim Säugetier ist inzwischen eine Trennung von B- und T-Lymphozyten möglich, jedoch können die B-Lymphozyten hier nicht so klar einem bestimmten Lymphorgan zugeordnet werden.

Immundefekte können außer durch experimentelle Entfernung oder Schädigung der Bursa Fabricii oder des Thymus durch Erbfehler, Bursa-Entzündungen, Streß u. a. bedingt sein. Sie können für die Massengeflügelhaltung Bedeutung erlangen (Kösters 1973).

## 7 Gliederung der Leibeshöhle

Im Gegensatz zu den Säugetieren besitzen die Vögel eine einheitliche Leibeshöhle, d. h. die Trennung der Brusthöhle von der Bauch- und der Beckenhöhle durch das Zwerchfell fehlt. Die Leibeshöhle der Vögel ist jedoch durch fünf Bauchfellsäcke und das System der Luftsäcke gegliedert, wobei einzelne Organe wie die Mägen, die Milz und die Nieren überhaupt außerhalb dieser serösen Höhlen liegen. Der *rechte* und der *linke ventrale Leberbauchfellsack* umschließen die ventralen Teile der jeweiligen Leberlappen, während die dorsalen Leberabschnitte von den beiden *dorsalen Leberbauchfellsäcken* umhüllt werden. Die Berührungsflächen der Leberbauchfellsäcke nehmen Bandcharakter an und dienen so als Haltevorrichtung für die Leber. Zwischen die ventralen Leberbauchfellsäcke schiebt sich von kranial der Herzbeutel ein, und nach kaudal schließt sich ihnen der *Hauptbauchfellsack* oder Eingeweidebauchfellsack an. Dieser umschließt im wesentlichen die Darmschlingen. Die Bauchfellsäcke berühren nur an wenigen Stellen die Brust- bzw. die Bauchwand, weil sie an vielen Stellen durch die Luftsäcke von diesen getrennt werden.

# 8 Atmungssystem, Apparatus respiratorius

Das Atmungssystem der Vögel unterscheidet sich in einigen Punkten wesentlich von demjenigen der Säugetiere. Die Siebbeinmuscheln fehlen, anstelle eines Kehlkopfes sind ein Kehl- und ein Stimmkopf ausgebildet, die Luftröhre wird von geschlossenen Knorpelringen gestützt, die Brusthöhle ist nicht durch das Zwerchfell von der Bauch- und Beckenhöhle getrennt, die Lungen sind breitflächig mit der Brustwand verwachsen, und ihnen sind 9 geräumige Luftsäcke angeschlossen, die außerdem viele Knochen des Skelettsystems pneumatisieren. Darüber hinaus weist der innere Bau der Lungen starke Besonderheiten auf, insofern als der Gasaustausch nicht in Lungenbläschen (-alveolen) erfolgt, sondern in sog. Luftkapillaren, die von Lungenpfeifen ausgehen und von der Atemluft durchströmt werden. Die Ausbildung der Luftsäcke und das Durchströmungsprinzip in den Lungen ermöglichen eine erheblich bessere Ausnützung der Atemluft bei stark reduzierter Lungengröße.

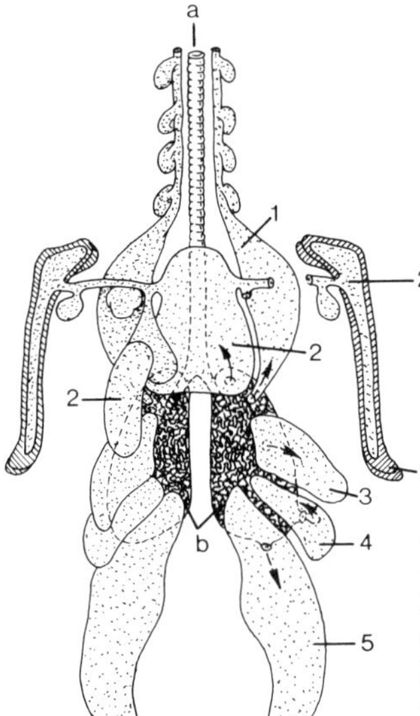


Abb. 10. Schema der Luftsäcke, Ventralansicht, nach Schwarze und Schröder 1972. 1 Halsluftsack; 2 Schlüsselbeinluftsack; 2′ seine Ausbuchtung in das Oberarmbein; 3 kranialer Brustluftsack; 4 kaudaler Brustluftsack; 5 Bauchluftsack. a Luftröhre; b Lunge; c Oberarmbein.

## 8.1 Nasenhöhlen, Cava nasi

Die Nasenhöhlen der Vögel sind klein und wenig unterteilt. Die *Nasenscheidewand,* die bei Ente und Gans in Höhe der Nasenlöcher ein kleines Loch aufweist, trennt die linke Nasenhöhle von der rechten. Die Nasenhöhlen stehen über den *Choanenspalt* mit der Schnabelhöhle in Verbindung. Dieser Choanenspalt wird nach kaudal breiter. Hier legt sich während der Atmung der Kehlkopfschlitz an. Die *Nasenmuscheln* sind klein und unbedeutend. Die mit Riechschleimhaut bedeckte dorsale Nasenmuschel ist kegelförmig und umschließt eine Muschelhöhle, die mit dem zwischen Augenhöhle und Schnabel gelegenen Sinus infraorbitalis in weiter Verbindung steht. Sie fehlt der Taube.
Die *Nasenlöcher* sind bei Ente und Gans weit, beim Huhn spaltförmig und bei der Taube infolge eines vom Schnabelrücken herabreichenden Hautwulstes (Schild) nur schnabelspitzenwärts offen. In die Nasenhöhlen münden jeweils der gleichseitige Tränennasengang und die *laterale Nasendrüse, Gland. lateralis nasi.* Das seröse Sekret der lateralen Nasendrüse feuchtet, besonders im Flug, die Nasenschleimhaut an. Diese trägt ein mehrreihiges Flimmerepithel mit Becherzellen. In der bindegewebigen Eigenschicht (Propria) befinden sich, wie auch in der übrigen Atemschleimhaut, Schleimdrüsen.

## 8.2 Kehlkopf, Larynx cranialis

Er wird von dem *Ringknorpel, Cart. cricoidea,* und zwei *Stellknorpeln, Cartt. arytaenoideae,* gestützt. Kehldeckel, Schildknorpel und Stimmbänder fehlen. Der Kehlkopf ist in seinem Eingang von kutaner, in seinem Lumen von Atemschleimhaut bedeckt.

## 8.3 Luftröhre, Trachea

Sie ist ebenfalls mit Atemschleimhaut ausgekleidet. Im Gegensatz zu den Säugetieren, bei denen Knorpelspangen das Kollabieren dieser Röhre während der Einatmung verhindern, sind bei den Vögeln hyaline Knorpelringe in großer Zahl ausgebildet (beim Huhn z. B. 108–126). Diese überlappen sich in typischer Weise mit ihren Rändern und verknöchern verhältnismäßig schnell. Sie können daher zur Altersbestimmung herangezogen werden. Der Durchmesser der Luftröhre nimmt nach kaudal ab. Das Lumen der Luftröhre und damit der respiratorische Totraum sind im Vergleich zu den Verhältnissen bei den Säugetieren groß.

## 8.4 Stimmkopf, Syrinx, Larynx caudalis

Er dient der Stimmbildung der Vögel und fehlt den Straußen und Störchen. Zur Verstärkung der Stimme kann er speziell ausgebildet sein. So ist er beim Erpel als *Paukenblase* zur Resonanzbildung nach links stark erweitert. Er besteht aus dem Endabschnitt der Luftröhre und den Anfangsabschnitten der beiden Hauptbrochen, in die sich diese teilt. Der im Teilungswinkel gelegene *Steg, Pessulus,* verknöchert. Die Anfangsabschnitte der Hauptbronchen sind nicht knorpelig gestützt und bilden *elastische Membranen, Membranae tympaniformes med. und lat.,* die – ähnlich den Stimmbändern – durch die Atemluft in Schwingungen versetzt werden können. Die Membranenspannung wird mittels des M. sternotrachealis und des M. ypsilotrachealis variiert. Der Stimmkopf wird vom Schlüsselbeinluftsack umhüllt.

## 8.5 Lungen, Pulmones

Die Lungen der Vögel sind klein und liegen der Brustwand dorsal so dicht an, daß die Rippen Eindrücke hervorrufen. Im Kontaktbereich sind sie bindegewebig mit der Brustwand verbunden, zu den Bauchorganen hin (Eingeweidefläche) sind sie von Serosa und dem rudimentären Zwerchfell bedeckt. Sie haben beim Hausgeflügel in der Seitenansicht eine mehr rechteckige, im Querschnitt dreieckige Form und reichen von der 1. Rippe bis zu den Darmbeinflügeln.

Die *Hauptbronchen, Bronchen I. Ordnung,* treten von ventromedial, zusammen mit den Ästen der Lungenarterien und der Lungenvenen, in die Lungen ein. Diese Stelle wird Lungenhilus genannt und liegt am Übergang vom vorde-

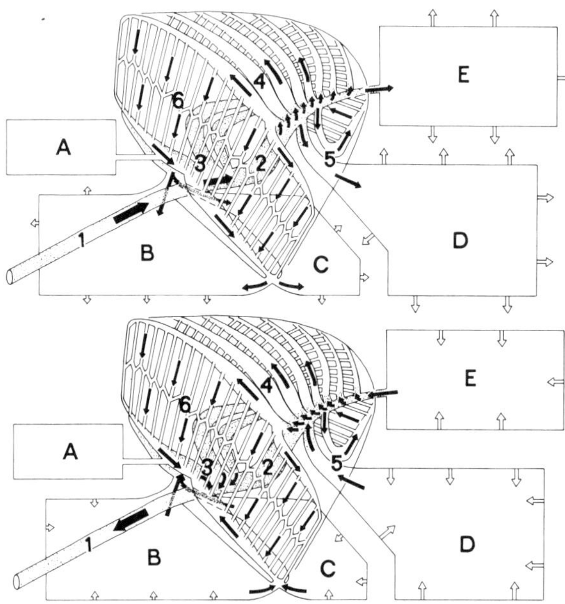


Abb. 11. Schema einer einfachen Vogellunge und ihrer Verbindungen zu den Luftsäcken, nach DUNCKER 1974. oben: Luftbewegung während der Inspiration; unten: Luftbewegung während der Exspiration. 1 Luftröhre; 2 Hauptbronchus, Mesobronchus; 3 Ventrobronchen; 4 Dorsobronchen; 5 Laterobronchen; 6 Lungenpfeifen, Parabronchen. A Halsluftsack; B Schlüsselbeinluftsack; C kranialer Brustluftsack; D kaudaler Brustluftsack; E Bauchluftsack.

ren zum mittleren Drittel der Lunge. In der Lunge verläuft der Hauptbronchus als *Mesobronchus* direkt nach kaudal und mündet in den gleichseitigen Bauchluftsack. Sein vorderer Abschnitt ist zum *Vorhof, Vestibulum,* erweitert. In diesem gehen vier sogenannte *Ventrobrochen, Bronchen II. Ordnung,* ab, die sich in den ventralen und medialen Lungenabschnitten aufteilen. Aus den kaudalen Abschnitten des Hauptbronchus treten 7–10 *Dorsobronchen* (ebenfalls Bronchen II. Ordnung) aus. Sie verlaufen in ihren Anfangsabschnitten stets nach kranial, so daß ihre Öffnung nach kaudal weist. Ebenfalls in diesem Abschnitt entspringen bei unserem Hausgeflügel aus dem Hauptbronchus sog. *Laterobronchen,* die im Gegensatz zu den Dorsobronchen gleich nach kaudal gerichtet sind und in die Neopulmo (Duncker) führen. Die Ventrobronchen sind mit den Dorsobronchen über ein ausgedehntes System von *Lungenpfeifen, Parabronchen, Bronchen III. Ordnung,* verbunden. Diese Parabronchen stellen langgestreckte Röhren dar. Ihr Durchmesser schwankt von 0,5 mm bei kleinen Vögeln bis 2 mm bei großen. Sie sind von einem 100–500 μm dicken Maschenwerk aus Luftkapillaren mit einem Durchmesser von 3–10 μm umgeben, die aus kleinen *Buchten, Atrien,* der Parabronchen entspringen und untereinander sowie mit Luftkapillaren benachbarter Parabronchen anastomosieren. Innerhalb dieses Maschenwerkes laufen Blutkapillaren radiär auf die Parabronchen zu. Luft- und

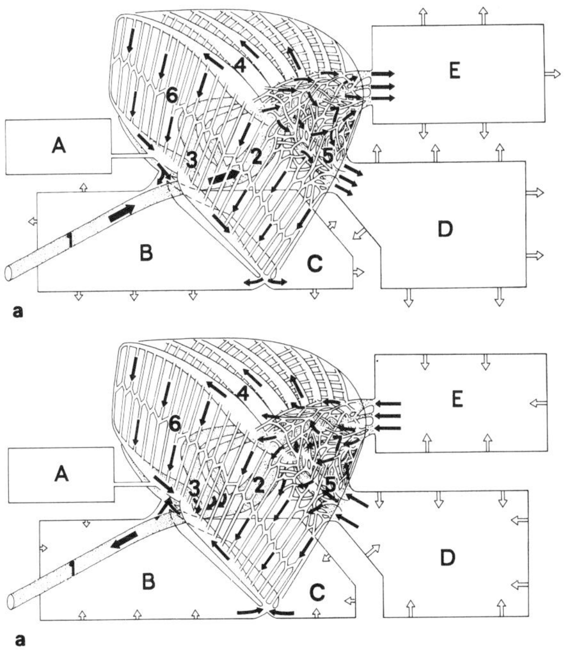


Abb. 12. Schema einer Vogellunge mit Neopulmo und ihrer Verbindungen zu den Luftsäcken, nach Duncker 1974. oben: Luftbewegung während der Inspiration; unten: Luftbewegung während der Exspiration. 1 Luftröhre; 2 Hauptbronchus, Mesobronchus; 3 Ventrobronchen; 4 Dorsobronchen; 5 Laterobronchen; 6 Lungenpfeifen, Parabronchen; 7 Parabronchen der Neopulmo. A Halsluftsack; B Schlüsselbeinluftsack; C kranialer Brustluftsack; D kaudaler Brustluftsack; E Bauchluftsack.

Blutkapillaren stehen in engstem Kontakt. Hier erfolgt der Gasaustausch an einer Fläche, die pro Volumeneinheit der Lunge erheblich größer ist als beim Säugetier. Die Laterobronchen anastomosieren ebenfalls über Parabronchen mit den Dorsobronchen bzw. den Ventrobronchen.

## 8.6 Luftsäcke, Sacci aerophori

Sie gehen in der Foetalzeit aus den Bronchen I. bzw. II. Ordnung als blasige Anhangsgebilde der Lunge hervor. Sie dienen als Blasebälge zum Transport der Atemluft durch die Lunge. Bei ihrer Zerstörung ist die Atmung erheblich gestört, soll aber noch möglich sein, wie experimentelle Untersuchungen ergaben. Die Luftsäcke sind in ein *kraniales System* und in ein *kaudales System* zu gliedern. Zu dem für die Atmung wichtigen kaudalen System gehören die paarigen Bauchluftsäcke und die paarigen kaudalen Brustluftsäcke. Die übrigen Luftsäcke zählen zum kranialen System.

Außer der genannten Funktion als Blasebälge haben die Luftsäcke Aufgaben bei der Wärmeregulation, weil über ihre große Kontaktfläche zur Atemluft große Mengen an Körperwärme abgeführt werden können, und bei der Stimmbildung. Da sie viele Knochen pneumatisieren, tragen sie zur Verminderung des Körpergewichts bei, und ihre unterschiedliche Luftfüllung soll zur Schwerpunktverlagerung im Flug dienen. Die Luftsäcke sind nur spärlich mit Blut versorgt. Sie bestehen aus einer bindegewebigen Wand, die an ihrer Außenfläche von einer Serosa bedeckt oder mit der Umgebung verwachsen ist. Die Innenauskleidung wird am Ursprung aus dem Bronchus von kubischen Flimmerzellen, dann von platten Zellen gebildet.

Der unpaare *Schlüsselbeinluftsack, Saccus clavicularis,* ist aus der Verschmelzung einer paarigen Anlage hervorgegangen. Er ist an den dritten Ventrobronchus der linken und der rechten Lunge angeschlossen und befindet sich am Brusteingang. Dort bildet er mehrere Buchten aus, von denen jene in die Markhöhle der Oberarmbeine die wichtigsten sind.

Die paarigen *Halsluftsäcke, Sacci cervicales,* liegen langgestreckt der Halswirbelsäule bis zum 2. Halswirbel ventral beiderseits eng an. Sie pneumatisieren die Halswirbel, die ersten Brustwirbel sowie die proximalen Abschnitte der ersten Rippen. Außerdem bilden sie kleine Buchten aus, die z. T. bis in den Wirbelkanal vordringen. Sie stehen mit dem ersten Ventrobonchus in Verbindung.

Die paarigen *kranialen Brustluftsäcke, Sacci thoracales craniales,* liegen jederseits ventral der Lungen und schließen medial das Herz, die Leber und den Magen zwischen sich ein. Die Luft tritt über den dritten Ventrobronchus in sie ein.

Die paarigen *kaudalen Brustluftsäcke, Sacci thoracales caudales,* schieben sich zwischen dem ventralen Lungenrand und dem kranialen Brustluftsack nach kaudal. Sie liegen im Gebiet der letzten Rippen und kaudal davon der Brust- bzw. Bauchwand an. Medial von ihnen befinden sich die Bauchluftsäcke. In sie führen je ein Laterobronchus sowie mehrere Parabronchi. Letztere vereinigen sich beim Hausgeflügel zu einem Saccobronchus.

Die paarigen *Bauchluftsäcke, Sacci abdominales,* sind sehr voluminös und erstrecken sich vom kaudalen Lungenrand dorsal und lateral bis in die Kloakengegend. Dabei legen sie sich den in den Nischen des Synsacrum gelegenen Nieren von ventral eng an. Lateral berühren sie die Bauchwand, medial die Bauch- und Beckenorgane. Eine Bucht umgibt das Hüftgelenk von kranial, eine andere pneumatisiert das Os lumbosacrale und das Darmbein. Die Belüftung erfolgt direkt aus dem Kaudalende des Hauptbronchus sowie zusätzlich aus Saccobronchen.

## 8.7 Atmung

Aus dem besonderen Bau der Vogellunge ergeben sich spezielle Verhältnisse für die Atmung. Nachdem lange Zeit verschiedene Hypothesen besonders bezüglich der Strömungsrichtung der Atemluft vertreten wurden, konnten in den letzten Jahren, vor allem durch die Untersuchungen von DUNCKER, KING und SCHMIDT-NIELSEN, klarere Vorstellungen gewonnen werden. Die Lunge selbst macht während der Inspiration und der Exspiration keine nennenswerten Volumenänderungen durch. Bei der Einatmung strömt die Luft direkt in das kaudale Luftsacksystem und nach dessen Füllung über die Dorsobronchen, die Parabronchen und die Ventrobronchen auch in das kraniale System. Hierbei werden die Parabronchen und ihre Luftkapillaren bereits einmal durchlüftet. Bei der Ausatmung wird die Luft aus dem kaudalen Luftsacksystem ebenfalls durch die Dorsobronchen und die Parabronchen in die Ventrobronchen und über diese in die Luftröhre gedrückt. Die Parabronchen und die Luftkapillaren werden somit erneut mit sauerstoffreicher Luft in Berührung gebracht. Daraus ergibt sich folgendes:

1. Die meisten Parabronchen werden immer in derselben Richtung durchlüftet. Der so beatmete Lungenteil überwiegt und ist phylogenetisch alt. Er wurde demzufolge von DUNCKER *„Paleopulmo"* genannt. Eine Ausnahme machen die den Laterobronchen angeschlossenen Lungenpfeifen, die im Hin-und-Hersystem belüftet werden. Dieser Lungenteil ist phylogenetisch neu und erhielt von DUNCKER die Bezeichnung *„Neopulmo"*. Die Neopulmo ist bei den Vögeln verschieden groß und erreicht bei Hühnervögeln und Singvögeln besondere Größe.
2. Trotz kleiner, unbeweglicher Lunge ist das Atemzugvolumen der Vögel infolge der Luftsäcke doppelt so groß wie bei vergleichbaren Säugetieren. Bei der Taube entfallen dabei 16,6 % des Gesamtvolumens (Lunge und Luftsäcke) auf die Lunge, beim Wasserhuhn nur 9,4 %.
3. Die Atemluft wird aber von den Vögeln besonders intensiv genutzt. Während die Säugetiere ca. 4 % des in ihr enthaltenen Sauerstoffs entnehmen, können die Vögel ca. 6 % desselben aufnehmen. Die Atemfrequenz beträgt bei den Vögeln nur $^1/_3$ derjenigen vergleichbarer Säugetiere, so daß trotz erhöhtem Atemzugvolumens das Minutenvolumen kleiner ist.
4. Durch speziellen Verlauf der Blutgefäße zu den Parabronchen ergibt sich nicht nur eine große Fläche für den Gasaustausch, die pro Volumeneinheit mehr als 10fach größer ist als bei vergleichbaren Säugetieren, sondern zeitweise ein geringerer $CO_2$-Partialdruck im Blut der Lungenvenen als in der Ausatemluft. Verbunden ist damit auch die Fähigkeit, selbst in sauerstoffarmer Luft, $O_2$ im Blut anzureichern.

5. Die Ventilationsverhältnisse der Vogellunge ermöglichen es, die Sauerstoffaufnahme schnell zu steigern. So ist der Sauerstoffverbrauch im Flug z. B. 8–15mal höher als in der Ruhe.
6. Der im Vergleich zu den Säugetieren große respiratorische Totraum der Luftröhre ermöglicht zusammen mit den Luftsäcken eine gute Wärmeabgabe ohne $CO_2$-Verluste, die zur respiratorischen Alkalose im Blut führen würden. Für die Wärmeabgabe dürfte auch wichtig sein, daß über die Luftsäcke Wärme direkt aus dem Körperkern abgegeben werden kann.

Daß indessen diese speziellen Verhältnisse den Flug nur ermöglichen, nicht dessen Voraussetzung sind, beweist schon die Tatsache, daß Fledermäuse mit typischen Säugetierlungen ebenfalls ausdauernde Flieger sein können.

Die Regulation der Atmung erfolgt, wie beim Säugetier, über das verlängerte Mark. Das Atemzentrum spricht auf $CO_2$-Anreicherung, Temperaturerhöhung und andere Reize an. Im Zwischenhirn befindet sich außerdem nach Untersuchungen an Tauben ein Zentrum für das Hecheln bei hohen Umgebungs- bzw. Körpertemperaturen.

Abschließend sei vermerkt, daß die besonderen Verhältnisse des Atemsystems bei Inhalationsnarkosen zu berücksichtigen sind, da sich unkontrollierte Mengen des Narkosegases in den Luftsäcken anreichern können.

Tab. 6. Anzahl der Atemzüge pro Minute beim Hausgeflügel (nach Kolb 1974)

| | Mittelwert | Schwankungsbreite |
|---|---|---|
| Huhn | 30 | 20–40 |
| Ente | 60 | 50–70 |
| Gans | 20 | 15–25 |
| Pute | 13 | 12–14 |
| Taube | 50 | 40–60 |

# 9 Verdauungsapparat, Apparatus digestorius

Bei prinzipiell ähnlichem Bau weisen die Vögel im Verdauungsapparat z. T. erhebliche Unterschiede zu den Säugetieren auf. So wird z. B. die Zerkleinerung der Nahrung infolge des Fehlens der Zähne im Muskelmagen vorgenommen, der Geschmackssinn tritt in seiner Bedeutung für die Beurteilung der Nahrung hinter den Tastsinn am Schnabel zurück, zur Nahrungsspeicherung und zur Vorbereitung der Verdauung ist ein Kropf ausgebildet, und der Endabschnitt des Darmkanals ist mit demjenigen des Urogenitalapparates zur Kloake vereinigt.

## 9.1 Kopfdarm (Mundhöhle, Schlundrachen)

Die *Mundhöhle, Cavum oris,* der Vögel steht über die *Munddachspalte,* Choanenspalte, mit der Nasenhöhle in Verbindung. Diese Spalte ist schnabelspitzenwärts enger und wird dort bei geschlossenem Schnabel von der Zunge verschlossen. Die *Zunge* ist in sich wenig beweglich und, wie auch der Gaumen, von stark verhornter kutaner Schleimhaut bedeckt. Zunge und Gaumen tragen mehrere Papillen. Beim Wassergeflügel dienen die Papillen u. a. dem Abfiltern der mit dem Wasser aufgenommenen Futterteilchen. Zur Kontrolle der Nahrung ist der Schnabelrand, besonders beim Wassergeflügel, mit Mechanorezeptoren des Tastsinnes ausgestattet.

*Geschmacksknospen* sind nicht so häufig wie beim Säugetier ausgebildet. Sie befinden sich vor allem am Zungengrund, in der Nähe der Speiseröhrenöffnung und in der Rachenschleimhaut. Sowohl am Mundhöhlenboden als auch in der Zunge und im Mundhöhlendach liegen *Speicheldrüsen,* die schleimigen Gleitspeichel liefern.

Der *Schlundrachen, Pharynx digestorius,* schließt sich der Mundhöhle an und verbindet diese mit der Speiseröhre. An seinem Boden liegt der Kehlkopf. Hier kreuzen sich also Atem- und Speiseweg.

## 9.2 Vorderdarm (Speiseröhre, Magen)

Die *Speiseröhre, Oesophagus,* der Vögel ist mit kutaner Schleimhaut ausgekleidet. Ihre Muskulatur ist beim Huhn in drei, bei Taube, Ente und Gans in zwei Schichten mit unterschiedlicher Richtung angeordnet. Nach anfänglich dorsaler Lage wendet sich die Speiseröhre im Halsbereich auf die rechte Seite

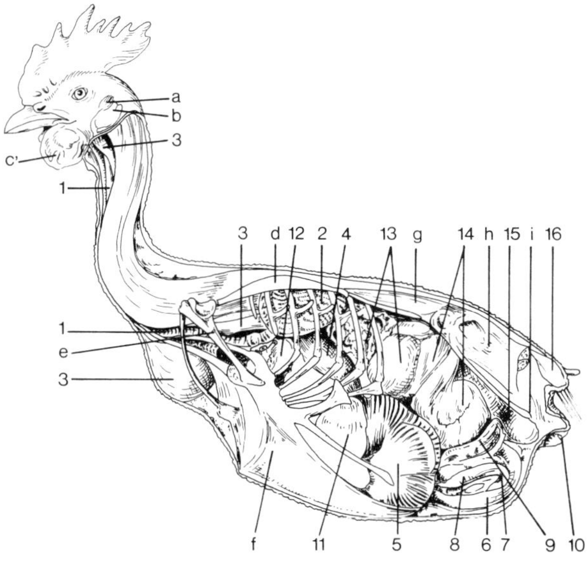


Abb. 13. Lage der Organe einer Henne, linke Seitenansicht, nach SCHUMMER 1973. 1 Luftröhre; 2 linke Lunge; 3 Speiseröhre, 3′ Kropf; 4 Drüsenmagen; 5 Muskelmagen; 6 Zwölffingerdarm; 7 Leerdarm; 8 Hüftdarm; 9 linker Blinddarm; 10 After; 11 linker Leberlappen; 12 Herz im Herzbeutel; 13 Eierstock mit Follikeln; 14 Eileiter, Magnum; 15 Eihälter; 16 linke Bürzeldrüse. a äußerer Gehörgang; b Wangenlappen; c Kehllappen; d Schulterblatt; e Rabenbein; f Brustbein; g Darmbein; h Sitzbein; i Schambein.

und schließlich wieder nach dorsal. Sie ist, besonders beim Wassergeflügel, stark erweiterungsfähig und bildet vor dem Schlüsselbein eine Aussackung, den *Kropf, Ingluvies.* Dieser ist bei Körnerfressern größer und deutlicher abgesetzt als beim Wassergeflügel, bei dem er mehr spindelförmig ist. Bei der Taube sind 2 Säcke ausgebildet. Das Dach des Kropfes, das den Verlauf der Speiseröhre repräsentiert, wird als Kropfstraße bezeichnet.

Der Kropf dient zur Speicherung der Nahrung, da die Mägen der Vögel nur ein kleines Fassungsvermögen haben. Durch Sekrete aus Drüsen in der Kropfwand und rückgestauten Magensaft wird die Nahrung, vor allem bei den Körnerfressern, aufgeweicht und die Verdauung eingeleitet. Bei den Tauben wird im Kropf beider Elterntiere während der Brutpflege *Kropfmilch* zur Ernährung der Jungtauben gebildet. Diese besteht aus fettig degenerierten Zellen der Kropfschleimhaut und Mageninhalt. In der Wand des Endabschnitts der Speiseröhre sind bei der Ente zahlreiche Lymphfollikel eingelagert, die in ihrer Gesamtheit als *Speiseröhrenmandel, Tonsilla oesophagea,* bezeichnet werden.

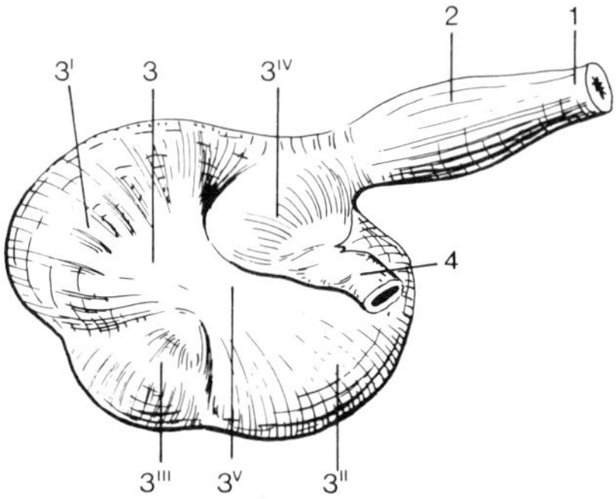


Abb. 14. Drüsen- und Muskelmagen eines Huhnes, rechte Seitenansicht, nach SCHUMMER 1973. 1 Speiseröhre; 2 Drüsenmagen; 3 Muskelmagen, 3′ sein dorsaler und 3″ sein ventraler Abschnitt, 3‴ sein kaudaler und $3^{IV}$ sein kranialer Blindsack, $3^{V}$ Sehnenspiegel zwischen den beiden Hauptmuskeln; 4 Zwölffingerdarm.

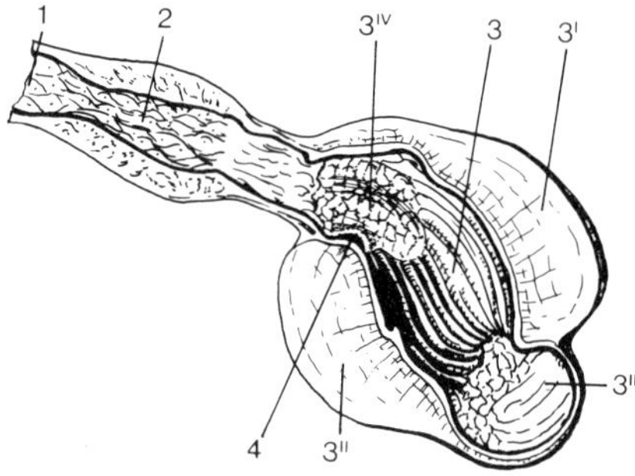


Abb. 15. Rechte Magenhälfte eines Huhnes, Längsschnitt, nach SCHUMMER 1973. 1 Speiseröhre; 2 Drüsenmagen; 3 Muskelmagen, 3′ sein dorsaler und 3″ sein ventraler Abschnitt, 3‴ sein kaudaler und $3^{IV}$ sein kranialer Blindsack, $3^{V}$ Sehnenspiegel zwischen den beiden Hauptmuskeln; 4 Öffnung zum Zwölffingerdarm.

Der *Magen, Ventriculus,* der Vögel gliedert sich in einen Drüsenmagen, Ventriculis glandularis, und in einen Muskelmagen, Ventriculis muscularis.

Der spindelförmige *Drüsenmagen* ist mit einer Schleimhaut ausgekleidet, die oberflächliche und tiefe Propriadrüsen enthält. Die schlauchförmigen tiefen Propriadrüsen sind bei Huhn und Gans zu komplexen Gebilden vereinigt (multilobuläre Drüsen), während sie sich bei Taube und Ente um einen zentralen Hohlraum ordnen (unilobuläre Drüsen). Sie sezernieren Pepsinogen und Salzsäure zur Eiweißverdauung. Das Pesinogen wird zu Pepsin aktiviert. Eine Unterscheidung in Haupt- und Belegzelle wie bei den Fundusdrüsen der Säugetiere ist nicht möglich. Als oberflächliche Propriadrüsen werden schleimproduzierende Buchten der Ausführungsgänge der tiefen Propriadrüsen bezeichnet. Die Mündungen der Ausführungsgänge ragen kuppelförmig in das Drüsenmagenlumen vor. Bei Huhn und Gans sind weniger aber größere Drüsenöffnungen ausgebildet als bei Taube und Ente.

Die Muskelhaut des Drüsenmagens ist dreischichtig und besteht aus glatter Muskulatur. Die Eiweißverdauung im Drüsenmagen erfolgt bei einem pH von 3–4,5.

Der *Muskelmagen* ist in den seitlich komprimierten Körper und je einen kranialen und kaudalen Blindsack gegliedert. Der Körper weist einen dorsalen und einen ventralen Teil auf, die von kräftigen, roten Hauptmuskeln, Mm. laterales, aus glatter Muskulatur gebildet werden, die seitlich in Sehnenspiegel übergehen. Die glatte Muskulatur der Blindsäcke, die Zwischenmuskeln, Mm. intermedii, ist dünner.

Der Muskelmagen wird von einer *Reibeplatte* aus erhärtetem Sekret der schlauchförmigen Drüsen des Muskelmagens und seiner Schleimhautoberfläche ausgekleidet. Dieses Sekret besteht aus einem Kohlenhydrat-Eiweiß-Komplex und wird kontinuierlich produziert und erstarrt in Schichten. Es schützt, besonders bei den Körnerfressern, die Magenoberfläche vor mechanischen Schäden bei der Zerkleinerung der Nahrung, die mittels kräftiger Kontraktionen der Magenmuskeln und unterstützt durch mit der Nahrung aufgenommene kleine Steine, den sog. *Grit,* erfolgt. Die Gritmasse beträgt beim Huhn 4–18 g, bei der Ente ca. 10 g und bei der Gans ca. 30 g. Die Reibeplatte läßt sich bei Körnerfressern leicht, beim Wassergeflügel schwerer von der Schleimhautoberfläche lösen.

## 9.3 Mittel- und Enddarm (Dünndarm, Dickdarm)

Der Darm, Intestinum, der Vögel gliedert sich wie der Darm der Säugetiere in den Dünndarm und den Dickdarm.

Der *Dünndarm, Intestinum tenue,* besteht aus dem Zwölffingerdarm, Duodenum, dem Leerdarm, Jejunum, und dem Hüftdarm, Ileum.

Der *Zwölffingerdarm* geht nahe des Drüsenmagen-Muskelmagen-Übergangs aus dem Muskelmagen hervor und bildet eine U-förmige Schleife mit kaudal gelegenem Scheitel. Zwischen dem linken, absteigenden Schenkel und dem rechten, aufsteigenden Schenkel des Zwölffingerdarms ist die Bauchspeicheldrüse eingeschlossen, die mit 2–3 Gängen in ihn einmündet. Außerdem münden in diesen Darmabschnitt die Gallengänge der Leber. Dort wird die Ver-

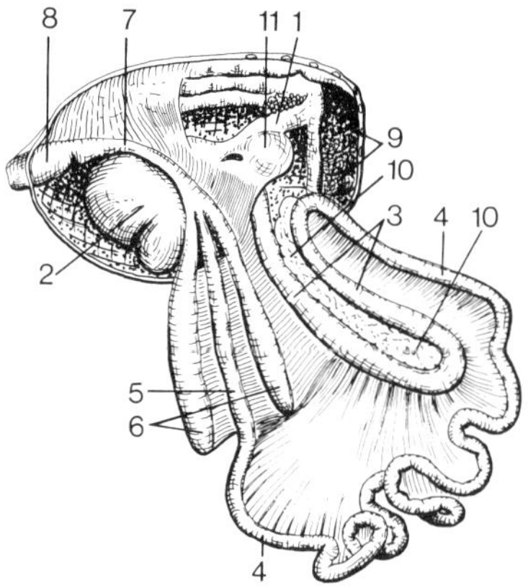


Abb. 16. Magen-Darm-Kanal eines Huhnes, zum Teil nach rechts aus der Leibeshöhle herausverlagert. Rechte Seitenansicht, nach SCHWARZE und SCHRÖDER 1972; geringgradig verändert. 1 Drüsenmagen; 2 Muskelmagen; 3 Zwölffingerdarm; 4 Leerdarm; 5 Hüftdarm; 6 rechter und linker Blinddarm; 7 Grimmdarm; 8 Kloake; 9 rechter Leberlappen; 10 Bauchspeicheldrüse; 11 Milz.

dauung des Futters fortgesetzt, und zwar bei einem pH um 6. Die Länge des Zwölffingerdarms beträgt etwa 22–35 cm beim Huhn, 12–22 cm bei der Taube, 22–38 cm bei der Ente und 40–49 cm bei der Gans.

Der *Leerdarm* ist der längste Darmabschnitt. Beim Huhn umgibt der Darm in mehreren Schlingen die große Gekröseplatte mit den Blut- und Lymphgefäßen. Bei der Taube bildet der Leerdarm ein kegelförmiges Konvolut, und beim Wassergeflügel ist er in 6–8 parallelen Lagen in der Körperlängsachse angeordnet. Beim Huhn ist der Leerdarm 85–120 cm, bei der Taube 45–72 cm, bei der Ente 90–140 cm und bei der Gans 150–185 cm lang. Etwa in seiner Mitte ist in über der Hälfte der Fälle das sog. *Meckelsche Divertikel,* der Rest des embryonalen Dottersackes zu finden, der kurz nach dem Schlupf noch mit Dotter gefüllt ist und der Ernährung der Küken dient. Später wandern Lymphozyten in die Wandung des Divertikels ein und bilden Lymphfollikel. Im Leerdarm werden große Teile der aufgeschlossenen Nahrung resorbiert.

Der *Hüftdarm* stellt eine Schleuse zum Dickdarm dar. Er wird, außer bei der Taube, von den beiden Blinddärmen flankiert und über je ein Band, Lig. ileocaecale, mit diesen verbunden. Diese Bänder markieren auch die Länge des Hüftdarms. Bei der Taube, bei der die Blinddärme rudimentär sind, ist der Anfang des Hüftdarmes daran zu erkennen, daß er nicht von der A. mesenterica cran., sondern von der A. ileocaecalis versorgt wird, die aus der A. coeliaca entspringt. Der Hüftdarm ist beim Huhn 13–18 cm, bei der Taube 8–13 cm, bei der Ente 10–19 cm und bei der Gans 20–28 cm lang.

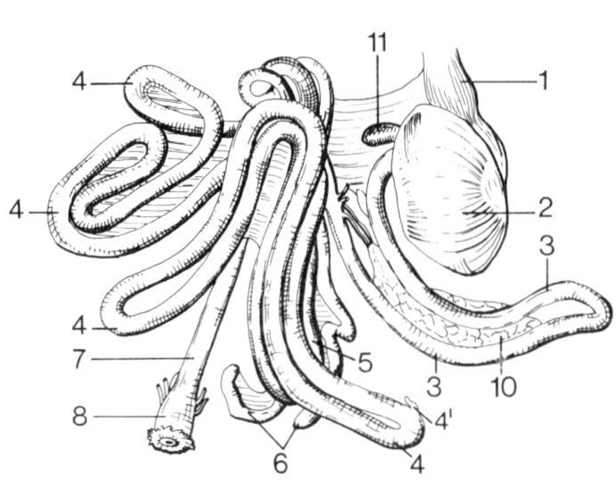


Abb. 17. Magen-Darm-Kanal einer Gans, nach SCHWARZE und SCHRÖDER 1972, geringgradig verändert. 1 Drüsenmagen; 2 Muskelmagen; 3 Zwölffingerdarm; 4 Leerdarm, 4′ Meckelsches Divertikel; 5 Hüftdarm; 6 rechter und linker Blinddarm; 7 Grimmdarm; 8 Kloake; 10 Bauchspeicheldrüse; 11 Milz.

Der *Dickdarm, Intestinum crassum,* der Vögel ist weniger gegliedert als der der Säugetiere, und zwar in zwei Blinddärme, Caeca, und einen Grimmdarm, Colon, der sehr kurz ist.

Die *Blinddärme* schlagen nach anfänglich kranialem Verlauf nach kaudal um und enden dort in der Nähe der Kloake. Bei der Taube sind die Blinddärme nur einige Millimeter lang. Beim Huhn sind sie 12–25 cm, bei der Ente 10–20 cm und bei der Gans 22–34 cm lang. Bei diesen hebt sich ein enger Halsteil deutlich von dem weiteren Hauptteil und dem blasigen Endteil ab.

Die Lage des Blinddarmhalses macht einen besonderen Füllungsmechanismus erforderlich. Offensichtlich gelangt nur stark zerkleinerter Darminhalt in die Blinddärme. Dort bauen Bakterien Zellulose ab, und Wasser sowie stickstoffhaltige Substanzen werden resorbiert. Blinddarminhalt wird getrennt vom Kolonkot abgesetzt, wobei auf 8–10 Kolonentleerungen eine Blinddarmentleerung erfolgt.

Der *Grimmdarm* setzt den Hüftdarm fort. Er ist kaum weiter als dieser und beim Huhn 8–11 cm, bei der Taube 3–4 cm, bei der Ente 8–13 cm und bei der Gans 16–22 cm lang. Zur Kloake hin ist er durch einen Schließmuskel, Sphincter cloacae, verschlossen.

## 9.4 Kloake

Im Gegensatz zu den Säugetieren sind bei den Vögeln die Endabschnitte des Darmes und des Urogenitalapparates räumlich vereinigt. Dieser Abschnitt wird als Kloake, Cloaca, bezeichnet. Sie gliedert sich in das *Coprodaeum,* das als Kotspeicher dient, das *Urodaeum,* in das die beiden Harnleiter sowie der Genitalapparat münden, und das *Proctodaeum,* in dessen dorsaler Wand die Bursa Fabricii gelegen ist. Ein starker Schließmuskel verschließt weiter kaudal die Kloake nach außen. Ihre Abschnitte sind durch Schleimhautfalten mehr oder weniger stark voneinander getrennt. Beim Wassergeflügel befindet sich im Proctodaeum ein penisartiges Gebilde, das als Begattungsorgan dient. Beim Hahn ist nur ein kleiner Schleimhauthöcker vorhanden, und beim Täuber fehlt jede entsprechende Einrichtung.

## 9.5 Feinbau des Darmes

Im Gegensatz zu den Säugetieren besitzen die Vögel nicht nur im Dünndarm, sondern auch im Dickdarm Zotten. Diese fehlen nur in den Endabschnitten der Blinddärme. Das zylindrische Oberflächenepithel hat an der Oberfläche einen ausgeprägten Bürstensaum aus Mikrovilli zur Oberflächenvergrößerung und als Enzymlager. Zwischen den Oberflächenepithelzellen befinden sich schleimproduzierende Becherzellen in unterschiedlicher Häufigkeit. Die Propria der Darmschleimhaut enthält Darmdrüsen, Glandulae intestinales, die Verdauungsenzyme liefern und im Anfangsabschnitt des Darmes geschlängelt und verzweigt sind, von der Leerdarmmitte an aber mehr gestreckte Gestalt annehmen.

Die Muskelhaut bildet eine innere Zirkulärschicht und eine äußere Längsschicht, die von dem Bauchfell bedeckt ist.

## 9.6 Anhangsdrüsen des Darmes (Leber, Bauchspeicheldrüse)

**Leber, Hepar**

Die Leber entwickelt sich, ebenso wie die Bauchspeicheldrüse, als sog. Anhangsdrüse des Darmes aus der Darmanlage. Sie liegt im mittleren Drittel der Leibeshöhle mit ihrer konvexen Wandfläche, Facies parietalis s. sternalis, der Bauchwand eng an. Ihre Eingeweidefläche, Facies visceralis, ist nach dorsal gerichtet und weist mehrere Einbuchtungen durch benachbarte Eingeweide (Milz, Magen, Zwölffingerdarm) auf. Im kranialen Bereich befindet sich ein Ausschnitt für die Herzspitze. Auf der Eingeweidefläche treten Blutgefäße in die Leber ein und Lymphgefäße sowie Gallengänge aus. Dieses Gebiet wird *Leberpforte, Porta hepatis,* genannt. Die Leber ist durch eine tiefe Längsfurche in zwei Lappen geteilt. Beim Huhn ist der linke größer, bei Taube, Ente und Gans meist der rechte. Der linke Leberlappen des Huhnes ist nochmals unterteilt. An der Eingeweidefläche des rechten Leberlappens befindet sich die *Gallenblase.* Bei der Taube, beim Perlhuhn und bei Papageien fehlt sie. Die gesunde Leber ist rotbraun bis gelbbraun, bei starker Verfettung lehmfarben hell.

Tab. 7. Lebergewicht (nach SCHUMMER 1973)

| Tierart | absolutes Gewicht in Gramm | relatives Gewicht in % des Körpergewichts |
|---|---|---|
| Huhn | 35– 51 | 1,7–2,3 |
| Taube | 8– 10,5 | 2,5–2,6 |
| Ente | 58–113 | 3,1–4,1 |
| Gans | 85–171 | 1,5–3,6 |

Im *Feinbau* setzt sich die Leber aus unzähligen *Leberläppchen* zusammen, die aus Leberzellsträngen bestehen, die auf eine Zentralvene zulaufen. In diese Leberläppchen ergießt sich das Pfortaderblut und das Blut der Leberarterie. Es wird in den Zentralvenen gesammelt und über Lebervenen der hinteren Hohlvene zugeführt, die durch den kranialen Pol des rechten Leberlappens tritt. Die Bindegewebskapsel, Glissonsche Kapsel, der Leber und das Bindegewebe zwischen den Leberläppchen sind bei den Vögeln schwächer ausgebildet als bei den Säugetieren. Dadurch ist die Vogelleber weicher und brüchiger.

Die Leber hat im Stoffwechsel vielfältige *Aufgaben.* Sie speichert Glukose in Form von Glykogen als hochmolekulares Kohlenhydrat (tierische Stärke). Ebenso wird Fett synthetisiert und gespeichert. Aus Aminosäuren wird körpereigenes Eiweiß sehr verschiedener Struktur gebildet. Aber auch in der Entgiftung von Abbauprodukten und bei der Beseitigung von Schlackenstoffen nimmt die Leber eine zentrale Stellung ein. So wird u. a. der beim Eiweißstoffwechsel der Zellen anfallende Ammoniak in Harnsäure umgewandelt, die dann durch die Nieren ausgeschieden werden kann. Aus Resten des Blutfarbstoffes wird Gallenfarbstoff, Bilirubin, gebildet, der zusammen mit Gallensäuren mit der Galle ausgeschieden wird.

Die *Galle* wird in den Leberläppchen gebildet und in Gallengängen abgeleitet. Die Gallengänge münden z. T. in die Gallenblase, die außer bei der Taube, beim Perlhuhn und bei Papageienarten dem rechten Leberlappen anliegt. Von dieser führt der Ductus cysticoentericus zum Zwölffingerdarm. Andere Gallengänge sammeln sich im linken Leberlappen zum Ductus hepatoentericus, der gesondert in den Zwölffingerdarm mündet. Bei den Vögeln, bei denen die Gallenblase fehlt, ist auch auf der rechten Seite ein Ductus hepatoentericus vorhanden.

Die Galle erhöht aufgrund ihres hohen Gehalts an $NaHCO_3$ den pH des Dünndarminhalts und schafft damit ein günstiges Milieu für die Wirkung der Enzyme der Bauchspeicheldrüse. Die Gallensäuren fördern die Fettverdauung, und zwar sowohl durch Emulgierung der Fette als auch vorübergehende Bindung der Fettsäuren.

**Bauchspeicheldrüse, Pancreas**

Die Bauchspeicheldrüse entsteht aus drei embryonalen Anlagen zwischen dem absteigenden und dem aufsteigenden Teil des Zwölffingerdarms. Bei Huhn und Taube münden meist drei, bei Ente und Gans zwei, aber gelegentlich auch drei Ausführungsgänge in den Zwölffingerdarm.

Das Pankreas ist deutlich in Läppchen gegliedert. Diese enthalten außer dem exokrinen Anteil, der wesentliche Enzyme für die Verdauung und $NaHCO_3$ als Puffersubstanz liefert, inselförmig zusammengelagerte Hormonzellen, die sog. Langerhansschen Inseln.

Die exokrinen Pankreaszellen bilden Trypsinogen und Chymotrypsinogen zur Eiweißverdauung. Beide Enzyme werden im Darm zu *Trypsin* bzw. *Chymotrypsin* aktiviert. Außerdem werden *Amylase* zum Kohlenhydratabbau und *Lipase* zur Fettverdauung sezerniert.

Die Langerhansschen Inseln enthalten sog. A- und B-Zellen in unterschiedlicher Häufigkeit. Die A-Zellen bilden das Hormon *Glukagon,* das einen Abbau der Glykogenspeicher in der Leber und den Skelettmuskeln bewirkt und dadurch den Glukosespiegel im Blut erhöht. Die B-Zellen bilden das Hormon *Insulin,* das die Synthese von Glykogen aus Glukose fördert und die Zellwanddurchlässigkeit für Glukose, besonders bei den Leberzellen und den Skelettmuskelzellen, erhöht. Dadurch wird der Blutzuckerspiegel gesenkt. Außerdem wird durch Insulin der Abbau körpereigenen Fettes gehemmt und der Eiweißansatz gefördert. Als Besonderheit der Vögel ist anzusehen, daß die Pankreasinseln z. T. überwiegend aus A-Zellen und z. T. überwiegend aus B-Zellen bestehen.

## 9.7 Verdauungsphysiologie

Die physiologischen Abläufe bei der Verdauung entsprechen – soweit bekannt – im wesentlichen denjenigen der Säugetiere, wobei nochmals an die Besonderheiten bezüglich der Nahrungszerkleinerung im Muskelmagen und an die Nahrungsspeicherung im Kropf erinnert sei. Die große Bedeutung der Blinddärme für die Zelluloseverdauung ist auch vom Pferd und vom Schwein bekannt. Bezüglich einer detaillierten Abhandlung der Verdauungsphysiologie beim Geflügel sei auf die Werke von Sturkie (1965) bzw. von Bell und Freeman (1971) verwiesen.

# 10 Urogenitalapparat, Apparatus urogenitalis

Harnorgane und Geschlechtsorgane haben so enge lage- und entwicklungsbedingte Beziehungen zueinander, daß sie allgemein unter einem Begriff zusammengefaßt und abgehandelt werden.

## 10.1 Harnorgane, Organa uropoëtica

Zu den Harnorganen der Vögel gehören die paarigen Nieren und die aus diesen hervorgehenden Harnleiter, die den Harn zum Urodaeum der Kloake ableiten. Nierenbecken, Harnblase und Harnröhre fehlen im Vergleich zu den Säugetieren.

**Niere, Ren**

Die dunkelbraunen Nieren der Vögel liegen dorsal in der hinteren Hälfte der Leibeshöhle dem Synsacrum in dessen Buchten eng an. Ihre dorsale Seite ist dadurch stark gefurcht. Jede Niere ist in einen kranialen, einen mittleren und einen kaudalen Lappen gegliedert. Jeder dieser Lappen setzt sich aus zahlreichen Läppchen zusammen, die im Prinzip einen ähnlichen Bau aufweisen wie die Leberläppchen. Eine zentrale V. intralobularis nimmt das venöse Blut auf und führt es den Ästen der V. renalis efferens (revehens) zu. Von der Peripherie her werden die Läppchen von venösem Blut aus dem Pfortadersystem der V. renalis afferens (advehens) durchflossen. Diese Venen werden als Vv. interlobulares bezeichnet. Das arterielle Blut gelangt über die A. intralobularis in die Umgebung der zentralen V. intralobularis. Von dieser Arterie zweigen Äste ab, die als weite zuführende Gefäße in die Gefäßschlingen der Nierenkörperchen einmünden. Die harnbildenden Einheiten der Niere, die *Nephrone,* weisen im Prinzip denselben Bau auf wie die der Säugetiere. Allerdings ist die Henlesche Schleife nur bei den zum Nierenzentrum (Mark) hin verlaufenden Nephronen deutlich ausgebildet. Bei den zur Nierenperipherie (Rinde) hin gelegenen Nephronen ist sie klein oder sie fehlt.

Die Sammelrohre, in die die Harnkanälchen münden, vereinigen sich zu Ästen des Harnleiters, die die Niere auf ihrer Medialseite verlassen.

**Harnleiter, Ureter**

Er verläuft am Medialrand der Niere entlang und nimmt den Harn aus den Sammelröhren auf. Er mündet dorsal im Urodaeum, medial der Mündung des Samenleiters bzw. der Vagina. Infolge der Anlagerung von Harnsäurekristallen ist die Schleimhaut des Harnleiters meist weiß gefärbt.

Die *Harnbildung* erfolgt in den Nierenkörperchen durch Filtration des Primärharns, der in seiner Zusammensetzung dem Blutserum entspricht, jedoch kein Eiweiß enthält. Die Menge des Primärharns ist erheblich größer als die Menge des Endharns, der bei den Vögeln besonders stark eingedickt wird. Beim Huhn werden in der Minute durchschnittlich 2 ml Primärharn gebildet. Die Endharnmenge beträgt etwa 120 ml pro Tag. Dieser enthält etwa 0,75 g Stickstoff, der zu 85 % in der Harnsäure und im übrigen in Ammoniak, Harnstoff und Aminosäuren enthalten ist. Die Reaktion des Harns ist schwach sauer. Auf dem Weg durch die Harnkanälchen wird nicht nur Wasser rückresorbiert, sondern auch andere Inhaltsstoffe. So wird z. B. Glukose im allgemeinen voll zurückgewonnen. Andererseits werden auch noch Substanzen sezerniert. Harnsäure wird z. B. zu 90 % durch die proximalen Kanälchenabschnitte sezerniert. In dem engen Kontakt dieser Abschnitte mit dem Blut der V. renalis afferens zur Harnsäureausscheidung wird daher eine Funktion dieses vogelspezifischen Pfortadersystems vermutet.

## 10.2 Geschlechtsorgane, Organa genitalia

### 10.2.1 Männliche Geschlechtsorgane, Organa genitalia masculina

Die männlichen Geschlechtsorgane der Vögel bestehen aus den paarigen Hoden und den von diesen zur Kloake führenden Samenleitern. Außerdem ist bei den Wasservögeln ein penisähnliches Begattungsorgan vorhanden. Die Nebenhoden sind sehr klein; akzessorische Geschlechtsdrüsen sowie die Harnröhre als Teil der Genitalorgane fehlen bei den Vögeln.

*Hoden, Testes*

Die Hoden liegen dorsal in der Leibeshöhle zwischen den Lungen und den Nieren in der Gegend des letzten Rippenpaares. Die Größe der bohnenförmigen, gelbweißen bis weißen Hoden schwankt, besonders bei wildlebenden Vogelarten sehr stark. Während der Paarungszeit sind sie um ein Vielfaches größer als in Zeiten sexueller Inaktivität.

Die Spermienbildung (Spermiogenese) findet in den *Hodenkanälchen, Tubuli seminiferi contorti,* statt, die den größten Teil des Hodenparenchyms bilden. Aus Spermiogonien entstehen dort über mehrere Zwischenstadien die Spermien. Dabei findet eine Reduktionsteilung statt, und der Chromosomensatz wird halbiert. Da die Nebenhoden nur klein sind, werden die Spermien im Hoden auch gespeichert. Zwischen den Hodenkanälchen sind Epithelzellen ausgebildet, die das männliche Geschlechtshormon, *Testosteron,* produzieren. Sie werden *Leydigsche Zwischenzellen* genannt. Die Hodenkanälchen münden in das Hodennetz, das über Ductuli efferentes mit dem kurzen *Nebenhodenkanal, Ductus epididymidis,* verbunden ist.

Der *Samenleiter, Ductus deferens,* transportiert bei der Begattung die Spermien mittels peristaltischer Kontraktionen seiner Muskelhaut zur Kloake. Vor seiner Mündung in das Urodaeum bildet sich in der Paarungszeit beim Wassergeflügel eine blasenartige Erweiterung aus, die dann die Funktion des Samenspeichers übernimmt.

*Penis*

Der Penis ist nur bei Ente und Gans deutlich entwickelt. Er liegt in einer Hautfalte ventral in der Kloake und erreicht bei der Begattung eine Länge von 6–8 cm beim Erpel und 7–9 cm beim Ganter. An seiner Oberfläche befindet sich die spiralig verlaufende Samenrinne, die sich bei der Erektion zu einer Röhre verschließt.

Beim Hahn ist ventral in der Kloake ein kleiner Hügel ausgebildet, der dem Begattungsorgan entspricht. Im übrigen wird jedoch der Kontakt zur Samenübertragung durch Vorstülpen der Kloake bei beiden Partnern hergestellt.

Der *Eintritt der Geschlechtsreife* hängt von der Vogelart und der Rasse ab. Beim Hahn tritt die Geschlechtsreife im Alter von 5–7 Monaten ein. Die *Samenmenge* steigt danach von etwa 0,5 auf etwa 1,5 ml je Ejakulat. Die *Dichte* schwankt zwischen 50 000 und 6 Mill. Spermien/$mm^3$. Sie ist unter anderem davon abhängig, wie viele Hennen der Hahn pro Tag tritt. Diese Zahl kann zwischen 25 und 70 Paarungen schwanken.

Beim Erpel wurden Samenmengen von 0,25–2,5 ml mit einer Dichte von 7000 bis 4,6 Mill. Spermien/$mm^3$ festgestellt. Die Spermienzahl schwankt u. a. abhängig von der Jahreszeit.

### 10.2.2 Weibliche Geschlechtsorgane, Organa genitalia feminina

Beim Hausgeflügel sind in der Regel die weiblichen Geschlechtsorgane nur auf der linken Seite ausgebildet, da diejenigen der rechten Seite schon während der Embryonalzeit zurückgebildet werden.

Die weiblichen Geschlechtsorgane bestehen daher aus dem linken Eierstock und einem schlauchförmigen Organ mit unterschiedlich weiten Abschnitten, das als Eileiter, Ovidukt, bezeichnet wird. Nach morphologischen und physiologischen Gesichtspunkten lassen sich an diesem mehrere Abschnitte unterscheiden, die entsprechenden Abschnitten der weiblichen Geschlechtsorgane der Säugetiere zugeordnet werden, und zwar der Eileitertrichter, der Hauptteil, die Eileiterenge, die Schalenkammer und die Scheide.

*Eierstock, Ovarium*

Der linke Eierstock entwickelt sich zwischen dem kaudalen Rand der linken Lungenhälfte und dem kranialen Pol der linken Niere. Mit Einsetzen der Legeperiode nimmt er erheblichen Umfang an, so daß er an die genannten Organe und ventral an den Muskelmagen angrenzt.

Von der in der Embryonalzeit angelegten sehr großen Zahl an Eizellen (beim Huhn mehrere Millionen) bleibt ein relativ geringer Anteil erhalten (beim

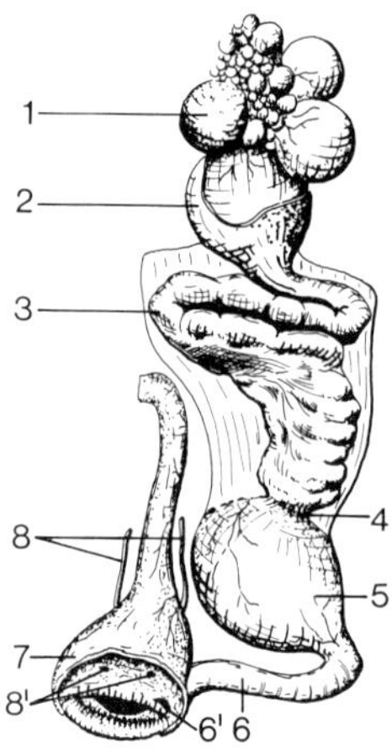


Abb. 18. Geschlechtsorgane eines Huhnes, nach SCHWARZE und SCHRÖDER 1972. 1 Eierstock mit zahlreichen Follikeln; 2 Eileitertrichter, der einen großen Follikel umhüllt, teilweise abpräpariert; 3 Hauptteil des Eileiters, Magnum; 4 Eileiterenge; 5 Eihälter, in dem sich ein Ei befindet; 6 Scheide, 6′ ihre Mündung in die Kloake; 7 Kloake, teilweise abgetragen; 8 Harnleiter, 8′ ihre Mündungen.

Huhn bis zum Eintritt der Geschlechtsreife etwa 1100–1600). Diese Eizellen entwickeln sich unter dem Einfluß des *follikelstimulierenden Hormons (FSH)* und des *luteinisierenden Hormons (LH)* des Hypophysenvorderlappens aus ihrer ursprünglichen Größe mit etwa 40 μm Durchmesser durch Dotteranlagerung zu großen dotterreichen Follikeln. Der ursprünglich längsovale Eierstock nimmt dadurch traubenartige Gestalt an. Die *Follikel* sind von einer dünnen Dotterhaut umgeben, deren Struktur sich während der Follikelreifung ändert und die von Zellfortsätzen der an die Dottermembran angrenzenden Follikelepithelzellen (Granulosazellen) durchbrochen wird. Das Follikelepithel ist anfänglich einschichtig und wird schließlich zwei- bis dreischichtig. Außerhalb desselben ist eine blutgefäßreiche Bindegewebshülle ausgebildet, die Theca folliculi, die aus der straffen Theca folliculi externa und der zellreicheren, aus polygonalen Zellen aufgebauten Theca folliculi interna besteht. Die Follikel wachsen, indem die Follikelepithelzellen vermehrt Dotter schichtweise in die Eizelle einlagern. Die Thekazellen bilden *Follikelhormon (Östrogene)* und *Gelbkörperhormon (Progesteron).*

Nach dem *Follikelsprung, Ovulation,* der beim Huhn 15–20 Minuten nach der Ablage des vorhergehenden Eies erfolgt, verbleibt am Eierstock ein häutiger Kelch, Calix, und die Thekazellen steigern die Progesteronbildung. Ein Gelbkörper, wie bei den Säugetieren, wird nicht gebildet.

Bei alten Hennen oder nach Erkrankungen des linken Eierstockes können unspezifische Geschlechtszellen im Rudiment des rechten Eierstockes die Produktion männlichen Geschlechtshormons beginnen und eine hahnenähnliche Erscheinung der Hennen (Hahnenfedrigkeit) verursachen.

Der *Eileitertrichter, Infundibulum,* nimmt die dotterreiche Eizelle nach dem Follikelsprung auf. Hier erfolgt die Befruchtung, falls ein Deckakt stattgefunden hat. Die Spermien können allerdings im weiblichen Genitale der Vögel längere Zeit (Huhn 10–21 Tage, Ente und Gans 8–10 Tage, Truthuhn 5–7 Wochen) befruchtungsfähig bleiben. Die Wanderung der Eizelle durch den Eileitertrichter dauert etwa 20 Minuten.

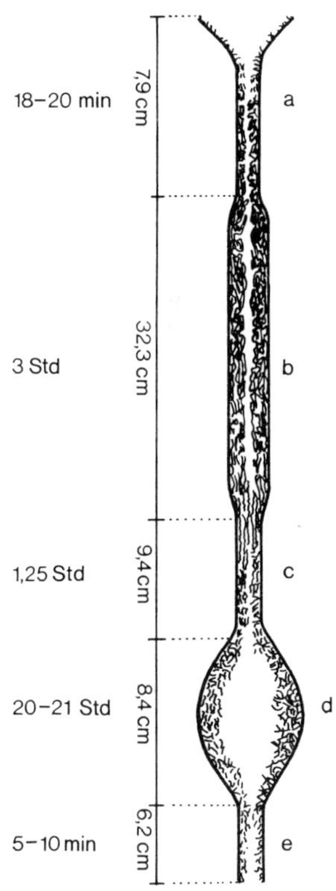


Abb. 19. Schema der Geschlechtsorgane eines Huhnes vom Eileitertrichter bis zur Scheide mit Angabe der Längen der einzelnen Abschnitte und der jeweiligen Verweildauer des Eies, nach SCHWARZE und SCHRÖDER 1972, verändert. a Eileitertrichter; b Hauptteil des Eilciters, Magnum; c Eileiterenge; d Eihälter; e Scheide.

Im anschließenden *Hauptteil, Magnum, Pars albuminifera,* werden der Eizelle 40–50 % des Eiklars angelagert. Das Magnum besitzt große Spiralfalten, und seine Wand enthält schlauchförmige, z. T. verzweigte Drüsen. Die Eizelle hält sich 2–3 Stunden im Magnum auf und tritt dann in die Eileiterenge ein.

In der *Eileiterenge, Isthmus* wird ebenfalls noch ein Teil des Eiklars sezerniert. Außerdem wird die zweischichtige Schalenhaut gebildet. Zwischen ihren beiden Schichten bildet sich die Luftkammer, die bei der Eilagerung an Umfang zunimmt. Die Aufenthaltsdauer im Isthmus beträgt etwa 1 1/4 Stunden.

Die *Kalkkammer, Uterus,* wird auch *Schalendrüse* oder *Eihälter* genannt. Sie hat ein sehr weites Lumen. Hier beginnt nach Eintritt des Eies die Kalkschalenbildung. Im Anfangsteil wird aber auch noch dünnflüssiges Eiweiß durch die Schalenhaut an die Eiweißschicht abgegeben. In dieser differenzieren sich nun die *Hagelschnüre, Chalazeen,* heraus. Die 200–400 μm dicke Kalkschale besteht aus Kristallen (Calcitsphäriten), die in der tiefen Mamillenschicht in der Schalenhaut verankert sind und darüber die wesentlich dickere Schwammschicht bilden. Zwischen den Kalziumkarbonatkristallen bleiben Poren für die Atmung des Embryo bzw. Foetus frei. Die Porenweite schwankt beim Huhn zwischen 6 und 42 μm und unterliegt individuellen Schwankungen. Zu enge Poren (6 bis 14 μm) beeinträchtigen den Gasaustausch. Zu weite Poren (36–42 μm) haben infolge der Wasserverdunstung eine rasche Austrocknung des Eies zur Folge. Außerdem wird die Schalenfestigkeit vermindert. Etwa 4 % der Kalkschale bestehen aus einem Eiweiß-Polysaccharid-Komplex, der ihre Elastizität gewährleistet.

Im Uterus wird bei Vogelarten bzw. Rassen, die gefärbte Eier legen, Protoporphyrin in die Kalkschale, bei der Ente auch in die Schalenhaut, eingelagert. Das Protoporphyrin ist ein Abbauprodukt des Blutfarbstoffs und wird nicht von den Uterusdrüsen, sondern von den Oberflächenzellen, meist erst einige Stunden vor der Eiablage, sezerniert. Im Uterus verweilt das Ei etwa 20 Stunden.

Die *Scheide, Vagina,* besitzt in ihrem uterusnahen Abschnitt Buchten. Diese sind kurz, schlauchförmig und dienen als Spermienreservoire. Die Vaginalschleimhaut sezerniert außerdem während der Eipassage ein Sekret, das vor allem sauere Mukopolysaccharide enthält, nach der Eiablage erstarrt und somit die Schalenoberhaut, Kutikula, bildet. Diese verschließt die Poren der Kalkschale und ist für Bakterien unpassierbar, für Gase und Wasserdampf jedoch durchlässig.

Bei der Eiablage stülpt sich die Scheide durch die Kloake nach außen. Die Passagezeit ist auf einige Minuten begrenzt.

Für die *Reifung des Eies* vom Follikelsprung bis zur Eiablage vergehen etwa 24 Stunden. In dieser Zeit müssen von den weiblichen Genitalorganen erhebliche Syntheseleistungen vollbracht werden, die nur bei optimaler Gesundheit und Haltung möglich sind. Die Steuerung erfolgt im wesentlichen hormonell durch die Eierstockshormone. Der Eierstock wird seinerseits von Hormonen des Hypothalamus-Hypophysensystems beeinflußt, und auf dieses System wirken Umwelteinflüsse wie Lichtintensität und Lichtdauer, Erregung, Umgebungstemperatur und viele andere ein. Diese Verknüpfungen erklären die Abhängigkeit der Fruchtbarkeit und Legeleistung von den genannten Faktoren.

Über den Eiaufbau und seine Zusammensetzung vgl. Seite 237 ff.

## 10.3 Legeleistung

Bezüglich der Zahl der in einer Folge gelegten Eier und der Legeintervalle bestehen zwischen den Vogelarten erhebliche Unterschiede, die artbedingt, aber auch vom Grad der Domestikation und der Intensität der Zucht auf Legeleistung abhängig sind. Während wildlebende Arten im allgemeinen ein bis zwei Gelege im Jahr bringen, sind von Haustauben durchschnittlich 8 Gelege zu erwarten. Der Abstand zwischen den Gelegen beträgt im Herbst und im Winter etwa 45 Tage, im Frühjahr und im Sommer etwa 30 Tage.

Bei Ente und Gans, besonders aber beim Huhn konnte die Legeleistung durch Selektion erheblich gesteigert werden. Aber auch diese Vögel legen in der Regel nicht kontinuierlich, sondern in Legeserien, die allerdings unterschiedlich lang sind und auch irregulär ablaufen können. Die Legeleistung setzt meist hoch ein und fällt allmählich ab. Während der Mauser ist sie niedrig, oder es werden keine Eier gelegt.

Die Legeleistung bei Legerassen ist sehr stark von Haltungs- und Fütterungsfaktoren abhängig. So kann man feststellen, daß die durchschnittliche Legeleistung mit der Bestandsgröße zunimmt, wobei diese als Maßstab für den Betreuungsaufwand gelten kann. Während 1976 die durchschnittliche Legeleistung in Hennenbeständen bis zu 20 Tieren 181 Eier betrug, lag sie in Beständen mit 1000 Tieren und mehr bei 253 Eiern je Henne. Der Bundesdurchschnitt lag 1977 bei 249 Eiern je Henne. Von Krax (1974) wird unter Berücksichtigung der Kostenfaktoren für Legehennen eine Legeleistung von 270 Eiern in 12 Monaten gefordert. Für Puten werden von ihm, je nach Rasse, 75 Eier in 5 Monaten oder 125 Eier in 8 Monaten, für Wachteln 250 Eier in 12 Monaten, für Enten 160 Eier in 10 Monaten bzw. 210 Eier in 12 Monaten und für Gänse 60 bis 120 Eier in 12 Monaten gefordert.

Für den *Legebeginnn* werden von demselben Autor folgende Zeiten empfohlen:

| | |
|---|---|
| Legehennen | 150–160 Tage |
| Zuchthennen für Legeküken | 165–175 Tage |
| Zuchthennen für Mastküken | 180–190 Tage |
| Perlhühner | 180–200 Tage |
| Puten, leichte Rassen | 230–240 Tage |
| Puten, schwere Rassen | 270–330 Tage |
| Wachteln | 42– 45 Tage |
| Enten, je nach Schlag | 150–180 Tage |

## 10.4 Entwicklung des Kükens im Ei

Die nach der Befruchtung einsetzende Furchung des Vogeleis ist, entsprechend dem Dotterreichtum, eine partielle, diskoidale, d. h. sie betrifft nur die als *Ei-*

*keim* auf dem Dotter schwimmenden Zellteile. Der frühe Embryo entwickelt sich nach der Keimblattbildung, die in den aus den Furchungen resultierenden Zellverbänden erfolgt, erst scheibenförmig auf der großen Dotterkugel. Mit fortschreitender Ausdifferenzierung grenzt er sich gegen die Umgebung ab und schließt sich ventral mehr oder weniger vollständig. Andere Gewebeteile entwickeln sich inzwischen zu den *Eihäuten* Amnion, Allantois und Chorion, die den Embryo umhüllen und durch Resorption von Dotter ernähren. Durch Anlagerung an die Eischale ermöglicht das Allantochorion, das durch Zusammenschluß eines Teils der Allantois und des Chorions entsteht, den Gasaustausch. Das Eiweiß des Eis soll vorwiegend in den letzten Tagen vor dem Schlupf aktiv abgeschluckt und im Magen-Darm-Kanal verdaut werden. Vor dem Schlupf werden auch die Dotterreste im Dottersack in die Leibeshöhle aufgenommen, wo sie z. T. noch einige Tage als Vorrat dienen. Dieser Teil des Dottersackes bildet später das Meckelsche Divertikel. Zum Schlupf öffnet das Küken die Eischale aktiv mittels der zum *Eizahn* verhärteten Schnabelspitze.

Die wenig differenzierten Entwicklungsstadien werden *Embryo* genannt, während man nach Ausbildung der Gliedmaßen und der Organe vom *Foetus* spricht. Das ist beim Hühnerküken nach etwa 6 Tagen der Fall. Anschließend finden im wesentlichen noch Wachstums- und Differenzierungsprozesse statt. Die Gefahr von Miß- oder Fehlbildungen ist in diesem zweiten Abschnitt nicht mehr so groß wie zu Beginn des ersten.

Für das Hühnerküken ergeben sich folgende durchschnittliche Entwicklungszeiten:

Nach 2 Tagen sind die Augenblasen zu erkennen, das Herz und die Blutgefäße beginnen sich zu entwickeln.

Nach 4 Tagen hat sich der Embryo mit Kopf und Schwanz nach ventral gekrümmt, die Gliedmaßen sind deutlich erkennbar, aber noch undifferenziert.

Nach 6 Tagen sind an den Gliedmaßen bereits die Zehen- bzw. Fingeranlagen zu sehen. Der Schnabel und der Hals formen sich heraus.

Nach 10 Tagen hat der Foetus bereits seine spätere Form gefunden. Seine Haut hat fast überall Federanlagen ausgebildet.

Nach 12 Tagen beginnen sich aus den Federanlagen Federn zu entwickeln. Der Kamm reicht bis in Augenhöhe, und die Krallen haben sich gebildet.

In den folgenden Tagen erfolgen im wesentlichen noch Wachstumsvorgänge und weitere Differenzierungen der Organe und Gliedmaßen. Am 21. Tag findet im allgemeinen der Schlupf statt. Als Nestflüchter ist das Hühnerküken voll entwickelt. Taubenküken sind nach dem Schlupf dagegen ohne die Betreuung durch ihre Elterntiere nicht lebensfähig.

# 11 Äußere Haut und Anhangsgebilde

## 11.1 Haut

Die *äußere Haut, Integumentum commune,* der Vögel ist relativ dünn. Wie beim Säugetier besteht sie aus der epithelialen Oberhaut, Epidermis, und der bindegewebigen Lederhaut, Corium.

Das verhornende Plattenepithel der *Oberhaut* weist, abgesehen von den nicht mit Federn bedeckten Körperteilen, nur wenige Zellschichten auf. An den ungeschützten Körperstellen und besonders auf den Zehenballen ist es dagegen dick und stark verhornt. Die *Lederhaut* enthält, besonders in ihren oberflächlichen Zonen, neben kollagenen Fasern auch elastische Fasern. Sie enthält viele Blutgefäße. Unter der Haut befindet sich die *Unterhaut, Subcutis,* aus lockerem Bindegewebe, die als Verschiebeschicht dient. Mit Hilfe von Hautmuskeln kann die Haut aktiv verschoben und das Federkleid geschüttelt bzw. gesträubt werden. Beim Wassergeflügel, aber auch bei gemästeten Hühnern und Truthühnern verfettet die Unterhaut leicht und bildet dann ein Polster, Panniculus adiposus, aus gelblichem, weil karotinoidhaltigem Fett. An den Läufen ist die Unterhaut nur sehr schwach entwickelt, die Haut daher straff und wenig verschiebbar.

## 11.2 Federn

Als *Anhangsgebilde* sind in die Haut der Vögel *Federn* verschiedener Art eingefügt (über deren Bau vgl. Seite 247 ff.). Die Federn stehen in typischen Reihen, den sog. Federfluren, Pterylae, mit den quergestreiften Hautmuskeln in Verbindung. Die Federkiele stecken in Federbälgen der Haut und können mit Hilfe spezieller Muskeln gesträubt bzw. niedergelegt werden, und zwar setzen an den Konturfedern jeweils 4 oder mehr Muskeln der beiden Typen an. Diese Muskeln verbinden benachbarte Federn und werden vom vegetativen Nervensystem innerviert. Die Schwungfedern der Flügel und die Steuerfedern des Stoßes werden mittels quergestreifter Hautmuskeln willkürlich bewegt.

Man unterscheidet Deck- oder Konturfedern, Flaumfedern und Fadenfedern. Die *Deckfedern, Pennae,* sind kraniokaudal gerichtet und stellen den Hauptteil des Federkleides. Sie können das Gefieder dachplattenartig schließen oder in gesträubtem Zustand einen Luftraum zur Wärmeisolierung bilden, aber auch Spalten zur besseren Durchlüftung freigeben. Außer den *Schwung-* und den *Steuerfedern,* Remiges bzw. Rectrices, sind die *Ober- und Unterdecken der Schwungfedern,* die *Oberschwanzdecken,* Uropteren, und die *Unterschwanzdecken,* Hypuropteren, sowie der *Schulterfittich,* Parapterum, und der *Eckfittich* am 1. Finger, Alula, als besondere von Deckfedern gebildete Strukturen zu nennen. Bei manchen Vogelarten, wie z. B. Erpel, Pfau, Hühner- und Taubenrassen, befinden sich in den Oberschwanzdecken oder an den Beinen besondere Schmuckfedern.

Die *Flaumfedern, Dunen, Daunen, Pluemae,* bilden eine weiche Federschicht in Körpernähe unter den Deckfedern. Sie bilden den Hauptschutz gegen Kälteeinwirkung. Halbdunen, Semipluemae, haben eine etwas kräftiger entwickelte Peripherie als die meisten Flaumfedern.

Die *Fadenfedern, Borstenfedern, Filopluemae,* bestehen fast ausschließlich aus dem sehr dünnen Schaft. Die Fahne ist stark reduziert.

Während der *Mauser,* die meist einmal jährlich im Spätsommer oder im Herbst erfolgt, wird das Federkleid gewechselt. Während dieser Zeit weist die Schilddrüse besondere Aktivität auf. Durch Verabreichung hoher Dosen von Schilddrüsenhormon läßt sich die Mauser auch künstlich auslösen. Substanzen, die die Funktion der Schilddrüse dämpfen, sog. Thyreostatika, vermögen dagegen den Eintritt der Mauser hinauszuzögern. Aber auch andere Einflüsse wie Lichtintensität, Gesundheit und Grad der Ernährung der Tiere wirken auf den Zeitpunkt der Mauser ein. Die Mauser stellt besonders hohe Anforderungen an den Geflügelorganismus und stellt somit auch eine Zeit verminderter Leistung und erhöhter Anfälligkeit für Krankheiten dar.

### 11.3 Bürzeldrüse

Schweißdrüsen und Talgdrüsen fehlen in der Vogelhaut.
Als Besonderheit ist dagegen die *Bürzeldrüse, Glandula uropygii,* an der Schwanzbasis ausgebildet. Sie liegt mit zwei Lappen dorsal der letzten Kreuz- und der ersten Schwanzwirbel. Bei manchen Taubenrassen (Pfautauben, Malteser, orientalische Roller) fehlt sie, und beim Wassergeflügel ist sie zum Einfetten des Gefieders und damit für dessen Wasserundurchlässigkeit unentbehrlich. In der *Bürzelzitze* münden die zwei Ausführungsgänge der beiden Drüsenlappen, die aus zahlreichen Alveolen bestehen. Als *Bürzeldocht* werden die Federn in der Umgebung der Bürzelzitze bezeichnet, die intensiv mit dem talgigen Bürzeldrüsensekret behaftet sind und dieses beim Federneinfetten auf den Schnabel übertragen.

*Sensible Nervenendigungen* und *Tastkörperchen* (Herbstsche Körperchen) sind vor allem in der Umgebung der Federbälge in der Lederhaut ausgebildet, ebenso am Schnabelrand, hier vor allem beim Wassergeflügel.

### 11.4 Kamm, Kehllappen und Wangenlappen

Bei den Hühnervögeln sind Kamm, Kehl- und Wangenlappen von einer etwas dickeren Oberhaut bedeckt als die federbedeckte Haut. Die Lederhaut ist sehr blutgefäßreich. Die Blutfülle wird über zahlreiche arteriovenöse Anastomosen reguliert. Die Lederhaut enthält außerdem viele Fettzellen. Zwischen den beidseitigen Lederhäuten befindet sich eine Zwischenschicht, die relativ viel Schleimsubstanz enthält. Diese Hautgebilde entwickeln sich unter dem Einfluß der Geschlechtshormone, besonders des Testosteron. Der *Stirnzapfen* der Truthühner enthält vor allem Fettgewebe, während das Horn der Perlhühner von einem Knochenfortsatz der Stirnbeine unterlagert wird. Der *Sporn* bei männlichen Hühnervögeln wird von einem zapfenförmigen Fortsatz des Laufknochens gebildet, der von einer Hornscheide umschlossen ist. Er bildet sich gelegentlich auch bei älteren Hühnern.

## 12 Nervensystem, Systema nervosum

Das Nervensystem überwacht und steuert die Tätigkeit der anderen Organsysteme. Dabei bestehen z. T. enge Beziehungen zum endokrinen System, das ebenfalls Steuerungsfunktion hat.

Herkömmlicherweise wird das Nervensystem in zwei Steuerungssysteme, das Zentralnervensystem und das vegetative Nervensystem, sowie in die peripheren Nerven gegliedert. Das *Zentralnervensystem* steuert die willkürlichen Bewegungen, nimmt Reize aus der Umgebung über Sinnesorgane oder einzelne Rezeptoren auf und verarbeitet diese mehr oder weniger bewußt. Als Kurzschlußbahnen sind sog. Reflexbögen ausgebildet, über die Reize unter primärem Ausschluß der Großhirnrinde in Form mehr oder weniger komplexer motorischer Reaktionen beantwortet werden können. Das *vegetative Nervensystem* steuert die unbewußten Funktionen wie Darmbewegung, Erweiterung bzw. Kontraktion der Blutgefäße, Tätigkeit vieler Drüsen u. a. Die *peripheren Nerven* leiten Erregungen aus dem Zentralnervensystem in die Peripherie (motorische Nerven) oder von dort zum Zentralnervensystem (sensible Nerven). Außerdem führen sie häufig Anteile aus dem vegetativen Nervensystem mit.

## 12.1 Zentralnervensystem, Systema nervosum centrale (Gehirn, Rückenmark)

Das Zentralnervensystem besteht aus dem Gehirn und dem Rückenmark und entspricht weitgehend demjenigen der Säugetiere. Allerdings werden bei den Vögeln zahlreiche Funktionen vom Rückenmark ausgeführt, die bei Säugetieren, vor allem bei den höher entwickelten, vom Gehirn übernommen werden. Das kommt auch im Gewicht von Rückenmark und Gehirn zum Ausdruck. Das Gewicht des Rückenmarks beträgt beim Huhn 51 %, beim Rind 47 %, bei der Katze 30 % und beim Menschen dagegen nur 2 % des Gehirngewichts.

### Gehirn, Encephalon

Die Oberfläche des Gehirns ist bei den Hausvögeln nicht gefurcht. Auf Querschnitten erscheint im Gehirn die ganglienzellreiche Rinde, Cortex, grau (graue Substanz), während die zentralen, faserreichen Teile aufgrund des hohen Myelingehaltes weiß aussehen (weiße Substanz).

Das Gehirn gliedert sich von vorne nach hinten in: das End-, das Zwischen-, das Mittel-, das Hinter- und das Nachhirn.

Das *Endhirn, Großhirn, Telencephalon,* ist mit seinen beiden Hemisphären der größte, aber auch entwicklungsgeschichtlich jüngste Gehirnabschnitt. Sein zugespitzter, vorderer Teil ist das *Riechhirn, Rhinencephalon,* das bei den Vögeln nicht stark entwickelt ist. Von seinem Riechkolben, Bulbus olfactorius, aus geht jederseits nur ein Nerv durch das Siebbein in die Riechgegend. Die schwache Entwicklung des Riechhirns entspricht der untergeordneten Bedeutung des Geruchssinns bei den Vögeln.

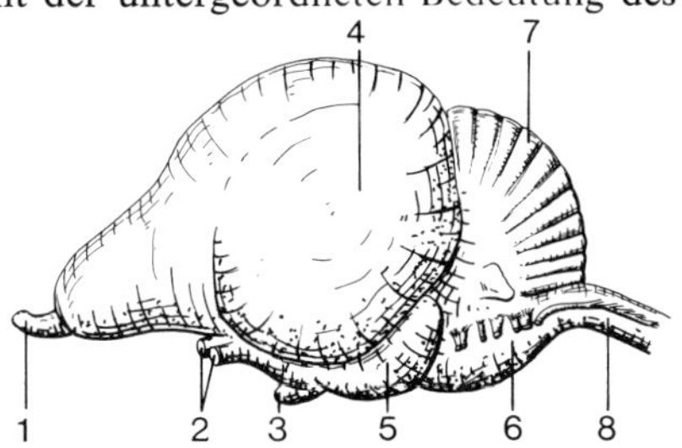


Abb. 20. Gehirn einer Gans, linke Seitenansicht, nach SCHWARZE und SCHRÖDER 1972. 1 Riechhirn; 2 rechter und linker Sehnerv; 3 Hypophyse; 4 linke Großhirnhemisphäre; 5 Lobus opticus des Mittelhirns; 6 verlängertes Mark mit austretenden Nerven; 7 Kleinhirn; 8 Rückenmark.

Während bei den Säugetieren das Endhirn große Bedeutung für die willkürlichen Bewegungen sowie für die Wahrnehmung und Verarbeitung von Umweltreizen besitzt, sind solche Funktionen bei den Vögeln offenbar noch in entwicklungsgeschichtlich älteren Regionen des Gehirns lokalisiert, so daß endhirnlose Vögel relativ geringe Störungen aufweisen können.

Das *Zwischenhirn, Diencephalon,* liegt basal der Endhirnhemisphären. Sein Dorsalteil wird Epithalamus, seine Seitenwand Thalamus und sein basaler Abschnitt Hypothalamus genannt. Dem Epithalamus sitzt die *Zirbeldrüse, Epiphysis cerebri,* auf, und mit dem Hypothalamus ist die *Hypophyse, Hypophysis cerebri,* verbunden. Beide Drüsen gehören zu den innersekretorischen Drüsen. An der Basis des Zwischenhirns, vor der Hypophyse, befindet sich die *Sehnervenkreuzung, Chiasma opticum,* in der die Fasern der Sehnerven beider Seiten ausgetauscht werden.

Das Zwischenhirn ist ein wichtiges Bindeglied zwischen der Endhirnrinde und den übrigen Teilen des Zentralnervensystems, aber auch zwischen dem Zentralnervensystem bzw. den ihm angeschlossenen Sinnesorganen und Rezeptoren und dem System der innersekretorischen Drüsen. Das kommt in der funktionellen Einheit von Hypothalamus und Hypophyse zum Ausdruck. Darüber hinaus befinden sich im Zwischenhirn mehrere Ansammlungen von Ganglienzellen, sog. Kerne, zur Steuerung bzw. Einleitung von Flucht, Abwehr, Futteraufnahme und anderen Verhaltensweisen.

Das *Mittelhirn, Mesencephalon,* das sich dem Zwischenhirn nach kaudal anschließt, enthält ebenfalls mehrere Kerngebiete, die Koordinationsfunktionen übernehmen. In seiner Dachregion, die sich beiderseits als Lobus opticus stark auswölbt, ist das *Sehzentrum* der Vögel gelegen. Aber auch zum Gehör- und zum Gleichgewichtssinn bestehen enge Beziehungen.

Das *Hinterhirn, Metencephalon,* wird bei den Vögeln nur von dem *Kleinhirn, Cerebellum,* repräsentiert. Die Brücke, Pons, fehlt. Das Kleinhirn weist median einen deutlichen Wurm, Vermis, auf, der beidseitig von den schwach entwickelten Kleinhirnhemisphären flankiert wird. Der Wurm ist durch Querfurchen reich gegliedert.

Das Kleinhirn stimmt die motorischen Aktionen mit den Informationen des Körpersinns sowie des Gleichgewichtssinns und der Augen über Körperstellung und Lage im Raum ab. Diese Koordination ist bei den Vögeln besonders wichtig, bei denen sich beim Flug häufig Lageveränderungen ergeben und auch beim Laufen infolge des langen Halses Unterschiede in der Haltung von Kopf und Rumpf auftreten.

Das *Nachhirn, Myelencephalon,* in Form des *verlängerten Marks, Medulla oblongata,* stellt die Verbindung zwischen den übrigen Gehirnteilen und dem Rückenmark dar. Weil sich hier zahlreiche Nervenbahnen kreuzen, ist im verlängerten Mark keine Trennung zwischen grauer und weißer Substanz gegeben. Im verlängerten Mark liegen mehrere motorische, sensible und parasympathische Kerne, Steuerungszentren für Atmung und Kreislauf sowie als Formatio reticularis zusammengefaßte Schaltstellen. Es ist, zusammen mit dem Rückenmark, Zentrum der elementaren Lebensfunktionen.

Das *Hohlraumsystem des Gehirns* entsteht aus dem Lumen des embryonalen Neuralrohres. In den beiden Endhirnhemisphären befinden sich die beiden *Seitenkammern,* die mit der *dritten Gehirnkammer* im Zwischenhirn verbunden sind. Von dieser führt der enge Aquaeductus mesencephali zur *vierten Gehirnkammer* dorsal der Medulla oblongata, die schließlich in den *Zentralkanal des Rückenmarks* übergeht. In den Gehirnkammern befinden sich arterielle Adergeflechte, die die Gehirnrückenmarksflüssigkeit, Liquor cerebrospinalis, abscheiden. Diese erfüllt sowohl die Gehirnkammern wie den Zentralkanal des Rückenmarks und gelangt über das Dach der vierten Gehirnkammer in den Subarachnoidalspalt, wo sie resorbiert wird.

**Rückenmark, Medulla spinalis**

Das Rückenmark erstreckt sich vom Hinterhaupt bis in die Schwanzwirbel hinein und liegt im Wirbelkanal, der von den Wirbellöchern der einzelnen Wirbel gebildet wird.

Vom Rückenmark gehen segmental, jeweils zwischen zwei Wirbeln, die sog. Rückenmarksnerven ab, die sich ihrerseits in einen dorsalen und einen ventralen Ast aufzweigen. Da im Übergang vom Hals- zum Brustmark und im Lendengebiet besonders viele Ganglienzellen zur Innervierung der Gliedmaßen vorhanden sind, weist das Rückenmark in diesen Gebieten Verdickungen auf, die *Hals-* und die *Lendenanschwellung,* die Intumescentia cervicalis und die Intumescentia lumbosacralis. Die Halsanschwellung ist besonders bei guten Fliegern, die Lendenanschwellung bei Laufvögeln ausgeprägt. Das Rückenmark endet mit dem fadenförmigen Filum terminale. Eine Cauda equina fehlt, weil keine so ausgesprochenen Differenzen im Längenwachstum der Wirbelsäule und des Rückenmarks bestehen wie bei den Säugetieren. Entsprechend der Lage in den Wirbelsäulenabschnitten unterscheidet man zwischen Hals-, Brust-, Lenden-, Kreuz- und Schwanzmark.

Im Querschnitt erkennt man die zentralgelegene graue Substanz in Form eines H bzw. eines Schmetterlings um den Zentralkanal herum. Die weiße Substanz liegt außerhalb der grauen und kann in verschiedene Bahnen bzw. Stränge gegliedert werden. Die motorischen Stränge verlaufen ventral, die sensiblen dorsal. Entsprechend der wenig ausgeprägten Sensibilität der Vögel sind die Dorsalstränge schwächer als bei den Säugetieren entwickelt. Aus den ventralen Spitzen der grauen Substanz (Ventralhörner) entspringen die motorischen Anteile der Rückenmarksnerven (ventrale Wurzeln). Die sensiblen Nerven treten dorsolateral in das Rückenmark ein (dorsale Wurzeln). Ihre Fasern werden aber bereits vorher umgeschaltet, und zwar an Ganglienzellen, die im sog. *Spinalganglion* außerhalb des Rückenmarks, aber im Wirbelkanal liegen.

Im Rückenmark werden Erregungen nicht nur vom Gehirn in die Peripherie bzw. umgekehrt geleitet, sondern in vielfältiger Weise auch auf andere Bahnen umgeschaltet, wodurch Verstärkungseffekte, Koordinationen und Reflexe ausgelöst werden.

**Hüllen des Gehirns und des Rückenmarks, Meningen**

Gehirn und Rückenmark werden, wie bei den Säugetieren, von der *harten Gehirn- und Rückenmarkshaut,* Dura mater encephali et spinalis, der *Spinnwebhaut,* Arachnoidea encephali et spinalis, und der *weichen Gehirn- und Rückenmarkshaut,* Pia mater encephali et spinalis, schützend umhüllt. Außerdem enthalten diese Hüllen größere venöse Blutleiter (Dura mater) bzw. Blutgefäße zur Versorgung des Rückenmarks (Pia mater). Die Dura mater bildet in der Schädelhöhle Septen zwischen den beiden Großhirnhälften (Falx cerebri) bzw. zwischen Groß- und Kleinhirn (Tentorium cerebelli membranaceum). Im Bereich des Rückenmarks ist die Dura mater zweiblättrig. Zwischen diesen Blättern befindet sich der Intraduralraum, der mit Fett und lockerem Bindegewebe ausgefüllt ist. Zwischen Arachnoidea und Pia mater ist der Subarachnoidalraum ausgebildet, der Gehirn-Rückenmarks-Flüssigkeit enthält, die hier resorbiert wird.

## 12.2 Vegetatives Nervensystem, Systema nervosum autonomicum (Sympatikus, Parasympatikus)

Das vegetative Nervensystem wird auch als autonomes Nervensytem bezeichnet, weil es nicht dem Willen unterliegt. Man kennt indessen vielfältige hormonelle und vom Zentralnervensystem ausgehende Einflüsse, denen auch dieser Teil des

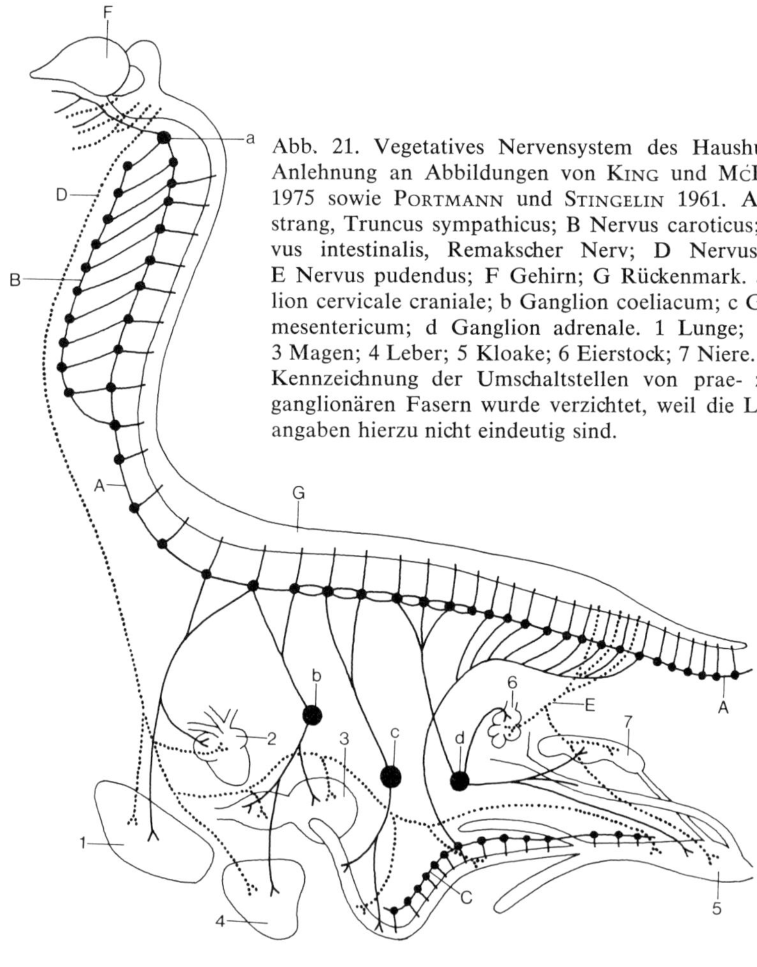


Abb. 21. Vegetatives Nervensystem des Haushuhns, in Anlehnung an Abbildungen von King und McLelland 1975 sowie Portmann und Stingelin 1961. A Grenzstrang, Truncus sympathicus; B Nervus caroticus; C Nervus intestinalis, Remakscher Nerv; D Nervus vagus; E Nervus pudendus; F Gehirn; G Rückenmark. a Ganglion cervicale craniale; b Ganglion coeliacum; c Ganglion mesentericum; d Ganglion adrenale. 1 Lunge; 2 Herz; 3 Magen; 4 Leber; 5 Kloake; 6 Eierstock; 7 Niere. Auf die Kennzeichnung der Umschaltstellen von prae- zu postganglionären Fasern wurde verzichtet, weil die Literaturangaben hierzu nicht eindeutig sind.

Nervensystems unterliegt, so daß der Hinweis auf seine vegetativen Funktionen berechtigter erscheint. Es besteht aus zwei, meist antagonistisch wirkenden Anteilen, dem Sympathikus, Pars sympathica, und dem Parasympathikus, Pars parasympathica.

Der *Sympathikus* wird von dem die Wirbelsäule beiderseits begleitenden *Grenzstrang,* Truncus sympathicus, vertreten, der aus zahlreichen Ganglien besteht, die durch längsverlaufende Rami interganglionares verbunden sind. Über Rami communicantes stehen die beiden Grenzstränge mit dem Rückenmark in Verbindung und vereinigen sich in der Kloakengegend miteinander. Von den Grenzsträngen gehen Nervenfasern zu den Organen, Blutgefäßen, Drüsen usw. einschließlich denen des Kopfes ab. Diese Fasern werden postganglionäre Fasern genannt. Der Sympathikus wirkt besonders während der körperlichen Aktivität: so wird durch seine Einwirkung u. a. die Herzschlagfrequenz gesteigert, die Bronchen und die Kapillaren der Skelettmuskeln werden erweitert und die Hautgefäße verengt.

Der *Parasympathikus* besteht aus zwei getrennten Anteilen, einem kranialen Anteil, der seine Kerne im verlängerten Mark hat und mit Gehirnnerven austritt, und einem kaudalen Anteil, der im Kreuzmark gelegen ist. Letzterer versorgt die Harn- und Geschlechtsorgane. Alle übrigen Organe werden vom kranialen Anteil innerviert, und zwar vor allem von jenen Nervenfortsätzen, die das verlängerte Mark als Teile des 10. Gehirnnervs, des *N. vagus,* verlassen. Mit diesem verlaufen sie am Hals entlang in die Körperhöhle. Die Haut und ihre Gefäße am Rumpf werden von Fasern innerviert, die mit den Rückenmarksnerven das Rückenmark verlassen.

Der Parasympathikus ist vor allem in Zeiten der körperlichen Ruhe und der Assimilation wirksam. Sein Einfluß macht sich u. a. in einer Verlangsamung der Herzschlagfrequenz und in erhöhter Sekretion der Magen- und Darmdrüsen bemerkbar. Da keiner der beiden Anteile des vegetativen Nervensystems zeitlebens völlig inaktiv ist, unterliegt der Organismus jeweils nur einer vermehrten bzw. verminderten Wirkung eines der Partner (Sympathikotonus bzw. Parasympathikotonus). Selten sind die Einzelwirkungen eindeutig abzugrenzen. Hinzu kommen individuelle, jahreszeitliche, geschlechtsbedingte sowie tierartspezifische Unterschiede.

Da die Ganglienzellen in der Magen- und Darmwand eine gewisse Autonomie ihrer Steuerungsfunktion erkennen lassen, werden sie in ihrer Gesamtheit als sog. *intramulares System* häufig neben Sympathikus und Parasympathikus zum vegetativen Nervensystem gezählt. Sympathikus und Parasympathikus wirken auf dieses intramurale System hemmend oder erregend ein. Die Bewegungsabläufe selbst werden dagegen im Organ gesteuert.

## 12.3 Peripheres Nervensystem, Systema nervosum periphericum (Gehirnnerven, Rückenmarksnerven)

Das System der peripheren Nerven umfaßt jene Nerven, die vom Zentralnervensystem in die Peripherie ziehen. Meist enthalten sie allerdings auch Anteile des vegetativen Nervensystems. Je nach ihrem Ursprung aus dem Gehirn oder dem Rückenmark unterscheidet man Gehirn- und Rückenmarksnerven.

**Gehirnnerven**

Wie bei den Säugetieren verlassen zwölf Nervenpaare das Gehirn. Sie werden in der Reihenfolge von kranial nach kaudal behandelt.

Der *1. Gehirnnerv, Riechnerv, N. olfactorius,* entspringt aus dem Riechhirn. Im Gegensatz zu den Verhältnissen bei den Säugetieren tritt er als freier Nerv durch die Augenhöhle und gelangt durch ein Loch im Siebbein in die Nasenhöhle, wo er mit den Rezeptoren der Riechschleimhaut verbunden ist.

Der *2. Gehirnnerv, Sehnerv, N. opticus,* stellt die Verbindung der Netzhaut des Auges mit dem Zwischenhirn und dem Mittelhirn her. In der Sehnervenkreuzung wechseln die Fasern bei den Vögeln jeweils vollständig zur anderen Gehirnhälfte über.

Der *3. Gehirnnerv, N. oculomotorius,* innerviert vor allem Augenmuskeln, besitzt aber auch vegetative Anteile.

Der *4. Gehirnnerv, N. trochlearis,* innerviert den oberen schiefen Augenmuskel.

Der *5. Gehirnnerv, N. trigeminus,* teilt sich in drei sensible Äste für die Haut und die Schleimhäute des Schnabels und der vorderen Kopfabschnitte. Ein motorischer Ast innerviert die Kaumuskeln.

Der *6. Gehirnnerv, N. abducens,* innerviert den äußeren geraden Augenmuskel und die Nickhautmuskeln.

Der *7. Gehirnnerv, Angesichtsnerv, N. facialis,* nimmt vielfältige Verbindungen zu anderen Gehirnnerven auf, wobei vegetative Fasern abgegeben werden. Seine motorische Funktion, die er bei den Säugetieren durch die Innervierung der zahlreichen Angesichtsmuskeln ausübt, ist bei den Vögeln stark reduziert.

Der *8. Gehirnnerv, Gehör- und Gleichgewichtsnerv, N. vestibulocochlearis,* verläuft zu den Rezeptoren des Innenohrs, und zwar mit seiner Pars cochlearis zur Schnecke und mit der Pars vestibularis zum Gleichgewichtsorgan.

Der *9. Gehirnnerv, N. glossopharyngeus,* innerviert Zungenmuskeln, Speicheldrüsen sowie einen Teil der Schleimhaut des Rachens, des Kehlkopfes und der Luftröhre. Ein Ast verläuft am Hals abwärts bis zum Kropf und vereinigt sich dort mit dem N. recurrens.

Der *10. Gehirnnerv, N. vagus,* enthält bedeutende parasympathische Anteile. Diese verlaufen entlang der Drosselvene rumpfwärts und treten in die Leibeshöhle ein, wo sie die meisten Organe mit parasympathischen Fasern versorgen. Vor Eintritt in die Leibeshöhle trennt sich ein motorischer Anteil, der N. recurrens, der wieder kopfwärts aufsteigt und Kehlkopfmuskeln innerviert.

Der *11. Gehirnnerv, N. accessorius,* erhält bereits Anteile des 1. und des 2. Halsnerven. Er innerviert den M. trapezius und den M. sternocleidomastoideus am Hals.

Der *12. Gehirnnerv, N. hypoglossus,* bekommt ebenfalls Fasern von den beiden ersten Halsnerven. Er innerviert die Muskeln am Zungenbein, Halsmuskeln und den Stimmkopf.

**Rückenmarksnerven**

Aus dem Rückenmark entspringen segmental, jeweils zwischen zwei Wirbeln, die Paare der Rückenmarksnerven. Nach Austritt aus dem Wirbelkanal spalten sie sich in einen dorsalen und einen ventralen Ast. Von diesen Rückenmarksnerven werden vor allem die Muskeln am Rumpf und an den Gliedmaßen motorisch innerviert, und sensible Anteile leiten Erregungen von Rezeptoren der Haut, der Muskeln, Gelenke und Organe zum Rückenmark und zum Gehirn. Besonders jene Rückenmarksnerven, deren Fasern in die Gliedmaßen eintreten, tauschen im *Armgeflecht* bzw. im *Lenden-Kreuz-Schamgeflecht* Fasern aus, so daß die peripheren Nerven dann Anteile mehrerer Rückenmarksnerven enthalten.

Da eine detaillierte Beschreibung der Rückenmarksnerven den hier gesetzten Rahmen sprengen würde, muß diesbezüglich auf einschlägige Spezialliteratur verwiesen werden. Wegen seiner praktischen Bedeutung sei lediglich der *N. ischiadicus* hervorgehoben, der als stärkster Nerv aus dem von den Nieren bedeckten Kreuzgeflecht entspringt. Er tritt durch das For. ischiadicum aus dem Becken aus und verläuft medial am Oberschenkel zur Kniekehle. Dort teilt er sich in den N. tibialis und den N. peroneus. Dieses Geflecht und dieser Nerv werden beim Verdacht auf Mareksche Geflügellähme entnommen und untersucht.

# 13 Sinnesorgane, Organa sensuum

## 13.1 Sehorgan, Organum visus

Das *Auge, Oculus,* ist bei den Hausvögeln das vorherrschende Sinnesorgan. Außer dem Augapfel gehören zu ihm dessen Schutz- und Hilfseinrichtungen.

Der *Augapfel, Bulbus oculi,* entspricht in seinem Aufbau aus

- der äußeren Augenhaut mit *Hornhaut, Cornea,* und *harter Augenhaut, Sclera,*
- der mittleren Augenhaut mit *Aderhaut, Chorioidea, Ziliarkörper, Corpus ciliare,* und *Regenbogenhaut, Iris,* sowie
- der inneren Augenhaut, der *Netzhaut, Retina,*

im wesentlichen dem Säugetierauge. Im Unterschied zu diesem ist aber seine Gestalt weniger rund, sondern beim Huhn und bei der Gans mehr scheibenförmig und bei der Ente kegelförmig. Die Hornhaut ist im allgemeinen stark vorgewölbt, und am Übergang der Sklera zur Hornhaut ist erstere durch knöcherne Einlagerungen verfestigt.

Die zwischen den Fortsätzen des Ziliarkörpers und eines zusätzlichen Halteapparates, des Strahlenbändchens, aufgehängte *Linse, Lens cristallina,* besitzt bei den Vögeln aus der Embryonalentwicklung noch eine schmale Linsenkammer, die mit Flüssigkeit gefüllt ist.

In den hinter der Linse gelegenen *Glaskörper, Corpus vitreum,* ragt von der Eintrittsstelle des Sehnervs her der *Kamm, Pecten,* weit hinein. Dieser ist reich an Nervenzellen und Kapillaren. Er fehlt bei den Säugetieren. Seine Funktion wird im Stoffaustausch gesehen.

Zu den *Schutz- und Hilfseinrichtungen des Auges* zählen die *Augenhöhle, Orbita,* die von den Kopfknochen gebildet wird, die *Augenlider, Palpabrae,* einschließlich der *Nickhaut, Palpabra tertia,* der Tränenapparat mit *Tränendrüse und Nickhautdrüse, Gland. lacrimalis* und *Gland. lacrimalis accessoria,* die *Augenmuskeln,* und zwar vier gerade und zwei schiefe, sowie die *Bindehaut, Conjunctiva,* die die Innenseite der Augenlider und die Vorderfläche des Augapfels bedeckt.

## 13.2 Gleichgewichts- und Hörorgan, Organum vestibulocochleare

Die Sinneszellen dieses Organsystems vermitteln zwar unterschiedliche Sinneseindrücke, wegen ihrer gemeinsamen Lage im sog. Labyrinth und ihrer Verbindung zum 8. Gehirnnerv werden sie jedoch zusammen abgehandelt. Das *Labyrinth* setzt sich aus dem knöchernen Anteil und dem häutigen Anteil zusammen (Labyrinthus osseus und membranaceus). Der häutige Anteil kleidet tapetenartig den knöchernen aus und ist mit Endolymphe gefüllt. Im Bereich des Sacculus und der Schnecke befindet sich jedoch Perilymphe zwischen knöchernem und häutigem Anteil.

### Hörorgan

Das *Ohr, Auris,* besteht aus dem Außen-, dem Mittel- und dem Innenohr.

Das *Außenohr* der Vögel wird von dem nur kurzen äußeren Gehörgang gebildet, der vom *Trommelfell, Membrana tympani,* gegen das Mittelohr verschlossen wird.

Das *Mittelohr* steht, wie bei den Säugetieren, über die Hörtrompete, Eustachische Röhre, mit der Außenluft in Verbindung, ist also luftgefüllt. Die Schallübertragung erfolgt über nur ein Gehörknöchelchen, die *Collumella,* die auf der einen Seite mit dem Trommelfell verbunden ist und auf der anderen Seite das Vorhofsfenster zum Innenohr verschließt. Eine zweite Verbindung zu dem mit Perilymphe gefüllten Raum des Innenohrs, das Schneckenfenster, ist mit einer Membran verschlossen.

Das *Innenohr* ist ein Teil des Labyrinths. Es wird von der *Schnecke, Cochlea,* gebildet, die bei den Vögeln nur ein kurzer, blindendender Gang ist, in dem die von Perilymphe umgebene *häutige Schnecke, Ductus cochlearis,* sich befindet. Diese enthält Endolymphe und die Sinneszellen des *Cortischen Organs,* deren Sinneshärchen eine Deckmembran berühren. Werden Schallwellen aufgenommen, so werden diese über das Trommelfell und die Collumella auf die Perilymphe übertragen und dort gedämpft. Bestimmte Regionen der häutigen Schnecke werden aber jeweils in Schwingungen versetzt und dabei die Sinneshärchen an der Deckmembran gereizt. Hierdurch wird die Nervenzellerregung erzeugt, die vom Gehirn als Schall registriert wird.

### Gleichgewichtsorgan

Dieses setzt sich aus Anteilen zusammen, die Richtungsänderungen des Kopfes registrieren, und solchen, die die Lage während der Ruhe sowie Beschleunigungen in der Vertikalen kontrollieren. Darüberhinaus hat das Gleichgewichtsorgan eine große Bedeutung für die Erhaltung des Tonus der Halsmuskeln.

Bewegungen des Kopfes werden in den drei *Bogengängen* wahrgenommen, von denen einer horizontal, einer vertikal von lateral nach medial und einer vertikal von hinten nach vorne verläuft. Alle Bogengänge stehen mit ihren beiden Enden mit dem Utriculus in Verbindung und sind wie dieser mit Endolymphe gefüllt. Ihr Anfangsabschnitt ist jeweils zur Ampulle erweitert, in der sich Sinneszellen befinden, deren Härchen bei Bewegungen dadurch gereizt werden, daß sich die Endolymphe träger bewegt als ihre Umhüllung.

Sowohl im *Utriculus* als auch im benachbarten *Sacculus* und in dem erweiterten Ende der häutigen Schnecke, der sog. *Lagena,* befinden sich Sinneszellen, auf deren Härchen, die von einer Gallertschicht umhüllt werden, kleine Statolithen ruhen. Die Druckrichtung derselben ändert sich je nach Kopfhaltung und ihre Druckintensität vermehrt sich bei Aufwärtsbewegungen. Sie vermindert sich bei Abwärtsbewegungen.

## 13.3 Geschmacksorgan, Organum gustus

Bei den Vögeln sind Geschmacksknospen, die aus Sinnesepithelzellen und Stützzellen bestehen, nur spärlich ausgebildet. Offenbar spielt der Tastsinn des Schnabels eine größere Rolle bei der Kontrolle und Auswahl der Nahrung als der Geschmackssinn. Die Geschmacksknospen befinden sich vor allem in der Schleimhaut der hinteren Zungenabschnitte und im Schlundkopf.

## 13.4 Geruchsorgan, Organum olfactus

Auch der Geruchssinn der Vögel ist schwach entwickelt. Die an sich schon kleine Nasenhöhle weist nur eine eng begrenzte mit Riechschleimhaut überzogene Region, Regio olfactoria, auf. Die Riechzellen dieser Schleimhaut werden von Stützzellen umgeben. Drüsen in der Propria sorgen für eine feuchte Oberfläche trotz Verdunstungsverlusten durch die vorüberstreichende Atemluft. Auch das Riechhirn ist, wie bereits ausgeführt, nur schwach entwickelt. Dadurch kommt dort keine Potenzierung der Erregung durch Umschaltung auf mehrere Ganglien zustande wie bei Tieren mit gutem Riechvermögen.

## 13.5 Weitere Rezeptoren

Außer den genannten, in mehr oder weniger abgegrenzten Organen zusammengefaßten Sinneszellen verfügen auch die Vögel über Rezeptoren, die sowohl in der Haut als auch in den Muskeln, Sehnen, Bändern und Organen liegen. Diese Rezeptoren werden teils dem Tastsinn zugeordnet, teils vermitteln sie Schmerz-, Wärme- oder Kälteeindrücke. *Tastkörperchen* sind besonders reichlich in der Schnabelschleimhaut und in der Wachshaut vertreten, die bei den Wasservögeln den gesamten Schnabel bedeckt und bei den anderen Vögeln auf die Schnabelränder begrenzt ist.

Entscheidende Bedeutung haben auch die sog. *Propriorezeptoren* in den Muskeln und Gelenken, die dem Zentralnervensystem Informationen über Stellung und Belastung der Gliedmaßen und anderer Körperteile vermitteln. Diese Informationen müssen, zusammen mit Informationen des Gleichgewichtsorgans, im Kleinhirn mit den willkürlichen oder unwillkürlichen motorischen Impulsen verarbeitet werden, weil ohne dieses keine koordinierten, zweckmäßigen Bewegungen ausgeführt werden können. Diese Rezeptoren werden auch unter der Bezeichnung *Körpersinn* zusammengefaßt.

# 14 Endokrine Drüsen, Glandulae sine ductibus

Diese Drüsen geben ihre Sekrete, die Hormone genannt werden, an Blutkapillaren ab, die in engem Kontakt mit den Drüsenzellen stehen. Die Hormone werden mit dem Blut zu den Erfolgsorganen oder -geweben transportiert, wo sie in kleinsten Mengen wirken. Somit üben die Hormondrüsen Steuerungsfunktionen aus.

## 14.1 Hypothalamus-Hypophysen-System

Die *Hypophyse, Hirnanhangsdrüse, Hypophysis,* die basal vom Zwischenhirn liegt, bildet mit dessen Hypothalamus insofern eine funktionelle Einheit, als von Ganglienzellen des Hypothalamus gebildete Hormone, sog. *Neurosekrete,* die Hormonausschüttung im Hypophysenvorderlappen beeinflussen oder über den Hypophysenhinterlappen ausgeschieden werden. Diejenigen Hormone, die im Hypothalamus gebildet werden und auf den Hypophysenvorderlappen wirken, werden Releasing-Hormone (RH) bzw. Inhibiting-Hormone (IH) genannt. Sie werden über spezielle Blutgefäße, das *hypophysäre Pfortadersystem,* zum Vorderlappen transportiert, während jene Hormone, die im Hypophysenhinterlappen ausgeschieden werden, in Axonen ohne Vermittlung des Blutes dorthin gelangen.

Die Hypophyse gliedert sich in den Vorderlappen und den Hinterlappen. Ein Mittellappen fehlt bei den Vögeln.

Im *Vorderlappen (Adenohypophyse)* werden folgende Hormone gebildet:

1. ein die *Schilddrüse (Thyreoidea) stimulierendes Hormon (TSH),* das eine vermehrte Bildung und Ausschüttung der Schilddrüsenhormone bewirkt.
2. das *follikelstimulierende Hormon (FSH),* unter dessen Einfluß das Follikelwachstum am Ovar und die Spermiogenese im Hoden erfolgen.
3. das *luteinisierende Hormon (LH),* dessen vermehrte Ausschüttung die letzte Reifung des Follikels und den Follikelsprung bewirkt bzw. die Testosteronproduktion der Leydigschen Zwischenzellen anregt. Bei männlichen Tieren wird es daher auch interstitial cell stimulating hormone (ICSH) genannt.
4. das *Prolaktin,* das den Bruttrieb auslöst und erhält und bei Tauben auch die Kropfmilchbildung bewirkt.
5. das die *Nebennierenrinde* (bzw. die entsprechenden Interrenalzellen der Vögel) *stimulierende Hormon (ACTH),* unter dessen Einfluß die Glukokortikosteroide der Nebenniere ausgeschüttet werden.

Ein Wachstumshormon (STH) wurde bei den Vögeln bisher nicht sicher nachgewiesen. Eventuell wird seine Funktion vom Prolaktin erfüllt.

Der *Hypophysenhinterlappen (Neurohypophyse)* speichert und sezerniert die im Hypothalamus gebildeten Hormone *Oxytocin* und *Vasotocin,* die auf die Kontraktionen des Uterus stimulierend wirken. Vasotocin, das chemisch teils dem Oxytocin, teils dem Vasopressin der Säugetiere gleicht, bewirkt außerdem die Eiablage und die Wasserrückresorption in den Nieren.

## 14.2 Zirbeldrüse, Epiphysis cerebri

Die Zirbeldrüse ist ein Anhangsgebilde des Daches des Zwischenhirns, das sich entwicklungsgeschichtlich von einem Lichtsinnesorgan ableitet. Ihre endokrine Funktion bei den Vögeln ist nicht eindeutig geklärt.

## 14.3 Schilddrüse, Glandula thyreoidea

Die dunkelroten Schilddrüsen liegen als paarige, ovale und je nach Vogelart 0,5 bis 1,5 cm lange Organe beiderseits der Luftröhre vor dem Leibeshöhleneingang. Sie bestehen aus bläschenförmigen *Follikeln,* deren Epithelzellen die Hormone *Thyroxin* und *Trijodthyronin* bilden. Dazu ist Jod notwendig, weil die Hormone ein bzw. drei Jodatome enthalten. Die Hormone können in den Follikeln als sog. Kolloid gespeichert werden. Sie regen den Gesamtstoffwechsel an und beeinflussen auch die Mauser. Durch hohe Thyroxingaben kann eine Mauser ausgelöst werden.

Besonders bei wildlebenden Vögeln weisen die Schilddrüsen in bezug auf Größe und Aktivität erhebliche jahreszeitliche Schwankungen auf. Die Schilddrüsenfunktion wird von der Hypophyse gesteuert. Andererseits wirkt aber auch die Menge der Schilddrüsenhormone im Blut über den Hypothalamus regulierend auf die Ausschüttung des schilddrüsenstimulierenden Hormons. Über die Netzhaut des Auges und Verbindungen des Sehnervs mit dem Hypothalamus kann dieses System vom Licht beeinflußt werden. Auch andere Umwelteinflüsse können sich auswirken.

Gleichen Bau und vermutlich gleiche Funktion wie die Schilddrüsen hat der sog. *ultimobranchiale Körper,* der kaudal der Schilddrüse jederseits am Hals liegt.

## 14.4 Epithelkörperchen, Glandula parathyreoidea

Kaudal der Schilddrüse liegen am Hals beim Huhn drei, bei den anderen Hausvögeln zwei etwa 1 mm große Drüsenkörperchen, die das *Parathormon* produzieren. Dieses reguliert den Blutkalziumgehalt, indem die Kalziumaufnahme durch den Darm gefördert und seine Ausscheidung durch die Nieren vermindert wird. Bei weiterem Bedarf wird Kalzium aus den Knochen mobilisiert. Dieses Hormon ist daher besonders während der Eischalenbildung wichtig. Beim Huhn werden die Epithelkörperchen meist vom Ultimobranchialkörper umschlossen.

## 14.5 Nebenniere, Glandula suprarenalis

Diese befindet sich als paariges, mehr oder weniger ovales Organ jederseits der Wirbelsäule, kurz vor dem kranialen Pol der Nieren, etwas kranial der Aufteilung der hinteren Hohlvene. Eine Gliederung in Rinde und Mark, wie bei den Säugetieren, ist nicht möglich, sondern das Organ setzt sich aus sog. *interrenalen Zellen,* die den Rindenzellen entsprechen, und *chromaffinen Zellen,* die den Markzellen entsprechen, zusammen. Beide Zelltypen bilden Zellstränge, die sich durchdringen.

Die Interrenalzellen bilden im Prinzip die gleichen Steroidhormone wie die Nebennierenrinde der Säugetiere, vor allem *Aldosteron* als Mineralokortikosteroid und *Corticosteron* als Glukokortikosteroid. Aldosteron fördert die Natriumrückresorption in der Niere, und die Glukokortikosteroide bewirken die Glukosesynthese aus Spaltprodukten des Eiweiß- und Fettstoffwechsels. Sie sind im Rahmen des *allgemeinen Anpassungssyndroms* für die Einleitung von Schutzmechanismen in Streßsituationen verantwortlich. Die Ausschüttung der Glukokortikosteroide erfolgt unter dem Einfluß des ACTH der Hypophyse. In geringen Mengen werden auch männliche und weibliche Geschlechtshormone (Testosteron, Östrogene und Progesteron) von den Interrenalzellen gebildet.

Die chromaffinen Zellen bilden *Adrenalin,* das die Herzschlagfrequenz, den Blutdruck und den Blutzuckerspiegel erhöht und die Gefäße in der Skelettmuskulatur, im Herz und im Gehirn erweitert. Der Körper wird dadurch zu besonderen Leistungen, allerdings nur kurzfristig in Ausnahmesituationen, befähigt *(fight and fligth syndrome).*

## 14.6 Hoden, Testis, und Eierstock, Ovarium

Auf die Hormonproduktion dieser Organe wurde bereits hingewiesen (s. Seite 65 und Seite 67). Bildung und Ausschüttung dieser Hormone sind weitgehend abhängig von der Menge der von der Hypophyse ausgeschütteten Hormone FSH und LH, die wegen ihrer Wirkung auf die Keimdrüsen (Gonaden) auch als Gonadotropine bezeichnet werden.

## 14.7 Inselzellen der Bauchspeicheldrüse, Insulae pancreatis

Die Bildung von Glukagon und Insulin in den A- bzw. den B-Zellen des Pankreas sowie deren Wirkung wurden auf Seite 63 besprochen.

## 14.8 Weitere hormonbildende Zellen

Außer in den erwähnten Organen werden auch an anderen Stellen im Körper Sekrete mit spezifischen Wirkungen von Zellen abgegeben, die meist in der Umgebung derselben steuernd eingreifen. Solche Substanzen werden als *Gewebshormone* oder *aglanduläre Hormone* bezeichnet. Zu diesen sind z. B. auch die Überträgersubstanzen der Nervensynapsen aber auch Stoffe wie Histamin und Serotonin zu rechnen, die u. a. die Kapillardurchlässigkeit und die Zellwandpermeabilität beeinflussen. Im Magen-Darmkanal sind ebenfalls solche Hormone mit lokaler Steuerungsfunktion vorhanden.

**Literatur**

Bell, D. J., and Freeman, B. M.: Physiology and Biochemistry of the domestic fowl. 3 Bände. Verlag Academic Press, London, New York 1971.

Büssow, H.: Zur Wandstruktur der großen Arterien der Vögel. Eine licht- und elektronenmikroskopische Untersuchung. Z. Zellforschung. **142**, 263–288, 1973.

Duncker, H.-R.: Structure of avian lungs. Respiration Physiology. **14**, 44–63, 1972.

– Structure of the avian respiratory tract. Respiration Physiology. **22**, 1–19, 1974.

– Die Anordnung des Gefäßsystems in der Vogellunge. Verh. Anat. Ges. **68**, 517–523, 1974.

Farner, D. S., and King, J. R.: Avian Biology. 4 Bände. Verlag Academic Press, London, New York 1974.

Gilmour, D. G.: Blood groups. In: Bell, D. J. and Freeman, B. M.: Physiology and biochemistry of the domestic fowl. Bd. 2. Verlag Academic Press, London, New York 1971.

Hodges, R. D.: The histology of the fowl. Verlag Academic Press, London, New York, San Francisco 1974.

Hoffmann, G., und Völker, H.: Anatomie und Physiologie des Nutzgeflügels. Verlag S. Hirzel, Leipzig 1966.

King, A. S., und McLelland, J.: Outlines of avian anatomy. Verlag Baillière Tindall, London 1975

King, A. S., and Molony, V.: The anatomy of respiration. In: Bell, D. J., and Freeman, B. M.: Physiology and biochemistry of the domestic fowl. Bd. 1. Verlag Academic Press, London, New York 1971.

Kösters, J.: Immundefekte beim Huhn. Berl. Münchn. tierärztl. Wochenschr. **86**, 270 bis 273, 1973.

Kolb, E.: Lehrbuch der Physiologie der Haustiere. Teil I und II. Verlag G. Fischer, Stuttgart 1974, 3. Aufl.

Krax, H.: Geflügelproduktion. Ein Nachschlagewerk für Praxis und Geflügelwirtschaftsberatung. Verlag P. Parey, Hamburg u. Berlin 1974.

Lörcher, K.: Fütterung und Eischalenqualität. Übers. Tierernährung. **2**, 157–182, 1974.

Marshall, A. J.: Biology and comparative physiology of birds. 2 Bände. Verlag Academic Press, London, New York 1961.

Portmann, A., und Stingelin, W.: The central nervous system. In: Marshall, A. J. (Hrsg.): Biology and comparative physiology of birds. Verlag Academic Press, New York, London 1961.

Preuss, F.: Anatomische Besonderheiten bei Vögeln. Prakt. Tierarzt. **55**, 11–12, So.heft Collegium veterinarium, 1974.

Romanoff, A. L. and Romanoff, J. A.: The avian egg. Verlag John Wiley and Sons, Inc., New York 1963.

Rudolph, W.: Die Hausenten. Die Neue Brehm-Bücherei. Verlag A. Ziemsen, Wittenberg-Lutherstadt 1975.

Schmidt-Nielsen, K.: Recent advances in avian respiration. In: Peaker, M.: Avian Physiology. Symposia of the Zoological Society of London, Nr. 35. Verlag Academic Press, London 1975.

Schummer, A.: Anatomie der Hausvögel. Band 5. Von Nickel, R., Schummer, A., und Seiferle, E.: Lehrbuch der Anatomie der Haustiere. Verlag P. Parey, Berlin u. Hamburg 1973.

Schwarze, E., und Schröder, L.: Kompendium der Geflügelanatomie. Verlag G. Fischer, Stuttgart 1972.

Sterz, I., und Weiss, E.: Herkunft und Phagozytosefähigkeit der Hühnerthrombozyten. D. Tierärztl. Wochenschr. **81**, 311–312, 1974.

Sturkie, P. D.: Avian physiology. Verlag Springer, New York, Heidelberg, Berlin 1976, 3. Aufl.

Wirtz, A. S.: Entwicklung und Morphologie der Bursa Fabricii und ihre Rolle im immunologischen System. Eine zusammenfassende Darstellung der einschlägigen Literatur. Diss. vet. med., Hannover 1972.

# Das Verhalten des Geflügels

## 1 Allgemeine Verhaltensstrukturen und Bewegungsmuster

Hühner scharren, baden sich im Sand, trinken tropfenweise unter Hoch- und Zurücknehmen des Kopfes, Tauben legen sich beim Sonnen auf die Seite, strecken dabei einen Flügel aus und halten ihn in die Höhe, trinken saugend in tiefen Zügen, Puten laufen einfach („kopflos") davon, sobald sie erschreckt werden – so hat jede Geflügelart ihre eigenen, artspezifischen Reaktionen oder Antworthandlungen auf Einflüsse, denen sie ausgesetzt ist. Das können innere Reize sein, wie nervöse oder hormonale Impulse, oder äußere, wie das Verhalten der Artgenossen oder artfremder Tiere, die jeweilige Erlebnissituation oder die Haltungs- und Fütterungsbedingungen usw. Die Art und Weise, wie sich die einzelnen Geflügelarten verhalten und welche Bewegungen sie ausführen, hat sich im Laufe der Stammesgeschichte unter dem Einfluß der ursprünglichen, natürlich gegebenen Lebensbedingungen und der körperlichen (auch zentralnervösen) Möglichkeiten der betreffenden Geflügelart entwickelt.

Die Formen des Verhaltens (Hühner scharren, Puten dagegen nicht) haben sich unter vielen möglichen als die geeignetsten, den Lebensumständen im Wildzustand am besten entsprechenden („angepaßten") erwiesen. Die zu ihrer Verwirklichung nötigen Kontakte zwischen zentralnervösem Impuls (vom Gehirn als Zentrale ausgehend), nervlicher Weiterleitung zu bestimmten Muskelgruppen und deren Aktion (Tätigwerden), die sich in ihnen angemessenen Bewegungen äußert, stellen sog. bevorzugte Leitungsbahnen dar: über sie laufen die Antworthandlungen auf einzelne wie allgemeine Reize hin zunächst schneller und leichter als über andere Verbindungswege (zwischen ZNS, Nerv und Muskel), und am Ende sind sie die ausschließlichen Bahnen, über die Antworthandlungen weitergeleitet werden. Diese artspezifischen Bewegungsabläufe liegen gleichsam als fertige Systeme, als „Erregungsmuster" im Zentralnervensystem vor; durch bestimmte Merkmale oder Situationen werden sie enthemmt und in Gang gesetzt (so verlockt z. B. ein steil hochgereckter Hals der Pute den Truthahn zum Besteigen, der Hahn dagegen wird durch Hockstellung einer Henne animiert. Obwohl den artspezifischen Handlungen aufgrund dieser erblich festgelegten Strukturen eine gewisse Starre anhaftet, gewinnen sie eine spürbare Beweglich- und Anpassungsfähigkeit dadurch zurück, daß sie als „offene Systeme" für Erfahrungen zugänglich sind, die das Geflügel im einzelnen als Huhn, Taube, Gans usw. macht: Der angeborene Ablauf des Pickens und Fressens setzt sehr bald nicht mehr ein, wenn überhaupt Futterstoffe verzehrbarer Größe vorhanden sind, sondern nur dann, wenn es sich um beliebte, leicht verzehrbare handelt (s. Seite 100); durch Erfahrung erhält das anfangs grobe angeborene Verhaltensmuster seine spezielle Note oder Feinstruktur.

## 2 Arttypische Sozialstrukturen

Gemeinsam ist allen Geflügelarten, daß es sich bei ihnen um Gemeinschaftstiere handelt: Sie alle brauchen den Kontakt mit dem Partner oder dessen bloße Anwesenheit, um sich wohlzufühlen und leistungsfähig zu sein. Keine Geflügelart lebt als Einzelgänger. Schutz und Sicherheit bietet dem Einzeltier der jeweilige Sozialverband, wobei die wirksamen Stabilisierungsfaktoren von Art zu Art verschieden sind.

Diese Sozialstrukturen treten bei den wildlebenden Ahnen unseres Hausgeflügels am klarsten in Erscheinung und sind durch die Haustierhaltung im Laufe mehr oder weniger langer Zeiträume verändert, z. T. eingeschränkt, z. T. erweitert, aber nie völlig abgebaut worden. In vereinfachter Form läßt sich sagen: Als Stabilisierungsfaktoren, die dem Sozialverband Halt geben, dienen

- bei der Taube das Revier mit dem Nest als Mittelpunkt und der Ehepartner (Einehe),
- bei den Gänsen das Revier und die Familie, d. h. der Ehepartner nebst Kindern,
- bei den Enten das Revier und die befristete Bindung an Ehepartner bzw. Artgenossen,
- bei der Pute die Bindung an – individuell nicht unterschiedene – Artgenossen und ein – wechselndes – Revier,
- bei dem Huhn das Revier und die feste Bindung an die – individuell unterschiedlichen – Artgenossen im Sinne einer klaren Rangordnung.

Ganz allgemein hat durch die Domestikation der Anteil der Sexualität im Gemeinschaftsleben zugenommen und die ursprünglichen Sozialstrukturen gelockert bis aufgelöst. Wenn Haustauben nach wie vor als Paar zeitlebens zusammenbleiben, kommt es doch zu gelegentlichen „Seitensprüngen". Bei den Hausgänsen setzt nicht nur die Geschlechtsreife – um ein Jahr – früher ein, sondern aus der Einehe ist eine – begrenzte – Vielehe geworden; der Ganter paart sich statt ausschließlich mit einer mit mehreren ihm vertrauten Gänsen. Unter den Enten besteht keinerlei Bindung an einen bestimmten Sexualpartner mehr, und das bei der Stockente so ausdruckstarke Balzverhalten ist weitgehend zerfallen (s. Seite 98). Wenig haben sich die Puten in ihrem schon immer „unpersönlichen" Verhalten geändert, während die Hühner ebenso ihre sexuelle Aktivität enorm steigerten (ganzjährige statt periodischer Fruchtbarkeit) wie ihre individuellen Beziehungen zueinander. Für alle Geflügelarten als Gemeinschaftstiere kommt dem Kontakt mit dem Artgenossen als Partner eine zentrale Bedeutung zu. Diese sozialen Bindungen entwickeln sich schon sehr früh.

## 3 Die Kontaktaufnahme zum Artgenossen

### 3.1 Brutperiode

Die Anfänge lassen sich bereits in der Brutperiode feststellen. Hühnerküken hören vom 17. Bruttag an Geräusche und reagieren auf Druck- und Berührungsreize. Am 18.–20. Bruttag, vom Zerreißen der Eimembran an, prägen sie sich Klangmuster ein – z. B. den speziellen Gluckton ihrer Glucke –, die sie 6 Stunden nach dem Schlupf von ähnlichen zu unterscheiden vermögen. Ihre eigenen Pieplaute stellen die ersten wechselseitigen Beziehungen zur Glucke her. Das wird am eindrucksvollsten bei Puten deutlich: Taube bzw. künstlich ertaubte Puten hacken die unter ihnen schlüpfenden Küken tot, weil sie deren Piepen nicht hören, und in gleicher Weise töten gesunde Putenglucken ihre Küken, wenn diese stumm bleiben.

Auch zwischen den Küken kommt es zu lautlicher Kontaktaufnahme. Am klarsten zeigt sich das bei den Japanischen Wachteln, die den Schlupf aufeinander abstimmen: Starke Geräusche beim Sprengen der Eischale (Kratzen und lautes Piepen) beschleunigen die Schlupfbemühungen im Nachbarei, schwache halten sie zurück.

Der Beginn der Verständigung kann sich bis zum Schlupf hinauszögern. Das trifft auf die Enten zu, bei denen die Mutter erst auf die Schlupfgeräusche mit lautem Schnattern reagiert. Gössel äußern schon im Ei zwei verschiedene Tonfolgen, einen ein- bis zweisilbigen Wi-Laut der Zufriedenheit, den sie bei Erwärmung nach voraufgegangener Abkühlung oder als Antwort auf die Locktöne der brütenden Gans oder auf Äußerungen der um den Schlupf bemühten Geschwister hören lassen. Der andere, ein leises „Weinen“ oder Pfeifen kündigt Schwierigkeiten beim Schlupf an, z. B. durch Abkühlung oder Eintrocknen der Eihaut. Bei der brütenden Gans wird dadurch der Trieb gehemmt, die Eischalenränder zu beknabbern; sie unterläßt zugleich jede aggressive Maßnahme gegen die schlüpfenden Gössel.

## 3.2 Kükenalter

Im Kükenalter, gleich nach dem Schlupf, durchlaufen die Küken einen Lebensabschnitt besonderer Empfindlichkeit, eine „sensible Periode“, die 36 bis 72 Stunden andauern kann. In ihr prägen sie sich die besonderen Kennzeichen ihrer Glucke, ihrer Gefährten und auch von Futterstoffen tief und bleibend ein. Unter natürlichen Umständen prägt sich das Küken an dem Aussehen der Mutter die Merkmale der zu ihm gehörenden Artgenossen ein und wählt später unter diesen seinen Sexualpartner. Von artfremden Müttern ausgebrütete und geführte Küken lassen sich irreführen und schließen sich später den Angehörigen der Ziehmutter an, selbst dann, wenn diese andere artgemäße Handlungsweisen besitzen und ein gegenseitiges „Verstehen“ ausbleibt. Allerdings ist die Prägungsbereitschaft sehr unterschiedlich; wenn beispielsweise Putenküken und Gössel sich leicht auf ihren menschlichen Pfleger prägen und ihn später anbalzen, als sei er ihresgleichen, und die Angehörigen der eigenen Art nicht beachten oder gar ablehnen, so lassen sich Enten schon schwerer umprägen und Hühner kaum oder gar nicht. Dabei trägt die Vielzahl der von den echten Artgenossen ausgehenden „Signal- oder Auslösereize“ (Laute, Gesten, Farben, Zeichnungsmuster u. a. m.) über vielfältige Triebbefriedigung – durch Enthemmung angeborener Verhaltensmuster – viel zur Rückkehr zum normalen Verhalten bei.

Entscheidend für den Prägungsvorgang ist, daß eine angeborene Bewegungsfolge durchgeführt wird. Dazu gehört u. a. die *Nachfolgereaktion.*

Küken aller Geflügelarten laufen auf die Glucke ebenso zu wie – bei künstlicher Aufzucht – zu sich bewegenden Gegenständen hin; das können Geflügelattrappen (ausgestopfte Hühner, Enten usw.) oder Bälle, Würfel oder sogar bloßer flackernder Lichtschein sein. Die Attraktivität dieser Objekte nimmt erheblich zu, wenn gleichzeitig akustische oder kombinierte visuelle, akustische und taktile Reize von ihnen ausgehen, die Objekte also sozusagen Glucktöne von sich geben.

In der Unterscheidung von Lauten bleiben übrigens Enten- und Gänseküken hinter dem Leistungsvermögen von Hühnerküken zurück. Wird jene erblich vorgegebene Anschlußbereitschaft nicht befriedigt, erlischt sie – z. B. fremden Glucken gegenüber – etwa am 8. Lebenstag. Dann haben die Küken eine Bindung an ihre Gefährten gefunden. Das gilt in erster Linie für Hühnerküken, die sich um andere kümmern, nachdem es zu körperlicher Berührung kam. Miteinander vertraut sind sie etwa nach drei Tagen.

Das Ende der Bereitschaft, sich einem Mutter-(Glucken-)schema anzuschließen, kurz der Nachfolgereaktion, fällt mit der zunehmenden Fertigkeit und Gewandtheit zusammen, sich sicher zu bewegen. Ist dieses Stadium erreicht, äußern die Küken deutliche Zeichen von Furcht und ängstlicher Schreckhaftigkeit. Unter Versuchsbedingungen trat dieser Umschwung im Verhalten bei Hühnerküken im äußersten Falle bereits 5–10 Std. nach dem Schlupf ein, bei Enten am 5. Lebenstag.

**Persönliche Auseinandersetzungen**

Zu Auseinandersetzungen, die ein gegenseitiges Erkennen und Bekanntsein miteinander zur Voraussetzung haben, kommt es bei Gösseln zwischen dem 5. und 12. Lebenstag, bei Hühnerküken vom 16. Tag an und bei Puten erst im 3. Monat. Bei den Gänsen wird in diesem Alter bereits das gegenseitige Kräfteverhältnis endgültig geklärt, bei den Hühnerküken handelt es sich zunächst um mehr spielerische Auseinandersetzungen. Die Kämpfe um die soziale Stellung innerhalb der Gruppe setzen bei den Hennen etwa in der 8. Woche heftig ein und sind in der 10. abgeschlossen, bei den Hähnen dauern sie von der 10.–15. Woche. Sie führen zu einer Rangordnung, die geradlinig sein kann

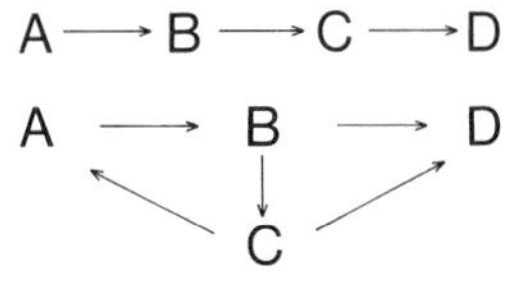


oder Dreiecksbeziehungen schafft, in Abhängigkeit von der Körperkraft, Ausdauer, Rassezugehörigkeit, Veranlagung und den näheren Umständen, unter denen die Kämpfe stattfinden.

Im Übergangsalter zum Erwachsenen macht sich die körperliche Überlegenheit der Junghähne immer stärker bemerkbar und verschafft jedem Hahn eine höhere Rangstellung gegenüber allen Hennen, so daß jeder Junghahn jede Junghenne hacken kann. Dieser Hackimpuls gerät unter dem zunehmenden Einfluß des Geschlechtstriebs mehr und mehr unter Hemmung. Bei den Puten besteht von Anfang an eine derartige getrennte Hackordnung für Truthähne und -hennen. Im einzelnen sind die individuellen wie rassischen Unterschiede groß.

**Begegnung mit Erwachsenen**
Werden Junghennen mit Alttieren zusammengebracht, unterwerfen sie sich meist kampflos – eingeschüchtert durch die neue Umgebung und das aggressive Auftreten der Althennen –; unter sich behalten sie die bisherige Rangordnung bei.

Junghähne befinden sich bei der Begegnung mit erwachsenen Hennen in einer Konfliktsituation: Sexuell angesprochen, reagieren sie mit Balzgesten und Paarungsversuchen, die den Aggressionstrieb hemmen und z. T. in andere Bahnen lenken; tätlich angegriffen, setzen sie sich zur Wehr, zwar wenig energisch, sozusagen nur mit halber Kraft, weil abgelenkt. Deshalb verlieren sie diese Duelle und bleiben in rangtieferer Stellung, bis es ihnen – meist über die rangtiefste Henne – gelingt, zum Paarungserfolg zu kommen und sich nach und nach allen Hennen gegenüber durchzusetzen, wobei die ranghöchste erst nachgibt, wenn sie im Kampf unterlag.

# 4 Die sozialen Beziehungen

## 4.1 Rangordnung

Derartigen, auf Beziehungen von Tier zu Tier im einzelnen aufgebauten Rangordnungen liegt ein gegenseitiges Sichkennen und Wiedererkennen zugrunde. Es scheint, als ob dieses persönliche Miteinander-Bekanntsein um so leichter vor sich geht – und die Rangordnung individuell um so gefestigter ist –, je mehr Erkennungsmerkmale der einzelne Artgenosse bietet oder je leistungsfähiger die Sinnesorgane (Auge und Ohr) und je größer die Aufmerksamkeit bei der einzelnen Geflügelart sind: Hühner bieten auch für uns sehr viele Erkennungsmerkmale an. Sie selbst achten auf den Kamm, dessen Größe, Form, Lage (bei Schlotterkamm: nach links oder rechts umgelegte Kammfahne), auf die Gefiederfarbe, die Körperform, das Auge sowie auf das Auftreten, die Lautäußerungen und das Verhalten.

Hühner betrachten Angehörige der eigenen Rasse und des eigenen Farbschlages dabei weit aufmerksamer und genauer als Rassefremde. So merken sie sofort, wenn ein fremdes Huhn der eigenen Rasse zu ihnen gesetzt und nach erster Eingewöhnung, d. h. nach Klärung der Rangstellung, gegen ein anderes gleicher Art ausgetauscht wird: Die eingesessenen Hühner attackieren diesen Neuling sofort. Handelt es sich bei dem zugesetzten Huhn um eines anderer Rasse, z. B. um einen Rhodeländerhahn unter Leghornhähnen, merken die Leghorns den Austausch zwischen Rhodeländerhahn A und B nicht, beide sind für sie identisch. Es ist verständlich, daß Hühner unter allen Geflügelarten die strengste, am engsten personengebundene Rangordnung haben. Versagt das Unterscheidungsvermögen, z. B. in der Intensivhaltung, in der mehr Hühner zusammenleben, als das einzelne sich Bekannte einzuprägen vermag, treten an die Stelle der „persönlichen Züge“ allgemein verständliche Merkmale, die emotional wirksam werden.

Ein großer Kamm macht z. B. auf andere Hühner einen einschüchternden Eindruck (nicht zufällig sind alle für den Kampf gezüchteten Rassen kleinkämmig oder werden kupiert), ebenso ein steil aufgerichteter und gefächerter Schwanz oder ein drohender, fester Blick, grollende tiefe Laute, kampfbereite Haltung (s. u.) und sicheres Auftreten. Eine Rangordnung, die auf gegenseitigem Bekanntsein beruht, ist unter diesen Umständen nicht möglich. In der Sozialgemeinschaft „Großherde" kommt es trotzdem zu einer sozialen Beruhigung und zu „Schutz und Sicherheit" für das Einzeltier (s. u. 2), weil die Hühner weitgehend Auseinandersetzungen scheuen, indem sie an anderen, die direkt auf sie zukommen, vorbeisehen (das „Fixieren" vermeiden) oder sich auf einer eng begrenzten Stallfläche aufhalten, vor drohend aussehenden bzw. streitlustigen Stallgefährten ausweichen oder sich ihnen ohne weiteres unterordnen. Diese Bereitschaft, sich einzufügen, selbst durch kampflose Unterwerfung, zeigt sich sogar bei Hennen in Einzelkäfigen. Frisch eingesetzte Hennen (als Ersatz für ausgeschiedene) äußern ihren Käfignachbarinnen gegenüber, die meist älter und großkämmiger sind, alle lautlichen und optisch wahrnehmbaren Zeichen der Unterordnung.

Eine ähnliche, streng auf das einzelne Tier bezogene Rangordnung gibt es bei den Gänsen, die in unseren Augen so wenig individuell differenziert sind. Hier kommt die Schärfe des Gesichts- und Gehörsinnes der Unterscheidung zugute; wird eine Gans künstlich durch Ausrupfen von Federn in der Gesichtspartie verändert, lassen sich ihre Gefährten nicht täuschen: Sie erkennen auch die entstellte Stallgenossin wieder.

Anders ist es bei den wenig aufmerksamen Puten, die sich wohl mehr – wie die Enten auch – nach allgemeinen Merkmalen richten (und die Rangstellung eines Partners allenfalls an der Größe seines – je nach der Häufigkeit der erlittenen Schnabelhiebe mehr oder weniger – kahlen Nackens und Halses ablesen). Truthähne kennen im allgemeinen ihre Rangstellung nicht, so daß es unter ihnen oft zu Kämpfen kommt. Auch für die Taube spielt die Individualität ihrer eigenen Schlaggenossen keine große Rolle; in ihrer sozialen Gemeinschaft wird jeder als Fremder und Eindringling bekämpft, der in das Revier oder gar in das Nest einzudringen versucht. Allein in Schlägen mit wenigen Insassen kann ein Täuber zum Tyrannen über alle übrigen werden.

## 4.2 Aggressivität

Die Aggressivität als Bereitschaft oder Trieb, sich unter den Artgenossen durchzusetzen, ist bei den einzelnen Rassen und Linien ungleich entwickelt. Aggressivität ist ein erblich bedingtes Merkmal und läßt sich züchterisch beeinflussen; durch eine über wenige Generationen sich erstreckende Selektion verändert sich die Anzahl der Kämpfe und der Schnabelhiebe zur Behauptung der eigenen Rangstellung schnell. Unter Inzuchtlinien Weißer Plymouth war eine allen anderen an Aggressivität derart überlegen, daß ihre Angehörigen 80 % aller Einzelkämpfe mit anderen gewannen.

Als aggressiv unter den Hühnerrassen (Wirtschaftsrassen) gelten die New Hampshire und Leghorn, als besonders friedfertig die Australorps. Der Unterschied in der Zahl der Pickschläge zwischen ruhigen und streitsüchtigen Rassen betrug in einem Fall 17 : 80. Auffällig ist, daß Hühner erheblich heftiger rasse- und farbgleiche Tiere angreifen und sich ihnen gegenüber länger und hartnäckiger zur Wehr setzen. Von Fremdartigen geht eine einschüchternde Wirkung aus, insbesondere von rein weißen und schwarzen Hühnern. Unterliegen diese dennoch im Kampf, werden sie von den anderen heftiger verfolgt als die von gewohntem Aussehen.

Unter den Puten ist die Rasse „Schwarze Puten" kampflustiger als „Bronzeputen" und „Weiße Breitbrüstige", am wenigsten aggressiv verhält sich die „Kleine Weiße Beltsville", aber es gelingt leicht, Stämme mit großer oder geringer Kampfbereitschaft herauszuzüchten. Dafür sind auch die „Steinbacher Kampfgänse" ein Beispiel.

## 4.3 Kampfweisen

Die Kampfweise ist bei den Hühnern besonders streng formalisiert. Während Küken unabhängig von ihrer Geschlechtszugehörigkeit miteinander kämpfen, aufgerichtet, Brust an Brust und sich fixierend, bei gesträubtem Halsgefieder, beim Ansprung unter Mithilfe der Beine und Flügel, entwickelt sich z. Z. der Geschlechtsreife eine spezifische Kampfweise bei den Hennen und Hähnen.

„Hennen begegnen sich formlos. Sie nähern sich unter Drohlauten, tiefen, etwas gedehnten Lauten, die wie ‚groog, groog' klingen, und in ihrer Drohgebärde: aufgerichtete Haltung mit hochgerecktem Hals, leicht gesträubtes Halsgefieder und gefächerte, mehr oder minder steil aufgerichtete Steuerfedern. Sie gehen fast bis auf Körperberührung aufeinander zu, blicken sich scharf an und gehen unvermittelt zum Angriff über. Sie warten nicht, bis sich die andere Henne eine Blöße gibt, picken auch nicht am Boden – das tun sie allenfalls, solange sie noch voneinander entfernt sind –, sondern springen die Gegnerin, dem eigenen Temperament folgend, plötzlich mutwillig an. In vielen Fällen entscheidet bereits dieser erste Schlag: Ist er hart genug, läuft die andere Henne sofort davon und unterwirft sich damit. Nimmt sie den Kampf an, folgen zwei oder drei heftige Angriffe unmittelbar hintereinander, ohne zwischengeschaltete Lauerstellung; es fehlt jeder rhythmische Ablauf; auf den Angriff kann ebenso ein zweiter und dritter Ansprung folgen wie eine Ruhepause, die hier im Androhen in der aufgereckten Haltung besteht." (Engelmann 1972). Die Ähnlichkeit mit der Kampfweise der Küken ist groß. Bei den Hähnen sind zwei streng formal geschiedene Phasen zu unterscheiden, der Ansprung und die Lauerstellung.

„Beim Ansprung handelt es sich nicht immer um einen Angriff beider Gegner im gleichen Augenblick, der zu einem Zusammenprall in der Luft führt, sondern häufig wehrt der eine, der den Ansprung verpaßte, den Angriff vom Boden aus ab, indem er sich duckt, die Flügel hochstellt und den Kopf zurücknimmt. In der ‚Lauerstellung' sträuben die Hähne den Halsbehang zur Halskrause, legen das übrige Gefieder fest dem Körper an, senken den Schwanz und lockern die Flügel, die sie zugleich hängen lassen . . . Der Ansprung erfolgt durch Hochspringen, Stoßen mit den Läufen, Hacken mit dem Schnabel in den Kamm, in die Kehllappen und in das Gesicht des Kampfpartners sowie Schlagen mit den Flügeln." (Engelmann 1972). Bäumer (1964) beschäftigte sich eingehend mit den verschiedenen Kampfweisen.

Einfluß auf das „Stehvermögen", d. h. die Ausdauer beim Kampf, nehmen die Rassezugehörigkeit, das Alter, die Rangstellung innerhalb der Gruppe, die

Vertrautheit mit dem Schauplatz und die vorausgegangenen Erlebnisse. Allgemein macht sich bei Angehörigen des leichten Körperbautyps der Anteil des Fluchttriebes stärker bemerkbar als bei den schweren Rassen. Das führt in der Konfliktsituation zwischen Angriffs- und Fluchttrieb bei den Hähnen zu einer beweglichen, weiträumigen, den direkten Angriff scheuenden Kampfführung, bei der drohende, herausfordernde Annäherung und abwehrbereites Sich-Zurückziehen mehr Zeit in Anspruch nehmen als die vielfach unterbrochenen Kampfphasen im engeren Sinne. Dagegen wirken die Hähne schwerer Rasse unbeweglich, fast plump, doch gewinnen sie dank ihrer Ausdauer die Mehrzahl der Auseinandersetzungen mit Hähnen leichter Rasse. Mit dem Alter nimmt die Standhaftigkeit insgesamt zu, unterstützt von der meist höheren Rangstellung älterer Hühner, so daß einjährige Hähne wie Hennen ihren älteren Gegnern gewöhnlich unterliegen. Auf fremdem Boden sind alle Geflügelarten befangen und scheu, kämpfen nicht mit vollem Einsatz. Nach jedem, selbst gewonnenen Kampf

Abb. 22. Phasen des Hahnenkampfes. a Lauerstellung; b u. c Ansprung; d Kampf; e u. f Imponieren und beginnende Unterwürfigkeit sowie Demutsgebärde (rechter Hahn).

Abb. 23. Kampfverhalten der Gänse. a Angriff; b Nahkampf.

in kurzer Aufeinanderfolge nimmt die Angriffsbereitschaft ab bis zur kampflosen Unterwerfung vor Beginn des Zweikampfs. Obwohl dieses Verhalten ganz den Eindruck macht, als würde ein Energievorrat bis zum völligen Ausschöpfen aufgebraucht, besteht keine Beziehung zum Hormonspiegel (Testosteron, Androgen) im Blut (auch Kapaunisieren bewirkt keine grundsätzliche Änderung). Genetisch sind mehrere Erbfaktoren am Merkmal „Aggressivität" beteiligt.

Keine der übrigen Geflügelarten verfügt über ein ähnliches Kampfzeremoniell. Alle diese Streitigkeiten ähneln formlosen Raufereien, denen ein unterschiedlich langes gegenseitiges Androhen vorausgeht.

*Puten* äußern dabei helle, hohe Laute und gehen umeinander herum, mit gefächerten Flügeln und zum Rad entfalteten Schwanzfedern, bis sich ein Tier plötzlich auf den Gegner wirft.

*Gänse* stürzen wild aufeinander zu, packen sich im Hals- und Brustgefieder, wobei jede versucht, den Kontrahenten zu sich heranzuziehen und durch Schlagen mit den Flügeln hart zu treffen. Diese wohl eher dem Leben auf dem Wasser entsprechende Form der Kampfführung wirkt auf dem Lande unschön und roh. Ähnlich, aber abgeschwächt, benehmen sich streitende *Enten,* die auf dem Lande sehr bald im Sitzen miteinander kämpfen. Immer handelt es sich um Nahkämpfe.

Bei den *Tauben* verlagert sich der Schwerpunkt der Auseinandersetzung auf das Androhen aus sicherer Entfernung, vom Nest aus oder an den Reviergrenzen. Einschüchternd wirken hierbei das Aufblasen des Kropfes, das Gurren, Sich-Niederbeugen und Aufrichten, kurz, das ganze verfügbare Prahlgehabe. Den ernsten und eigentlichen Kampf leiten kurze Schläge mit den Flügelbugen ein, Bisse und Schnabelhiebe ins Gesicht folgen, wobei sich die Kämpfer blutende Wunden an den Schnabelwarzen oder an Kopf und Hals zufügen können. Flucht bedeutet keine Unterwerfung, denn Tauben kämpfen sofort weiter, wenn der eben Überlegene versuchen sollte, in das Nest seines Gegners einzudringen.

## 4.4 Gefiederpflege

Der Gefiederpflege kommen mehrere Funktionen zu. Unter ihnen haben die Verhaltensweisen, die der Pflege der Körperoberfläche dienen, die sog. „Komfortbewegungen", die größte Bedeutung. Dazu gehören das Ordnen des Gefieders, damit es seine Aufgaben als äußerste Körperdecke, Temperaturisolator und wasserabstoßende Schutzschicht voll erfüllen kann, das Einfetten, das Entfernen von Fremdkörpern und Parasiten sowie von abgestoßenen Hornteilen (Federscheiden) und Dunen. Die erforderlichen Bewegungen lassen sich als Putzen, Aufplustern, Sichschütteln, Staub-, Wasser- und Sonnenbaden einordnen, die ausführenden Organe sind der Schnabel und die Beine mit den Zehen, die in unterschiedlichen Putzbereichen eingensetzt werden. (Dazu kommen Hautmuskeln, die das Aufrichten der Federn bewirken.) Einiger Körperstellen nehmen sich die Artgenossen an, auch wenn sie ohne „Fremdputzen" gereinigt werden können (Gesicht, Schnabelwinkel). Gar nicht einmal selten dient das Gefiederputzen zum Aufbrauchen überschüssiger Energien, zum Ableiten aufgestauter Erregung und als Verlegenheitsgeste in Konfliktsituationen. Solche Putzbewegungen als Zwischenspiel im Kampfverlauf, nach einem Schreckerlebnis oder bei in seiner Bewegungsmöglichkeit beschränktem Geflügel nehmen sich gewiß sonderbar aus, doch scheinen die ursprünglichen „Komforthandlungen" einen beruhigenden Einfluß auszuüben und irgendwie irritierte Tiere zum Normalzustand zurückzuführen. (Erinnert sei u. a. daran, wie geduldig Hühner und Puten stillehalten, wenn Stallgefährten in krankhaft übersteigertem Putz- und Picktrieb ihnen Federn ausziehen.)

„Mit dem Schnabel reichen die Geflügelarten an nahezu alle Körperstellen heran; unerreichbar bleiben Kopf, Nacken und Kehle, die sie sich mit den Zehen kratzen. An der oberen Brust versuchen alle Arten bereits, mit dem Schnabel das Gefieder zu glätten oder zu durchmustern. Um das durchführen zu können, müssen sie den Kopf stark beugen und den Unterschnabel gegen den Hals drücken.

Bei den Wassergeflügelarten besteht die Gefiederpflege außer im Baden in der Hauptsache im *Einfetten der Federn,* wozu sie das Fett aus der Bürzeldrüse verwenden. Die Sauberkeit der Federn am Bauch, der am meisten beanspruchten Berührungsstelle mit dem Wasser, ist für sie von großer Wichtigkeit. An diesen Stellen stehen die Federn besonders dicht. Andere häufig geputzte Stellen sind die Flügel, deren starke Federn Gänse wie Enten mit ihren breiten Schnäbeln wirksam ordnen und glattstreichen können.

Für Hühner sind die Körperflanken unter den Flügeln Zonen intensiver Pflege. Hier putzen sie sich am häufigsten und meist zuerst. Der dichter befiederte Rücken folgt an zweiter Stelle. Gänse und Enten glätten zuweilen mit dem Hinterkopf und Hals nach, wenn sie das Gefieder eingefettet haben, z. B. auf dem Rücken; sie widmen sich beim Säubern ihres Federkleides vornehmlich der Oberfläche, durch Glattstreichen und Abwaschen, und fahren allenfalls ordnend mit dem Schnabel in das Gefieder hinein. Im Gegensatz dazu greifen Hühner, vor allem aber Puten, in das Federkleid, knabbern zwischen den Federschäften oder strähnen die einzelne Feder durch. Puten nehmen häufiger als die anderen Geflügelarten einzelne Federn in den Schnabel, um sie zu säubern, werden dabei allerdings leicht verleitet, die eigenen Federn anzupicken, z. B. die hellen Querbänder an der oberen Federfahne, zumal wenn die Federn ausgefranst sind. Gegen die Läufe und Zehen, auch den Fußballen, picken Hühner und Puten gelegentlich – Küken tun es fast regelmäßig, wenn sie über Brennesseln gelaufen sind. Ältere Hühner, die an Kalkbeinen leiden, sieht man häufig an den Borken herumpicken, vermutlich, um dem Juckreiz zu begegnen." (ENGELMANN 1969).

Zu den wirksamsten Arten, das Gefieder zu ordnen, gehört das Sich-Schütteln. Hennen, die aus dem Staubbad kommen oder vom Hahn getreten wurden, schütteln sich, ebenso verhalten sich Puten. Enten und Gänse führen die gleichen Bewegungen aus, wenn sie aus dem Wasser kommen. Meist haben sie dann durch Tauchen, Abspülen und wildes Schwimmen, bei dem mit den Flügeln geklatscht wird, gründlich gebadet und das Gefieder gesäubert. Auch Tauben baden sich, indem sie sich durch schnelles Eintauchen von Kopf und Hals Wasser über den Rücken laufen lassen. Anschließend sonnen sie sich, heben – auf der Seite liegend – einen Flügel in die Höhe, so daß die Innenfläche der Sonne zugekehrt ist. Hühner und Puten nehmen Staubbäder, wühlen sich dabei tief in lockere, trokkene Erde oder in Sand ein, so daß diese zwischen die Federn bis zur Haut vordringen kann. Im Anschluß, wieder stehend, schütteln sie sich kräftig und entfernen dadurch den Sand (nebst Parasiten) aus dem Gefieder.

Fraglich bleibt, ob das Picken gegen den Schnabelgrund und die Gesichtspartie eines benachbarten Tieres zu den Komforthandlungen gehört oder nicht, das bei Hühnern und Puten in intensiver Bodenhaltung zu beobachten ist. Aus dem Verhalten paarungsbereiter Tauben, die den Partner mit dem Schnabel leicht an diesen Kopfpartien berühren, läßt sich als sehr wahrscheinlich folgern, daß es sich um eine Zärtlichkeitsgeste handelt, an einer erogenen Zone.

# 5 Die sexuellen Beziehungen

## 5.1 Balz und Paarung

Bei den freilebenden Ahnen des Hausgeflügels haben sich die mannigfaltigsten Bewegungsmuster und Gesten herausgebildet, die zur Einleitung der sexuellen Beziehungen dienen. Zu ihnen gehören je nach dem Lebensraum Flugspiele und -kunststücke, Schwimmweisen und Körperhaltungen, Laute und das Vorzeigen auffälliger Gefiederpartien und Federstrukturen. Die Mehrzahl dieser Balzzeremonien ist wegen der Hypertrophie der Sexualität im Haustierstand überflüssig geworden, daher zerfallen und allenfalls bruchstückhaft erhalten. Verhältnismäßig unverändert blieb das Balz- und Paarungsverhalten bei den Tauben, die ihr natürliches Leben weitgehend beibehielten – und damit zugleich einen gewissen Abstand zum Nachbarpaar: Der paarungswillige *Täuber* lockt, im Nest sitzend, gurrend Täubinnen herbei. Nähert sich eine, umwirbt er sie gurrend, unter Kropfaufblasen und in gebückter Haltung um sie herumdrehend. Fliegt sie davon, verfolgt er sie unter Umtänzeln mit gefächerten Schwanzfedern. Durch Schnäbeln bringt die Täubin ihre Einwilligung zum Ausdruck, und das Tippen mit dem Schnabel gegen die Wangenfläche zwischen Schnabel und Auge ermuntert offensichtlich den Täuber zum Treten. Er selbst kommt durch Berührung seiner Flügel mit dem Schnabel („Flügeltippen") in Stimmung. Nach dem Tretakt verfolgt der Vogel hartnäckig die Täubin, treibt sie mit Schnabelschlägen vorwärts, wenn sie stehenbleibt, bis sie endlich das Nest aufsucht und mit der Brut beginnt. Dieses „Treiben zum Nest" fördert die Ovulation, den Eisprung. Sobald die beiden Eier gelegt sind, führen beide Partner die Brut durch, wobei sie sich gegenseitig ablösen. Auch an der Fütterung der Jungen beteiligen sich beide Eltern. Meist beginnt die nächste Brut, bevor die älteren Jungen selbständig geworden sind und – zuerst von der Täubin – abgebissen werden. Dann füttert der Vogel eine Zeitlang weiter. Leben Tauben räumlich beengt (oder bei hoher Besatzdichte), kann das Balzverhalten eingeschränkt werden, zeitlich ebenso wie bewegungsmäßig; es bleiben unter diesen Umständen nur das Umtänzeln, Schnäbeln und Flügeltippen erhalten.

Ebenfalls noch ganz ursprünglich mutet das Werbungsgebaren der *Truthähne* an. Sie machen, dem Täuber auf seinem Nest vergleichbar, an einem „Balzplatz" durch auffälliges Benehmen, das Radschlagen, Umhergehen unter Kollern und Schnauben sowie merkwürdig starre und gespreizte Bewegungen auf ihre Paarungsbereitschaft aufmerksam. Die weibliche Pute hat die Möglichkeit zur Wahl, wenn sie zu einem der balzenden Truthähne hingeht und sich vor ihm niederlegt. Die Paarung läuft ab als reine Reflexkette: die Handlung des einen Partners ruft automatisch die Reaktion des anderen hervor. Beim Truthahn sind das: Radschlagen, Sich-Nähern, Aufsteigen, Treten der Flügelbuge, Kopulieren, Absteigen und Imponieren; bei der Pute: Hinlegen, Kopfheben, Schwanzlüften, Vorstülpen des Ovidukts, Aufstehen, Sich-Schütteln und Davongehen. Kommt es zu einer Unterbrechung im Ablauf der Bewegungsphasen, ist eine Wiederaufnahme an der Bruchstelle nicht möglich. Die Pute unterläßt für mehrere Tage jeden neuen Paarungsversuch, und der Puter beginnt die ganze Handlungsfolge von neuem und damit wieder von vorne.

Den *Haushähnen* stehen mehrere Werbungsgesten zur Verfügung, die sich in ihrem Erregungs- und Stimmungsgehalt unterscheiden. Ein gewisser Zusammenhang ist noch erkennbar, doch zerfallen die einst zusammengehörigen Bewegungsformen leicht, wie sich aus Beobachtungen an Hühnern bei Bodenintensivhaltung ergibt. Zu den Balzgesten und -bewegungen gehören:
- Das Anlocken mit vorhandenem oder vorgetäuschtem Futter,
- Stolpern über den ausgestreckten Flügel (auch „Kratzfuß"),
- Jagd in Puterhaltung mit zurückgenommenem (eingezogenem) Kopf und gefächerten, schleifenden Flügeln,
- Rufen zum Nest, von einer dunklen Stallecke oder einem Nest aus, unter Stampfen und Klopfen mit den Beinen,
- Aufbäumhaltung, bei der der Hahn mit gesträubtem Nackengefieder in aufgerichteter Haltung hinter die Henne tritt und auf sie hinunterblickt.

Hinzu kommen Formen des Imponiergehabes wie Krähen, Schlagen mit den Flügeln, Kopf- und Schwanzschütteln, Gesten, die auch am Kampfverhalten beteiligt sind.

Je nach der Balzstimmung können diese verschiedenen Äußerungsweisen zu einem geordneten Bewegungsablauf zusammengesetzt sein, z. B. (nach ENGELMANN 1972):

„In der Intensivhaltung, unter dem Druck der Anwesenheit mehrerer ranghöherer Hähne und bei einem Überangebot an paarungsbereiten Hennen, herrschen die Balzformen mit geringem Aufwand vor wie die Aufbäumhaltung, oder es kommt ohne besonderes Vorspiel zum „Treten aus dem Stand".

| Bewegungs-ablauf | Balzstimmung 1. schwach | 2. mittel | 3. stark |
|---|---|---|---|
| | Stolperbewegung | Stolperbewegung | Puterhaltung |
| Haupthandlung | Aufbäumen | Aufbäumen Tretakt | Tretakt |
| Ausklang | Stolperbewegung | Stolperbewegung | Stolperbewegung |

Im einzelnen sprechen Hähne, wie sich aus Versuchen mit Hennenmodellen bei auswechselbaren Körperteilen ergab (Carbough u. Mitarb. 1962; Fisher u. Hale 1956/1957), auf Attrappen an, die einen Kopf trugen oder in Hockstellung aufgebaut waren. Auf kopflose Rümpfe reagierten die Hähne nicht, der Schwanz konnte bei den Modellen fehlen; von gefächerten Steuerfedern ging eine abstoßende (bedrohliche) Wirkung aus. Allgemein bevorzugen Hähne Hennen ihrer Rasse und ihres Farbschlages – besonders bei Aufzucht ausschließlich unter ihresgleichen –, stark abweichende Phänotypen (z. B. Lachshennen unter New Hampshire) finden keinerlei sexuelle Beachtung beim Hahn und werden von den Hennen rücksichtslos verfolgt.

Über nur wenige Ausdrucksmöglichkeiten verfügen *die Hennen*. Sie können entweder fliehen, ausweichen oder sich hinducken. Ihre sexuelle Bereitschaft nimmt mit steigender Ranghöhe ab; in der Hackordnung führende Hennen weichen dem werbenden Hahn besonders häufig aus. Trotz dieser wenigen Handlungsmuster können Hennen – wie die weiblichen Tauben, Puten, Gänse und Enten – ihren Partner wählen, d. h. sich in gewissem Grade „unbeliebten" versagen. Haushennen bevorzugen wiederum ihnen selbst rasse- und farbschlaggleiche Hähne und lassen sich von ungestümen Werbungsformen (wie die „Jagd in Puterhaltung") stärker beeindrucken als von unauffälligen. Auch von selten geäußerten Balzgesten, z. B. dem „Rufen zum Nest", geht ein starker Anreiz aus. Es sind keineswegs die temperamentvollsten Hähne, die am häufigsten zur Paarung kommen – ihr Ungestüm verschreckt die Hennen –, sondern die ruhigen Typen, die beharrlich werben. Freilich bestehen auch hier große Unterschiede zwischen den Rassen, und die Häufigkeit, in der die verschiedenen Werbungsformen angewandt werden, hängt in starkem Maße von dem Körperbautyp ab. Hähne leichter Rasse locken ebenso häufig mit Futter, wie sie den „Kratzfuß" ausführen; bei denen schweren Körperbautyps überwiegt das „Stolpern über einen Flügel" bei weitem.

Von dem ausdrucksreichen Balzgebaren der Stockenten ist bei den *Hausenten* kaum etwas, praktisch nichts erhalten geblieben, abgesehen von der Paarungsaufforderung, die nach wie vor von der weiblichen Ente ausgeht. Im Wasser kann dem Tretakt ein heftiges Kopfeintauchen vorausgehen, dem das Hinschwimmen zum Erpel folgt; auf dem Lande bringt die Ente durch schnelles, helles Geschnatter und rasches Hochrecken und Einziehen von Kopf und Hals – mit Vorliebe am Wassergefäß ausgeführt – ihre Paarungsbereitschaft zum

Ausdruck. Bei großer Besatzdichte können sich andere Erpel auf eine eben getretene Ente stürzen und sich ihrerseit mit ihr paaren.

Bei den *Gänsen* ist ebenfalls die Gans der aktivere Teil; durch Halseintauchen ins Wasser (Gründeln) leitet sie die Begattung ein, ohne das bei der Graugans übliche Schwimmen Seite an Seite. Auch der Ganter kann nach dem stimulierenden Halseintauchen – zuweilen überfallartig – zur Gans hinschwimmen und die Paarung vollziehen. Auf dem Lande fordert die Gans durch Hinsetzen und Lockern sowie Anheben der Flügelbuge zum Treten auf. Auch hier wird die Tränkstelle bevorzugt, wenn auch das Halseintauchen zum bloßen Schnabelbenetzen verflacht.

## 5.2 Nestverhalten

Über das Nestverhalten liegen zahlreiche Beobachtungen vor, insbesondere von Wood-Gush (1963, 1964, 1969). Danach suchen Hennen von Legebatterien bevorzugt Nester in der obersten Reihe auf. Von bereits benutzten Nestern (es braucht kein Ei darin zu liegen) geht ein besonderer Anreiz aus; so lassen sich selbst Junghennen nicht abschrecken, schon besetzte Nester in der oberen Etage aufzusuchen. Ähnlich begehrt sind Nester, die im Dunkeln liegen, und unter ungleich tiefen und breiten die jeweils geräumigsten. Da lockerer, weicher Untergrund im Lichtschatten ebenfalls zum Hinsetzen und Einnisten verlockt, wird das Ablegen der Eier in der Tiefstreu bei Hühnern in Intensivhaltung zu einem wirtschaftlichen Problem. Versuche, durch Farbanstriche die Attraktivität der Batterien zu erhöhen, hatten nicht den erwarteten Erfolg, wenn die Farben nur an den Nestern als Signale Verwendung fanden. Waren sie dagegen den Tieren schon von Futtergefäßen her bekannt, die zur Aufzucht dienten, erregten die Farben an den Nestern die Aufmerksamkeit im gewünschten Sinne.

Bevor Hennen zu legen beginnen, besichtigen sie die Nester. Solche Prüfungen können von 12 Min. bis zu 3 Std. in Anspruch nehmen. Der Anstoß zum Nestbesuch wird zentralnervös gesteuert.

## 5.3 Brut

Die Brut wird durch eine vermehrte Ausschüttung des Hormons Prolaktin ausgelöst. Bei leichten Rassen ist eine vier- bis fünfmal so starke Dosis erforderlich wie bei schweren, um sie brütig werden zu lassen. Brütigkeit ist eine erblich fest verankerte Verhaltensweise; sie ist bei vielen Rassen (Leghorn, Legehybriden) weggezüchtet, bei anderen tritt sie in unterschiedlicher Weise auf. Bei einigen Geflügelarten spielen psychische Vorgänge gleichzeitig eine große Rolle. Ringeltauben lassen sich beispielsweise durch den Anblick von Eiern im Nest oder den werbenden Laut eines (versteckten) Täubers in Brutstimmung bringen, Haustauben paaren sich leichter, wenn sich die zur Paarung vom Züchter bestimmten Tiere vor dem Zusammensetzen in benachbarten Käfigen schon gesehen und „kennengelernt“ haben.

Der Bruttrieb nimmt bei allen Arten mit dem Alter zu. Im Verhalten macht sich bei Hühnern und Puten eine Absonderung von den Gefährten bemerkbar, die mit einschüchternden, auch wohl den Hahn abschreckenden Gesten einhergeht. Dazu gehören die Glucklaute und das Aufplustern des Gefieders unter Spreizen der Flügel und Steuerfedern, eiliges Laufen und zunehmende Aggression, vor allem in der Nähe des Nestes. Beim Wassergeflügel bleibt die Mutter, auch wenn sie Junge führt, im Verband der Gefährten, bei den Gänsen bewacht der Ganter die brütende Gans und verteidigt seine Familie energisch. Während der Brutzeit gehen physiologische Vorgänge vor sich, die zur Verlangsamung des Stoffwechsels und einem geringeren Futterbedarf führen (Einschränkung auf 1/5 des üblichen Verzehrs). Nichtbrütende Hennen würden bei ausschließlicher Aufnahme der Futtermenge, die Glucken zu sich nehmen, abmagern oder verhungern.

Abb. 24. Pute bei der Brut.

# 6 Die Sachbeziehungen zur Umwelt

## 6.1 Revier und Auslaufweiten

Eine freiwillige Begrenzung des aufgesuchten und belaufenen Geländes gibt es bei allen Geflügelarten, wenn auch in unterschiedlichem Maße. Uneingeschränkt scheint das durchmessene Gebiet bei den *Tauben* zu sein, weil sie kilometerweit entfernte Orte, z. B. Salzquellen, aufsuchen. Für gewöhnlich begnügen sie sich mit Flügen ums Haus, und Spezialisten unter ihnen wie die Hochflieger und die purzelnden Tümmler, steigen wohl in die Höhe, entfernen sich aber nie weit vom Schlag in endlose Weiten, verglichen mit den Flugleistungen – stets heimwärts fliegender – Brief- bzw. Sporttauben.

Ihr extremes Gegenbeispiel geben die *Puten* ab, die als ursprüngliche Bewohner weiter Steppengebiete ein Revier im eigentlichen Sinne „begrenzten Geländes“ nicht kennen. Während Tauben sehr auf ein eigenes Revier und die Verteidigung seiner Grenzen im Taubenschlag bedacht sind, gewöhnen sich Puten nur schwer an einen Stall, ein Nest usw., und erregt, erschreckt oder sonstwie aus dem Geleise geworfen, laufen sie im wahrsten Sinne kopflos in die Weite. Ihre Lauffreudigkeit schränkt ihre Eignung als Pflegemütter für Hühnerküken ein; diese ursprünglichen Gebüschbewohner sind auf kurze Wegstrecken und viele Ruhepausen eingestellt.

Am besten sind wir über die Auslaufweiten unbegrenzt gehaltener *Hühner* unterrichtet. Unter diesen Bedingungen entfernen sie sich rund 50 m weit vom Stall. Diese Entfernung entspricht ihrer Horizontweite. Stehen ihnen schutzbietende Zwischenziele zur Verfügung, Gebüsch- oder Baumgruppen, gehen sie bis zu 200 m, im Grenzfall bis zu 300 m vom Ausgangspunkt fort. Im allgemeinen bleiben sie in Sichtverbindung zum Stall und seiner nächsten Umgebung. Auf freier Fläche, z. B. einer Wiese, dient der Stallgefährte zur Orientierung, wobei der Abstand von Huhn zu Huhn von etwa 5 m eingehalten wird. Unter ungewöhnlichen Bedingungen, allein in unübersichtlichem Dickicht, wagen Hühner allenfalls, 5 m tief in die Umgebung einzudringen. Junghennen, die erstmals die Möglichkeit haben, bisher abgesperrte Nachbarabteile im Aufzuchtstall aufzusuchen, gehen ein oder zwei Abteile weiter, im benachbarten schlafen sie allenfalls. Bei Bodenhaltung gehen einige Hennen im ganzen Abteil (14 × 5 m) umher, andere begehen einen nur engen Bereich. Dabei üben die Lichtverhältnisse einen gewissen Einfluß aus; bei geringer Helligkeit (0,25 lx am Boden) gehen die Hennen weiter umher, vielleicht, weil sie nicht als Fremde erkannt werden. Ältere Hühner halten starr an ihrer Gewohnheit fest, allein eine bestimmte Bodenfläche zu betreten, jüngere sind beweglicher.

*Gänse* und *Enten* schrecken vor weiten Wegen, die sie außer Sichtweite des Stalles bringen, nicht zurück, wenn das Ziel lockt, also Möglichkeiten zum Baden und Schwimmen (Teich) bietet. Nach einmaligem Begehen finden sie den Weg wieder, er ist ihnen schneller vertraut, als dies bei den anderen Geflügelarten der Fall ist.

## 6.2 Verhalten zu Futter und Wasser

Hierin gibt es zwischen den Geflügelarten ähnlich große Unterschiede wie im Sozialverhalten: „Das Huhn steht unter einem gewissen ‚Zwang zum Verzehr' und läßt ein einmal gefundenes bzw. hervorgescharrtes Futter nur ungern liegen. Wenn es die Wahl hat zwischen zwei ungleich beliebten Getreidearten z. B., frißt es anfangs beide und läßt erst mehr oder weniger kurz vor der Sättigung das unbeliebtere Futter unbeachtet liegen. Es hängt von der Rangstellung innerhalb der ‚Reihenfolge abnehmender Beliebtheit' ab, wann das Huhn die weniger beliebte Futtersorte meidet. Die Taube, die nicht wie das Huhn dauernd, sondern nur während des Felderns auf Futtersuche ist und sich dabei als Flieger freizügiger benimmt, frißt längst nicht alles, was sie findet, sondern lehnt unter zwei gebotenen Futtersorten die weniger beliebte von Anfang an ab. Sie ist dafür im ganzen weniger wählerisch als das Huhn, stellt geringere Ansprüche und hat dadurch einen größeren Speisezettel. Gänse verhalten sich ebenfalls wählerisch, da sie naturgemäß stets reichlich Futter vorfinden und wählen können; sie brauchen nicht danach zu suchen. Die Beurteilung des Futters erfolgt gewiß zuerst optisch, wobei allen Geflügelarten ein angeborenes Augenmaß für verzehrbare Größe zukommen dürfte, das bei Huhn und Ente bereits experimentell bestätigt worden ist. Die ‚beste Größe' hängt von der Schnabelgröße und Schlundweite ab. Ihr entspricht beim Huhn und bei der Gans das Weizenkorn, bei den Tauben der Hanf, bei den Enten der Mais, Futterbrocken dieser Größe nehmen alle Tierarten sofort an, auch kleinere, sofern keine besser verzehrbaren zur Verfügung stehen. Bei größeren müssen sie erst lernen, daß auch sie verzehrbar sind." (ENGELMANN 1975).

Die Beliebtheit der einzelnen Futterstoffe wird außer von ihrer Form und Größe von weiteren Merkmalen, wie Aussehen, Oberflächenbeschaffenheit, Härte, Feuchtigkeitsgehalt (Ballungsfähigkeit bei Schroten) u. a., mitbestimmt. Auf gefärbtes Futter reagieren die Geflügelarten ungleich: Hühner haben eine wahrscheinlich erblich vorgegebene Vorliebe für Rot, das Wassergeflügel für Grün. Beim Auffinden des Futters spielt die Aufmerksamkeit bei der Futtersuche ebenso wie die Sehschärfe eine entscheidende Rolle: Hühner sehen ein Einzelkorn vom Mais z. B. aus einer Entfernung von 5 m auf dem Boden liegen, Zwerghühner aus 3,5–4 m, Enten aus 3 m und Gänse aus 5 m, Gruppen von Maiskörnern entsprechend aus 6; 5–6; 4,5 und 8 m Abstand. Das Huhn ist ein Spezialist für Nahsicht, die Gans für Fernsicht. Ihre Artgenossen erkennen Gänse auf freier Fläche aus 120 m Entfernung, Enten einander aus 70–80 m und Hühner auf 40–50 m (Großrassen) bzw. 25–40 m. Tauben leisten etwa so viel wie Zwerghühner bei gleicher Augenhöhe.

Zum ersten Male einem Gefäß mit *Wasser* gegenübergestellt, tauchen Tauben – wohl durch die glänzend spiegelnde Oberfläche verleitet – sofort ihren Schnabel pickend ein und trinken. Ähnlich verhalten sich Gänse und Enten. Hühnerküken, vor die Wahl gestellt, ein Gefäß mit Futter oder mit Wasser aufzusuchen, fraßen zuerst und gingen anschließend zum Wasser. Puten müssen das Trinken lernen; sie bringen wohl keine angeborene Reaktionsweise dafür mit.

## 6.3 Reaktion auf Licht und Temperatur

Das Geflügel richtet sich in seiner Tagesperiodik nach den Lichtverhältnissen. Hühner verlassen morgens ihre Schlafplätze bei geringerer Lichtintensität als abends, wenn sie die Sitzstangen wiederaufsuchen. Die natürliche 24-Std.-Rhythmik, die in kürzere, z. B. 2-Std.-Perioden, unterteilt sein kann, wird durch Dauerbelichtung verkürzt. Das Sexualverhalten beginnt bei Puten wie Hühnern früher, bei Enten und Gänsen später, wenn die Beleuchtungsdauer verlängert wird. Enten erreichten z. B. bei Verkürzung des Lichttages von 24 auf 15 Std. vom Schlupf bis zur 31. Lebenswoche ihre Geschlechtsreife volle drei Wochen früher.

Unter natürlichen Haltungsbedingungen meiden Hühner und Puten stark besonnte Flächen und halten sich auf schattigen Ruheplätzen auf (sie verzehren dann mehr als andere, die unter der Hitze leiden müssen, auch ihr Grünfutterverzehr liegt höher). Werden Hühner extremen Temperaturen ausgesetzt, versuchen sie bei Überhitzung durch schnelles, hechelndes Atmen, Gefiederabspreizen und Trinken sich Abkühlung zu verschaffen. Gegen Abkühlung schützt sie – außer erhöhtem Verzehr – Muskelzittern, Zusammenrücken, Hinsetzen und das Verbergen der Kopfanhänge im Gefieder. Bei +8 °C gehaltene Hennen starben nach 21–37 Tagen, ganz gleich, ob ihnen außer dem Wasser auch Futter vorenthalten wurde oder nicht. Als neutrale Wärmezone gilt die

Temperatur zwischen 14,5 und 25,5 °C; darüber bzw. darunter beginnt die „kritische Temperatur". Im Kükenalter zeichnen sich *Enten* durch das Vermögen zur Temperaturregulierung aus. Begünstigt durch einen hohen Stoffumsatz und ein dichtes Dunenkleid sind sie imstande, ihre Körpertemperatur zwischen +5 °C und +40 °C konstant zu halten, im Alter von 30 Tagen leisten sie das gleiche zwischen –18 °C und +30 °C. Voraussetzung ist dabei eine voll ausreichende Futterversorgung.

# 7 Künstliche Beeinflussung des Verhaltens

## 7.1 Kapaunisieren

Durch Kapaunisieren bricht das imponierende, herausfordernde Betragen der männlichen Hühner, Tauben, Gänse usw. zusammen; Kennzeichen wie der leuchtend rote Kamm schrumpfen ein und verblassen. Zu Kapaunen gewordene *Hähne* lassen sich wie Glucken zur Brut und zum Führen der Küken verwenden. Von ihrem Angriffsverhalten bleibt allenfalls so viel erhalten, daß sie sich den Hennen gegenüber als ranghöher behaupten, den Hähnen aber unterordnen. Je nach dem Restgehalt verbliebenen Hodengewebes krähen sie oder zeigen Balzgesten wie das Stolpern über einen Flügel. Tretversuche unternehmen sie nicht mehr.

Bei *Täubern* erlischt nach der Kastration das Balzspiel: Das Gurren und Umtänzeln der Taube hört sofort auf, ebenso das Schnäbeln. Erhalten bleibt das Flügeltippen (s. Seite 96), obwohl Kastraten es seltener ausführen als ihre unversehrt gebliebenen Brüder. Kastrierte *Truthähne* stellen nach und nach das Radschlagen und das sonstige Balzgebahren sofort ein. Erfolgt der Eingriff im Alter von 7 Wochen, bekommen die Puter einen weiblichen Kopf mit schwach ausgebildeten Klunkern. Sie büßen ihren stolzierenden Gang ein. Die Sporenentwicklung unterbleibt. Im Gegensatz zum Haushahn wächst bei kastrierten Truthähnen neues Hodengewebe leicht nach. *Wilderpel* werden nach der Kastration träge und sind zum Balzen nicht mehr fähig. Sie äußern keine Warnrufe mehr und unterlassen jede aggressive Haltung gegenüber früheren Geschlechtsgenossen. Kastrierte *weibliche Enten* äußern einige Paarungsbewegungen heftiger als vor dem Eingriff, im Flucht- und Angriffsverhalten ändert sich nichts.

## 7.2 Hormonbehandlung

Hormonbehandlung löst bei Küken aller Geflügelarten vorzeitiges Sexualverhalten aus. So führen *Entenküken* nach Injektion des männlichen Sexualhormons Testosteron einige Balzbewegungen mäßigen Stimmungsgrades aus (Kurzhochwerden, Grunzpfiff, Kopfheben und -senken), *Kükenhähne* beginnen zu krähen und mit den Flügeln zu schlagen, *Kükenhennen* ducken sich im Alter von 14 Tagen vor den Hähnchen hin. Bei *Truthahnküken* läßt sich am 10. Lebenstag das Radschlagen durch Testosteron auslösen. Alle diese vorzeitigen

Erfahrungen bleiben ohne Einfluß auf das spätere Sexualverhalten. Bereits ohne Drogen können Küken, wenn die Geschlechter zusammen aufwachsen, einige Balzbewegungen beginnen, Hähnchen z. B. das Anpicken auf dem Rücken und im Gesicht, die Aufbäumhaltung und Aufsteigeversuche an feststehenden Kükenmodellen vornehmen. In Gemeinschaft mit anderen Küken verhindert deren Reaktion (Fortlaufen und Ausweichen) die Ausführung. Werbungsgesten höheren Grades (Stolperbewegung und Treten) unternimmt kein Kükenhähnchen.

Wie Beobachtungen an Küken in Wahlversuchen mit Futter erkennen lassen, verstärken Hormongaben die Beharrlichkeit im Durchführen angeborener Bewegungsweisen, hier das Suchen nach Futter. Dieser Einfluß der Hormone dürfte sich auch auf andere Handlungen sozialer und sexueller Art ausdehnen.

*Erwachsene Hühner* lassen sich durch Hormoninjektionen *nicht* grundsätzlich umstimmen, sie behalten ihr erblich festgelegtes Verhalten bei (ob aggressiv oder demütig, s. Seite 91). Die Rangordnung ändert sich nicht, wenn alle Hühner in einer Gruppe behandelt werden. Es führt eher zum Erfolg, d. h. zur Aufbesserung der Rangstellung, wenn allein die rangtiefsten Hennen behandelt werden. Um vor einer Überschätzung dieser Art von Stimulation zu warnen, sei erwähnt, daß zwischen Aggressivität und Androgengehalt im Blut kein positiver Zusammenhang besteht, es können die kampflustigsten Hähne den geringsten Hormongehalt im Blut aufweisen. (Dagegen sind Androgengehalt und Befruchtungsrate positiv miteinander korreliert.)

## 7.3 Haltungsmaßnahmen

Haltungsmaßnahmen können viel stärkere Wirkungen hervorrufen, wenn sie zu einer psychischen Sensibilisierung führen. Dazu genügt es, die Tiere in Unruhe zu versetzen bzw. sie ständig zu beunruhigen. Werden beispielsweise Herdenmitglieder ausgetauscht, etwa täglich ein fremdes gegen ein eingesessenes Huhn, entsteht durch die spontan einsetzenden Rangkämpfe eine allgemeine Erregung, die zu Kämpfen selbst unter Bekannten und damit zum Zusammenbruch der bisherigen Rangordnung führen kann.

Ebenso ändert sich in Situationen, die den Ablauf herkömmlichen Verhaltens verhindern, die Reaktionsweise: Hühner, die ihr Futter wohl sehen, aber nicht erreichen können, zeigen alle Anzeichen steigender Beunruhigung; sie picken nervös am Boden, gehen zur Gefiederpflege über, putzen sich dabei aber vorzugsweise oder ausschließlich leicht erreichbare Körperstellen mit fahrigen, unsteten und überhasteten Bewegungen. Bleiben sie länger in diesem Zustand der Frustration, setzen bei ihnen Fluchtbewegungen ein, oder sie äußern große Ängstlichkeit und Widerwillen.

Der Einfluß der Aufzuchtbedingungen – Heranwachsen in gleich- oder gemischtgeschlechtlichen Gruppen, unter rassegleichen oder -fremden Gefährten – auf das spätere Sexualverhalten wurde bereits behandelt (s. Seite 96).

## 7.4 Zentralnervöse Aktivierung

Das Auslösen verschiedener Handlungsweisen beim Geflügel durch punktförmige elektrische Reizung des Gehirns führte zu erstaunlichen, aber unterschiedlichen Ergebnissen, weil der Einfluß vorausgegangener Erfahrungen, z. B. der jeweiligen gegenwärtigen Situation, des Hormonspiegels, des Sättigungsgrades, der vorausgegangenen Tätigkeit u. a. m., unverkennbar war. Es gelang z. B. Fluchtbewegungen, Sich-Setzen, Sich-Putzen u. a. hervorzurufen, zum In-Gang-Setzen des Angriffsverhaltens war aber ein „Gegner" in Form eines Ersatzobjektes nötig. Enten reagierten auf die gleiche Stimulation entweder mit Angriff oder mit Zurückhaltung, je nachdem, ob ein rangtiefes oder -höheres Tier sich im selben Raum aufhielt. Ähnlich verhielten sich Tauben; je nach ihrer individuellen Veranlagung flohen sie oder griffen an, wenn ihnen „Anwesenheit eines Gegners" suggeriert wurde. 1–2 Tage alte, bis dahin dunkel gehaltene Hühnerküken antworteten auf schwache elektrische Reize mit Stillstehen und Aufmerken, Kopfschütteln und Schnabelbewegungen. Nur in Ausnahmefällen gelang es, sie zum Picken nach Gegenständen zu bewegen. Bei stärkerer Reizung ließen sie den Verlassenheitsschrei hören, und einige versuchten unterzukriechen. Selten pickten Küken nach ihrem Nachbarn; einige flohen davon. Manche Reaktionen, z. B. Flucht, setzen ein, sobald der Reiz stark genug ist, und zwar unabhängig vom Ort der gereizten Stelle im Gehirn. Die Reizpunkte sind verstreut angeordnet, die gleiche Reaktion läßt sich an verschiedenen Stellen hervorrufen.

**Literatur**

Bäumer, E.: Das dumme Huhn. Verhalten des Haushuhns. Kosmos, Franck'sche Verlagsbuchhandlung, Stuttgart 1964.

Carbough, B. T., Schein, M. W., and Hale, E. B.: Effects of morphological variations of chicken models on sexual responses of chicks. Anim. Behav. **10**, 235–238, 1962.

Engelmann, C.: Verhalten des Geflügels. In: Portzig, E.: Das Verhalten der landwirtschaftlichen Nutztiere. VEB Deutscher Landwirtschaftsverlag, Berlin 1969.

– So leben Hühner, Tauben und Gänse. Verlag Neumann, Radebeul 1972, 4. Aufl.

– Vererbungsgrundlagen und Zuchtmethoden beim Geflügel. Verlag Neumann, Radebeul 1975.

Fisher, A. A., and Hale, E. B.: Stimulus determinants of sexual and aggressive behaviour in male domestic fowl. Behav. **10**, 309–323, 1956/57.

Gilbert, A. B., and Wood-Gush, D. G. M.: Some peripheral factors controlling the nesting behaviour of the domestic hen. J. Physiol. London. **169**, 53–54, 1963.

Wood-Gush, D. G. M.: The control of the nesting behaviour of the domestic hen. I. The role of the oviduct. Anim. Behav. **11**, 293–299, 1963.

Wood-Gush, D. G. M., and Gilbert, A. B.: The nesting behaviour of hens with ovarian transplants. Anim. Behav. **18**, 52–54, 1970.

– Observations on the laying behaviour of hens in battery cages. Br. Poultry Sci. **10**, 29–36, 1969.

– Some homones involved in the nesting behaviour of hens. Anim. Behav. **21**, 98–103, 1973.

Wood-Gush, D. G. M., and Murphy, L. B.: Some factors affecting the choice of nests by the hen. Br. Poultry Sci. **11**, 415–417, 1970.

# Vererbungslehre

## 1 Qualitative Vererbung

### 1.1 Änderungen der Phänotypen

Solange es Haustiere gibt, ist der Mensch bestrebt, ihre Nutzung zu verbessern. Aus der ursprünglichen Weitervermehrung zur Erhaltung und möglichen Verbesserung der Haustierarten entwickelte sich die planmäßige Zucht nach festen Zuchtzielen. Dies führte je nach Nutzungszweck und ethischer Auffassung über das zu Gestaltende zur Formung von verschiedenen Rassen. Mit fortschreitender kultureller Entwicklung und dem wachsenden Bestreben des Menschen, Neues zu schaffen und Schöpfungsmöglichkeiten zu ergründen, entstanden aus wenigen Rassen viele und aus der Vielzahl dieser in Form und Farbe oder Leistung differierende Stämme und Schläge bis hin zu bizzarren Überzüchtungen.

Jeder Stamm und jede Rasse „entartet" indessen, entwickelt sich entweder zur Ausgangsform zurück oder stirbt aus, wenn sie sich selbst überlassen bleibt. Ihre Erhaltung ist nur durch eine sich Jahr für Jahr wiederholende ernsthafte Züchtungsarbeit möglich, d. h. durch ständige Auswahl und Verpaarung solcher Elterntiere, bei denen die gewünschten Rassemerkmale äußerlich am besten erkennbar oder in Leistungsdaten ermittelt worden sind.

Jahrhundertelang gab es trotz danach ausgerichteter Planung immer wieder abweichende und überraschende Zuchtergebnisse. Zwar war den Züchtern seit langem bekannt, daß allen Lebewesen eine Veränderlichkeit (Variabilität) eigen ist, die es ihnen ermöglicht, sich Umweltveränderungen anzupassen; nur so war ja die Entwicklung von Haustieren aus ihren wilden Stammformen möglich. Aber die Züchtung blieb lange Zeit ein mehr oder weniger blindes Tasten mit vielen Enttäuschungen und wenigen Zufallserfolgen, wobei sich eine relative Gleichförmigkeit der Zuchtprodukte nur bei Inzucht ergab.

Die große Wende erfolgte schließlich nach Anwendung der Entdeckungen Gregor Mendels, dessen Grundarbeiten heute als bekannt vorausgesetzt werden können. Nachdem durch ihn bewiesen war, daß die Vererbung bestimmten Gesetzmäßigkeiten unterliegt, sind auf dem Gebiet der Züchtung in kurzer Zeit enorme Fortschritte gemacht worden.

Alle Lebewesen können sich über ihre Nachkommen verändern. Diese Änderungsanlagen können auf dem Zuchtwege ausgenutzt werden. Für Abweichungen und Änderungen gegenüber Form und Farbe sowie auch geistigen Eigenschaften der Eltern kommen u. a. drei Hauptursachen in Betracht, die Modifikation, die Kombination und die Mutation.

#### 1.1.1 Modifikation

Dieser Ausdruck heißt Abänderung. Sowohl durch Klima und andere Umwelteinflüsse als auch durch besondere Haltungs- und Fütterungsmaßnahmen bedingt, können Formen oder Rassen beispielsweise mit ungewöhnlich starkem

Knochenbau entstehen. Züchtet man mit diesen Tieren in anderer Umwelt mit anderen klimatischen Verhältnissen oder auf kalkarmen Böden Generationen hindurch weiter, so entstehen Tiere mit verändertem Aussehen, zarteren Knochen, gegebenenfalls glänzenderen Farben. Man hat den Eindruck, als ob eine neue Rasse entstanden wäre. Das ist ein Trugschluß, denn die entstandenen Änderungen sind nur scheinbar vererbbar. Kommen nämlich so entstandene neue „Rassen" in ihre Ursprungsumwelt zurück, respektive wird die Haltung der ursprünglichen Anwendung angeglichen, so entstehen in kurzer Zeit wieder typische Vertreter der Ausgangsform. Eine Modifikation verändert also nur das Erscheinungsbild oder auch aus dem Umweltwechsel sich ergebende Verhaltensweisen; eine unmittelbare Änderung der Erbanlagen erfolgt jedoch nicht, solange keine Einkreuzung anderer Rassen vorgenommen wird.

Bei vielen Zwerghuhnzüchtern ist die Meinung verbreitet, daß man durch Herbstbruten und knappe Fütterung zu kleineren Zwerghuhnformen kommen kann. Das kann jedoch nur für diese eine Generation Gültigkeit haben. Vererbbar ist ein solches „Kleingebliebensein" nicht. Bereits um 1800 wurde in England nachgewiesen, daß die Nachzucht dieser „Modifizierten Zwerge", richtig ernährt und im Frühjahr erbrütet, wieder Form und Größe der Großeltern (und unverändert deren Erbanlagen) hatte.

Hühner können nur mit „echten" Zwergen, sog. „Urzwerghühnern" verkleinert werden, deren Entstehung nicht erforscht ist. Will man eine Großrasse in Zwergform züchten – die zunehmende räumliche Einschränkung der Rassezuchten in Stadtgebieten fordert dies geradezu heraus – so verpaart man die betreffende Großrasse mit einer echten Zwergrasse. In der $F_1$ (= 1. Filialgeneration) entsteht eine mittelgroße Form, in der $F_2$ (= 2. Filialgeneration) erfolgt die Aufspaltung nach dem Mendelschen Gesetz in 25 % große, 50 % mittelgroße und 25 % kleine Tiere. Nur wenn man die kleinsten Tiere, die in der Mehrzahl rezessiv reinerbig für Zwergwuchs sind, zur Weiterzucht benutzt, kommt man nach Jahren zum Ziel.

### 1.1.2 Kombination

Ein besseres Züchtungsinstrument stellt die Kombination dar, die von fast allen Züchtern unter dem Begriff „Ausgleichspaarung" angewandt wird. Die Kombination der jeweiligen Hälfte der Erbanlagen der Eltern lassen „veränderte" Nachkommen in ziemlicher Gleichmäßigkeit der Einzelindividuen entstehen. Das Erreichte muß über Jahre durch Inzucht und Inzestzucht gefestigt werden, um es zu erhalten, denn jede Fremdblutzufuhr – nach Jahren ist sie dann unvermeidlich, wenn keine (gesundheitliche) Inzuchtfestigkeit erzielt werden konnte – bringt neue, oft unbekannte Erbfaktoren hinzu.

So wird ein hochstehender Hahn an Hennen mit zu tiefer Stellung gepaart, ein Ganter bzw. Erpel mit über das Standardlimit hinausgehendem Gewicht an weibliche Partner, die in dieser Hinsicht zu zart geraten sind. So wird eine rote Täubin in der Gelbzucht zur Intensivierung der gelben Farbe eingesetzt oder ein Täuber mit roter Augenfarbe an eine Täubin mit (für die im Standard festgelegte Augenfarbe) zu hellem (gelbem) Auge. Diese Beispiele können aber nicht beliebig fortgesetzt werden, da bei vielen anderen Merkmalen, deren dominante oder rezessive Vererbung bekannt ist, keine Verbesserung im Sinne einer Kombination entsteht, sondern eine unerwünschte Veränderung durch Überdeckung oder Verdrängung.

### 1.1.3 Mutation

Die dritte Ursache für Veränderungen bei der Nachzucht, die Mutation, entzieht sich jedem züchterischen Einfluß. Willkürliche Beeinflussungen sind durch Röntgen- oder radioaktive Strahlen sowie Gifte möglich. Mutationen sind plötzlich eingetretene Erbanlagenveränderungen, bei denen durch bisher nur in geringem Maße erforschten Einflüsse, z. B. Teilchen der Chromosomen verlorengehen oder sich untereinander verlagern, besonders dann, wenn unter ihnen vor der Teilung eine Umschlingung erfolgte. Dadurch entstehen neue Erscheinungsformen, deren „neue" Anlagen vererbbar sind. Je nach Mutationsform spricht man von Chromosomen-, Gen- oder Genommutation.

Mutationen können sich auf alle Extremitäten, Federbildung, Kammformen, Gefiederfarben und viele „innere" Merkmale auswirken. Meistens handelt es sich um sog. Verlustmutationen, wobei Gene verlorengingen (z. B. totaler Pigmentverlust bei Albinos, Verlust der Schwanzwirbel bei Kaulhühnern, Verlust von Schwarzpigment bei einigen „silbernen" (fahlen) Farbschlägen mehrerer Taubenrassen und bei den orangefarbigen Zwerg-Welsumerhühnern, die ohne züchterische Maßnahmen plötzlich in einer Zucht Rostrebhuhnfarbiger auftraten).

Für Rassegeflügelzüchter, die Neuheiten lieben, haben Mutationen den Vorteil, daß sie meistens rezessiv vererbt werden. Da Rezessivität × Rezessivität immer Reinerbigkeit des betreffenden Merkmals ergibt, kann man solche „Neuerscheinungen" als besondere Rasse oder Farbschlag weiterzüchten, ohne Aufspaltungen befürchten zu müssen.

Die Haubenbildung bei Tauben – man unterscheidet je nach ihrer Form Spitz-, Rund- und Muschelhauben sowie Perücken- und Kapuzenbildung – wird ebenso wie die Brustkrause und eine mehr oder weniger starke Fußbefiederung („Strümpfe", „Latschen") auf Mutationen zurückgeführt. Eine Veränderung der Schädelknochen liegt in keinem Fall vor.

## 1.2 Grundregeln für die Zucht

Die Kunst des Züchtens beruht in erster Linie in den Möglichkeiten der Kombination, in der Summierung von Erbfaktoren und in ständiger Selektion. Grundlagen dafür sind die Mendelschen Regeln,

- die Uniformitätsregel:
  *Die von reinerbigen Eltern stammenden Nachkommen ($F_1$) sind gleich (uniform).*
- die Spaltungsregel:
  *Die Nachkommenschaft der $F_1$-Tiere ($F_2$-Generation) spaltet in einem bestimmten Zahlenverhältnis auf.*
- die Unabhängigkeitsregel:
  *Alle Erbanlagen eines Lebewesens werden unabhängig voneinander vererbt.*

Die Erbanlagen eines Lebewesens werden durch die einzelnen Erbfaktoren

(Gene) bestimmt. Die Vielzahl der Gene bildet in ihrer Gesamtheit die Erbmasse. Die Anlagenträger, in dem jeweils mehrere bestimmte Erbfaktoren versammelt sind, heißen Chromosomen. Ihre Zahl beträgt bei Hühnern 39, bei Tauben und Enten 40 und bei Puten 41 (jeweils einfacher Chromosomensatz ohne Geschlechtschromosomen). Die Chromosomen befinden sich in allen Körperzellen. Bei der Zeugung werden sie in entsprechenden Zahlen über die Geschlechtszellen weitergegeben.

Alles Wachsen und Werden beruht auf Zellteilung. Die beste Möglichkeit, Zellteilungsvorgänge optisch verfolgen zu können, bieten Vogeleier. Die auf dem Eidotter befindliche Keimscheibe ist beim unbefruchteten Hühnerei weniger als stecknadelkopfgroß. Unmittelbar nach Eindringen eines Samenfadens setzt eine Teilung in 2, 4, 16 usw. Tochterzellen ein, entsprechend nimmt der Umfang zu. Die Zellteilung geht während des Aufenthaltes im Eileiter weiter. Sie wird nach Ablage des Eies (durch Abkühlung) unterbrochen und erst durch den Einfluß von Brutwärme fortgesetzt.

### 1.2.1 Reduktionsteilung

Jede reife Geschlechtszelle enthält alle Erbfaktoren, die gruppenweise in den Chromosomen versammelt sind. Alle Lebewesen habe eine bestimmte Anzahl von jeweils paarweise vorhandenen Chromosomen, von einer einzigen Ausnahme abgesehen. Würde das entstehende Lebewesen bei der Zeugung den vollen Chromosomensatz von beiden Eltern mitbekommen, so würde es die doppelte Chromosomenzahl haben, die nächste Generation die vierfache usw. Dies wäre nach einigen Generationen schon aus „räumlichen" Gründen nicht möglich. Die Natur schafft dadurch einen Ausweg, daß von jedem Elternteil nur die Hälfte des Chromosomensatzes mit dem Samenfaden bzw. Ei abgegeben wird, so daß das entstehende Lebewesen wieder den vollen Satz hat. Vor der Zeugung hat also eine „Verringerungsteilung" („Reduktions"- oder „Reifeteilung") stattgefunden.

Durch den Teilungsvorgang erhält der Nachkomme je die Hälfte des väterlichen und des mütterlichen Chromosomenbestandes, so daß sich zwar die gleiche Gesamtzahl, aber in anderer Zusammensetzung ergibt. Die Kenntnis über diese Vorgänge bei der Reifeteilung ermöglichte es, die Gesetzmäßigkeit der Vererbung von bestimmten Eigenschaften zu verstehen und Züchtungen gezielt zu planen.

### 1.2.2 Intermediäre Vererbung

Die einfachste Schlußfolgerung, die sich aus dem Wissen über die Reduktionsteilung ergibt, stellt sich in der intermediären Vererbung dar. Intermediär heißt etwa „dazwischenliegend". Die Eigenschaften beider Eltern treten bei den Nachkommen „gemischt" in Erscheinung. Dies läßt sich am einfachsten an der bildlichen Darstellung der Farbenvererbung erklären, wobei aus der Kreuzung weiße × schwarze Hühner sog. „Blaue" (das sind blaugraue) entstehen, wie bei Mischung weißer und schwarzer Farbe. Diese blaue Farbe der $F_1$-Generation spaltet in $F_2$ wieder auf in 25 % weiße, 50 % blaue und 25 % schwarze Nachkommen.

1. Regel: *Bei intermediärer Vererbung erfolgt in $F_2$ eine Aufspaltung im Zahlenverhältnis 1 : 2 : 1.*

Weitere Beispiele für den intermediären Erbgang sind: weiße × braune Eischalenfarbe = gelbe Schalenfarbe; weiße × rote Ohrscheiben (bzw. Ohrlappen) = rotweiß gemischte (nicht jedoch rosa) Ohrscheiben. Auch das Blasvermögen der Kropftauben wird bei Anpaarung von Rassen, die den Kropf nicht aufblasen, intermediär vererbt.

Die Schimmelfärbung bei Tauben wird an sich intermediär vererbt. Aus reinerbigen (hellen) Schimmeln mit blauen (bzw. dominant roten) Tauben verpaart, entstehen Blauschimmel (bzw. Rotschimmel) mit entsprechender Aufspaltung in $F_2$. Hier spielt aber eine Teildominanz des Schimmelfaktors mit, die durch Summierung (s. dort!) schnell auf Volldominanz züchtbar ist, wonach einfarbige Typen (ohne Schimmelung) nicht mehr auftreten.

Bei einigen Taubenrassen ist eine exakte Kopf- oder Gefiederzeichnung eine intermediär vererbte „Feinheit". So gezeichnete Tiere spalten in der Nachzucht auf in ganz weiße und mehr oder weniger vollfarbige Tiere mit weißen Schwingen, die ihrerseits in $F_2$ wieder exakt gezeichnete Nachzucht bringen, z. B. Königsberger Farbenköpfe, bei denen nur Kopf und Schwanz genau begrenzt farbig sind, das übrige Gefieder rein weiß.

### 1.2.3 Dominante Vererbung

Dominant = beherrschend = hier: unterdrückend; das Gegenteil: Rezessiv = zurückweichend = unterdrückt werdend.

Bei dominanter Vererbung treten die zu gleichen Hälften abgegebenen Erbanlagen bei der Nachzucht nicht in gemischter Form äußerlich in Erscheinung, sondern es erfolgt eine Unterdrückung der rezessiven durch die dominanten Anlagen. Auch dieser Erbgang ist über Gefiederfarben leichter zu erklären. So sind die weißen Wyandottenhühner rezessiv weiß, der schwarze Farbschlag derselben Rasse ist dominant. Paart man weiße mit schwarzen Wyandotten, so ist die $F_1$ schwarz. Diese unter sich verpaart, ergibt in $F_2$ die Aufspaltung 75 % schwarze zu 25 % weißen Nachkommen. Die in $F_1$ unterdrückte rezessive Farbe Weiß tritt also in der $F_2$ wieder auf, jedoch nur bei einem Viertel der Nachzucht. Von 4 Nachkommen ist also (theoretisch) einer rezessiv in dem betroffenen Merkmal; von den 3 übrigen einer dominant (reinerbig für schwarz), die beiden anderen sind spalterbig schwarz. Diese beiden würden bei Weiterzucht wieder dasselbe Verhältnis von 3 schwarzen zu 1 weißen Tier ergeben.

Für die züchterische Arbeit ist nicht die Kenntnis der Dominanten, sondern die der Rezessiven das Wichtigste! Und dies deshalb, weil die Paarung rezessiv × rezessiv Reinerbigkeit für das Merkmal ergibt. Nach vorstehendem Beispiel fallen aus den weißen Tieren der $F_2$ – unter sich gepaart – mit Sicherheit nur wieder weiße Tiere und niemals mehr schwarze, obgleich 3 von 4 Vorfahren schwarz waren.

Dagegen sind die 25 % reinerbig schwarzen Tiere nicht ohne weiteres von den 50 % spalterbig schwarzen zu unterscheiden.

2. Regel: *Bei dominanter Vererbung erfolgt in $F_2$ eine Aufspaltung im Zahlenverhältnis von 3 : 1.*

## 1.3 Vererbung des Geschlechts

Wie bei den Ausführungen über Zellteilung und Chromosomen erwähnt, treten letztere paarweise auf, mit einer einzigen Ausnahme: dem Geschlechtschromosom. Dieser Erbanlagenträger, der das künftige Geschlecht des aus der Zeugung entstehenden Wesens bestimmt, wird X-Chromosom genannt. Bei Vögeln und Schmetterlingen haben die Männchen zwei X-Chromosomen, die Weibchen aber nur eines. Das ist bestimmend für die Verschiedenheit der Geschlechter. Teilt sich bei der Reifeteilung der Erbanlagenbestand, enthält der Samenfaden des Hahns immer noch ein X-Chromosom, weil der Gesamtbestand zwei enthielt. Die Henne hingegen legt verschiedene Eier, solche mit einem und solche ohne ein X-Chromosom, weil ihr Gesamtanlagenbestand nur ein X-Chromosom enthält. Kommen bei der Zeugung vom Vater ein X-Chromosom und von der Mutter ein X-Chromosom zusammen, entsteht ein Männchen. Kommt vom Vater ein X-Chromosom (gleich von welcher Anlagenhälfte), von der Mutter jedoch keines (weil das betreffende Ei keines enthielt), so entsteht ein Weibchen. Der weibliche Vogel bestimmt also unwillkürlich das Geschlecht des Jungtieres (Abb. 25).

Nun ist die Anzahl von Erbanlagen der Merkmale und Eigenschaften eines höher entwickelten Tieres sehr groß, die Anzahl der Chromosomen, in denen sie Platz finden müssen, aber relativ klein. So kommt es, daß mehrere Anlagen in einem Chromosom zusammenliegen, also gekoppelt sind.

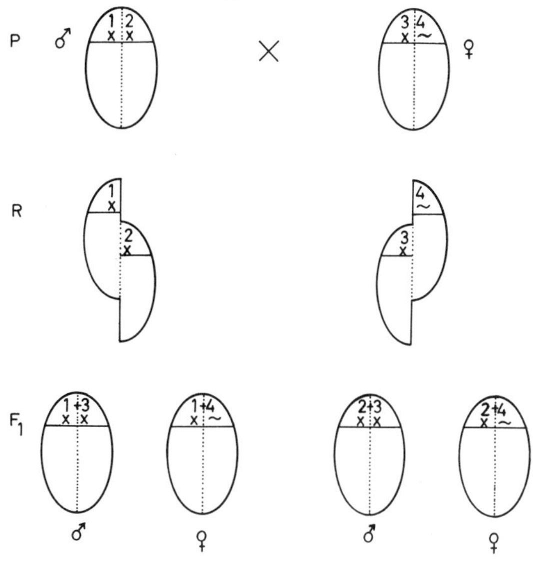


x = Geschlechtschromosom
♂ = männlicher, ♀ = weiblicher Vogel
P = Elternpaar
R = Reduktions- oder Reifeteilung bei Samen bzw. Eiern
$F_1$ = erste Nachkommengeneration

Abb. 25. Vererbung des Geschlechts.

Die Anlagen für die Entstehung der meisten Gefiederfarben der Hühner- und Taubenrassen sowie die des Wassergeflügels sind mit anderen Anlagen zusammen in Körperchromosomen gelagert. Die oft unterschiedliche Gefiederfarbe der Geschlechter bei mehreren Hühnerrassen und einigen Entenrassen ist ausschließlich auf hormonale Einflüsse (Pracht- und Schillerfarben des Hochzeitskleides) zurückzuführen. Dies wird am besten durch wildfarbige Enten demonstriert, bei denen der Erpel unmittelbar nach der Mauser das schlichte braune Federkleid der Enten trägt, das allmählich nach Rückbildung des Mauserhormons und mit zunehmender Wiederbildung männlichen Geschlechtshormons wieder die frühere Pracht (grünglänzender Kopf, weißer Halsring, rotbraune Brust, silbergraue Flanken und Unterseite sowie reinschwarzes Bürzelkissen) erhält.

Völlig unabhängig davon, jedoch stets mit dem X-Chromosom gekoppelt vererbt werden u. a. bei Hühnern der Silberfaktor S (s. Abb. 26) der Streifungsfaktor B, bei Tauben einige Verdünntfarben und das dominante sog. Brieftaubenrot R (nicht das dunklere Lackrot der Tümmler und verschiedener anderer Taubenrassen).

Die Vererbung der Farben, die stets gekoppelt mit dem geschlechtsbestimmenden X-Chromosom erfolgt, nennt man geschlechtsgebundene Farbenvererbung.

Beispiele: Paart man einen schwarzen Hahn an eine gestreifte (gesperberte) Henne, sind die männlichen Nachkommen (spalterbig) gestreift, die weiblichen Nachkommen schwarz. Bei umgekehrter Paarung sind alle Nachkommen gestreift, weil jeder Samenfaden eines reinerbigen gestreiften Hahns mit dem Faktor B gekoppelt abgegeben wird und die Streifung über schwarz dominant ist. Dasselbe gilt sinngemäß für die Paarung Gold × Silber.

Paart man einen blaugrundfarbigen Täuber an eine (dominant-)rote Täubin, so sind alle Jungtäuber (spalterbig) rot, alle Jungtäubinnen blaugrundfarbig, denn nur die männlichen Nachkommen haben X-gekoppelt den dominanten Rotfaktor R von der Mutter erhalten können. Umgekehrt sind alle Jungtiere rot, sofern der rote Vater reinerbig (XR/XR) und nicht spalterbig (XR/X–) für dominantes Rot ist.

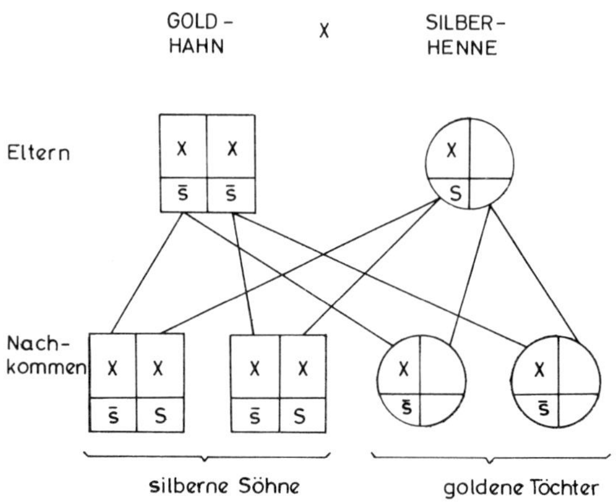


Abb. 26. Geschlechtsgebundene Vererbung.

In jüngerer Zeit wurden in der Wirtschaftsgeflügelzucht verzwergte Leghornhybriden erzüchtet, um die Futterkosten bei möglichst unveränderter Legeleistung zu senken. Die Ergebnisse hinsichtlich der Leistung befriedigten bisher nicht. Dagegen hat sich die Verzwergung in der Mastkükenzucht teils schon bewährt. Hierbei werden verzwergte Hennen (Mutterlinie) mit schweren Hähnen (Vaterlinie) gepaart. Es wurden drei Vorteile erzielt:

1. die kleinen Mutterhennen brauchen weniger Futter,
2. sie verfetten nicht so schnell wie schwere Hennen,
3. das Endprodukt Mastküken ist schnellwüchsig und erreicht die Größe der schweren Tiere der Vaterlinie.

Diese Verzwergungen großer Wirtschaftsrassen kann man nicht mit verzwergten Rassen oder gar Urzwerghühnern vergleichen. Sie sind im Sinne der Rassezucht Halbzwerge. Man entdeckte bei der Erzüchtung dieser „Wirtschafts-Zwerghühner", daß der kleinere Wuchs durch ein mit noch anderen Merkmalen gekoppeltes Gen bewirkt wird. Es erhielt die Bezeichnung dw (englisch dwarf = Zwerg). Es wird rezessiv und geschlechtsgebunden vererbt (wie der Faktor v bei Tauben). Hat nur ein Elternteil den Faktor dw, respektive ein Hahn ihn in nur einfacher Dosis, tritt bei der Nachzucht kein Zwergwuchs auf. Danach hätte jeder Zwerghahn, der den Zwergwuchs bei Paarung mit Großrassen auf Nachkommen überträgt, die Erbformel X dw / X dw.

Es ist nun aber in der Rassezucht mehrfach gelungen, bereits in $F_1$ Zwergformen zu erhalten, und zwar bei umgekehrter Paarung vom Hahn der Großrasse mit Zwerghenne. Die $F_1$ war größenmäßig intermediär (sog. Halbzwerge), was zumindest der Annahme widerspricht, daß dw in einfacher Dosis nicht wirksam werden könne. Der Verfasser vermutet, daß der entscheidende Unterschied darin liegt, ob man (wie in der Wirtschaftszucht) halbverzwergte Rassen verwendet oder echte Urzwerghühner, die als solche seit unbekannter Zeit existieren und deren Phänotyp auf multiplen (summierten) Fakten beruht.

## 1.4 Vererbung mehrerer Merkmale

Die Vererbungsvorgänge sind meistens wesentlich komplizierter, als an den Beispielen über intermediäre und dominante Vererbung geschildert.

Paart man einen reinerbigen (dominant) schwarzen einfachkämmigen Hahn an eine (rezessiv) weiße Henne mit (reinerbigem) Rosenkamm, ergibt die $F_1$ ausschließlich schwarze Küken mit Rosenkamm, denn Schwarz und Rosenkammanlage sind dominant.

In $F_1$ treten vier verschiedene Typen auf, und zwar:

9 Schwarz mit Rosenkamm
3 Weiß mit Rosenkamm
3 Schwarz mit Einfachkamm
1 Weiß mit Einfachkamm.

Diese vier Typen (16 Tiere) können also 16 verschiedene Gen-Kombinationen haben, soweit man dies nur auf die Kammform und die Gefiederfarbe bezieht. Beide Merkmale werden unabhängig voneinander vererbt und (bei genügend großen Nachzuchtmengen) im sicheren Verhältnis von 9 : 3 : 3 : 1.

Nimmt man zur Zucht Tiere mit drei verschiedenen Merkmalspaaren, sind in der $F_2$ bereits 64 verschiedene Kombinationen möglich, die sich im äußeren Erscheinungsbild in acht verschiedenen Typen darstellen, und zwar im Zahlenverhältnis 27 : 9 : 9 : 9 : 3 : 3 : 3 : 1 (= 64).

### 1.4.1 Summierung

In der praktischen Züchterarbeit werden immer wieder Tiere ermittelt, die imstande sind, ihre Merkmale in viel stärkerem Maße auf ihre Nachkommen zu übertragen, als andere gleicher Herkunft es vermögen. Jeder Züchter kennt solche „durchschlagenden Vererber". Die Durchschlagskraft solcher Tiere beruht oft darauf, daß sie für mehrere Erbfaktoren zusammen reinerbig sind. Mehrere Faktoren (Gene) können sich nach einigen Generationen anhäufen (summieren) und erreichen so eine „Übermacht" (Präpotenz) über andere, ohne daß jeder Einzelfaktor für sich dominant ist. Diese Summierung, auch additive Genwirkung genannt, kann so stark werden, daß andere Dominante sich ihr gegenüber nicht durchzusetzen vermögen. Der schwedische Botaniker Nilsson-Ehle entdeckte die Zusammenhänge. Damit ist ein altes Rätsel nunmehr auch wissenschaftlich gelöst. Durch diese Entdeckung hat die Epistasie, das ist eine Überlagerung, bei der ein dominanter Faktor durch Einfluß eines anderen (auf einem anderen Chromosom gelegenen) dominanten Faktors äußerlich nicht sichtbar wird, an Bedeutung verloren.

Ein Beispiel für Summierung: Paart man einen reinerbig (dominant-)roten Täuber an eine blaugrundfarbige Täubin, deren Vater ein spalterbig roter Täuber, deren Mutter eine rote Täubin war, so gibt es bei den Nachkommen in beiden Geschlechtern ein fast farbreines Rot mit den entsprechenden hellfahlen Schwänzen und Schwingen. Paart man an denselben Ausgangstäuber jedoch eine blaugrundfarbige Täubin, die seit Generationen keine roten Ahnen hat, so haben die Nachkommen eine mehr bläulichrote Farbe des Körpergefieders, und Schwänze sowie Schwingen sind mehr grau. Im letzten Fall setzt sich also die seit Generationen gefestigte „Urfarbe" Blau in erheblichem Maße gegen das dominante Rot durch, im ersten Fall wegen der mehrfachen Verdrängung durch Rot bzw. Rotsummierung nicht.

Ein Beispiel für Epistasie: Das dominante Weiß der Leghorn unterdrückt mit teilweiser Ausnahme von Rotgold alle anderen Gefiederfarben der Hühner. Daran ändert sich auch nichts, wenn gesperberte Hühner mit weißen Leghorn gekreuzt werden. Obgleich der Sperberfaktor ebenfalls dominant ist und dazu geschlechtsgebunden, wird er auf Leghornweiß nicht sichtbar, weil letzteres ihn (epistatisch) überdeckt. Ein Beispiel aus der Taubenzucht: Reinerbige (reinweiße) „Rotschimmel" sind nachweislich durch ständige Summierung des Schimmelfaktors entstanden, der nicht geschlechtsgebunden ist und dennoch das geschlechtsgebundene dominante Rot restlos überdeckt hat.

### 1.4.2 Allele

Der Laie kann die Bedeutung des Wortes „allel" leicht verstehen, wenn er an eine Parallele denkt. Es handelt sich um die Bezeichnung für die jeweils rezessiven Gegenspieler der Dominanten. Dominante Faktoren bezeichnet man mit großen Buchstaben, rezessive mit kleinen.

Der dominante Faktor für Sperberung (oder Streifung) des Hühnergefieders wird mit B (= barred) bezeichnet; der rezessive Faktor für Nichtsperberung mit b. B ist mit dem Geschlechtschromosom X gekoppelt (= geschlechtsgebundene Vererbung). Der dominante Faktor für Leghornweiß wird mit I, der rezessive Faktor für andere Farben, die von Leghornweiß unterdrückt werden, mit i bezeichnet. Beide liegen nicht im Geschlechtschromosom (= autosomale Vererbung). b ist die Allele zu B; i ist allel zu I. Epistasie wird dann wirksam, wenn die beiden zusammenkommenden Dominanten in zwei verschiedenen Chromosomen liegen. Bei der Kreuzung Dominantweiß × Gesperbert überdeckt I das B, die Nachkommen sind weiß, und zwar ohne erkennbare Sperberung.

*Anmerkung:*
Leider besteht hinsichtlich mehrerer Buchstaben, mit denen Gene bezeichnet werden, keine internationale Übereinstimmung bei den Genetikern. So ist z. B. der Buchstabe B (von barred = gestreift) für den dominanten, geschlechtsgebundenen Erbfaktor, der die Streifung (Sperberung) bewirkt, entsprechend der klassischen englischen Vorschläge seit langer Zeit eingeführt. Ein amerikanischer Wissenschaftler verwendet dagegen den gleichen Buchstaben B als Bezeichnung für den rezessiven, autosomalen Goldfaktor.
Regenstein übernahm die Bezeichnung R für das dominante Brieftaubenrot von dem holländischen Forscher Bol und entwickelte daraus für das teildominante Taubenrot (Lackrot der Tümmler) die Bezeichnung TR, wofür die Amerikaner wieder andere Buchstaben publizierten.
Auch werden gleiche Buchstaben für grundverschiedene Begriffe in der Hühnergenetik bzw. in der Taubengenetik verwendet; z. B. I einerseits für das Leghornweiß der Hühner und andererseits für die Intensität des Farbpigments bei Tauben.
Um weitere Verwirrungen zu vermeiden, werden im folgenden nur die bisher in England und Deutschland bekannteren Bezeichnungen verwendet).

## 1.5 Form- und Farbgebung

### 1.5.1 Vererbung der Kammformen

Die Anlage für die Entstehung des Rosenkammes ist dominant über die für Einfachkamm. Die Hühnerrassen, die aus der (warmen) Mittelmeergegend stammen, haben Einfachkämme mit sehr hohem Blatt. Über die Kammfläche erfolgt eine Art Atmung. Wird bei Tieren dieser Rassen, die wesentlich temperamentvoller als die schweren (Asiaten-)Rassen sind, der Kamm kupiert, kann es bei sehr hoher Temperatur zum Tode durch Hitzschlag kommen. Andererseits sind die großen, relativ dünnen Kämme sehr frostempfindlich. Man hat daher diesen Rassen in nördlichen Gegenden den bei den kleinkämmigen nordwesteuropäischen Hühnerrassen verbreiteten Rosenkamm angezüchtet, um Erfrierungen zu verhindern (rosenkämmige Italiener, Minorka u. a.).

Der Rosenkamm ist breit (mehrreihig) aufgesetzt, auf breiter Fläche mit kleinen gleichmäßig hohen Fleischzäpfchen (Perlung) bedeckt und läuft in ein mehr oder weniger langes, freistehendes Ende, den sog. Dorn, aus. Rosenkämme sind frostunempfindlich. Nach den im 20. Jahrhundert allgemein verbesserten Haltungs- und Fütterungsbedingungen (isolierte, auch vollklimatisierte Stallungen, angepaßte, d. h. eiweiß- und fettreiche Fütterung) ist die Frage der Kammform der Wirtschaftsrassen in bezug auf Frostschäden ziemlich bedeutungslos geworden. In der Rassegeflügelzucht spielen die verschiedenen

Abb. 27. Die häufigsten Kammformen beim Huhn. von links nach rechts: Walnuß-, Erbsen-, Rosen-, Einfachkamm.

Kammformen als jeweils wesentliches Rassemerkmal weiterhin bei der Bewertung auf Schauen (Schönheitskonkurrenzen) eine ausschlaggebende Rolle.

Die meisten Rassen sind einfachkämmig. Es folgen rosenkämmige und solche mit Wulst- und Erbsenkämmen. Die beiden letztgenannten sind Rosenkämmen in Struktur und Aufbau in etwa ähnlich, jedoch ohne Dornauslauf. Die weiteren verschiedenen Kammformen wie Hörner-, Blätter-, Geweih- und Napfkamm sowie auch das absolute Fehlen eines Kammes sind als Abarten der normalen Einfach- und Rosenkämme zu bezeichnen. Es handelt sich bei ihnen nicht um eine „eigenständige" Bildung. Sie sind vielmehr alle durch einen einzigen Verwandlungsfaktor bedingt. Es ist dies das Gen für Haubenbildung (Cr). Alle Kammformen dieser Art, die nur bei Haubenhühnern und deren engen Verwandten vorkommen, unterliegen dem Gesetz der Spaltung, d. h., sie sind mehr oder weniger zweigeteilt.

Echte Haubenhühner haben eine starke Schädelauftreibung (hohl aufgewölbtes Schädeldach = Protuberanz), auf der die Federn haubenförmig angeordnet sind. Mit dieser abnormen Schädelwölbung ist eine Anlage genetisch gekoppelt, die die Bildung des Nasenbeines verhindert. Das bei echten Haubenhühnern fehlende Nasenbein ist ebenfalls auf die Wirkung des Gens Cr zurückzuführen. Es handelt sich um eine rezessiv reinerbige konstante Verlustmutation.

Beispiele: Crève-coeur haben die Kammform eines in zwei „Dornen" auslaufenden großen V („gebrochenes Herz"). Es handelt sich eindeutig um einen durch Cr gespaltenen Rosenkamm (Geweihkamm). Houdans haben eine Kammform, die den aufgeklappten Flügeln eines Schmetterlings oder zwei gezackten, nebeneinander liegenden Blättern entspricht. Es handelt sich eindeutig um einen gespaltenen Einfachkamm (Blätter- oder Schmetterlingskamm). Mit dem Fehlen des Nasenbeins sind aufgeworfene, vergrößerte Nasenlöcher verbunden. Bei den Breda ist darüber nur ein rudimentäres Überbleibsel eines Kammes in Napfform verblieben, die Protuberanz verschwand nach Einkreuzungen; die Spaltkammanlage blieb.

Bei den Hühnern mit den größten Federhauben (Holländer Weißhauben, Paduaner) fiel die Kammbildung aus. Bei anderen Rassen sind nur noch zwei kleine, senkrecht stehende, runde Kammhörnchen verblieben (La Flèche). Ferner gibt es eine Anzahl von Zwischenformen, bis hin zu den unechten Haubenhühnern, die trotz Fehlen einer Protuberanz einen mehr oder weniger stark entwickelten Federschopf auf dem Hinterkopf tragen (Altsteirer, Sulmtaler). Obgleich von Haubenhühnern abstammend, besitzen sie nicht den Faktor Cr. Er ist über die Einkreuzung von Hühnern mit Wulstkamm ausgeschaltet worden. Diese Wulstkammform ist ebenso alt wie der Einfachkamm des Bankivahuhnes. Sie dominiert über die Einfachkamm- und die Spaltkammanlage.

Bei Enten ist die Haubenbildung mit einem Letalfaktor gekoppelt; sie wird wie die meisten Anlagen mit diesem Faktor dominant vererbt. Bei der Paarung zweier Haubenenten spaltet die $F_1$ auf in 25 % für Haubenbildung reinerbig veranlagte Enten, die bereits im Ei oder kurz nach dem Schlupf absterben, 50 % spalterbig gehaubte und 25 % rezessiv reinerbige glattköpfige Tiere. Während bei den spalterbigen Tieren lediglich eine kleine Öffnung in der Schädeldecke besteht, über der die großen Federhauben wachsen, ist bei den reinerbigen die Schädeldecke nicht geschlossen, so daß sie nicht lebensfähig sind. Außerdem haben sie meistens einen verkrüppelten Schnabel.

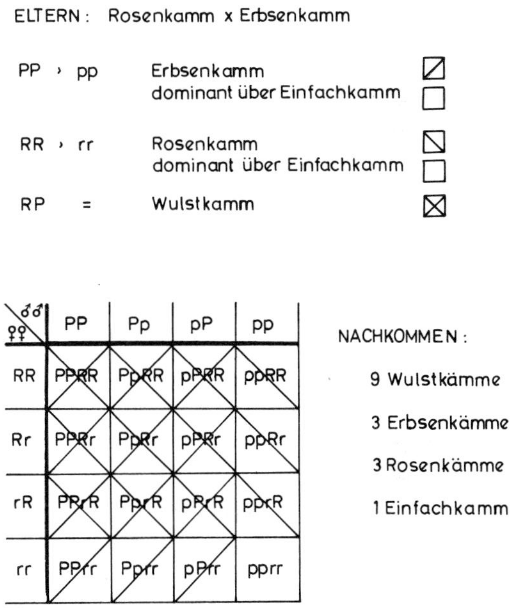


Abb. 28. Kammformen nach der Kreuzung Rosenkamm × Erbsenkamm.

Die Anlage für den Wulstkamm enthält sowohl eine solche für den Erbsenkamm wie auch für den Rosenkamm. Diese beiden Dominanten sind in verschiedenen Chromosomen gelagert und ergeben, wenn sie sich vereinigen, den Wulstkamm (s. Abb. 28). In $F_2$ entstehen aus solchen Wulstkämmen 9 Wulstkämme, 3 Rosenkämme, 3 Erbsenkämme und 1 Einfachkamm. Es ergibt sich das klassische Zahlenverhältnis 9 : 3 : 3 : 1 für Epistasie.

Es ist möglich, Erbsenkämme auf verschiedene Weise zu erzüchten. Es hängt davon ab, ob die Anlage volldominant oder spalterbig (teildominant) vererbt wird. Bei Spalterbigkeit sind Einfachkämme und andere unerwartete Ergebnisse zu erklären (Regenstein 1970).

### 1.5.2 Gefiederfarben

**Wildfarbe**

Die Hähne rebhuhnfarbiger (goldfarbiger, goldhalsiger, brauner) Rassen sind an Brust und Bauch schwarz, auch der (grünschillernde) Schwanz ist schwarz. Das Daunenkleid der Küken entspricht bei beiden Geschlechtern denen der Rebhuhnküken. Die spätere Schwarzfärbung bei den Hähnen beruht nicht etwa auf Epistasie eines anderen Farbfaktors. Die Umfärbung erfolgt, ebenso wie die Rot- und Goldtönung des Schmuckgefieders, ausschließlich durch den Einfluß männlicher Sexualhormone.

Das Auftreten hellerer Goldfarben bei rebhuhnfarbig schlüpfenden Rassen ist *nicht* auf Farbverlust, sondern auf Summierung des Goldfaktors zurückzuführen.

Das im Laufe der Domestikation entstandene Silber (silberfarbig, silberhalsig) auf rebhuhnfarbiger (goldfarbiger usw.) Grundfärbung überdeckt letztere. Es ist geschlechtsgebunden dominant und führt die internationale Bezeichnung S. Das Allel dazu ist die Goldfarbigkeit (= s). Bei der Kreuzung Silberhahn × Goldhenne sind alle Küken silberfarbig. Bei der umgekehrten Paarung Goldhahn × Silberhenne sind die männlichen Nachkommen silberfarbig, die weiblichen goldfarbig.

**Schwarz**

Bei schwarzen Farbschlägen, deren Küken meistens mit (gelblich-)weißer Brust und weißem Bauch bei sonst schwarzem Daunengefieder schlüpfen, erfolgt die Schwarzfärbung bei beiden Geschlechtern nicht durch Sexualhormone, jedoch wird das Ausbreitungsvermögen des schwarzen Pigments E hormonell gesteuert. Eine Summierung von E führt zur Überdeckung aller anderen Hühnerfarben außer dem dominanten Weiß.

Kommen die beiden Dominanten Schwarz (E) und Silber (S) zusammen, so wird das Silber bei Hennen in einfacher Dosis von Schwarz vollkommen überdeckt. S wird geschlechtsgebunden, E autosomal vererbt. Gleichgültig, ob es sich um Epistasie oder Summierung handelt, immer ist die in den Körperchromosomen gelagerte (autosomale) Dominante in ihrer Wirkung stärker als die im Geschlechtschromosom gelagerte (X-gekoppelte oder geschlechtsgebundene).

**Weiß**

Außer dem erwähnten dominanten Leghornweiß gibt es bei den Hühnern mehrere verschiedene Arten von rezessivem Weiß. So sind die Nachkommen von weißen Seidenhühnern und weißen Dorking in $F_1$ alle wild- oder rebhuhnfarbig. Das Weiß kommt hier aufgrund der komplementären Gene cc oder oo zustande. Die weißen Seidenhühner haben den Faktor C für Pigmentbildung, aber nicht den Faktor O für das Sichtbarwerden der Farbe. Die weißen Dorkings haben umgekehrt den Faktor O für Sichtbarwerden, aber nicht den Faktor C. Bei der $F_1$ kommen C und O zusammen, so daß sie farbig ist, in der $F_2$ spalten die 16 Möglichkeiten in 9 farbige und 7 weiße Tiere auf.

Ein Weiß eigener Art entsteht bei der Kreuzung Silber-Schwarzgesprenkelt (gebändert) × Gelb-Weißgeflockt. Das Weiß überdeckt die schwarze Bänderung der Silbersprenkel, das Silber seinerseits das Gelb des Partners, so daß die $F_1$

ganz weiß ist. (Mit matt angedeuteter Bänderung, wie die „weißen" Augen auf den Schwanzfedern weißer Pfauen).

**Blau**
Das Blau (Bl) der Andalusier ist ein verdünntes Schwarz, das aus dem Nebeneinander von Schwarz und Weiß entsteht. Es ist spalterbig. Bei den nach dem Gesetz der intermediären Vererbung in $F_2$ herausspaltenden 25 % „weißen" Nachkommen handelt es sich in Wirklichkeit um die reinsten Blauen, denn sie haben den Aufhellungsfaktor doppelt (reinerbig Bl Bl). Paart man sie an schwarze Tiere, so erhält man ausschließlich Nachzucht im gewünschten (spalterbig-intermediären) Blau.

**Gesperbert** (gestreift)
Gesperberte, respektive gestreifte Hühner sind schwarze, auf deren Farbe der geschlechtsgebundene dominante Sperberfaktor (B) eine regelmäßige Verteilung des Schwarzpigments mit gleichförmigen grauen Zwischenfeldern auf jeder Feder bewirkt.

**Rot** und **Gelb**
Das dunkle Rot der Rhodeländer beruht hauptsächlich auf einer Summierung von Phaeomelanin, das je nach Dichte der Pigmentlagerung gelbbraune bis rotbraune Färbung bewirkt. Das Gelb (bei Hühnern) kommt durch eine verstreute Lagerung des Phaeomelanins zustande. Gelb ist rezessiv zu Schwarz, aber dominant über die rezessiven Weißarten.

**Tupfung, Säumung, Sprenkelung**
Diese Zeichnungsarten werden durch ein besonderes Gen verursacht, das eine Verdrängung schwarzen Pigments nach außen, d. h. auf die Federränder bewirkt. Solche schwarzen „Säume" können durch rezessives Weiß zu blauen, durch dominantes Weiß zu weißen Säumen werden (z. B. bei rotgelben Federn mit weißer Säumung, weil das dominante Leghornweiß die Schmuckfarben Gold und Rot nicht unterdrückt). Dies ist leicht bei der Kreuzung rebhuhnfarbiger Italiener mit weißen Leghorn darzustellen: Die $F_1$ ist rotgesattelt, d. h. weiß mit rotgoldenem Hals und Sattel der Hähne bzw. lachsroter Brust der Hennen. Ein anderes Gen, das schwarzes Pigment nach Hals und Schwanz zu verdrängt, bewirkt die sog. Columbiazeichnung. Das ist eine einfarbig weiße oder gelbe Körperfarbe, bei der nur Hals, Schwanz und (der verdeckte Teil der) Handschwingen schwarz ausfallen (Beispiel: Sussex).

**Pigmentausfall**
Es gibt mehrere Taubenrassen, bei denen sporadisch Exemplare auftreten, deren Farbe einen Pigmentschwund vermuten läßt, z. B. Gelb statt Rot oder Fahl mit dunklen Flügelbinden (= Blaufahl, fälschlich oft Silberfahl genannt) statt Blau mit schwarzen Binden oder, wenn es sich um Tiere mit dem dominanten Faktor für Hämmerung handelt, Fahl mit dunkler Hämmerung statt Blau mit schwarzer Hämmerung. Hämmerung nennt man eine mehr oder weniger gleichmäßige dunkle Fleckung auf der Grundfarbe des Flügelschildes. Sie wird nach der Dominanzregel vererbt.

Tab. 8. Erbformeln für verschiedene Gefiederfarben

| Rasse und Farbschlag | Hähne | Hennen |
|---|---|---|
| Weiße Leghorn | BS E I C / BS E I C | BS E I C / – – E I C |
| Weiße Plymouth | BS E i c O / BS E i c O | BS E i c O / – – E i c O |
| Weiße Seidenhühner | . . . . i C o / . . . . i C o | . . . i C o / i C o |
| Weiße Wyandotten | . . . . i c O / . . . . i c O | . . . i c O / . . . i c O |
| Schwarze Wyandotten | bs$^+$ E i C / bs$^+$ E i C | bs$^+$ E i C / – – E i C |
| Schwarze Sumatra | bs$^+$ E i C Ml ? / bs$^+$ E i C Ml | bs$^+$ E i C Ml ? / – – E i C Ml |
| Blaue Wyandotten | Bl E i C Lg / bl E i C Lg | Bl E i C Lg / bl E i C Lg |
| Blaue Porzellan-zwerghühner | e$^+$ i C lav / e$^+$ i C lav | e$^+$ i C lav / e$^+$ i C lav |
| Rote Rhodeländer | bs$^+$ e$^b$ i C Co / bs$^+$ e$^b$ i C Co | bs e$^b$ i C Co / – – e$^b$ i C Co |
| New Hampshire | bs e$^{Wh}$ i C Co / bs e$^{Wh}$ i C Co | bs e$^{Wh}$ i C Co / – – e$^{Wh}$ i C Co |
| Rebhuhnfarbige Italiener | bs$^+$ e$^+$ i C Sg$^+$ dk$^+$ / bs$^+$ e$^+$ i C Sg$^+$ dk$^+$ | bs$^+$ e$^+$ i C Sg$^+$ dk$^+$ / – – e$^+$ i C Sg$^+$ dk$^+$ |
| Weizenfarbige | bs$^+$ e$^{Wh}$ i C Sg$^+$ dk$^+$ / bs$^+$ e$^{Wh}$ i C Sg$^+$ dk$^+$ | bs$^+$ e$^{Wh}$ i C Sg$^+$ dk$^+$ / – – e$^{Wh}$ i C Sg$^+$ dk$^+$ |
| Rebhuhnfarbige Cochin, Wyandotten | bs$^+$ e$^b$ i C Lg Dk Pg / bs$^+$ e$^b$ i C Lg Dk Pg | bs e$^b$ i C Lg Dk Pg / – – e$^b$ i C Lg Dk Pg |
| Hamburger Silberlack | bS E i C Sp / bS E i C Sp | bS E i C Sp / – – E i C Sp |
| Hamburger Silbersprenkel | bS E i C Co AbDb / bS E i C Co AbDb | bs E i C Co AbDb / – – E i C Co AbDb |
| Helle Sussex | bS E i C Co / bS E i C Co | bS E i C Co / – – E i C Co |
| Delaware | BS E i C Co / BS E i C Co | BS E i C Co / – – E i C Co |

*Erklärung zu Tab. 8*

| | |
|---|---|
| I, $i^+$ | Das „dominante Weiß“, I, zeigt verschiedene Grade der Dominanz über sein Allel $i^+$ in Abhängigkeit von der Zusammensetzung des restlichen Genotyps. |
| $C^+$, c | Während $C^+$ die Farbstoffbildung überhaupt ermöglicht, bewirkt c die als „rezessives Weiß“ bekannte Verhinderung der Ausfärbung. |
| E, $e^+$ | E ist der Ausbreitungsfaktor für schwarzes Pigment; durch sein Eingreifen wird der Einfluß anderer Farbgene überdeckt. Das Allel $e^+$ kommt als Teilfaktor bei der Wildfarbe vor, wo es Ablagerungen von Schwarz auflockert. Weitere Allele von E sind: |
| $e^b$ | Er ist an der Ausfärbung des dunkel-rebhuhnfarbigen Federkleides maßgeblich beteiligt, Braunfaktor. |
| $e^{Wh}$ | Der Faktor für weizenfarbig (auch $W^h$ genannt). |
| e | Der Faktor für hellweizenfarbig. |
| $e^p$ | Ein Faktor für dunkel-rebhuhnfarbig. |
| Dk, $dk^+$ | Dk hemmt den Einfluß der Oestrogene und ruft wie $e^b$ die dunkle Wildfarbe hervor; dk fördert die weiblichen Hormone und ist dadurch an der Lachsbrut der Wildfarbe beteiligt. |
| Db, db | Faktor für dunkelbraune Grundfarbe; schränkt den schwarzen Farbstoff ein, ähnlich dem Faktor Co, ist auch bei Hähnen wirkungsvoller. Eng benachbart dem Gen Ab. db ähnelt weitgehend $e^+$, bringt die Wildfärbung hervor. |
| S, s | Der geschlechtsgebundene Silberfaktor S schaltet die Produktion von Phaeomelanin aus (die gelben, roten und braunen Farbtöne), die von dem „Goldfaktor s“ oder dem Braunfaktor $e^b$ bzw. db veranlaßt wird. |
| B, $b^+$ | Der geschlechtsgebundene Faktor B ruft bei gleichzeitiger Anwesenheit von schwarzem Pigment einen Typ der zonenweisen Anordnung des Farbstoffs hervor, die Sperberung („Sperberungsfaktor“), insbesondere in Verbindung mit dem Silberfaktor S; $b^+$ bedeutet Nichtsperberung. |
| Ab, ab | Der autosomale, unvollständig dominante Faktor für Sprenkelung, der vor allem auf brauner Grundfarbe wirksam wird. Über das Allel ab liegen keine Angaben vor. Ab liegt mit Db auf demselben Chromosom. |
| Ml, ml | Ml ist autosomal und unvollständig dominant über Rebhuhnfarbe; gilt als Gegenspieler des Gens $e^{Wh}$ für Weizenfarbigkeit, fördert die Melaninbildung und läßt schwarzes Pigment in sonst rote Gefiederbezirke eindringen. Vertieft mit E die Farbtiefe schwarzer Rassen. Es kommt mit dem Faktor Lg eng verbunden vor. |
| Co, – | Der unvollständig dominante Faktor „Columbia-Scheckung“, der in noch nicht geklärter Weise zusammen mit den Faktoren Db, $e^b$ bzw. $e^y$ und $e^{Wh}$ die Columbia-Scheckung bei braunen, mit S zusammen bei weißen Rassen bewirkt. Prägt sich bei Hähnen stärker aus. |
| –, mo | Scheckungsfaktor, der in Verbindung mit E und S den Scheckungstyp der Houdan bedingt. |
| Sp, – | Lackungs- und Tüpfelungsfaktor, unter Mitbeteiligung des gleichzeitig gehemmten Faktors E wirksam, durch den Silberfaktor mehr unterstützt als durch s oder $e^b$. |
| $Lg^+$, – | Säumungsfaktor, bewirkt die Ablagerung des Pigments am Federrand. |
| Pg, – | ein Sprenkelungsfaktor, der mit $Lg^+$ zusammen die Doppelsäumigkeit ermöglicht. Über Allele ist nichts bekannt. |
| –, pi | Scheckungsfaktor, der in nicht geklärter Weise mit anderen Genen an der Dreifarbigkeit beteiligt ist. |
| $Sg^+$, sg | Sg ist der „Strichelungsfaktor“ der das Melanin zu Pünktchen und Strichen auflockert, dem Faktor $e^+$ weitgehend ähnlich. Das rezessive Allel stellt den Faktor für rezessives Schwarz dar. |

Diese „helleren" Farben Silberfahl (richtiger Blaufahl) und Gelb werden genetisch durch einen Verdünnungsfaktor hervorgerufen. Andererseits fallen durch Pigmentausfall aus rein schwarzen Tieren zuweilen hellsilbergraue (echte silberne) Exemplare an, bei anderen Rassen dunfarbige (d. h. bräunlich-graue) aus Schwarz sowie hellblaue (eisblaue) aus normalen Taubenblauen. Bei dieser zweiten Gruppe ist ein Verdünnungsfaktor nicht nachgewiesen, es soll lediglich der bei Tauben mit I bezeichnete Farbintensitätsfaktor fehlen. Nach Regenstein kann dies nicht zutreffen. Es muß vielmehr noch ein Verhinderungsfaktor für Pigmentbildung (v) vorhanden sein. Dieser rezessive Faktor kann allerdings nur wirksam werden, wenn I oder Pigmentsummierung fehlen. Der Erbgang ist der gleiche wie bei dem geschlechtsgebundenen Faktor für Zwergwuchs bei Hühnern (dw).

Da es jedoch gerade bei Tauben möglich ist, Farbe, speziell die schwarze, in kurzer Zeit züchterisch so zu verstärken, daß die Auswirkung der des (angenommenen) Intensitätsfaktors gleichzusetzen ist, führt die dann gegebene Aufhebung der Wirkung des rezessiven Faktors v zu Ergebnissen, die den Regeln widersprechen.

Die wie verdünnt wirkende Farbe Perlgrau der Hühner, durch Ausfall von schwarzem Pigment aus Schwarzen entstanden, unterliegt denselben vorstehend geschilderten Regeln und seine Vererbung ist denselben scheinbaren Regelwidrigkeiten unterworfen.

Die Beispiele der Farbgebung könnten beliebig fortgesetzt werden. Man hat inzwischen die einzelnen Farbfaktoren mit Buchstaben (jeweils ein Gen) symbolisiert und sie zu Farbformen vereinigt. Engelmann (1975) nennt und erklärt sie in seinem neuesten Werk gem. Tab. 8.

**Kennküken**

Bei der Kreuzung von zwei verschiedenfarbigen Rassen ist es unter Ausnutzung der geschlechtsgebundenen dominanten Vererbung des Faktors für Silber (S) oder des Faktors für Sperberung (B) möglich, in $F_1$ Küken zu erzeugen, deren Geschlecht an der Farbe der Daunen zu unterscheiden ist.

Goldhahn × Silberhenne ergibt weiße Küken männlichen und gelbe oder braune Küken weiblichen Geschlechts. Diese Überkreuzvererbung, seit mehr als hundert Jahren bekannt, läßt sich nach dem Schema über die Vererbung des Geschlechts einfach erklären. Die weiblichen Küken erhalten vom Vater nur die autosomale, d. h. nicht geschlechtsgebundene Farbe Gold (Gelb, Braun) und ihr einziges Geschlechtschromosom (X). Von der Mutter erhalten sie kein Geschlechtschromosom und somit ebenfalls nur die autosomal vererbte Farbe Gold (Gelb, Braun); ihre Erbformel ist somit X/s (s = rezessiv zu Silber = Gold). Die männlichen Küken erhalten mit dem geschlechtsbestimmenden X-Chromosom gekoppelt von der Mutter einmal die Anlage S (S = dominantes Silber); ihre Erbformel lautet XS/s. Da S dominant ist, sind sie (spalterbig) silberfarbig (weiß, hell).

Dasselbe gilt sinngemäß für die Kreuzung schwarzer Hahn × gesperberte (gestreifte) Henne. Die weiblichen Küken sind schwarz, die männlichen erhalten von der Mutter mit dem X-Chromosom den Sperberfaktor B. Die männlichen Küken werden gesperbert, bereits am Schlupftag ist auf dem Kopf ein weißer Fleck, der sog. Sperberfleck, zu erkennen.

Vor dem Beginn des Hybridzeitalters in der Wirtschaftszucht war man daran interessiert, eine Rasse zu züchten, die als *reine* Rasse, ohne sie erst mit einer andersfarbigen Rasse kreuzen zu müssen, sofort solche Kennfarbenküken erzeugte. Man wollte damit vor allem die erheblichen Kosten für das manuelle Sortieren der Küken nach Geschlechtern („Sexen") einsparen. Bei diesem Verfahren (sog. Japanische Methode) werden die geschlechtsbedingten Unterschiede an der Kloake der Küken (rudimentärer Penis der Hähnchen) optisch festgestellt, um die wertlosen Hähnchen sofort auszumerzen.

Punnet entdeckte 1938, daß man den Faktor für Sperberung (B) auf braunem Kükenflaum sichtbar machen kann. Hierzu muß die Anlage für braun verdoppelt werden. Bei der Paarung rebhuhnfarbiger (brauner) Hahn × gesperberte Henne erhält man gesperberte Hahnen- und schwarze Hennenküken. Im Gegensatz zum sonst üblichen Paarungsschema kann man bei der Erzüchtung von Kennrassen nur die Hähne der $F_1$ für eine Weiterzucht verwenden. Die schwarzen Hennen scheiden aus.

An die spalterbig gesperberten Hähne (mit Goldfarbe in den Behängen) paart man zur vorerwähnten Verdoppelung der braunen Grundlage rebhuhnfarbige Hennen. Die aus dieser Paarung anfallenden Küken spalten den Mendelschen Gesetzen entsprechend auf in Schwarz, Schwarzgesperbert, Braun, Braungesperbert (sowie Silberfarbig und Silbergesperbert, wenn die gesperberte Ausgangshenne neben der Anlage B auch die Anlage S hatte). Für die Weiterzucht in $F_3$ sind nur die braungesperberten Tiere in Geschwisterpaarung zu verwenden (als Küken rebhuhnfarbig mit weißem Sperberfleck auf dem Kopf). Diese $F_3$-Hennen sind schon „reinrassig" im Sinne ihrer Gen-Kombination Rebhuhnfarbe mit Sperberung. In $F_4$ erst fallen aus dieser Geschwisterpaarung 25 % reinerbig kennfarbige Hähne an, die den Sperberfaktor geschlechtsgebunden doppelt erhalten. Sie sind als Küken mausgrau mit größerem Sperberfleck auf dem Kopf und mit rötlicher Rückenzeichnung. Von ihren fast wie reine rebhuhnfarbige Küken aussehenden Schwestern sind sie somit mit Leichtigkeit auch von Laien zu unterscheiden.

Die Möglichkeit der Kennfarbenzüchtung gewann in der Mastkükenzucht an Interesse, als man feststellte, daß die getrennte Mast von Hähnchen und Hennen (ebenso wie bei Mastschweinen) aufgrund des zeitlich verschiedenen Nährstoffbedarfs und des bei den Geschlechtern unterschiedlichen Wachstums bessere Ergebnisse bringt und daß das manuelle Sexen bei schweren Masthybriden öfter zu Druckschäden führt. Jedoch gibt es bereits weiße Masthybriden einer bestimmten Züchtung, die man nach der geschlechtsgebundenen vererbten Entwicklung der Flügelfedern, respektive der Behinderung dieser durch die sog. Befiederungsbremse, die nur bei schweren Rassen (asiatischen Ursprungs) vorkommt, unterscheiden kann. An das Geschlechtschromoson X gekoppelt, unterdrückt diese Anlage bei Hähnen in den ersten Tagen das Wachstum der Flügelfedern (spätere Handschwingen), die bei den Hennen normal wachsen.

Nach russischen Angaben wurde jetzt ein elektronisches Gerät entwickelt, das die Geschlechtssortierung der Küken nach der Piepstimme dieser durchführt. Danach werden die vom menschlichen Gehör nicht wahrnehmbaren Unterschiede zwischen der Lautgebung der männlichen und der weiblichen Küken elektronisch festgestellt. Es gibt auch Taubenrassen, die reinerbige Kennrassen sind. Es sind die sog. Thüringer Einfarbigen und die Autosex-Texaner. Die

Männchen sind bei diesen Rassen hellgrundfarbig-weißlich, die Weibchen rotfahl oder blaugrundfarbig. Alle Taubenküken haben gelbe Daunen, so daß die farbliche Unterscheidungsmöglichkeit erst bei zunehmender Befiederung gegeben ist, Ferner gibt es die geschlechstgebundene Farbenvererbung bei einigen Wildgansformen.

**Kennbeinfarbigkeit**

Die Küken der kennfarbigen Italiener schlüpfen mit grünen Beinen. Erst nach Wochen erfolgt die Umfärbung in Gelb. Paart man an einen kennfarbigen Hahn rebhuhnfarbige Hennen (man erhält auf diese Weise „zuchtreine“ kennfarbige Hennen, die Hähne sind dagegen züchterisch wertlos), so haben die männlichen Küken der $F_1$ gelbe, die weiblichen grüne Beine, so daß auch daran eine sofortige Erkennung der Geschlechter möglich ist.

Rebhuhnfarbige Italiener (vermutlich alle gelbbeinigen Hühnerrassen) haben einen Verhinderungsfaktor für dunkles Laufpigment (V). Er wird geschlechtsgebunden vererbt. Er wird jedoch dann nicht wirksam, wenn er auf summiertes Schwarzpigment stößt. V ist mit dem gelben Fettfarbstoff gekoppelt (oder identisch), der gelbe Haut und gelbe Beinfarbe bewirkt. Seine Auswirkung wird hormonell beeinflußt und bei Vorhandensein des Silberfaktors geschwächt.

Die kennfarbigen Italiener sind eine farblich komplizierte Mischung, die nicht nur in der Gefieder-, sondern auch in der Lauffarbe zum Ausdruck kommt. Von den rebhuhnfarbigen Italienern haben sie in beiden Geschlechtern den Faktor V. Von den gesperberten Vorfahren haben sie den Sperberfaktor B sowie starkes Schwarzpigment. Der gelbe Fettfarbstoff (bzw. V) wirkt sich im Kükenalter zuerst nur schwach aus. In Verbindung mit dem schwarzen Pigment ergibt sich daraus die grüne Lauffarbe der kennfarbigen Jungtiere. Bei der Paarung kennfarbiger Hahn × rebhuhnfarbige Henne gibt letztere an ihre Söhne nochmals V jedoch nicht B und nur geringes Schwarzpigment a , so daß V in doppelter Dosis (unterstützt von der aufhellenden Wirkung des einfachen Sperberfaktors B vom Vater) alles schwarze Pigment unterdrückt. Die Kreuzungshähnchen haben mithin gelbe Beine, ihre Schwestern grüne.

Auf dieselbe Weise erfolgt die geschlechtsgebundene Vererbung der Beinfarben Gelb × Blau.

Aus der Paarung Hamburger Hahn (blaue Lauffarbe) × rebhuhnfarbige Italienerhenne (gelbe Läufe, 1 × V) haben die männlichen Küken helle (= pigmentlose) Lauffarbe, die weiblichen blaue. Pigmentlosigkeit ist dominant über den gelben (Fett-)Farbstoff. Regenstein konnte bei diesen Untersuchungen somit feststellen, daß es a) keine weißbeinige (pigmentlose Beinfarbe) Rasse mit gelber Körperhaut und b) keine gelbbeinige Rasse mit weißer Körperhaut geben kann.

### 1.5.3 Letalfaktoren

Es gibt eine Reihe von Erbanlagen, die in doppelter Dosis zum Tode des betreffenden Individuums führen.

Bei Geflügel wurden Letalfaktoren festgestellt bei Haubenenten (s. dort!) und bei kurzbeinigen Hühnern (Krüper, Chabo u. a.). Für Haubenbildung reinerbig veranlagte Entchen sterben im Ei (oder kurz nach dem Schlupf) ab. Die doppelte Anlage für Haubenbildung wirkt sich also tödlich aus. Dasselbe ist bei der Anlage für Kurzbeinigkeit bei Hühnern der Fall. Bei dem dominanten Erbgang ergeben sich 25 % reinerbig kurzbeinige Exemplare, die (meistens) im Ei absterben, 50 % lebensfähige kurzbeinige Küken, die für die Anlage spalterbig sind, und 25 % langbeinige Küken, die rezessiv reinerbig für normal lange Läufe sind.

Während dies nun bei Krüpern (Großrassen) ausnahmslos zutrifft, kommen bei den japanischen Zwerghühnern (Chabo) Ausnahmen vor. So ergaben Untersuchungen oft nicht den erwarteten Letalsatz von 25 %. Die Verkrüppelungen (mit Todesfolge) betrugen im Durchschnitt nur 9,8 %. Es ist daraus zu schließen, daß es kurzbeinige Chabos ohne Letalfaktor gibt oder dieser durch andere multiple Wirkungen abgeschwächt wird. Der Faktor für echten Zwergenwuchs scheint auch hier eine Rolle zu spielen, da der Erbgang bei den kurzbeinigen Großrassen anders verläuft.

# 2 Quantitative Vererbung

Die bisher abgehandelte Vererbungslehre und ihre Anwendung in der Geflügelzucht bezog sich vornehmlich auf qualitative Merkmale, d. h. also solche, die sich phänotypisch in Form und Farbe oder einigen typischen Stellen des Körpers (Kammdifferenzierung, Haubenbildung, Ständer, Befiederung usw.) ausprägen. Sie beruhen im allgemeinen auf den Allelen eines oder weniger Genorte und lassen sich daher leicht auf die Mendelschen Regeln zurückführen. Daß nicht immer die einfachen Erbgänge und die erwarteten Aufspaltungen erfolgen, wurde hinreichend erklärt. Allein beim dihybriden Erbgang können in der $F_2$ die 16 möglichen Fälle im Verhältnis 15 : 1, 13 : 3, 9 : 7, 9 : 6 : 1, 9 : 3 : 4, 9 : 3 : 3 : 1 oder 1 : 4 : 6 : 4 : 1 aufspalten, je nachdem, ob es sich um gleichwirkende dominante, dominant epistatische, komplementäre, gleichwirkende rezessive, rezessiv epistatische, gewöhnlich dominante oder vollständig intermediäre Gene handelt.

Bei der Quantitativen Vererbung sind die Verhältnisse in ihren genetischen Zusammenhängen noch weniger offensichtlich, weil es sich um Merkmale handelt, die in der Regel auf der Wirkung von Allelen vieler Genorte beruhen. In ihrer phänotypischen Auswirkung lassen sie sich leicht quantifizieren, da es Leistungen sind – Eizahl, Wachstum, Fruchtbarkeit –, die gezählt, gemessen oder gewogen werden können.

## 2.1 Quantitative Merkmale

Während die Rassegeflügelzucht hauptsächlich auf qualitative Merkmale züchtet, stehen in der Wirtschaftsgeflügelzucht die quantitativen Merkmale im Vordergrund. Die eindeutige Betonung dieser wirtschaftlichen Kriterien war auch der Grund dafür, daß Rassen untereinander gekreuzt und der Heterosiseffekt (Luxurieren der Bastarde = Übertreffen der Elterntiere nach einer Kreuzung) ausgenutzt wurde. Wie bereits gesagt, gehören alle wirtschaftlich wichtigen Eigenschaften zu den quantitativen Merkmalen, d. h. nicht nur die Legeleistung und die Mastleistung, sondern auch die Fruchtbarkeit, die Vitalität, die Eiqualität mit ihren Einzelkriterien, die Körperproportionierung und die Schlachtkörpereigenschaften und, was heute besonders wichtig ist und vielerorts diskutiert wird, die Verhaltensweisen des Huhnes.

Bei dieser Aufzählung wird besonders deutlich geworden sein, daß zur züchterischen Bewertung eines solcher Merkmale seine genaue Definition nötig ist sowie seine Reproduzierbarkeit. Schließlich muß auch seine genetische Fundierung bekannt sein bzw. analysiert werden.

Das Charakteristikum quantitativer Merkmale ist ihre kontinuierliche Häufigkeitsverteilung und ihre Beeinflussung durch die Umwelt. Wenn aus einer Herde nach Gewicht selektiert werden soll, wird man feststellen, daß nur wenige Tiere sehr schwer und nur wenige sehr leicht sind und das Gros dem Mittelwert aller gewogenen Tiere entspricht. Diese Normalverteilung kommt aber nicht nur durch die Wirkung der am untersuchten Merkmal beteiligten Gene zustande, sondern auch durch die Umwelteinflüsse. Der Genetiker spricht daher vom Phänotyp P, der abhängig ist vom Genotyp G und der Umwelt U, oder mathematisch ausgedrückt:

$$P = G + U \quad (1).$$

Es kommt nun darauf an, den Anteil vom Genotyp am Phänotyp zu ermitteln, um das Merkmal für die züchterischen Maßnahmen genau zu kennen.

Da ein Einzeltier über die sehr komplexen Zusammenhänge keinen Aufschluß geben kann, muß man größere Tierzahlen einer Herkunft, einer Population (daher auch Populationsgenetik), einsetzen und aufgrund einer hierarchischen Struktur genau analysieren.

Die kleinste Zuchteinheit ist der Stamm, ein Hahn mit mehreren Hennen. Mehrere Stämme ergeben eine Linie. Wenn man sie gleichmäßig aufbaut bzw. „schichtet“, kann man dem Schema in Abb. 29 folgen.

Die Leistung der C-Schicht, der Nachkommen, umfaßt die phänotypische wie auch die genetische Streuung des Merkmals. Andererseits sind in der C-Schicht Voll- und Halbgeschwister enthalten, die ihrerseits mit der A- und B-Schicht verwandt sind. Durch entsprechende mathematische Verfahren, Varianzanalyse und Regressionsrechnung, kann man über den Einfluß der Väter den genetischen Anteil der Streuung bestimmen.

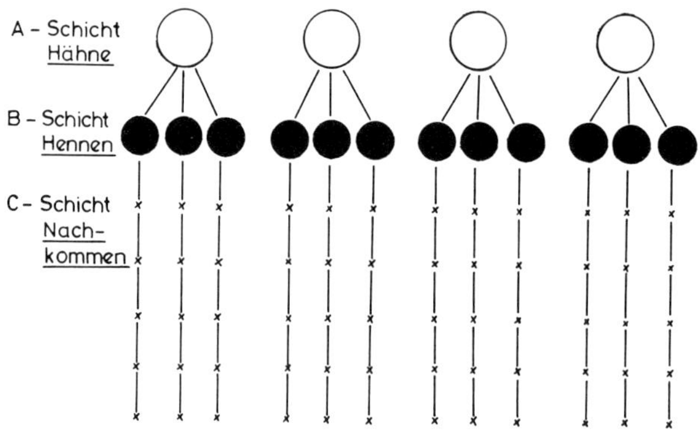


Abb. 29. Der Aufbau einer Hühner-Linie (Schema).

## 2.2 Erblichkeit (Heritabilität)

Der genetische Anteil an der Gesamtstreuung eines Merkmals wird Heritabilität = $h^2$ oder Erblichkeitsanteil genannt. Die Heritabilität ist das für die Züchtung wichtigste Charakteristikum eines Merkmals. Bezeichnet man die Streuung mit $\sigma^2$ (Sigma), so erhalten wir für die Heritabilität nunmehr die Formel

$$h^2 = \frac{\sigma^2 G}{\sigma^2 P} \quad (2).$$

Eine mögliche Berechnungsmethode für $h^2$ wurde bereits im vorhergehenden Kapitel besprochen. Die Eltern-Nachkommen = Regressionen sind die häufigsten und üblichen. Sehr einfach kann man die realisierbare Heritabilität auch durch den Selektionserfolg darstellen:

$$h^2 = \frac{\text{SE (Selektionserfolg)}}{\text{SD (Selektionsdifferential)}} \quad (3).$$

Zur Erklärung dieser Begriffe folgendes Beispiel:

| | |
|---|---|
| Durchschnittsleistung der Ausgangspopulation | 200 Eier |
| Durchschnittsleistung der zur Weiterzucht bestimmten Tiere | 220 Eier |
| Selektionsdifferential SD = | 20 Eier |
| Durchschnittsleistung der Nachkommen | 203 Eier |
| Selektionserfolg (Differenz zur Ausgangspopulation) SE = | 3 Eier |

$$h^2 = \frac{SE}{SD} = \frac{3}{20} = 0{,}15$$

In der Populationsgenetik wird noch unterschieden zwischen der $h^2$ im engeren Sinn, wenn nur die additive Genwirkung berücksichtigt wird, und der $h^2$ im weiteren Sinne, wenn auch andere Genwirkungen einbezogen werden. Da viele Möglichkeiten der genetischen Wirkungen vorhanden sind und speziell die summierenden oder additiven Effekte (Ga) bei den quantitativen Eigenschaften auftreten, kann man diese allein berücksichtigen oder aber auch die anderen einbeziehen, nämlich vor allem die Dominanz (Do) und die Epistase (Ep). Man kann dann, wenn der Populationsdurchschnitt = $\mu$ beträgt, die Formel 1 umändern in

$$P = \mu + Ga + Do + Ep + U \quad (4).$$

Im Zusammenhang mit der Heritabilitätsschätzung interessiert also, welche Heritabilität gemeint und auch wie sie ermittelt wurde, weil nicht alle Methoden zum selben Ziel führen. Wichtig ist, daß die Heritabilität grundsätzlich nur für die zur Verfügung stehende Population Gültigkeit hat. In einer anderen Population kann sie aufgrund der dort herrschenden Verwandtschaftsverhältnisse oder Umwelteinflüsse eine andere Größenordnung besitzen. Jegliche Änderung der Genzusammensetzung sowie jede Änderung der Umwelt verändert auch die Heritabilität.

Heritabilitätsziffern umfassen die Skala von 0 bis 1. $h^2 = 1$ besitzen die qualitativen Merkmale, die durch die Umwelt nicht zu verändern sind. Dagegen kommen Eigenschaften mit $h^2 = 0$ nur durch die Umwelt zustande. Die meisten, uns interessierenden Merkmale liegen dazwischen. Man spricht von hohen

($h^2$ über 0,5), mittleren ($h^2$ 0,25–0,5) und niedrigen ($h^2$ unter 0,25) Heritabilitäten und kann einige bekannte Merkmale wie folgt in die Gruppen einordnen:

hohe Heritabilität = Eigewicht, einige Körpermaße, einige Qualitätsmerkmale
mittlere Heritabilität = Körpergewicht, einige Körpermaße
niedrige Heritabilität = Legeleistung, Fruchtbarkeit, Vitalität.

In Anlehnung an das Beispiel für die Heritabilitätsschätzung kann hier das unterschiedliche $h^2$-Niveau aus der Berechnung von Selektionsdifferential und Selektionserfolg für die beiden Merkmale Eizahl und Körpergewicht gegeben werden.

| Niedrige Heritabilität<br>Eizahl (St) | | Mittlere Heritabilität<br>Körpergewicht (g) |
|---|---|---|
| 200 | Durchschnitt der Ausgangslinie | 2000 |
| 220 | Durchschnitt der Zuchtlinie | 2200 |
| 20 | SD = Selektionsdifferential | 200 |
| 203 | Durchschnittsleistung der Nachkommen | 2100 |
| 3 | SE = Selektionserfolg | 100 |
| $\frac{3}{20} = 0{,}15$ | $h^2 = \frac{SE}{SD}$ | $\frac{100}{200} = 0{,}50$ |

## 2.3 Zuchtwert

Bei der Züchtung interessiert es sehr, welche Leistung man von der Nachkommenschaft bestimmter Zuchttiere erwarten kann. Dieser Erwartungswert für die Leistung der Nachkommen wird der Zuchtwert eines Tieres genannt. Er

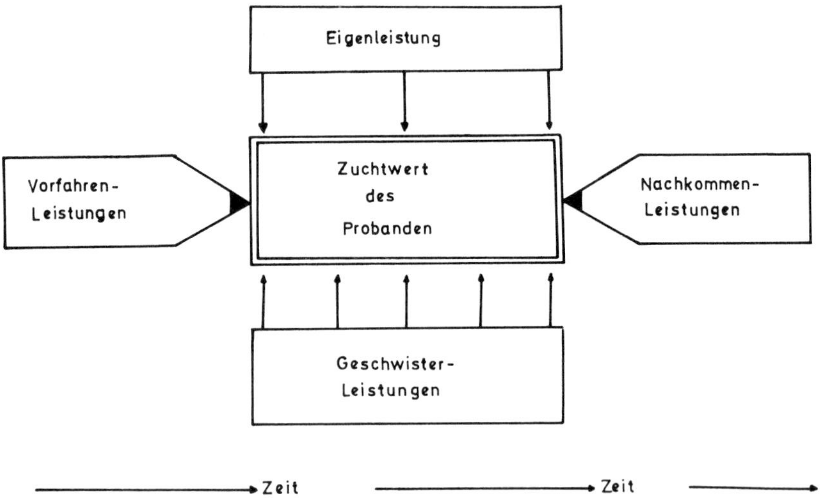


Abb. 30. Informationsquellen zur Bestimmung des Zuchtwertes.

kann sich auf ein einziges oder mehrere Merkmale beziehen, je nachdem, wie die Zuchtwertschätzung vorgenommen wurde. Man kann ferner innerhalb der gleichen Linien anpaaren, dann werden nur die additiv wirkenden Erbfaktoren berücksichtigt, und man spricht vom allgemeinen Zuchtwert, oder man kann spezielle Kreuzungen vornehmen, also die Leistungsveranlagung von bestimmten Anpaarungen abhängig machen, dann spricht man vom speziellen Zuchtwert.

Wichtig für eine Zuchtwertschätzung ist die sog. Eigenleistung oder aber die Informationsdaten, die man entweder von den Vorfahren, den Voll- und Halbgeschwistern oder den Nachkommen erhalten kann. Will man den Zuchtwert eines Hahnes für die Legeleistung angeben, muß man auf die genannten Informationsquellen zurückgreifen.

Im Vergleich zu den übrigen landwirtschaftlichen Nutztieren kann man bei den Hühnern eine sehr zuverlässige Zuchtwertschätzung vornehmen, weil die Generationsfolge relativ häufig ist und ein Hahn an mehrere Hennen gepaart wird, damit also Vollgeschwister- (VG) und Halbgeschwister- (HG) Leistungen vorliegen und ebenso solche von Nachkommen (Tö = Töchter).

Tab. 9. Genauigkeitswerte für die Zuchtwertschätzung

| Informationsquelle | Mittlere Heritabilität $h^2 = 0,3$ | | Hohe Heritabilität $h^2 = 0,7$ | |
|---|---|---|---|---|
| | absolut | relativ | absolut | relativ |
| Eigenleistung | 0,30 | 100 | 0,70 | 100 |
| M | 0,08 | 25 | 0,18 | 25 |
| MM oder VM | 0,02 | 6 | 0,04 | 6 |
| MM + VM | 0,04 | 12 | 0,09 | 12 |
| M + MM + VM | 0,10 | 33 | 0,22 | 32 |
| M + V + 10 Tö. | 0,19 | 62 | 0,34 | 49 |
| M + V + 20 Tö. | 0,23 | 77 | 0,37 | 54 |
| 1 VG | 0,08 | 25 | 0,18 | 25 |
| 2 VG | 0,13 | 44 | 0,26 | 37 |
| 4 VG | 0,21 | 69 | 0,34 | 49 |
| 1 HG (v. s.) | 0,02 | 6 | 0,04 | 6 |
| 10 HG (v. s.) | 0,11 | 37 | 0,17 | 24 |
| 40 HG (v. s.) | 0,19 | 64 | 0,22 | 32 |
| 1 VG + 20 HG (v. s.) | 0,19 | 64 | 0,27 | 39 |
| 2 VG + 20 HG (v. s.) | 0,22 | 74 | 0,32 | 46 |
| 1 To. | 0,08 | 25 | 0,18 | 25 |
| 10 Tö. | 0,45 | 149 | 0,68 | 97 |
| 50 Tö. | 0,80 | 267 | 0,91 | 131 |
| 1 To.-Mu.-P | 0,08 | 26 | 0,20 | 28 |
| 5 Tö.-Mü.-P | 0,29 | 96 | 0,55 | 79 |
| 10 Tö.-Mü.-P | 0,45 | 151 | 0,71 | 102 |
| 50 Tö.-Mü.-P | 0,81 | 269 | 0,93 | 132 |
| 100 Tö.-Mü.-P | 0,89 | 298 | 0,96 | 137 |

Erklärung der Abkürzungen:
M = Mutter MM = Mutters Mutter VM = Vaters Mutter Tö = Töchter
VG = Vollgeschwister HG = Halbgeschwister v. s. = väterlicherseits
Tö.-Mü.-P = Töchter-Mütter-Paare

Nun könnten sich aus der Fülle der Daten fragwürdige Situationen ergeben bzw. divergierende Ansichten über Vorfahren- und Nachkommenleistungen. Für solche Fälle ist gesorgt. Es sind im Laufe der Zeit sog. Genauigkeitswerte für die Zuchtwertschätzung errechnet worden, die alle Möglichkeiten berücksichtigen. Wichtig ist auch hier wieder die Heritabilität. Bei hohen Heritabilitäten können als Ersatz schwerlich die Daten verwandter Tiere herangezogen werden, nur Nachkommenleistungen können dann eine gute Information bringen. Bei Merkmalen mit niedriger Heritabilität dagegen sind Geschwister- und Nachkommenleistungen sehr informativ für die Zuchtwertschätzung. Vorfahrenleistungen haben nur in Verbindung mit deren Nachkommen eine gewissen Aussagewert. Es wird daher gern mit Mütter-Töchter-Paaren gearbeitet.

Da es unmöglich ist, alle Genauigkeitswerte für die Zuchtwertschätzung hier aufzulisten, soll ein kleiner Extrakt für mittlere und höhere Heritabilitäten in Tab. 9 wiedergegeben werden.

## 2.4 Selektion

Züchten heißt die Schaffung von Tieren mit einem gewünschten Reaktionsvermögen auf eine bestimmte Umwelt. Die Realisierung ist möglich, indem man unter Berücksichtigung der Vererbungsgesetze die Hilfsmittel der Züchtung, nämlich die Selektion, die Kombination und die Paarungsverfahren, richtig einsetzt. Der Selektion (= Auslese oder Zuchtwahl) kommt dabei eine zentrale Bedeutung zu. So wie in der Natur nur bestimmte Tiere aufgrund der vorhandenen Umweltbedingungen sich weiter vermehren und der natürlichen Selektion standhalten, so greift bei landwirtschaftlichen Nutztieren der Züchter ein und lenkt die „künstliche Selektion" nach seinen Vorstellungen. Er hat einen Selektionserfolg (SE) zu verzeichnen, wenn das entsprechende Merkmal in Richtung auf das Zuchtziel verbessert wurde.

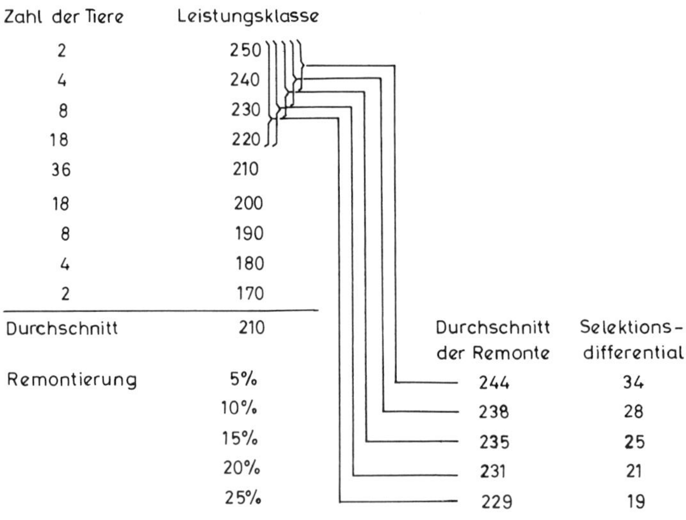


Abb. 31. Beispiel für die Auswirkung unterschiedlicher Selektionsschärfen (i); Erklärung im Text.

Der Selektionserfolg (SE) ist abhängig von
- der Genauigkeit der Zuchtwertschätzung $r_{GI}$
- der Streuung des Merkmals $\sigma_G$
- der Selektionsintensität i

Mathematisch ausgedrückt handelt es sich hier um das Produkt

$$SE = r_{GI} \times \sigma_G \times i.$$

Wenn einer der Faktoren 0 wird, ist der Selektionserfolg ebenfalls Null. Daher sind sowohl bei der Zuchtwertschätzung wie bei den anderen Faktoren optimale Werte anzustreben.

Über die Zuchtwertschätzung wurde schon gesprochen. Entsprechend der Merkmalsausprägung und dem Aufbau der Population müssen möglichst alle zur Verbesserung des Zuchtwertes dienenden Informationswerte benutzt werden.

Die Streuung des Merkmals ist besonders wichtig. Wenn sich bei den Tieren keine Differenzierung im Hinblick auf das gesuchte Merkmal ergibt, kann überhaupt nicht selektiert werden.

Schließlich ist die Selektionsschärfe einer der ausschlaggebenden Faktoren. Bei ihr ist es wichtig, möglichst nur wenige, in bezug auf das Merkmal sehr leistungsfähige Tiere als Zuchttiere zu behalten. Ein Beispiel liefert die Abb. 31 mit einer Gruppe von 100 Tieren und einer Durchschnittsleistung von 200 Eiern. Dort würde eine Selektionsschärfe von 5 %, d. h. die Auswahl der 5 besten Tiere, ein Selektionsdifferential zum allgemeinen Durchschnitt von 34 Eiern zur Folge haben. Ist man dagegen genötigt, 10 %, 15 % oder 20 % der besten Tiere als Zuchttiere zu übernehmen, sinkt das Selektionsdifferential auf 28 bzw. 21 Eier und reduziert damit den Selektionserfolg.

Die Selektionsschärfe, auch Remontierung genannt, ist bei Hühnern verhältnismäßig groß. In einer Linie mit 20 Stämmen à 1 : 15 Tieren erbringen diese 20 Hähne und 300 Hennen durchschnittlich eine Nachkommenschaft von 3000 Küken, bzw. 1500 Hähne und 1500 Hennen. Das ist eine Remontierung von 1,6 % beim männlichen und eine von 10 % beim weiblichen Geschlecht. Vergleichsweise dazu liegen die Remontierungsquoten bei Schweinen im Durchschnitt bei 10–15 % und bei Rindern bei 50–65 %.

Ein weiterer Vorteil in der Geflügelzucht besteht in der Möglichkeit, Kurzteste durchzuführen. Statt nach der Aufzucht ein volles oder 1,5 Legejahre abzuwarten und damit erst nach 2 Jahren die Selektion vornehmen zu können, sind sog. Kurzleistungen in das Selektionsintervall aufzunehmen oder die Selektionshäufigkeit zu erhöhen. Wenn man 150 Tage Kükenaufzucht und dann 150–200 Tage die Eierleistung der Legetiere kontrolliert, also bis zum 300. bzw. 350. Lebenstag, kann man jährlich eine Selektion vornehmen. Der Selektionserfolg wird dann abhängig sein von der Genauigkeit des Kurztestes im Hinblick auf den Langtest. Der Faktor der Verdoppelung muß jedoch mit dem der Korrelation zwischen Kurz- und Langtest multipliziert werden. Bei der Legeleistung haben bisherige Ergebnisse einen Wert von etwa 0,7 für diese Korrelation erbracht, beim Eigewicht den Wert 0,9, so daß der Zuchterfolg des Kurztestes gegenüber dem Langtest für die Legeleistung $2 \times 0{,}7 = 1{,}4$ und für das Eigewicht $2 \times 0{,}9 = 1{,}8$ beträgt.

Will man bei der Selektion auf mehrere Merkmale gleichzeitig selektieren, muß man mit geringeren Zuchterfolgen pro Merkmal rechnen. Man muß ferner die Heritabilität jedes Merkmals kennen und sie entsprechend berücksichtigen, da sonst das Merkmal mit der hohen $h^2$ schnellere Zuchtfortschritte macht. Schließlich ist die Beziehung unter den Merkmalen zu prüfen, weil es nicht selten negative genetische Korrelationen gibt, die ein gleichzeitiges Verbessern bestimmter Merkmale ausschließen. So sind z. B. Legeleistung und Eigewicht oder Legeleistung und Körpergewicht oder Eigewicht und Schalenstabilität jeweils negativ miteinander korreliert, so daß zu ihrer gleichzeitigen Verbesserung andere Wege eingeschlagen werden müssen. Negative Korrelationen lassen sich nicht „durchbrechen", wie es manchmal vereinfacht heißt, vielmehr muß hier die Kreuzungszucht helfen und durch Anpaarung zwischen bestimmten Linien, bei denen die entsprechenden Merkmale besonders günstig ausgeprägt sind, die gewünschten Zuchtprodukte liefern.

Als Methode für die Selektion auf mehrere Merkmale kommen in Frage:

1. Die Tandem-Selektion, die abwechselnd das eine, dann das andere Merkmal berücksichtigt. So kann z. B. im ersten Jahr auf Legeleistung, im zweiten auf Eigewicht selektiert werden.
2. Die Selektion mit unabhängigen Selektionsgrenzen, die eine bestimmte Höhe für ein Merkmal festsetzt und dann nach dem anderen selektiert. So können z. B. für das Eigewicht grundsätzlich 60 g verlangt und nur Hennen mit solchen Gewichtsdaten zur Selektion auf Legeleistung zugelassen werden.
3. Die Selektion mit abhängigen Selektionsgrenzen, die alle Merkmale vereinigt und gewichtet und bei der Tiere mit unterschiedlicher Veranlagung zum Gesamtbestand beitragen können. Diese Selektion wird auch Indexselektion genannt und heute in der praktischen Aufzucht weitgehend angewendet.

Ein Selektionsindex vereinigt alle gewünschten Leistungsdaten, nachdem die einzelnen vergleichbar gemacht, z. B. durch Relativwerte, und ihre Heritabilitäten berücksichtigt wurden. Schließlich werden noch Faktoren für die wirtschaftliche Bedeutung der Merkmale eingeführt, die in der Wirtschaftsgeflügelzucht unbedingt angebracht erscheinen. Hier greift der Züchter in aktuelle Geschehnisse ein, die sich evtl. verändern können, die aber gegenwärtig die Wirtschaftlichkeit seiner Bestände bestimmen.

Die Faktoren für die wirtschaftliche Bedeutung lassen sich ableiten aus Leistungsprüfungsergebnissen mit aufgeschlüsselten Leistungsdaten. Wenn man diese Kriterien mit einem geldlichen Abschlußwert (Wirtschaftswert, Rohertrag, Rohüberschuß oder Arbeitseinheit) in Korrelation setzt, hat man einen Hinweis für die wirtschaftliche Bedeutung des Merkmals.

Um die praktische Errechnung eines Selektionsindex vorzuführen, wurden in Tab. 10 von 8 Tieren bzw. Stämmen die Leistung für Eizahl, Eigewicht und Schalenstabilität aufgelistet (Spalte der abs. Zahlen). Um diese Merkmale in der Dimension (Stück, Gramm und $kg/cm^2$) vereinigen zu können, wurden sie auf den Durchschnitt der Gesamtherde (= 100) relativiert (oberste Ziffer der rel. Spalte). Danach sind die unterschiedlichen Heritabilitäten berücksichtigt worden, die für die Eizahl in diesem Beispiel mit 0,2, für das Eigewicht mit 0,6 und für die Bruchfestigkeit mit 0,4 angenommen wurden. Also mußten die Daten mit 3 bzw. 1 bzw. mit 2 multipliziert werden (mittlere Ziffer der rel.-Spalte). Schließlich ist aufgrund der wirtschaftlichen Bedeutung der Eizahl gegenüber dem Eigewicht und der Bruchfestigkeit im Verhältnis von 1 : 0,5 : 0,1 eine weitere Abstufung erfolgt (unterste Ziffer der rel.-Spalte). Erst diese Daten können dann addiert und zum Selektionsindex (SI) vereinigt werden. Es läßt sich leicht ablesen, daß unter den angenommenen und oben beschriebenen Voraussetzungen das Tier bzw. der Stamm E vor D und F wegen seines hohen Selektionsindexes für die Nachzucht zu bevorzugen ist.

Tab. 10. Beispiel für die Entwicklung eines Selektionsindex (SI)

| Merkmal | Eizahl | | Eigewicht | | Bruchfestigkeit | | Ergebnis | |
|---|---|---|---|---|---|---|---|---|
| Mittelwert | 240 Stück | | 60 g | | 3,0 kg/cm² | | | |
| Heritabilität | 0,20 | | 0,60 | | 0,40 | | | |
| Wirtsch. Bedeut. | 1 | | 0,5 | | 0,1 | | SI | Rang |
| Tier bzw. Stamm | abs. | rel. | abs. | rel. | abs. | rel. | | |
| A | 240 | 100 | 60 | 100 | 3,0 | 100 | | |
| | | 300 | | 100 | | 200 | | |
| | | 300 | | 50 | | 20 | 370 | V |
| B | 228 | 95 | 54 | 90 | 3,3 | 110 | | |
| | | 285 | | 90 | | 220 | | |
| | | 285 | | 45 | | 22 | 352 | VII |
| C | 216 | 90 | 57 | 95 | 3,6 | 120 | | |
| | | 270 | | 95 | | 240 | | |
| | | 270 | | 47 | | 24 | 341 | VIII |
| D | 252 | 105 | 66 | 110 | 2,4 | 80 | | |
| | | 315 | | 110 | | 160 | | |
| | | 315 | | 55 | | 16 | 386 | II |
| E | 264 | 110 | 63 | 105 | 2,7 | 90 | | |
| | | 330 | | 105 | | 180 | | |
| | | 330 | | 52 | | 18 | 400 | I |
| F | 240 | 100 | 66 | 110 | 2,7 | 90 | | |
| | | 300 | | 110 | | 180 | | |
| | | 300 | | 55 | | 18 | 373 | III |
| G | 240 | 100 | 54 | 90 | 3,6 | 120 | | |
| | | 300 | | 90 | | 240 | | |
| | | 300 | | 45 | | 24 | 369 | VI |
| H | 240 | 100 | 63 | 105 | 3,0 | 100 | | |
| | | 300 | | 105 | | 200 | | |
| | | 300 | | 52 | | 20 | 372 | IV |

# 3 Zuchtmethoden

## 3.1 Inzucht

Unter Inzucht versteht man die Paarung von Individuen, die enger miteinander verwandt sind als die Individuen einer Population im Durchschnitt. Man hat früher noch von Inzestzucht gesprochen, wenn Mütter mit Söhnen, Väter mit Töchtern oder Geschwister untereinander gepaart wurden. Heute ist wichtig der

Inzuchtgrad, das ist die allgemeine Bezeichnung für die Stärke der Inzucht, die mit dem Inzuchtkoeffizienten ausgedrückt wird. Dabei werden mit Hilfe einer Formel die gemeinsamen Vorfahren berechnet. In einer Linie von 20 Hähnen und 300 Hennen, der kein „fremdes Blut“ zugeführt wird, kann man pro Generation nur mit einer Inzuchterhöhung von 2/3 % rechnen. In dieser Größenordnung ist die Inzuchtzunahme in der Linienzucht zu vernachlässigen, und es braucht mit keinen Inzuchtdepressionen gerechnet zu werden. Inzucht erhöht die Homozygotie, und es werden rezessive Gene oder unerwünschte Merkmale eher sichtbar. Die Inzucht beeinflußt besonders die Merkmale mit niedriger Heritabilität.

In einem langjährigen Zuchtversuch mit mehreren Linien wurden Inzuchtkoeffizienten von 0,6–0,7 erreicht. Der Rückgang der Leistungen betrug trotz Selektion auf die wirtschaftlich wichtigen Merkmale bei

| | | | |
|---|---|---|---|
| Schlupffähigkeit | 7,1 % | Eigewicht | 0,4 % |
| Legeleistung | 17,1 % | Körpergewicht | 1,3 % |
| Kükensterblichkeit | 20,8 % | Geschlechtsreife | 6,5 %. |

Dieses typische Verhalten der Merkmale im Hinblick auf ihre genetische Veranlagung läßt folgende Schlußfolgerung zu:

Merkmale mit hoher Heritabilität sind verhältnismäßig inzuchtstabil, bringen schnelle Selektionserfolge (man kann Einzelselektion vornehmen) und zeigen wenig Veränderungen nach Kreuzungen.

Merkmale mit niedrigen Heritabilitäten sind inzuchtanfällig, bringen langsame Selektionserfolge (man muß Familienselektion durchführen) und zeigen hohe Heterosiswirkungen (Kreuzungseffekte).

Inzuchtlinien wurden entwickelt, um möglichst homogenes Tiermaterial zu schaffen, sie waren die Ausgangslinien für die ersten Hybridversuche bei Hühnern. In der Rassegeflügelzucht werden oftmals Inzuchtteste durchgeführt, um bestimmte Tiere nach rezessiven Genen zu überprüfen.

Heute ist man weitgehend davon abgekommen, da bei Inzuchtlinien oftmals auch Geneinengungen erfolgen und das Reaktionsvermögen bzw. die Anpassungsfähigkeit solcher Linien bei Kreuzungsversuchen begrenzt ist.

## 3.2 Reinzucht

Reinzucht wird betrieben, wenn man nur Tiere innerhalb einer Population paart. Die Population kann eine Rasse, wird aber in den meisten Fällen eine Linie sein. Zwei Linien einer Rasse, die nicht mehr miteinander gepaart wurden und die durch unterschiedliche Zuchtziele auf verschiedene Merkmale selektiert wurden, sind genetisch zwei Populationen. Sie können allenfalls zur „Blutauffrischung“ herangezogen werden. Wenn man sie systematisch kreuzt, handelt es sich nicht mehr um eine Reinzucht.

Über die Größenordnung einer Linie (ca. 20 Stämme) ist bereits gesprochen worden. Wenn innerhalb dieser Zuchteinheit selektiert und Inzucht möglichst ausgeschaltet wird, spricht man von Linienzucht oder Reinzucht. Bei leichten Rassen setzt man die Stämme mit 12–15 Hennen zusammen, bei mittleren und schweren Rassen mit 1 : 10–12. Die genetische Zusammensetzung eines Stammes sollte dem Durchschnitt der gesamten Herde entsprechen. Das kann man gewährleisten, indem man bei einer neuen Stammzusammenstellung die Töchter einer selektierten Henne gleichmäßig auf alle Stämme verteilt und bei der Zuteilung der Hähne Verwandtschaften tunlichst vermeidet.

Die Züchter helfen sich bei der Markierung ihrer Tiere sehr einfach damit, daß sie eine mehrstellige Ziffer – eine Familiennummer – verwenden, bei der Jahr oder Generation sowie Stamm bzw. Vater- und Mutterhenne genau zu erkennen sind. Jedes Küken, das z. B. die Zahl 6 08 12 trägt, stammt von der 12. Henne im Stamm 8 vom Jahrgang (7)6.

Sog. Mutterlinien zu bilden, ist problematisch, weil man durch eine Zusammenstellung von Stämmen mit verwandten Tieren (Großmutter, Mutter, Tochter) genetisch besondere Blocks innerhalb der Linien, also keine Linien schafft.

## 3.3 Kreuzungszucht

Nach den Erfolgen der Hybridenzucht im Pflanzenbau, vornehmlich beim Mais, ist dasselbe Zuchtverfahren bei Tieren erstmalig mit Hühnern ausprobiert worden, und zwar mit überwältigendem Erfolg. Wenn heute Leistungsvergleiche der letzten 20 Jahre gegenübergestellt werden, so kann man bedeutende Einwirkungen der verbesserten Umwelt und vor allem der Fütterung nicht negieren. Ganz deutlich aber erfolgte ein Leistungssprung in den frühen 60er Jahren, als die ersten Hybridhühner in die Legeherden aufgenommen wurden. Wie bereits mehrmals erwähnt, sind es vor allem die Merkmale mit niedriger Heritabilität, auf die sich der Heterosiseffekt oder Kreuzungserfolg bevorzugt auswirkt. Daher waren es Legeleistung, Fruchtbarkeit und Vitalität, die am meisten durch die Hybridisation verbessert wurden.

Theoretisch ist die Heterosiswirkung noch nicht völlig geklärt. Man nimmt an, daß besonders viele dominante Gene zusammenwirken bzw. bei bestimmten Heterozygoten eine Überdominanz auftritt. Praktisch übertreffen die Kreuzungsprodukte die Leistungen der Elterntiere. Dieser Effekt ist auf die $F_1$-Generation beschränkt und nicht fixierbar. Die Weiterzucht mit Kreuzungstieren führt nicht wieder zu deren Leistungsniveau, daher muß in der Linienzucht auf die entsprechenden Merkmale selektiert und immer wieder von neuem das gewünschte Endprodukt durch Kreuzung der Ausgangslinien hergestellt werden.

Die Auswahl der passenden Linien ist sehr aufwendig, daher hat sich die eigentliche Zucht in der Wirtschaftsgeflügelhaltung immer mehr von den Einzelzüchtern auf Zuchtgemeinschaften bzw. Konzerne verlagert. Die schwierigen Zwischenstufen der Passerpaarungen und Testung der geeigneten Kreuzungen verlangt spezielle Prüfungsherden, die von keinem Einzelzüchter unterhalten werden können. Vorschläge entsprechender zentraler Prüfungshöfe wurden den Beteiligten schon frühzeitig unterbreitet. Die Realisierung blieb aus, weil dazu eine straffe Organisationsform einschließlich gemeinsamer Finanzierung nötig war. Es kam, jedenfalls in der BRD, zu keiner Einigung. Nur regionale Zuchtringe hielten sich noch einige Jahre. Der Grund für die Resignation mag auch daran gelegen haben, daß Einzelzüchter durch das Eingreifen der Genetiker und ihrer Computer abgelöst und immer mehr zu Vermehrern degradiert wurden.

Durch die Übernahme der Zucht von seiten gewerblicher Vereinigungen sind auch die Zuchtverfahren weitgehend als Betriebsgeheimnis gehütet worden. Die heute mit besonderen Namen angeführten Herkünfte (Babcock, Euribrid, HNL (Nick-Chick), Ross, Shaver, Tetra) sind Firmenbezeichnungen, die kaum noch etwas mit dem Zuchtverfahren zu tun haben, die aber alle als Rasse weiße Leghornhennen mit ihren Hybriden anbieten. Einige Heterosis-Zuchtverfahren sind durch Institutsversuche überprüft und publiziert und wie folgt bekannt geworden.

*1. Inzuchtlinien-Kreuzung*

Aus einer oder mehreren Populationen werden verschiedene Inzuchtlinien erstellt (4–5 Generationen) und dann auf Passereignung geprüft. Die vier besten Linien werden in einer Einfachkreuzung (Single Cross) und dann in einer Doppelkreuzung (Double Cross) zum Endprodukt vereinigt. Dieses System entspricht der klassischen Maishybridenzüchtung, wurde anfangs häufig bei Hühnern angewendet, ist aber wegen der großen Inzuchtverluste dem nächsten Verfahren, der Linienkreuzung, gewichen.

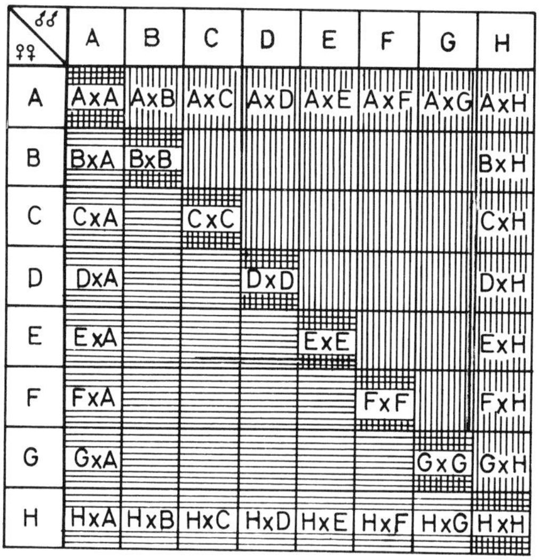


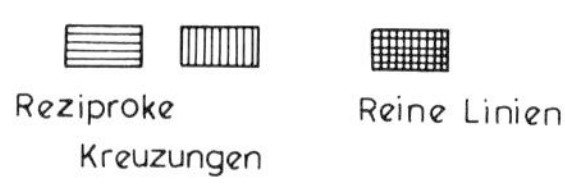


Abb. 32. Kombinationsquadrat für Linienkreuzungen.

*2. Linienkreuzung*

Viele Linien werden zur Passerpaarung aufgestellt und ihre Kreuzungseignung getestet. Wieviel zum Endprodukt vereinigt werden, hängt von der Größe des Heterosiseffekts ab. Bei der Passerpaarung sollte man gemäß dem in Abb. 32 gezeigten Kombinationsquadrat alle Möglichkeiten testen. Z. B. ist die Kreuzung B × D nicht gleich der Kreuzung D × B, weil sich hier geschlechtsgebundene Einflüsse unterschiedlich auswirken können. Die reinen Linien B × B und D × D sollten ebenfalls überprüft werden, da bei jedem Test eine Kontrollgruppe (nämlich die reinen Linien selbst) vorhanden sein sollte. Als Ergebnis können von allen Kreuzungen wenige besonders überragend gefunden werden. Es können sich auch Linien in Reinzucht durchsetzen oder Eignung für besondere Merkmale zeigen (z.B. Eigewicht) oder sich, wie bereits erwähnt, als Vater- oder Mutterlinien bewähren.

In einem großen Zuchtbetrieb wird aufgrund dieser Erfahrung manche Linie als Reservoir für bestimmte Eigenschaften erhalten, die bei Bedarf eingekreuzt wird (im Züchterjargon leider als „Synthetische Linie“ bezeichnet).

*3. Wiederholte Selektion auf Passereignung*

Dieser Ausdruck ist eine Anlehnung an das Amerikanische. Die dort üblicherweise gebrauchte Bezeichnung „Reziprocal Recurrent Selection“ (R. R. S.) kann man leider nur mangelhaft übersetzen. Das Zuchtverfahren beruht darauf, daß man zwei Linien auf gegenseitige Passereignung züchtet, indem man Kreuzungsteste vornimmt, d. h. beide Linien getrennt als Vater und Mutter benutzt, also reziprok kreuzt, und dann aufgrund der besten Nachkommensleistungen (also recurrent = rückläufig) die Väter der einen und die Mütter der anderen Kreuzung, die beide zur selben Linie gehören, zur Weiterzucht der reinen Linien benutzt. Wenn man dieses Verfahren mehrere Male wiederholt, züchtet man beide Linien auf gegenseitige Passereignung (s. Abb. 33).

Die Methode kann man als elegant bezeichnen, weil sie den Heterosiseffekt ausnutzt, dabei aber auf das vorhandene Zuchtmaterial, d. h. nur auf zwei Linien, zurückgreift. In diesem Umfang hätten mehrere Züchter ein Hybridhuhn herstellen können. Leider ist das Verfahren verhältnismäßig spät bekannt ge-

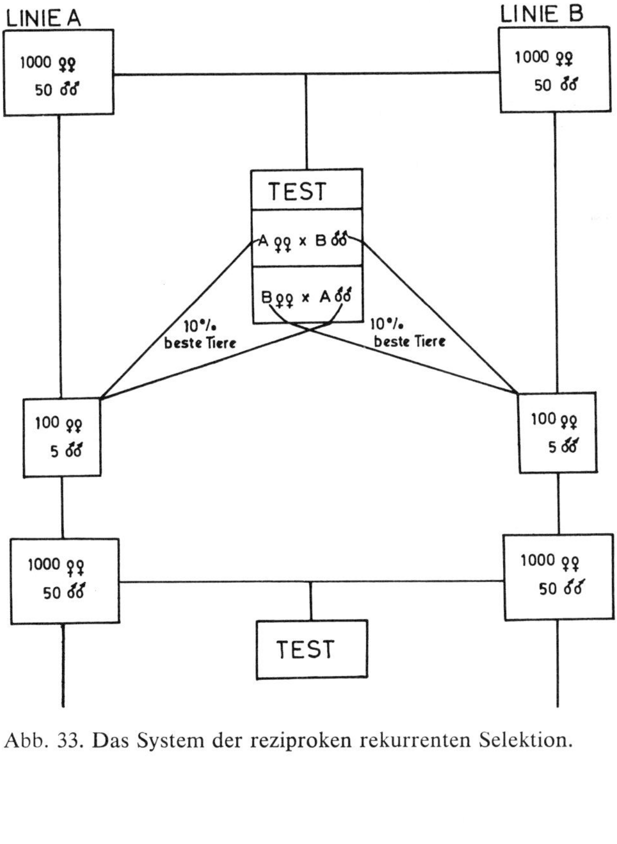


Abb. 33. Das System der reziproken rekurrenten Selektion.

worden. Auch ist das Halten der Elterntiere mitunter sehr aufwendig und riskant. In der Mast hat man das R. R. S.-Verfahren auf ein R. S.-Verfahren reduziert, weil man hier nicht reziprok, sondern nur einfach kreuzt, die Vaterlinie immer auf hohes Wachstum selektiert und als Passer nur Mütter anpaart, die ihrerseits hohe Legeleistungen erbringen. Auch die viel besprochene Dreiwegekreuzung in der Mast ist eine Abart davon. Ihrer großen Bedeutung wegen soll sie anschließend behandelt werden.

*4. Dreiwegekreuzung in der Mast*

Sowohl in der Hühner- wie in der Putenmast hat sich seit langem die Dreiwegekreuzung durchgesetzt. Sie beruht darauf, die negative genetische Korrelation zwischen Lege- und Mastleistung zu umgehen. Man braucht eine hohe Legeleistung bei den weiblichen Tieren zur Sicherstellung einer großen Nachkommenschaft. Also kreuzt man zwei frohwüchsige Rassen (z. B. Sussex und New Hampshire) miteinander, um durch den Heterosiseffekt ihre Legeleistung zu fördern. An dieses Produkt bzw. an die Töchter dieses Produktes wird dann ein schwerer Masthahn einer extremen Rasse (z. B. Cornish) gekreuzt, der dem daraus entstehenden Broiler, der bekanntlich in beiden Geschlechtern als „Masthähnchen" auf den Markt kommt, die nötige Fleischfülle vererbt.

Interessant ist bei diesem System, daß man bei der Züchtung der Broilermütter den geschlechtsgebundenen Silberfaktor verwendet, also Goldhähne (New Hampshire) mit Silberhennen (Sussex) kreuzt, um sofort die allein interessierenden „goldenen Töchter" zu erkennen. Weiterhin ist auch schon das dw-Gen, der geschlechtsgebundene Zwergfaktor, angewendet worden, um möglichst ein wirtschaftlich nicht zu aufwendiges Zuchtprodukt, also eine kleine, nicht zuviel fressende Broilermutter zu bekommen, aus ihr dann aber wieder eine normale Nachkommenschaft.

**Literatur**

Engelmann, C.: Vererbungsgrundlagen und Zuchtmethoden beim Geflügel. Neumann Verlag, Leipzig 1975.

Gleichauf, R.: Züchtungs- und Vererbungslehre für Geflügelzüchter. Verlag F. Pfenningstorff, Berlin 1972, 4. Aufl.

Regenstein, F.: Vererbung bei Hühnern und Tauben. Oertel und Spörer, Reutlingen 1970.

Scholtyssek, S.: Handbuch der Geflügelproduktion. Verlag E. Ulmer, Stuttgart 1968.

# Gesunderhaltung des Geflügels

## 1 Allgemeiner Teil

### 1.1 Besonderheiten bei Gesundheitsstörungen des Geflügels

Der Gesunderhaltung des Geflügels kommt besondere Bedeutung zu, weil jede genetisch bedingte oder durch Fütterungs- und Haltungsfehler sowie durch Krankheitserreger ausgelöste Gesundheitsstörung stets den Gesamtbestand bedroht und jeden wirtschaftlichen Erfolg in Frage stellt.

Organerkrankungen des Einzeltieres, Mißbildungen wie auch mechanische Einwirkungen durch die Umwelt, Verletzungen, spielen dagegen eine untergeordnete Rolle, weil der Wert des Einzeltieres im Vergleich zum Gesamtbestand in der Regel gering ist. Als Vorteil bietet sich beim Geflügel sogar an, daß Einzeltiere zur gründlichen Untersuchung im Interesse des Gesamtbestandes ohne großen Wertverlust abgegeben werden können. Laboratoriumsmethoden zur Krankheitsermittlung sind daher beim Geflügel, wie bei kaum einem anderen Nutztier, entwickelt und in die Routinearbeit der Institute eingeführt worden.

Zahlreiche Gesundheitsstörungen konzentrieren sich auf die Besonderheiten in Körperbau und Ablauf der Lebensvorgänge des Vogels.

Tab. 11 gibt einen Überblick über die bei den einzelnen Organen des Geflügels besonders häufig anzutreffenden *Gesundheitsstörungen*. Beim Bemühen um eine Krankheitsermittlung ist jedoch wichtig zu beachten, daß die verschiedensten Krankheitsursachen oft gleichartige Krankheitsbilder auslösen, andererseits aber auch bestimmte Faktoren, namentlich Krankheitserreger, von Fall zu Fall ganz unterschiedliche Krankheitsbilder hervorrufen können. Im Hinblick auf den Wert des Gesamtbestandes ist es daher ratsam, bei allen Vorkommnissen, die nicht als typische Einzelerkrankung aufzufassen sind, eine gründliche Laboratoriumsuntersuchung einzuleiten.

Die Notwendigkeit einer umfassenden *Hygiene* in der Geflügelhaltung, d. h. einer Gesundheitspflege im weitesten Sinne, ergibt sich aus Tab. 12.

Drei Ziele sollen erreicht werden:

1. Gesundheit der *Tiere* wegen der Wirtschaftlichkeit der Tierhaltung und wegen des Tierschutzes;
2. Gesundheit des *Menschen* durch Fernhalten der für Menschen gefährlichen Mikroorganismen vom Geflügel und den von ihm stammenden Lebensmitteln sowie durch Vermeiden rückstandbildender Medikamente und Pestizide;
3. *Qualität* der vom Geflügel erzeugten Lebensmittel durch entsprechende Vorkehrungen bei der Produktion sowie durch keimabweisende Bearbeitung und Lagerung dieser Lebensmittel.

Stets zu beachten ist auch die Gefahr, die vom Menschen ausgeht durch eine Keimübertragung vom Menschen auf das Geflügel und dessen Produkte (Zoonosen = vom Tier auf den Menschen übertragbare Krankheiten, Anthropozoonosen = vom Menschen auf das Tier übertragbare Krankheiten).

Tab. 11. Wesentliche Gesundheitsstörungen des Geflügels

| Eigenheiten des Geflügels | Gesundheitsstörungen oder Besonderheiten |
|---|---|
| **Brutei** | |
| mit Lagerungseinflüssen und Transportschäden | embryonaler Frühtod |
| Embryonale Entwicklung im Ei, Amnion, Chorioallantoismembran (CAM), Kalkschale ca. 7500 Poren (luftdurchlässig), Kutikula (Schleimüberzug zum Abhalten von Bakterien) | Infektionen des Eidotters, Kontaminationen der Eischale (auch lebensmittelhygienische Bedeutung): Leukose-Virus, av. Enzephalomyelitis-Virus, CELO-(Adeno-) Virus, Salmonellen (S. pullorum), E. coli, Staphylo-, Streptokokken, Pseudomonas aerug., Mykoplasmen; (inf. Bronchitis, Newcastle Dis., M. tuberculosis av., inf. Lar. trach., REO-Virus; Ornithose bei Enten, Tauben, Puten) |
| Mangelernährung der Elterntiere, Brutfehler (Sauerstoffmangel, zu geringe Feuchtigkeit), Hospitalismus (Bakterienanhäufung) in der Brüterei | ungenügende Schlupffähigkeit, mangelhafte Dottersackresorption, Nabelinfektionen |
| Kunstbrut und isolierte Aufzucht | Abreißen einer gewünschten Infektionskette (subklinische Durchseuchung im Jungtieralter bleibt aus, Ersatz: Impfungen!) |
| **Skelett** | |
| zahnfreier Schnabel, frühe Verknöcherung (auch der sternalen Rippen) | Verdauungsstörungen bei Sandmangel<br>Rachitis bei Küken<br>Perosis (Abrutschen der Gastrocnemiussehne vom Tarsalgelenk), tuberkuloseanfälliges Knochensystem |
| Medullarknochen (östrogenabhängig) = Ca-Reserve (nur 60–75 % des Eischalen-Ca unmittelbar aus Nahrung), Blutkalkspiegel abhängig von Vit. D und Epithelkörperhormon | Osteoporosis (Entkalkungserscheinungen besonders bei Käfighühnern, Eischalen-Kalzifikation hat Vorrang) |
| 2.–5. Brustwirbel verwachsen | Käfiglähme (Bruch in der Regel zwischen 4. und 5. Brustwirbel bei Osteoporosis |
| Brustbeinkamm | Brustblasen (Schleimbeutel!) |
| Zehen | Ballenabszesse |
| offener Beckenboden | Schambeinabstand: Hinweis auf Legetätigkeit |
| **Muskulatur** | |
| feingefaserte, dichte Muskulatur, hellere Flugmuskeln, Sehnen teils verknöchert | bei Beugung des Knie- und Intertarsal-(Sprung-)gelenkes erfolgt Spannung der Zehenbeugesehne (Schlafstellung) |
| hoher Sauerstoffbedarf der Muskulatur | Skelett- und Herzmuskeldegenerationen (zur Regeneration Vit. E, Selen für inneren Stoffwechsel) |
| Zwerchfell rudimentär | Erstickungsgefahr beim Aufeinandersitzen |
| **Eingeweidesystem** | |
| Leibeshöhle ohne Zwerchfell als gemeinsame Körperhöhle für Lungen und Verdauungsorgane | Eileiter-Bauchfellentzündungen im gesamten Bereich der Leibeshöhle |

| Eigenheiten des Geflügels | Gesundheitsstörungen oder Besonderheiten |
|---|---|
| Verdauungsorgane | |
| Nahrungsdurchgang zur Hälfte in 4 bis 5 Stunden, zahnloser Schnabel, Choanenspalte | Parasitenkreislauf bei Bodenhaltung |
| Kropf (Huhn re., Taube paarig) | Kropflähmung, Befall mit Hefen (Soor) |
| Drüsenmagen (Pepsin, Magenlipase) | tumoröse Entartung bei akuter Marekscher Krankheit |
| Muskelmagen | bei Sandmangel: Verstopfung durch Fasermassen und Infektionsgefahr durch verminderte Salzsäurewirkung (Salmonellen) |
| Dünndarm: Duodenum Jejunum (Ileum) | Infektionskrankheiten: Bakterienbefall (z. B. Geflügelcholera), Virusbefall (z. B. Newcastle-Disease), Parasitenbefall: Haarwurm-, Bandwurm-, Spulwurmbefall, Dünndarmkokzidiose (verschiedene Kokzidienarten) |
| 2 Blinddärme (Taube nur Ausstülpungen): zellulosespalt. Bakterienenzyme | Blinddarmkokzidiose, Pfriemenschwänze (Heterakiden) |
| Enddarm und Kloake mit Mündungen der Harn- und Geschlechtsorgane | Kloakenvorfall, Kannibalismus (Teile des Darmes werden nach außen gezogen) |
| Bauchspeicheldrüse: Trypsin, Lipase, Karbohydrasen Insulin | Geschwulstleiden (Adenokarzinom), Kalzium i. d. Nahrung fördert Trypsinausschüttung und damit das Haften der Kokzidien |
| Leber | |
| intensiver Stoffwechsel, funktionelles Blut aus Leberpfortader (kraniale Darmabschnitte) | Leberdegeneration und -dystrophie Fettlebersyndrom durch niederkettige Fettsäuren in Nahrung |
| 2 Gallengänge des re. Lappens zur Gallenblase (fehlt bei Taube) | Krankheitserreger (Salmonellen) häufig in Leber Gallenstauung bei Duodenitis, z. B. durch Haarwurmbefall |
| **Atmungsorgane** | |
| Nasenhöhlen mit Choanenspalte, Infraorbitalhöhle | Geflügelschnupfen Sinusitis (Unteraugenhöhlenentzündung bei Geflügelschnupfen und Mykoplasmose der Puten |
| Rachenraum (Pharynx) | nadelkopfgroße, diphtheroide Stippchen bei der Newcastle-Krankheit |
| Kehlkopf (Larynx) | Pocken-Diphtherie |
| Stimmkopf (Syrinx, am unteren Ende der Luftröhre) | klagende Laute bei Erkrankung der unteren Atemwege |
| Lungen, Luftdurchgang zu 9 Luftsäcken (1 Schlüsselbein-, 2 Hals-, 4 Brust-, 2 Bauchluftsäcke) | bakterien-, mykoplasmen- und virusbedingte Erkrankungen, chronische Erkrankung der Atemwege (CRD) mit fibrinöser Luftsackentzündung Aspergillose (Schimmelpilzkrankheit der Lungen und Luftsäcke); |
| Atemfrequenz ca. 20–30/Min. Körpertemperatur 41,0–41,9° C | Schnabelatmung bei Hitze, Störungen bei Wassermangel |

| Eigenheiten des Geflügels | Gesundheitsstörungen oder Besonderheiten |
|---|---|
| **Harn- und Geschlechtsorgane** | |
| Nieren<br>nutritives Blut aus Arterien, funktionelles aus Nierenpfortader (Venen der kaudalen Darmabschnitte und der Beckengliedmaßen) | Nieren- und Eingeweidegicht (Ablagerungen von Harnsäure und harnsauren Salzen bei Nierenschädigungen und Wassermangel) |
| 2 Hoden im zentralen Schwerpunkt, zugleich Samenreservoir | vereinzelt nur 1 Hoden vorhanden (Monorchie) |
| Eierstock und Eileiter nur links ausgebildet, rechter Eierstock und Eileiter rudimentär (zurückgebildet);<br>schnell wachsende Follikel, li. Eileiter beim Huhn bis 70 cm lang (Ostium-Infundibulum-Magnum-Isthmus-Uterus-Vagina-Kloake)<br>Kalkschalenbildung im Uterusteil des Eileiters | zystöse Entartung: blasenartiges Gebilde rechts an Kloake hängend = rudimentärer rechter Eileiter<br>Blutgefäß- und Follikelzerreißungen (Rupturen), Geschwulstleiden, Infektionen, Eileiterentzündung mit Fibrineinlagerung (Schichteibildung), Eileitervorfall und Kloakenentzündung; Phosphat-Ionenverlust bei Kalkschalenbildung, Folge: Osteoporosis (Eischale vorwiegend aus kohlensaurem Kalk) |
| **Kreislaufsystem** | |
| Herz<br>Frequenz ca. 350/Min.<br>hohes Gewicht, einfacher Aufbau<br>Muskelplatte statt rechter Atrioventrikularklappe, Herzbeutel | Muskeldegenerationen durch Giftstoffe, z. B. von Bakterien (Intoxikationen)<br>bakterienbedingte Entzündungsprozesse<br>fibrinöse Entzündung bei chronischer Erkrankung der Atemwege (CRD) |
| Blutgefäße<br>Kreislauf beim Huhn dauert 5,17 Sek., hoher arterieller Blutdruck; 3 Mill. ♀ bis 3,8 Mill. ♂ Erythrozyten/$mm^3$ | Bakteriämie (Septikämie), Virämie (Newcastle Krankheit, infektiöse Bronchitis);<br>Aortenruptur bei Putenhähnen,<br>hämorrhagisches Syndrom bei infektiöser Bursa-Krankheit, REO-Virusinfektion und Sulfonamid-Vergiftung;<br>Kohlenmonoxid-Vergiftung |
| Lymphgefäße<br>Ductus thoracici doppelt, wenig lymphatisches Gewebe<br>28 000 Leukozyten/$mm^3$,<br>60 % Lymphozyten | Wucherungen der Lymphozyten (weiße Blutkörperchen) in den Organen: Lymphosarkomatose (Leukose), Tumoren bei Marekscher Krankheit |
| Milz<br>kugelig, Taube länglich;<br>im Embryo Erythrozytenbildung, später Blutabbau;<br>Blutfilter, -Speicher, Lymphozytenvermehrung zur Antikörperbildung | Milz vergrößert durch Lymphozytenwucherungen bei Leukose und Marekscher Krankheit;<br>abgestorbene Zellen (Nekroseherde) bei Tuberkulose und anderen Infektionskrankheiten |
| **Endokrines System** | |
| Hypophyse, Schilddrüse (rund, neben unterem Kehlkopf) | Mauser |
| Thymus (neben Luftröhre beim jugendlichen Organismus) | Verkleinerung bei Stress, REO-Virusinfektion und Marekscher Krankheit; |
| Bursa Fabricii (über Kloake bei Jungtieren) | Entzündung bei Bursa-Krankheit (Gumboro-Krankheit) |
| Nebennieren, Zwischenstränge<br>zwischen Marksubstanz (Kortikoide)<br>Marksubstanz (Adrenalin) | Wasserhaushalt, infektionsfördernd bei Streß<br>Durchblutung |

| Eigenheiten des Geflügels | Gesundheitsstörungen oder Besonderheiten |
|---|---|
| Epiphyse | |
| äuß. Epithelkörperchen | Blutkalkspiegel |
| Pankreasinseln (Insulin) | Zuckerstoffwechsel |
| Keimdrüsen | Sekundäre Geschlechtsmerkmale |
| **Nervensystem** | |
| Großhirnsphären ohne Furchen | aviäre Enzephalomyelitis (AE) |
| Kleinhirn groß, mit deutl. „Wurm“ | Enzephalomalazie (toxische Fettsäuren) |
| Chiasma opticum, periphere Nerven | Lymphozyteninfiltrate bei Marekscher Krankheit |
| Sinnesorgane | |
| Gesichtssinn: gut | Panik bei schnellen Bewegungen und |
| Gehör und Gleichgewicht: gut | Geräuschen in der Massentierhaltung |
| Tastsinn mit Tastkörperchen besonders im Schnabel: gut | Auswahl der Nahrung nach Farbe und Korngröße |
| Geschmacksorgane wenig ausgebildet (Zunge verhornt), ausg. Taube | bittere Medikamente werden aufgenommen |
| Geruch: nicht gut! | |
| Äußere Haut | |
| Federkleid mit Deck-, Flaum- und Fadenfedern | Federling- und Vogelmilbenbefall<br>Federpicken bei trocken-warmem Klima |
| Hornscheiden (Schnabel, Krallen, Sporn, „Eizahn“), | überlange Krallen bei alten Käfighühnern |
| außer Bürzel: keine Talgdrüsen; keine Schweißdrüsen | Wärmestau bei Hitze |
| Blutgefäßnetze in Kamm und Kehllappen, | Durchblutung Keimdrüsen-Hormon-abhängig, blauvioletter Kamm bei Septikämien (Fieber); Bläschen und Krusten auf Kamm bei Pocken-Virusinfektion |
| „Brutflecke“ bei brütender Henne | Gefäßerweiterung am Unterbauch |

Tab. 12. Ziele der Hygiene in der Geflügelhaltung

| | |
|---|---|
| 1. **Gesundheit der Tiere:** | |
| Vorteil: | Wirtschaftlichkeit des Betriebes, Tierschutz |
| **Möglichkeiten des Eingreifens** | |
| **Zucht**hygiene | Zur Förderung der genetisch bedingten Widerstandskraft, z. B. gegen Leukose |
| **Haltungs**hygiene | zum Fernhalten von Krankheitserregern durch entsprechende Vorkehrungen bei Standort, Auslauf, Bodenhaltung, Käfighaltung, Massentierhaltung, Futter-, Tränke-, Stalleinrichtung, Klima, Notstrom, Alarmeinrichtung |
| **Fütterungs**hygiene | zur Förderung der Gesundheit durch vollwertige Ernährung mit Vitaminen, Spurenelementen, Mineralsalzen, ausgewogene Eiweiß-Kohlenhydrat-Fett-Verhältnisse, geeigneten Rohfaseranteil, Quarzsand, geeignete Wasserversorgung,<br>durch Vermeiden von Schädlichkeiten (verdorbenes Futter, Pilztoxine, toxische Fettsäuren)<br>zweites Silo, kleine Futtervorräte, Quarzsand beugen Schädlichkeiten vor! |

Gegen **Mikroorganismen** gerichtete Hygiene

**Möglichkeiten des Eingreifens**

Fernhalten von Parasiten, Pilzen, Bakterien, Mykoplasmen und Viren durch Isolierung der Tiere, d. h. durch Vermeiden der

a) **direkten** Übertragung (Rein-Raus-Methode, Bruthygiene)
b) **indirekten** Übertragung durch lebende Überträger oder Zwischenwirte oder durch unbelebte Faktoren wie Staub, Kotteile, Gegenstände, Kleidung;
ordentliche Beseitigung von Kot, toten Tieren und Schlachtabfällen, Desinfektionsmaßnahmen bei Bestandswechsel, Pflege der Tränkanlagen, Kleiderwechsel, Reinigung der Gebrauchsgegenstände, geeignete Abluftführung, Insekten- und Nagerbekämpfung, Vogelgitter

**Unspezifische** Erhöhung der Abwehr:
Vitamin A, Laktobazillen, saure Milch, Training des Abwehrsystems, orale Immunisierung, „Interferonisierung“ gegen Virusinfektionen, medikamentöse Pro- und Metaphylaxe gegen Protozoen, z. B. Kokzidien und Bakterien

**Spezifische** Erhöhung der Abwehr:
Gezielte Medikamentengabe (Kokzidien- oder Wurmmittel); passive und aktive Impfung mit inaktivierten oder lebenden, abgeschwächten Impfviren namentlich gegen Virusinfektionen

2. **Gesundheit des Menschen:**

**Möglichkeiten des Eingreifens**
**Hygiene** bei der Tierhaltung:

**Fernhalten** vom Tier der für den Menschen pathogenen Erreger (**Zoonosen,** z. B. Salmonellose, Rotlauf bei Puten, Tuberkulose, E.-coli-Keime, Listeriose, Ornithose, Newcastle Krankheit) bzw. der Gifte **(Toxine)** der Erreger (Nahrungsmittelvergifter) oder der im Zwischenwirt „Tier“ lebenden Organismen (z. B. Bandwurmfinnen beim Rind, beim Geflügel keine Gefahr für Mensch) oder der **Rückstände** (Medikamente, Pestizide) oder der auf Tieren lebenden **Insekten** (Flöhe, Vogelmilben, Zecken)
**Kontrolle** der lebenden Tiere durch Blut-, Kot-, Nasentupferuntersuchungen, Hautteste (Tuberkulinprobe), Einsendung verendeter Tiere an diagnostische Institute

**Hygiene** bei der Gewinnung der von Tieren stammenden

**Lebensmittel** durch Überwachung der Schlachtung, Fleischuntersuchung
gerichtet gegen Lebensmittelvergifter (Toxinbildner):
Staphylokokken (hitzestabiles Enterotoxin)
Salmonellen (Erkrankung in der Regel nur nach Anreicherung der Keime)
Clostridium perfringes
Clostridium botulinum (selten) in Rauchfleisch!
Bacillus subtilis
Bacillus cereus
Aspergillus flavus (hitzestabiles Aflatoxin)
Fusarien

3. **Qualität der Produkte:**

**Möglichkeiten des Eingreifens:**

Hygiene der Reinlichkeit in der Lebensmittelgewinnung (Produktion, Verarbeitung, Lagerung, Abgabe)

Ei-Hygiene (Käfighaltung wegen sauberer Eigewinnung und schneller Abkühlung vorteilhaft!)

| | |
|---|---|
| | Schlachthygiene, gerichtet gegen Fäulniskeime: Pseudomonas-Keime, Klebsiellen, E. coli, Proteus-Keime, Bacillus mesentericus<br>Pilze<br>Fliegenschmutz<br>Fliegenlarven |

4. **Abhalten der Krankheitskeime des Menschen von den Tieren bzw. den von ihnen gewonnenen Lebensmitteln:**

| | |
|---|---|
| **Möglichkeiten des Eingreifens:** | Überwachung der Menschen (Stuhluntersuchung beim Schlacht- und Verkaufspersonal)<br>Hygiene der Reinlichkeit gegen Übertragung von<br>Salmonellen<br>Shigellen-Ruhr<br>E. coli<br>Diplococcus pneumoniae<br>Staphylokokken<br>REO-Viren<br>Influenza-Parainfluenza<br>Mycobacterium tuberculosis |

## 1.2 Krankheitsursachen

### 1.2.1 Erbmasse – Haltung – Fütterung

Als krankheitsauslösende Faktoren haben beim Geflügel in erster Linie Bedeutung:
*erbbedingte* Krankheitsanfälligkeit einer bestimmten Herkunft, weniger jedoch Erbfehler beim Einzeltier,
*Haltungs-* und *Fütterungs*fehler, im besonderen wegen ihrer einheitlichen Auswirkung auf den Gesamtbestand, sowie die verschiedenen *Krankheitserreger,* die sich in einer geschlossen gehaltenen Geflügelherde besonders schnell ausbreiten können.

Der ungefähr seit dem Jahre 1930 fortschreitende Wandel der Geflügelzuchtmethoden, der Haltung und Fütterung sowie der tierärztlichen Betreuung hat bereits zu erheblichen Leistungssteigerungen geführt.

Durch neuzeitliche *Zuchtmethoden* läßt sich die erbbedingte Krankheitsanfälligkeit unter Kontrolle halten. Die beim Geflügel weit fortgeschrittene *Haltungshygiene* führte in jüngster Zeit namentlich in der Batteriehaltung zu einem starken Rückgang der durch *Krankheitserreger,* vor allem Bakterien und Parasiten, ausgelösen Gesundheitsstörungen. Vor den wesentlichen, leicht übertragbaren Virusinfektionen lassen sich die Tiere weitgehend durch Impfungen schützen. Die *Ernährung* des Geflügels kann durch erprobte und dem Bedarf entsprechend zusammengestellte Fertigfuttermischungen ziemlich sichergestellt werden. Wichtige *erb-, haltungs- und fütterungsbedingte* Gesundheitsstörungen zeigt Tab. 13. Zahlreiche Gesundheitsstörungen kommen jedoch erst durch das Zusammenspiel der erb-, haltungs- und ernährungsbedingten Faktoren mit einem oder mehreren Krankheitserregern zum Durchbruch (Faktorenkrankheiten).

Tab. 13. Erb-, Haltungs- und Fütterungs-bedingte Gesundheitsstörungen

**Erbbedingte Gesundheitsstörungen:**

Mißbildungen (beim Geflügel als Einzelerkrankung bedeutungslos)
Anfälligkeit für bestimmte Krankheiten (bedeutungsvoll, wenn Gegenmaßnahmen, z. B. Impfungen, noch nicht möglich sind wie bei der Leukose)

**Haltungsbedingte Gesundheitsstörungen:**

| Krankheitsbild | gefördert durch |
|---|---|
| Atemnot (Schnabelatmung) und Leistungsabfall | überhöhte Stalltemperatur und Wassermangel |
| Erkrankung der Atemwege | ammoniakhaltige Stalluft |
| Kokzidiosedurchbruch | feuchtwarmes Stallklima (Ausreifen der Kokzidiendauerformen) |
| Federfressen, Kannibalismus | trockenwarmes Stallklima, Sonneneinstrahlung |
| Verletzungen, Ballengeschwülste | fehlerhafte Stalleinrichtung, ausgetrocknete, steinige Ausläufe |
| Herztod bei Broilern | Sauerstoffmangel zusammen mit Stoffwechselstörungen (Vit.-E-Mangel) |
| zu früher Legebeginn | fehlerhaftes Lichtprogramm |
| Mareksche Krankheit trotz Impfung | Frühinfektion bei trockenem Stallklima und mangelhafter Beseitigung des erregerhaltigen Stallstaubes (Luftschächte, Ventilatoren) früherer Aufzuchten |

**Ernährungsbedingte Gesundheitsstörungen:**

| Krankheitsbild | gefördert durch |
|---|---|
| Krankheitsanfälligkeit | Vitaminmangel (Vitamin-A-Mangel und reichliche Kalziumgaben fördern Kokzidiosedurchbruch) |
| Rachitis | Vitamin-D- und Mineralsalzmangel |
| Darmerkrankungen | Ernährungsfehler, hoher Keimgehalt des Futters (mangelhafte Silopflege) |
| Nierenerkrankungen und Leistungsabfall, Blaukammkrankheit | Wassermangel |
| Fettlebersyndrom | Mangel an ungesättigten Fettsäuren (Linolsäure), Cholin- und Eiweißmangel zusammen mit Resorptionsstörungen bei Darmerkrankungen |
| Verdauungsstörungen, Magenverstopfung | fehlendes Quarzsandangebot |
| Entkalkungserscheinungen der Knochen, Käfiglähmung | Mineralsalzmangel (phosphorsaurer Kalk) bei hoher Legeleistung |
| Vergiftungen | gelegentlich nach Aufnahme von phosphorsäure-esterhaltigen Schädlingsbekämpfungsmitteln oder phosphorhaltigem Mäusegift |

Tab. 14. Bedeutungsvolle Krankheitserreger des Geflügels

**Überträger von Erregern:** Vögel, Ratten, Mäuse, Schnecken, Vogelmilben, Fliegen, Käfer, Mensch!

**Parasiten,** Unterbrechung der Übertragungskette durch Anwendung von Desinfektionsmitteln und Insektiziden

| Außenparasiten | durchschnittliche Entwicklungszeit bis zur Eiablage (Präpatenz) |
|---|---|
| Spinnentiere (Arachnida, 4 Beinpaare) | |
| Rote Vogelmilbe (Dermanyssus gallinae) | 7 Tage |
| Kalkbeinmilbe (Knemidocoptes mutans), Hauträudemilben, | 20–26 Tage |
| Luftsackmilben, Bindegewebsmilben, Federmilben, Futtermilben als Futterverderber | lebendgebärend |
| Insekten (Hexapoda, 3 Beinpaare) | |
| Federlinge (Menopa gallinae u. a.) | 3–5 Wochen |
| Hühnerfloh (Ceratophyllus gallinae, columbae) | 17–30 Tage |

| Innenparasiten | | |
|---|---|---|
| Bandwürmer (Cestoden) | | |
| Weniggliedriger Bandwurm (Davainea proglottina) | Schnecke 20–25 Tage, Huhn 12 Tage | |
| Vielgliedriger Bandwurm (Raillietina cesticilla) | Kornkäfer 26–31 Tage, Huhn 16–18 Tage | |
| dünner Bandwurm (Hymenolepis carioca) | Mistkäfer | Huhn 14 Tage |
| Rund- oder Fadenwürmer (Nematoden) | | |
| Spulwürmer (Askariden) | 47–50 Tage | |
| Pfriemenschwänze (Heterakiden) | 27 Tage | |
| Haarwürmer (Capillarien teilweise Regenwurm als Überträger) | 21 Tage | |
| Magenwürmer der Gänse (Amidostomum anseris) | 20–25 Tage | |
| Luftröhrenwurm (Syngamus trachea, bei Fasanen und Wildvögeln, Regenwurm als Überträger) | 18–20 Tage | |
| Einzeller (Protozoen), Bekämpfung im Tier mit Chemotherapeutika | | |
| Sarcomastigophora (geißeltragend) | | |
| Histomonaden der schwarzkopfkranken Puten (Histomonas meleagridis) | (Regenwurm-Stapelwirt) | |
| Trichomonaden der Tauben (Trichomonas gallinae) | (Übertragung mit Kropfmilch) | |
| Hexamiten darmkranker Jungputen (Hexamita meleagridis) | | |
| Sporozoa (sporenbildend) | | |

| Kokzidien (Coccidia), Sporulation 48–72 Stunden | | | Entwicklungszeit bis zur Oozysten-Ausscheidung |
|---|---|---|---|
| Eimeria tenella | Sitz im: | Blinddarm | 6 Tage |
| Eimeria necatrix | | Dünndarm | 6 Tage |
| Eimeria acervulina | | Dünndarm-Anfang | 4 Tage |
| Eimeria brunetti | | Dünndarm-Ende | 5 Tage |
| Eimeria maxima | | Dünndarm | 5 Tage |
| Eimeria mivati | | Dünndarm | 4 Tage |

**Pilze,** Trockenheit hemmt Pilzwachstum im Futter, in Einstreu
Aspergillus fumigatus, Schimmelpilzkrankheit (Aspergillose)
Aspergillus flavus (Pilzgifte, hitzestabile Aflatoxine), in Futtermitteln vorkommend

---

**Bakterien,** Unterbrechung der Übertragungskette durch Desinfektionsmittel, Bekämpfung im Tier mit Chemotherapeutika und Antibiotika
Pseudomonas-Keime, Infektionen bei Küken (Bruthygiene, Schlachthygiene!)
Vibrionen, Leberentzündung bei Hühnern, auch in Puteneiern
Staphylokokken, Eitererreger (Bruthygiene, Schlachthygiene wegen des hitzestabilen Toxins!)
Escherichia-coli-Keime, Darmbakterien, bei Ausstreuung im Tierkörper Septikämien (Blutvergiftung), fibrinöse Luftsackentzündung bei CRD
Proteus-Fäulniskeime (Bruthygiene!)
Salmonella-Arten als „Fleischvergifter" gefährlich auch für Menschen
Salmonella typhimurium häufig bei Tauben und Enten (Paratyphus)
Salmonella pullorum, Hühnertyphus und weiße Kükenruhr (Frischblutschnellagglutination bei Elterntieren)
Paracolon-Arizona-Keime bei Puten
Pasteurellen, Geflügelcholera (anzeigepflichtig)
Haemophilus-Keime, Geflügelschnupfen („Eulenkopf")
Listerien, Umweltkeime, selten im Geflügel, jedoch in Schlachtabfällen
Erysipelothrix-Keime, Rotlauf bei Puten, gefährlich für Schlachtpersonal!
Bazillus mesentericus, cereus, subtilis, Fäulniskeime (Bruthygiene, Schlachthygiene!)
Clostridium-perfringens-Keime, Darmbrand bei Mastküken, Störung der üblichen Darmflora
Mycobacterium avium, Vogeltuberkulose, gefährlich für Schweine (Rinder, Menschen)
Chlamydien, kleinste Bakterien, Ornithose bei Puten und Enten, gefährlich für Schlachtpersonal!

---

**Mykoplasmen,** Mikroorganismen kleiner als Bakterien, ohne starre Zellwand, durch Desinfektion und Isolierung der Bestände bekämpfbar, Unterbrechung der Eiübertragung durch Kontrolle der Elterntiere
Mycoplasma gallinarum, nicht krankmachend
Mycoplasma gallisepticum, Mykoplasmose, kann mit E. coli zur chronischen Erkrankung der Atemwege führen (CRD, Sinusitis bei Puten)
Mycoplasma meleagridis, geringgradig krankmachend bei Puten (Antibiotikabehandlung der Bruteier)
Mycoplasma synoviae, Synovitis (Gelenkentzündung) bei Mastgeflügel

---

**Viren,** Vorbeuge durch Impfungen
mit Ribonukleinsäure, *unbehüllt*, nur durch besondere Desinfektionsmittel angreifbar
Virus der Entenhepatitis bei Entenküken, Impfung der Elterntiere,
aviären Enzephalomyelitis (AE), Virus weit verbreitet
Gehirn-Rückenmarkentzündung, Zitterkrankheit der Küken, Impfung der Elterntiere üblich
Gumboro-Krankheit (infektiöse Bursa Disease), Virus weit verbreitet, Erkrankung bei 4–7 Wochen alten Küken, Impfung 7.–10. Tag möglich
Respiratory-Enteric-Orphan-(REO)Virus, weit verbreitet, Wegbereiter für verschiedene Krankheiten, Lesitungsabfall
Virus der Gänsepest, Behandlung der Gänseküken mit Serum
*behüllt*, mit üblichen Desinfektionsmitteln angreifbar
Virus der Leukose, Osteopetrose und des Rous Sarkoms,
Übertragung über das Brutei, Leukose in allen Hühnerbeständen vorkommend
infektiösen Bronchitis (IB), weit verbreitet, Leistungsabfall, vereinzelt Bronchitis, Impfung üblich
klassischen Hühnerpest, seit Jahrzehnten nicht mehr vorkommend (anzeigepflichtig)
Parainfluenza 2, nicht krankmachend, Begleitvirus

Newcastle-Krankheit (Newcastle Disease, ND), anzeigepflichtig, Virusreservoir in Papageien, in der BRD Impfung für Bestände mit 200 und mehr Tieren vorgeschrieben

mit Desoxiribonukleinsäure, *unbehüllt*, nur mit besonderen Desinfektionsmitteln angreifbar

Virus der Gänsehepatitis, Serumbehandlung

Adenoviren, Chicken-Embryo-lethal-Orphan – (CELO-)Virus, Tipton-Virus, weit verbreitete Begleitviren, Leistungsabfall

*behüllt*, mit üblichen Desinfektionsmitteln angreifbar

Virus der infektiösen Laryngotracheitis (ILT), keine Bedeutung in der BRD

Entenpest, Vorkommen in Holland, Impfung möglich

Marekschen Krankheit (Marek's Disease), widerstandsfähiges Virus, weit verbreitet, Impfung der Eintagsküken notwendig

Pocken, in geschlossenen Intensivbeständen selten, Impfung möglich

---

### 1.2.2 Parasiten – Pilze – Bakterien – Mykoplasmen – Viren

Die für das Geflügel bedeutungsvollen Krankheitserreger sind, aufgeteilt nach *Parasiten, Pilzen, Bakterien* (Spaltpilze), *Mykoplasmen* und *Viren,* in Tab. 14 dargestellt. Über Infektionskrankheiten, die unmittelbar vom Geflügel auf den Menschen übergehen können und über solche Krankheiten, die lediglich mit bestimmten Infektionen des Menschen vergleichbar sind, informiert Tab. 15.

### 1.2.3 Streß

Eine Krankheitsanfälligkeit wird häufig auch durch streßauslösende, äußere Einwirkungen eingeleitet. Umweltreize wie Aufregung, Lärm, Hitze, Kälte *(Stressoren)* lösen Reaktionen des Organismus *(Streß)* aus, die den Körper auf die Bewältigung dieser Umwelteinflüsse vorbereiten sollen.

Zuerst tritt eine Alarmreaktion (Kurzzeitreaktion, *Flucht- und Kampf-Syndrom)* auf, die über eine Adrenalin-Ausschüttung die Blutgefäße der Muskulatur erweitert, den Blutzuckergehalt für die geplante Muskelarbeit erhöht und die Magen-Darm-Tätigkeit stillegt. Unter Bewegungsmangel, beispielsweise beim Transport, wie auch bei ungenügender Sauerstoffzufuhr bleiben aber Stoffwechselprodukte in der Muskulatur zurück und führen zu einer erhöhten Anfälligkeit für verschiedene Erkrankungen.

Die zweite Phase des Streßablaufes ist eine Langzeitreaktion und soll den Organismus durch Anregung verschiedener Stoffwechselvorgänge vor der äußeren Beanspruchung schützen *(Anpassungssyndrom).* Durch vermehrte Produktion der Nebennierenrindenhormone (Kortikosteroide), deren Bildungszentren beim Vogel jedoch in der gesamten Nebenniere verteilt liegen, werden zwar Entzündungsprozesse unterdrückt, diese Hormone führen aber auch zu einer Herabsetzung der zellulären, an weiße Blutkörperchen (Lymphozyten) gebundenen Abwehrmöglichkeit von Krankheitserregern und hemmen überdies vor allem unspezifische, körpereigene Abwehrstoffe gegen die beim Geflügel so bedeutungsvollen Virus- und Mykoplasmeninfektionen.

Da wiederholte Umweltreize durch „Training" freilich auch zu einer Gewöhnung und Abhärtung führen, ist ein ausgewogenes Maß von Umwelteinwirkungen für ein leistungsfähiges Leben geradezu erforderlich.

Tab. 15. Vergleichbare Krankheiten bei Geflügel und Mensch

| Geflügel | | Mensch |
|---|---|---|
| *Bakterien-bedingte Krankheiten:* | | |
| Paratyphus – Salmonellenbefall | + | Salmonellose – Lebensmittelvergiftung |
| Hühnertyphus (S. pullorum) | (+) | Lebensmittelvergiftung |
| Geflügeltuberkulose | + | Vogeltuberkulose (selten!) |
| Rotlauf der Puten | + | Rotlauf – Wundinfektion |
| E.-coli- und Kokkeninfektionen | + | E.-coli- und Kokkeninfektionen (Lebensmittelvergiftung) |
| Ornithose (Psittakose) | + | Ornithose (Papageienkrankheit) |
| Geflügelcholera | ○ | Pest des Menschen |
| Vibrionenhepatitis | ○ | Cholera des Menschen |
| Hospitalismus der Brüterei | ○ | Hospitalismus im Krankenhaus |
| *Mykoplasmosen* | | |
| Mykoplasmen-Infektion (CRD, Sinusitis der Puten) | ○ | Eaton-Pneumonie (atypische Lungenentzündung) |
| *Virusinfektionen* | | |
| Aviäre Enzephalomyelitis | ○ | Poliomyelitis (Kinderlähmung) |
| REO-Virusinfektionen, Gänsepest | ○ | REO-Virusinfektionen (Atemwege, Darm) |
| Leukose | ○ | Leukämie |
| Infektiöse Bronchitis | ○ | Koronavirusinfektionen der Atemwege |
| Klassische Hühnerpest, Puten-, Enteninfluenza | (+) | Influenza-A-Virusgrippe |
| Parainfluenza 2 | + | Parainfluenza 2 |
| Newcastle-Krankheit | (+) | Newcastle Disease |
| | ○ | Mumps |
| Adeno- (CELO-, Tipton-Virusinfektionen) | ○ | Adenovirusinfektionen (Virustypen des Menschen) |
| Infektiöse Laryngotracheitis | ○ | Herpes, labial, genital |
| Mareksche Krankheit | ○ | Burkitt-Lymphom/Mononukleose |
| | ○ | Windpocken/Gürtelrose |
| Geflügelpocken | ○ | Pocken des Menschen |

+ = unmittelbar wechselseitig übertragbar
○ = verursacht durch verwandte, jedoch *nicht* wechselseitig übertragbare Erreger

## 1.3 Krankheitsermittlung (Diagnosestellung)

### 1.3.1 Klinische Untersuchung

Da etwas weniger lebhaft erscheinende Tiere innerhalb einer Geflügelherde in einer Häufigkeit bis zu ungefähr 1 % oft anzutreffen sind und ohne weiteres noch keinen Anlaß zur Besorgnis geben, sollte die Aufmerksamkeit zunächst auf den Gesamtbestand gerichtet werden. Wichtig ist zu ermitteln, ob bei mehreren Tieren der Herde ein einheitliches Krankheitsbild auffällt. Sofern dies zutrifft, sind eben solche Tiere genauer zu untersuchen bzw. einem diagnostischen Laboratorium zuzuführen.

Bei der Beurteilung des *Gesamtbestandes* sind folgende Punkte zu beachten, die auch bei der Einsendung von Tieren im Begleitbericht aufgeführt werden sollten:

Einstallungszeitpunkt der Tiere, gegebenenfalls Vorkommnisse bei Transport und Einstallung, Schlupfdatum bzw. Alter oder Zeit der bereits abgelaufenen Legeperiode, Gesamteindruck der Herde (Lebhaftigkeit, Trauern), Kotbeschaffenheit, Stallgeruch (Ammoniak, Eitergeruch bei Schnupfen), Leistung zur Zeit der Untersuchung und ca. 10 Tage zuvor, Besatzdichte und Ausgeglichenheit der Herde, Todesrate zur Zeit der Untersuchung und 1 Woche zuvor, Futterverbrauch, Dauer und Art der Futterlagerung, Trinkwasserverbrauch und Sauberkeit des Tränksystems, vorausgegangenes Impfprogramm und frühere Behandlungen.

Die Untersuchung des *Einzeltieres* beschränkt sich im Betrieb in der Regel auf einige leicht erkennbare Krankheitsbilder. Der Vorteil beim Geflügel liegt eben in der Möglichkeit, Einzeltiere, tot oder bei weniger ausgeprägtem Krankheitsbild möglichst lebend, einem diagnostischen Laboratorium zur gründlichen Untersuchung zuzuleiten.

*Im Bestand* selbst können noch nachstehende *Befunde* erfaßt und bei der Einsendung an ein Institut auch im Begleitbericht erwähnt werden:

| | |
|---|---|
| Ernährungszustand: | guter Zustand bei akuter, schnell verlaufender Krankheit; Magerkeit bei chronischer, langsam ablaufender Erkrankung |
| Körperhaltung: | Verdrehungen des Kopfes bei Newcastle-Krankheit, Lähmungen der Gliedmaßen bei Marekscher Krankheit, Schwächezustand bei chronischer Erkrankung, z. B. durch Parasitenbefall, Leukose, Tuberkulose |
| Federkleid: | Außenparasiten, kahle Stellen bei Kannibalismus |
| Pupillen: | verzerrt bei Marekscher Krankheit |
| Schnabelatmung: | bei Entzündungen der Atemwege und bei heißem Klima zur Wärmeabgabe, notwendig zum Ausgleich der Körpertemperatur |
| Nasenöffnungen: | feuchte Öffnungen bei Erkrankungen der Atemwege, Nasendeckelgriff! Geruch beachten! |
| Unteraugenhöhlen: | aufgetrieben bei Geflügelschnupfen |
| Rachenraum: | Fibrinauflagerungen bei Pocken-Diphtherie; kleine Fibrinstippchen mit Schleimhautdefekten bei bösartig verlaufender Newcastle-Krankheit |
| Kamm: | violett bei akuten, fieberhaften Krankheiten oder Kreislaufstörungen sowie bei Herz- und Nierenerkrankungen; blaß bei chronischer, langdauernder Erkrankung wie Parasitenbefall, Tuberkulose, Leukose; Auflagerungen bei Pocken |
| Kloakenbereich: | Federn mit Kotteilen beschmutzt bei Darmkatarrh; durch Entzündungsprodukte verklebt bei Eileiterentzündung |
| Ständer: | Lähmungen bei Marekscher Krankheit, Abwinkelungen im Sprunggelenk durch Abrutschen der Achillessehne bei Perosis der Jungtiere, Verkrustungen bei Kalkbeinmilbenbefall alter Hühner, Ballengeschwülste nach Verletzungen und Eindringen von Bakterien |
| Schambeine: | Verengung des Abstandes beim Aufhören der Legetätigkeit. |

Weitere *Anhaltspunkte* für das Vorliegen bestimmter Erkrankungen ergeben sich aus der Zerlegung (Sektion) von verendetem oder getötetem Geflügel (Tab. 16).

Tab. 16. Leitsymptome wesentlicher Geflügelkrankheiten

| **Symptome:** | | **Ursachen:** |
|---|---|---|
| **Allgemeine Depression:** | Trauern, verminderte Futteraufnahme, Federnsträuben | Beginn einer akuten bakterien- oder virusbedingten Krankheit oder einer Kokzidiose; bei leichten Tieren: Endstadium einer chronischen Krankheit (z. B. Tuberkulose, Parasitenbefall) |
| **Bewegungsstörungen:** | Lähmungen | Mareksche Krankheit, Osteoporosis, Newcastle-Krankheit |
| | Abknicken der Beine | Perosis |
| **Gefieder:** | | |
| Außenparasiten | blasse Kämme, plötzliche Todesfälle | Vogelmilben |
| | Eigelege im Bereich der Kloake | Federlinge |
| | in Legenestern suchen: | Flöhe |
| | „Räude" im Bereich des Rückens | Hauträude-Milben |
| | „Kalkbeine" | Kalkbeinmilben |
| Federfressen | federlose Stellen | trockenes warmes Stallklima |
| Kannibalismus | Enddarm durch die Kloake nach außen gezogen | Unruhe beim Eierlegen, trockenes warmes Stallklima |
| **Muskulatur:** | | |
| Farbe der Brustmuskeln | blaß-ockerfarben mit Blutungen | Stoffwechselstörungen, Hämorrhagisches Syndrom, Gumboro-Krankheit |
| **Kopf:** | | |
| Kamm | blaß | Leukose, rote Vogelmilben, Leberverfettung |
| | dunkel-blaurot | akute Infektionskrankheit oder Intoxikation |
| | Borken auf Kamm | Pocken |
| Augen | Hornhauttrübung | ammoniakhaltiges Stallklima |
| Augenlider | Pupillenverzerrung | Mareksche Krankheit |
| | Verklebung | Geflügelschnupfen, Vit.-A-Mangel |
| Nasenöffnungen | Ausfluß (insb. nach Druck auf Nasendeckel) | Geflügelschnupfen, Mykoplasmose, verschiedene Virusinfektionen des Geflügels vorausgegangen |
| Unteraugenhöhle | Schwellung | Mykoplasmose insb. der Puten (Sinusitis) |
| **Atemwege:** | | |
| Rachen, oberer und unterer Kehlkopf | Schnabelatmung | Mykoplasmose, verschiedene Virusinfektionen, chron. Erkr. der Atmungsorgane |

| | | |
|---|---|---|
| | diphtheroide Entzündungsherde | Newcastle-Krankheit |
| | Schnabelatmung ohne krankh. Veränderung | überhitztes Stallklima |
| Luftröhre | Entzündung | Mykoplasmen- und Virusinfektionen |
| Lungen | Pneumonie, eitrige Entzündung | E.-coli-Infektion bei CRD (chron. Erkr. der Atmungsorgane) |
| Luftsäcke | käsige Fibrineinlagerungen | CRD |
| Lungen | hirsekorngroße Knötchen | S.-pullorum-Infektion der Küken (weiße Kükenruhr) |

| | | |
|---|---|---|
| **Magen-Darm-Kanal:** | | |
| Kropf | Verstopfung | Rückstau bei Magenverstopfungen durch Steinchenmangel, Lähmung bei Marekscher Krankheit |
| Drüsenmagen | Entzündung und Blutungen | blutige Entzündung der Drüsenausgänge bei Newcastle-Krankheit, Nierengicht u. hämorrh. Syndrom, Erosionen am Übergang zum Muskelmagen beim Streß-Syndrom |
| | geschwulstartige Umfangsvermehrung | akute Mareksche Krankheit |
| Muskelmagen | schlaffe Muskulatur, Muskelrückbildung mit Magenerweiterung | Sandmangel mit Magenverstopfung (vorwiegend bei Boden- und Auslaufhaltung) |
| | Erosionen mit Defekten der Keratinoidschicht | Streß-Syndrom, Ernährungsstörungen, Magenwurmbefall bei Junggänsen |
| Dünndarm, äußerlich | äußerlich sichtbare derbe Knoten | Tuberkulose, Koligranulomatose |
| | saftige Geschwulstbildungen | Myelose |
| | kommaförmige Streifen im Duodenum | E. acervulina-Kokzidiose |
| | grau-weiße Punkte im Duodenum | E. mivati-Kokzidiose |
| | Blutungspunkte im ganzen Dünndarm | E. necatrix-Kokzidiose |
| | ödematöser, geröteter Darm | E. maxima-Kokzidiose |
| | deutlich gefüllte Blutgefäße | Darmentzündung, Kreislauflähmung |
| | zahlreiche derbe Knoten im gesamten Darmbereich | bösartiges Geschwulstleiden, oft von der Bauchspeicheldrüse ausgehend |
| Dünnndarm, eröffnet | Blutungen, schleimiger oder dünnflüssiger Darminhalt | verschiedenartiger Kokzidienbefall, Darmentzündung durch Störung der Darmflora |
| | schleimiger Darminhalt, Gallenstauung | Befall mit kleinen, kaum sichtbaren Bandwürmern bei Auslaufhaltung, Haarwurmbefall (mit bloßem Auge kaum sichtbar!) |
| | bis ca. 10 cm lange Fadenwürmer | Spulwurmbefall |

| | | |
|---|---|---|
| | schmirgelpapierartiges Aussehen der Schleimhaut namentlich in den Darm-Endteilen | nekrotisierende Darmentzündung (Enteritis durch Änderung der Darmflora zu Clostridium perfringens bei Darmatonie, Ernährungsstörungen) |
| | fingernagelgroße diphtheroide Entzündungsherde | akut verlaufende Newcastle-Krankheit |
| Blinddärme | blutig-roter Inhalt | Blinddarm-Kokzidiose durch E. tenella (rote Kükenruhr) |
| | chronische Entzündung mit käsigen Fibrinauflagerungen | abheilende Blinddarmkokzidiose, ansteckende Leber-Blinddarmentzündung (Blackhead bei Puten) |
| Enddarm | käsige, stinkende Fibrinauflagerungen (kruppöse Entzündung) | E. brunetti-Kokzidiose |
| Kloake | blutig infiltrierte Verletzungen | Kannibalismus |
| | verklebte und verschmutzte Federn im Bereich der Kloake | anhaltende Darmentzündung, bei Hennen gegebenenfalls Eileiterentzündung |
| Bursa Fabricii | Umfangsvermehrung u. U. fibrinöser oder blutiger Inhalt | inf. Bursa Disease (Gumboro-Krankheit) |

**Legeorgane:**

| | | |
|---|---|---|
| Eierstock | Blutfülle | akute Infektionskrankheiten, Intoxikationen mit Kreislauflähmung |
| | Follikel in Rückbildung | akute Virusinfektionen |
| | degenerierte Follikel | bakterielle Infektionen (S. pullorum-Infektion = Hühnertyphus) Mareksche Krankheit |
| | Entartung der Follikel zur Geschwulstbildung | Eierstockstumoren |
| Eileiter | Fibrin-(Eiter-) Ansammlungen und Schalenmassen im Eileiter | Eileiterentzündung, Schichteibildung im Eileiter, Eileiter-Bauchfellentzündung |
| | Zyste im Bereich der Kloake mit wässeriger oder fibrinöser Füllung | zystös entarteter rudimentärer rechter Eileiter |

**Herz und Kreislauf:**

| | | |
|---|---|---|
| Herzbeutel | käsig-fibrinöse Einlagerungen zwischen Herzbeutel und Herzmuskel | E. coli-Infektion bei CRD, S. pullorum-Infektion bei Althühnern (Hühnertyphus) Pasteurella-Infektionen (Geflügelcholera) |
| | kreideartige Einlagerungen von harnsauren Salzen | Eingeweidegicht |
| | Blutungspunkte und verwaschene Blutungen | akute Virusinfektionen (Newcastle Disease), bakterienbedingte Erkrankungen (E. coli-Septikämien, Geflügelcholera) |
| Herzmuskel | weißliche Zelleinlagerungen, knötchenartig | S. pullorum-Infektion bei Küken |
| | mehr diffus | Mareksche Krankheit |

| | | |
|---|---|---|
| | ockerfarbene Muskulatur | Herzmuskeldegeneration (nach Infektionskrankheiten, Intoxikationen oder Stoffwechselstörungen) |
| | Kugelherzbildung, ockerfarbene Herzmuskulatur | enzootischer Herztod |
| Blutgefäße | starke Blutfülle namentlich in Leber, Eierstock, blasse Muskulatur | Kreislauflähmung |
| **Milz:** | | |
| | trocken-käsige Knötchen | Tuberkulose |
| | weißlich-saftige, diffuse Umfangsvermehrung | Leukose oder Mareksche Krankheit |
| **Leber:** | | |
| | kreideartiger Belag | Eingeweidegicht |
| | weißlich-speckige Einlagerungen oder diffuse Umfangsvermehrung der weißgrauen Leber | Leukose oder Mareksche Krankheit (Wucherung der weißen Blutkörperchen) |
| | trocken-käsige Knötchen | Tuberkulose (Nekroseherde) |
| | von Blutungen umsäumte, kreisförmig abgestorbene Bezirke | ansteckende Leber-Blinddarmentzündung (Blackhead) |
| | ockerfarbene, brüchige Leber | Leberdegeneration (bei Infekt.-Krankheiten), Leberdystrophie, Vergiftungen |
| | hellockerfarbene, brüchige Leber und Blutungsbezirke | Fettlebersyndrom |
| Gallenblase | starke Füllung | bei Zwölffingerdarmentzündung (Abflußbehinderung) u. U. bei Haarwurmbefall |
| **Nieren und Harnleiter:** | | |
| | Harnkanälchen und Harnleiter mit weißen, harnsauren Salzen und Harnsäure gefüllt | Nierengicht, Gumboro-Krankheit, Wassermangel |
| **Knochen und Gelenke:** | | |
| | biegsame Knochen bei Küken | Rachitis |
| | Auftreibungen der Rippengelenke, Bruch zwischen 4. und 5. Brustwirbel | Osteoporosis (Osteomalazie, Entkalkungserscheinungen der Knochen) |
| | Abrutschen der Achillessehne vom Sprunggelenk | Perosis |
| | Auftreibung namentlich der Gliedmaßenknochen | Osteopetrosis (Knochenleukose) |
| | gelbkäsige, derbe Knötchen im Knochenmark | Tuberkulose |
| | Gelenkschwellungen | verschiedene Infektionen der Gelenke (M. synoviae, Staphylokokken) |

Tab. 17. Begleitbericht für Geflügel

........................................................................ ............................, den ................ 19.....
Vorname Name Datum

........................................................................ ...................................
Straße Telefon

........................................................................
Postleitzahl/Wohnort

Betr.: Zucht- / Lege- / Mastbestand; Käfig- / Boden- / Auslaufhaltung
Beil.: ...... lebende ................. / ...... verendete ................. / ...... getötete .................

........... Kotproben von ............................., gekennzeichnet mit .............................
........... Blutproben von ............................., gekennzeichnet mit .............................
........... Bruteier ........................................., gekennzeichnet mit .............................

**Alter** des Bestandes: ........... Tage / ........... Wochen / ........... Monate
**Einstallung** am ...................... / Legemonat: ......................
**Größe** des erkrankten Bestandes: ...................... / weiterer Bestände: ......................
**Beobachtungen im Bestand:** ..................................................................................................
....................................................................................................................................................
**Legeleistung** zur Zeit der Einsendung: .............. Leistung 10 Tage vorher: ..............
**Verluste** innerhalb der letzten Woche: ......................
**Zahl** der weiteren erkrankten Tiere: ......................
**Krankheitserscheinungen** des eingesandten Tieres: ..................................................
....................................................................................................................................................
**Futteraufnahme:** .............................. / verminderte Aufnahme seit ..............................
**letzte Futterlieferung:** ..................................
**Art des Kokzidiostatikums:** ..........................................................
**Trinkwasserverbrauch** täglich: ..........................................................
**Frühere Behandlungen:** .......................................................................................................
**Impfungen** wurden durchgeführt gegen:
Mareksche Krankheit am ..................................
Gumboro-Krankheit am ..................................
Newcastle-Krankheit (ND) am .................... und .................... und ....................
infektiöse Bronchitis (IB) am .................... und .................... ...
Aviäre Enzephalomyelitis (AE) am ..................................
sonstige Krankheiten am ..................................
**Haustierarzt:** .......................................................................................................................
**Mehrfertigung** des Befundes ist zu senden an: ............................................................
............................................................................
............................................................................
Unterschrift

### 1.3.2 Laboratoriumsuntersuchung

Zur Ermittlung der genauen Krankheitsursache eines Bestandes ist möglichst eine tierärztliche Laboratoriumsuntersuchung einzuleiten.

Es sollten zur Untersuchung abgegeben werden:

**bei erhöhten Ausfällen:**
einige *verendete* und *lebende* Tiere mit den vorherrschenden Krankheitserscheinungen;

**bei Entwicklungsstörungen oder Leistungsabfall:**
zusätzlich Kotproben aus wenigstens 3 Bereichen des Stalles zur parasitologischen und gegebenenfalls bakteriologischen Untersuchung (namentlich bei Bodenhaltung, bei Batteriehaltung möglichst unmittelbar nach der Einstallung);

**bei Leistungsabfall oder Erkrankungen der Atemwege:**
einige erkrankte, lebende Tiere zur Erregerisolierung und Blutuntersuchung, Blutproben von wenigstens 15–20 Tieren zur virologisch-serologischen Untersuchung (ca. 2 ml Blut ohne Zusatz, ungefähr 10 Tage nach Auftreten der Gesundheitsstörung);

Tiere und Proben sind der Untersuchungsstelle möglichst zu überbringen oder als Expreßgut einzusenden (Kennzeichnung s. Abb. 34).

Kunststoffbeutel eignen sich *nicht* zur Verpackung verendeter Tiere (fortschreitende Fäulnis!). Getötete oder verendete Tiere sind vor dem Verpacken abzukühlen.

Wichtig ist, dem Untersuchungsmaterial einen umfassenden Begleitbericht beizufügen, damit im Laboratorium sofort gezielte Untersuchungen eingeleitet werden können.

Das Begleitschreiben sollte Angaben entsprechend dem Muster in Tab. 17 enthalten.

Die *Untersuchung von Futterproben* erfolgt in der Regel in den chemischen Landesuntersuchungsanstalten. Bei Verdacht auf eine Futterschädlichkeit ist es ratsam, eine Futterprobe zunächst bis zum Abschluß der tierärztlichen Untersuchung kühl und trocken aufzubewahren. Die Proben sind in Gegenwart von Zeugen, möglichst auch eines Beauftragten des Futtermittelwerkes, zweckmäßi-

<table>
<tr><td></td><td></td><td></td><td>Versichert mit<br>DM</td><td rowspan="2">Wirkliches<br>Gewicht<br>kg<br><br>Frachtber.-<br>gewicht<br>kg</td></tr>
<tr><td>Zahl</td><td>Verpackung</td><td colspan="2">Inhalt<br><br>*Anatomische Bestandteile, infiziert*<br>VI, Ziffer 8 Anlage C zur EVO<br>In den Güterhallen und in den Wagen getrennt von Nahrungs- oder Genußmitteln lagern!</td></tr>
</table>

Abb. 34. Vorgeschriebene Beschriftung des Expreßgutscheins.

gerweise durch den amtlichen, über das Landwirtschaftsamt anzufordernden Probenentnehmer in einer Menge von ca. 1000 g ziehen zu lassen. Erst wenn durch die tierärztliche Untersuchung sonstige Krankheitsursachen mit Sicherheit auszuschließen sind, empfiehlt es sich, die kostspieligen Futteruntersuchungen einzuleiten.

Häufig ist nicht, wie oft fälschlicherweise angenommen wird, die neue Futterlieferung, sondern der verdorbene, verschimmelte, vom Silo abgeklopfte Rest der vorausgegangenen Lieferung Ursache einer Gesundheitsstörung, die sich dann erst einige Tage nach dem Übergang zum neuen Futter einstellt!

Die *Untersuchungsmöglichkeiten* im Laboratorium beziehen sich bei vollständigen Tierkörpern auf:

*Zerlegungen* mit histologischer (mikroskopischer) Gewebsuntersuchung zum Auffinden der für bestimmte Krankheiten typischen krankhaften (pathologischen) Veränderungen (z. B. Leukose, Marekscher Krankheit, ansteckende Gehirn-Rückenmarksentzündung, Tuberkulose, Erkrankungen der Atemwege oder des Magen-Darm-Kanales, Eileiter- und Bauchfellentzündungen, Geschwulstleiden);

*parasitologische* Untersuchungen zum Nachweis von *Außenparasiten* (vorwiegend Vogelmilben und Federlinge) sowie von

*Innenparasiten* (vorwiegend Haar-, Band- und Spulwürmer, Heterakiden der Blinddärme, Magenwürmer der Gänse, Dünn- und Blinddarmkokzidien, Trichomonaden der Tauben);

*bakteriologische* Kulturversuche zum Nachweis spezifischer Krankheitserreger (z. B. Salmonellen bzw. Erreger des Hühnertyphus, der Weißen Kükenruhr und des Paratyphus; Erreger des Geflügelschnupfens und der Geflügelcholera), außerdem zum Nachweis sog. unspezifischer Keime (z. B. vom Darm in den Körper ausgestreuter und zur Septikämie führender Bakterien wie *Escherichia coli*-Keime), gleichzeitig mit dem Ziel der Erstellung eines Antibiogrammes zur Ermittlung des zur Behandlung des Restbestandes am besten wirksamen Antibiotikums;

*mikroskopische* Untersuchungen von Gewebsabklatschen zum direkten Nachweis von Erregern beispielsweise der Tuberkulose, der Geflügelcholera, der nekrotisierenden Darmentzündung und der Ornithose;

*Viruskulturversuche* zur Isolierung von Erregern der beim Geflügel häufig vorkommenden Viren (z. B. der Newcastle-Krankheit, infektiösen Bronchitis, Geflügelpocken oder von Adeno- und REO- sowie Gumboro-Viren).

Die Einsendung von *Kotproben* ermöglicht *parasitologische* Untersuchungen zum Nachweis von Wurm- und Kokzidienbefall des Magen-Darmkanals sowie *bakteriologische* Untersuchungen zum Nachweis von Salmonellen.

Bei der Einsendung von *Blutproben* lassen sich, wie auch wenn lebende Tiere zur Verfügung stehen, *serologische* Untersuchungen durchführen. Diese dienen dem Nachweis der 1–2 Wochen nach einer Infektion im Blutserum auftauchenden Schutzstoffe (Antikörper, Immunglobuline), die gegen die an der Infektion beteiligten Krankheitserreger wirksam sind. Sog. Schnell- oder Langsam-Agglutinationsteste erfassen vor allem *Salmonella pullorum*- und Mykoplasmen-Infektionen, differenziertere Tests (Tab. 18 und Abb. 35) aber auch verschiedene Virusinfektionen, wie die Newcastle-Krankheit, die infektiöse Bursa- (Gumboro-) Krankheit, Pocken, aviäre Gehirn-Rückenmarksentzündung, die infektiöse Bronchitis, Adeno- und REO-Virusinfektionen oder die selten vorkommende ansteckende Kehlkopf-Luftröhrenentzündung (Laryngotracheitis; WOERNLE 1966).

*Eier* eignen sich wie Blutproben zur Ermittlung des Immunstatus, des Grades des Impfschutzes einer Herde gegen die Newcastle-Krankheit; mit befruchteten Eiern läßt sich eine bei Elterntieren abgelaufene Durchseuchung bzw. erfolgreiche Impfung mit den Viren der aviären Enzephalomyelitis, der infektiösen Bursa Disease (Gumboro) oder der Inclusion Body Hepatitis nachweisen.

Bei *lebenden Tieren* können außer Blut- und Kotproben auch *Nasenschleimproben* zum Nachweis von Bakterien und Mykoplasmen untersucht werden; im

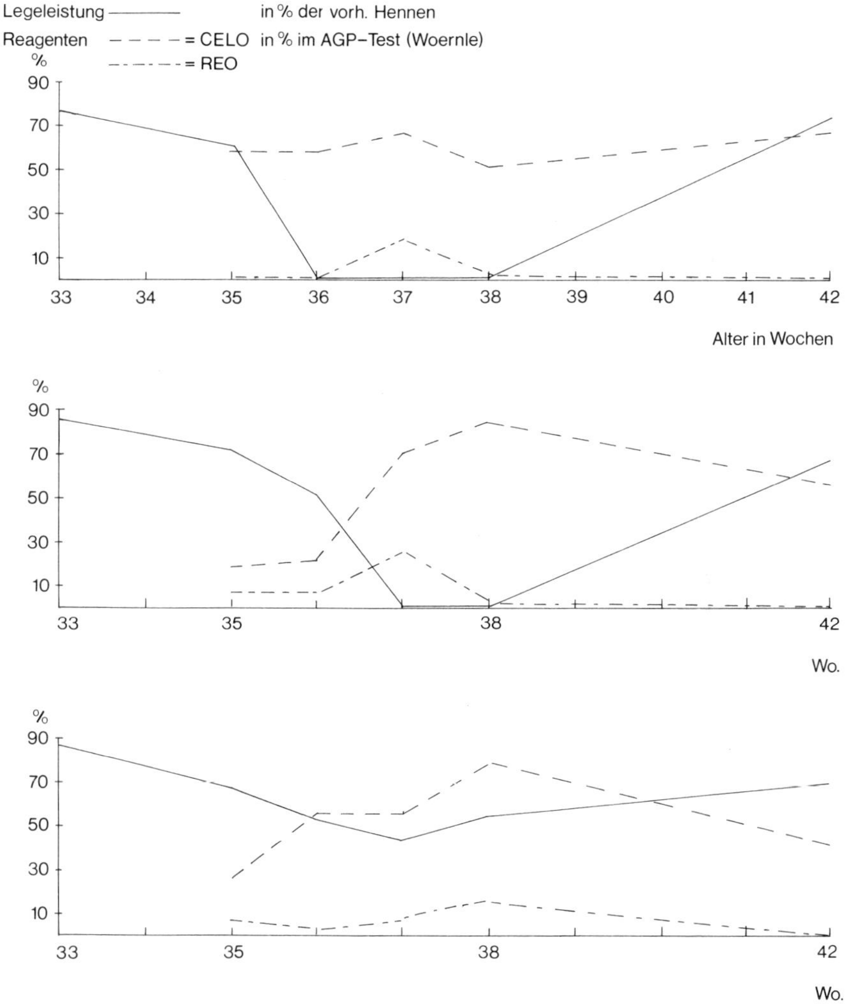


Abb. 35. Schwankungen des Prozentsatzes der Legeleistung während der Ausbreitung einer Adeno- (CELO-)Virusinfektion.

übrigen ist bei lebenden Tieren ein Allergie-Test, die sog. *Tuberkulinprobe* durch Einspritzen eines Extraktes aus Tuberkulosebakterien in die Haut des Kehllappens zur Ermittlung einer Tuberkuloseinfektion möglich. Dieser Test arbeitet beim Huhn, im Gegensatz zum Rind, jedoch nur mit einer ca. 40%igen Sicherheit (MÄDER 1963).

Bis zum Abschluß der Laboratoriumsuntersuchungen wird der Tierarzt aufgrund der klinischen Untersuchung eine *vorläufige Behandlung* einleiten.

Tab. 18 Immunogramm zur Ermittlung abgelaufener Virusinfektionen (Woernle 1977)

| Alter in Wochen | Antigene Reo<br>Reagenten im AGP-Test | IB | Ti | CE | Gumboro | ND * |
|---|---|---|---|---|---|---|
| 13 | 0 | 10 % • | 0 | 10 % | 80 % | 0,1 • |
| 20 | 22 % | 22 % • | 0 | 22 % | 78 % | 1,0 • |
| 26 | 33 % + | 0 | 0 | 17 % | 100 % | 1,5 • |
| 29 | 10 % | 50 % + | 0 | 20 % | 40 % | 0,6 • |
| 45 | 67 % + | 0 | 0 | 17 % | 17 % | 0 |
| 80 | 0 | 0 | 0 | 50 % + | 67 % | 3,3 • |

* Titerwerte aus ungefährem logarithmischem Mittel der HAH-Titer, wobei $2^0$ bis $2^{-2}$ = 0; $2^{-3}$ = 1; $2^{-4}$ = 2 usw. gesetzt wurden
• = Impftiter
\+ nach bisherigen Erfahrungen bedeutungsvoller Infektionsablauf
REO = REO-Virus, IB = Infektiöse Bronchitis, Ti = Tipton-Virus,
CE = CELO-Virus, Gumboro = Gumboro-Virus, ND = Newcastle-Krankheit

Tab. 19. Registrierung der Abgangsursachen in den Leistungsprüfhöfen

1. Leukosen und Leukosarkomatosen
2. Mareksche Krankheit
3. Erkrankungen der Legeorgane (einschließlich Eileiter- und Bauchfellentzündung ohne Bakterienausstreuung)
4. Erkrankungen des Verdauungskanales (Magen-, Darmerkrankungen, ohne Bakterienausstreuung!)
5. Erkrankungen der Harnorgane (einschließlich Eingeweidegicht)
6. Stoffwechselkrankheiten (einschließlich persistierender Dottersack und Fettlebersyndrom)
7. Kannibalismus
8. Virusbedingte Infektionskrankheiten (außer Leukose und Marek-Krankheit)
9. Bakterielle Infektionskrankheiten mit Bakterien in verschiedenen Organen (Septikämien mit Organschädigung)
10. Parasitosen (durch Außen- und Innenparasiten verursachte Gesundheitsstörungen)
11. Sonstige Erkrankungen
12. Unfälle

### 1.3.3 Auswertung der Untersuchungsbefunde

Da das Ergebnis der Laboratoriumsuntersuchungen für den Tierbesitzer erst durch entsprechende Folgerungen wertvoll wird, ist es ratsam, die Befunde mit dem betreuenden Tierarzt zu besprechen und eine etwa bereits vorsorglich eingeleitete Behandlung auf die neuen Erkenntnisse umzustellen.

Es sind vor allem folgende *Überlegungen* anzustellen:

1. Lassen sich die Vorkommnisse im Bestand durch den Befund erklären? Sofern der Krankheitsverlauf im Gesamtbestand mit sonstigen Erfahrungen bei der gefundenen Erkrankung ungefähr übereinstimmt, kann eine spezifische Behandlung besipielsweise gegen die gezüchteten und im Resistenztest (Antibiogramm) auf ihre Empfindlichkeit gegenüber bestimmten Antibiotika oder Chemotherapeutika geprüften Bakterien eingeleitet werden.
   Vielleicht ist auch eine gezielte Kokzidiose- oder Wurmkur erforderlich. Bei Virusinfektionen gilt es, die Tiere in erster Linie mit Vitamin- und Kräftigungspräparaten zu stärken, außerdem sollten zum Schutz von Nachbarbeständen allgemeine Hygienemaßnahmen und zum Schutz künftiger Herden entsprechende Impfprogramme geplant werden.
2. Sprechen die im Laboratorium erhobenen Befunde jedoch dafür, daß es sich um Zufallsbefunde bei Einzeltieren handelt, oder liegen verschiedene Krankheiten gleichzeitig vor, empfiehlt sich die Untersuchung weiterer Tiere oder Proben zur Ermittlung der im Vordergrund stehenden und den Gesamtbestand am meisten bedrohenden Krankheit.

In Großbetrieben und namentlich in Zuchtbetrieben ist es, um entsprechende Vorsorge- oder Zuchtmaßnahmen einleiten zu können, notwendig, die bedeutungsvollsten Gesundheitsstörungen wenigstens gruppenweise zu registrieren oder auf Lochkarten festzuhalten.

Für die staatlichen Prüfhöfe wurde die in Tab. 19 wiedergegebene Aufteilung der *Abgangsursachen* festgelegt.

## 1.4 Krankheitsbekämpfung

Da zahlreiche Erkrankungen, selbst die durch Krankheitserreger bedingten, oft erst durch das Zusammenwirken mit Haltungs- und Ernährungsfehlern (ammoniakhaltiges Stallklima, verdorbenes Futter) zum Durchbruch kommen, sind bei allen Gesundheitsstörungen zuerst die *Haltungs-* und *Fütterungsbedingungen* sowie die Trinkwasserversorgung zu überprüfen.

*Medikamentöse Behandlungen* dürfen in der BRD nur entsprechend den Bestimmungen des Arzneimittelgesetzes (s. Seite 228) vorgenommen werden. Arzneimittel, die zur Anwendung in Tierbeständen bestimmt sind, die der Gewinnung von Lebensmitteln dienen, müssen beim Bundesgesundheitsamt registriert und mit einer Registernummer gekennzeichnet sein. Die Gewinnung von Lebensmitteln aus oder von diesen Tierbeständen muß so lange unterbleiben, bis die auf den Verpackungen angegebene oder vom Tierarzt mitgeteilte Wartezeit abgelaufen ist.

*Vitamin- und Mineralsalzgaben,* gegebenenfalls unter Zusatz stoffwechselregulierender biologischer oder pflanzlicher Stoffe, dienen in der Regel zur Behandlung bestimmter Organerkrankungen oder zur allgemeinen Kräftigung bei verschiedenen, spezifisch nicht bekämpfbaren Virusinfektionen.

*Chemotherapeutika,* chemisch hergestellte Präparate, beeinflussen gezielt einzelne Organe oder sind gegen bestimmte Parasiten oder Bakterien wirksam.

*Antibiotika* hemmen Bakterien in ihrer Vermehrung oder töten sie (wirken bakteriostatisch oder bakterizid).

*Impfungen* haben zur Folge, daß der Organismus Abwehrstoffe (Antikörper) gegen bestimmte Krankheitserreger bildet und dann beim späteren Zusammentreffen mit diesen Erregern geschützt ist. Die Antikörper heften sich an die Krankheitskeime an und verhindern ihre Vermehrung, „neutralisieren" sie. Notwendig ist ein Impfschutz gegen die bedeutungsvollsten Virusinfektionen, weil Chemotherapeutika und Antibiotika gegen Viren nicht wirksam sind.

### 1.4.1 Vitamine und Mineralien

Bei Gesundheitsstörungen oder äußeren Belastungen (Umstallungsstreß) ist häufig der Bedarf an Vitaminen, Amino- und Fettsäuren, Mineralsalzen und Spurenelementen erhöht, bei Darmerkrankungen auch die Resorption der mit dem Futter angebotenen Zusatzstoffe vermindert. Es reichen dann die nach ernährungsphysiologischen Gesichtspunkten errechneten Futterzusätze nicht mehr aus und müssen durch weitere Zugaben ergänzt werden. Bei Zuchttieren sind hohe Vitamingaben notwendig, damit die Küken vom Eidotter aus den Vitaminbedarf für die ersten beiden Lebenswochen erhalten.

*Fettlösliche Vitamine* fördern unmittelbar die Gesundheit.

*Vitamin A* ist im Sehpurpur enthalten, unterstützt das Wachstum der oberflächlichen Hautzellen (Epithelien), dichtet sie ab und erhöht damit die Abwehr von Krankheitserregern, Schleimhäute verhornen bei ausreichender Vitamin-A-Zufuhr nicht, unzureichende Versorgung führt zum Vitaminmangel-Schnupfen des Geflügels mit Verklebung der Augenlider und Verhornung der Schleimdrüsenausgänge im Rachen.

*Vitamin D* ist notwendig zur Aufnahme (Resorption) von Kalzium und Phosphaten aus dem Darm und zur Einlagerung in die Knochen (bei Mangel: *Rachitis!*), fördert die Produktion von kalziumbindendem Eiweiß und hält den Blut-Kalzium-Spiegel in bestimmter Höhe, notfalls unter Kalzium-Entzug aus den Knochen (Entkalkungserscheinungen der Knochen bei starker Legetätigkeit und ungenügender Aufnahme von kohlensaurem und phosphorsaurem Kalzium).

*Vitamin E* schützt namentlich das Gehirn vor giftigen (toxischen) Fettsäuren und damit Küken vor Gehirnerweichung (Enzephalomalazie), fördert den Muskelstoffwechsel und verhindert damit Herz- und Skelettmuskeldegenerationen, zusammen mit Spuren von *Selen* und *schwefelhaltigen Aminosäuren* unterstützt es auch den Stoffwechsel der Leberzellen.

*Vitamin K* ist notwendig zur Blutgerinnung, wird aber von den Darmbakterien in ausreichender Menge gebildet; Mangel könnte nach der Zerstörung der Darmbakterien durch anhaltende Verabreichung von breit wirkenden Antibiotika auftreten.

Die *wasserlöslichen Vitamine* des B-Komplexes werden in die am Kohlenhydrat-, Eiweiß- und Fettstoffwechsel beteiligten Enzyme eingebaut und nützen vor allem der Ausheilung von Krankheiten in der Rekonvaleszenz, dem Schlupfergebnis und der Verminderung von Frühverlusten bei Küken.

*Vitamin* $B_1$ (Thiamin) wirkt gegen degenerative Veränderungen der peripheren, zur Muskulatur führenden Nerven (bei Mangel: Muskelatrophie, beim Menschen: Beriberi); *Vitamin* $B_2$ (Riboflavin, Laktoflavin) und *Vitamin* $B_{12}$ fördern den Eiweißstoffwechsel und damit die Futterverwertung; Vitamin $B_{12}$

kann vom Geflügel, im Gegensatz zu Wiederkäuern, nicht selbst erzeugt werden, es kommt nur in den vom Tier stammenden Eiweißfuttermitteln vor;

*Vitamin $B_3$* (Pantothensäure) und *Vitamin $B_6$* (Pyridoxin, Adermin) sind nützlich bei Erkrankungen der Haut, des Nervensystems und des Herzmuskels sowie bei Leberschädigungen nach Sulfonamid- und Antibiotika-Gaben;

*Vitamin $B_5$* (Nikotinsäure) sowie *Vitamin $B_3$ und $B_6$* bei Krankheiten der Haut und Schleimhäute, *Biotin* (Vitamin H) bei Schäden an den verhornten Hautteilen, *Folsäure* (Vitamin $B_e$) bei Störungen der Zellteilung (Anämie) und der Befiederung; das reichlich in tierischem Eiweiß, Sojaschrot und Futterhefe vorkommende *Cholin* hilft wie ungesättigte Fettsäuren *(Linolsäure* im Sojaöl) bei Störungen des Fettstoffwechsels und dient als Leberschutzstoff. Linolsäure zählt als vitaminähnlicher Wirkstoff zu den lebensnotwendigen Fettsäuren und ist erforderlich für die Gesunderhaltung der Zellmembranen. Vitamin E schützt die ungesättigten Fettsäuren vor der schädlichen Oxidation.

*Vitamin C,* das bei Streßsituationen und der Inaktivierung von Bakterientoxinen heilsam wirken soll, wird vom Geflügel in den Nieren gebildet, eine Zugabe erübrigt sich in der Regel. Bei Menschen, die unter Vitamin-C-Mangel stehen, ist die Blutungsneigung (Zahnfleisch, *Skorbut*) bekannt.

*Mineralstoffgaben* sind für das eierlegende Geflügel besonders wichtig. Da der Kalkbedarf zur Eischalenbildung nur ungefähr 2/3 aus der Nahrung gedeckt werden kann, muß die restliche Menge aus einem in den Markhöhlen einiger Knochen („Medullarknochen“: Rippen, Brustbein, Wirbelsäule) liegenden Vorrat geholt werden, der sich während der Zwischenlegezeit wieder auffüllt. Ohne erneute Mineralstoffzufuhr tritt in diesen Knochen aber bereits nach Ablage von ca. 6 Eiern ein 50 %iger Kalziumverlust (bezogen auf die Knochen-Trockensubstanz) ein.

Während die Eischale vorwiegend aus Kalziumkarbonat besteht, die Knochensubstanz jedoch in erster Linie aus Kalziumphosphat, ist für den Knochenaufbau vor allem die Zufuhr von Kalziumphosphat erforderlich.

*Monokalziumphosphat* ist biologisch besonders gut verwertbar. Beim Knochenabbau wird der Phosphoranteil über Nieren und Darm ausgeschieden (Guano-Dünger!), eine erneute Zufuhr ist also erforderlich.

Die *Käfiglähmung* beruht auf Entkalkungserscheinungen. Bei ausgeprägter Entkalkung kommt es dann zu einem Bruch zwischen den beim gesunden Tier verwachsenen Brustwirbeln, meist zwischen 4. und 5. Wirbel, und danach zu Blutungen und zu einem Druck auf die im Rückenmark verlaufenden Nervenstränge. Es handelt sich bei der Käfiglähmung also nicht um eine Folge der Käfighaltung, sondern um einen Ernährungsfehler oder die Folge einer anhaltenden Darmerkrankung mit Resorptionsstörungen.

*Eisenhaltiges* Trinkwasser beeinflußt den Phosphathaushalt ungünstig. *Eiweißhaltige* Futtermittel und Knochenmehl sind reich an Phosphor, reines *Fleischmehl* ist arm an Kalzium.

Unter den *diätetischen Mitteln* kommt zur Behandlung von Darmerkrankungen bzw. zur Beeinflussung der Darmbakterien (Darmflora) lediglich noch der sauren Milch in Kleinbeständen Bedeutung zu.

In Großbetrieben werden zur Stabilisierung der Darmflora gegebenenfalls Antibiotika in diätetischer Dosierung verabreicht.

### 1.4.2 Chemotherapeutika

In der chemischen Industrie hergestellte Arzneimittel finden beim Geflügel vorwiegend Verwendung zur *Parasitenbekämpfung* (Wurmmittel, Trichomonaden- und Histomonaden-, Kokzidien-Bekämpfungsmittel) und zur Bekämpfung der durch *Bakterien bedingten* Erkrankungen (Sulfonamide, Furazolidone).

*Sulfonamide* werden in der Regel vom Darm leicht aufgenommen( resorbiert). Ihre Verabreichung ist deshalb über das Trinkwasser oder Futter möglich. In den Bakterien hemmen die Sulfonamide den Stoffwechsel, indem sie den Einbau der p-Aminobenzoesäure in die zum Wachstum der Bakterienzelle notwendige Folsäure verhindern. Den Zellen höherer Organismen schaden Sulfonamide nicht, weil in diesen Zellen keine Folsäure gebildet wird. Die Tiere nehmen wie der Mensch die für sie erforderliche Folsäure in fertigem Zustand als Vitamin auf (s. Seite 163).

### 1.4.3 Antibiotika

Antibiotika wurden zunächst als gegen Bakterien gerichtete Giftstoffe bestimmter Pilze entdeckt, es handelt sich also ursprünglich um biologische Stoffe aus dem Pflanzenreich. Heute können verschiedene Antibiotika aber auch im chemischen Laboratorium hergestellt und deshalb ebenso als Besonderheit der Chemotherapeutika betrachtet werden. *Der Wirkungsmechanismus* beruht, je nach Antibiotikum unterschiedlich ausgeprägt, auf einer Hemmung des Aufbaus der Bakterien, z. B. der Zellwand (Penicillin, Bacitracin), auf einer Hemmung der Eiweißbildung in der Bakterienzelle (Streptomycin, Tetracyclin), in einer Wirkung auf den Bakterien-Zellkern (Aktinomycin) und auf die Stoffwechselvorgänge in der Bakterienzelle. Vor allem das Penicillin kann auch Allergien auslösen und ist im Hinblick auf den Menschen bei Tieren, die der Gewinnung von Lebensmitteln dienen, nur unter größter Vorsicht anzuwenden.

Beim Geflügel werden Antibiotika vorwiegend eingesetzt zur Bekämpfung bakterien- und mykoplasmenbedingter Erkrankungen der Atemwege sowie bei Darmerkrankungen, die durch eine übermäßige Vermehrung bestimmter Bakterien (*Escherichia coli*-Keime, Salmonellen) zustande kommen.

Abb. 36. Bakterien-Antibiogramm (Resistenztest) zur Ermittlung eines wirksamen Antibiotikums; gut wirksam sind Nr. 1, 3 und 7, nicht wirksam Nr. 4 und 6.

Bakterien der inneren Organe und Atemwege werden nach Verabreichung der Antibiotika über das Trinkwasser oder Futter jedoch nur dann angegriffen, wenn es sich um solche Antibiotika handelt, die vom Darm leicht resorbiert werden können (Chloromycetin, Tylosin, Tetracycline). Schlecht resorbierbare Antibiotika (Streptomycin, Neomycin, Bacitracin) wirken bei einer derartigen Verabreichung vorzugsweise nur auf die Darmbakterien, führen dann aber auch weniger anhaltend zu Rückständen in den aus den Tieren gewonnenen Lebensmitteln.

Abb. 38 auf Seite 224 zeigt das Ergebnis einer *Rückstandsuntersuchung* zum Nachweis antimikrobiell wirksamer Stoffe in Fleisch und Nieren, wie sie aufgrund des Geflügelfleischhygienegesetzes bei Verdacht und stichprobenweise vorgeschrieben ist.

Eine gezielte Antibiotikabehandlung ist nur möglich nach Erstellung eines *Antibiogrammes,* d. h. nach Ermittlung eines wirksamen Antibiotikums durch Testung der im tierärztlichen Laboratorium isolierten Keime (Abb. 36). Es gibt Bakterienstämme, die sich schon von ihrem Aufbau her von bestimmten Antibiotika nicht angreifen lassen, andere werden unter einer vorausgegangenen Antibiotikabehandlung widerstandsfähig, resistent. Einzelne Bakterien haben dabei den Antibiotikaeinfluß überlebt und dann Oberhand über die empfindlichen Bakterien gewonnen. Diese Resistenz bleibt oft über Monate hinweg auch bei den Nachkommen dieser Bakterien noch erhalten.

Aus Gründen der Rückstandsbildung und des Resistentwerdens der zu bekämpfenden Bakterien dürfen Antibiotika-Kuren nur unter tierärztlicher Kontrolle durchgeführt werden (Rezeptpflicht!). Die Behandlung mit Antibiotika über das Futter unterliegt den Vorschriften für *Fütterungsarzneimittel* (siehe Seite 228).

Lediglich die Verabreichung ganz niederer, *diätetisch* wirksamer Antibiotikadosierungen zur Stabilisierung der Darmflora und damit Verbesserung der Futterverwertung, namentlich bei wachsenden Tieren, ist über das Futtermittelrecht geregelt und erfordert keine besondere tierärztliche Verschreibung.

### 1.4.4 Impfungen (passiv)

Die Übertragung von Schutzstoffe enthaltendem Serum (*passive* Impfung) zur Behandlung bereits von Krankheitserregern befallener Tiere spielt beim Geflügel nur eine untergeordnete Rolle, weil etwa notwendige Seren nicht im Handel sind. Zur Bekämpfung der *Gänsepest* wird in einigen tierärztlichen Instituten das entsprechende Schutzserum gewonnen. Schon wegen der Praktikabilität steht beim Geflügel die vorsorgliche, aktive Impfung im Vordergrund (s. Seite 173).

## 1.5 Krankheitsvorbeuge (Prophylaxe)

Die Krankheitsprophylaxe richtet sich in erster Linie gegen *Krankheitserreger.* Sie setzt im gesunden Bestand ein und ist Voraussetzung für jeden Erfolg in der Geflügelhaltung, weil sich bei dem engen Zusammenleben vieler Tiere unter gleichartigen Bedingungen jeder eindringende Krankheitskeim schnell ausbreitet und bald die Gesundheit oder zumindest die Leistung vieler Tiere ungünstig beeinflußt.

Möglichkeiten zur Abwehr der Krankheitserreger liegen im *Fernhalten* der krankmachenden Keime bzw. im *Vernichten* der Erreger vor der Belegung eines Stalles, in der *Isolierung* der Tiere, in der vorsorglichen Verabreichung von *Medikamenten* und der Durchführung von *Impfprogrammen.*

Bei der *Neuerstellung* eines größeren Geflügelstalles sollten zur allgemeinen Krankheitsvorbeuge beachtet werden:

Stallabstand von anderen Geflügelställen wenigstens 200 m (HEIDER 1973), Wasserabfluß für Reinigungs- und Desinfektionsmittellösungen, Stallvorraum für Schuh- und Kleiderwechsel sowie Händedesinfektion, Holzimprägnierung gegen Vogelmilben, wasserdichte zur Desinfektion geeignete Ventilatoren, Vogelgitter, Vorrichtungen zum Abhalten von Mäusen oder Ratten, zweites Futtersilo zur Möglichkeit für wechselseitige Reinigung und Desinfektion sowie für die Verabreichung von Fütterungsarzneimitteln, Wasservorlaufbehälter zur Möglichkeit der Verabreichung von Trinkwasser-Medikamenten und Impfstoffen, gegebenenfalls Einbau eines Zumischgerätes, Behälter in kühlem Bereich zur vorübergehenden Lagerung toter Tiere bis zur Abgabe an die Tierkörperbeseitigungsanstalt, elektrische Fliegenfalle, Notstromaggregat bzw. Alarmanlage für Stromausfall, Stalleinrichtung entsprechend den Tierschutz-Richtlinien.

### 1.5.1 Isolierung der Geflügelbestände

Das optimale Ziel, sämtliche Krankheitserreger von den Geflügelbeständen fernzuhalten, kann für die Wirtschaftsgeflügelhaltung unter den gegenwärtigen Bedingungen wegen der zu hohen Aufwendungen zur Isolierung der Bestände nicht gefordert werden.

Für die besonderen Zwecke der Impfstoffherstellung wie auch zur Gewinnung von Tieren oder Geweben für wissenschaftliche Versuche bzw. Viruskulturen werden jedoch solche erregerfreien, fortlaufend kontrollierten Bestände (**s**pezifiziert **p**athogen **f**reie Herden, SPF-*Bestände*) benötigt.

In Richtlinien, auf die Bedürfnisse der Impfstoff-Herstellung ausgerichtet, sind die zur *Anerkennung* eines SPF-Bestandes notwendigen, den jeweiligen wissenschaftlichen Erkenntnissen angepaßten Untersuchungsverfahren aufgeführt (Tab. 20).

Zum Freihalten der Herden von den in der Tab. 20 aufgeführten Krankheiten sind u. a. kostspielige Zuchtauswahl und Brutverfahren, die Zuführung keimfrei filtrierter Luft, eine besondere Bearbeitung des Fertigfutters und die vollständige Umkleidung des Tierpflegepersonals, mit Benutzung einer Dusche-Einrichtung vor Betreten des Stalles, erforderlich.

In den Intensivhaltungen der *Wirtschaftsgeflügelzucht* ist es allgemein nur möglich, Bestände aufzubauen, die frei sind von den Erregern der *Tuberkulose (Mycobacterium avium)* sowie des *Hühnertyphus* und der *weißen Kükenruhr (Salmonella pullorum).* Zum Fernhalten der Tuberkulose reichen nämlich die üblichen hygienischen Vorkehrungen der neuzeitlichen Geflügelaufzucht und Haltung gewöhnlich aus. Da die *Salmonella pullorum*-Keime, von der Übertragungsgefahr durch Wildvögel abgesehen, hauptsächlich von Bakterien-Dauerträgern über das Brutei weitergegeben werden, ist es gelungen, durch Kontrolle der Zuchtbestände (Frischblut-Schnellagglutination) Bakterienträger zu ermitteln und diese auszumerzen.

Geschlossene *Zuchtbestände* mit getrennten Altersgruppen werden überdies

Tab. 20. Methoden zum Nachweis der in den Richtlinien zur Impfstoffprüfung spezifizierten Infektionen, einschließlich der Kontrolle von SPF-Hühnerherden

| **Infektion** | **Erregerstamm oder Antigen im Testsystem bzw. entspr. Antiserum** | **Art des Tests** * |
|---|---|---|
| Aviäre Adenoviren | CELO-Phelps-Stamm, Tipton-Stamm | Agar-Gel-Präzipitation |
| Aviäre Enzephalomyelitis | van Roekel 37020 | Embryo-Empfänglichkeit (50 embryonierte Eier) |
| Aviäre Reoviren | Stamm Uchida oder andere geeignete Stämme | Agar-Gel-Präzipitation |
| Hühnerpocken | jeder Stamm, der spezifisch positive Präzipitationsreaktionen auslöst | Agar-Gel-Präzipitation |
| Infektiöse Bronchitis | jeder Stamm, der spezifisch positive Präzipitationsreaktionen auslöst | Agar-Gel-Präzipitation |
| | Beaudette, Massachusetts Nr. 41 | Neutralisation |
| Infektiöse Bursitis | eiadaptierte Stämme | Embryo-Empfänglichkeit (50 embryonierte Eier) |
| | Bursa-Antigen | Agar-Gel-Präzipitation |
| Infektiöse Laryngotracheitis | jeder Stamm, der spezifisch positive Präzipitationsreaktionen auslöst | Agar-Gel-Präzipitation |
| Influenza Typ A | Wilson-Stamm des klassischen Geflügelpest-Virus, Rostock-Stamm | Agar-Gel-Präzipitation oder Hämagglutinationshemmung |
| Leukose / Roussarkom | Roussarkom-Virus (RAV - 1 & RAV - 2) der Untergruppe A und B | Neutralisation |
| Mareksche Krankheit | kontagiöses Feldvirus (HPRS 16, A-B-C-Antigen) | Agar-Gel-Präzipitation Embryo-Test |
| Mycoplasma gallisepticum, M. synoviae | jedes nachweislich gut agglutinierende Antigen | Agglutination |
| Newcastle-Krankheit | $B_1$- oder andere Stämme | Hämagglutinationshemmung |
| Salmonella pullorum | Pullorum Vollantigen | Agglutination |
| Andere Salmonellen | | Kotuntersuchung, 3 Sammelproben zu je 10 Einzelproben |

* Bei nachweislich gleicher oder höherer Empfindlichkeit können auch andere Untersuchungsverfahren angewendet werden. Bei Verwendung von anderem Geflügel als Hühnern sind zusätzliche Tests erforderlich.

noch von *Mykoplasmen-Infektionen (Mycoplasma gallinarum)* freigehalten. Durch Blutuntersuchungen ist es auch hier möglich, Tiere, die den Erreger in sich beherbergen, zu ermitteln, diese auszumerzen bzw. durch besondere Behandlung der Bruteier, namentlich der Puteneier, die Erregerübertragung einzudämmen. Mykoplasmen sind vor allem Wegbereiter für Erkrankungen der Atmungsorgane und führen zusammen mit bestimmten Bakterien *(Escherichia coli)* zur chronischen Erkrankung der Atemwege (**C**hronic **R**espiratory **D**isease, CRD).

In *Käfighaltungen* sind *Darmparasiten* durch Trennung der Tiere vom Kot praktisch verschwunden. In der Bodenmast und Bodenaufzucht reichen jedoch allgemeine Vorkehrungen zum Fernhalten der Darmparasiten, vor allem der Kokzidien, in der Regel nicht aus.

Im besonderen wird die Wirtschaftsgeflügelzucht jedoch von den *Virusinfektionen* bedroht. Gezielte Maßnahmen der Krankheitsvorbeuge sind daher in der Wirtschaftsgeflügelhaltung unerläßlich.

### 1.5.2 Fernhalten der Erreger (Desinfektion)

*Stallreinigung* und *Desinfektion* vor der Stallbelegung, das Tragen stalleigener Schuhe und Schutzkleidung, das Abhalten betriebsfremder Personen und Einhalten eines möglichst großen Stallabstandes zu Nachbarställen sollen unliebsame Krankheitserreger vom Geflügelbestand fernhalten. Wenn dies unter den praktischen Gegebenheiten erfahrungsgemäß auch nicht lückenlos gelingt, so lohnt es sich doch, diese Vorkehrungen zu beachten. Namentlich bei den Darmparasiten, beispielsweise den Kokzidien, wie auch bei vielen Bakterien, besonders auch den Salmonellen, entscheidet nämlich über den Ausgang des Infektionsgeschehens ganz wesentlich die Zahl der zunächst aufgenommenen Mikroorganismen. Hält sich diese in Grenzen und sind die Erreger nicht allzu angriffsbereit (virulent), so bleibt dem befallenen Tier noch Zeit, seine Abwehrkräfte zu mobilisieren und möglicherweise Oberhand über die Eindringlinge zu behalten.

**Maßnahmen zum Fernhalten der Krankheitserreger**

*„Rein-Raus"-Methode* (unerläßlich in der Geflügelmast) mit zwischenzeitlicher Desinfektion und Entstaubung, Vorsorge beim Zukauf, Impfbescheinigung für Junghühner (Marekscher Krankheit, Newcastle Krankheit, Bronchitis, Gehirn-Rückenmarksentzündung, gegebenenfalls Gumboro), Kotuntersuchung innerhalb der ersten 5 Tage nach Zukauf (Haftung nach den Lieferbedingungen der Wirtschaftsgeflügelzüchter für Salmonella pullorum-Infektionen 48 Stunden, für Kozidiose 5 Tage), getrennte Luftführung bei Haltung verschiedener Altersgruppen, stalleigene Schuhe und Schutzkleidung, Händedesinfektion im Vorraum, Besucherverbot, schnelle Entfernung toter Tiere, gegebenenfalls tierärztliche Untersuchung, Ratten-, Mäuse-, Insekten- und Vogelmilbenbekämpfung, Fernhalten von Haustieren und Wildvögeln, regelmäßig Desinfektion der Tränkanlagen mit speziell geeigneten Desinfektionsmitteln, Siloreinigung mit Pilzdesinfektion, Futterbestellung nur für 1–2wöchigen Bedarf zur Vorbeuge fortschreitender Verderbnis.

Die *Desinfektion* hat zum Ziel, Krankheitserreger in der Umgebung der Tiere zu *vernichten.*

Ein gegen alle Krankheitserreger gleich stark wirksames Desinfektionsmittel gibt es nicht. Es ist deshalb wichtig, möglichst gezielt gegen die eine bestimmte Haltungsform (Bodenhaltung, Käfighaltung) in vermehrtem Maße bedrohende Erregergruppe (Außenparasiten, Eier der Innenparasiten, Bakterien, Mykoplasmen, Viren) vorzugehen.

**Möglichkeiten zur Vernichtung der Krankheitserreger** *(Desinfektion)*

**Hitze:** kochend heißes Wasser mit 2 %igem Sodazusatz (Hitzeeinwirkung über 65 °C, 30 Min. lang), Sonnenbestrahlung, Ausglühen einzelner Geräte, Abdecken des Kotes 10 cm hoch mit nichtverseuchtem Mist und 10 cm hoch mit Erde, Lagerung 2 Monate lang.

**Chemische Mittel** zur Anwendung nach gründlicher mechanischer Reinigung (Hochdruckstrahlgerät);

Ratten und Mäuse: Fraßgifte auf Kumarinbasis (für Hühner nahezu ungefährlich);

Außenparasiten: Phosphorsäureester, Karbamate;

Parasiteneier einschließlich Wurmeier und Kokzidiendauerformen: schwefelkohlenstoffhaltige Präparate (Vorsicht, Atemschutz!);

Pilze, Bakterien, Mykoplasmen: 1–3 %ige Formalinlösung (Vorsicht, Gasmaske!);
chlorhaltige Präparate (Rohchloramin), 1–2 %ig,
Phenolderivate, u. U. in Kombination mit Aldehyden, 1–2 %ig,
im Lebensmittelbereich: Quartäre Ammoniumverbindungen, Amphotensid;

Große Viren: chlorhaltige Präparate (Rohchloramin), 1–2 %ig,
Phenolderivate, 2 %ig;

Kleine Viren: Phenolderivate mit Aldehyden, 2 %ig,
Organische Jodverbindungen.

*Voraussetzung* für den Erfolg der Desinfektion mit chemischen Mitteln ist jedoch die vorangehende gründliche Reinigung mit pünktlicher Staub-, Kot- und Futterrestentfernung unter reichlicher Wasseranwendung oder mit Hilfe eines Wasserstrahlreinigers. Auch ein Dampfstrahlgerät dient ohne Beimischung eines Desinfektionsmittels nur zur Reinigung.

Die *Selbstentseuchung* eines Stalles, ohne zusätzliche chemische Desinfektion, ist abhängig von der Art der zurückbleibenden Krankheitserreger und dauert entsprechend unterschiedlich lang; sie kann deshalb in der Regel nicht abgewartet werden.

**Widerstandsfähigkeit verschiedener Erreger in der Umwelt**
*(Überlebensfähigkeit)*

Spulwurmeier im Boden ca. 1–6 Jahre

bestimmte Haarwürmer *(Capillaria caudinflata)* und die Erreger der Schwarzkopfkrankheit der Puten (Histomonaden) überleben in Regenwürmern

Bandwürmer entwickeln sich zur Finne (Zystizerkoid) in Zwischenwirten (Schnecken, Fliegen, Käfer)

| | |
|---|---|
| Kokzidien im feuchten kühlen Boden | ca. 1 Jahr |
| Salmonellen im Boden | bis ca. 1½ Jahre |
| im Flüssigkot | bis ca. 375 Tage |
| in Einstreu | bis ca. 5 Monate |
| in Käfighühner-Kot | bis ca. 3 Wochen |
| auf Heu | bis ca. 3 Monate |

Tab. 21. 2. Liste der nach den Richtlinien der DVG-geprüften und als wirksam befundenen Desinfektionsmittel für die Tierhaltung (Handelspräparate) Deutsches Tierärzteblatt 9/1977

(Stand: 1. Juli 1977)

| Name | Hersteller | Wirkstoffe | Bakterizidie spezielle Desinf. | Bakterizidie vorbeug. Desinf. | Tuberkulozidie | Fungizidie fungizid | Fungizidie begrenzt fungizid | Viruzidie viruzid | Viruzidie begrenzt viruzid | Antiparasitäre Wirkung |
|---|---|---|---|---|---|---|---|---|---|---|
| 1 | 2 | 3 | 4 a | 4 b | 5 | 6 a | 6 b | 7 a | 7 b | 8 |
| Aldehyd-Flächendesinfektion | Antiseptica 5024 Puhlheim/Köln | Aldehyde Rohm & Haas | 2 % 3h | 1 % 2h | | 2 % 3h | 1 % 2h | 3 % 4h | 1 % 3h | |
| Club-TGV 2 | Belgium S.R. Brüssel *Vertrieb:* Clubkraftfutterwerke 2 Hamburg 28 | Kresolsäurederivate (wie Pantek) | | 2 % 2h | | 6 % 2h | 2 % 2h | | | |
| Club-TGV 4 | Rohm & Haas Belgium S.R. Brüssel *Vertrieb:* Clubkraftfutterwerke 2 Hamburg 28 | Iodophor (wie Iodicide plus) | 3 % 4h | 1 % 2h | | 3 % 4h | 1 % 2h | | | |
| Farm-Fluid | Deutsche Shell-Chemie GmbH 6 Frankfurt | Teersäuren | | 2 % 2h | | | 2 % 2h | | | |
| Iodicide plus | Rohm & Haas Belgium S.R. Brüssel | Iodophor | 3 % 4h | 1 % 2h | | 3 % 4h | 1 % 2h | | | |
| Korsolin® Th | Bacillolfab. Dr. Bode & Co. 2 Hamburg 54 | Aldehyde | 3 % 4h | 1 % 2h | | 3 % 4h | 2 % 2h | 3 % 4h | 1 % 1h | |

| Name | Hersteller | Wirkstoffe | Bakterizidie spezielle Desinf. | Bakterizidie vorbeug. Desinf. | Tuberkulozidie | Fungizidie fungizid | Fungizidie begrenzt fungizid | Viruzidie viruzid | Viruzidie begrenzt viruzid | Antiparasitäre Wirkung |
|---|---|---|---|---|---|---|---|---|---|---|
| 1 | 2 | 3 | 4 a | 4 b | 5 | 6 a | 6 b | 7 a | 7 b | 8 |
| Lysococ –® flüssig | Schülke & Mayr GmbH 2 Norderstedt | Schwefelkohlenstoff, Phenole | | | | | | | | 4 % ½h (auf Kokzidien-Oozysten) |
| Lysovet PA® | Schülke & Mayr GmbH 2 Norderstedt | Aldehyde, Phenole, Alkohole | 2 % 4h | 1 % 2h | 2 % 4h | 3 % 4h | 1 % 2h | 2 % 4h | 1 % 2h | |
| Pantek | Rohm & Haas Belgium S.R. Brüssel | Kresolsäurederivate | | 2 % 2h | | 6 % 2h | 2 % 2h | | | |
| Tegodor 73® | Goldschmidt AG 43 Essen | Aldehyde, quartäre Ammoniumverbindungen | 2 % 4h oder 4 % 2h | 1 % 2h oder 2 % 1h | | 3 % 4h | 2 % 2h | | | |

Spalte 4 a
„Spezielle Desinfektion“: Gezielte Maßnahme gegen bestimmte Erreger bakterieller Infektionskrankheiten mit Ausnahme von Bakteriensporen (i. d. R. in nicht belegten Stallungen oder Stallabteilungen bzw. auf Flächen oder Geräten ohne gleichzeitigen Tierkontakt)

Spalte 4 b
„Vorbeugende Desinfektion“: Hygienische Maßnahme zur allgemeinen Keimverminderung in belegten und unbelegten Stallungen (z. B. in Hygieneprogrammen)

Spalte 6 a
„Fungizid“: Breite Wirkung gegen Mykoseerreger einschließlich Candidaarten (Testkeim Candida albicans)

Spalte 6 b
„Begrenzt fungizid“: Wirksam gegen Dermatophyten (Testkeim Trichophyton mentagrophytes) und Schimmelpilze

Spalte 7 a
„Viruzid“: Wirksam gegen alle Viren

Spalte 7 b
„Begrenzt viruzid“: Nur wirksam gegen Viren mit Hülle (s. Tab. 14, Seite 148)

Spalte 8
Wirksam gegen die Dauerformen aller Endoparasiten

Geflügeltuberkulose-Bakterien im schattigen Auslauf ca. 3 Jahre

Viren bei hohen Temperaturen und unter Sonnenlicht weniger widerstandsfähig als bei niederen Temperaturen,
Temperaturen unter 0 °C konservieren Viren (Virus der Newcastle-Krankheit überlebt in der Tiefkühltruhe!)

| | | |
|---|---|---|
| Virus der Newcastle-Krankheit | im Käfighühner-Kot | 1–3 Wochen |
| | in Kadavern | monatelang |
| | in gefrorenem Schlachtgeflügel | jahrelang |
| Virus der infektiösen Bronchitis | bei Zimmertemperatur | tagelang |
| | bei kühleren Temperaturen | wochenlang |
| REO- und Adenoviren im Kotstaub | | wochenlang |
| Gumboro-Virus im nicht desinfizierten Stall | | bis ca. 122 Tage (Benton u. a. 1967) |
| Virus der Marekschen Krankheit im Stallstaub | | monatelang (über 16 Wochen, Witter u. a. 1968) |

Von der Deutschen Veterinärmedizinischen Gesellschaft sind Richtlinien zur *Prüfung der Desinfektionsmittel* erstellt worden. Prüfungsergebnisse werden fortlaufend bekannt gegeben. Tab. 21 gibt die zweite veröffentlichte Liste wieder.

### 1.5.3 Medikamentöse Prophylaxe und Metaphylaxe

Gerade beim Geflügel lassen sich Zeiten mit besonderer Krankheitsgefährdung, den jeweiligen Gegebenheiten entsprechend, voraussehen. So sind Jungtiere, sofern sie in einer Boden- oder Auslaufhaltung stehen, besonders anfällig für Kokzidien- und Wurmbefall, Puten für Erkrankungen durch Kokzidien oder Histomonaden, den Erregern der Schwarzkopfkrankheit. Jungtauben werden von Trichomonaden, die den „Gelben Knopf“ erzeugen, befallen. Erkrankungen der Atemwege treten vorzugsweise nach einer Umstallung oder bei extremen Klimabedingungen auf.

Durch eine vorbeugende Verabreichung von Medikamenten während der gefährdeten Zeit lassen sich Erkrankungen vermeiden.

Bei längerdauernder Verabreichung von Medikamenten in einer „vorbeugenden Dosierung“ spricht man von *prophylaktischen* Gaben.

Eine gezielte, kurzdauernde Verabreichung eines Medikamentes in der therapeutischen Dosis, wie sie auch zur Krankheitsbehandlung notwendig ist, hier aber verabreicht noch vor dem Krankheitsdurchbruch, wird *Metaphylaxe* genannt.

Neben Vitamin-, Mineralsalz- und Spurenelementgaben werden beim Geflügel zur Pro- und Metaphylaxe Präparate nach dem Futtermittel- und Arzneimittelrecht verabreicht, und zwar

- nach dem *Futtermittelrecht:* Kokzidiostatika für Junghühner und Mastputen, Amoebostatika für Mastputen;
- nach dem *Arzneimittelgesetz* auf tierärztliche Verschreibung (bei Verabreichung im Futtermittel = Fütterungsarzneimittel): Antibiotika vor oder unmittelbar nach Umstallungen,
  Trichomonadenmittel (Imidazole) vor Brutbeginn der Tauben,
  Wurm- und Kokzidiosemittel vor der Umstallung von der Bodenhaltung in Käfighaltung.

Da bei pro- und metaphylaktischen Arzneimittelgaben Krankheitserscheinungen noch nicht ausgeprägt sind, die Tiere also in der Regel normale Futteraufnahme zeigen, ist es hierbei möglich, die Präparate auch in das Fertigfutter einmischen zu lassen. Namentlich im Rahmen tierärztlicher Betreuungsverträge sind solche Arzneimittelgaben möglich. Hier liegt das Gebiet der Fütterungsarzneimittel.

### 1.5.4 Impfungen (aktiv)

*Aktive* Impfungen zur vorbeugenden Erhöhung der spezifischen Abwehrkraft gegen Virusinfektionen haben beim Geflügel besondere Bedeutung. Durch eine Impfung werden dem Organismus abgetötete oder abgeschwächte, aber noch infektiöse Krankheitserreger zugeführt, die als körperfremde Stoffe, als Antigen, den Körper zur Bildung von Gegenkörpern, von Schutzstoffen (Antikörpern) anregen. Bestimmte weiße Blutkörperchen (T-Zellen) können dann später eindringende, gefährliche Krankheitserreger selbst angreifen und unschädlich machen *(zelluläre Immunität)*. Andere weiße Blutkörperchen (B-Zellen) sezernieren die aus Eiweißstoffen bestehenden Antikörper, die dann, frei im Blut schwimmend, zur Bindung eindringender Krankheitskeime bereit stehen *(humorale Immunität)*.

Der Ablauf der Immunreaktionen ist aus Abb. 37 ersichtlich.

Um Hühnerbestände fortlaufend unter Impfschutz zu halten, ist die Durchführung von Impfprogrammen nach bestimmtem Plan erforderlich. Tab. 22 ver-

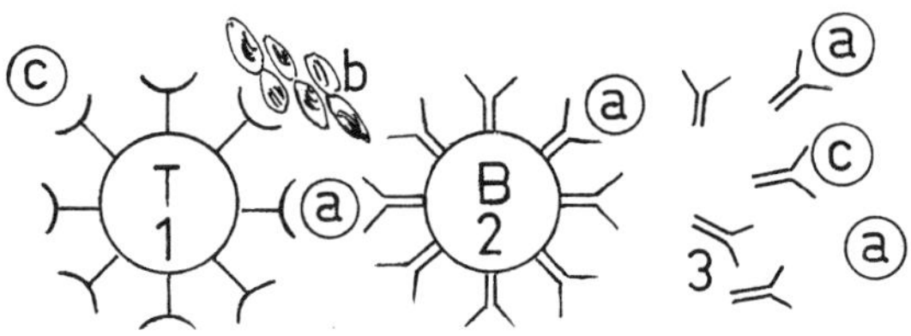


Abb. 37. Immunreaktionen
1 = **T-Zelle,** vom Thymus (Thymusdrüse) zum **T**hymus-Lymphozyt (weißes Blutkörperchen) modifizierte Knochenmarkszelle, als Immunzelle (Schutzkörper) wirksam bei unmittelbarem Kontakt mit dem Erreger-Antigen (a) = **zelluläre Immunität,** bei Kontakt mit fremdem Gewebe (b) = **Transplantatabstoßung,** bei Kontakt mit Allergenen (c) = **Allergie** vom Spättyp.
**a, b, c, = Antigen,** ein die Schutzstoff-Produktion anregender Bestandteil der Krankheitserreger (a) oder wirksamer Faktor in körperfremdem Gewebe (b) und in den eine Allergie auslösenden Stoffen (Allergene) (c).
2 = **B-Zelle,** beim Huhn von der Bursa Fabricii zum **B**ursa-Lymphozyt modifizierte Knochenmarkszelle, durch Einwirkung von Antigen (a) in Zusammenarbeit mit der T-Zelle (1) zur Immunzelle (Plasmazelle) ausgereift, produziert Eiweißstoffe (Immunglobuline), die, auch vom Lymphozyten abgestoßen, frei im Blut schwimmend als **Antikörper** (3) zur Bindung von Antigenen (a) der Krankheitserreger zur Verfügung stehen = **humorale Immunität** (Nachweis durch serologische Blutuntersuchungen), bei Bindung mit Allergenen (c) kommt es zur **Allergie** vom Soforttyp (Freisetzen von Histamin; Verengung der Bronchien, Atemnot; Erweiterung der Hautgefäße, Hautschwellungen).
3 = **Antikörper** (Schutzstoffe, Immunglobuline), die sich frei im Blutserum schwimmend unmittelbar mit Krankheitserregern bzw. Bestandteilen (a) der Erreger verbinden und diese unschädlich machen; die Ypsilon-Form entspricht ungefähr der Molekülstruktur der Immunglobuline (Serumproteine, Antikörper).

Tab. 22. Viruskrankheiten mit Möglichkeiten zur Schutzimpfung

**MD = Mareksche Krankheit** (Marek's Disease):

*Virus* allgemein verbreitet, führt zu Geschwulstbildungen und zu Erkrankungen des Ner systems; Virus im Staub von Hühnerställen über 4 Monate,

*Verluste* während Aufzucht und zu Beginn des ersten Legejahres, außerdem hohe allgem Krankheitsanfälligkeit;

*Impfung* der Eintagsküken in der Brüterei lohnt sich für Aufzüchter (weniger Aufzuchtverlu und Legehennenhalter (höhere Leistung je eingestallte Henne, s. Tab. 23).

**IBD = Infektiöse Bursa Disease = Gumboro Krankheit:**

*Virus,* das unter bestimmten Voraussetzungen zu verlustreichem Krankheitsverlauf mit S digungen an der Bursa Fabricii sowie den Nieren und Blutgefäßen führt und bei frühzeit Durchseuchung auch die Abwehrkräfte, die Ausbildung der Immunität gegen sonstige In tionskrankheiten schwächt; gegen Umwelteinflüsse außerordentlich widerstandsfähiges V daher weit verbreitet und nur durch eine spezielle, gründliche Desinfektion zu vernichten; Schutz vor der Einschleppung des Erregers wäre schärfste Isolierung des Bestandes notwen

*Verluste* 3. bis 8. Lebenswoche, besonders gefährlich bei Einbruch des Erregers in Mastbestä Dauer der erhöhten Ausfälle ca. 4 Tage;

*Impfung* zwischen 7. und 10. Lebenstag dort notwendig, wo bei vorausgehender Aufzucht grö Verluste aufgetreten sind. Zuchttiere sollten im Jungtieralter geimpft werden, damit später Küken Schutzstoffe im Eidotter mitgegeben werden.

**ND = Newcastle Disease = Newcastle-Krankheit** landläufig auch Geflügelpest benannt **zeigepflichtig!):**

*Virus,* weltweit vorkommend, jedoch nicht identisch mit dem Erreger der bis ungefähr Jahre 1925 vorkommenden klassischen Hühnerpest; Seucheneinbruch jederzeit möglich nach krankmachender Kraft des Erregers Atmungsbeschwerden, Durchfall und hohe Ver oder unklares Krankheitsbild mit Leistungsabfall; Einschleppung des Erregers häufig Schlachttierabfälle oder durch Zukauf unvollkommen geimpfter Jungtiere;

*Verluste* in jedem Lebensalter;

*Impfung* im Rahmen eines Impfprogrammes (3 mal im Jungtieralter, später in vierteljährli Abständen) für alle Bestände ratsam! Auswahl des jeweils geeigneten Impfstoffes durch Tierarzt. In der BRD ist die Impfung von Beständen mit 200 und mehr Hühnern geset vorgeschrieben.

**IB = Infektiöse Bronchitis:**

*Virus,* weit verbreitet, führt zu einer Allgemeinerkankung, nur gelegentlich Durchbruch typischen Erkrankung der Atmungsorgane;

*Schaden* hauptsächlich durch Leistungsabfall, wenn Legehennen in der Jugend noch nicht d seucht sind bzw. wenn das Virus in Mastbetriebe einbricht;

*Impfung* (2 bis 3 mal im Jungtieralter, 1 mal bei Mastküken) für alle Bestände mit Ausna ganz streng isolierter Mastbestände empfehlenswert; da verschiedene Virustypen vorkom ist der Schutz nicht immer vollkommen.

**AE = Aviäre Enzephalomyelitis** = ansteckende Gehirn-Rückenmarks-Entzündung der Vög Zitterkrankheit der Küken:

*Virus* allgemein verbreitet, führt jedoch zu Erkrankungen des Nervensystems nur bei Küke von den Mutterhennen nicht ausreichend Schutzstoffe über den Dotter mitbekommen h

*Verluste* nur unter Küken, Leistungsabfall bei Durchseuchung im Legealter;

*Impfung* üblich bei Elterntier-Junghühnern im Alter von 12–16 Wochen, ratsam auch bei is ter Aufzucht von Legehennen.

**PO = Pocken-Diphtherie der Hühner:**

*Virus,* nur noch in bestimmten Gegenden vorkommend, die Diphtherie-Form führt zu Atm beschwerden und Ersticken;

*Verluste* und Leitsungsabfall nach Seucheneinbruch hoch;

*Impfung* nur in bestimmten Gebieten notwendig, in geschlossenen Intensivhaltungen i Regel nicht erforderlich, Notimpfung möglich.

Tab. 23. Abhängigkeit der Legeleistung von Gesundheitsstörungen im Bestand (nach den Ergebnissen im staatl. Prüfhof St. Johann, Woernle 1976)

| Nr. | Schlupfjahr | Zahl der Herkünfte | Impfstoff | Tierzahl bei Einstallung B = Bodenhaltung K = Käfighaltung | Gesamtverluste 141.–500. Leb.-Tag (12 Mon.) | Marek-Verluste | Marek unter den Verlusten | lymphoide Tumoren | Tumoren unter den Verlusten | Fettleber | Legeleistung 500-Tage-Test, je eingestallte Henne |
|---|---|---|---|---|---|---|---|---|---|---|---|
| 1 | 1967 | 26 | – | B. 2600 l. Hybriden | 23,8 % | 5,4 % | 22,5 % | 14,0 % | 58,6 % | | 196,1 Eier |
| 2 | 1968 | 26 | – | B. 2571 l. Hybriden | 21,8 % | 3,7 % | 17,1 % | 13,1 % | 60,0 % | | 204,2 Eier |
| 3 | 1969 | 25 | – | B. 2500 l. Hybriden | 20,3 % | 3,2 % | 15,7 % | 13,1 % | 64,6 % | | 204,6 Eier |
| 4 | 1970 | 23 | A | B. 1150 l. Hybriden | 9,0 % | 0,3 % | 2,9 % | 4,0 % | 44,2 % | 1,6 % | 233,7 Eier |
| | | 23 | A | K. 920 l. Hybriden | 11,1 % | 0,9 % | 7,8 % | 2,4 % | 21,6 % | 1,9 % | 228,2 Eier |
| 5 | 1971 | 22 | B | B. 1100 l. Hybriden | 13,0 % | 0,27 % | 2,1 % | 3,0 % | 30,1 % | 7,6 % | 229,03 Eier |
| | | 22 | B | K. 880 l. Hybriden | 13,5 % | 0,7 % | 5,0 % | 4,1 % | 30,3 % | 6,6 % | 234,8 Eier |
| 6 | 1972 | 23 | B | B. 1150 l. Hybriden | 6,6 % | 0,17 % | 2,6 % | 3,1 % | 47,4 % | 1,7 % | 236,6 Eier |
| | | 23 | B | K. 920 l. Hybriden | 6,5 % | 0,0 % | 0,0 % | 2,6 % | 40,0 % | 1,9 % | 243,5 Eier |
| 7 a | 1973 | 20 | B | K. 1600 l. Hybriden | 34,3 % | 0,1 % | 0,06 % | 20,3 % | 59,2 % | 5,8 % | 185 Eier |
| 7 b | | 6 | B | K. 480 schw. Hybrid. | 10,2 % | 0,0 % | 0,0 % | 3,4 % | 33,3 % | 3,2 % | 233 Eier |
| 8 a | 1974 | 16 | C | K. 1536 l. Hybriden | 11,5 % | 0,1 % | 0,9 % | 3,3 % | 28,7 % | 3,8 % | 243,6 Eier |
| 8 b | | 7 | C | K. 672 schw. Hybrid. | 4,8 % | 0,0 % | 0,0 % | 0,4 % | 8,3 % | 2,1 % | 244,4 Eier |
| 9 a | 1975 | 18 | A | K. 1728 l. Hybriden | 10,6 % | 0,0 % | 0,0 % | 3,5 % | 32,6 % | 3,5 % | 245,4 Eier |
| 9 b | | 6 | A | K. 576 schw. Hybrid. | 8,3 % | 0,0 % | 0,0 % | 0,3 % | 4,2 % | 4,7 % | 244,2 Eier |

**Legeleistungssteigerung** nach Einführung der Marek-Impfung bei den **leichten, weißen Hybriden:**
Durchschnittslegeleistung 1967–1969 = 201,63 Eier je Anfangshenne (ohne Impfung!)
Durchschnittslegeleistung 1970–1972 = 234,31 Eier je Anfangshenne (mit Impfung!)
*Steigerung* nach Marek-Impfung = *16,21 %*
Im Jahre 1973 Leistungsminderung durch Virusinfektion = 185 Eier je Anfangshenne
Durchschnittslegeleistung 1974–1975 = 244,50 Eier je Anfangshenne

mittelt einen Überblick über die bei Hühnern *möglichen Impfungen*. Gegen bestimmte, leistungsmindernde Virusinfektionen (Adeno- und REO-Viren) ist noch kein Impfstoff im Handel (s. Abb. 35 auf Seite 159). Impfprogramm s. Seite 217. Auswirkungen der Marek-Impfung auf die Legeleistung s. Tab. 23.

Da jeder erreichbare Impfschutz gerade in der Massentierhaltung nicht vom Anbieten irgendeines Impfstoffes, sondern von der Beachtung vieler Faktoren abhängig ist, dient es dem Impferfolg und damit dem Tierbesitzer, daß in der BRD nach der „Impfstoffverordnung – Tiere" (s. Seite 217) Impfstoffe *nur vom Tierarzt* fachgerecht verwendet werden dürfen.

Geimpft wird gegen MD, IBD, ND, IB, AE und PO im allgemeinen mit aus Kulturpassagen ausgewählten, lebenden und noch vermehrungsfähigen, *infektiösen* Viren, Impfstoffe mit *abgetöteten* Erregern gibt es zusätzlich gegen die ND.

Durch wiederholte Impfungen mit *nicht-infektiösem,* hoch antigenhaltigem Impfstoff läßt sich der Schutz wesentlich verstärken und verlängern. *Infektiöse* Impfstoffe führen dagegen schneller als die Totimpfstoffe zum Schutz, kommen aber nur auf Tieren zum Haften, die wenig mütterliche Schutzstoffe oder wenig Restimmunität vorausgegangener Impfungen besitzen (Woernle 1973).

# 2 Spezieller Teil

Die Einteilung der Gesundheitsstörungen aufgrund auslösender Ursachen der Erbmasse, Haltung, Fütterung sowie der verschiedenen Arten von Krankheitserregern (Parasiten, Pilze, Bakterien, Mykoplasmen, Viren) kann in erster Linie ausgewertet werden für die *allgemeine Krankheitsvorbeuge,* bei den Erregern auch im Hinblick auf die Auswahl der Desinfektionsmittel sowie vorbeugender Maßnahmen wie Isolierung und allgemeine Hygiene (Parasiten), Chemotherapeutika und Antibiotika (Einzeller und Bakterien), Impfungen (Viren).

Die Spezialisierung der Haltungsformen (Boden-, Käfighaltung) wie auch die zunehmende Trennung der Altersgruppen, der Zucht, Mast, Aufzucht, Legehennenhaltung, Putenmast, des Wasser- und Ziergeflügels haben aber auch für jede dieser Gruppen eigene Krankheitsprobleme aufkommen lassen.

Für die Gesunderhaltung des Geflügels ist es daher nützlich, Gesundheitsstörungen und Vorbeuge zusätzlich auf die *besonderen Haltungsformen* bezogen zu betrachten. Da bei Krankheitsdurchbruch möglichst eine genaue Laboratoriumsdiagnose eingeleitet werden sollte, sind die Gesundheitsstörungen in nachstehenden Übersichten entsprechend ihrer Bedeutung für die einzelnen Haltungsformen und in der ungefähren aus Erfahrungen gewonnenen Reihenfolge des zeitlichen Auftretens gegliedert.

## 2.1 Spezielle Krankheiten bei Hühnern

### 2.1.1 Gesundheitsstörungen bei Mast und Aufzucht

Gesundheitsstörungen bei Mast und Aufzucht gleichen sich in den ersten Lebenswochen, sofern die Tiere in einer Bodenhaltung stehen.

Schwerpunkte liegen bei der *Jungflügelmast* neben Störungen, die durch den Kükentransport und die mangelhafte Stallvorbereitung auftreten, vor allem in den plötzlichen Todesfällen durch Herzversagen *(Herztod)* in der 2. bis 3. Lebenswoche, im Auftreten von *Perosis*-Fällen und im möglichen Durchbruch einer *Kokzidiose* oder der *nekrotisierenden Darmentzündung.* Die *Virusinfektionen* können durch sorgfältige Isolierung der Bestände in der Regel abgewehrt werden. Die Impfung gegen die *Newcastle-Krankheit* ist wie bei allen über 200 Tiere zählenden Beständen vorgeschrieben, eine *Bronchitis-Impfung* wird in der Regel nur bei besonders gefährdeten Mastbeständen, z. B. wenn Legehühner in unmittelbar benachbarten Betrieben gehalten werden, durchgeführt. Die *Marek-Impfung* erübrigt sich, da die Mastküken im Gegensatz zu den Verhältnissen in den USA im allgemeinen bereits in einem Alter geschlachtet werden, in dem die Krankheit trotz Infektion noch nicht zum Durchbruch kommt.

Ähnlich liegen die Verhältnisse beim *Haar- und Spulwurmbefall,* da die Entwicklung der Haarwürmer von der Eiaufnahme bis zur Geschlechtsreife und Eiablage (sog. Präpatentzeit) rund 23–26 Tage, die der Spulwürmer etwa 47–50 Tage dauert.

*Salmonellenbefall* wirkt sich vor allem aus lebensmittelhygienischer Sicht (Geflügelfleischhygienegesetz!) störend aus und muß durch Ausmerzen von Bakterienträgern bei den Elterntieren wie auch durch strenge Isoliermaßnahmen während der Mastdauer und gründliche Desinfektionsmaßnahmen beim Bestandswechsel bekämpft werden.

Bei der *Lege-Aufzucht* ist der Durchbruch der *Marekschen Krankheit* ohne die Kükenimpfung und das Vermeiden einer Frühinfektion während der ersten 10–14 Lebenstage unter praktischen Gegebenheiten unvermeidbar. Parasitenbefall (Kokzidien, und Wurmbefall) läßt sich eigentlich nur bei der Käfigaufzucht sicher abhalten. Folglich liegt darin vor allem der große Vorteil einer Käfigaufzucht. Bei Bodenaufzucht sind vor der Umstallung in den Legebetrieb immer Kotuntersuchungen und notfalls noch *Kokzidiose-* und *Wurmkuren* erforderlich.

*Impfungen* gegen infektiöse Bronchitis und aviäre Enzephalomyelitis schützen vor Leistungseinbrüchen während der Legeperiode. Tab. 24 zeigt mögliche Vorkommnisse bei *Mast und Aufzucht. Impfprogramm* s. Seite 217.

### 2.1.2 Gesundheitsstörungen bei Lege- und Zuchtbeständen in Bodenhaltung

Auch in der Bodenhaltung von Lege- und Zuchtbeständen drohen die größten Gefahren vom *Parasitenbefall.* Selbst Kokzidiosedurchbrüche mit Todesfällen kommen bei Legehennen noch vor, namentlich dann, wenn die Tiere infolge der Unterdrückung der Durchseuchung im Jungtieralter durch Verabreichung von stark wirksamen Kokzidiostatika oder wegen Käfigaufzucht noch keinerlei Immunität erworben haben.

Vogelmilben nisten sich gerne in den Ritzen und Fugen alter Holzställe ein. *Tuberkulosebakterien* und *Salmonella*-Keime halten sich in schattigen, feuchten Ausläufen jahrelang.

Die wesentlichen Krankheiten der *Bodenhaltung* sind in Tab. 25 zusammengefaßt.

### 2.1.3 Gesundheitsstörungen in Käfighaltungen

Die im Hinblick auf die Eigewinnung auch aus lebensmittelhygienischer Sicht vorteilhafte Käfighaltung läßt nach der Einstallung parasitenfreier Tiere zumindest *Innenparasitenbefall* (Wurm- und Kokzidienbefall) nicht hochkommen.

*Bakterienbedingte* Krankheiten (Tuberkulose und weitgehend auch Salmonellenbefall) werden durch die Trennung des Kotes von den Tieren abgehalten. Die Bedrohung durch die *Viruskrankheiten* bleibt zwar, sie kann aber bei der Newcastle-Krankheit, der infektiösen Bronchitis und aviären Enzephaphalomyelitis durch Impfungen im Jungtieralter beträchtlich abgeschwächt werden. Die Leukosevorbeuge muß sich bislang noch auf die Resistenzzucht beschränken. Der Marek-Impfschutz erhöht jedoch allgemein die Widerstandskraft. Die Impfung gegen die aviäre Enzephalomyelitis (AE) empfiehlt sich im Jungtieralter, um einem Leistungsabfall durch die Infektion während der Legeperiode entgegenzuwirken (Dorn, Kronthaler 1964).
Der Betriebsleiter muß sich jedoch bei jeder Käfighaltung im klaren sein, daß die Tiere gänzlich auf die *Pflege* und *Versorgung* durch den Menschen angewiesen sind. Fehler in der Regulierung des Stallklimas, der Fütterung und Wasserversorgung müssen vermieden werden. So lassen sich auch die der Käfighaltung zugeschriebenen Krankheiten wie Fettlebersyndrom und Käfigmüdigkeit vermeiden. Aus Tab. 26 sind die wesentlichen Erkrankungen der *auf Drahtböden stehenden Hühner* zu entnehmen.

## 2.2 Spezielle Krankheiten bei Puten

Zur Krankheitsbekämpfung in der Putenzucht und Putenmast sind neben den allgemeinen hygienischen Vorkehrungen einige den Puten eigene Krankheitsprobleme zu beachten.

Schon die Aufzucht der Putenküken erfordert wesentlich mehr Aufmerksamkeit und Sorgfalt als die von Hühnerküken. *Kannibalismus* läßt sich oft nur durch Kürzen des Oberschnabels in der 2. Lebenswoche vermeiden. Krankheitsfördernd wirken während der ersten 6 Lebenswochen vor allem Fehler in der Beleuchtung (viel Licht notwendig zum Auffinden von Futter und Wasser), in der Stalltemperatur und Feuchtigkeit. Einstreu und Futter mit Schimmelpilzen lösen *Aspergillose* aus, Quarzsandmangel führt schnell zu *Magenverstopfungen,* Vitamin D- und Mineralsalzmangel zu *Rachitis.*
Putenhähne werden zur Zeit der Geschlechtsreife, von der 12. bis 20. Lebenswoche vor allem im Frühjahr bei hellem Licht und Unruhe im Stall (gemeinsame Haltung von Hähnen und Hennen) infolge einer *Aortenruptur* (Riß der Bauchschlagader) vom plötzlichen Tod mit innerer Verblutung betroffen.

*Kokzidiosen* lassen sich im allgemeinen mit Hilfe der Kokzidiostatika in Schranken halten. Eine typische Putenkrankheit wird aber durch andere Protozoen (Einzeller), durch Histomonaden, verursacht: die *Schwarzkopfkrankheit* oder ansteckende Blinddarm-Leber-Entzündung. Sie läßt sich durch Amoebostatika im Futter verhüten (Absetzfrist 5 Tage!). Regenwürmer stapeln den Erreger bis zu 11 Jahren im Auslauf.

Die einzelligen *Hexamiten* verursachen bei Putenküken eine schleimige Darmentzündung; diese Erreger sind in der BRD jedoch selten anzutreffen.

Durch *Mykoplasmen* werden bei Puten Sinusitis (Unteraugenhöhlenentzündung) und Synovitis (Gelenkentzündung) ausgelöst, eine besondere Behandlung der Bruteier zur Unterbrechung der Übertragungskette ist deshalb, auch wegen der weniger gefährlichen, aber weit verbreiteten *Mycoplasma meleagridis*-Keime, notwendig (BORGMANN 1973).

Von den bakterienbedingten Krankheiten wird neben dem *Salmonellenbefall* die *Geflügelcholera* am meisten gefürchtet (anzeigepflichtig!). Die Behandlung, z. B. mit Sulfaquinoxalin, bringt im allgemeinen nur vorübergehenden Erfolg; Serum und Impfstoff stehen kaum mehr zur Verfügung. *Rotlaufinfektionen,* wobei die Keime über die Fütterung eingeschleppt werden können, gefährden vor allem das Schlachtpersonal.

Verschiedene Virusinfektionen führen zur *hämorrhagischen Enteritis,* zur blutigen Darmentzündung und zur *lymphoproliferativen Disease (LPD)* mit leukoseartigen Auftreibungen von Leber und Milz (Salamimilz), namentlich bei Hähnen ab der 17. Lebenswoche. Auch die *Newcastle-Krankheit* kann Puten befallen, wobei zu berücksichtigen ist, daß es bei Puten schwieriger als bei Hühnern ist, einen Impfschutz gegen die Newcastle-Krankheit aufzubauen.

Tab. 27 zeigt die wesentlichen *Putenkrankheiten,* eingeteilt nach dem ungefähr zeitlich zu erwartenden Auftreten, wie sich dieses aus der Erfahrung ergeben hat.

Zur *Putenimpfung* eignet sich beispielsweise nachstehendes Impfprogramm:

Mast und Zucht:

Newcastle-Krankheit (ND)
21. Tag (LaSota, doppelte Hühnerdosierung, Trinkwasser, bei Seuchengefahr 1. Impfung in erster Lebenswoche)
9. Woche (LaSota, Wiederholung)
17. Woche (LaSota, in der Mast nur bei den Hähnen)

Nur Zuchttiere:

25.–26. Woche (Hitchner $B_1$, Lebendvirus-Adsorbatimpfung)
Wiederholung der Trinkwasserimpfungen in 7-wöchentlichem Abstand
Aviäre Enzephalomyelitis (AE) ca. 28. Woche
Cholera
ca. 13. und 20. Woche, inaktivierte *Pasteurella multocida*-Vakzine
Rotlauf
ca. 13. und 20. Woche, inaktivierte Rotlauf-Adsorbatvakzine
Pocken
ca. 19. bis 22. Woche, abgeschwächtes Hühnerpockenvirus

Bei Elterntieren sind überdies *Blutuntersuchungen* erforderlich zum Nachweis von *Salmonella pullorum*-Infektionen, *Mycoplasma gallisepticum*- und gegebenenfalls *M. synoviae*-Infektionen. Für Bronchitisvirus sind Puten unempfänglich.

Eine Trennung der verschiedenen *Altersgruppen* ist bei Mast und Zucht in Verbindung mit der Rein-Raus-Methode unerläßlich. Nach Reinigung und Desinfektion lohnt sich eine Leerzeit des Stalles von 4 Wochen, nachdem noch vor Entfernung der Einstreu eine sorgfältige Ratten- und Mäusebekämpfung (Salmonellengefahr!) eingeleitet worden war. Zur Abwendung der Einschleppung von *Pasteurella*-Keimen, den Choleraerregern, sind die Stallungen absolut vogeldicht zu halten.

Tab. 24. Wesentliche Gesundheitsstörungen bei **Mast und Aufzucht**

| Gesundheitsstörung | Vorkommen | Ursache | Verlauf | Behandlung | Vorbeuge |
|---|---|---|---|---|---|
| **Verschiedene Früherkrankungen:** | | | | | |
| Verzögerte Dottersack-Rückbildung, Fettleber, Uratablagerungen in den Nieren | häufig als Frühverluste | Vitaminmangel bei Elterntieren, Brutfehler und verzögerter Schlupf, schwächende Einwirkungen bei Transport und Einstallung | erhöhte Frühsterblichkeit, Rückgang der Verluste ab 2. Lebenswoche | Ausmerzen der erkrankten Küken | Vitamingaben an Elterntiere, Bruthygiene, Kükentransport in klimatisierten Wagen, gute Stallvorbereitung vor Kükeneinstallung |
| Nabelinfektionen, Darmerkrankungen, Septikämien durch E. coli, Kokken, Pseudomonaden, Salmonellen | bei unzureichender Brüterei- und Aufzuchthygiene, Zugluft | Bakteriämie bei Nichtabheilen des Nabels, Darmentzündung mit Ausbreitung der Darmbakterien | abhängig von schwächenden Umweltfaktoren, ohne Behandlung gegebenenfalls hohe Verluste | Antibiotika entsprech. Antibiogramm, anschließend Vitamine und Mineralsalze | gründliche Stalldesinfektion vor jeder Neubelegung, notfalls antibiotische Prophylaxe |
| Muskelmagenerosionen (Magengeschwüre) | bei allen Küken gelegentlich zu beobachten | Belastungen bei Transport und Haltung | niederer Prozentsatz Verluste | zur Kräftigung: Vitamin E | Streßsituation bei Transport und bei Einstallung der streßungewohnten Küken meiden! |
| Verdauungsstörungen und Magenverstopfung | vorwiegend bei Bodenaufzucht | Einstreufressen bei Sandmangel des Muskelmagens | Faserknäuel im Muskelmagen verendeter Tiere | ab 2. Lebenswoche wöchentlich 2 Handvoll Quarz-Grit für ca. 100 Küken auf die Futtertröge verteilen, später gelegentlich etwas Quarzsand geben | |
| Herz- und Skelettmuskeldegenerationen (Herztod) | gehäuft zwischen 2. und 3. Mastwoche | Störungen im intermediären Stoffwechsel, namentlich nach Sauerstoffmangel oder Resorptionsstörungen im Darm | plötzliche Verluste durch Herzmuskeldegeneration | viel zugfreie Frischluft, Stalltemperatur durch Heizung, nicht durch Drosseln der Ventilatoren regeln; Vitamin-E-Gaben zur Förderung des Stoffwechsels | |

| | | | | | |
|---|---|---|---|---|---|
| Perosis (Abgleiten der Zehenbeugesehne vom Fersenhöcker) | namentlich bei Hühner- und Putenmastküken ab der 3. Lebenswoche | mangelhafte Verknöcherung mit Knochenverformung im Bereich des Fersen-(Sprung-)gelenks | verminderte Nahrungsaufnahme infolge eingeschränkter Fortbewegung, Entzündung des Sprunggelenks | Ausmerzen erkrankter Küken | Zuchtauswahl und ausreichende Mineralstoffgaben (Monokalziumphosphat, Vitamin D) |
| Anpicken (Federfressen) | bei trockenem, warmem Klima (Sonnenscheinstrahlung) | trockenes Stallklima und Stallüberbelegung, Untugend | ohne Eingreifen Übergang zum Kannibalismus | Lichteinstrahlung dämpfen, ausreichende Frischluftzufuhr, wenigstens 60 % rel. Luftfeuchtigkeit, notfalls Kürzen des Oberschnabels (ratsam bei Putenküken) | |
| Nekrotisierende Darmentzündung (Darmbrand) | vorwiegend bei Mastküken ab der 3. Lebenswoche | einseitige Futterrationen, zu wenig Tränke- und Futterflächen, Störung der Darmflora mit starker Vermehrung von Cl. perfringens | hohe Verluste ab 3. bis 5. Lebenswoche, Fibrinbeläge auf geschädigter Dünn- und Enddarmschleimhaut | Antibiotika oder Sulfonamide im Trinkwasser, Antibiotika im Futter | Stallüberbelegung vermeiden, Rohfasergaben, Stallklima regeln, Kokzidien bekämpfen |
| Brustblasen | vorwiegend bei viel sitzenden schweren Mastküken | Infektion und Entzündung des Schleimbeutels unter dem Brustbein (Bursa sternalis) | Auswirkung auf Schlachtkörperbeurteilung | auf ausreichende Bewegung der Mastküken achten, Kunststoffeinlagen bei Käfigmast | |
| Aspergillose (Schimmelpilzerkrankung) | bei guter Haltungshygiene selten | Schimmelpilze in überständigem Futter oder feuchter Einstreu | niederer Prozentsatz Verluste | Futter bzw. Einstreu wechseln | allgemeine Fütterungs- und Stallhygiene |
| Darmerkrankungen | häufig nach Futterumstellungen oder Umstallung | Ernährungs- und Haltungsstörungen, Steinchenmangel im Muskelmagen, Keim- und Pilzgehalt des Futters, Adenovirusinfektionen | Entwicklungsstörung, erhöhte Ausfälle, bei Adenovirusinfektionen Schaum im Zwölffingerdarm, Gallenstauung | entsprechend Antibiogramm antibiotische Behandlung, Vitamine und Mineralsalz | wechselseitige Silobenutzung, Siloreinigung und Formalinbegasung, öfter kleine Futtermengen bestellen! |

| Gesundheitsstörung | Vorkommen | Ursache | Verlauf | Behandlung | Vorbeuge |
|---|---|---|---|---|---|
| Mykoplasmose und chronische Erkrankung der Atemwege (CRD) | vorwiegend nach Klimaeinwirkungen und Virusinfektionen als Wegbereiter (Faktorenkrankh.) | Mykoplasma gallisepticum (+IB-, +ND-Virus) + E. coli bei Luftsackentzündung; Mycoplasma synoviae bei Gelenkerkrankung | bei Übergang zur chron. Erkrankung: Luftsackentzündung; hartnäckiges Leiden mit Leistungseinbußen und Verlusten | Haltung überprüfen, Antibiotika entspr. Antibiogramm | Trennung der Altersgruppen, geeignete Impfungen gegen Virusinfektionen, Antibiotika während ungünstiger Haltungsbedingungen |
| **Virusbedingte Erkrankungen** | | | | | |
| aviäre Enzephalomyelitis (AE, Zitterkrankheit, Gehirn-Rückenmarks-Entzündungen) | Virus weit verbreitet; Krankheitsdurchbruch in ersten Lebenswochen; seit Impfung der Elterntiere selten! | AE-Virus, widerstandsfähiges Virus im Kotstaub | Zitterkrankheit in den ersten Lebenswochen, Leistungsabfall in der Legeperiode | nicht möglich | Impfung junger Elterntiere gibt Schutz für Küken; Impfung junger Legehennen schützt vor Leistungsabfall (Trinkwasserimpfung) |
| Gumboro-Krankheit (inf. Bursa Disease, IBD) | Virus weit verbreitet; gelegentlich Krankheitsdurchbruch zwischen 3. und 7. Lebenswoche | IBD-Virus, überlebt monatelang im Stall | bei Junghühnern innerhalb von 3 bis 4 Tagen 5–20 % Verluste, Durchfall mit starkem Wasserverlust, ältere Tiere durchseuchen ohne Erscheinungen | nicht möglich; wegen verminderter Aufnahme des Kokzidiostatikahaltigen Futters folgt häufig Kokzidiose | nach beobachteten Erkrankungen Impfung zwischen 7. und 10. Lebenstag; Elterntier-Impfung zum Schutz der Küken zwischen 7. und 10. Lebenswoche (Trinkwasserimpfung) |
| Newcastle-Krankheit (ND), Anzeigepflicht! | Seuchenzüge mit mildem und bösartigem Verlauf, Einschleppung über Schlachtgeflügel, lebendes Geflügel, Papageien | ND-Virus, Virusausscheidung über Nasen-Rachenraum und Kot. Virus überlebt auch in gefrorenem Schlachtgeflügel | je nach Virusstamm Erkrankung der Atemwege, dünnflüssiger Kot, gegebenenfalls Verluste bis 100 % bzw. Leistungsabfall | nicht möglich | Impfungen in der BRD bei 200 und mehr Tieren gesetzlich vorgeschrieben (Trinkwasser-, Spray-, Injektionsvakzine) |

| | | | | | |
|---|---|---|---|---|---|
| Infektiöse Bronchitis (IB) | Virus weit verbreitet; seit Einführung der Impfung nur gelegentliche Krankheitsdurchbrüche | IB-Virus, Althühner sind vereinzelt Virusausscheider | Kurzdauernde Atmungsbeschwerden während der Legeperiode, anhaltender Leistungsabfall | nicht möglich, gegebenenfalls Antibiotika zur Vorbeuge bakterieller Begleitinfektionen | Impfprogramm für Aufzucht zum Schutz während Legeperiode (Trinkwasservakzine) |
| Geflügelpocken (Pocken-Diphtherie) | in Intensivhaltungen selten | Hühnerpockenvirus, Übertragung hauptsächlich beim Tretakt von diphtheriekrankem Hahn auf Kamm der Henne | Leistungseinbußen, bei Diphtherieform Todesfälle durch Ersticken | Notimpfung mit abgeschwächtem Virus, Antibiotika gegen bakterielle Sekundärinfektionen | in Gebieten mit Pockenerkrankungen Stichimpfung in die Flügelspannhaut, auch kombiniert mit ND-Lebendvakzine |
| REO- und Adenovirus-Infektionen | Viren weit verbreitet | REO- und Adeno- (CELO-, Tipton-) Viren, widerstandsfähige Viren | Krankheitsdurchbruch i. d. Regel nur nach zusätzlich schwächenden Faktoren; in der Mast: Erkrankung der Atemwege bzw. der Leber | nicht möglich | natürliche Durchseuchung im Jungtieralter wünschenswert (schützt vor Infektion im Legealter!) |
| Mareksche Krankheit (Neurolymphomatose) | Erreger in allen Hühnerhaltungen; seit Einführung der Impfung nur noch einzelne Krankheitsdurchbrüche, Mastküken werden i. d. R. vor Krankheitsausbruch geschlachtet | Hühner-Herpes-Virusinfektion im Kükenalter bei trockenem, staubigem Stallklima und Zugluft; Virus überlebt monatelang im Stallstaub (in abgeschuppten Hautteilen) | Verluste hauptsächlich ab der 8. Lebenswoche u. U. bis über 30 % der Jungtiere, Todesfälle infolge Lähmungen oder durch Geschwulstbildungen | nicht möglich | Injektions-Impfung der Eintagsküken (i. d. R. unnötig bei Mast) mit Putenherpes- oder besonderen Hühnerherpes-Virusstämmen und strenge Isolierung der Küken während der ersten Lebenswochen nach gründlicher Stalldesinfektion |

| Gesundheitsstörung | Vorkommen | Ursache | Verlauf | Behandlung | Vorbeuge |
|---|---|---|---|---|---|
| **Parasitenbefall:** | | | | | |
| Kokzidienbefall, Kokzidiose | in Bodenhaltung | Kokzidiendauerformen (Oozysten) im Stall und feuchtwarmes Stallklima (Temp. über 14 °C) | je nach Kokzidienart: Zurückbleiben im Wachstum oder Todesfälle nach hochgradiger (blutiger) Darmentzündung (rote Ruhr) | Kokzidiosemittel im Trinkwasser bzw. im Futter, Einstreuwechsel, bei Resistenz: Wechsel des Kokzidiostatikums | Kokzidiostatika im Futter; gegen alle Parasiten: gründliche Stalldesinfektion bei Bestandswechsel (Schwefel-Kohlenstoffhaltige Desinfektionsmittel), stalleigene Schutzkleidung, Schuhwechsel, Insektenbekämpfung |
| Wurmbefall (Spulwürmer, Haarwürmer, Bandwürmer) | bei Bodenaufzucht, keine Bedeutung in Mastbeständen | Wurmeier oder Bandwurmzwischenträger im Stall | Zurückbleiben in der Entwicklung | Wurmkur entspr. vorgefundener Wurmart, namentlich vor Umstallung | Trockenhalten der Einstreu, Überwechseln zur Käfigaufzucht |

(Zeit bis zur Geschlechtsreife: Spulwurm 50 Tage; Haarwürmer ca. 3 Wochen; Bandwürmer 2–3 Wochen!)

Tab. 25. Wesentliche Gesundheitsstörungen bei Lege- und Zuchthühnern in **Bodenhaltung**

| Gesundheitsstörung | Vorkommen | Ursache | Verlauf | Behandlung | Vorbeuge |
|---|---|---|---|---|---|
| **Parasitenbefall:** | | | | | |
| Erkrankung durch Kokzidienbefall, vor allem nach der Umstellung auf | in der Bodenhaltung muß stets mit Kokzidiosedurchbrüchen | Dünn- oder Blinddarm-Kokzidiendauerformen im Stall; Futter- | ohne Behandlung schwere Leistungseinbuße zur Zeit der Legereife, bei Befall | kurze Futter- oder Trinkwasser-Kokzidiosekuren in bestimmten | hohe Stalltemperaturen und hohe Stallfeuchtigkeit während der Futterumstellung |

| | | | | | |
|---|---|---|---|---|---|
| Kokzidiostatika-freies Legefutter | gerechnet werden | umstellungsstreß bei feuchtwarmem Stallklima | durch bestimmte Kokzidienarten auch gehäufte Todesfälle | Zeitabständen je nach Kokzidienart | meiden, bis zum Aufbau einer gewissen Abwehrlage Kokzidiostatika-haltiges Futter intermittierend absetzen |
| Haarwurmbefall (Capillaria obsignata und caudinflata) | Cap. obsignata ohne Zwischenwirt im Stall übertragbar, Präpatenz = ca. 3 Wochen | Haarwurmlarven von C. caudinflata in Regenwürmern als Zwischenwirte im feuchten Auslauf | seuchenhafte Bestandserkrankungen möglich, gegebenenfalls Todesfälle, Leistungseinbuße besonders zur Zeit der Legereife | Haarwurmkur über Trinkwasser oder Futter, bei Jungtieren notfalls Wiederholung der Kur nach 3 Wochen | allgemeine Stallhygiene, Kotuntersuchung vor Legereife, Auslauf meiden |
| Spulwurmbefall (Askaridia galli)<br><br>Heterkiden = Pfriemenschwänze, unbedeutend! | ohne Zwischenwirt im Stall übertragbar, Präpatenz = 50 Tage, bei Heterakiden ca. 4 Wochen | Spulwurmeier im Stall oder Auslauf | Leistungsabfall und Gewichtsverlust | Spulwurm-Trinkwasserkur, Wiederholung nach 4 Wochen | allgemeine Stallhygiene, Spulwurmkuren in 3monatigen Abständen |
| Bandwurmbefall (Davainea-Raillietina-, Hymenolepsis-Arten) | stets nur nach Aufnahme der Finnen-tragenden Zwischenwirte vorkommend, Präpatenz = 2–3 Wochen | Aufnahme von Zwischenwirten (Schnecken) der wenigliedrigen Davainea-Bandwürmer oder von Insekten (Käfern) als Zwischenwirte der vielgliedrigen, mit dem bloßen Auge sichtbaren Raillietina- oder Hymenolepis-Bandwürmer | geringgradige Beeinträchtigung des Allgemeinbefindens | Bandwurmkuren mit speziellen Präparaten | gegen Davainea: Meiden des Auslaufes bzw. Schneckenbekämpfung; gegen Raillietina und Hymenolepis: Insekten-(Kornkäfer-)Bekämpfung im Stall |

| Gesundheitsstörung | Vorkommen | Ursache | Verlauf | Behandlung | Vorbeuge |
|---|---|---|---|---|---|
| Vogelmilbenbefall (Dermanyssus gallinae, blutsaugend) Federlingbefall (Menacanthus-Arten, fressen Federsubstanzen) | bei mangelhafter Haltungshygiene | Vogelmilben: Entwicklung bis zur Eiablage ca. 7 Tage, Überlebenszeit im leeren Stall bis zu 5 Monaten Federlinge: Entwicklung bis zur Eiablage 3 bis 5 Wochen, Überlebenszeit außerhalb der Hühner ca. 14 Tage | bei Vogelmilbenbefall: Todesfälle durch Blutverlust während der Nacht; bei starkem Federlingsbefall: Schwächung bzw. Beunruhigung der Tiere | geeignete Insektizide (Phosphorsäureester) aussprühen, Wiederholung bei Vogelmilben nach 6 Tagen, bei Federlingen nach 20 Tagen | Insektizide, namentlich vor Stallbelegung: Anstrich der Holzteile des Stalles mit Holzschutzmitteln |
| Kalkbein- und Hauträudemilben | bei Althühnern in gemischtaltrigen Kleinbeständen | Knemidokoptes-Milben | Borken auf dem Mittelfuß, Federnausfall auf dem Rücken | Benetzen mit Insektizid-Lösungen | Trennung der Altersgruppen |
| Hühner-Flöhe (Ceratophyllus gallinae, blutsaugend) | namentlich in alten Hühnerställen | Entwicklung bis zur Eibablage 17–30 Tage | Schwächung der Tiere durch Blutverlust | Insektizide, Wiederholung nach ca. 14 Tagen | Insektizide, alte Einstreu verbrennen (Larven leben vom bluthaltigen Kot erwachsener Flöhe!) |
| **Bakterienbedingte Erkrankungen:** | | | | | |
| Darmerkrankungen und Schädigungen durch E. coli-Keime, Kloaken-, Eileiter- und Bauchfellentzündung, Salmonellenbefall | in Bodenhaltungen häufig bakterielle Erkrankungen, Eileiterentzündung bei unzureichender Pflege der Legenester | Ernährungs- und Verdauungsstörungen, schädigende Einstreukeime, verunreinigte Tränkeeinrichtungen, krankmachende E. coli-Keime im Stall oder Auslauf, unge- | anhaltende Gesundheitsstörung mit Leistungsabfall (bis ca. 30 %), Brutverluste (bis ca. 25 %), plötzliche Todesfälle nach Bauchfellentzündung und | Einstreu überprüfen, kein langfristig gelagertes Futter verabreichen, antibiotische Behandlung entsprechend Antibiogramm, | allgemeine Stallhygiene, Futter nur kurze Zeit lagern (höchstens 14 Tage), Silopflege; Legenester und Tränken regelmäßig reinigen, vor Stallbelegung |

| | | | | | |
|---|---|---|---|---|---|
| | | säuberte Legenester (aufsteigende Infektionen!) | Septikämie | Vitamine, Mineralsalze | desinfizieren (quartäre Ammoniumbasen) |
| Salmonella pullorum | in Zuchtbeständen weitgehend ausgerottet | Salmonella pullorum | Hühnertyphus mit Eierstocksdegeneration (bei Küken: weiße Kükenruhr) | Antibiotika und Furazolidon bei akuten Erkrankungen | Kontrolle durch Blutuntersuchung der Zuchttiere |
| Vibrionenhepatitis, Staphylo-, Streptokokkenhepatitis, infekt. Herzerkrankung | bei mangelhafter Haltungshygiene | hoher Gehalt an entsprechenden Krankheitskeimen im Stall (Hospitalismus des Stalles) | anhaltender Leistungsabfall und mäßige Verluste | antibiotische Behandlung und Furazolidon-Präparate | allgemeine Stallhygiene zum Niedrighalten des Stall-Keimgehaltes |
| Geflügelschnupfen und chronische Erkrankung der Atmungsorgane (Luftsackentzündung, CRD) | Erreger weit verbreitet, Krankheitsdurchbruch bei schwächenden Klimaeinwirkungen | Haemophilus gallinarum; Mykoplasmen und E. coli-Keime, Virusinfektionen als Wegbereiter | ohne Behandlung oft Übergang zur chron. Erkrankung der Atmungsorgane (CRD) | spezielle Antibiotika oder Sulfonamide | isolierte Haltung einer Altersgruppe, regelmäßige Kontrolle des Stallklimas (zugfreie Be- und Entlüftung) |
| Mykoplasmose | Errreger in Zuchtbeständen weitgehend ausgerottet | Mykoplasma gallisepticum | zusammen mit E. coli-Keimen Übergang zur chronischen Erkrankung der Atemwege (CRD) | spezifisch wirkende Antibiotika | Kontrolle durch Blutuntersuchung der Zuchttiere |
| **Virusbedingte Erkrankungen:** | | | | | |
| Mareksche Krankheit (Neurolymphomatose) | Einzelerkrankungen trotz Impfung der Küken vorkommend | Hühner-Herpesvirus, Virus allgemein verbreitet im Hautschuppenstaub der Hühnerställe, Infektion erfolgt im Kükenalter | einzelne Krankheitsdurchbrüche (Lähmungen, Geschwulstleiden) 8. bis ca. 32. Lebenswoche | nicht möglich | Injektions-Impfung der Eintagsküken in der Brüterei |

| Gesundheitsstörung | Vorkommen | Ursache | Verlauf | Behandlung | Vorbeuge |
|---|---|---|---|---|---|
| Leukose (Lymphosarkomatose) | Virus allgemein verbreitet, Virusträger unter Althühnern, Brutei-Übertragung | Onkorna-Viren, Streßsituationen fördern Krankheitsdurchbruch | Todesfälle vorwiegend im ersten Legejahr ab Legereife | nicht möglich | Marek-Impfung der Küken erhöht unspezifisch auch die Abwehrlage gegen die Leukoseviren |
| Infektiöse Bronchitis (IB) | Virus weit verbreitet, wiederholte Infektionen möglich | IB-Virus, sekundär E. coli-Keime, Mykoplasmen | vorübergehendes Niesen, Abfall der Legeleistung, bei chron. Erkrankung anhaltend verminderte Leistung | Behandlung der Virusinfektion nicht möglich, Antibiotika gegen Begleitinfektionen | isolierte Haltung einer Altersgruppe und Durchführung eines Impfprogrammes ab 3. Lebenswoche |
| Aviäre Enzephalomyelitis (AE) mit Leistungsabfall bei Legehennen (Gehirn-Rückenmarksentzündung) | Beeinträchtigung während der Legeperiode nur, wenn die Hühner im Jungtieralter nicht geimpft oder nicht durchseucht sind | AE-Virus, im Kotstaub erkrankter Tiere wochenlang ansteckungsfähig | keine sichtbare Erkrankung, jedoch Abfall der Legeleistung (ca. 10–20 %); Erregerübertragung von Zuchthennen während der Durchseuchung über das Brutei auf die Küken | nicht möglich | Impfung im Jungtieralter bei Elterntieren unerläßlich, bei Legehennen ratsam |
| Newcastle-Krankheit (ND, landläufig Geflügelpest genannt!) Anzeigepflicht! | Seuchenzüge in gewissen Zeitabständen, Bodenhaltungen besonders gefährdet! | ND-Virus, Verschleppung mit Geflügelprodukten, lebendem Geflügel, Papageien | je nach Virusstamm hohe Verluste oder nur Abfall der Legeleistung | nicht möglich | bei Beständen mit 200 und mehr Tieren in der BRD Durchführung eines Impfprogrammes gesetzlich vorgeschrieben! |
| REO- und Adenovirus-Infektionen | bei Haltung mehrerer Altersgruppen i. d. R. frühzeitige Durchseuchung | REO- und Adeno- (CELO-, Tipton-) Viren | REO-Virusinfektion als schwächender Faktor, Adenoviren können zu Leistungsabfall und verminderter Eiqualität führen | nicht möglich | natürliche Durchseuchung bereits im Jungtieralter wünschenswert |

| | | | | | |
|---|---|---|---|---|---|
| **Vorwiegend bei Auslaufhaltung vorkommende Infektionen:** | | | | | |
| Pocken-Diphtherie | nur in bestimmten Gebieten vorkommend | Hühnerpockenvirus-Übertragung durch Insekten oder beim Tretakt des Hahnes | seuchenhafter Verlauf, bei Diphtherie Atemnot und Ersticken | Antibiotika gegen bakterielle Begleitinfektionen | Impfung im Jungtieralter |
| Salmonellose, Hühnertyphus | Gefährdung vor allem durch kleine Nagetiere und Wildvögel | Salmonella-Bakterien, verschiedene Typen; Salmonella pullorum beim Hühnertyphus | S. pullorum gefährlich vor allem für Küken, andere Salmonellen: lebensmittelhygienische Bedeutung | Antibiotika; bei S. pullorum Ausmerzen der Bakterienträger (Blutuntersuchung) | allgemeine Hygiene, Kontrolle durch Kotuntersuchungen; Blutuntersuchung zur Ermittlung der S. pullorum-Träger |
| Tuberkulose | in kleinen Auslaufhaltungen weit verbreitet | Tuberkulose-Bakterien; Erreger bleibt im Auslauf bis zu 3 Jahren erhalten | vermehrte Verluste namentlich im Frühjahr: beim Einzeltier langsames Siechtum oder plötzlicher Tod durch Leberriß | nicht möglich, Ausmerzen des Gesamtbestandes | Stalldesinfektion, Auslauf 3 Jahre meiden, Stallhaltung und Desinfektion am Stalleingang |
| Geflügelcholera und „Läppchenkrankheit" | Übertragung vorwiegend durch Wildvögel | Pasteurella-Bakterien, Erreger im Kotstaub | nach Streßsituationen seuchenhafter Verlauf (plötzliche Todesfälle), chron. Verlauf mit Eiter im Kehllappen | Antibiotika bzw. Sulfonamide | gegebenenfalls Impfversuch |

Tab. 26. Wesentliche Gesundheitstörungen bei Legehennen in **Käfighaltung**

| Gesundheitsstörung | Vorkommen | Ursache | Verlauf | Behandlung | Vorbeuge |
|---|---|---|---|---|---|
| **Erkrankungen nach der Einstallung:** | namentlich nach Einstallung in Betriebe mit mehreren Altersgruppen (Selbstvermarkter!) | Umstallungsstreß, Staubinfektionen (E. coli usw.); bei Legebetrieben mit mehreren Altersgruppen: Überspringen der Erreger vom Altbestand auf neueingestallte Hennen | nur bei frühzeitiger gezielter Behandlung gutartiger Verlauf, Gefahr einer Erkrankung der Atemwege | Antibiotika entspr. Antibiogramm, Vitamine | ruhiges Einfangen der Jungtiere, Stallboden anfeuchten, kürzestmöglicher Transport, Antibiotika, Überprüfung des Impfprogrammes |
| Uratablagerungen in den Nieren, Todesfälle in einzelnen Käfigreihen | bei unzureichender Überwachung der Haltungshygiene | Wassermangel im Leitungssystem | Verluste in einzelnen Käfigreihen; Restbestand ohne auffallende Erscheinungen | Regulierung der Wasserversorgung | Vorsorge bei Einstallung |
| Kokzidienbefall, Kokzidiose, Wurmbefall | nach Einstallung bodenaufgezogener Junghennen gelegentlich vorkommend | Umstallungsstreß, Kokzidien- bzw. Wurmei-Aufnahme noch vor bzw. bei Einstallung, wenn Tiere auf den mangelhaft desinfizierten Boden gelangen | Beeinträchtigung des allgem. Gesundheitszustandes, Leistungsrückgang; bei frühzeitiger Parasitenbekämpfung wenig Verluste | kurze Kokzidiosekur bzw. Wurmkur | Kokzidiosekur bzw. Wurmkur vor oder kurz nach Einsetzen in die Käfige; Desinfektion der Transportbehälter und der Käfiganlagen vor Einstallung |
| **Virusbedingte Erkrankungen:** | | | | | |
| Mareksche Krankheit mit Nervenlähmung oder Tumorbildung | bei geimpften Tieren nur Einzelerkrankungen | Hühner-Herpesvirus, im Stallstaub vorkommend, Einzelerkrankungen trotz Impfung möglich, Infektion erfolgt im Kükenalter | einzelne Verluste hauptsächlich zur Zeit des Legebeginns, Rückgang der Verluste mit dem Älterwerden der Hühner | nicht möglich | Impfung der Eintagsküken; im Legebetrieb läßt sich die Krankheit nicht mehr beinflussen |
| Leukose (Lymphosarkomatose) | Virus allgemein verbreitet, Virus- | Onkorna-Viren; Streßsituationen | Verluste bis zu ca. 2 % monatlich | nicht möglich | Marek-Impfung der Küken fördert |

| | | | | | |
|---|---|---|---|---|---|
| | träger unter Althühnern | fördern den Krankheitsdurchbruch | ab Legereife | | unspezifisch auch die Abwehrbereitschaft gegen die Leukoseviren |
| Infektion mit dem Virus der aviären Enzephalomyelitis (AE) | häufig Ursache eines Leistungsabfalles der Legehennen | AE-Virus im Kotstaub der Althühner vorkommend | keine Todesfälle, vorübergehender Leistungsabfall ca. 10–20 % | nicht möglich | Impfung im Jungtieralter; Trennung der Altersgruppen |
| Newcastle-Krankheit (ND), Anzeigepflicht! | gelegentlich Ursache für Leistungsabfall; bösartige Verlaufsform epidemisch | ND-Virus, Einschleppung über Schlachtgeflügel, Papageien aus dem Ausland | bei milden Virusstämmen: vorübergehende Leistungseinbuße; bei stark krankmachenden Virusstämmen: Verluste bis 100 % (Erkrankungen der Atemwege und des Darmes, Virämie) | nicht möglich | regelmäßige Impfung auch der Legeherden, bei Beständen mit 200 und mehr Tieren gesetzlich vorgeschrieben |
| Inf. Bronchitis (IB) | Virus weit verbreitet, Infektionen mehrmals im Hühnerleben möglich | IB-Virus, Übertragung mit Kotstaub der Althühner | anhaltende Leistungseinbuße, Erkrankung der Atemwege bei Legehennen selten | nicht möglich, antibiotische Behandlung gegebenenfalls gegen bakterielle Sekundärinfektionen und Mykoplasmose | Durchführung eines Impfprogrammes vor der Legereife; Trennung der Altersgruppen |
| Geflügelpocken (Pocken-Diphtherie) | in Intensivhaltungen selten | Hühnerpockenvirus, in der Regel keine Einschleppung in eine Käfighaltung | bei Diphtherieform Erstickung möglich | Notimpfung | erübrigt sich in pockenfreien Gebieten bei der Käfighaltung |
| REO- und Adenovirus-Infektionen | Viren weit verbreitet | REO- und Adeno- (CELO-, Tipton-) Viren | vorübergehender Leistungsabfall namentlich im Zusammenspiel mehrerer Faktoren (Faktorenkrankheit) | allgemeine Kräftigung, Leberschonpräparate | Trennung der Altersgruppen, Impfstoffe stehen noch nicht zur Verfügung! |

| Gesundheitsstörung | Vorkommen | Ursache | Verlauf | Behandlung | Vorbeuge |
|---|---|---|---|---|---|
| **Bakterienbedingte Erkrankungen:** | | | | | |
| Eileiter-Bauchfellentzündung | Einzelerkrankungen in allen Legehennenhaltungen | meistens aufsteigende E.-coli-Infektionen | niederer Prozentsatz Verluste, namentlich zur Zeit der Legereife | gegebenenfalls antibiotische Behandlung | frühzeitigen Legebeginn durch entspr. Lichtprogramm meiden, Käfige vor Einstallung desinfizieren |
| Darmerkrankungen | bei unzureichender Silopflege bzw. langer Futterlagerung, Salmonellenbefall selten im Käfig | Ernährungs- bzw. Haltungsstörungen, Keim- und Pilzgehalt des Futters bzw. des Stalles über der Norm (Futter: i. d. Regel $10^6$ Bakterien und $10^4$ Pilze/g) | allmählicher Leistungsabfall infolge der Resorptionsstörungen; Darmkatarrh, Zwölffingerdarmentzündung bei Adenovirusinfektion | Antibiotika entspr. Antibiogramm sowie Vitamin- und Mineralsalzgaben | Silopflege (Reinigung, Formalinbegasung vor neuer Futterlieferung), auf Futterverbrauch achten (Lieferung für längstens 14 Tage) |
| Geflügelschnupfen | Durchbruch der Krankheit vor allem nach Zusammenbringen verschiedener Altersgruppen und Einwirkung von Klimafaktoren | Haemophilus gallinarium, Mykoplasmen | Ausfluß aus Nasenöffnungen, Unteraugenhöhlenentzündung (Eulenkopf); Leistungsabfall | Antibiotika oder Sulfonamide | Trennung der Altersgruppen |
| Infarktnekrosen in der Leber, infektiöse Herzerkrankung | bei hohem Keimgehalt des Stalles | Bakterieninfektionen (Staphylo- und Enterokokken, E. coli) | Verluste durch Organschädigungen und Septikämien | Antibiotika und Stallhygiene | allgemeine Stallhygiene |

| | | | | | |
|---|---|---|---|---|---|
| **Stoffwechselstörungen:** | | | | | |
| Käfigmüdigkeit (Osteoporosis) | behandelbares Vorkommnis | Entkalkung der Knochen und Frakturen im Bereich des 4. und 5. Brustwirbels durch Mineralsalzmangel bzw. Resorptionsstörungen infolge von Darmerkrankunngen | niederer Prozentsatz Verluste | Monokalziumphosphat und Vitamine (Fütterungsarzneimittel) | Kalziumphosphat-Anteil im Futter erhöhen, frühzeitige Behandlung von Darmerkrankungen |
| Fettlebersyndrom mit Leistungsabfall und Kleinwerden der Eier | bei regelmäßiger Untersuchung verendeter Tiere frühzeitig behandelbar | Stoffwechselkrankheit meistens nach Darmerkrankungen, bei Leistungsabfall und Eiqualitätsschäden liegt häufig zusätzlich eine Adenovirusinfektion vor | Verluste durch innere Verblutung infolge eines Leberrisses | Präparate zur Lipidausschwemmung aus der Leber in Form von Fütterungsarzneimitteln | frühzeitige Darmbehandlungen, Verabreichung von Fetten mit Fettsäuren mit mehr als 16 Kohlenstoffatomen (Linolsäure, Sojaöl, essentielle Fettsäuren) |
| Gehäuftes Sterben durch Sauerstoffmangel | Stromstörungen durch Blitzschlag | Stromausfall | plötzlich gehäufte Todesfälle | Notbelüftung durchführen | Alarmvorrichtung und Notstromaggregat (Tierschutz) |
| **Parasitenbefall:** | | | | | |
| Anämie durch Vogelmilbenbefall | bei mangelhafter Haltungshygiene | Vogelmilben im Stall | plötzliche Todesfälle infolge des Blutverlustes | Milbenbekämpfung im Stall bzw. in den Käfigen mit Insektiziden, z. B. Phosphorsäureestern (abends nach Einsammeln der Eier) | Stall wiederholt, namentlich vor Neubelegung mit Insektiziden ausspritzen (Vogelmilben überleben ohne Nahrung monatelang) |
| Befall durch Bandwürmer, die Insekten als Zwischenwirte benutzen (Raillietina) | selten in Käfighaltungen | Insekten (Kornkäfer) im Stall | einzelne Tiere mit deutlich sichtbaren, über 10 cm langen Bandwürmern im Dünndarm | Wurmkur | Anwendung von Insektiziden, namentlich bei Bestandswechsel, noch vor Entfernung der Futterreste |

Tab. 27. Wesentliche Gesundheitsstörungen bei **Puten**

**1. Einstallung**

| Gesundheitsstörung | Vorkommen | Ursache | Verlauf | Behandlung | Vorbeuge |
|---|---|---|---|---|---|
| Persistierender Dottersack, Fettablagerungen in der Leber | Frühverluste | Vitamin-Unterversorgung der Elterntiere, schwächende Einwirkungen bei Transport und nach Einstallung | bestimmter Prozentsatz Frühverluste | Haltungs- und Fütterungs-Hygiene überprüfen und gegebenenfalls verbessern, Antibiotika | Vollwertige Ernährung der Elterntiere, Brüterei-Hygiene, frühzeitiger Transport mit ausreichender Belüftung, geeignete Aufzucht-Einrichtungen |
| Septikämien | vorwiegend in erster Lebenswoche | Bakteriämie namentlich bei Nichtabheilen des Nabels innerhalb von 72 Std. (E. coli, Pseudomonas) | abhängig von Bakterienflora, ohne Behandlung gegebenenfalls hohe Verluste | Antibiotika entsprechend Antibiogramm, anschließend Vitamine und Mineralsalz | Hygiene im Aufzuchtstall, Weichholz-Hobelspäne auf Wellpappe, gegebenenfalls antibiotische Prophylaxe |
| Ernährungsstörung, Rachitis | bei Mißachtung der Ansprüche der Putenküken an Fütterung und Haltung | mangelnde Nahrungs-Aufnahme, ungenügende Vitamin-D- und Mineralsalzversorgung | gutartig nach Beseitigung der Haltungs- und Fütterungsfehler | ausreichend Tröge und Tränken (sternförmig) aufstellen, Küken bewegen bzw. an Tröge und Tränken setzen, Futter und nicht zu kaltes Wasser hell beleuchten, reichliche Futteraufnahme erfordert auch viel zugfreie Frischluft (Stoffwechsel!) | |
| Sauerstoffmangel | bei Mißachtung der Ansprüche der Putenküken an die Frischluftzufuhr | mangelhafte Luftzufuhr für die Putenküken ($CO_2$-Anreicherung) | Muskeldegenerationen und Todesfälle | Stalltemperatur nicht durch Abstellen des Ventilators, sondern durch zusätzl. Heizung regeln, Luftfeuchtigkeit 65–70 %, Notstromaggregat bereithalten! Vitamingaben! Maximal 8 Tiere je m² | |

**2. Küken bis zur 6. Lebenswoche**

| Gesundheitsstörung | Vorkommen | Ursache | Verlauf | Behandlung | Vorbeuge |
|---|---|---|---|---|---|
| Verdauungsstörungen bis zur Magenverstopfung oder dünner Kot | bis zur 8. Lebenswoche verhältnismäßig häufig vorkommend | Quarzsandmangel, Stroheinstreu, Futterumstellung | nach Behebung der Ursache gutartig | ab 2. Lebenswoche 2 Handvoll Grit für ca. 80 Küken, später 500 g für 100 Puten je Woche auf die Futtertröge verteilen, zur Vermeidung des Kotens in die Tröge gegebenenfalls Futtertröge und Tränken höher stellen | |
| Muskeldystrophien, Beinschwäche, Gelenkerkrankungen, Hautschäden | häufig bei Jungputen | Störung im intermediären Stoffwechsel infolge von Resorptionsstörungen des Darmes | nach frühzeitiger Behandlung gutartig | viel Frischluft, Vitamin E, Cystin, Pantothensäure, Biotin, Vitamin D, Mineralsalze, zugfreie Stallbelüftung | Frischluft, reichliche Vitamin E-Gaben an Elterntiere, Vitamin-Präparate und Mineralsalze ab der 3. Lebenswoche, ausreichende Luftumwälzung (4 $m^3$ je Std. und kg Körpergewicht), Stalltemperatur über Heizung, nicht über Ventilator regeln! |
| Kannibalismus | Jungputen neigen zum Kannnibalismus | zu trockene Luft, zu helles Licht | Besserung nach Umsetzen in Freiluftstall | in 3. Lebenswoche Oberschnabel kürzen | ca. 65 % Luftfeuchtigkeit, ab 2. Lebenswoche weniger Licht |
| Aspergillose | unter optimalen Haltungs- und Fütterungsbedingungen relativ selten | Schimmelpilze in Brüterei, überständiges Futter oder feuchte Einstreu | nach Beseitigung der Ursache gutartig | Beseitigung der Infektionsquelle, Vitamin A | frisches Futter, trockene Einstreu, Formalinbegasung der Futtersilos, Futterreste nicht an Puten füttern |

| Gesundheitsstörung | Vorkommen | Ursache | Verlauf | Behandlung | Vorbeuge |
|---|---|---|---|---|---|
| Gelenkentzündung, Synovitis | Puten sind besonders anfällig | Staphylokokken-infektion, Mykoplasma synoviae | gutartig | Antibiotika entspr. Antibiogramm | allgemeine Hygiene, Mineralsalzzufuhr erhöhen (phosphorsaures Kalzium) |
| Gutartige Erkrankung der (unteren) Atmungsorgane | durch Vorsorgemaßnahmen neuerdings weitgehend unterdrückt | Mykoplasmen (N-Stamm) und Bakterien | abhängig vom Stallklima | sekretolytische bzw. antibiotische Behandlung bzw. Sulfaquinoxalin | ausreichende zugfreie Luftumwälzung, dabei auf mittlere relative Luftfeuchtigkeit achten (60–65 %), vorbeugend gegebenenfalls Antibiotika, Stallüberbelegung meiden (höchstens 6–8 Küken je m$^2$), Eggdipping der Bruteier |
| **3. Anfangsmast 7. bis 13. Lebenswoche** | | | | | |
| Exsikkose und Stoffwechselstörung, Nierenschädigungen | nur bei mangelnder Sorgfalt | Wassermangel nach dem Umstallen | nach Behebung der Ursache gutartig | weitere Tränken aufstellen, u. U. dem Trinkwasser etwas Zucker zusetzen | nach Umstallung reichlich und deutlich sichtbar Tränken aufstellen, Tiere an Tränken setzen! |
| Sinusitis, bösartige Erkrankung der oberen Atemwege | spezifische Krankheit der Puten | Mykoplasma gallisepticum, E. coli und andere Bakterien, Übertragung durch Stallstaub | seuchenhaft, nach Zuschwellen der Augen Futteraufnahme nicht mehr möglich! | antibiotische Behandlung über Trinkwasser oder Injektion, u. U. Injektion in Sinus, anschließend Vitamine | von Hühnern getrennte isolierte Haltung einer Altersgruppe, Vitamin A, zur Zeit der Umstallung Antibiotika im Futter; Eggdipping der Bruteier |

| | | | | | |
|---|---|---|---|---|---|
| Darmentzündung und E. coli-Septikämie | vorwiegend im Sommer nach Futterwechsel, Umstallung auf Stroheinstreu und Schwächung | E. coli-Keime | 7.–12. Lebenswoche ca. 10–50 % Mortalität, Toxinbildung der E. coli-Keime steigert sich mit der Krankheitsausbreitung, einzelne plötzliche Todesfälle | Kupfersulfat im Trinkwasser, Antibiotika bzw. Carofur entsprechend Antibiogramm, Futter reduzieren, viel frisches Wasser, saure Milch, Vitamine und Mineralsalz | allmähliche Futterumstellung bereits *vor* der Umstallung, viel frisches Trinkwasser, u. U. Stall-spezifische Vakzine |
| innnere Verblutung (Aortenruptur) | insbesondere bei Putenhähnen, vorwiegend zwischen Januar und Mai | hoher Blutdruck und Streß, Unruhe im Stall | einzelne plötzliche Todesfälle | Beunruhigung vermeiden, männliche Tiere abtrennen | Stall verdunkeln, Vitamin B und K |
| Schwarzkopfkrankheit (Blackhead, ansteck. Leber-Blinddarm-entzündung, Enterohepatitis, Histomoniasis) | weit verbreitet, Erreger auch in Hühnern vorkommend | Histomonas meleagridis, Regenwurm = Stapelwirt | seuchenhaft, Wiederauftreten am 11. bis 12. Tag nach Absetzen der Behandlung | Dimetridazol- bzw. Imidazol-Präparate zunächst im Trinkwasser, später im Futter | isolierte Haltung einer Altersgruppe, betonierter Stallboden, Blackhead-Präparat im Anfangsmastfutter |
| Kokzidienbefall | bis zur 10. Lebenswoche, jedoch bei Verabreichung von Kokzidiastatika-haltigem Futter selten | Kokzidien (Einzeller) bei verminderter Aufnahme des Kokzidiostatika-haltigen Futters | gutartig | kurze Kokzidiose-Trinkwasserkur | Kokzidiostatika im Futter, Krankheiten, welche die Aufnahme des kokzidiostatika-haltigen Futters mindern, rechtzeitig bekämpfen |
| Hexamitiasis | Krankheit der ca. 3 Wochen alten Putenküken, in der BRD sehr selten | Hexamita meleagridis (Einzeller); Puten noch lebend zur Untersuchung geben! | Ausfälle unter Putenküken, schleimiger Kot, hoher Wasserverlust | Furazolidon | Trennung der Altersgruppen (Erregerträger unter Altputen) |

| Gesundheitsstörung | Vorkommen | Ursache | Verlauf | Behandlung | Vorbeuge |
|---|---|---|---|---|---|
| Erkrankung durch Wurmbefall | in der BRD sehr selten beobachtet | Spulwürmer, Heterakiden, Haarwürmer, Bandwürmer | in Intensivhaltungen nur vereinzelt zu beobachten | Wurmmittel entsprechend der ermittelten Wurmart | allgemeine Hygiene am Stalleingang, Insektenbekämpfung |
| Paratyphus | bei Puten verhältnismäßig häufig vorkommend, lebensmittelhygienische Bedeutung | Salmonella typhimurium und andere Salmonellen | selten sichtbare Erkrankungen | Antibiotika und Carofur entsprechend Antibiogramm, Einstreuwechsel | allgem. Hygiene, Ratten- und Mäusebekämpfung, lebensmittelhygienisch beachten: kein Rohverzehr, u. U. Heißräucherung (85 °C) |
| **4. Bedrohung aller Altersgruppen,** Infektionsgefahr bei Offenstallhaltung während der Endmast ab 14. Woche besonders groß | | | | | |
| Pasteurellose (Cholera, anzeigepflichtige Seuche!) | in wildvogeldichten Ställen selten | Pasteurella multocida | a) gutartig<br>b) seuchenhaft | Antibiotika entsprechend Antibiogramm, Sulfaquinoxalin | bei Zuchttieren bzw. nach entsprechenden Vorkommnissen: Impfung vor Umsetzen in Freiluftstall, Haltung nur einer Altersgruppe, Vogelgitter vor Luftöffnungen |
| Rotlauf | vorwiegend bei Hähnen, typische Erkrankungen jedoch selten und oft erst durch Wund-Infektionen beim Schlachtpersonal erkennbar | Erysipelothrix rhusiopathiae (insidiosa), im Erdboden vorkommend auf Schweine und verschiedene Vögel übertragbar | Schwellungen im Bereich des Kopfes (Stirnwulst!), Bedeutung wegen Schlachtpersonal und lebensmittelhygienisch | Antibiotika entsprechend Antibiogramm | isolierte Haltung der Altersgruppen, betonierter Stallboden, u. U. Impfung (Adsorbatvakzine), wenn in Umgebung Schweine gehalten werden |

| | | | | | |
|---|---|---|---|---|---|
| Hämorrhagische Enteritis | verhältnismäßig häufig vorkommend in 8.–12. Lebenswoche | vermutlich Adenovirusinfektion, sekundär Bakterien (E. coli) | seuchenhafte Darmerkrankung, blutig verschmutzte Kloake, Tod nach 1 bis 1½ Tagen, 1 bis 60 % Verluste, Durchseuchung innerhalb von 8 Tagen | allgemeine Darmbehandlung, Antibiotika entsprechend Antibiogramm der sekundären Bakterien | allgemeine Hygiene, Trennung der Altersgruppen, Fütterungsarzneimittel (Furazolidon) im gefährdeten Alter, Impfung mit abgeschwächtem Virus |
| Tuberkulose | selten | Mycobact. avium | selten in Intensivhaltungen | nicht möglich | allgemeine Hygiene |
| Newcastle-Krankheit (anzeigepflichtige Seuche!) | Gefährdung bei Seuchenzügen unter Hühnern | Newcastle Disease-Virus | seuchenhaft | nicht möglich | Impfung: insbes. bei Zuchtherden ratsam, vor Betreten des Stalles: stalleigene Schutzkleidung anlegen |
| Aviäre Enzephalomyelitis | Erkrankungen selten | Virus der AE | Verluste nur in erster Lebenswoche | nicht möglich | Impfung der Elterntiere vor Brutbeginn |
| Puteninfluenza (Avian Influenza) | in der BRD selten | Virus der Influenza-A-Gruppe | seuchenhaft, hohe Verluste namentlich unter jüngeren Puten | nicht möglich | Impfung |
| Putenpocken | in der BRD selten | Pockenvirus | selten vorkommend | nicht möglich | Impfung: insbes. bei Zuchttieren ratsam |
| Ornithose | in der BRD selten | Chlamydien-Infektion | 20 bis 30 % Verluste, Virus auch gefährlich für Mensch | Tetracycline | isolierte Haltung |

| Gesundheitsstörung | Vorkommen | Ursache | Verlauf | Behandlung | Vorbeuge |
|---|---|---|---|---|---|
| Lymphoproliferative Disease (LPD) | namentlich bei Hähnen im Alter von 12 bis 18 Wochen, auch in der BRD | Infektion mit einem onkogenen Virus | bis ca. 20 % Verluste, namentlich unter Hähnen, kurze Krankheitsdauer, vergrößerte Leber, blaß und weißlich, Salamibild der stark vergrößerten Milz | nicht möglich | Trennung der Altersgruppen, Verbesserung der Haltungsbedingungen, gründliche Stalldesinfektion |
| Retikuloendotheliose | bei Puten ab 12.–15. Woche (auch bei Hühnerküken und Junghühnern) | Retikuloendotheliose-Virus | Darmentzündung, Verlust der Federfahnen im mittleren Bereich (Nakanuke), Drüsenmagenentzündung, Muskelmagenerosionen, vergrößerte Leber mit weißlichen Zelleinlagerungen | nicht möglich | Verbesserung der Haltungshygiene, gründliche Stalldesinfektion |

Tab. 28. Wesentliche Gesundheitsstörungen bei **Wassergeflügel**

| Gesundheitsstörung | Vorkommen | Ursache | Verlauf | Behandlung | Vorbeuge |
|---|---|---|---|---|---|
| Magenwurmbefall | häufig seuchenhaft bei Jungtieren (Junggänsen, Jungenten) | 1–2 cm lange, rötliche Fadenwürmer in Hornschicht des Muskelmagens: Amidostomum anseris bei Gänsen, Echinuria uncinata bei Enten | Entwicklung der Larven in feuchten Ausläufen in Tagen, Zeit bis zur Geschlechtsreife im Tier ca. 40 Tage; Erkrankungen schon ab der 3. Lebenswoche, Würgeerscheinungen, Tiere magern oft ab und verenden schließlich | Eingeben von Tetrachlorkohlenstoff (1 ml/kg KGW) oder speziellen Wurmmitteln (Thibenzole, Tetramisol) | Trockenhalten der Ausläufe zur Hemmung der Larvenentwicklung; Trennung der Jungtiere von den Alttieren |
| Kokzidiose der Nieren und des Darmes | selten bei Gänsen | Eimeria truncata in den Nieren, Eimeria anseris u. a. im Darm, mikroskopischer Nachweis! | grau verfärbte Nieren mit Blutpunkten bzw. blutige oder nekrotisierende Darmentzündung | Sulfonamide | allgemeine Hygiene |
| Salmonellose (Paratyphus) | häufig bei Wassergeflügel, ca. 1 % der Enten sind infiziert | Salmonella typhimurium, S. enteritidis u. a. Salmonellen, gefährlich auch für Menschen: Nahrungsmittelvergiftung (Salmonella-Toxi-Infektion mit Brech-Durchfall nach Aufnahme von 100 000 bis 1 000 000 Salmonella-Keimen je g Nahrung, Erkrankung ca. 6 bis 40 Stunden nach Aufnahme!) | Durchfall, wenn Salmonellen in Darm und Leber, vereinzelt Septikämie mit Todesfällen, gehäufte Ausfälle bei Küken; bakteriologische Untersuchung von Tieren, Kotproben, Eiern | Antibiotika entsprechend Antibiogramm, vollkommene Sanierung eines Bestandes schwierig | meiden verschmutzter Ausläufe und Gewässer, Futter darf nicht mit Salmonellen kontaminiert sein; Entenei-Verordnung: Enteneier 10 Min. kochen oder in Backofenhitze durchbacken! |

| Gesundheitsstörung | Vorkommen | Ursache | Verlauf | Behandlung | Vorbeuge |
|---|---|---|---|---|---|
| Cholera | Vorkommen hauptsächlich im Herbst in Ländern mit kaltem Winter, Anzeigepflicht! | Pasteurella multocida, auch bei Wildvögeln vorkommend, bakteriologischer Nachweis | unterschiedlicher Verlauf, plötzliche Todesfälle nach Eintritt der Septikämie, septikämische Blutungen auf den Organen | Chemotherapeutika und Antibiotika entsprechend Antibiogramm | Kontakt mit wild lebenden Vögeln meiden, Impfung kann versucht werden |
| Newcastle-Krankheit | selten bei Wassergeflügel, Anzeigepflicht! | gefährlich sind namentlich die von Papageien stammenden ND-Viren | oft nur mit nervösen Erscheinungen einhergehend | nicht möglich | in der BRD Impfung (Trinkwasservakzine) vorgeschrieben, wenn im gleichen Gehöft 200 und mehr Hühner gehalten werden |
| Entenhepatitis | Erreger in großen Mastbetrieben weit verbreitet | RNS-Virus aus der Picorna-Virusgruppe, widerstandsfähig im Kot über 1 Monat, im Brutschrank bis zu 10 Wochen, Übertragung über Bruteier frisch infizierter Tiere und Trinkwasser, Inkubation 2 (1–13) Tage | bis 90 % Todesfälle bei Entenküken in den ersten 3 bis maximal 6 Lebenswochen, rückwärts gestreckter Hals, Blutungsherde in der fettig degenerierten, vergrößerten Leber | Heilbehandlung mit Antikörperhaltigem Serum oder Eidotter kostspielig, passiver Schutz von der Mutterente über Eidotter ist vorzuziehen! | Injektionsimpfung der Zuchttiere mit Lebendvakzine<br>1. Ende des 3. Lebensmonats (in Problembeständen in 3. Lebenswoche und alle 4 Monate)<br>2. zu Beginn der Legeperiode; Altersresistenz ab 6. Lebenswoche |
| Entenpest | Vorkommen namentlich in Holland, auch bei wildem Wassergeflügel | DNS-Herpes-A-Virus, widerstandsfähig bei Zimmertemperatur bis zu 30 Tagen, Übertragung durch Wasser im Lebensbereich der Enten, Inkubation 3–7 Tage | hohe Verluste in allen Altersgruppen, Legeleistungsabfall, Blutungsherde in und auf allen Organen | nicht möglich, gegebenenfalls Notimpfung mit Lebendvakzine (schnell eintretender Schutz!) | Injektionsimpfung der 2 Wochen alten Küken mit Lebendvakzine |

| | | | | | |
|---|---|---|---|---|---|
| Gänsehepatitis und Gänsepest | Weite Verbreitung in Gänsezuchten, klinisch sind beide Krankheiten kaum unterscheidbar, Übertragung über Brutei, Kot und Staub frisch infizierter Tiere | Gänsehepatitis: DNS-Parvo-Virus, sehr widerstandsfähiger Erreger; Gänsepest: RNS-REO-Virus, widerstandsfähiger Erreger; nach Bruteiübertragung Krankheitsdurchbruch in der Regel zwischen 12. und 21. Lebenstag | bis 95 % Todesfälle bei Gänseküken bis zur 5. Lebenswoche; Erkrankung der Atemwege, Darmkatarrh und Herzmuskeldegeneration, Blutungen; bei der *Hepatitis* zusätzlich Hautrötung, Schwellung der Bürzeldrüse und kleine Nekrosen in Leber; bei der *Pest* Nierenschwellung, gelbe Flecken auf Zunge | Heilbehandlung mit Rekonvaleszenten-Serum während der ersten 3 Lebenstage (1 ml in den Oberschenkel) | Impfstoffe für Zuchttiere in Erprobung; Altersresistenz ab 5. Lebenswoche |
| Ornithose | gelegentlich Erkrankungen bei Enten, Gefahr für Menschen, Meldepflicht für Tierärzte! | Chlamydien-Infektion, Übertragung durch erregerhaltigen Staub | bis 30 % Todesfälle, eitrige Ausscheidungen im Bereich der Nasen- und Ohrenöffnungen | Tetracycline | allgemeine Hygienemaßnahmen; Gefahr für Schlachtpersonal beachten! |
| Influenza des Wassergeflügels | Vorkommen in einigen Ländern beschrieben | Influenza-A-Virus, ähnlich dem Grippevirus des Menschen, der Pferde und Schweine | unterschiedlicher Verlauf ohne und mit sichtbaren Krankheitserscheinungen | nicht möglich | stallspezifische Vakzine müßte hergestellt werden |
| Pocken des Wassergeflügels | natürliche Infektionen sehr selten, Meldepflicht für Tierärzte! | | | | |

Tab. 29. Wesentliche Gesundheitsstörungen bei **Tauben und Ziergeflügel**

| Gesundheitsstörung | Vorkommen | Ursache | Verlauf | Behandlung | Vorbeuge |
|---|---|---|---|---|---|
| Trichomadenseuche (gelber Knopf) | in nahezu allen Taubenzuchten, Erkrankungen, namentlich bei Jungtauben | Trichomonas columbae (Geißeltierchen), Inkubation 6–14 Tage | hohe Verluste bei nestjungen Tauben, gelbe, käsige Beläge im Schlund und Kropf, oft „knopfförmig" im Rachen, Übertragung durch Kropfmilch erregerbehafteter Alttauben, Trichomonaden-Kulturversuch mit Abstrich aus Schlund und Kropf | Nitrothiazol bzw. Imidazol-Präparate | Trichomaden-Kur bei Zuchttauben im Januar und April/Mai, jeweils 6 Tage lang (Imidazol-Präparate) (Dimetridazol- bzw. Imidazol-Präparate) |
| Paratyphus (Flügellähme, Salmonellose) | bei Tauben und Wachteln verhältnismäßig häufig vorkommend, auch bei Stadttauben und Wildvögeln (erregerbehaftete Winter-Futterplätze!) | Salmonella typhimurium var. Copenhagen u. a. Salmonellen, bei Brutei-Übertragung Erkrankung schon in ersten Lebenstagen, sonst Inkubation 2–5 Tage | häufig Darmentzündung mit wässrig-schaumigem Kot, Granulome in Darmschleimhaut, Gelenkentzündung bei der „Flügellähme", bakteriologische Untersuchung von Kotproben bzw. der Organe verendeter Tiere | Antibiotika entsprechend Antibioprogramm (Kapseln zum Eingeben und im Wechsel Injektionen), Dauerausscheider sind auszumerzen | Impfung der Zuchttauben jährlich; 4 Wochen vor Zuchtbeginn kann versucht werden, Bakterienträger unter gesund erscheinenden Tauben durch bakteriologische Kotuntersuchungen ermitteln! |
| Ornithose, Psittakose | Ornithose, weitverbreitet in Taubenbeständen, auch bei Zier- und Wildvögeln, | Chlamydien, Übertragung durch erregerhaltigen Kotstaub, Inkubation 5–15 Tage | bei Tauben Erkrankung zwischen 14. und 48. Lebenswoche, Lidbindehautentzündung, | mit Chlortetracyclin angereichertes Futter, Behandlung der Papageien 45 Tage | Quarantäne zugekaufter Tiere, Blutuntersuchung möglich, Kotuntersuchung kostspielig (Mäuse- |

| | | | | | |
|---|---|---|---|---|---|
| | Psittakose häufig bei frisch importierten Papageien und Wellensittichen; Meldepflicht für Tierärzte bei Ornithose, Anzeigepflicht bei Psittakose! | | Entzündungsherde in den Luftsäcken, oft nicht sichtbarer Infektionsablauf; Darmerkrankung bei jungen Papageien und Wellensittichen, Erregernachweis mikroskopisch, Mäuseversuch, Bluntuntersuchung | lang, der Wellensittiche 30 Tage lang | versuch), bei Psittakose sind veterinärpolizeiliche Bestimmungen einzuhalten! |
| Taubenpocken, Kanarienpocken | bei Tauben seit Impfung möglich: selten; in Kanarienzuchten häufig, bei Tauben Meldepflicht für Tierärzte | Taubenpocken-Virus, Kanarienpocken-Virus, widerstandsfähiger Erreger, Übertragung durchs Futter und Wasser (Diphtherie-Form) sowie stechende Insekten (Hautpocken) | Hautform vorwiegend auf unbefiederter Haut (Pocken), Schleimhautform im Rachen, Kehlkopf (Diphtherie), gelbe fibrinöse (käsige) fest haftende Beläge, Virus-Dauerausscheider möglich | Notimpfung der noch gesund erscheinenden Tiere kann versucht werden | Desinfektion der Transportbehälter, Impfung der Jungtauben (Federfollikelmethode); Atteste für Flugwettbewerbe fordern; regelmäßige Impfung der Kanarienzuchten ratsam |
| Tuberkulose | nach Kontakt mit tuberkulosekranken Hühnern, bei Papageien auch Infektion mit Menschen-Typ | Mycobacterium avium (Geflügeltuberkulose-Erreger), mikroskopischer Nachweis, Kulturversuch, sehr widerstandsfähiger Erreger (im schattigen Auslauf resistent bis zu 3 Jahren) | chronischer Verlauf, Abmagern und Tod | Ausmerzen befallener Tiere, Tuberkulin-Hautprobe | allgemeine Hygienemaßnahmen, Kontakt mit Hühnern meiden, befallene Tauben von Schweinen und Rindern fernhalten (Übertragungsgefahr) |

| Gesundheitsstörung | Vorkommen | Ursache | Verlauf | Behandlung | Vorbeuge |
|---|---|---|---|---|---|
| Aspergillose | bei Jungtauben in staubigen Taubenschlägen | Aspergillus-Arten, Inkubation 3 bis 12 Tage | Schnabelatmung, schließlich Schwäche und Tod, Futteraufnahme erfolgt bis kurz vor Tod, Knötchen und käsige Herde in Lungen und Luftsäcken | erkrankte Tauben töten, Taubenschlag reinigen und desinfizieren | feuchtgewordenes Futter meiden, Taubenschlag gut belüften |
| Kokzidienbefall | häufig vorkommend bei Tauben, Erkrankungen („Kokzidiose") nur bei starkem Befall der Jungtauben | Eimeria labbeana, E. columbarum, Sitz im Dünndarm, nicht auf Hühner übertragbar! Präpatenz bis zur erneuten Oozystenausscheidung: 6 Tage | Durchfall und Schwäche bei Jungtauben, Überleben oft auch ohne Behandlung (Dauerausscheider von Oozysten), gewisser Schutz (Prämunität) bildet sich aus; parasitologische Kotuntersuchung bzw. Laboratoriumsuntersuchung verendeter Tiere | Sulfonamide bzw. Kokzidiostatika (zweimal 4tägige Trinkwasserkur im Abstand von 1 Woche), gleichzeitig Reinigung und Desinfektion des Taubenschlages, Vitamin-A-Gaben! | Kokzidiosekur bei Alttauben vor der Brutzeit und vor Flugwettbewerben, Desinfektion der leeren Taubenschläge mit schwefelkohlenstoffhaltigen (Vorsicht!) Desinfektionsmitteln, regelmäßige Kotentfernung; parasitologische Kotuntersuchung namentlich auch zugekaufter Tauben |
| Haarwurmbefall | häufig bei Tauben vorkommend, auch bei Hühnern in Bodenhaltung; verschiedene Haarwurmarten bei Fasanen (häufig), bei Wachteln (selten) | Capillaria obsignata (= C. columbae), auch auf Hühner übertragbar, Ei-Reifung *ohne* Zwischenwirt in 6–8 Tagen, männl. Wurm bis 1,2 cm, weibl. bis 1,8 cm lang, beim Hochziehen von Darm- | dünnflüssiger, schleimiger Kot infolge einer Darmentzündung, verklebte Federn im Bereich der Kloake, bei Jungtauben seuchenhafter Verlauf mit Todesfällen möglich, Kot-Untersuchung | Spezifische Wurmmittel z. B. Haloxon- oder Thiazol-Präparate, anschließend Reinigung und Desinfektion des Taubenschlages | Entwurmung der Alttauben, Reinigung der Taubenschläge, meiden von Hühnerausläufen, regelmäßige Kotuntersuchung! |

| | | | | | |
|---|---|---|---|---|---|
| | | schleim gerade noch erkennbar, besser mikroskopische Untersuchung! Capillaria caudinflata bei Fasanen (Übertragung durch Regenwurm), Capillaria contorta bei Wachteln | bzw. Laboratoriumsuntersuchung verendeter Tiere; Präpatenz: (geschlechtsreifer Wurm nach Eiaufnahme) 19–26 Tage; | | |
| Spulwurmbefall | bei Jungtauben in unhygienischen Haltungsbedingungen | Ascaridia columbae, Ei-Reifung ohne Zwischenwirt, nicht auf Hühner übertragbar, bis 5 cm lange Rundwürmer im geöffneten Darmlumen leicht erkennbar, Präpatenz ca. 40 Tage | nach massenhafter Aufnahme von Spulwurmeiern Verdauungsstörungen, in Einzelfällen Darmverschluß durch Spulwurmknäuel; bei Alttauben meist nur einzelne Spulwürmer | Piperazin-Tabletten oder Piperazin im Trinkwasser, Thiazolhaltige Kapseln, anschließend Taubenschlag-Hygiene | Regelmäßige Kotbeseitigung |
| Band- und Saugwurmbefall | selten bei Tauben | Zestoden-Arten (Bandwürmer, Zwischenwirte = Schnecken, Insekten, Regenwürmer); Trematoden-Arten (Saugwürmer, Zwischen- und Transportwirte = Wasserschnecken und Menschen) | Verdauungsstörungen bei Jungtauben, Abgang der Würmer bei Alttauben | Zinndilauratkapseln oder Mansonil 100 mg/kg KGW u. a. spezifische Wurmmittel | Fernhalten der Zwischenwirte (Schneckenbekämpfung gegen Bandwurmbefall, Fernhalten der Tauben von Wasserflächen bei Saugwurmbefall) |

| Gesundheitsstörung | Vorkommen | Ursache | Verlauf | Behandlung | Vorbeuge |
|---|---|---|---|---|---|
| Luftröhren-wurmbefall | häufig bei Fasanen | Syngamus trachea, männl. Wurm ca. 0,5 cm, weibl. Wurm ca. 2 cm (in Kopulation) | Atmungsbeschwerden und Todesfälle | Thiabendazol-Präparat im Futter | Aufnahme der Zwischenträger (Regenwürmer, Schnecken) im Freien kaum zu verhindern |
| Außenparasiten | vorwiegend bei anderweitig geschwächten Tauben | Rote Vogelmilben, Hauträudemilben, Luftsackmilben, Zecken (= Spinnentiere) sowie Federlinge, Wanzen, Flöhe (Insekten); Futtermilben vermehren sich in feucht gewordenem Futter und vermindern vor allem den Nährwert des Futters | Rote Vogelmilben, Zecken, Wanzen, Flöhe schädigen durch Blutsaugen, übrige Außenparasiten beunruhigen und schädigen das Federkleid | gutverträgliche Insektizide, Entwesung des Taubenschlages | Allgemeine Hygiene, Kontrolle zugekaufter Tiere |
| Vergiftungen | bei freifliegenden Tauben verhältnismäßig häufig durch Schädlings- und Mäusebekämpfungsmittel | Aufnahme von gebeiztem Saatgut, Schädlingsbekämpfungsmitteln, Mäuse-Giftweizen, hohe Dosen Kochsalz; chemische Untersuchungen kostspielig | plötzlich gehäufte Todesfälle, Restbestand meist gesund | in der Regel nicht möglich, da Giftstoff zunächst unbekannt; gegen Düngesalzvergiftung reichlich Trinkwasser anbieten, gegebenenfalls **Kropf** schnabelwärts leer massieren (Kopf nach unten!), Kohletabletten | zur Mäusebekämpfung nur Dikumarin-Präparate verwenden, Freiflug in Zeiten des Ausbringens von Saat, Schädlingsbekämpfungs- und Düngemitteln meiden! |

## 2.3 Spezielle Krankheiten bei Wassergeflügel

Einige für Hühnerbestände bedeutungsvolle Krankheiten wie die Gumboro-Krankheit, Mareksche Hühnerlähmung und Leukose sowie die infektiöse Bronchitis sind beim Wassergeflügel ohne Belang, auch Innenparasiten werden, mit Ausnahme der Magenwürmer, selten angetroffen.

Verhängnisvoll können sich aber neben dem *Magenwurmbefall* der Gänse vor allem *Salmonellen-Infektionen, Cholera* und verschiedene *Virusinfektionen* (Entenhepatitis, Entenpest, Gänsehepatitis und Gänsepest) auswirken. In manchen Beständen gelingt die Aufzucht von Gänseküken nur noch mit Hilfe der Injektion von Serum durchseuchter Altgänse. Gegen Entenhepatitis sind Impfungen der Elterntiere möglich, damit den Entenküken Schutzstoffe (Antikörper) im Eidotter mitgegeben werden. Gegen Entenpest wird in Holland geimpft. In Tab. 28 sind die wichtigsten Krankheiten des *Wassergeflügels* zusammengefaßt.

## 2.4 Spezielle Krankheiten bei Tauben und Ziergeflügel

Hygienische Vorkehrungen bei Tauben und Ziergeflügel sind schon wegen der Gefahr der Ornithose- (Psittakose-) und Salmonellenübertragung auf den Menschen unerläßlich.

Die *Ornithose* bzw. *Chlamydiose* der Tauben und des Ziergeflügels wird von einem gleichartigen Erreger wie die Psittakose (Papageienkrankheit) ausgelöst. Der von jungen Papageien und Wellensittichen ausgestreute Erreger gefährdet den Menschen jedoch wesentlich stärker als die bei Tauben und Ziervögeln vorkommenden Krankheitskeime. Beim Menschen können ca. 7–14 Tage nach der Aufnahme erregerhaltigen Kotstaubes grippe- oder typhusähnliche Krankheitsbilder auftreten, in ausgeprägten Fällen auch eine atypische Lungenentzündung.

*Salmonellen-Infektionen* führen bei Tauben zum *Paratyphus*, der häufig, bei Infektion der Gelenke, Flügellähme auslöst. Wegen der Gefahr für den Menschen sollten befallene Bestände umgehend saniert werden (orale und intramuskuläre Behandlung durch Eingeben von antibiotikahaltigen Kapseln im Wechsel mit Antibiotika-Injektionen). Sichtbar kranke Tiere werden, wie auch nach der Behandlung übrig bleibende Dauerausscheider, zweckmäßigerweise ausgemerzt. Der Taubenschlag ist gleichzeitig gründlich zu reinigen und, bei belegtem Stall, mit einem für Tauben unschädlichen Desinfektionsmittel des Lebensmittelbereiches zu desinfizieren. Die Kontrolle erfolgt durch 3malige bakteriologische Kotuntersuchung möglichst der Einzeltiere. Taubeneier dürfen nicht roh verzehrt werden.

*Taubenpocken* kommen, seit Impfstoffe im Handel sind, nur noch selten vor, während Erreger, die sich an Kanarienvögel angepaßt haben, in Kanarienzuchten oft noch hohe Verluste verursachen (Impfung ratsam!).

*Tuberkulose* wird bei Tauben angetroffen, wenn sie Gelegenheit zur Infektion an tuberkuloseverseuchten Futterplätzen erkrankter Hühner haben.

*Taubenstaub* enthält auch reichlich Schimmelpilzsporen und wird zusätzlich zur Gefahr der Salmonellen- und Ornithose-Übertragung auch wegen der möglichen Allergie-Auslösung beim Menschen gefürchtet.

Eine der bedeutendsten Taubenkrankheiten ist die *Trichomoniasis,* auch „Gelber Knopf“ genannt. Nestjunge Tauben infizieren sich mit der Kropfmilch befallener Alttauben. Eine regelmäßige medikamentöse Vorbeuge vor Brutbeginn ist daher unerläßlich.

Die häufigsten Darmparasiten sind *Kokzidien* und *Haarwürmer;* Spul- und Bandwurmbefall kommen seltener vor. Von den Außenparasiten sind die zeitweise blutsaugenden *roten Vogelmilben* die gefährlichsten (temporäre Parasiten).

Auch *Taubenzecken* saugen während ihres Aufenthaltes auf den Tauben ebenso wie Wanzen und Flöhe Blut. *Räudemilben, Federmilben* (4 Beinpaare!) und die zu den Insekten (3 Beinpaare!) zählenden *Federlinge* leben wie auch die gelegentlich auf den Luftsäcken anzutreffenden Luftsackmilben ständig auf den Tauben (stationäre Parasiten).

Da sich Außenparasiten vor allem im Sommer ausbreiten, ist der Taubenschlag in der warmen Jahreszeit regelmäßig zu kontrollieren. Gegebenenfalls sind Insektizide einzusetzen.

Für Tauben, die bei Flugwettbewerben eingesetzt werden, wird in der Regel ein *tierärztliches Zeugnis* mit dem Ergebnis einer bakteriologischen und parasitologischen Untersuchung gefordert.
Tauben mit Paratyphus, Kokzidien- oder Wurmbefall dürfen an den Gemeinschaftsveranstaltungen nicht teilnehmen. Verschiedentlich wird auch der Nachweis der Pockenimpfung gefordert. Die Reinigung und Desinfektion der Transportbehälter ist besonders gründlich vorzunehmen.

Die *anzeigepflichtigen* Seuchen spielen bei den Tauben eine untergeordnete Rolle. Die *Newcastle-Krankheit* führt in der Regel nicht zu sichtbaren Krankheitserscheinungen. Tauben können jedoch das Newcastle-Virus verbreiten. Sofern Tauben zusammen mit 200 und mehr Hühnern gehalten werden, erstreckt sich deshalb die Impfpflicht auch auf Tauben. Der Erreger der *Geflügelcholera* führt bei Tauben gelegentlich zu Gelenksentzündungen.

*Perl- und Rebhühner* sind von allen bei Hühnern bekannten Erkrankungen mehr oder weniger bedroht. Besonders hervorzuheben ist die Anfälligkeit für die Newcastle-Krankheit sowie für Schimmel- und Sproßpilz- (Hefen-)Befall.

Bei *Wachteln* führen vor allem verschiedene Serotypen der *Salmonella-Gattung* zu Brutstörungen und seuchenhaften Verlusten unter den Wachtel-Küken. Typische Wachtelkrankheiten sind die nekrotisierende Darmentzündung *(Quail Disease),* verursacht durch *Clostridium perfringens,* sowie die *Wachtelbronchitis,* ausgelöst durch ein Adeno- (CELO-) Virus. Häufig kommt Leukose vor.

*Fasanen* werden besonders gefährdet durch *Luftröhrenwurmbefall* (*Syngamus trachea,* Stapelwirte sind Schnecken, Insekten und Regenwürmer), durch *Haarwurmbefall* (verschiedene *Capillaria*-Arten – Zwischenentwicklung, mit Ausnahme der *C. obsignata,* im Regenwurm), durch *Geflügelcholera* (*Pasteurella multocida,* vor allem nach zusätzlicher Schwächung als Faktorenkrankheit auftretend), durch *Schimmelpilz-* (*Aspergillus*-Arten) und *Sproßpilz- (Candida albicans)* befall sowie durch die aviäre *Enzephalomyelitis* (AE), die als natürliche Infektion außer Hühner auch Fasanenküken befallen kann.

Zur häufig erforderlichen Luftröhrenwurmbekämpfung eignet sich bei Fasanen die 3wöchige Verabreichung von Thiabenzole als 0,05‰iger Futterzusatz.

Bei *Pfauen* wird wie bei Puten vor allem die Schwarzkopfkrankheit (Histomoniasis) gefürchtet. Im übrigen werden Pfauen auch vom *Luftröhrenwurm* und von der *Geflügeltuberkulose* befallen.

Einen Überblick über die wesentlichen Gesundheitsstörungen bei *Tauben und Ziergeflügel* vermittelt Tab. 29.

## 2.5 Spezielle Hygienemaßnahmen

### 2.5.1 Hygiene in Zuchtbetrieben

Hygienemaßnahmen in Zuchtbetrieben sollen einmal der Gesunderhaltung der Elterntiere selbst zugute kommen, zum andern aber vor allem auch die Übertragung von Krankheitserregern auf die nächste Generation verhindern (vertikale Erregerübertragung).

Bei Elterntieren ist deshalb eine besonders scharfe *Kontrolle* etwa vorkommender Krankheitserreger, die möglicherweise über das Brutei übertragen werden, erforderlich. Da bei vielen Infektionskrankheiten eine Ei-Übertragung namentlich während der akuten Durchseuchung erfolgt, sind Elterntiere sorgfältig nach außen *abzuschirmen.* Zusätzlich sind *Impfprogramme* zum Schutz vor den weit verbreiteten Virusinfektionen pünktlich durchzuführen. Die von der geimpften Mutterhenne dem Eidotter mitgegebenen Schutzstoffe (maternale Antikörper) schützen dann auch noch die Küken in den ersten Lebenswochen.

Die *Haltung* getrennter Altersgruppen ist unumgänglich, im Umkreis von wenigstens 200 m sollte sich möglichst kein anderes Geflügel befinden (HEIDER 1973). Außerdem ist vor dem Stalleingang ein Vorraum zur Desinfektion und zum Kleiderwechsel erforderlich. Zu achten ist auf das Fernhalten der Wildvögel (Vogelgitter!), auf die Bekämpfung von Insekten, Ratten und Mäusen sowie die regelmäßige Desinfektion des Eierlagerraumes (warme Desinfektionslösung quartärer Ammoniumbasen).

Bei Elterntieren vorkommende Krankheitskeime können bei Trägern der Erreger *fortdauernd* oder während einer frischen Durchseuchung *vorübergehend* dem Brutei mitgegeben werden (transovarielle Übertragung), bei Erregerausscheidung im Darminhalt auch durch Kontamination der Eischale auf die Nachkommen übergehen.

In den Wirtschaftshühnerzuchten kommen *Dauerausscheider* vor bei einer Herdeninfektion mit den allgemein verbreiteten Leukose-Viren, bei *Mycoplasma gallisepticum*- bzw. *M. synoviae*-Befall, bei Puten auch bei Infektionen mit *M. meleagridis,* außerdem bei Infektionen mit Salmonellen, im besonderen mit den allerdings bereits weitgehend ausgerotteten *Salmonella pullorum*-Keimen.

Vorwiegend während der akuten Erkrankung ist der *vorübergehende Übergang* folgender bedeutungsvoller Krankheitserreger auf das Brutei möglich:

Virus der aviären Enzephalomyelitis (Zitterkrankheit bei Küken), Adeno-(CELO-, Tipton-)Viren, REO-Viren, Virus der infektiösen Bronchitis (IB) und der Newcastle Krankheit (ND). Die verschiedenen Paratyphuskeime (andere *Salmonella*-Keime als die regelmäßig zur Dauerausscheidung führenden *Salmonella pullorum*-Keime) verschwinden in der Regel 2–5 Wochen nach der Bestandsdurchseuchung aus den Hühnern und Eiern, sofern die Keime erst in höherem Alter aufgenommen wurden. Bei Hühnern, die bereits über das Brutei oder in der Brüterei infiziert worden sind, ist jedoch auch hier mit Dauerträgern zu rechnen (Immuntoleranz). Die Übertragung von Tuberkulosbakterien über das Ei spielt züchterisch eine untergeordnete Rolle, zumal Tuberkulose in gut geführten Zuchten nicht vorkommt. Bei der infektiösen Bursa-Krankheit (Gumboro-Krankheit) scheint dem Überleben des widerstandsfähigen Erregers (Virus) im Kotstaub und Stall (über 122 Tage) eine größere Bedeutung zuzukommen als der Übertragung im oder auf dem Ei (Benton u. a. 1967).

Auf der *Ei-Oberfläche* können auch unspezifische Keime (Darmbakterien, Fäulnis- und Staubkeime) in die Brüterei getragen werden. Es handelt sich vor allem um *Escherichia coli,* Laktobazillen, Clostridien, Staphylokokken, Streptokokken, *Pseudomonas-* und *Proteus-*Keime sowie Pilzsporen.

Da die Frühsterblichkeit der Küken weitgehend vom Keimgehalt in der Brüterei bestimmt wird, sollte schon in den Zuchtbetrieben auf eine Reduzierung dieser auf der Eischale haftenden Keime geachtet werden.

*Im einzelnen* lassen sich im Zuchtbetrieb folgende Vorkehrungen treffen:

1. *Impfprogramm:* Neben den Impfungen gegen die Mareksche Krankheit sowie die Newcastle-Krankheit (ND) und infektiöse Bronchitis (IB) ist in jedem Fall auch ein Impfung gegen die aviäre Enzephalomyelitis (AE, Zitterkrankheit) einzuleiten (spätestens 5 Wochen vor dem Brutei-Sammeln, gegebenenfalls Wiederholung vor dem 2. Legejahr).
   Die Gumboro-Impfung mit einem abgeschwächten Virusstamm ist wie die AE-Impfung ratsam, damit den Küken Schutzstoffe (Antikörper) für die ersten Lebenswochen mitgegeben werden! Der Zeitpunkt der Gumboro-Impfung ist bei vorausgegangenen Krankheitsdurchbrüchen auf den 10. bis 14. Lebenstag, bei Möglichkeit der Kükenisolierung jedoch, zur Schonung des Immunsystems während der ersten Lebenswochen, in die 6. bis 10. Lebenswoche zu legen (s. Seite 217).

2. Vollwertige, vitaminreiche *Ernährung* zur Steigerung der unspezifischen Abwehrkräfte der Küken.

3. *Kontrolle* jeder nachwachsenden Elterntierherde vor Brutbeginn bei ca. 50%iger Legeleistung auf das Vorkommen von *Salmonella-pullorum-*Trägern durch die *Frischblutschnellagglutination* mit wenigstens ca. 200 Proben der in gleichem Raum gehaltenen Elterntiere; gegebenenfalls Serum-Agglutinationen nach Einsendung der Blutproben an ein diagnostisches Laboratorium; beim Auffinden von Reagenten Untersuchung sämtlicher Elterntiere und Wiederholung der Untersuchung bei gleichzeitiger Stalldesinfektion so oft, bis kein Reagent mehr gefunden wird.

4. *Frischblutschnellagglutination* oder Serum-Plattenschnelltest vor Brutbeginn (2 bis 5 %, maximal 100 Tiere) zur Bestandsdiagnose des Vorkommens von Mykoplasmen-Infektionen (*M. gallisepticum* und *M. synoviae*), gegebenenfalls Nachkontrolle im Hämagglutinationshemmungstest. Folgerungen aus dem Untersuchungsergebnis sind vor allem für ein Sanierungsprogramm späterer Aufzuchten zu ziehen! Gegebenenfalls sind die Bruteier einer Antibiotika-Behandlung zu unterziehen (s. Seite 214). Während der Brutperiode ist die Kontrolle durch Blutuntersuchungen aussortierter Hähnchen möglich (Dorn, Schindler 1971).

5. *Blutuntersuchungen* vor Brutbeginn (25 Tiere) zur Ermittlung des Immunstatus gegenüber der Newcastle-Krankheit und weiteren Virusinfektionen. Bei ungenügendem Antikörpergehalt Nachimpfung gegen die Newcastle-Krankheit; im übrigen sind gegebenenfalls die Impfprogramme nachfolgender Aufzuchten umzustellen.
6. *Ei-Empfänglichkeitstest* vor Brutbeginn mit ca. 30 Bruteiern zum Nachweis der notwendigen Schutzstoffe gegen die aviäre Enzephalomyelitis (AE), notfalls Nachimpfung mit einer Wartefrist von 5 Wochen bis zum Brutbeginn.
7. *Kotuntersuchungen* in ca. 6-wöchigen Abständen (ca. 36 Proben aus verschiedenen Stallbezirken) im bakteriologischen Anreicherungsverfahren zum Nachweis sonstiger *Salmonella*-Infektionen; bei positivem Befund gegebenenfalls vorübergehendes Aussetzen der Brut, bei Dauerträgertum notfalls Ausmerzen der ganzen Herde! Gleichzeitig parasitologische Untersuchung der Kotproben.
8. *Frühbegasung* der möglichst noch warmen, frisch gelegten Bruteier zur Reduzierung der auf der Eischale haftenden Keime:

   21 ml Formalin 40%ig, 21 ml Wasser, 17 g Kaliumpermanganat je $m^3$ Rauminhalt bei 22 °C und 70 % Feuchtigkeit, 30 Min. lang mit Luftumwälzung bzw. 8 g krist. Paraformaldehyd mit 20 ml Wasser je $m^3$ verdampfen. Keimabtötungsrate nach Hüttner (1973) ca. 93–97 %. Anschließend zum Neutralisieren der Dämpfe Ammoniumhydroxid in 28%iger Lösung (Salmiakgeist) in der halben Formalinmenge aufstellen.

### 2.5.2 Brüterei-Hygiene

Verschiedene Vorkehrungen in der *Brüterei* vermindern vor allem die Frühverluste unter den Küken. Wichtig ist, den Gesamtkeimgehalt im Bereich der Brüterei niedrig zu halten (Kontrolle durch Abklatschkulturen!). Die Spätbegasung der Bruteier mit Formalin vor dem Einlegen in den Brutapparat ist allgemein üblich und vermindert das Schlupfergebnis nicht.

Eine besondere Behandlung des Ei-Inneren mit Antibiotika zur Eingrenzung der Mykoplasmen-Übertragung hat sich in der BRD jedoch nur bei der Puten-Brut durchgesetzt und bewährt. In anderen Ländern wird die Antibiotika-Behandlung der Eier (Egg Dipping bzw. Injektion) oft dann vorgenommen, wenn durch Blutuntersuchungen bei Elterntieren Mykoplasmenbefall festgestellt worden ist.

Zur *allgemeinen Hygiene* in der Brüterei gehören die Beschränkung auf die Brut von Elterntieren, Broilern oder Küken des Legetypes, getrennte Räume für Anlieferung der Bruteier, Brut, Sortieren und Marekimpfung sowie Auslieferung; Staubfilter für ein- und austretende Luft zur Vermeidung eines Erregerkreislaufes; Verwendung von nur neuen Packkartons; getrenntes Personal für Eierannahme mit Bearbeitung vor der Brut und für die Entnahme aus den Brutapparaten mit Versand; Kleider- und Schuhwechsel mit Händedesinfektion vor dem Betreten der Brüterei zur Vermeidung der Erreger-Einschleppung; Händedesinfektion vor der Einnahme von Mahlzeiten zur Vorbeuge der möglichen Infektion mit bei Küken etwa vorkommenden Salmonellen.

Im einzelnen sind in der Brüterei folgende *Hygienemaßnahmen* zu beachten:

## 1. Bruteier

*Eierlagerung* im regelmäßig desinfizierten Raum bei 12–15 °C und 70–80 % rel. Feuchtigkeit, Lagerung bis maximal 10 Tage, ab 3. Tag täglich einmal um 90 ° wenden!

*Spätbegasung* der Bruteier in besonders temperiertem und befeuchtetem Raum oder im Vorbrüter mit Formalingas entsprechend der Frühbegasung im Zuchtbetrieb (s. Seite 213); Verbesserung der Schlupffähigkeit nach HÜTTNER (1973) bei Früh- und Spätbegasung (zweimal im Vorbrüter) bei Legeküken um etwa 1 %, bei Mastküken um etwa 7 %.

*Antibiotische Behandlung* des Ei-Inneren (zur Mykoplasmose-Sanierung, LANDGRAF, VIELITZ 1969) durch:

*a) Injektionsverfahren:*
vor Brutbeginn in Luftkammer oder 4. bis 5. Bruttag in den Dottersack (z. B. 1,0–1,5 mg Tylosin, mit geringerem Schlupfergebnis ist zu rechnen!)

*b) Egg-Dipping-Verfahren:*
Oberflächendesinfektion zur Vermeidung des Einsaugens von Oberflächenkeimen durch Besprühen mit Desinfektionsmitteln (z. B. quartäre Ammoniumbasen) und Nachspülen mit ca. 38 °C warmem, klarem Wasser.
Anschließend:
*Temperatur-Differenzverfahren:*
Erwärmung der Eier im Brutschrank (4 Std. bei 37 °C), Abkühlung der Eier zur Erzeugung eines Unterdruckes in antibiotikahaltiger Lösung: 10 Min. lang einlegen in eine 4 °C kühle z. B. 2500 ppm *(M. gallisepticum)*, 4000 ppm *(M. synoviae)*, 6000 ppm (Puteneier) tylosinhaltige, täglich frisch angesetzte bzw. im Umlauf durch Schichtenfilter keimfrei gehaltene Lösung.
*Druck-Differenzverfahren:*
Bruteier ca. 5 Min. lang im Druckkessel bei einem Unterdruck von ca. 300 mm Quecksilbersäule in Antibiotikalösung halten (BORGMANN 1973).

*c) Hitzebehandlung:*
Bruteier 11–14 Std. lang einer Temperatur von 45,6–47,2 °C aussetzen, Schlupfergebnis sinkt um ca. 5 %, bewährt insbesondere bei *Mycoplasma synoviae* (MEROZ u. a. 1973).

## 2. Maßnahmen zur Reduzierung des Keimgehaltes in der Brüterei

Nach jedem Schlupf gründliche Desinfektion von Brutapparaten (quartäre Ammoniumbasen und Formalingas), Geräten und Räumen (besonderes Leitungssystem für phenolhaltige Desinfektionslösung installieren lassen!).

Stufenkontrollen des Keimgehaltes (Keimbesatz der Brüterei entscheidet über Frühverluste), Tupferproben, 500–10 000 Keime je Abklatsch sollten nicht überschritten werden. Sortier- und Lagerräume (Mäusebekämpfung) in Hygienemaßnahmen einbeziehen, Hygiene beim Sortieren beachten! Bei Salmonellenfunden Kotproben von Elterntieren und Stuhlproben des Brütereipersonals untersuchen lassen! Klima des Brutraumes bei entsprechender Luftzufuhr weitgehend dem Brutschrankklima angleichen: ca. 4 m³ Frischluft je Std. für 1000 Eier, 1000 Eier benötigen in 24 Std. am 20. Tag ca. 700, am 21. Tag ca. 1400

Liter Sauerstoff! Raumklima wenigstens bei ca. 22 °C und 50–60 % Feuchtigkeit halten! Frisch geschlüpfte und noch feuchte Küken vor Zugluft schützen!

**3. Brütereipersonal**

Kontaminationsgefahr (Salmonellen) vom Ei bzw. Küken für Menschen und vom Menschen ausgehend für das Küken durch Wasch- und Desinfektionsmaßnahmen sowie Umkleiden vor dem Betreten und Verlassen der Brüterei vermeiden! Stuhlprobenuntersuchung!

**4. Küken**

*Tötung* aussortierter Küken durch Kohlendioxidbegasung auf Kükenhorden im Kohlensäureschrank; Abgabe zusammen mit Brutabfällen an Tierkörperbeseitigungsanstalt;

*Kontrolle* des Brüterei-Abfalles auf Salmonellen-Gehalt; gegebenenfalls Hähnchen dem tierärztlichen Institut zum Mykoplasmose-Test zuführen (dient der Kontrolle der Elterntiere);

*Marek*-Impfung der zur Zucht und für Legeherden bestimmten Küken; Abtransport der Küken in neuen Kartons und klimatisierten Fahrzeugen; bei langem Transportweg (Streß) unmittelbar nach Einstallung zur Vorsorge für etwa notwendige Behandlung bakteriologische Untersuchung mit Antibiogramm!

Die *wesentlichen Gesundheitsstörungen* beim Schlupf lassen sich auf folgende Einwirkungen zurückführen:

*Embryonen-Frühsterblichkeit*
- Schädigung durch Elterntiere (Pilztoxine)
- Spezifische Krankheitserreger im Ei
- Fehler der Bruteilagerung

Sterblichkeit in *mittlerer Brutperiode*
- Temperatur-Schwankungen bei Lagerung
- Fäulniskeime oder Salmonellen im Ei

Sterblichkeit am *Ende der Brutperiode*
- Brutfehler, Übertemperaturen (Mißbildungen)
- Fehlerhafter Feuchtigkeitsgehalt im Schlupfbrüter
- Mykoplasmen im Ei (Luftsackentzündung)
- Vitamin- und Spurenelementmangel bei Elterntieren.

*Kükenfrühsterblichkeit,* persistierender Dottersack

bei unbefriedigendem Schlupf liegt auch die Kükensterblichkeit über der Norm, im übrigen sind Nabelentzündungen und Frühsterblichkeit proportional abhängig vom Keimgehalt der Brüterei während des Schlupfes; Quecksilbervergiftung führt zu mangelhafter Abnabelung, Mykoplasmeninfektionen führen zur CRD, *S. pullorum* führt zur weißen Kükenruhr; Zugluft, unzureichend vorbeheizter Kükenstall sind unspezifische Ursachen der Frühsterblichkeit.

### 2.5.3 Aufzuchthygiene und Impfprogramm

Die Vorkehrungen zur Krankheitsverhütung während der Aufzucht richten sich seit dem Wandel von Boden- zur Käfigaufzucht mit Hilfe umfangreicher Impfprogramme vorzugsweise gegen die Virusinfektionen. Die Kokzidiosevorbeuge ist lediglich noch bei Bodenhaltungen unumgänglich. Die Kokzidiosemittel

(Kokzidiostatika) dürfen den Futtermitteln als „Zusatzstoffe“ aufgrund futtermittelrechtlicher Bestimmungen bis zur Legereife ohne tierärztliches Rezept zugesetzt werden. Bei etwa notwendig werdenden Schlachtungen ist jedoch auf eine Absetzfrist zu achten (Wartezeit bei den meisten zugelassenen Kokzidiostatika 3 Tage, bei Robenidin 5 Tage).

Im einzelnen hat sich für *Aufzuchtbetriebe* zur Krankheitsvorbeuge folgendes Vorgehen bewährt:

1. Nach *Mäuse-*, Ratten- (Dikumarinpräparate) und Kornkäfer*bekämpfung* (Phosphorsäureester) im noch ungesäuberten Stall gründliche Reinigung des gesamten Stallbereiches einschließlich der Einrichtungsgegenstände, der Futter- und Tränkanlagen sowie der Stallumgebung;
2. *Futterreste* in abgekochtem Zustand an Schweine verfüttern, Insekten- und Milbenbekämpfung im Silo mit Präparaten ohne Rückstandsbildung, Formalinbegasung fester Silos gegen Pilzbefall;
3. *Desinfektion* des Stalles und der Einrichtungsgegenstände (Käfige) mit Phenolderivaten, bei Bodenhaltung zusätzlich mit Mitteln, die auch gegen Parasiteneier wirksam sind (z. B. schwefelkohlenstoffhaltige Präparate, Atemschutz!), anschließend sind wegen der Vogelmilben- und Kornkäfergefahr (Überträger von Bandwurmfinnen) Insektizide einzusetzen; bei Gegenwart der kleinen, unbehüllten Viren sind aldehydhaltige Präparate oder Formalin (Gasmaske!) zu verwenden (s. Tab. 21 auf Seite 170!);
4. *Desinfektion* der Tränkeeinrichtungen mit quartären Ammoniumverbindungen oder speziellen Präparaten, gründliches Nachspülen erforderlich, u. a. auch, damit später im Trinkwasser verabreichte Impfstoffe nicht geschädigt werden;
5. Bereitstellen von besonderer *Schutzkleidung* für den betreffenden Stall, Schuhwechsel erforderlich; auf strenge Isolierung neu eingestallter Küken ist wenigstens über die Zeit der ersten Impfungen bis zur 8. Lebenswoche mit größter Sorgfalt zu achten.
6. *Aufzucht-Impfprogramme* haben örtliche Gegebenheiten im Hinblick auf zu erwartende natürliche Infektionen zu berücksichtigen. Die Abstände zwischen den einzelnen Impfterminen sind auf die Art der verwendeten Impfstoffe und die Impfmethode auszurichten. Aus einer Brüterei bezogene Küken sind in der Regel bereits dort gegen die *Mareksche Krankheit* geimpft worden. Bei erhöhter Bedrohung durch die Newcastle-Krankheit ist aber schon in der 2. Lebenswoche die erste *Newcastle- (ND-) Impfung* durch Verabreichen des Impfstoffes im Trinkwasser einzuleiten. Notfalls kann der im Wasser aufgelöste Impfstoff auch mit geeigneten Geräten über den Tieren versprüht werden. Dadurch wird ein frühzeitiger Schutz erzielt, es sind dabei aber, namentlich bei von Mykoplasmen befallenen Tieren, stärkere Impfreaktionen zu erwarten.

   Das Impfen gegen die *infektiöse Bronchitis (IB)* ist ab dem 21. Lebenstag möglich, zu einem früheren Zeitpunkt stören mütterliche Schutzstoffe gegebenenfalls das Haften der Impfinfektion (Notimpfung mit Augentropfmethode!).

   Weitere Impfungen sind üblich gegen die *Gumboro-Krankheit,* die *Geflügelpocken* und die *aviäre Enzephalomyelitis* (Zitterkrankheit [AE]). Impfstoffe gegen Adeno- und REO-Viren sind bislang noch nicht verfügbar.

Zweckmäßig ist, ein geeignetes Impfprogramm unter Abwägung der Vor- und Nachteile gemeinsam mit dem betreuenden Tierarzt festzulegen. Notimpfungen in den ersten Lebenstagen gegen die Newcastle-Krankheit oder infektiöse Bronchitis erfordern frühzeitige Wiederholungsimpfungen!
Unter optimalen Haltungsbedingungen einer abgetrennten Aufzuchtgruppe kann bei Zukauf Marek-geimpfter Küken, die überdies mit mütterlichen Schutzstoffen gegen die Newcastle-Krankheit und infektiöse Bronchitis versehen sind, das in Tab. 30 dargestellte Beispiel eines *Impfprogrammes* gewählt werden, s. auch Tab. 22 auf Seite 174!

*Vor der Umstallung* oder Auslieferung der Junghühner sind Kontrollen des Gesundheitszustandes erforderlich.

Im besonderen ist durch die Untersuchung einiger Tiere auf beginnende Leberverfettungen (Fettlebersyndrom) und Entkalkungserscheinungen zu achten.

Tab. 30. Beispiel eines Impfprogrammes

| Alter der Tiere | Impfung gegen | Impfstoff |
|---|---|---|
| 1. Tag (in Brüterei) | MD | Putenherpesvirus, lebend, Injektion (im Ausland auch Hühnerherpesvirus, lebend)<br>Lagerung: in flüssigem Stickstoff, bei getrocknetem Impfstoff im Kühlschrank |
| 10.–14. Tag | IBD | Gumborovirus, lebend, Trinkwasser, nur bei Erkrankungen vorausgegangener Aufzuchten |
| 2.–3. Woche | ND bzw.<br>ND/IB I | Virusstamm LaSota, lebend, Trinkwasser<br>Kombinationsvakzine, lebend, Trinkwasser, unter Auslassen der nachstehenden IB I-Impfung |
| 4.–5. Woche | IB I | Virustyp Masachusetts, H 120, lebend, Trinkwasser |
| 6.–7. Woche | IBD | Gumboroimpfung, sofern die Küken noch nicht durchseucht oder geimpft sind |
| 8. Woche | ND bzw.<br>ND/PO | Virusstamm LaSota, lebend, Trinkwasser<br>Bivakzine, lebend, Nadelstich |
| 10. Woche | IB II | Virustyp Masachusetts, H 51, lebend, Trinkwasser |
| 12. Woche | AE | AE-Impfvirusstamm, lebend, Trinkwasser |
| 14. Woche | IBD | Gumboro-Impfung der Elterntiere |
| 16. Woche | IB II | Virustyp Masachusetts, H 51, lebend, Trinkwasser |
| 18.–20. Woche | ND | Virusstamm LaSota, lebend, Trinkwasser,<br>bzw. ND-Adsorbat, lebend, Injektion,<br>bzw. ND-Adsorbat, abgetötet, Injektion |
| im Abstand von 3–4 Monaten | ND | Wiederholung der ND-Trinkwasserimpfungen (bei vorausgegangenen ND-Trinkwasserimpfungen) |
| im Abstand von 6–8 Monaten | ND | ND-Trinkwasserimpfung (bei vorausgegangener ND-Injektionsimpfung) |

MD = Mareksche Krankheit (Marek's Disease)
IBD = infektiöse Bursa-Krankheit (Gumboro-Krankheit)
ND = Newcastle Krankheit (Newcastle Disease)
IB = infektiöse Bronchitis; IB I = H 120, IB II = H 51/52
AE = aviäre Enzephalomyelitis (Zitterkrankheit der Küken)
PO = Pocken-Diphtherie

Die Verabreichung der Trinkwasserimpfstoffe in Wasser mit Magermilchzusatz erhöht die Wirkung (10–20 g Magermilchpulver oder 250 ml Magermilch je 10 Liter Wasser). Das Aussprühen der ND-Impfstoffe (Spray-Vakzination) kann geringgradige Krankheitserscheinungen auslösen. Die impfenden Personen haben beim Sprühen Atem- und Augenschutz zu tragen!

Notfalls sind mit Hilfe von Fütterungsarzneimitteln vor der Umstallung entsprechende Kuren einzuleiten, wozu die tierärztliche Anweisung erforderlich ist.

*Parasitologische Kotuntersuchungen* decken bei Bodenaufzucht Kokzidienbefall auf (nach den Lieferbedingungen der Wirtschaftsgeflügelzüchter haftet der Verkäufer bei Kokzidiose-Erkrankungen während der ersten 5 Tage nach dem Verkauf!).

*Bakteriologische Kotuntersuchungen* geben eine Aussage über Salmonellenbefall.

*Blutuntersuchungen* (ca. 25 Proben) klären über den Impfschutz gegen die Newcastle-Krankheit und auch über die Abwehrlage gegen die sonstigen bedeutungsvollen Virusinfektionen auf. Impfinfektionen wie auch natürlich abgelaufene Durchseuchungen im Jungtieralter schützen die Tiere weitgehend zumindest während der Zeit des ersten Legejahres und sind daher während der Aufzucht wünschenswert!

Die Auslieferung der Junghühner muß in frisch desinfizierten Transportkisten erfolgen!

### 2.5.4 Hygiene in Großbetrieben

#### Geflügelmast

In der *Broiler-Bodenmast* wird die Gesundheit vor allem durch Kokzidienbefall bedroht. Auf den Zusatz von Kokzidiostatika zum Mastfutter kann deshalb nicht verzichtet werden (Wartezeit bis zur Schlachtung im allgemeinen 3 Tage, bei Robenidin 5 Tage).

Wurmbefall kann sich während der Dauer der Broilermast in der Regel nicht ausbreiten, da die Entwicklung zum geschlechtsreifen, eierlegenden Wurm mehrere Wochen in Anspruch nimmt (Spulwurm ca. 50 Tage, Haarwürmer 21–25 Tage, Bandwürmer 2–3 Wochen).

Der bei der Putenmast oft notwendige Schutz gegen die Schwarzkopfkrankheit wird durch den Futterzusatzstoff Ronidazol (Wartezeit 5 Tage) oder Dimetridazol (erlaubt bis zur Legereife, Wartezeit 3 Tage) erzielt.

Die *Impfung* gegen die Newcastle-Krankheit hat sich bei Mastküken am 12. Lebenstag mit dem ND-Stamm LaSota bewährt, vorher stören mütterliche Schutzstoffe möglicherweise die Ausbildung der Immunität. Auf die Bronchitis-Impfung kann nur verzichtet werden, wenn es gelingt, die Masttiere vor einer Infektion von außen zu schützen. Andernfalls ist die Schädigung durch die Bronchitis-Impfung zweifellos geringer als der Schaden durch eine natürliche Durchseuchung.

Sofern die Schlachtung in die Zeit vor der 8. Lebenswoche fällt, erübrigt sich im allgemeinen auch die Marek-Impfung. Infektionen mit dem Virus der Marekschen Krankheit führen erfahrungsgemäß erst ab der 8. Lebenswoche zu größerem Schaden. Die Gumboro-Impfung ist nur nach entsprechenden Vorkommnissen ratsam.

Wichtig ist jedoch, auch im Hinblick auf die Bestimmungen des Geflügelfleischhygienegesetzes, *Salmonellen* von den Broilern fernzuhalten. Da pelletiertes Futter meist sehr keimarm ist, besteht die größte Gefahr durch die Einschleppung aus der Umgebung. Kleiderwechsel, Desinfektion im Vorraum, Abhalten von Haustieren und Wildvögeln, Mäuse- und Rattenbekämpfung (Dikumarin-Präparate!) sind daher unumgänglich. Beim Bestandswechsel ist zu achten auf die Entfernung der Futterreste (in abgekochtem Zustand an Schweine verfüttern!), die Desinfektion des Stalles mit Phenolderivaten und wegen der Kokzidien-Dauerformen (Oozysten) mit schwefelkohlenstoffhaltigen Präparaten, auf die Silopflege (gegebenenfalls Formalinbegasung!), die Reinigung der Ventilatoren, Futter- und Tränkeanlagen, bei Futterrohranlagen auf die Desinfektion zumindest des unteren Teiles der zu den Futtertrögen führenden Rohre. Eine Leerzeit des Stalles von wenigstens 10 Tagen ist ratsam.

Schon in den ersten Lebenswochen muß für den intensiven Stoffwechsel der Mastküken eine Mindest-Frischluftzufuhr aufrecht erhalten bleiben (*Herztod* der Broiler).

**Legehennenhaltung**

In *Legehennen-Großbetrieben* lassen die allgemeinen Hygienemaßnahmen, die Trennung der Altersgruppen und namentlich die Haltung der Hühner in Batterie-Anlagen und damit die Trennung von Tieren und Kot parasiten- und bakterienbedingte Erkrankungen im Gegensatz zur Auslauf- oder Bodenhaltung kaum aufkommen. Salmonellen halten sich im Käfigkot nur ungefähr 3 Wochen lebensfähig, in der Einstreu überleben sie monatelang!

Gegen einige zu *Leistungseinbußen* führende Virusinfektionen werden die Tiere bereits im Aufzuchtalter *geimpft:*

Marek-Impfung mit gleichzeitig positiver Auswirkung auf den Rückgang der Verluste durch Leukose (s. Tab. 23 auf Seite 175), Impfungen gegen die Newcastle-Krankheit, infektiöse Bronchitis und aviäre Enzephalomyelitis. Da aber gegen die verschiedenen Typen der Adeno- und REO-Viren noch nicht geimpft werden kann, empfiehlt sich gerade für Großbetriebe die Haltung nur einer Altersgruppe auf demselben Gelände, vgl. Abb. 35, S. 159.

Selbstvermarkter mit mehreren Legehennen-Altersgruppen haben namentlich im Zusammenspiel einiger schwächender Faktoren mit gelegentlichen Leistungseinbrüchen infolge überspringender Virusinfektionen zu rechnen. In Althennenbeständen konnten *Träger* von CELO-Viren und Viren der infektiösen Bronchitis nachgewiesen werden (Woernle, Brunner 1963; Woernle 1968).

Über das Vorkommen *leistungsmindernder Virusinfektionen* in verschiedenen Bestandsarten gibt Tab. 31 Aufschluß (Brunner, Woernle 1976).

Neben den üblichen Vorsichtsmaßnahmen, wie Desinfektion des Stalles und der Einrichtungen mit Phenolderivaten, Pilzbekämpfung im Futtersilo durch Formalinbegasung oder Naß-Desinfektion bei möglichst wechselseitiger Verwendung von 2 Silos je Geflügelstall, Mäuse-, Ratten- und Insektenbekämpfung, stallspezifischer Schutzkleidung, ist in Großbetrieben vor allem auch der Abtransport verendeter Tiere zur *Tierkörperbeseitigungsanstalt* vorzubereiten (Sammelstellen ermitteln!).

Gebrauchte Eierhorden dürfen nicht in den Legestall gebracht werden. Kösters und Müller (1970) fanden in verschiedenen Bodenhaltungen *zwischen 52 000 und 161 000 Keime / Liter Luft,* in Batteriehaltungen wurden 680–5860 *Keime* und in Maststallungen *bis zu 17 800 Keime / Liter Luft* ermittelt!

Auf die regelmäßige *Überwachung* des Gesundheitszustandes ist zu achten. Schon während der ersten 5 Tage nach der Einstallung sind Kotproben und gegebenenfalls erkrankte Hühner einer tierärztlichen Untersuchung zuzuleiten (nach den Lieferbedingungen der Wirtschaftsgeflügelzüchter haftet der Verkäufer beim Kokzidiosedurchbruch innerhalb der ersten 5 Tage, für sonstige Krankheiten 24 Std.).

Später sollten in 4wöchentlichen Abständen ca. 3–4 erkrankte und verendete Hennen namentlich zur Kontrolle von *Entkalkungserscheinungen* (Käfigmüdigkeit) und eines aufkommenden *Fettlebersyndroms* zur Untersuchung weggegeben werden, damit auf Anweisung des Tierarztes entsprechende Kuren durch Zusatz von Fütterungsarzneimitteln zum Fertigfutter rechtzeitig durchgeführt werden können.

Bei Verlusten von wöchentlich mehr als 1/4 % des Bestandes wie auch bei Abfall der Legeleistung sind in jedem Fall tierärztliche Untersuchungen zu veranlassen. Ein Leistungsabfall ohne auffallend erhöhte Verluste läßt sich oft durch die Untersuchung von ca. 25 *Blutproben* aufklären und auf eine durchlaufende Virusinfektion zurückführen.

Einwirkungen durch rohstoffbedingte Qualitätsunterschiede des Futters werden durch *wöchentliche Futterlieferungen* weitgehend ohne weiteres Zutun ausgeglichen (üblicher Keimgehalt je Gramm Futter: ca. 1 Mill. Bakterien und 10 000 Pilze).

Die Überwachung der *Tränkeeinrichtungen* ist täglich und die Kontrolle des *Notstromaggregates* bzw. der Alarmanlagen für Stromausfall wöchentlich wenigstens einmal vorzunehmen (Tierschutz!).

Tab. 31. Vorkommen von leistungsmindernden Virusinfektionen in Großbetrieben (nach Untersuchungsergebnissen der Jahre 1975/76 des Staatl. Tierärztl. Untersuchungsamtes Stuttgart; Brunner, Woernle 1976)

| Betriebsart | Zahl der Betriebe | Bestände mit bedeutungsvollen Virusinfektionen IB | REO | CELO | Tipton | Bestände mit ausreichendem ND-Impfschutz |
|---|---|---|---|---|---|---|
| Mastbestände | 9 | 0 % | 56 % | 0 % | 67 % | 60 % |
| Aufzuchtbestände | 10 | 0 % | 50 % | 70 % | 50 % | 90 % |
| Legebestände | 26 | 38,5 % | 50 % | 69,2 % | 23,1 % | 95,2 % |

IB = **I**nfektiöse **B**ronchitis
REO = **R**espiratory-**E**nteric-**O**rphan-Virus
CELO = **C**hicken-**E**mbryo-**L**ethal-**O**rphan-Virus (Adenovirus)
Tipton = nach der Stadt Tipton (USA) benanntes Adenovirus
ND = nach der Stadt Newcastle upon Tyne (England) benannte Form der Geflügelpest (**N**ewcastle **D**isease, Newcastle-Krankheit)

### 2.5.5 Hygiene der Eiergewinnung

Besondere Sorgfalt ist im Legebetrieb der Gewinnung, der Bearbeitung, der Lagerung und der Abgabe des Lebensmittels „Ei" zu widmen.

Dabei muß in erster Linie auf Vorkommnisse geachtet werden, die bei Einwirkung auf die Eier geeignet sind, nach deren Verzehr die *Gesundheit des*

*Menschen* zu schädigen (§ 8 Lebensmittelgesetz, Zuwiderhandlungen sind Straftaten!). Die Eiprodukten-Verordnung dient vor allem der Abwendung der Salmonellengefahr und regelt unter anderem das Pasteurisieren. Die Planung der regelmäßigen Abgabe von Eiern der Klasse C an die Nahrungsmittelindustrie bzw. von gefrorenem Flüssigei an den nächstgelegenen Pasteurisierungsbetrieb ist notwendig. Um ein Steifwerden des Dotters zu verhindern, muß die Eimasse vor der Kühlung gründlich durchgerührt werden!

Für *Rückstände* von Schädlingsbekämpfungsmitteln im Ei sind die Grenzwerte in der „Höchstmengenverordnung, tierische Lebensmittel", fußend auf § 6 des DDT-Gesetzes festgelegt. Rückständen von Arzneimitteln (Stoffen mit pharmakologischer Wirkung) soll durch Absetzfristen bzw. Wartezeiten entgegengewirkt werden, überdies sind Rechtsverordnungen vorgesehen mit der Festsetzung von Höchstmengen, die beim gewerbsmäßigen Inverkehrbringen nicht überschritten sein dürfen, bzw. für Ausnahmen von der Wartezeit, soweit sie mit dem Schutz des Verbrauchers vereinbar sind (§ 15 Lebensmittelgesetz).

Aufgabe der Tierärzte wird es dann bei der Behandlung einer Legeherde sein, nach Möglichkeit solche Arzneimittel auszuwählen, welche unter die Ausnahmeverordnung fallen.

Die *Qualitätsmerkmale* der Eier sind in der EG-Verordnung über Vermarktungsnormen für Eier festgelegt. Eier, die in ihrer Beschaffenheit von der Verkehrsauffassung abweichen, werden nach § 17 Lebensmittelgesetz beanstandet.

Bei der *Produktion* helfen zur einwandfreien Eigewinnung:

Vorbeugende Impfungen gegen Virusinfektionen, die häufig zu deformierten Eiern, Eiweiß-Verflüssigung oder Weichschaligkeit führen,

Kotuntersuchungen (Salmonellenbefall!), Käfighaltung (gegen Tuberkulose und Persistieren eines Salmonellenbefalles),

Stichprobenweise Untersuchung verendeter Tiere (Entkalkungserscheinungen, Fettlebersyndrom, bakterienbedingte Erkrankungen, Befall mit Innen- oder Außenparasiten),

Fliegenbekämpfung (Fliegenkot auf Eiern!),

Käfighaltung (schnelle Abkühlung der vom Kot getrennten Eier), bei Bodenhaltung Vermeiden einer geschmacksbeeinflussenden Einstreu (bestimmte Holz- und Preßplattenabfälle!),

in Gegenwart der Eier Vermeiden geschmacksbeeinflussender Desinfektions- oder Insektenbekämpfungsmittel,

Futterfett-Zusätze dürfen keinen abartigen Geschmack aufweisen (Übergang in Eidotter!),

Blutuntersuchungen (Immunogramme) klären Qualitätsminderungen infolge von Virusinfektionen auf (Woernle 1977).

Bei der *Bearbeitung und Lagerung* der Eier ist zu beachten:

Eier der Güteklasse A dürfen nicht gereinigt und nicht unter 8 °C gekühlt werden,

plötzliche Erhöhung der Lufttemperatur um mehr als 5 °C bei der Lagerung führt zum Feuchtwerden der Schalenoberfläche, wodurch das Haften von Pilzen gefördert wird,

die *Desinfektion* der Transportbänder, Sortieranlagen und der Lagerräume muß sich vor allem auch gegen Pilzbefall richten; es dürfen jedoch nur für den

Lebensmittelbereich zugelassene Desinfektionsmittel verwendet werden (amphotere Verbindungen; quartäre Ammoniumbasen, sog. Quats).

Bei der *Abgabe* der Eier an den Endverbraucher ist unabhängig von Stuhluntersuchungen, die bei Lebensmittelverkäufern regelmäßig vorgeschrieben sind, eine optimale persönliche Hygiene einzuhalten.

Schon das gründliche Händeseifen beseitigt Salmonellenbefall der Hände weitgehend; der Gebrauch von Papierhandtüchern verhindert zusätzlich die Verschleppung von Krankheitserregern.

### 2.5.6 Schlachthygiene

Hygienische Forderungen bei der Geflügelschlachtung ergeben sich zum Schutz der menschlichen Gesundheit aus dem *Geflügelfleischhygienegesetz* (GFlHG) und seinen zusätzlichen Verordnungen (s. Seite 227).

Mindestanforderungen an den Schlachtbetrieb, Schlachterlaubnis und Schlachtverbot, Schlachtablauf, tierärztliche Überwachung und Beurteilung der Tierkörper sind in den Verordnungen genau festgelegt. Die Einrichtung einer Schlachtanlage erfolgt deshalb zweckmäßigerweise im Einvernehmen mit dem beamteten Tierarzt des zuständigen Veterinäramtes.

Von den strengen Bestimmungen des Geflügelfleischhygienegesetzes *ausgenommen* ist jedoch die Abgabe von Geflügelfleisch ab Hof an einzelne Personen für den alsbaldigen Verbrauch (§ 37 GFlHG).

Außerdem besteht für kleinere Geflügelhaltungen die Möglichkeit zum Verkauf von längstens 4 Tage vor der Abgabe geschlachtetem, vor der Schlachtung gesund erscheinendem Geflügel auf Wochenmärkten im Umkreis von 50 km oder, in farblosen Schutzhüllen verpackt, in einem Einzelhandelsgeschäft derselben Gemeinde *(Geflügelfleischausnahme-Verordnung)*. Voraussetzung ist aber, daß die in der Ausnahmeverordnung festgelegten Bedingungen eingehalten werden und auch hier die Überwachung durch das zuständige Veterinäramt mindestens zweimal jährlich erfolgt. Der Landwirt muß im Besitz entsprechender Bescheinigungen des amtlichen Tierarztes sein.

*Hygieneverordnungen* der Länder, künftig bundeseinheitlich abgestimmt, regeln allgemeine hygienische Maßnahmen für solche Fälle, für die das Geflügelfleischhygienegesetz Ausnahmen zuläßt.

*Qualitätsmerkmale* des Schlachtgeflügels sind in der Verordnung über gesetzliche Handelsklassen für geschlachtetes Geflügel und Geflügelteile festgelegt (s. Seite 232).

Zur *Desinfektion* in Schlachtbetrieben dürfen, wie bei der Eierbearbeitung, nur Desinfektionsmittel eingesetzt werden, die für den Lebensmittelbereich zugelassen sind (Amphotenside; quartäre Ammoniumverbindungen). Die Desinfektion beschmutzter Einrichtungen muß entsprechend den Hygienevorschriften mehrmals im Laufe des Tages sowie am Ende eines Arbeitstages, jedenfalls auch in der Mittagspause und abends nach Betriebsschluß, erfolgen.

Vorkommnisse, die geeignet sind, über das Schlachtgeflügel die menschliche Gesundheit zu schädigen, oder die zu Qualitätseinbußen führen, können schon während der Mast eintreten, also auf die *Produktion* zurückgehen, oder aber von der *Verarbeitung, Lagerung* und *Abgabe* ihren Ausgang nehmen.

Gefahren, die in den *Tieren* selbst liegen, sollen möglichst bereits durch die

Lebendbeschau, vor der Freigabe zur Schlachtung, aufgefangen werden. Größere Sicherheit bringt die fortlaufende *tierärztliche Überwachung* des Mastbestandes.

Im besonderen sind alle Möglichkeiten zur Salmonellenbekämpfung aufzugreifen (s. Seite 218).

Qualitätsbeeinflussend ist das im Mastfutter enthaltene Futterfett.

Durch die vorgeschriebene Reinigung und Desinfektion der Transportkisten nach deren Entleerung soll der Verschleppung von Krankheitserregern von einer Anlieferung zur nächsten vorgebeugt werden. Da der Zusatz der Desinfektionsmittel zum Spülwasser zu starker Schaumbildung führt, sind die Kisten im Anschluß an die mechanische Reinigung durch ein desinfektionsmittelhaltiges Tauchbad zu führen.

Bei der *Verarbeitung* des Schlachtgeflügels sind die hygienischen Belange besonders bedroht durch die Gegebenheiten im Brühkessel, der Rupfmaschine, im Bereich des Ausweidens (der Eviszeration), im Wasserkühler sowie durch das Schlachtpersonal selbst. Anlieferung, Schlachtraum und der Raum für das Ausweiden müssen daher getrennt sein. An gesondertem Arbeitsplatz hat das Zurichten, Sortieren und Verpacken des geschlachteten Geflügels zu erfolgen.

Im *Brühkessel* werden durchschnittlich 2000 bis 10 000 Keime je ml Brühwasser gefunden. Salmonellen überleben bei einer Brühwassertemperatur von 52 °C ungefähr 2 Stunden, bei 60 °C etwa 30 Minuten (Grossklaus und Lessing 1964).

An den Gummifingern der *Rupfmaschine* haften die verschiedenen Keime besonders lange. Wird salmonellenhaltiges Geflügel angeliefert, so erfolgt die Ausstreuung vor allem in die Umgebung der *Eviszeration.* Das maschinelle Ausweiden des Jungmastgeflügels verringert deutlich die Erregerausstreuung. Auf 75 $cm^2$ Hand- oder Schürzenfläche des Schlachtpersonals werden im Abklatschverfahren mehr als 1000 Keime angetroffen; meistens handelt es sich um *E. coli, Proteus- Pseudomonas-* und *Citrobacter*-Keime, Mikrokokken und aerobe Sporenbildner, gegebenenfalls werden zusätzlich Salmonellen gefunden.

Im *Wasserkühler* ist der Keimgehalt (70 000–230 000 Keime je ml, Gisske, Glees 1966) von der durchlaufenden Wassermenge abhängig. Je Tier soll nach den Richtlinien des Bundesverbandes der Geflügelschlachtereien im Vorkühler ein Frischwasserzulauf von 3 Liter und im Hauptkühler von 1 Liter Kühlwasser erfolgen. Bei reichlichem Wasseraustausch wird im Wasserkühler bis zu einem Durchlauf von 3000 Tieren sogar ein gewisser Reinigungseffekt erzielt (Berner, Scholtyssek 1968). Das Gegenstromprinzip ist anzustreben. So konnten beispielsweise bei starkem Wassereinsatz im Vorkühler noch Salmonellen nachgewiesen werden, nicht mehr jedoch im Hauptkühler (Woernle). Versuche mit Sprühwasser- oder Luftkühlung, namentlich auch zur Verminderung der Fremdwasseraufnahme, haben sich bislang nur vereinzelt durchgesetzt. Die schnelle Abkühlung der Tierkörper ist jedoch Voraussetzung für deren Haltbarkeit.

Aufgrund einer EG-Richtlinie v. 13. 12. 1977 muß das Tauchkühlverfahren spätestens ab 15. August 1982 bestimmten Vorschriften entsprechen (Gegenströmung, bestimmte Wassermengen und Wassertemperaturen, Dauer der Kühlung u. a.).

Bei Schlachtungen im Rahmen der Geflügelfleischausnahmeverordnung ist das Kühlen im gemeinsamen Wasserbad verboten.

Bei der *Lagerung und Abgabe* des Schlachtgeflügels ist wichtig, daß die Gefrier- bzw. Kühlkette (4 °C) nicht unterbrochen wird. Keime, die zu Lebensmittelvergiftungen führen können, werden bei Temperaturen unter + 5 °C in ihrer Vermehrung und Giftproduktion gehemmt.

Die *Überwachung* der Geflügelschlachtung, wie sie im Geflügelfleischhygienegesetz durch den amtlichen Tierarzt und seine Hilfskräfte, die Geflügelfleischkontrolleure, vorgeschrieben ist, erstreckt sich auf die allgemeine Hygiene in den Schlachtbetrieben, auf die Untersuchung des lebenden Schlachtgeflügels und des Geflügelfleisches.

Neben der grobsinnlichen Beurteilung können weitergehende Untersuchungen eingeleitet werden, z. B. bakteriologische Untersuchungen und die Untersuchung auf Stoffe mit antimikrobieller Wirkung (Hemmstoffe, s. Abb. 38), die auch stichprobenweise gefordert wird, sowie Untersuchungen auf Pestizide, Schwermetalle, Arsenikalien, Chemotherapeutika und Fremdwassergehalt.

Den Menschen bedrohen vor allem nachstehende Keime und Faktoren:

*Salmonellen* tragen einen hitzelabilen Giftstoff, ein Toxin in sich und führen nach der Aufnahme von mehreren Hunderttausend oder Millionen Keimen, die im betroffenen Lebensmittel schon bei Zimmertemperatur nach 4–6 Std. in diesen Mengen vorhanden sind, je nach Salmonellentyp in 6–40 Stunden zu Brechdurchfall, der einige Tage bis zu 2 Wochen anhalten kann. Besonders gefährdet sind kleine Kinder. In einzelnen Fällen bleiben die betroffenen Personen Dauerausscheider von Salmonellen. Infizieren sich Personen, die in der Schlachterei arbeiten, so geht von diesen wieder die Gefahr der Kontamination primär salmonellenfreier Lebensmittel aus. Nach dem Geflügelfleischhygienegesetz sind deshalb die in einer Schlachterei arbeitenden Personen verpflichtet, bei der Einstellung und jährlich einmal Stuhlproben zur bakteriologischen Untersuchung zu geben (Gesundheitsamt!). Es sind über 1000 verschiedene Salmonellentypen bekannt, die in unterschiedlichem Ausmaß Erkrankungen des Menschen auslösen können.

Zur Vorbeuge ist für das Schlachtpersonal die gründliche Händedesinfektion nicht nur beim Gang von der Toilette zum Arbeitsplatz, sondern, zum eigenen Schutz, auch auf dem Weg vom Arbeitsplatz zur Einnahme von Mahlzeiten unerläßlich. In 1 g des menschlichen Stuhls können bis zu 100 Mill. Salmonellen enthalten sein!

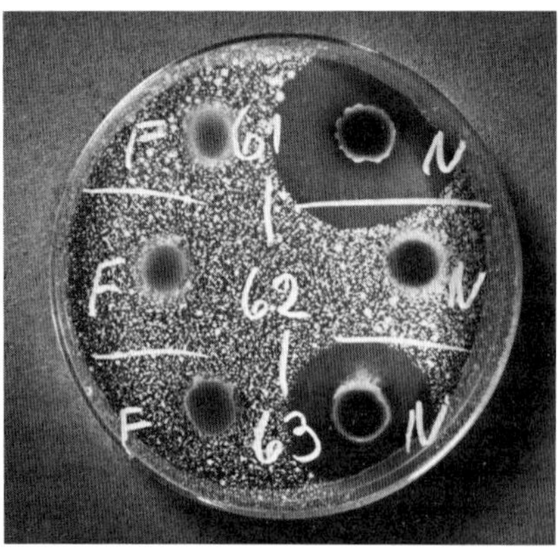


Abb. 38. Rückstandsuntersuchung (Hemmstofftest) zum Nachweis von antimikrobiell wirksamen Stoffen in Fleisch und Nieren; starke Hemmwirkung auf das Bakterienwachstum (Bacillus subtilis) bei den Nierenproben der Tiere Nr. 61 und 63.

Das hitzebeständige Gift der *Staphylokokken* verursacht vorwiegend Erbrechen, und zwar schon ca. 2–4 Stunden nach der Aufnahme. Die Darmerkrankung steht im Hintergrund. Da Staphylokokken vor allem in infizierten Wunden gefunden werden, dürfen Personen mit Handverletzungen ohne Händeschutz nicht im Schlachtbereich arbeiten! Staphylokokken können sich auf den Lebensmitteln noch bis herab zu Temperaturen von + 5 °C vermehren. Selbst Kühlschranktemperaturen reichen nicht mit Sicherheit zur Hemmung der Keimvermehrung.

*Clostridium perfringens* kommt im Hühnerdarm als üblicher Darmbewohner vor, vermehrt sich in der Wärme und produziert Giftstoffe im verunreinigten Fleisch, namentlich bei langsamer Abkühlung der auf Vorrat zubereiteten Speisen.

*Clostridium botulinum* führt zur Botulismus-(Wurst-) Vergiftung. In geräucherten Fleischwaren kann der sonst im Erdreich vorkommende Keim das schon in Spuren hochgiftige, hitzelabile Toxin (0,01 mg tödlich!) bilden und schwere Krankheitserscheinungen auslösen. Das Gift führt meistens 12–40 Stunden nach der Aufnahme zuerst zu Sehstörungen und Verstopfung, schließlich treten Lähmungen des Nervensystems auf.

*C. botulinum* vermehrt sich nicht in lebenden Organismen!

Sonstige *Darm- und Fäulniskeime* (*E. coli, Pseudomonas aeruginosa, Proteus vulgaris,* aerobe Sporenbildner und Enterokokken) wirken erst bei starker Kontamination der Lebensmittel krankmachend. Sie führen aber in der Regel, wie auch Verunreinigungen durch Fliegen, zu Qualitätseinbußen!

*Arzneimittelrückständen* kommt beim Schlachtgeflügel kaum Bedeutung zu, da Behandlungsversuche beim Einzeltier im allgemeinen wegfallen und die Behandlung des Gesamtbestandes unmittelbar vor der Schlachtung schon aus wirtschaftlichen Gründen in der Regel unterbleibt. Für die nach futtermittelrechtlichen Bestimmungen verabreichten Futter-Zusatzstoffe (Kokzidiostatika und Mittel gegen die Schwarzkopfkrankheit) sind im Futtermittelrecht Absetzfristen vorgeschrieben.

Die maximal zulässigen Rückstände von *Pestiziden* sind in der „Höchstmengenverordnung tierische Lebensmittel“ festgelegt. Die Grenzwerte werden aber gewöhnlich nicht überschritten, sofern auch die in den Futtermitteln enthaltenen Pestizide unter den für diese festgelegten Höchstwerten liegen. Zur Insekten- und Milbenbekämpfung in Futtersilos dürfen die in der Verordnung genannten Wirkstoffe nicht benutzt werden.

# 3 **Gesetzliche Bestimmungen in der BRD** (Stand 2. 1. 1978)

Zahlreiche gesetzliche Bestimmungen sind bei der Geflügelhaltung (Seuchengefahren!), beim Umgang mit Tieren (Tierschutz!) und bei der Gewinnung tierischer Lebensmittel (Gefahren für den Menschen!) zu beachten. Nachstehend wird vorwiegend auf die das Geflügel betreffenden Bestimmungen hingewiesen, obwohl die Gesetze in der Regel weiterreichende Vorschriften auch für andere Tierarten und deren Produkte enthalten.

Hinweise auf die Fundstellen im Bundesgesetzblatt bzw. in sonstigen Gesetzesblättern ermöglichen die im Einzelfall notwendige genaue Aufklärung.

### 3.1 Viehseuchengesetz (künftig „Tierseuchengesetz")

in der Fassung v. 23. 2. 1977 (BGBl I S. 313).

*Anzeigepflicht* (für alle Personen) bei Vorliegen des Verdachtes der Geflügelcholera, Geflügelpest und Newcastle-Krankheit, Psittakose.

Schon Anhaltspunkte für ein seuchenhaftes Krankheitsgeschehen (gehäufte Erkrankungen oder Todesfälle ohne Hinweis auf sonstige Ursachen) verpflichten zur Anzeige an die Polizeibehörde, das zuständige Bürgermeisteramt oder den amtlichen Tierarzt (Veterinäramt).

Verordnung zum Schutz gegen die Geflügelpest und die Newcastle-Krankheit (ND) *(Geflügelpest-Verordnung)*

v. 19. 12. 1972 (BGBl. I S. 2509) und Änderung v. 26. 6. 1975 (BGBl. I S. 1759).

In dieser aufgrund des Viehseuchengesetzes erlassenen Verordnung sind Vorschriften enthalten über Kontrollbuch, Fahrzeugdesinfektion, Anzeige und Beschränkung bei Ausstellungen, ND-Impfstämme, Verbot der Verfütterung von Geflügelteilen, Verpflichtung zur ND-Impfung (Bestände mit 200 und mehr Tieren), Verfahren bei Verdacht und Seuchenausbruch, Tötung bei Geflügelpest, bei ND nur „Kann"-Bestimmung zur Tötung, Desinfektion, Ausstellungen und Transport.

Verordnung über *meldepflichtige Tierkrankheiten*

v. 29. 4. 1970 (BGBl. I S. 443) und Änderung v. 24. 11. 1976 (BGBl. I S. 3197).

*Meldepflichtig* (nur für Tierärzte und Untersuchungsstellen): Geflügelpocken (Hühner, Puten, Gänse, Enten, Tauben); Gumboro-Krankheit (Hühner); infektiöse Laryngotracheitis des Geflügels (Hühner); Listeriose (Hühner); Mareksche Hühnerlähmung (akute Form, Hühner); Ornithose außer Psittakose (Hühner, Gänse, Enten, Tauben); Tuberkulose des Geflügels (Hühner).

Die Meldepflicht dient der Aufklärung über das Vorkommen bedeutungsvoller Infektionskrankheiten, die jedoch bislang noch nicht im Rahmen des Viehseuchengesetzes bekämpft werden.

Verordnung zur Durchführung der Verordnung (EWG) Nr. 1349/72 des Rates der Europäischen Gemeinschaften über die Erzeugung von und den Verkehr mit *Bruteiern* und *Küken* von Hausgeflügel v. 4. 4. 1973 (BGBl. I S. 273).

Betrifft Kennzeichnung von Bruteiern; Begleitpapiere für Küken.

Verordnung über die *Einfuhr- und Durchfuhr von Geflügel, Bruteiern sowie unbearbeiteten Federn und Federteilen (Geflügel-Einfuhrverordnung)*

v. 24. 7. 1974 (BGBl. I S. 1540).

Ein- und Durchfuhr lebenden Geflügels bedürfen der veterinär-polizeilichen Genehmigung, Durchfuhr mit Gesundheitsbescheinigungen möglich.

Für die Ein- und Durchfuhr toten Geflügels sowie die Einfuhr von Bruteiern sind besondere Gesundheitsbescheinigungen erforderlich.

Verordnung (EWG) Nr. 2782/75 des Rates der EG über die Erzeugung von und den Verkehr mit *Bruteiern* und *Küken* von Hausgeflügel v. 29. 10. 1975 (ABl, Nr. L 282/100); gültig unmittelbar in jedem Mitgliedstaat.

Betrifft weitgehende Vorschriften für Bruteier, Brüterei, sowie Küken und deren Versand. EWG-VO Nr. 1349/72 wird durch die neue VO ersetzt.

Verordnung über Sera, Impfstoffe und Antigene nach dem Viehseuchengesetz *(Impfstoffverordnung-Tiere)* v. 2. 1. 1978 (BGBl. I S. 15).

Mittel (Sera, Impfstoffe oder Antigene, die unter Verwendung von Krankheitserregern hergestellt werden und zur Verhütung, Erkennung oder Heilung von Viehseuchen bestimmt sind) dürfen bei Tieren nur von Tierärzten angewendet werden. Die zuständige Behörde kann Ausnahmen zulassen, soweit eine Verbreitung von Erregern übertragbarer Tierkrankheiten nicht zu befürchten ist.

Verordnung über die Einfuhr von lebenden Tierseuchenerregern und von Impfstoffen, die lebende Tierseuchenerreger enthalten *(Tierseuchenerreger-Einfuhrverordnung)*
v. 7. 12. 1971 (BGBl. I S. 1960) und Änderung v. 12. 12. 1973.
Impfstoff-Einfuhr mit Genehmigung der obersten Landesbehörde möglich bei: Geflügelpocken, infektiöser Bronchitis, Newcastle-Krankheit, Marekscher Krankheit (F 126).

Erlaß des Innenministeriums Bad.-Württ. zur Bekämpfung der *Geflügeltuberkulose* v. 21. 9. 1970 Nr. XI 811/122 (Gem. Amtsbl. Bad.-Württ. S. 724).
Bekämpfung der Hühnertuberkulose, wenn Infektionen mit dem Erreger der Geflügeltuberkulose innerhalb einer Gemeinde, einer Teilgemeinde oder eines Ortsteils nicht nur vereinzelt auftreten (bei Rindern, Schlachtschweinen oder in Hühnerbeständen); Bestimmungen über Tuberkulinisieren und Ausmerzungsbeihilfen.

Erlaß des Innenministeriums Bad.-Württ. zur Ausführung der Verordnung zum Schutz gegen die *Tuberkulose des Rindes* v. 30. 4. 1969 Nr. XI 800/84 (Gem. Amtsbl. Bad.-Württ. S. 346).
Bei aviärer Infektion des Rinderbestandes ist das Geflügel abzusondern, eine Tuberkulose-Bekämpfung ist zu empfehlen.

## 3.2 Geflügelfleischhygienegesetz

(GFlHG) v. 12. 7. 1973 (BGBl. I S. 773) und Änderungsgesetz v. 25. 2. 1976 (BGBl. I S. 385).
Im Geflügelfleischhygienegesetz werden die hygienischen Anforderungen an frisches Geflügelfleisch und die Mindestanforderungen an Schlachtbetriebe geregelt, im besonderen die Zulassung von Schlacht- und Zerlegungsbetrieben und außerhalb dieser gelegenen Gefrier- und Kühlhäuser sowie die Überwachung durch den amtlichen Tierarzt, die Lebenduntersuchung im Herkunftsbetrieb, Schlachterlaubnis, Schlachtgeflügeluntersuchung, das Vermeiden einer für den Verbraucher gesundheitlich nachteiligen Beeinflussung (Schlachtpersonal-Untersuchung), Beurteilung, Kennzeichnung, das Verbot der Behandlung von Geflügelfleisch mit Antibiotika, Zartmachern oder aromatisierenden Stoffen, Regelung des Kühlverfahrens, des Verkaufes ab Hof u. s. w.
In *zusätzlichen Verordnungen* v. 24. 7. 1973 (BGBl. I S. 873–900), teilweise geändert 12. 7. 1976, sind Einzelheiten zu den Forderungen des Geflügelfleischhygienegesetzes festgelegt.

*Geflügelfleischmindestanforderungen-Verordnung,* Neufassung v. 8. 11. 1976 (BGBl. I S. 3097).

*Geflügelfleischuntersuchungs-Verordnung,* Neufassung v. 3. 11. 1976 (BGBl. I S. 3077).

*Gebührenverordnung-Geflügelfleischhygiene* v. 24. 7. 1973 (BGBl. I S. 897).

*Verordnung über Geflügelfleischkontrolleure* v. 24. 7. 1973 (BGBl. I S. 899). Es ist ratsam, sich schon bei der Planung einer Geflügelschlachtanlage mit dem zuständigen Veterinäramt in Verbindung zu setzen.

Die *Geflügelfleischausnahmeverordnung* nach § 37 Abs. 2 GFlHG v. 19. 7. 1976 (BGBl. I S. 1857) ermöglicht Verkauf auf Wochenmärkten im Umkreis von 50 km oder in einem Einzelhandelsgeschäft derselben oder einer benachbarten Gemeinde unter bestimmten Auflagen:
jährlich zweimalige Überprüfung der Hygiene der Tierhaltung, der Schlachtung des Geflügels und der Behandlung des frischen Geflügelfleisches durch den amtlichen Tierarzt, Mitführen der auf Antrag des Tierbesitzers ausgestellten Bescheinigung des amtlichen Tierarztes u. s. w.

Eine allgemeine *Hygieneverordnung* über die Behandlung von Lebensmitteln tierischer Herkunft wird bundeseinheitlich aufgrund von § 9 des Lebensmittelgesetzes vorbereitet und dann an die Zuständigkeit der Länder übergeben. Zunächst gelten noch die unterschiedlichen Länderverordnungen, betreffend das Schlachten, Behandeln und die Abgabe von Lebensmitteln (Fleisch einschließlich Geflügel) über den eigenen Bedarf hinaus und gegen Entgelt. Vorschriften über Schlacht- und Betriebsräume, Lagerung der Lebensmittel, Märkte, Gaststätten und das Verbot bei Krankheiten der beschäftigten Personen (regelmäßige Stuhlprobenuntersuchungen durch das Gesundheitsamt) sind zu beachten.

## 3.3 Arzneimittel- und Lebensmittelgesetz

Gesetz über den Verkehr mit Arzneimitteln *(Arzneimittelgesetz)* v. 16. 5. 1961 i. d. Fassung des Gesetzes v. 23. 6. 1964 (BGBl. I S. 365) und Gesetz zur Änderung des Arzneimittelgesetzes v. 5. 6. 1974 (BGBl. I S. 1245) bzw. *Gesetz zur Neuordnung des Arzneimittelrechts* v. 24. 8. 1976 (BGBl. I S. 2445), in Kraft ab 1. 1. 1978.
Das Arzneimittelgesetz betrifft Stoffe und Zubereitungen zur Anwendung am oder im menschlichen oder tierischen Körper, um dort bestimmte Wirkungen zu entfalten; Abgabe, soweit nicht durch Rechtsverordnung freigegeben, nur in Apotheken und durch Tierärzte an Halter der in der Behandlung des betreffenden Tierarztes stehenden Tiere. In der Novelle v. 5. 6. 1974 und im neuen ab 1. 1. 1978 geltenden Arzneimittelgesetz Einführung der Wartezeiten und Regelung der Abgabe von Fütterungsarzneimitteln. Nachweispflicht (3 Jahre) der Abgabe und Anwendung der Arzneimittel für Tierarzt und für Tierhalter, sofern er „Lebensmitteltiere" hält, bei Fütterungsarzneimitteln auch für den Vermischer.

Gesetz zur Neuordnung und Bereinigung des Rechts im Verkehr mit Lebensmitteln, Tabakerzeugnissen, kosmetischen Mitteln und sonstigen Bedarfsgegenständen (*Gesetz zur Gesamtreform des Lebensmittelrechts,* Lebensmittelgesetz) v. 15. 8. 1974 (BGBl. I S. 1945).
§ 8 Verbote zum Schutz der Gesundheit:
Es ist verboten, 1. Lebensmittel für andere derart herzustellen oder zu behandeln, daß ihr Verzehr geeignet ist, die Gesundheit zu schädigen; 2. Stoffe,

deren Verzehr geeignet ist, die Gesundheit zu schädigen, als Lebensmittel in den Verkehr zu bringen (Zuwiderhandlungen sind Straftaten!).

§ 15 betrifft Stoffe mit „pharmakologischer“ Wirkung und die Einhaltung einer Wartezeit, d. h., nach Zuführung von Stoffen mit pharmakologischer Wirkung dürfen Lebensmittel von oder aus Tieren nur nach Beachtung der bei der Registrierung der Arzneimittel festgesetzten Wartezeiten bzw., bei noch nicht festgelegten Wartezeiten, nicht früher als 5 Tage nach der Zufuhr dieser Stoffe für den gewerbsmäßigen Verkehr gewonnen werden; Ausnahmen bei noch nicht registrierten Arzneimitteln sind möglich, sofern diese Stoffe oder ihre Umwandlungsprodukte in oder auf Lebensmitteln nicht vorhanden oder Höchstmengen festgesetzt oder anderweitig Wartezeiten vorgeschrieben sind. Dies und weitergehende Ausnahmen können auf dem Wege von Rechtsverordnungen geregelt werden, „soweit es mit dem Schutz des Verbrauchers vereinbar ist.“

§ 17 beinhaltet Verbote zum Schutz vor Täuschung, im besonderen fallen hierunter auch Lebensmittel, die ohne ausreichende Kenntlichmachung in ihrer Beschaffenheit von der Verkehrsauffassung abweichen oder in ihrem Genußwert nicht unerheblich gemindert sind (Qualitätsminderungen!).

Verordnung über *Ausnahmen von der Wartezeit* nach § 15 Abs. 2 Satz 2 des Lebensmittel- und Bedarfsgegenständegesetzes v. 2. 1. 1975 (BGBl. I S. 124), die Verordnung tritt am 31. 12. 1980 außer Kraft.

Ausahmeregelungen für: Eiweiße, Kohlenhydrate, Fette, Vitamine, Provitamine, Mineralstoffe, Spurenelemente, homöopathische Arzneizubereitungen in Verdünnungen von D 4 an, Stoffe bis zu einer Menge, in der sie auch physiologisch in Lebensmitteln vorkommen oder in einer Menge von weniger als insgesamt 0,01 ppm.

Verordnung über Höchstmengen an DDT und anderen Pestiziden in oder auf Lebensmitteln tierischer Herkunft *(Höchstmengenverordnung, tierische Lebensmittel)*

v. 15. 11. 1973 (BGBl. I S. 1705) i. d. F. v. 16. 5. 1975 (BGBl. I S. 1281).

Aufgrund des § 6 Abs. 2 des DDT-Gesetzes v. 7. 8. 1972 (BGBl. I S. 1385) i. d. F. v. 2. 3. 1974 (BGBl. I S. 469, 549) sind in der Höchstmengenverordnung für Pestizide Höchstmengen in von Tieren stammenden Lebensmitteln festgelegt. Die Begriffe Fleisch und Fleischerzeugnisse beziehen sich dabei auf warmblütige Schlachttiere sowie Haar- und Federwild. Im übrigen sind Werte für Fisch und Fischerzeugnisse sowie tierische Speisefette, Milch und Eier festgelegt.

## 3.4 Tierschutzgesetz

v. 24. 7. 1973 (BGBl. I S. 1277).

Dieses Gesetz dient dem Schutz des Lebens und Wohlbefindens des Tieres. Niemand soll einem Tier ohne vernünftigen Grund Schmerzen, Leiden oder Schäden zufügen (§ 1).

In § 2 ist festgelegt: „Wer ein Tier hält oder zu betreuen hat,

1. muß dem Tier angemessene artgemäße Nahrung und Pflege sowie eine verhaltensgerechte Unterbringung gewähren,

2. darf das artgemäße Bewegungsbedürfnis eines Tieres nicht dauernd und nicht so einschränken, daß dem Tier vermeidbare *Schmerzen, Leiden* oder *Schäden* zugefügt werden."

In weiteren Paragraphen sind eingehende Bestimmungen enthalten, die alle darauf abzielen, den Tieren bei der Haltung, der Verwendung auch als Versuchstier, der Tötung, im Handel, bei Schaustellung u. s. w. erhebliche Schmerzen zu ersparen.

*Rechtsverordnungen* mit Vorschriften

über Haltung, Pflege, Unterbringung und Beförderung der Tiere sind aufgrund von § 13 des Tierschutzgesetzes geplant.

Die *Gutachten* über tierschutzgerechte Haltung von Nutzgeflügel in neuzeitlichen *Haltungssystemen* aus dem Jahre 1975 haben noch keine Rechtsgültigkeit. Es sind darin jedoch nützliche Hinweise für die Haltung von Geflügel in größeren Betrieben gegeben. Durch weitere Forschungsarbeiten sollen die Angaben der bislang vorliegenden 3 Gutachten verbessert bzw. abgesichert werden. Die Gutachten können bei den Wirtschaftsgeflügelverbänden bzw. den für den Tierschutz zuständigen Veterinärämtern eingesehen werden.

Bei der Ausarbeitung der Gutachten bestanden erhebliche Schwierigkeiten im Hinblick auf die Beurteilung des Wohlbefindens der Tiere, obwohl gerade bei Legehennen bekannt ist, daß die Legeleistung bei jedweder Einwirkung von außen oder innen sofort abfällt und nach Meinung verschiedener tierärztlicher Sachverständiger als Kriterium herangezogen werden könnte.

Ein *Gutachten* über den tierschutzgerechten *Transport* von Tieren wurde am 16. September 1975 bekannt gegeben. Es sind darin Mindestforderungen auch für den Transport von Geflügel (Transportbehälter, Mindestflächenbedarf, Art des Versandes usw.) aufgestellt, deren Nichtbeachtung nach der Auffassung von 13 Sachverständigen bei den Tieren Schmerzen, Leiden oder Schäden verursacht.

## 3.5 Sonstige Gesetze

Gesetz zum Schutz vor schädlichen Umwelteinwirkungen durch Luftverunreinigungen, Geräusche, Erschütterungen und ähnliche Vorgänge *(Bundes-Immissionsschutzgesetz)* v. 15. 3. 1974 (BGBl. I S. 721).

Nach der „Anlagenverordnung" v. 14. 2. 1975 (BGBl. I S. 499) Genehmigungspflicht für Anlagen mit mehr als 7000 Hennenplätzen oder mehr als 14 000 Mastgeflügelplätzen (ausgen. Anlagen, die Geflügel ausschließlich zur Zucht halten), 700 Mastschweineplätzen, 280 Sauenplätzen (ausgenommen Anlagen mit Einstreuhaltung und weniger als 900 Mastschweinen und 360 Sauen).

Gesetz über die Beseitigung von Abfällen *(Abfallbeseitigungsgesetz)* v. 7. 6. 1972 (BGBl. I S. 873).

Hinweis auf *Tierkörperbeseitigungsgesetz,* das entsprechend anzuwenden ist (das neue Tierkörperbeseitigungsgesetz umfaßt auch Geflügel!).

Gesetz über die Beseitigung von Tierkörpern, Tierkörperteilen und tierischen Erzeugnissen *(Tierkörperbeseitigungsgesetz* TierKBG) v. 2. 9. 1975 (BGBl. I S. 2313).

Das Gesetz regelt die Beseitigung der Tierkörper von Einhufern, Klauentieren, Hunden, Katzen, *Geflügel,* Kaninchen, Edelpelztieren, Tieren zoologischer Gärten sowie der Tierhandlungen, außerdem die Beseitigung von Körperteilen und Erzeugnissen dieser Tiere. Tierkörper wildlebender Tiere werden nur unter bestimmten Voraussetzungen erfaßt. Lediglich *einzelne* Körper von Hunden, Katzen, Ferkeln, Kaninchen, unter 4 Wochen alten Schaf- und Ziegenlämmern sowie *einzelne Körper von Geflügel* dürfen auf besonders zugelassenen Plätzen oder auf eigenem Gelände so vergraben werden, daß sie von einer mindestens 50 cm starken Erdschicht bedeckt sind. Namentlich in Großstädten stehen dem jedoch örtliche Polizeiverordnungen gegenüber.

Für Geflügel besteht *Meldepflicht* (bei der zuständigen Tierkörperbeseitigungsanstalt), wenn nicht nur einzelne Tierkörper anfallen. Angestrebt wird, für Kleintiere wie Geflügel Sammelstellen einzurichten.

*Richtlinien* zur Bekämpfung der *Salmonellen* beim Geflügel (in Ausarbeitung).

Verordnung des Innenministeriums Bad.-Württ. zur Änderung der VO über das Verfüttern von *Speiseabfällen*

v. 11. 8. 1961 (Ges.Bl. Bad.-Württ. S. 311) und Änderung v. 4. 2. 1967 (Ges.Bl. Bad.-Württ. S. 18).

Alle Speise- und Fleischabfälle dürfen nur erhitzt an Rinder, Schweine, Haushühner verfüttert werden (innerste Schichten 10 Min. 100 °C oder 60 Min. 90 °C).

*Eisenbahn-Verkehrsordnung*

v. 15. 6. 1962.

Beförderung anatomischer Bestandteile nur mit Gefahrenzettel (Totenkopf) und Aufschrift:

„Anatomische Bestandteile, infiziert VI, Ziffer 8, Anlage C zur EVO, in den Güterhallen und in den Wagen getrennt von Nahrungs- oder Genußmitteln lagern!"

*Lieferbedingungen* der Deutschen Wirtschaftsgeflügelzucht

(Deutsche Geflügelwirtschaft, v. 16. 5. 1964 S. 309).

Haftung bezüglich des allgemeinen Gesundheitszustandes: 24 Stunden; weiße Kükenruhr: 48 Stunden; Kokzidiose: 5 Tage.

Ohne Festlegung bestimmter Lieferbedingungen gelten die Paragraphen des BGB:

*§ 459 BGB:* Haftung, wenn geliefertes Geflügel zum Zeitpunkt des Überganges fehlerhaft;

*§ 823 BGB:* Positive Vertragsverletzung – unerlaubte Handlung;

*§ 138 BGB:* Verstoß gegen gute Sitten.

Gesetz zur Änderung des Gesetzes über eine *Geflügelstatistik*

v. 17. 4. 1974 (BGBl. I S. 972).

EWG-Verordnung Nr. 1619/68 über *Vermarktungsnormen für Eier*

v. 15. 10. 1968 (Amtsbl. d. Europäischen Gemeinsch. Nr. L 258/1) und

EWG-Verordnung Nr. 95/69 der Kommission zur Durchführung der VO (EWG) Nr. 1619/68 über Vermarktungsnormen für Eier

v. 17. 1. 1969 (Amtsbl. d. E.G. Nr. L 13/13).

Betrifft Packstellen, Verpackung, Toleranzen des Stückgewichtes (10 % bzw. im ganzen 6 % usw.)

EWG-Verordnung Nr. 2772/75 des Rates über die Vermarktungsnormen für Eier v. 29. 10. 1975 (Amtsbl. d. EG Nr. L 282/56).

Wesentliche Inhaltspunkte:
*Güteklasse A,* nicht gereinigt und nicht unter 8 °C gekühlt, Luftkammer bis 6 mm, „kann“ mit Zeichen versehen werden;
*Güteklasse B,* Luftkammer bis 9 mm, gestempelt mit Hinweiszeichen;
*Güteklasse C,* aussortiert für die Nahrungsmittelindustrie, gestempelt mit C; Gewichtsklassen 1 = 70 g und mehr, bis 7 = unter 45 g; Wochen-Nummer des Kalenderjahres (1. Woche ab 1. Montag des Jahres), Kenn-Nummer der Packstelle, Kennzeichnung der Packung.

Zweite Verordnung zur Durchführung der EWG-VO Nr. 1619/68 v. 20. 1. 1970 (BGBl. I S. 107):
Rechnungen, Werbung, Etiketten, Marktnotierungen.

Dritte Verordnung zur Durchführung der EWG-VO Nr. 1619/68 v. 9. 8. 1971 (BGBl. I S. 1347) i. d. F. v. 4. 4. 1973 (BGBl. I S. 273): Aufzählung der Ordnungswidrigkeiten gegen die VO Nr. 1619/68.

*Verordnung über Enteneier*
v. 25. 8. 1954 (BGBl. I S. 265) i. d. F. v. 17. 12. 1956 (BGBl. I S. 944).
Enteneier müssen in kochechter, nicht gesundheitsschädlicher Farbe in ovaler Umrandung und mit 3 mm hohen Buchstaben die Aufschrift tragen: „Enteneier! 10 Minuten kochen!“ 20 × 15 cm großes Schild an Behältnissen: „Entenei! Vor Gebrauch mindestens 10 Minuten kochen oder in Backofenhitze durchbacken!“ 40 × 30 cm großes Schild im Verkaufsraum mit weiteren Hinweisen.

Verordnung über gesundheitliche Anforderungen an Eiprodukte und deren Kennzeichnung *(Eiprodukten-Verordnung)* v. 19. 2. 1975 (BGBl. I S. 537, ber. S. 1031).
Zur Abwendung der Salmonellengefahr durch Eiprodukte (Flüssigei usw.) wird festgelegt, daß Eiprodukte nur nach ausreichender Vorbehandlung (in der Regel Pasteurisierung) bei der gewerbsmäßigen Herstellung von Lebensmitteln verwendet werden dürfen. Die Vorbehandlung gilt als ausreichend, wenn in 25 ml (g) keine Salmonellen und in 1 ml (g) bei nicht mehr als einem Drittel der Proben keine anderen Darmbakterien enthalten sind. Die Gesamtkeimzahl darf in 1 ml (g) jeder Probe 100 000 Keime nicht überschreiten. Die Vorbehandlung kann nach § 3 Abs. 2, falls es sich nicht um Enteneiprodukte handelt, entfallen, „wenn Eiprodukte in derselben Betriebsstätte, in der sie hergestellt oder angefallen sind, oder in einer zu demselben Unternehmen gehörenden anderen Betriebsstätte verwendet werden, sofern sie 1. am Tage der Herstellung oder des Anfallens verwendet werden oder 2. am Tage nach der Herstellung oder dem Anfallen verwendet werden und bis dahin bei einer Temperatur von höchstens 6 °C aufbewahrt worden sind.“

Verordnung über gesetzliche *Handelsklassen* für geschlachtetes Geflügel und Geflügelteile
v. 15. 9. 1965 (BGBl. I S. 1368).
Handelsklassen A, B und C, Angaben für Kennzeichnung, Güteeigenschaften, Sorten von Schlachtgeflügel und Geflügelteilen, Angebotszustand (tiefgefroren, gefroren, aufgetaut), Herrichtungsformen (bratfertig – kochfertig usw.), ergänzt durch 3. VO zur Änderung der o. a. VO v. 9. 8. 1971 (BGBl. I S. 1345) mit Angaben zur Kennzeichnung nach dem Auftauen usw.

*Lebensmittelkennzeichnungsverordnung*
v. 8. 5. 1935 (BGBl. I S. 590) und VO
v. 9. 9. 1966 (BGBl. I S. 590) mit Änderung v. 25. 2. 1970 (BGBl. I S. 225).

Verordnung über Hackfleisch, Schabefleisch und anderes zerkleinertes rohes Fleisch *(Hackfleischverordnung)*
v. 10. 5. 1976 (BGBl. I S. 1186), aufgrund der Paragraphen 9, 10 und 19 des Lebensmittelgesetzes erlassen!
Betrifft *rohes,* zerkleinertes Fleisch aller warmblütigen Tiere; im besonderen dürfen Hackfleisch und zubereitetes Hackfleisch aus Geflügel- oder Wildfleisch *nicht* an Verbraucher abgegeben werden (§ 2), Erzeugnisse aus rohem Geflügelfleisch nur, wenn sie unmittelbar nach der Herstellung tiefgefroren worden sind (Kerntemperatur –18 °C).
Separatorenfleisch (z. B. aus Entbeinungsmaschinen) darf nur als Vorprodukt für Erzeugnisse, die erhitzt und nicht roh abgegeben werden, Verwendung finden.

**Literatur**

Benton, W., Cover, M. S., and Rosenberger, J. K.: Studies on the transmission of the infectious bursal agent (IAB) of chickens. Av. Dis. **11**, 430–438, 1967.

Berner, H., und Scholtyssek, S.: Möglichkeiten zur Verbesserung der Schlachthygiene beim Geflügel. Die Fleischwirtschaft. **49**, 1617–1623, 1968.

Borgmann, F.: Untersuchungen zur Bruthygiene in der Produktion von Puteneintagsküken unter besonderer Berücksichtigung der Bruteierbehandlung mit Tylosin. Diss. med. vet., Bonn 1973.

Brunner, A., und Woernle, H.: Virologische Immunogramme bei Gesundheitsstörungen des Wirtschaftsgeflügels. Tierärztl. Umschau. **31**, 386–392, 1976.

Dorn, P., und Kronthaler, O.: Beobachtungen über die Ausbreitung der aviären Encephalomyelitis in Zuchtherden. Archiv f. Geflügelkunde. **28**, 49–56, 1964.

Dorn, P., und Schindler, P.: Zur Kontrolle der Mykoplasmose-Bekämpfung beim Geflügel. D. Tierärztl. Wochenschr. **78**, 25–32, 1971.

Gisske, W., und Glees, A.: Technologische Vorschläge zur Verbesserung der Hygiene in der industriellen Geflügelschlachtung. II. Mitteilung: Vorkühlen des Schlachtgeflügels im Hängen durch Besprühen mit Kühlwasser. Die Fleischwirtsch. **46**, 521–524, 1966.

Grossklaus, D., und Lessing, G.: Hygieneprobleme in Geflügelschlachtereien. Die Fleischwirtsch. **44**, 1253–1256, 1964.

Heider, G.: Das Dislokalisationsprinzip und seine Wirksamkeit gegenüber Infektionskrankheiten (Newcastle Disease; Infektiöse Bronchitis, Mykoplasmose). 5. Int. Kongreß, WVPA, München, Kongreß. Ber. 618–625, 1973.

Hüttner, B.: Versuche zur Bruteibegasung mit Formalin. Tierärztl. Umschau. **28**, 20–26, 1973.

Kösters, J., und Müller, W.: Die bakterielle Exposition des Personals in Massengeflügelhaltungen. Zentralbl. Vet. med. B. **17**, 154–158, 1970.

Landgraf, H., und Vielitz, E.: Die Mycoplasmose-Tilgung in einem deutschen Geflügelstammzuchtbetrieb und Maßnahmen für Mycoplasmose-freie Elterntierhaltung. Tierärztl. Umschau. **24**, 228–235, 1969.

Mäder, K.-E.: Untersuchungen über Spezifität und Anwendungsmöglichkeiten der Frischblutschnellagglutination zur Diagnose der Hühnertuberkulose. Diss. med. vet., München 1963.

MEROZ, D., HADASH, D., and SAMBERG, J.: Elimination of Avian Mycoplasma Organismus by Heat Treatment of Eggs Prior to Incubation – Some Technical Aspects. Refuah Veterinarith. **30**, 101–109, 1973.

WITTER, R. L., BURGOYNE, G. H., and BURMESTER, B. R.: Survival of Marek's disease agent in litter and droppings. Av. Dis. **12**, 522–530, 1968.

WOERNLE, H.: The use of the Agar-Gel Diffusion Technique in the Identification of Certain Avian Virus Diseases. The Veterinarian. **4**, 17–28, 1966.

– Probleme der Impfung gegen die infektiöse Bronchitis (IB) des Huhnes. Tierärztl. Umschau. **23**, 58–63, 1968.

– Verschiedene Newcastle-Disease-Impfmethoden und Beginn des Impfschutzes. 5. Int. Kongreß, WVPA, München, Kongr. Ber. 287–303, 1973.

– Neuere Erkenntnisse über krankheitsbedingten Leistungsrückgang beim Wirtschaftsgeflügel. Wiener tierärztl. Monatsschr. **64**, 46–50, 1977.

WOERNLE, H., und BRUNNER, A.: Über das Vorkommen von CELO-Virus-Infektionen des Huhnes und ihre Diagnose mit Hilfe des Agar-Gel-Präzipitationstestes. Monatsh. Tierhkd. **15**, 262–270, 1963.

# Die Produkte aus der Geflügelhaltung

Die Geflügelwirtschaft liefert mit ihren Produkten Ei und Schlachtgeflügel ein außerordentlich interessantes Angebot von Nahrungsmitteln, weil diese eiweißreich und kalorienarm sind und damit den modernen Ernährungswünschen am ehesten entgegenkommen. Über die Effizienz der einzelnen Tierarten im Hinblick auf ihre Endprodukte sind in letzter Zeit viele Daten genannt worden. Vor allem hat man die Konkurrenz der Tiere mit den Menschen beim Verbrauch von wertvollen Getreidearten herausgestellt. Unter diesem Blickwinkel sind natürlich die Wiederkäuer als Verwerter von absolutem Grünland dem Geflügel überlegen. Wenn es allerdings darum geht, welche Tierart am besten Futtereiweiß und- Energie ausnutzt, dann nehmen Legehennen und Mastgeflügel einen beachtlichen Platz ein (s. Tab. 32), zumal man berücksichtigen muß, daß bereits viele Abfallstoffe verfüttert werden und auch beim Eiweiß dank der Verwendung synthetischer Aminosäuren die absolute Höhe wesentlich herabgesetzt werden kann und die pflanzlichen Provenienzen immer mehr an Bedeutung gewinnen.

Tab. 32. Ausnutzung von Futternährstoffen bei verschiedenen tierischen Veredlungszweigen (nach ANDERSEN 1976)

| Produkt | Gesamtwirkungsgrade für Energieansatz[1] (kcal) | Proteinansatz[2] (g) | Proteinsynthese[3] (g) |
|---|---|---|---|
| Rind | 7,0 | 6,0 | 2,6 |
| Lamm | 3,0 | 3,0 | 1,3 |
| Schwein | 23,0 | 12,0 | 6,0 |
| Geflügel | 13,0 | 20,0 | 11,0 |
| Eier | 15,0 | 18,0 | 11,0 |
| Milch | 21,0 | 23,0 | 10,0 |

[1]) Eßbare Energie im Nahrungsmittel (kcal) für 100 kcal UE im Futter
[2]) Eßbares Protein im Nahrungsmittel (g) für 100 g Futterprotein
[3]) Eßbares Protein im Nahrungsmittel (g) für 100 kcal UE im Futter

Die Entwicklung der Proteinerzeugung während der letzten 10 Jahre hat bewiesen, daß gerade über das Geflügel der Bevölkerung in allen Regionen der Welt schnell vollwertiges Eiweiß angeboten werden kann. Die prozentualen Anstiege (s. Tab. 33) sind bei Eiern und Geflügelfleisch in der Regel höher als bei den übrigen tierischen Produkten, was allerdings nicht darüber hinwegtäuschen darf, daß damit noch längst nicht genügend Eiweiß erzeugt werden konnte.

Von den Verkaufsmengen aller tierischen Produkte in der BRD machen Eier und Schlachtgeflügel etwa 3,5 + 1,5 = 5 % aus, nach dem Naturalwert gemessen. Beim Verkaufserlös können rd. 8,2 % für Eier und 1,9 % für das Geflügel genannt werden, das ist zusammen, an den 70 % Gesamteinnahmen aus der tierischen Produktion gemessen, eine Beteiligung von über 10 % an den Erträgen dieser Wirtschaftssparte. Die Zahlen gewinnen noch an Bedeutung, wenn man daran denkt, daß die Selbstversorgungsquote aller tierischen Erzeugnisse in der BRD über 90 % liegt und damit höher als bei den Eiern (85 %) und insbesondere beim Geflügelfleisch (50 %). Pro Kopf der Bevölkerung verzehren wir jährlich 290 Eier, also etwa 17,4 kg Eimasse und 9 kg Geflügelfleisch. Das sind bereits beachtliche Mengen, doch könnte der Geflügelfleischverbrauch – wie aus anderen Staaten bekannt (je 15 kg in Italien und Frankreich, 12 kg in Großbritannien, 13 kg in Irland und 24 kg in USA) – noch wesentlich erhöht werden. Von dem rd. 83 kg Gesamtfleischverzehr macht das Schweinefleisch über 50 % aus, es folgt Rindfleisch mit über 25 % (Kalbfleisch nur 2 %).

Auf die einzelnen Produkte wird in den folgenden Kapiteln eingegangen. Als Überblick soll nur noch auf die Marktverhältnisse hingewiesen werden. Die Eierversorgung in der BRD sieht statistisch wie folgt aus:

| | |
|---|---|
| Eigenerzeugung im Jahr 1975 (–5 % Bruteier) | 14,252 Mill. Stück |
| Einfuhr aus EG-Ländern | 3,240 Mill. Stück |
| Einfuhr aus Drittländern | 110 Mill. Stück |
| Verbrauch an Schaleneiern | 17,602 Mill. Stück |
| Einfuhr von Eiprodukten (Schalenwert) | 445 Mill. Stück |
| Gesamtverbrauch | 17,794 Mill. Stück |

(Die Differenz erklärt sich durch eine geringfügige Ausfuhr) = 288 Stück pro Kopf der Bevölkerung.

Beim Geflügelfleisch ist der Importanteil bedeutend höher. Die Aufteilung in die einzelnen Fleischarten sowie die Differenzierung in Eigenproduktion und Einfuhr zeigt Tab. 34 für das Jahr 1975.

Danach behaupten die Hähnchen, also die Jungmasthühner, ihre überragende Rolle im Schlachtgeflügelabsatz. Die Suppenhennen stehen mit 14 % an zweiter

Tab. 33. Anstieg in der Proteinerzeugung in den verschiedenen Sparten der tierischen Veredelung

| | Anstieg der Proteinerzeugung in % (von 1961 bis 1973) | | | | Gesamt-Protein | | |
|---|---|---|---|---|---|---|---|
| | Rinder | Schafe u. Ziegen | Schweine | Geflügel | | | |
| | Fleisch u. Milch | Fleisch u. Milch | Fleisch | Fleisch u. Eier | 1000 t 1961 | 1000 t 1973 | % Anst. |
| Entw. Länder | 8,3 | 5,9 | 30,0 | 42,6 | 10 762 | 12 415 | 15,3 |
| Unterentw. Länder | 27,1 | 19,9 | 43,6 | 77,3 | 3 575 | 4 719 | 32,0 |
| West-Europa | 11,5 | 4,3 | 38,4 | 50,1 | 5 461 | 6 436 | 17,8 |
| Ost-Europa | 36,6 | – | 40,7 | 37,7 | 4 657 | 6 429 | 38,0 |
| Nahost | 28,9 | 23,1 | – | 73,0 | 541 | 700 | 29,4 |
| Fernost | 24,2 | 25,2 | 38,7 | 82,0 | 1 214 | 1 576 | 29,8 |
| Weltdurchschnitt | 18,8 | 8,2 | 32,1 | 50,5 | 20 411 | 25 348 | 24,2 |

Stelle und stammen hauptsächlich aus der einheimischen Produktion. Von den übrigen Geflügelarten führen die Enten mit 7,5 % vor den Puten (5,9 %) und Gänsen (3,5 %).

Tab. 34. Schlachtgeflügelversorgung in der BRD (in 1000 t) 1975

| Fleischart | Erzeugung | Einfuhr | Gesamt | Ant. der Eigenprod. % | Ant. an der Gesamtmenge % |
|---|---|---|---|---|---|
| Hähnchen | 189 | 162 | 351 | 53,8 | 69,0 |
| Suppenhühner | 55 | 17 | 72 | 76,4 | 14,2 |
| Enten | 19 | 19 | 38 | 50,0 | 7,5 |
| Gänse | 2 | 16 | 18 | 11,0 | 3,5 |
| Puten | 17 | 13 | 30 | 56,7 | 5,9 |
| | 282 | 227 | 509 | 55,4 | 100 |

# 1 Eier

## 1.1 Eierkunde

Das Ei ist überall in der Welt ein beliebtes Nahrungsmittel. Bei der zuverlässigen und hohen Legeleistung der Hühnerherden und den modernen Transportmöglichkeiten sollten Eier auch an jedem Ort in ausreichender Menge und guter Qualität zur Verfügung stehen. Die nun folgende kurze „Eierkunde" behandelt grundsätzlich Hühnereier. Die Eier der anderen Geflügelarten werden nur dann behandelt, wenn Besonderheiten zu erwähnen sind. Selbstverständlich unterscheiden sie sich in ihrer Größe und in ihrer Zusammensetzung. Eine grobe Übersicht gibt Tab. 35.

Beim Aufbau eines Eies kann man mehrere Fraktionen deutlich unterscheiden (s. Abb. 39). Der biologisch wichtige Bestandteil ist die Keimscheibe mit dem Keimbläschen, die zusammen mit dem Bildungsdotter wie ein „Kreiselkompaß" so ausbalanciert sind, daß beide eine bestimmte, vertikal orientierte Lage ein-

Tab. 35. Verteilung der Eibestandteile (nach GROSSFELD 1938)

| | Gewicht des Eies g | Dotter g | Dotter % des Eies | Eiklar g | Eiklar % des Eies | Schale g | Schale % des Eies |
|---|---|---|---|---|---|---|---|
| Gans | 161,0 | 57,3 | 35,6 | 83,1 | 51,6 | 20,6 | 12,8 |
| Pute | 85,9 | 28,3 | 32,9 | 48,0 | 55,9 | 9,6 | 11,2 |
| Ente | 70,4 | 25,3 | 35,8 | 37,9 | 53,9 | 7,2 | 10,3 |
| Huhn | 58,1 | 18,5 | 31,8 | 33,7 | 58,1 | 5,9 | 10,1 |
| Perlhuhn | 42,7 | 16,0 | 37,4 | 20,3 | 47,6 | 6,4 | 15,0 |
| Taube | 19,4 | 3,6 | 18,8 | 13,8 | 70,9 | 2,0 | 10,3 |
| Jap. Wachtel | 10,0 | 3,5 | 34,7 | 5,6 | 56,7 | 0,9 | 8,6 |

nehmen. Sie sind von Dotter umgeben, der sich deutlich in weiße und gelbe Dotterteile unterscheiden läßt. Den Gesamtdotter hält die Dottermembran zusammen. Anschließend kommen vier Schichten von Eiklar, von denen die erste dicke Schicht zu den Polen des Eies hin in den Hagelschnüren ausläuft, wahrscheinlich wiederum eine Einrichtung, die weitgehend die zentrale Lage des Dotters garantiert. Das Eiklar insgesamt wird von der Schalenmembran umgeben. Als nächstes folgt die Schalenhaut, zwischen beiden bildet sich am stumpfen Ende des Eies mit dem Älterwerden die Luftkammer. Die Schale selbst ist eine poröse Kalkschicht, dic aus einer organischen Matrix und anorganischer Füllsubstanz besteht. Sie ist zwischen 0,2 und 0,4 mm dick und besitzt ca. 10 000 Poren, das sind etwa 150 pro $cm^2$. Auf der Schale liegt noch die Oberhaut oder die Kutikula, die gewisse Schutzfunktionen hat, aber dennoch einen genügenden Gasaustausch gewährleistet.

Von diesem normal aufgebauten Ei gibt es Abweichungen, die durch Störungen im Legeprozeß zu erklären sind. So kommen z. B. bei frisch mit dem Legen beginnenden Tieren oder alten Tieren Doppeldotter vor, oder man findet Eier ohne Dotter, Eier mit Fremdkörpern, eingeschlossene Blut- oder Fleischflecken. Ferner kann es ein fertig ausgebildetes Ei in einem anderen Ei geben sowie unförmig ausgebildete Schalen, schalenlose oder weichschalige Eier u. a.

Alle diese Abnormitäten können durch Streßsituationen, äußere und innere Reize, Mangelsituationen im Nahrungsangebot oder schließlich durch Krankheiten bedingt sein. Erbliche Einflüsse wird man ebenfalls nicht ausschließen können.

## 1.2 Eiqualität

Die Eiqualität wird von verschiedenen Autoren unterschiedlich definiert. Am einfachsten ist es, zwischen den äußeren und inneren Gütemerkmalen zu differenzieren. Zur äußeren Eiqualität rechnet man die Größe, die Form, das Aus-

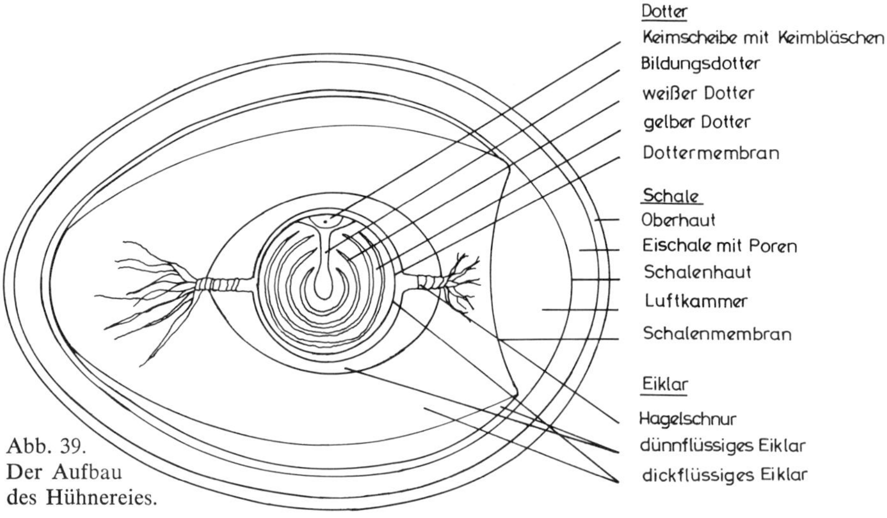


Abb. 39. Der Aufbau des Hühnereies.

sehen sowie die Schalenbeschaffenheit. Bei den inneren Gütemerkmalen interessieren die stoffliche Zusammensetzung, der Nahrungswert, die Verwertungs- oder funktionellen Eigenschaften sowie die geschmacklichen Qualitäten, Geruch und Farbe.

Die *Eigröße* hat einen besonderen Marktwert erhalten, weil Eier nach Gewicht verkauft werden. Nach der EG-Eiervermarktungsnorm unterscheidet man zwischen sieben Gewichtsklassen, beginnend mit Klasse I = besonders schwer bzw. über 70 g pro Stück, dann folgen im Abstand von je 5 g die übrigen Gewichtsklassen (2 = 65–70 g, 3 = 60–65 g usw.), bis zu Klasse 7, die Eier unter 45 g pro Stück einschließt. Die Graduierung erfolgt mit Eierwaagen bzw. in den größeren Farmen und Eiersammelstellen mit Hilfe der sog. Sortiermaschinen. Bei normalen Herden von Legehybriden beträgt das durchschnittliche Eigewicht im Jahre 60 g, außerdem dürften mehr als 50 % der Eier in den ersten drei Gewichtsklassen gefunden werden.

Es besteht ein deutlicher Alterseinfluß auf das Eigewicht. Körpergewicht und Eigewicht sind positiv korreliert. Es ist einfach, auf hohe Eigewichte zu züchten, weil das Eigewicht eine hohe Heritabilität besitzt. Allerdings besteht zwischen Eizahl und Eigewicht eine negative Korrelation, und ähnlich verhalten sich auch die Beziehungen zwischen Eigewicht und Schalenstabilität. Es erscheint daher wenig sinnvoll, die Eigewichte weiterhin erhöhen zu wollen. Bezüglich der Ernährung sind ein ausreichender Proteingehalt und ein hoher Anteil an Linolsäure im Futter Voraussetzung für hohe Eigewichte. Ein Legebeginn mit möglichst hohem Körpergewicht wirkt sich positiv auf die Entwicklung der Eigrößenkurve aus. Um das zu erreichen, arbeitet man fütterungstechnisch mit der restriktiven Fütterung, d. h. man zögert den Legebeginn hinaus und läßt die Junghennen mit größeren Körpergewichten das Legen beginnen.

*Form und Aussehen* der Eier werden ebenfalls beim Klassifizieren beurteilt. Man verlangt saubere und normal geformte Eier (gewünschter Formindex, d. h. Breite × 100 : Länge des Eies = 74). Schmutzeier, die bei der Bodenhaltung zum Problem werden, fallen in der Käfighaltung kaum noch an. Die Form der Eier wäre für den Eierkonsum nicht ausschlaggebend, jedoch weiß man, daß nur Eier in der typischen „ovaloiden" Form einen hohen Kükenschlupf garantieren. Die Schalenfarbe bei Hühnereiern ist vorwiegend weiß oder braun. Beide Farben werden durch die Schalendrüsen im Eileiter bestimmt und sind nicht zu entfernen. Bei einigen Wildvögeln (auch Wachteln) haften die Pigmentierungen äußerlich der Kutikula an.

Die *Schalenstabilität* ist ein sehr wichtiges Eiqualitätsmerkmal, weil durch Schalenmängel große Schäden entstehen. Defekte Eierschalen werden beim Sortieren über einem Leuchttisch erkannt und entfernt. Man kann zwischen Brucheiern (= stark zerstörte Schalen und bereits auslaufender Eiinhalt), Knickeiern (= mit bloßem Auge sichtbare Schalenbeschädigung) und Lichtsprungeiern (= Schalen mit Rissen, die beim Durchleuchten Licht durchlassen und damit eine Beschädigung der Schale anzeigen) unterscheiden. Die ferner noch vorkommenden Eihaltersprünge sind nur Aufhellungen der Schalenfarben, die keineswegs mit einer geringeren Schalengüte gekoppelt sind. Eier mit verminderter Schalenstabilität fallen vermehrt an, wenn es sich um alte Legeherden handelt, um hohe Eigewichte, um Produktion in den Sommermonaten oder um Auswirkungen bestimmter Krankheiten. Die Tiere selbst können Knickeier produzieren, wenn sie im Käfig nicht im Sitzen, sondern im Stehen legen. Durch die Materialausstattung und die technische Anordnung der Käfige einschließlich der Eierbänder, Elevatoren und Sortiermaschinen kommt es ebenfalls zu Beschädigungen. Schließlich können auch noch beim Verpacken und Transportieren Eier beschädigt werden.

Es gibt verschiedene Geräte, um die Schalenstabilität zu messen. Ihre Systeme beruhen darauf, entweder die Schalenstärke oder ihre Belastbarkeit oder Deformierbarkeit (s. Abb. 40) zu bestimmen. Da das Knickei aber dadurch entsteht, daß sich nicht nur ein Druck auf die Eischale auswirkt, sondern ein Stoß, also bei der Druckausübung gleichzeitig auch die Geschwindigkeit eine Rolle spielt, ist der Knickeieranteil einzig und allein als das sinnvolle Merkmal der Schalenstabilität anzusehen und alle übrigen Kriterien als Hilfsmerkmale.

Die *stoffliche Zusammensetzung eines Eies,* nach Hauptnährstoffen gegliedert, ist in Tab. 36 festgehalten, einige andere Gehaltszahlen bringt Tab. 39. Da aber nicht allein die Menge der Nährstoffe ausschlaggebend ist, sondern auch die Qualität, sei auf die vollwertige Zusammensetzung des Eiweißes hingewiesen. Der biologische Wert des Eies wird mit 100 angegeben, also ist seine Aminosäurenkombination optimal. Außerdem enthält es auch die meisten wichtigen Vitamine.

Der oft als nachteiliger Bestandteil genannte Cholesteringehalt des Eies darf nicht überbewertet werden, da heute die physiologischen Zusammenhänge des Cholesterinstoffwechsels besser geklärt sind. Außerdem macht sich mit höherer Legeleistung offensichtlich ein Verdünnungseffekt des Cholesterins pro Ei bemerkbar, so daß die Eier von Hochleistungsherden bedeutend niedrigere Cholesteringehalte aufweisen, als sie von früher her bekannt sind.

Außerordentlich interessant ist die stoffliche Zusammensetzung des Eies im Hinblick auf seine *funktionellen Eigenschaften.* Man kennt z. B. unterschiedliche Eiklarmuster und weiß, daß die von Hühnern und Puten sich ähneln und auch

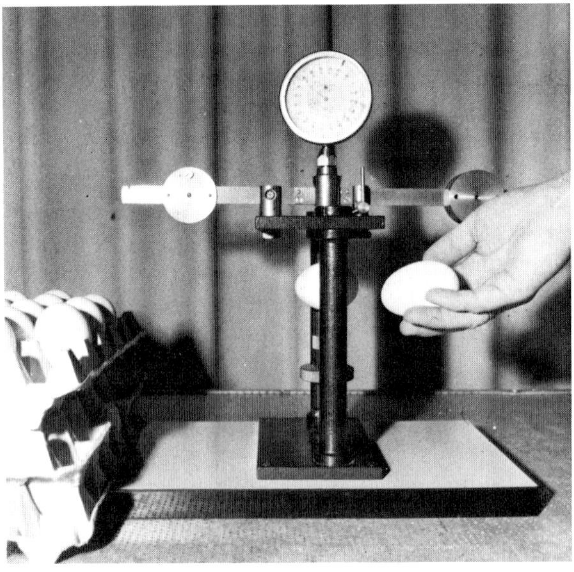

Abb. 40. Gerät zum Messen der Deformation des Hühnereies.

die vom Wassergeflügel (Tab. 37), daß weiterhin das Schaumbildungsvermögen von Eiklar der Enten- und Gänseeier praktisch gleich Null ist und zwei Hauptfraktionen des Eiweißes nur mit geringen Mengen vertreten sind. Die Beeinflussung der Eizusammensetzung ist schwierig. Der stoffliche Aufbau bleibt weitgehend stabil, über die Ernährung mit extremen Futterkomponenten kann man allenfalls die Dotterzusammensetzung verändern.

Von den Verwertungseigenschaften interessiert in erster Linie der *Frischegrad* des Eies. Er wird beim Sortieren durch Abmessen der Luftkammerhöhe bewertet. Die Luftkammer der Klasse A-Eier darf nicht größer als 6 mm sein, bei den „Extra"-Eiern sind 4 mm die Grenze. Da sich die Luftkammerhöhe jedoch leicht beeinflussen läßt durch Umstimmung der Lagerungsatmosphäre (Temperatur, Feuchtigkeit und Gaszusammensetzung), ist es richtiger, den Frischegrad mit Hilfe der Eiklarhöhe und des Dotterindex (nach Aufschlagen des Eies) zu bestimmen. Auch der Trockensubstanzgehalt des Eies gibt gewisse Rückschlüsse auf seinen Frischegrad.

Die übrigen Verwertungseigenschaften wie *Schaumbildungsvermögen, Emulgierbarkeit, Bindekraft und Backfähigkeit* sind bekannt und mit einigen Methoden auch meßbar, jedoch weiß man noch sehr wenig über die beeinflussenden Größen für diese Gütemerkmale. Das liegt vor allem an der Zusammensetzung des Eiklares, dessen große Moleküle man zwar differenzieren kann, dessen rheologische Eigenschaften aber nur schwierig zu erfassen sind. Man denke an den

Tab. 36. Der Nährstoffgehalt des Eies

Ei und Eibestandteile
Zusammensetzung des Hühnereies (nach MEHNER und RAUCH 1958)

| | Ei mit Schale in g | Ei mit Schale in % | Ei ohne Schale in g | Ei ohne Schale in % | Eiklar in g | Eiklar in % | Eidotter in g | Eidotter in % |
|---|---|---|---|---|---|---|---|---|
| Wasser | 38,1 | 65,6 | 38,0 | 73,6 | 28,9 | 87,9 | 9,1 | 48,7 |
| Eiweiß | 7,0 | 12,1 | 6,6 | 12,8 | 3,5 | 10,6 | 3,1 | 16,6 |
| Fett | 6,1 | 10,5 | 6,1 | 11,8 | – | – | 6,1 | 32,6 |
| Kohlenhydrate | 0,5 | 0,9 | 0,5 | 1,0 | 0,3 | 0,9 | 0,2 | 1,0 |
| Asche | 6,3 | 10,9 | 0,4 | 0,8 | 0,2 | 0,6 | 0,2 | 1,0 |
| | 58,0 | 100,0 | 51,6 | 100,0 | 32,9 | 100,0 | 18,7 | 100,0 |

Tab. 37. Die Proteinfraktionen im Eiklar verschiedener Geflügelarten (nach SAHRAI-SANI 1975)

| | Ovalbumin % | Ovomucoid + Ovoglobulin % | Conalbumin % | Unbewegl. Protein % |
|---|---|---|---|---|
| Huhn | 61,7 | 14,1 | 21,8 | 2,3 |
| Pute | 65,1 | 11,4 | 21,4 | 2,1 |
| Wachtel | 62,1 | 3,0 | 30,2 | 4,7 |
| Ente | 79,2 | 6,9 | 9,4 | 4,5 |
| Gans | 74,0 | 9,3 | 10,5 | 6,2 |

Unterschied zwischen dem dünnen und dicken Eiklar, deren Verhältnis zueinander sich laufend verändert.

Die sensitiv festzustellenden Merkmale Geruch, Geschmack und Farbe kann man durch Feinschmeckerteste ermitteln lassen. Die Methodik solcher Befragungen ist so weit geklärt, daß man nach Überprüfung mittels statistischer Modelle durchaus aussagekräftige Werte erhält. Der Geruch und auch der Geschmack des Eies verändern sich, wenn irgendwelche aromatischen Stoffe bei der Lagerung und vor allem direkt nach dem Legen während der Abkühlungsperiode des Eies sich auswirken können. Über das Futter ist eine Einflußnahme möglich durch verdorbene Fette, durch einseitig zusammengesetzte Fette oder Fremdstoffe. Auch Krankheiten – speziell Eileitererkrankungen – können sich auf das Aroma des Eies negativ auswirken.

Bei der farblichen Zusammensetzung des Eies interessiert besonders die *Dotterfarbe.* Sie wird durch den Karotinoidgehalt im Futter bestimmt (hauptsächlich durch Lutein und Zeaxanthin). Wichtig ist das richtige Verhältnis von Gelb- und Rotfärbern. Kommt ein orangefarbener Eidotter z. B. dadurch zustande, daß bei einem geringen Gelbanteil viel rotfärbende Pigmente verwendet wurden, dann ist zwar die Dotterfarbe einwandfrei, bei einer anschließenden Verwertung in einer Flüssigkeit oder im Teig tritt jedoch eine Entmischung ein und die Farbe (grüngelblich bis grau) entspricht nicht mehr der gewünschten Qualität. Von den üblichen Futterkomponenten sind vor allem Luzernegrünmehl, Maisklebermehl und Paprika reich an Karotinoiden.

Die Messung der Dotterfarbe erfolgt über Farbfächer. Bei wissenschaftlichen Untersuchungen empfiehlt es sich, Fotometer einzusetzen, weil damit die Farbe besser eingestuft wird. Die beste Methode, sicher und gezielt eine bestimmte Dotterfarbe zu erreichen, ist der Einsatz von synthetischen Karotinoiden, die garantierte stabilisierte Pigmentmengen enthalten und heute praktisch in jeder Leghennenration Verwendung finden.

# 2 Geflügelfleisch

## 2.1 Schlachtkörperqualität

Schlachtgeflügel wird nach der in der BRD bestehenden Handelsklassenverordnung wie folgt angeboten:

*1. In zwölf Sorten*

| | |
|---|---|
| Brathähnchen: | nicht geschlechtsreifes Huhn |
| Junghuhn oder Poularde: | Brathähnchen über 1450 g Gewicht, geschlossen oder über 1150 g Gewicht, bratfertig |
| Jungmasthahn: | Brathähnchen über 1750 g Gewicht, bratfertig |
| Suppenhuhn: | Geschlechtsreifes Huhn |
| Frühmastente: | Vor der ersten Federreife geschlachtete junge Ente |
| Über ein Jahr alte Ente: | Knorpelteile und Brustbeinfortsatz sind verknöchert |
| Frühmastgans: | durch Schnellmast vor der ersten Federreife schlachtreif gewordene Gans |

| | |
|---|---|
| Junge Gans: | nach der ersten Federreife geschlachtete junge Gans |
| Über ein Jahr alte Gans: | Knorpelteile und Brustbeinfortsatz sind verknöchert |
| Junge Pute: | Die Knorpelteile sind nicht verknöchert. Der Brustbeinfortsatz muß noch biegsam sein |
| Über ein Jahr alte Pute: | Knorpelteile und Brustbeinfortsatz sind verknöchert |

*2. in drei Angebotszuständen*

| | |
|---|---|
| Frisch: | Von der Schlachtung an nicht durch Kälteeinwirkung erstarrt |
| Tiefgefroren: | unmittelbar nach der Schlachtung auf eine Kerntemperatur von mindestens –18 °C eingefroren und auf dieser Temperatur gehalten |
| Gefroren: | unmittelbar nach der Schlachtung auf eine Kerntemperatur von mindestens –12 °C eingefroren und auf dieser Temperatur gehalten. Vorübergehende Temperaturerhöhung der Randschicht auf –9 °C erlaubt |

*3. in fünf Herrichtungsformen*

| | |
|---|---|
| Geschlossen: | geschlachtetes, vollständig gerupftes Geflügel |
| Entdärmt: | geschlachtetes, vollständig gerupftes Geflügel, dessen Därme vollständig entfernt sind |
| Bratfertig bzw. kochfertig: | geschlachtetes, vollständig gerupftes und ausgenommenes Geflügel, ohne Kopf, Hals und Ständer, aber mit genießbaren Innereien |
| Grillfertig: | wie bratfertig, aber ohne genießbaren Innereien |
| Spießfertig: | wie grillfertig, aber mit Hals, Kopf und Ständern A, B, C, abhängig von der Qualität. |

*4. in drei Handelsklassen* A, B, C, abhängig von der Qualität.

Die Schlachtkörperqualität kann grob äußerlich ermittelt werden, indem man die Größe des Einzeltieres, die Ausgeglichenheit einer ganzen Partie, die Bemuskelung der Tiere, hauptsächlich der Brust und der Schenkel, sowie die Hautfarbe und -beschaffenheit beurteilt. Die DLG hat nach diesem Muster ein Bewertungsschema festgelegt und auf diese Weise die Schlachtkörper der Mastleistungsprüfungen bei Hühnern eingestuft. Will man mit technischen Methoden die gleichen Gütemerkmale differenzieren, so kann man bei der Brustbemuskelung mit Hilfe einer Schublehre die Breite und die Länge der Brust und mittels Ultraschall die Brusttiefe messen. Die Hautfarbe läßt sich durch Auflichtfotometrie oder mit Farbfächern bestimmen. Zur Zeit werden in der BRD weißhäutige Schlachtkörper bevorzugt, während in den südeuropäischen Ländern ein gelber Broiler höher rangiert.

Zur Ermittlung des Fleischanteiles wird die *Schlachtausbeute* angegeben (= Schlachtgewicht, prozentual bezogen auf das Lebendgewicht) und ebenfalls das *Fleisch-Knochenverhältnis*. Da die Knochen schwierig herauszulösen sind, beschränkt man sich auf den Oberschenkelknochen als repräsentative Probe für das gesamte Knochengerüst.

Für die Produktenherstellung ist der Anteil der wertvollen Fleischteile von großer Bedeutung. Wenn die Schnittführung für die Zerlegung eines Tieres eindeutig definiert ist (s. SCHOLTYSSEK u. a. 1969), kann man genaue Gewichte für die einzelnen Teilstücke angeben (s. Tab. 38 bzw. Abb. 41). Da der Markt für Produkte noch aufnahmefähig ist, wird man diesen Zweig noch weiterhin forcieren und in die Technik der Geflügelschlachtereien einbeziehen. Spezialfirmen bieten bereits verschiedenartig behandelte Teilstücke (roh, gekocht, geräuchert usw.), Wurstwaren einschl. Gehacktes und Pasteten sowie küchenfertige und vorgekochte Gerichte mit Geflügel an.

Was die eigentliche Fleischqualität – *Zartheit, Saftigkeit, Geschmack* – anbelangt, so werden die üblichen Meßmethoden angewandt, um auch dafür reproduzierbare Werte zu erhalten. Scherkraftmesser sind das Mittel der Wahl zur Beurteilung der Zartheit. Die Saftigkeit wird mit Preßproben ermittelt, und den Geschmack läßt man am besten durch ein trainiertes Feinschmeckergremium klassifizieren.

Fragt man nach den wichtigen Einflußgrößen auf die Schlachtkörperqualität, so kommen Tiermaterial, Fütterung, Haltung und Verarbeitung in Frage. Genetisch bedingt ist die Größe des Tieres (bei optimaler Fütterung), seine Körperproportionen sowie das Fleisch-Knochen-Verhältnis. Die Fütterung wirkt sich auf das Endgewicht (bei gegebener Genetik), die Fleischzusammensetzung, vor allem das Eiweiß-Fett-Verhältnis, aus. Desgleichen wird die Schlachtausbeute, die Hautfarbe und in gewissem Umfang auch die Fleischqualität von der Fütterung mitbestimmt. Die Haltung der Tiere steht im Zusammenhang mit Verletzungen oder Gliederbrüchen, mit Streßsituationen und anderen physiologischen Änderungen. Gute Stalleinrichtungen, sorgfältige Pflege, besonders beim Einfangen und Transportieren der Tiere, sind Voraussetzung für eine gute Schlachtkörperqualität.

Tab. 38. Zerlegungsart und Anteile der Teilstücke in % des Schlachtkörpers bei schweren Puten (nach GÜHNE und NIEBEL 1972)

| Teilstück | Hahn | Henne | gemischt |
|---|---|---|---|
| Brust | | | |
| a) mit Haut mit Knochen | 47,8 | 44,6 | 46,2 |
| b) mit Haut ohne Knochen | 38,9 | 37,9 | 38,4 |
| c) ohne Haut ohne Knochen | 30,9 | 29,5 | 30,2 |
| Oberschenkel | | | |
| a) mit Haut mit Knochen | 15,7 | 15,8 | 15,8 |
| b) mit Haut ohne Knochen | 14,5 | 14,8 | 14,7 |
| Flügel mit Spitze | 9,0 | 10,1 | 9,5 |
| Hals | 4,1 | 3,5 | 3,8 |
| Herz, Leber, Magen | 2,2 | 2,9 | 2,5 |
| Rücken | 8,9 | 11,5 | 10,2 |
| Unterschenkel | 12,3 | 11,6 | 11,9 |
| Hinterviertel | 18,5 | 19,4 | 19,0 |
| Hals, Herz, Magen, Leber | 6,3 | 6,4 | 6,3 |

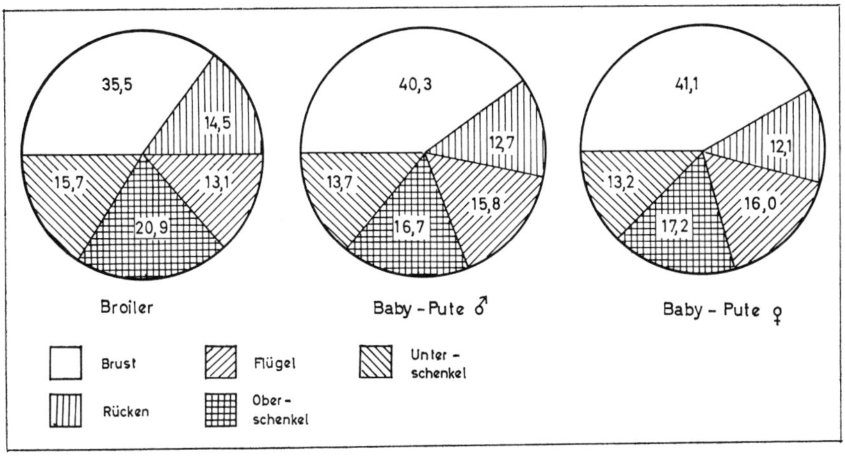


Abb. 41. Anteil der Teilstücke mit Knochen und Haut am Schlachtkörpergewicht in %, nach GÜHNE 1971.

Beim Schlachten schließlich sind die Haupteffekte auf die Fleischqualität möglich, weil die Art des Betäubens, des Tötens, des Brühens und Rupfens über den Grad der Ausblutung und die Beanspruchung der Muskulatur entscheidet und mit der anschließenden Kühlung (schnelle oder langsame Abkühlung) und Verpackung (frisch oder schockgefroren in Beuteln) den Verlauf der Todesstarre und damit die Zartheit des Fleisches weitgehend bestimmt. Auch bei der Zubereitung von Schlachtgeflügel kann durch die Art des Auftauens und anschließenden Garens einiges in dieser Richtung getan werden. Insgesamt sind die zuletzt genannten Einflußgrößen auf die Fleischqualität durch Herrichtung und Verwertung größer als die in der Schlachterei.

## 2.2 Nährwert

Der Nährwert von Geflügelfleisch ist in den einschlägigen Nährwerttabellen abgedruckt. Es bleibt zu hoffen, daß bei Neuauflagen nicht nur allgemein „Geflügelfleisch" abgehandelt wird, sondern auch die verschiedenen Geflügelarten und Teilstücke. Außerdem ist es immer eindrucksvoll, wie ein Vergleich zu anderen Fleischarten ausfällt, wieviel Nährstoffe man bei einer üblichen Verzehrsmenge aufnimmt oder wieviel Eiweiß und Wirkstoffe in den Körper gelangen, wenn man 100 bzw. 1000 Kalorien eines Nahrungsmittels aufnimmt. Tab. 39 bringt eine ähnliche Gegenüberstellung, vor allem erkennt man daraus neben dem günstigen Eiweiß : Kalorien-Verhältnis die relativ hohen Mengen von Mineralien (vor allem Eisen, Phosphor, Kalium und Kupfer) und Vitaminen (vor allem Niazin, $B_1$ und $B_2$), die mit Geflügel verzehrt werden.

Tab. 39. Nährstoffgehalt pro 100 g verschiedener tierischer Nahrungsmittel (nach HÖTZEL 1975)

| Nahrungsmittel | Grundnährst. Eiw. | Grundnährst. mg essent. Fetts. | Mineralien in mg Ca | P | K | Mg | Fe | Cu | J | Vitamine in mg $B_1$ | $B_2$ | Niacin | C | A | Kal. | übl. Verz.-Menge |
|---|---|---|---|---|---|---|---|---|---|---|---|---|---|---|---|---|
| Putenfleisch | 17 | 0,2 | 26 | 260 | 310 | ? | 4,2 | 0,2 | ? | 0,2 | 0,2 | 8 | + | + | 100 | × 2 |
| Brathuhn | 17 | 0,2 | 12 | 200 | 360 | 47 | 1,8 | 0,3 | ? | 0,1 | 0,2 | 7 | 2 | + | 100 | × 2 |
| Schweinekotelett | 15 | 2,8 | 6 | 140 | 327 | ? | 2,5 | ? | ? | 0,8 | 0,2 | 4 | ? | ? | 360 | × 1,5 |
| Hühnerleber | 22 | ? | 18 | 240 | 218 | ? | 7,4 | ? | ? | 0,3 | 2,5 | 12 | 28 | 12 | 150 | × 1 |
| Hühnerherz | 17 | ? | 22 | 164 | 262 | ? | 1,7 | ? | ? | 0,4 | 1,3 | 6 | 6 | + | 140 | × 1 |
| Hühnereier | 13 | 2,3 | 56 | 216 | 147 | 12 | 2,1 | ? | 0,01 | 0,1 | 0,3 | + | + | 0,2 | 160 | × 1 |

# 3 Federn

Ein weiteres Produkt der Geflügelbranche sind die Federn. Sie werden zu verschiedenen Zwecken verwendet und sind insbesondere ihrer Isolierwirkung wegen bekannt und beliebt. Diese Aufgabe hat das Gefieder auch bei der Aufrechterhaltung der Körperwärme am lebenden Vogel. Die absolute Funktionssicherheit ist durch den einwandfreien Schutz gegen Kälte und Nässe gegeben, wie besonders augenscheinlich beim Wassergeflügel demonstriert werden kann.

Die Einzelfeder besteht aus kleinen Verästelungen (s. Abb. 42), die insgesamt als geschlossene Federfahne erscheinen. Durch das Baumaterial der Feder, seine Hornsubstanz, wird eine gute Isolation bzw. schlechte Wärmeleitfähigkeit garantiert. Das Gefieder insgesamt stellt eine geschlossene äußere Körperabdeckung dar, wobei verschiedene Federregionen (Kopffedern, Halsbehang, Brustgefieder, Rückenfedern, Sattelbehang, Flügel- und Schwanzfedern) leicht zu unterscheiden sind. Nach dem Schlachten werden die Federn gesondert gewonnen und aufbereitet.

Die meisten Federn fallen von Hühnern an. Sie finden aber keine Verwendung bei der Herstellung von Federbetten, man kann sie allenfalls für Matratzen gebrauchen. Neuerdings, seitdem Federmehl als Futtermehl in der BRD zugelassen ist, wird man auch in Deutschland vermehrt die Hühnerfedern zur Gewinnung dieses Futtermittels heranziehen. Hydrolisiertes Federmehl hat einen Rohproteingehalt von 85 % bei einem besonders hohen Anteil von Cystin. Die übrigen Nährstoffe sind: 1,5 % Rohfaser, 3,9 % Rohasche, 2,5 % Rohfett, 2354 kcal umsetzbare Energie.

Die eigentlichen Federlieferanten für die Bettfederindustrie sind Enten und Gänse. Während die meisten Enten schon nach einer Kurzmast geschlachtet werden und damit das Federkleid schon nach 6–8 Wochen zur Verfügung steht, dauert die „Federernte" bei den Gänsen länger, daher wird noch in einigen Be-

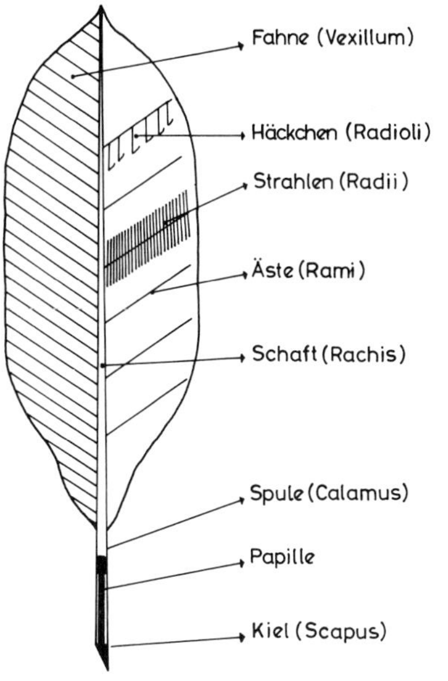


Abb. 42. Aufbau einer Hühnerfeder.

trieben vom Lebendrupf Gebrauch gemacht. Dieser ist in seiner Qualität unterschiedlich und hängt ab vom Alter des Tieres und von der Jahreszeit.

Originalfedern müssen vom Wassergeflügel stammen, es dürfen höchstens 5 % andere Federn enthalten sein. Je nach Federart gibt es verschiedene Begriffe im Federhandel, die in den sog. RAL-Bestimmungen genau festgelegt sind. Die wertvollste Feder ist die Daune, eine Flaumfeder, die wegen ihres zarten Gespinstes und ihres geringen Gewichtes besonders leicht ist und hohe Isolierwirkung besitzt. Eine Daune wiegt nur 0,001–0,002 g. Diese Daunen bestimmen weitgehend die Zusammensetzung der Bettfedergemische, so daß man von reinen Daunen, Daunen, fedrigen Daunen, Dreivierteldaunen, Halbdaunen und daunenhaltigen Federn spricht. Die genauen Definitionen möge man in den bereits erwähnten RAL-Bestimmungen nachlesen. Dort findet man auch einen Hinweis auf die bekannten Eiderdaunen, die von der Eiderente stammen und die feinsten Daunen sind, die es gibt. Ferner wird auch der Federschleiß erwähnt. Das sind Federn, die von ihrem Kiel durch Abstreifen der gesamten Fahne gewonnen wurden.

Die Federverarbeitung ist heute zu einem hochtechnischen Spezialgebiet geworden. Nicht das Sortieren ist die Hauptarbeit, vorher sind noch einige Verarbeitungsstufen zu absolvieren, wie das Entstauben, Mischen, Waschen, Trocknen und danach das Dämpfen. Beim Waschprozeß werden Fett- und Schmutzteile entfernt. Das Trocknen und Dämpfen bei mehr als 100 °C wirkt zugleich desinfizierend. Das Sortieren wird in einem Luftsog vorgenommen, in dem die einzelnen Federn aufgrund ihrer Größe und ihres Gewichtes in verschiedene Kammern fallen.

Die Federmenge ist bei den einzelnen Tierarten unterschiedlich und entspricht den Daten in Tab. 40. Da die Wassergeflügelzucht in Deutschland sehr stark zurückgegangen ist, werden die meisten Federn importiert. Als Lieferländer kommen etwa zur Hälfte Asien, einschließlich China, in Frage, die andere Hälfte liefern zu gleichen Teilen Länder aus West- und Osteuropa, wie etwa Frankreich, Ungarn, Tschechoslowakei, Jugoslawien und Polen.

Tab. 40. Federanfall der verschiedenen Geflügelarten

| Federanfall beim Schlachten | Huhn g | Ente g | Pute g | Gans g |
|---|---|---|---|---|
| Flügel- und Schwanzfedern | 20 | 25 | 75 | 150 |
| Körperfedern | 80 | – | 100 | – |
| Deckfedern | – | 100 | – | 140 |
| Daunen | – | – | – | 50 |
| Gesamtmenge | 100 | 125 | 175 | 340 |

Der Anfall an verwertbaren Federn beim Schlachten beträgt:
150–200 g bei Gänsen, 90–100 g bei Enten, 35–40 g bei Hühnern.

**Literatur**

AMERICAN MEAT INST. FOUNDATION: The Science of Meat and Meat Products. New York 1960.

CREMER, H. D., u. a.: Ernährungslehre und Diätetik. Bd. 3. Angewandte Ernährungslehre. G. Thieme Verlag, Stuttgart 1974.

ERDTSIECK, B.: Die Qualitätskriterien bei Schlachtgeflügel. Hohenheimer Arbeiten. **72**, 67, 1973.

FANGAUF, R., u. a.: Eier-Absatzkunde. Verlag E. Ulmer, Stuttgart 1964.

HORST, P.: Kriterien der Eiqualität. Hohenheimer Arbeiten. **72**, 9, 1973.

MOUNTNEY, G. J.: Poultry Products Technology. Westport 1966.

SCHOLTYSSEK, S.: Die Mast von Junggeflügel. P. Parey Verlag, Hamburg 1961.

– Handbuch der Geflügelproduktion. Verlag E. Ulmer, Stuttgart 1968.

– Haltungsbedingte Unterschiede in der Schlachtkörperqualität. Hohenheimer Arbeiten. **72**, 75, 1973.

SOUCI, S. W., und BOSCH, H.: Lebensmittel-Tabellen für die Nährwertberechnung. Wissenschaftl. Verlagsgesellsch., Stuttgart 1967.

TREES, W.: Handelsklassen für Schlachtgeflügel. Verlag E. Ulmer, Stuttgart 1966.

VOGT, H.: Jahrbuch für die Geflügelwirtschaft 1976. Verlag E. Ulmer, Stuttgart.

# Hühner

Den größten Anteil am gesamten Nutz- und Ziergeflügel bildet zweifellos das Huhn. Es ist züchterisch sowohl in der Rassegeflügelzucht als auch in der Wirtschaftsgeflügelzucht soweit entwickelt worden, daß die Zahl der Rassen der Normal- und Zwerghuhntypen kaum noch zu übersehen ist und die wirtschaftlichen Leistungen der Eier- und Fleischproduktion bei optimalen Fütterungs- und Haltungsbedingungen beinahe das biologisch Mögliche erreicht haben. Schließlich ist das Huhn weltweit zum billigsten Lieferanten dieser proteinreichen Nahrungsmittel geworden. Eine Aufteilung in Rasse- und Wirtschaftshühnerzucht erscheint aus den obigen Gründen angebracht und soll auch bei den folgenden Geflügelarten, wenn nötig, beibehalten werden.

## 1 Rassehühner

### 1.1 Die Geschichte der Rassegeflügelzucht

Verhältnismäßig früh schlossen sich in Deutschland Züchter zu Gemeinschaften zusammen, um ihre Liebe zur Rassegeflügelzucht zu dokumentieren und die Ergebnisse ihrer züchterischen Arbeit bei Ausstellungen vergleichen zu können. Zuerst wurde in Annaberg-Buchholz ein Geflügelzuchtverein gegründet. Das Vereinsgeschehen blieb aber örtlich beschränkt. Von entscheidender Bedeutung für die weitere Entwicklung der deutschen Rassegeflügelzucht wurde erst eine Vereinsgründung in Görlitz, die allen Züchtern aus den deutschen Landen den Eintritt ermöglichte.

Als das im Jahre 1852 durch Initiative von Robert Oettel geschah, war ihm nicht bewußt, mit dem „Hühnerologischen Verein“ den Grundstein für eine weitgespannte Organisation gelegt zu haben. Das Ziel war, Geflügel nach bestimmten Merkmalen zu halten und zu züchten. Dazu zählten neben den Hühnern und Zwerghühnern auch die Puten, Gänse, Enten und die Tauben.

Der rasch aufblühende Görlitzer Verein hielt im Jahre 1854 die erste Geflügelausstellung in Deutschland ab und wuchs von 18 Gründungsmitgliedern bald auf die stolze Zahl von über 1200 Mitgliedern an, von denen mehr als 1000 über ganz Deutschland verteilt waren. Von diesen auswärtigen Mitgliedern wurden später wieder Zweigvereine ins Leben gerufen, die sich nach und nach selbständig machten. So entstand aus dieser ersten Vereinsgründung stufenweise die große Organisation der Rassegeflügelzüchter, die allerdings erst im Jahre 1881 in Elberfeld gegründet wurde. Diese Dachorganisation schuf die Voraussetzungen für ein planvolles Züchten und Ausstellen des Rassegeflügels und lenkte damit die Vereinsarbeit in die richtigen Bahnen.

Die Zahl der Rassen und Farbschläge wuchs recht rasch an. Besonderen Auftrieb erhielt die Rassegeflügelzucht in Deutschland durch die von Robert Oettel herausgegebene erste deutsche Geflügelzeitung, die „Hühnerologischen Monatsblätter", denen 1858 die „Kortsche Tauben- und Hühnerzeitung" in Berlin folgte.

Ein weiterer Markstein in der Geschichte der deutschen Rassegeflügelzucht war die im Jahre 1881 in Elberfeld erfolgte Gründung des Clubs deutscher und österreichisch-ungarischer Geflügelzüchter. Durch ihn wurden für die einzelnen Rassen und Farbschläge einheitliche Merkmale festgelegt und Bewertungsgrundsätze für die Geflügelausstellungen aufgestellt. Der Club führte auch den geschlossenen Fußring ein, um eine sichere Gewähr für Alter und Abstammung der Tiere zu ermöglichen. Die erste Deutsche Nationale Geflügelausstellung wurde im Jahre 1893 in Leipzig durchgeführt; sie war eine der großen genialen zukunftsweisenden Leistungen des Clubs und gilt bis heute in der Rassegeflügelzucht als die große traditionelle „Nationale" Rassegeflügelschau. Im Jahre 1912 wurde der Club deutscher und österreich-ungarischer Geflügelzüchter in „Club deutscher Geflügelzüchter" und im Jahre 1916 in „Bund deutscher Geflügelzüchter" umbenannt.

Um auf den Ausstellungen zu einer möglichst einheitlichen Beurteilung und Bewertung der ausgestellten Tiere zu kommen, wurden noch im vorigen Jahrhundert bestimmte Grundsätze von führenden Züchtern und neu gegründeten Spezialvereinen aufgestellt. Die Spezialvereine, später Sondervereine genannt, wurden zum Schrittmacher für die Entwicklung weiterer Geflügelrassen. Durch sie kam noch mehr System und Einheitlichkeit in die einzelnen Hühnerrassen und Farbschläge, was sogar in Grundsätzen für die Züchtung und Bewertung des Rassegeflügels schriftlich seinen Niederschlag fand.

Ein solches Werk wurde im Jahr 1899 von R. Kramer, Leipzig, herausgegeben. Die erste Auflage brachte 90 Tierabbildungen der damals bekannten Rassen und Farbschläge und jede charakteristische, hervorragend kolorierte Zeichnung war mit einem knappen und klaren Text beschrieben, an dem sich die Züchter orientieren konnten. Diese bildlich naturgetreuen Darstellungen der verschiedenen Rassen wurden nicht nur zum Leitfaden für die Rassegeflügelzucht, sondern auch zum Wegweiser für alle züchterischen Bemühungen. Für die Preisrichter aber waren sie Richtschnur für die Beurteilung und Bewertung der Tiere auf den Schauen.

Kramers Taschenbuch der Rassegeflügelzucht ist dann in verschiedenen Auflagen mit immer mehr farbigen Abbildungen erschienen und wurde somit Vorläufer der späteren Musterbeschreibung, die nach dem englischen Vorbild aufgebaut und zusammengestellt wurde, dem heutigen Standard des Bundes Deutscher Rassegeflügelzüchter für Hühner, Zwerghühner, Groß- und Wassergeflügel und für Tauben. Damals wie heute leisteten die Spezial- bzw. Sondervereine als Träger der Zuchten eine große Vorarbeit für die Beschreibung der einzelnen Rassen und Farbschläge.

Bei der Gründung des ersten deutschen Geflügelzuchtvereins stand neben den bekannten bodenständigen Hühnerrassen eine breite und bunte Palette nicht rassereinen Hausgeflügels zur Verfügung. Durch die Domoestikation hatten sich in allen Ländern der Erde Landhuhnschläge gebildet, die aus aller Herren Länder über die Seefahrt auch in Europa, und hier besonders in England, eingeführt wurden. Auch die deutsche Geflügelzucht verdankt ihren besonderen Aufschwung der Einführung der asiatischen Hühner, die um das Jahr 1840 zunächst nach England und von dort nach Frankreich und Deutschland gelangt sind.

Die englische Rassegeflügelzucht stand damals schon auf einer beachtlichen Stufe. Durch die Einführung der Asiaten, insbesondere der schweren und federreichen Cochin, begann in ganz Europa ein neuer Aufschwung und eine Welle der züchterischen Begeisterung.

Bis in das erste Drittel des 19. Jahrhunderts war in Westeuropa nur der Bankivatyp in wenigen reinen Rassen bekannt. Die bekanntesten und beliebtesten Hühnerrassen waren damals in Südeuropa die Italiener, Minorka und die Spanier, in Nordeuropa bzw. in Deutschland insbesondere die ostfriesischen Möwen, Ramelsloher, Lakenfelder, Westfälischen Totleger, Thüringer Barthühner und die Bergischen Kräher. Aber auch die Schweizer hatten mit den Appenzellern und die Österreicher mit den Altsteirern bodenständige Hühnerrassen. Durch den Kämpfer- und Asiatentyp boten sich neue Möglichkeiten der Rassebildung, wobei Größe, Gewicht, Form und Haltung immer mehr Variationen erfuhren.

Aber nicht nur die Großformen der Hühner fanden viele Liebhaber, auch die kleinsten Tiere hatten einen breiten Züchterkreis gefunden. Die Verzwergungen stammen aus der Urheimat des Huhnes im asiatischen Raum. So sind die Japaner und Chinesen für Züchtungen von Zwergformen bekannt. Die Chabos und die Zwergcochins sind Beweise dafür.

## 1.2 Ursprung und Domestikation des Haushuhns

Unter den bewußt gezählten Haustieren spielen die verschiedenen Arten von Hausgeflügel und hier wiederum das Huhn eine ganz besondere Rolle. Das Huhn hat schon in vorgeschichtlicher Zeit dem Menschen gute Dienste geleistet und hat sich, wie kein anderes Nutztier, nach der Domestikation über den ganzen Erdball verbreitet. Am Anfang mag der Mensch wohl dem Wildhuhn die Eier aus dem Nest genommen haben, um damit seine Nahrung zu bereichern. Für seine Ernährung nutzte er beim Huhn aber auch bald das gute und zarte Fleisch. Wenn auch heute feststeht, daß die Domestikation der Wildhühner, also ihre Zähmung und Nutzbarmachung, bis in die früheste Kulturgeschichte der Menschheit zurückreicht, so ist die Abstammung der Haushühner bis heute noch nicht restlos geklärt. Es ist daher auch nicht verwunderlich, daß sich viele Gelehrte mit dem Haushuhn beschäftigen und den Spuren seiner Entstehung nachgehen. Die Ergebnisse sind nicht einheitlich, fest steht aber, daß unsere heutigen Haushuhnarten aus Indien, China und von einigen malaischen Inseln stammen und daß dort noch lebende Dschungelhühner als die Stammeltern aller Haushühner angesehen werden.

Die heute noch in den asiatischen Urwäldern und den vorgelagerten Inseln wild lebenden Kammhühner sind in vier Arten bekannt. Sie haben ihre deutschen Namen nach der Halsgefiederfarbe des Hahnes erhalten. So bezeichnet man das

Bankivahuhn *(Gallus bankiva)* als Rotes Kammhuhn, das Lafayettehuhn *(Gallus lafayettii)* als Gelbes Kammhuhn, das Sonneratshuhn *(Gallus sonneratii)* als Graues Kammhuhn und das Gabelschwanzhuhn *(Gallus varius)* als Grünes Kammhuhn.

### 1.2.1 Bankivahuhn

Das Bankivahuhn, auch Rotes Kamm- oder Dschungelhuhn genannt, lebt heute noch in mindestens vier Unterrassen in Vorder- und Hinterindien, in Südchina und auf einigen malaiischen Inseln. Diese vier Unterrassen sind neben farblich veränderten Merkmalen auch nach geographischen Gesichtspunkten zu unterscheiden in das Javanische Bankivahuhn *(Gallus gallus bankiva),* das Birmesische Bankivahuhn *(Gallus gallus gallus),* das Vorderindische oder Murghis Bankivahuhn *(Gallus gallus murghi)* und das Tonkin- oder Jabouilleis Bankivahuhn *(Gallus gallus jabouillei).*

Das wild lebende Bankivahuhn hat ein großes Verbreitungsgebiet, bedingt durch gute Futter-, Wetter- und Landschaftsverhältnisse. Hierdurch sind auch die verschiedenen Abarten entstanden, die sich durch Variationen in der Gefiederfarbe, der Beinfarbe und durch andere Farbe der Ohrscheiben, ja selbst auch durch Größe und Körperhaltung bemerkbar machen.

So sind die Ohrscheiben bei den in Indien lebenden Roten Kammhühnern weiß, die in anderen Ländern lebenden Tiere haben rote Ohrlappen. Auch die Fußfarbe ist zwar überwiegend schieferblau, aber es sind auch grünliche, ja in manchen Gegenden sogar Tiere dieser Wildhuhnart mit gelben Läufen anzutreffen. Der Kamm ist gezackt und wie die Kehllappen karminrot, die Iris der Augen orangerot und der Hornschnabel bräunlich. Beim Hahn sind der Kopf, der Hals- und Sattelbehang goldrötlich bis goldgelb und haben einen sehr satten Glanz. Der pelerinenartige Umhang, so wirkt der Halsbehang, hat einen dunklen Schaftstrich. Auf dem Rücken und den Schulterdecken sind die Federn purpurrot bis purpurbraun, in der Mitte orangerot bis gelbbraun gesäumt. Die großen Flügeldeckfedern bilden ein breites schwarzes Band, das blaugrün schimmert. Die Schwingen haben eine schwarze Innenfahne und eine schöne kastanienbraune Außenfahne. Die Unterfarbe, also der Bereich von der Kehle bis zum After, und der Schwanz sind schwarz mit metallischem Glanz, teilweise mit braunen Flecken. Den Metallglanz im Schwanz zeigen aber nur die mittleren Schwanzdeckfedern, die übrigen sind glanzlos.

Bei der Henne haben die Halsbehangfedern die geschlechtsbedingte stumpfere Form, eine gelbe Farbe mit schwarzem Mittelfeld. Die Federn der Kehleinfassung sind braunrot, die der Brust blaß rotbraun. Die weitere Unterfarbe, also Bauch, Seiten und Schenkel, sind graubraun. Die Oberfarbe ist ein mattes Dunkelbraun mit feiner schwarzer Rieselung und hellem Schaftstrich, was wir heute Nervzeichnung nennen. Der Schwanz ist schwarzbraun.

Bei einem genaueren Farbstudium der Roten Bankivahühner könnte man zu dem Schluß kommen, daß unter der Wildfarbe der Hühner nur dieser Farbschlag angesprochen werden könnte. Doch läßt sich diese Wildfarbe nicht in eine Musterbeschreibung hineinzwängen, denn bei den wildlebenden Tieren kommen vielerlei Abweichungen vor, die durch örtliche Verschiedenheiten und Umwelteinflüsse verursacht werden.

Die artenreinen, also wildlebenden, Bankivahühner werden als sehr scheue und vorsichtige Tiere beschrieben, die ohne besondere Schwierigkeiten gar nicht zu jagen, geschweige denn zu fangen sind. Ihr Krähen ist fein und zart, ähnlich der Stimme unserer Urzwerghühner, jedoch scheint ihr Ruf im Laufe der Zeit etwas melodischer geworden zu sein. Die Artenreinheit des Bankivahuhnes kann nur schwer festgestellt werden. Es wird berichtet, daß die Artenreinheit durch ein nach der Mauser beim Hahn auftretendes Zwischengefiederkleid, das der Farbe der Henne gleichen würde, zu beweisen ist. Neuerdings wird argumentiert, daß die Sommerzwischenmauser bei den meisten Bankivahähnen überhaupt nicht oder nur in geringem Umfange auftritt.

### 1.2.2 Sonneratshuhn

Das Sonneratshuhn gilt als das Graue Kamm- oder Dschungelhuhn und ist von allen wilden Hühnerarten am leichtesten zu zähmen. Seine Heimat ist Südindien, insbesondere in den südlichen Teilen der Gebirge des vorderindischen Hochlandes, es lebt gleich dem Bankivahuhn vorzugsweise in Bambusdickichten. Es ist das zuerst entdeckte Wildhuhn und in beiden Geschlechtern sehr lebhaft gefärbt und gezeichnet. Im Gegensatz zu den Bankivas, dem Gabelschwanzhuhn und dem Lafayettehuhn ist die Grundfarbe des Sonneratshuhnes silberfarbig. Es hat als einziges der vier Wildhuhnarten den Silberfaktor. Bekanntlich ist der Silberfaktor oder die Silberfarbe dominant gegenüber dem Goldfaktor oder der Goldfarbe. Die Füße sind bräunlich.

Von höchstem Interesse ist die Federbildung des Halskragens, der Flügel und des Bürzels beim Hahn. Die Eigenart besteht darin, daß sich jede Feder durch mehrmaliges Einschnüren in ihrer Länge in rundliche, hornige Plättchen von gelbweißlicher Farbe rosenkranzartig absetzt und mit dem hier gleichfalls verdickten Schaft orangerote Fleckenreihen bildet. Die Brustfedern sind Zierfedern, wie sie sonst die Hähne in geschlechtsbedingter spitzer Form als Halsbehang tragen. Halsbehang dieser Art und die Brustfedern, die bis zu den Schenkeln reichen, sind nach unseren heutigen Begriffen Abnormitäten, die wir bei keinem Haushuhn finden. Die Federn der Oberbrust und des Oberrückens sind beim Hahn glänzend grau und zeigen an dem Federrand eine purpurrote bis gelbe Säumung. Die Federn des Mittelrückens, der Unterbrust, des Bauches und der Schenkel sind auch schön grau gefärbt, haben einen hellen Schaftstrich und sind goldgrün bis goldgrau gerandet. Die Schwingen und die Schwanzfedern sind blaugrün.

Die Henne ist bedeutend kleiner als der Hahn, ihr fehlt dessen eigentümliche Federbildung. In der Oberfarbe ist sie gleichmäßig braun, in der Unterfarbe grauweiß mit kleinen Abweichungen. So sind die Kehle und der Kopf weiß, und auf den Flügel- und Schwanzdeckfedern finden wir eine dunkle Zeichnung. Auffallend ist bei den Hennen die dunkle Säumung der Brust-, Bauch- und Schenkelfedern auf dem fast silberweiß wirkenden Grund. Bei den Sonneratshähnen tritt sehr ausgeprägt die Sommerzwischenmauser auf. Die Hähne verlieren dann die langen, mehrmals eingeschnürten Federn vom Hals- und Sattelbehang. Die Halsbehangfedern werden danach durch kurze, abgerundete Federn ersetzt. Im Laufe des Herbstes legt der Sonneratshahn wiederum sein Prachtgefieder an.

### 1.2.3 Lafayettehuhn

Das Lafayettehuhn gilt als das Braune Kammhuhn und wird auch Ceylonhuhn genannt, da es nur ein Verbreitungsgebiet auf der Insel Ceylon hat. Vieles erinnert bei diesem Huhn an das Sonneratshuhn, nur fehlt ihm eben der Silberfaktor und die eigentümliche Federstuktur. Der Kamm ist schwach gezackt und von orangegelber Farbe. Die Ohrlappen sind rot, die Augen perlfarben. Die oberen Brustfedern des Hahnes sind auch hier lange und sehr spitze Zierfedern. Diese Federart finden wir aber auch im Hals- und Sattelbehang.

Die Halsbehangfedern sind gelbbraun gesäumt und mit einem schwarzen Schaftstrich versehen. Die Zierfedern des Vorderhalses, der Brust, des Rückens, der Schultern und Flügeldecken sind dunkel-rotbraun, und zwar einschließlich Kiel. Also hier begegnen wir bereits dem braunen Kiel. Alle diese Federn haben noch einen goldbraunen Saum. Die oberen Schwanzdeckfedern sind glänzend schwarz-blau, die unteren sind ohne den Glanz; die Fußfarbe des Hahnes ist fast weiß.

Die Henne hat normale, geschlechtsbedingte breitere Halsfedern in der Färbung des Hahnes, also gelbbraun gesäumt mit schwarzem Schaftstrich. Brust, Bauch und Schenkel sind gesäumt. Die Fußfarbe der Henne ist bräunlich.

### 1.2.4 Gabelschwanzhuhn

Das Gabelschwanzhuhn gilt als das Grüne Kammhuhn oder auch als das Javanische Dschungelhuhn. Es lebt auf Java, wird aber auch auf einigen Inseln der Sundagruppe und in Südost-China angetroffen.

Es ist ein wunderbar gefärbtes Wildhuhn mit besonderen Eigenarten in der Federstruktur und den Extremitäten, wie wir sie sonst bei Hühnern nicht finden.

So ist beim Hahn der Kamm ungezackt, glatt und fast perlmuttfarbig. Der halbmondförmige Kamm ist an der Basis hellblau, dann übergehend in Purpurrot, um dann wieder plötzlich grünlich-blau zu werden und schließlich am Kammende, also am Kammrand, von Violett in Blutrot überzugehen. Diese Wildhuhnart hat weiterhin nur einen Kehllappen, der chromgelb ist und in Rot bis Blaurot übergeht. Weiter hat das Gabelschwanzhuhn, das seinen Namen seiner eigenwilligen Schwanzfederform verdankt, nicht 14, sondern 16 grünglänzende schwarze Steuerfedern im Schwanz, der waagerecht getragen wird.

Beim Hahn sind die Halsfedern schuppenartig ausgebildet, schwarz mit violettem bis gelbgrünem Glanz. Diese eigenartigen Halsbehangfedern reichen bis weit in den Rücken und bis zum Flügelrand. Die Schultern sind schwarz mit gelbbraunen Säumen. Sattel und Schwanz sind schwarz mit strohgelber Säumung. Die Unterfarbe ist Mattschwarz. Die Füße sind fleischfarben bis grauweiß. Die Augen sind hellgelb, der Kehllappen ist rot und zur Kehle hin gelb. Es besteht kein Zweifel darüber, daß das Gabelschwanzhuhn das schönste Wildhuhn überhaupt ist. Die volle Pracht des Hahnes entfaltet sich bei der Balz, die sich von den anderen Wildhuhnarten besonders unterscheidet.

### 1.2.5 Die Abstammungstheorien

Von den vier Arten der Wildhühner ist das Bankivahuhn wohl das bekannteste Wildhuhn, zumal in alten Fachbüchern auch schon davon berichtet wird, daß vor 2500–3000 Jahren bereits domestizierte Rote Kammhühner im asiatischen Raum bekannt waren. Von hier aus fand die Verbreitung dieses gezähmten Huhnes über die ganze Welt statt. Darum wurde auch immer wieder das Bankivahuhn als Ausgangspunkt aller Haushuhnrassen bezeichnet. So war auch Darwin der Ansicht, daß das Haushuhn nur von einem Wildhuhntyp abstammt, und zwar von dem Roten Kammhuhn. Darwin war allerdings von der Annahme ausgegangen, daß nur aus Kreuzungen zwischen dem Bankivahuhn und dem Haushuhn fruchtbare Bastardnachkommen erzielt werden könnten. Heute ist jedoch bekannt, daß auch die anderen Wildhuhnarten, mit dem Haushuhn gepaart, fruchtbare Bastardhühner ergeben. So weisen insbesondere die Kampfhuhnzüchter darauf hin, daß allein durch die Erscheinungsform des Malaientyps, der seit Jahrtausenden einen ganz konstanten Urtyp verkörpert, der Urwildcharakter der Kampfhühner deutlich gemacht werde. Der Typ sei völlig einheitlich geblieben, ohne die geringsten Abweichungen in der Form, was für eine sehr konstante Typenbildung spreche. Demgegenüber tritt das Bankivahuhn in seinem Ursprungsgebiet sehr uneinheitlich auf, z. B. mit unterschiedlichen Ohrscheiben, mit verschiedenen Kammformen, einmal mehr fasanenartig, dann wieder mehr als Landhuhnform, ja sogar kämpferartig, so daß die gänzlich einheitlichen Malaien und ihre Verwandten sicherlich anderen Ursprungs sein könnten. So ist die Abstammungstheorie für die schweren asiatischen Haushuhnformen am meisten umstritten. Hier wird sehr oft das Riesenhuhn *Gallus giganteus* ins Gespräch gebracht, dessen Existenz vor Jahrtausenden angenommen wird, aber bis heute noch nicht bewiesen werden konnte.

J. C. Temminck (1813) behauptet in seinem Buch „Histoire Naturelle Générale des Gallinacés“, daß das Riesenhuhn als wilde Hühnerrasse einmal bestanden habe. L. Wright (1890) stimmt in „The illustrated Book of Poultry“ der Theorie von Temminck nicht zu. R. Houwink (1909) erwähnt in „De Hoenderrassen in hunne vormen en Kleuren“ wiederum das Riesenhuhn, wobei er allerdings nur die Ansichten von Darwin, Temminck und Bechtstein wiedergibt. Der Kampfhuhnkenner C. A. Finsterbusch (1929) beschreibt in „Cockfighting all over the world“ das Riesenhuhn in einer derart fesselnden Art, daß man an der Existenz des zahmen Riesenhuhnes nicht zu zweifeln braucht. Dagegen negiert H. Atkinson (1938) in „Cockfighting and Game Fowl“ das *Gallus giganteus,* Malaien und Asil würden nach seiner Meinung direkt vom Bankivahuhn abstammen. W. v. Wulffen-Palthe (1973) kommt in seinen Nachforschungen zu der Meinung, daß er keinen Augenblick daran zweifle, daß ein Riesenhuhn bestanden habe. Ob es eine fünfte wilde Hühnerrasse gewesen ist oder ob es ein zahmes Zuchtprodukt war, erörtert er nicht. In jedem Fall habe bereits 1600 Jahre v. Chr. ein den Malaien gleichendes Huhn bestanden, aus dem alle asiatischen Kampfhühnerrassen entstanden seien, und zwar von dem enormen Shamo bis zum kleinen Tuzo aus Japan, vom Malaien von der gleichnamigen Inselwelt und dem Asil aus Indien. Schließlich meint Gleichauf (1954), daß dem Bankivatyp der Malaientyp völlig unähnlich sei und man sich auch bei dem Cochintyp, der von dem Bankivatyp so sehr abweiche, nur schwerlich vorstellen könne, daß es aus Mutationen des indischen Dschungelhuhnes hervorgegangen sei.

### 1.2.6 Das Huhn als Haustier

Von Indien aus soll das Haushuhn um das Jahr 1400 v. Chr. nach China gelangt sein und nicht viel später dürfte es sich auch nach dem Westen verbreitet haben. Assyrische und babylonische sowie persische Nachrichten weisen darauf hin, daß es schon vor dem Jahre 1000 v. Chr. in diesen Ländern Haustiere und darunter auch Haushühner gab. Von Vorderasien aus gelangte das Haushuhn ebenso nach den nördlichen Ländern Asiens wie auch nach Afrika und schließlich nach Europa. In Ägypten wurde das Huhn anfangs zu den unreinen Tieren gerechnet, doch war dies in der späteren Zeit nicht mehr der Fall, was schon der Umstand beweist, daß die Ägypter schon lange vor der Eroberung des Landes durch die Perser im Jahre 525 v. Chr. die künstliche Ausbrütung der Hühnereier in erheblichem Umfang betrieben.

Von Ägypten aus hat sich das Huhn über das übrige Afrika verbreitet, wo es fast überall und zahlreich zu finden war. Merkwürdigerweise ist im Alten Testament das Huhn nirgends erwähnt. Vielleicht galt es auch den alten Juden von ihrem Aufenthalt in Ägypten her als unrein. In griechischen Schriften kommt das Geflügel erst im 6. Jahrhundert v. Chr. vor, jedoch in solcher Weise, daß eine weit frühere Einbürgerung des Huhnes anzunehmen ist.

Spätere Schriftsteller aus dem 5. und 4. Jahrhundert v. Chr. geben bereits Beschreibungen der Hühner und ihrer Lebensweisen sowie über das Ausbrüten der Eier. Sie kennen verschiedene Hühnerrassen, berichten von Hahnenkämpfen und erteilen Weisungen zum Kapaunisieren der Hähne, wie auch andererseits schon frühzeitig auf griechischen Kunstwerken Hähne und Hennen abgebildet sind.

Wann die Hühner zuerst nach Italien gelangt sind, ist unbekannt. Ebenso ist unbekannt, ob die Einführung von Griechenland oder von anderen Ländern aus geschah. Jedenfalls wurden die Hühner in Italien schon frühzeitig als Haustiere gehalten und als die *Römer* allmählich ihre Herrschaft über die Mittelmeerländer und Vorderasien ausdehnten, führten sie außer den längst in Italien vorkommenden Landhühnern aus den unterworfenen Ländern neue, edlere Rassen ein, so daß sie zur Zeit der Gründung des römischen Kaiserreiches schon eine Anzahl mehrerer Rassen von den einheimischen Hühnern unterschieden. Bekannt ist auch, daß die Hühner bei den Römern auch zu religiösen Zwecken eine große Rolle spielten, insbesondere zur vermeintlichen Erforschung der Zukunft dienten. Sie wurden in den Tempeln gehalten, auf Kriegszügen mitgeführt; an den Zuckungen geopferter Hühner wurde der Ausgang einer Schlacht vorhergesagt.

Der römische Schriftsteller Columella hat in einem Buch 50 n. Chr., das er über die Landwirtschaft schrieb, auch eine eingehende Beschreibung von sieben verschiedenen Hühnerrassen angefügt mit einer Anweisung über ihre Haltung und Pflege, Züchtung und Mästung. Durch die Römer erlangten die Hühner in allen Provinzen ihres Reiches, also auch im Westen und Norden, eine weitere Verbreitung, wenn es auch feststeht, daß in manchen dieser Länder schon vor der Eroberung durch die Römer Hühner vorhanden waren.

Wahrscheinlich waren auch in Deutschland die Hühner schon früher verbreitet, bevor unsere Vorfahren mit den Römern in Berührung kamen, denn wären sie erst durch die Römer zu uns gelangt, wie andere Tiere und Pflanzen, so würden sie gleich diesen sicherlich auch ihren lateinischen Namen „gallus“ mitgebracht haben.

Schon im Anfang des Mittelalters müssen in Deutschland Hühner in großer Anzahl gehalten worden sein, was aus dem Umstand hervorgeht, daß bereits das erste uns erhaltene *Deutsche Rechtsbuch,* das Salische Gesetz (Lex Salica) aus dem 5. Jahrhundert festsetzt, was als Ersatz für ein gestohlenes Huhn zu zahlen sei. Schon um die gleiche Zeit stellte sich der Brauch ein, Zins und Abgaben an die Herren oder an die Kirche in Naturalien, also in Eiern, Hühnern oder anderem Geflügel, zu entrichten. Bekannt ist weiter, daß Karl der Große seine Landgüter zu Musterwirtschaften einrichtete, und so gab er auch den Verwaltern Anweisungen, wie viele Hühner, Gänse, Enten, Tauben, Fasanen, Pfauen usw. gehalten werden sollten. Während des ganzen Mittelalters hielten in erster Linie auch die Klöster Geflügel, aber auch die Ritter auf ihren Burgen und nicht minder die Bauern, denn fortdauernd wurden Zins und Abgaben vor allem in Eiern und Geflügel bezahlt.

Wenn auch nicht absolut, so jedoch jedenfalls im Verhältnis zu der Bevölkerungszahl, wurde in Deutschland wie auch in den Nachbarländern im Mittelalter vor dem Dreißigjährigen Krieg weit mehr Geflügel gehalten, als dies vergleichsweise heute der Fall ist. Damals war es noch selbstverständlich, daß auf jedem Hof im Dorf und auch in der Stadt Geflügel gehalten wurde. Zu fürstlichen Hochzeiten wurden nicht selten viele tausende Hühner und dergleichen geschlachtet.

Es wird auch von Bauwerken wie Kirchen, Burgen und Brücken, die eine große Festigkeit haben sollten, berichtet, daß der Mörtel mit Eiklar angemacht worden sei.

Durch den Dreißigjährigen Krieg wurde auch die vorher blühende Geflügelzucht vernichtet. Sie mußte neu aufgebaut werden, so daß sich die Geflügelzucht erst in den vierziger Jahren des 19. Jahrhunderts wieder erholte, als die ersten asiatischen Hühner nach Europa kamen.

## 1.3 Beschreibung der Hühnerrassen

Zur Beschreibung des Rassegeflügels müssen wir uns bei den einzelnen Hühnerarten der morphologischen Einteilung bedienen, also der nach der äußeren Erscheinung und damit nach der Abstammung. Dabei muß noch unterschieden werden nach den großen Hühnern und den Zwerghühnern. Bei den großen Hühnern teilen wir unsere Betrachtungen nach sechs verschiedenen Gruppen ein, den Kampfhühnern mit ihren verwandten Rassen, den Rassen im asiatischen Typ, den sog. Zwischentyprassen, den Mittelmeerrassen, den Haubenhühnern nebst den ihnen verwandten Rassen und den nordwesteuropäischen Rassen. Bei den Zwerghühnern haben wir sieben verschiedene Gruppen. Hier werden die eigentlichen Zwerghühner und die verschiedenen verzwergten Rassen des asiatischen Typs, der Zwischenformen, der Mittelmeerrassen, der Haubenhühner und schließlich der nordwesteuropäischen Rassen genannt. Dabei ist es bei der Vielzahl von Rassen und Farbschlägen nicht möglich, auf alle Einzelheiten, insbesondere die Standardbeschreibungen, einzugehen. Diese können aus dem Deutschen Rassegeflügel-Standard des Bundes Deutscher Rassegeflügelzüchter entnommen werden. Hier soll jeweils eine Aussage erfolgen über die Entstehung der einzelnen Hühnerrassen, soweit dies überhaupt möglich ist, über die angestrebten Zuchtziele und rassebedingte Feinheiten oder Besonderheiten.

### 1.3.1 Kämpfer und ihre verwandten Rassen

Die Ur- und Kampfhuhnzucht ist wohl die älteste Rassegeflügelzucht in aller Welt. Mit den asiatischen Hühnern vom Kämpfer-, Kasten- und Fasanentyp, vor allem dem Urhuhn der Malaiischen Gruppe der Kampfhühner, dem Malaien, wurde die Rassegeflügelzucht überhaupt erst ermöglicht.

Die *Malaien* sind mächtige Kampfhühner aus Vorder- und Hinterindien und dem malaiischen Archipel. Ihr völlig einheitlicher Typ läßt auf eine unmittelbare Entwicklung aus einem Urzustand schließen. Die Malaien sind in ihrem Rassealter uralt und bilden einen besonderen Typus für sich, den Malaientyp. So haben auch die Malaien seit urdenklichen Zeiten als Typenbildner um den ganzen Erdball herum eine hervorragende Rolle gespielt. Man kann sogar sagen, daß die Typisierung aller Hühnerrassen auf nur zwei Grundtypen zurückzuführen ist, das Bankivahuhn und das Malaienhuhn.

Als erstes Rassegeflügel wurden die Malaien in Deutschland bereits im Jahre 1834 gehalten. Diese kämpferische Rasse mit ihrer reckenhaften Erscheinung kommt als Hauptfarbschlag in Hell-weizenfarbig vor. Frisch aus ihrer Urheimat importierte Malaienhennen weisen immer einheitlich diese von den Lachshühnern her gut bekannte zarte Tönung des Federkleides auf. Dazu gehört der goldhalsige Malaienhahn. Das Wesen der Malaien ist mutig und tempera-

Abb. 43. Malaien 1,1 weizenfarbig.

mentvoll, die Tiere sind stolz und von selbstbewußter Erscheinung. In ihrer Urheimat, den malaiischen Inseln, veranstaltet man heute noch in den zentralen Hochebenen und riesigen Steppengebieten die leidenschaftlich durchgeführten Hahnenkämpfe, die mit hohen Wetteinsätzen verbunden sind.

Auch wenn man zufrieden darüber sein kann, daß Hahnenkämpfe verboten wurden und somit diese edlen Naturprodukte als Kämpferrassen dem Spieltrieb und Zeitvertreib des Menschen gänzlich entzogen wurden, muß es doch eine Verpflichtung der Rassegeflügelzüchter sein, die Kampffähigkeit und Kampfeslust gepaart mit Kühnheit und Entschlossenheit bei den Malaien als wesentliches Rassemerkmal zu erhalten.

Die *Asil* mit ihrem etwas kleineren und breiten, muskulösen Körperbau sind ebenso alt wie die Malaien. Der Name Asil-Kämpfer besagt soviel wie „hochgeboren“ und deutet auf eine lange Ahnenreihe zurück. Die Bezeichnung Asil gilt in Indien übrigens für alle echten Kampfhuhnrassen. Die Asil sind es auch, die in besonderem Maße als Kämpfer die Romantik und auch die Mystik Indiens heraufbeschworen haben. So wurden Vertreter dieser Rasse, die als berühmte Sieger auf den Turnierplätzen galten, in purem Gold nach ihrem Körpergewicht aufgewogen.

Die wahren Züchter der Asil sind selten bereit, einen vollkommenen Kämpfer mit Mut, Kraft und Gewandtheit aus ihrem Bestand abzugeben. Zur Verbesserung des Typs muß darauf geachtet werden, daß die Asil feurig sind, etwas hervortretende Augen mit weißer Iris, also Perlaugen, haben, einen sehr kräftigen, eckigen muskulösen Eindruck machen und auf kräftigen, weit auseinandergestellten Läufen stehen. Der Gesamteindruck ist ein sehr aufrecht gestelltes, trotziges Muskelpaket ohne Kehllappen, mit kampflustigem Charakter, das sich durch Mut, Temperament und reaktionsschnelle Bewegungen auszeichnet. Echte Asil haben übrigens nur einen kurzen Krähruf als besonderes Rassemerkmal, der am Ende wie abgeschnitten wirkt. Die besten Asil nach Typ und Kampfeseigenschaften stellt der dunkelrote Farbschlag innerhalb der sechs zugelassenen Farbmuster. Sie entsprechen den bei uns bekannten Indischen Kämpfern als rein englische Züchtung auf der Asilgrundlage im Typ wie auch nach dem fasanenbraunen Federkleid, mit der Einschränkung, daß die Asil zwar insgesamt breit, jedoch nicht so ausladend und bulldoggenartig mit auswärts gedrehten Gelenken sind. Aber auch die hellroten Asil, mit den zimtfarbenen oder weizenfarbigen Hennen, sind schnell und angriffswütig und stehen den dunkelroten an Kampflust nicht nach.

Die *Shamo-Kämpfer* sind als eine japanische Zuchtrichtung der Malaien anzusehen, die von Siam aus nach Japan eingeführt wurden. Sie gehören zu den einzigen großen und reinrassigen Kampfhühnern Japans. Trotz der züchterischen Beeinflussung in Japan haben sich im Laufe der Jahrhunderte nur geringfügige Typabweichungen ergeben, so daß sie sich auch heute in nur unwesentlichen Punkten in der Kammform und Flügelhaltung von den Malaien unterscheiden. Über die Entstehung der Shamo ist leider nur wenig bekannt. Durch die „Haniwa“-Kultur ist bewiesen, daß sich bereits vor 3000 Jahren in Japan Hühner befanden. In der Periode der „Heian“-Kultur (794–1186) wurden in Japan schon viele Hühner aus China eingeführt, was geschichtlich nachgewiesen ist. Dies waren die „Chan Kua“-Hühner oder, wie die Japaner es aussprachen, „Shokoku“. Die Shokoku sind ein Landhuhntyp mit überlangem

Krähruf, mit langem Sattelbehang und Schwanzfedern, die man auch heute bei den Shamo manchmal noch findet.

In der Heian-Periode wurde auch der Grundstein gelegt für die Shamo und für die Langschwanzhühnerrassen, darunter auch die „Onaga-dori". Entstanden sind diese Hühner aus Kreuzungen mit Hühnern aus China und Korea, die von den Japanern immer weiter vervollkommnet wurden. Kampfhühner wurden im 16. Jahrhundert von Siam aus, d. i. das heutige Thailand, nach Japan importiert.

In den Shamo fließt aber auch, ungeachtet ihrer Abstammung von den Chankuo-Hühnern und, wie aus ihrem Erscheinungsbild untrüglich festzustellen ist, Malaienblut mit einer nicht unwesentlichen Beimischung des Erbgutes der Asil. Das Asilblut in dem Shamo verrät sich dem Kenner durch den abgehackten Krähruf und den Asilkopf mit dem gewölbten Schädeldach, das bei den Malaien geradliniger und kantiger ist. Ein untrügliches Rassezeichen der Shamo wie der Asil ist auch die überaus stark entwickelte Backenmuskulatur, welche die Shamos gleich den Asil zu furchtbaren Beißern macht. Aber auch in der Erscheinungsform zeigen die Shamo die steil aufgerichtete Körperform, wie sie den Asil eigen ist.

*Vietnamesische Kämpfer* wurden im Jahre 1961 aus Vietnam eingeführt und anerkannt. Sie fanden bei den Kampfhuhnzüchtern eine gute Aufnahme. Als selbständige Rasse sind die Kämpfer aus Nordvietnam noch etwas umstritten, zumal sie nach dem äußeren Erscheinungsbild den Asil ähneln. Auf Farbe sind sie nicht durchgezüchtet, jedoch sind die wenigen Tiere, die auf Großschauen gezeigt werden, meist weizenfarbig und blau-weizenfarbig. Der Hahn zeigt etwas Braun auf der Brust. Die Vietnamesischen Kämpfer sind wie die Asil starkknochig und muskulös, ihr Ausdruck ist kämpferisch und die Haltung aufrecht. Die Läufe sind sehr kräftig, jedoch treten die Schenkel nicht so stark hervor, wie dies bei den Asil der Fall ist. Die Rasse ist noch unverbraucht und daher für Einkreuzungen, insbesondere zur Verbesserung der Vitalität, oder für die Wirtschaftsgeflügelzucht sicherlich gut geeignet.

*Indische Kämpfer* sind eine rein englische Züchtung auf der Asilgrundlage. Etwa 1820 dachten englische Züchter daran, eine neue Kampfhuhnart zu züchten, wobei sie auf die originelle Idee kamen, ein ganz besonders schweres, reines Kampfhuhn zu schaffen. Da es in jener Zeit noch keine Geflügelausstellungen gab, war man allein an Hahnenkämpfen interessiert. Ein richtiger Erfolg wurde aus den Zuchtversuchen allerdings nicht, denn man konnte den Tieren den Kamphuhncharakter nicht anzüchten. So gilt heute noch der Indische Kämpfer als ein sog. Kuckucksei in der Kämpferfamilie.

Anstelle sich ständig wiederholender Angriffe und heftiger Schläge zeigte er die Neigung, sich festzubeißen und an dem gegnerischen Tier hängenzubleiben. So wurde später aus dem Kampfhuhn ein ausgezeichnetes Fleischhuhn, das in der Wirtschaftsgeflügelzucht als Kreuzungspartner mit Plymouth, Sussex und Dorking sehr gute Dienste leistete. Aber auch bei der Schaffung neuer Rassen standen die Indischen Kämpfer immer wieder Pate.

Die *Belgischen Kämpfer* sind in ihrem Ursprungsland Belgien als reines Kampfhuhn entstanden, gehören aber nicht zur Urkampfrasse. Es sind reine Kampfhühner; sie werden in verschiedenen Typen gezüchtet, z. B. im Lütticher Typ, im Brügger Typ und im Hagelands-Typ. Der Lütticher und der Brügger

Typ sind auch in Deutschland zugelassen. Sie sind sehr groß und muskulös, haben besonders breite Schultern und starke Knochen. Das Gefieder ist hart und fest anliegend. Der Lütticher Typ ist bei gleicher Größe etwas schlanker und damit auch leichter als der Brügger Typ, dafür im Kampf aber auch etwas beweglicher und reaktionsschneller. Die Belgischen Kämpfer sind in beiden Typen und verschiedenen Farbschlägen auf deutschen Großschauen zu sehen. Zugelassen sind alle Farben, die Zucht auf Körperform und Größe hat den Vorrang.

*Altenglische Kämpfer* gelten als eine der ältesten europäischen Geflügelrassen und zugleich die ureigenste englische Hühnerrasse. Schon um die Römerzeit hat es in England Hühner gegeben, die für die damals beliebten Hahnenkämpfe gezüchtet wurden. Diese Tiere wurden als „Old English Games" oder Altenglische Kämpfer bekannt und sind seit vielen Jahrhunderten bekannt als Symbol von Stärke und Mut, sie werden auch ziemlich in dem gleichen Typus gezüchtet. Nach dem Verbot der Hahnenkämpfe im Jahre 1849 begannen viele Züchter, ihre Kampfhuhnrassen für die Ausstellungen zu züchten, was zwar durch die imposante Schönheit der Tiere unterstützt wurde; aber der Kreis der ernsthaften Ausstellungszüchter wurde immer kleiner.

Einen besonderen Aufschwung haben die Altenglischen Kämpfer in Amerika zu verzeichnen, wo sie eine neue Heimat gefunden haben. Dies haben sie in erster Linie ihrer wunderbaren Buntheit, ihrer hohen Nutzleistung und schließlich ihrer kämpferischen Haltung zu verdanken. In Deutschland sind sie auch gut vertreten. Von den bisher bekannten 30 Farbschlägen sind 21 im deutschen Standard verankert. Die Altenglischen Kämpfer machen einen äußerlich lebhaften und anmutigen Eindruck, was durch das glanzreiche, knappe und straffe Gefieder und dem nicht flach getragenen Schwanz mit breiten, reichlich stark gebogenen Sichelfedern unterstrichen wird. Der Kopf ist schmal und spitz, was durch das übliche Kupieren der sonst einfachkämmigen Hähne besonders betont wird. Der Kamm soll in kupiertem Zustand leicht helmartig wirken. Außer dem Kamm werden beim Hahn auch noch die Kehllappen entfernt und die Ohr-

Abb. 44. Ind. Kämpfer 0,1 rotweiß.

scheiben beschnitten. Die Hennen behalten ihre normale Kammform, die Kehllappen und Ohrscheiben, die allerdings nur schwach entwickelt sind.

Die *Modernen Englischen Kämpfer* sind nach 1850 aus Malaien und Altenglischen Kämpfern entstanden. Sie verdanken ihre Entstehung dem Verbot der Hahnenkämpfe, das in England immer strenger durchgeführt wurde. Die guten, echten Kampfhähne der alten Zuchtrichtung konnten die Züchter nicht mehr zur Ausstellung schicken, denn sie wurden von den auf Schönheit und Eleganz gezüchteten Tieren der neuen Zuchtrichtung geschlagen. Sie zeigten mehr Farbenpracht, wirkten feingliedriger, eben moderner. So kamen Tiere mit mehr Malaieneinfluß immer mehr in den Vordergrund, bis sie den hochgestellten Malaien nicht mehr nachstanden. Die andere Ausgangsrasse, die Altenglischen Kämpfer, wurden durch die neue, modernere Rasse immer mehr zurückgedrängt. So wurde in England eine neue Rasse aus den beiden alten Kämpferrassen geboren, mit feinem, elegantem Schnitt, stolzer, hochgestellter Haltung, die Modernen Englischen Kämpfer.

Nachdem die durch die Kreuzung hervorgerufenen, unerwünschten Merkmale wieder weggezüchtet waren, wie ein zu grober Kopf, auf dem Rücken liegende Flügel, grobknochige Läufe, Halsknoten oder zu starke Kurzfiedrigkeit, kamen bereits um 1890 die Modernen Englischen Kämpfer in Form und Farbe dem gestellten Rasseideal sehr nahe.

Die *Orloff* sind schon eine sehr eigenartige, aber höchst rassige Erscheinung. Sie stammen aus dem europäischen Teil von Rußland und wurden dort lange Zeit als bärtige Kampfhühner mit Landhuhneinschlag gezüchtet. Sie gleichen eigentlich sehr den Malaien, zumal es früher einmal solche mit Kehl- und mit vom Bart verdeckten Ohrlappen gegeben hat.

Die aus dem persischen Raum stammenden *Gilans* waren solche Urhühner von Malaientyp, die in Rußland eingeführt wurden. Mit dem russischen Rasselandhuhn mit Bart, dem Uschanki, gekreuzt, war das Ergebnis ein Landhuhn mit Kämpferblut, vollem Kinn und Backenbart. Im Jahre 1884 kamen die ersten Orloff aus Rußland nach Deutschland. Sie fanden aber damals bei den deutschen und österreichischen Züchtern nicht so rechten Anklang und verschwanden auch bald wieder.

Als im Jahre 1910 Dr. Ranft wieder einen Stamm Orloff nach Deutschland eingeführt hatte, gewöhnten sich auch unsere Züchter an die Eigenart dieser rassigen Züchtung. Die rotbunten Orloff traten zwar keinen Siegeszug an, konnten sich aber immer eines beständigen Züchter- und Liebhaberkreises erfreuen. Die Mahagonifarbenen waren dagegen schon immer selten. Die weißen, schwarzen und gesperberten Orloff sind in den vielen Jahren nun das Ergebnis deutscher Züchterarbeit. Die züchterische Aufgabe muß darin gesehen werden, den kämpferischen Gesamteindruck des sonst friedliebenden Tieres zu erhalten sowie die Vitalität und Leistung zu steigern.

*Kraienköppe* sind eine Rasse holländischen Ursprungs. Sie sind eine Kreuzung zwischen Belgischen Kämpfern, Malaien und Landhühnern. Zunächst wurden sie für Hahnenkämpfe gezüchtet und sollen hierbei den Malaien an Kampfesmut und Schnelligkeit nicht nachgestanden haben. Als Ausstellungshuhn sind die Kraienköppe erstmals im Jahre 1892 in der niederländischen Stadt Enschede gezeigt worden. Etwa um die Jahrhundertwende erfolgte ihre Verbreitung über das Emsland, Westfalen und Hannover. Im Raume Bentheim sollen nach dem

Ersten Weltkrieg auf kleineren Schauen bereits Kraienköppe vertreten gewesen sein. Erstmals auf einer Großschau wurden silberhalsige Kraienköppe im Jahre 1925 in Hannover gezeigt. Diese Rasse kam in Deutschland also erst in die Ausstellungskäfige, nachdem sie lange Jahre als bodenständige deutsch-holländische Grenzlandrasse ihre wirtschaftliche Bewährungsprobe hinter sich hatte.

Es gibt nur zwei Farbschläge, Silberhalsig und Goldhalsig. Demnach spielt Form und Haltung bei dieser Rasse eine besondere Rolle, wobei der Kämpfertyp zwar nicht überbetont, aber deutlich erkennbar sein muß. Es wird in erster Linie auf die ausgewogene Erscheinung des Gesamteindrucks gesehen, dann erst auf Farbe und Zeichnung. Der Hahn muß aufgerichtet stehen und etwas mehr an den Belgischen Kämpfer als an Italienerhühner erinnern. Wesentliche Rassemerkmale sind die Kopfpunkte und die Halsführung.

Leuchtend rote Kopfpunkte bei kleinen Kehllappen und Ohrlappen gehören zum Ausdruck dieser vitalen Rasse. Ein typisches Rasseschönheitsmerkmal ist bei den Hähnen der sog. Hengstnacken. Durch den Kämpfereinschlag ist die Feder etwas härter als bei den Landhuhnrassen. Bei einer gesunden Halsbehangfeder passiert es nicht, daß man im Behang der Hähne durch das Silberweiß hindurch den schwarzen Schaftstrich der darunter liegenden Feder erkennen kann. Goldhalsig wie Silberhalsig ist eine Aufhellung der Wildfarbe. Farblich gesehen ist es daher falsch, bei den Kraienköppen beiderlei Geschlechts im Rahmen der Zuchtwahl auf Tiere zurückzugreifen, deren Schaftstriche satt schwarz sind. Auf diesem Wege wurde die Aufhellung der Wildfarbe unterdrückt. Darum müssen auch Tiere mit durchstoßender Halszeichnung und ein zu dunkles Mantelgefieder der Henne abgelehnt werden. Die Mantelfarbe der Henne, hier Aschgrau, dort Lichtbraun mit feiner Rieselung und Nervzeichnung sowie einem schmalen Saum, wird durch eine lachsfarbige Brust abgerundet. Der Kampfhuhncharakter ist bei den Hähnen viel ausgeprägter als bei den Hennen.

Die *Sumatra* sind ein fasanenartiges, schnittiges, gestrecktes Langschwanzhuhn im Kämpfertyp und gehören mit den Phönix und Jokohama zu den seltenen Kostbarkeiten der Rassegeflügelzucht. Ihre Urheimat sind die Sundainseln, insbesondere Sumatra. Dort gehören sie zu den ältesten Haustieren und ihr Stammbaum geht weit zurück, wodurch auch der Kämpfereinschlag verständlich wird. Im Jahre 1847 kamen die ersten Sumatra nach Nordamerika, fanden dort einen guten Züchterkreis und kamen von dort 1882 nach Deutschland.

Adel und eine schlichte elegante Schönheit strahlen die als Urhühner geltenden Sumatra mit ihrer bestechenden Figur, ihrem tiefschwarzen, intensiv grünglänzenden Gefieder vereint mit dem Typus eines Kämpfers aus. Dieser wundervolle Grünglanz empfahl sich schon immer zur Einkreuzung in andere schwarze Hühnerrassen, die dann ihren schönen Glanz den Sumatra verdanken. Ein besonderes Zuchtziel bei den Sumatra ist die Langschwanzigkeit mit den breiten und harten Federn, die den Boden nicht berühren dürfen. Bei beiden Geschlechtern wird die Lang- und Breitfedrigkeit gefordert. Die auffällige Federbreite garantiert auch die gewünschte Straffheit, ferner daß die Schwanzfedern erst in der zweiten Hälfte gebogen sind und trotz ihrer Länge bei waagerechter Haltung den Boden nicht berühren.

Die *Jokohama* gehören zu den edelsten Perlen der Rassegeflügelzucht. Daß sie von Japan kommen, besagt schon ihr Name. Die Japaner sind wegen ihrer Züchterkunst in allen Bereichen der Pflanzen- und Tierwelt bekannt, geschätzt

1

2

3

4

1 Italiener 1,0 goldfarbig
2 Rheinländer 0,1 schwarz
3 Niederrheiner 1,0 Kennsperber
4 Brakel 0,1 silber

5 Gestreifte Plymouth Rocks

6 Blausperber

7 Italiener, schwarzgescheckt

8 Silberwyandotte

9 Indische Kämpfer (fasanenbraun)

10 Barnevelder

11 Rebhuhnf. Italiener

12 Rhodeländer

13 Australorps

14 Goldwyandotte

15 Sussex

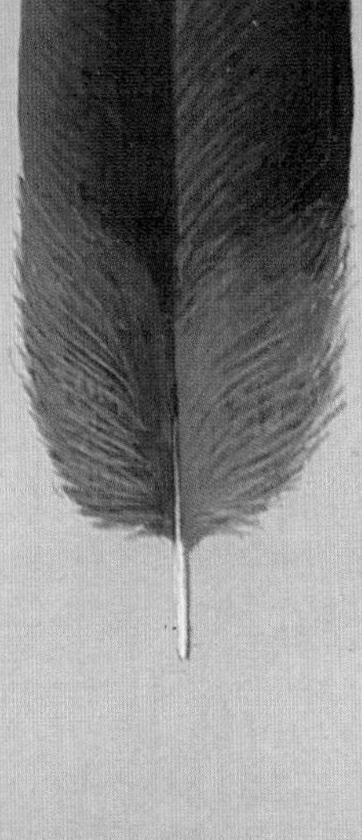

16 Hamburger Silbersprenkel

17

18

19

20

17 Wyandotten 0,1 silber
18 Kraienköppe 0,1 silberhalsig
19 Holländer Weißhauben 0,1 schwarz
20 Zwerg-Italiener 1,0 rotgesattelt

21

22

23

24

21 Pommerngans
22 Toulouser Gans
23 Lockengans
24 Höckergänse

25

26

27

28

25 Rouenente 1,0 wildfarbig
26 Warzenente 1,0 schwarz
27 Streicherente 1,0 silber-wildfarbig
28 Sachsenente 1,0 blau-gelb

29

30

31

32

29 Lahore-Taube
30 Cauchois
31 Böhmische Flugschecke
32 Lockentaube

33

34

35

33 Glanzfasan
34 Buntfasan
35 Amherstfasan

Abb. 45. Jokohama 1,0 weiß.

Abb. 46. Kraienköppe 1,0 goldhalsig.

und geachtet. Schon immer wurde von ihnen das Extreme, das Ungewöhnliche, meist aber das kleine und zarte Geschöpf bevorzugt. So haben sie uns auch in der gefiederten Tierwelt mit riesenhaft großen Tieren, den Shamo, mit niedlichen Urzwergen, den Chabos, und mit Tieren von überdurchschnittlicher Federlänge überrascht. Zu diesen Hühnern mit besonders langen Schwanzfedern gehören neben den Phönix auch die Jokohama. Die letztgenannte Rasse soll in Japan seit mindestens 400 Jahren bekannt sein, allerdings unter dem Namen „Jitori". Im Jahre 1864 sollen die ersten Jokohamas durch den französischen Missionar Girard nach Paris gekommen sein. Diese Langschwanzhühner haben dann auch erst ihren Namen erhalten nach der japanischen Hafenstadt Jokohama, da sie von dort die Reise nach Paris antraten. Nach Deutschland kamen diese eleganten fasanenartigen Hühner erst im Jahre 1870.

Die Jokohama gelten als japanische Züchtung aus Phönix- und Shamokämpfern. Dafür kann sich aber kein Experte verbürgen, denn die Japaner haben ihre Züchtungsgeheimnisse niemals gelüftet. Die Vermutung liegt aber sehr nahe, daß Phönix und Shamo an der Entstehung der Jokohama beteiligt sind, weil gerade in jüngster Zeit erfolgreiche Einkreuzungsversuche mit diesen Rassen durchgeführt wurden. Fest steht aber, daß die heutige Eleganz und Federfülle der Jokohamas durch lange deutsche Zuchtarbeit erreicht wurde. Wenn man von der fließenden Eleganz der Tiere spricht, meint man die Harmonie von Kopf, Hals, Rumpf und dem federreichen Schwanz. Der Hahnenschwanz muß sehr voll besichelt sein, und den Sattelbehang wünschen sich die Züchter dicht mit langen und schmalen Federn ausgestattet. Es wird auch darauf geachtet, daß der Hahn seinen Schwanz trägt und nicht nachschleppt. Kräftige Steuerfedern als Tragefedern garantieren ein waagerechtes Tragen des Schwanzes. Die Nebensicheln des Schwanzes müssen sehr zahlreich vorhanden, lang und schmal sein wie die Sattelbehangfedern. Bei der Henne ist der Schwanz etwas stärker angezogen als beim Hahn und wesentlich leichter, aber auch außerordentlich reich befiedert und mit langen und starken Steuerfedern besetzt. Bei richtiger Form und ausreichender Schwanzlänge mit der gewünschten Federfülle zeigt die Henne noch feinere, fasanartige Linien als der Hahn, ja man kann von einer vollendeten Eleganz sprechen. Ohne aber die fließende elegante Form zu stören, ist auch heute noch bei den Jokohama, die in zwei Farbschlägen gezüchtet werden, Rotgesattelt und Weiß, der Kämpfereinschlag erkennbar.

Wer das *Phönixhuhn* beschreibt, muß darauf achten, nicht in allzu große Schwärmerei zu verfallen, denn hier handelt es sich in der Tat um das schönste Zierhuhn auf der ganzen Welt. Die Japaner haben mit unendlichem Züchterfleiß und Können diese wunderbare Rasse geschaffen, und zwar schon vor etwa 400 Jahren. In ihrem Ursprungsland werden diese Langschwanzhühner Onagadori genannt, und als besonderes Zuchtziel gilt der extrem lange Schwanz mit Federlängen zwischen 4 und 10 Metern.

Da die Japaner ihr Zuchtgeheimnis immer behütet haben, ist auch bis heute noch nicht geklärt, welche Urhühner, Waldhuhnarten, Kämpferrassen oder Landhuhnschläge an der Wiege der Onagadori, die man in Deutschland Phönix nennt, Paten standen. Es wird vermutet, daß diese eigenartige Rasse durch mutative Einwirkungen und eine glückliche Auslese zustande gekommen ist, denn die echten Onagadori mausern ihre Hauptsicheln nicht. So werden diese Schwanzfedern Jahr für Jahr länger und damit die Tiere wertvoller.

Ursprünglich wurden diese Langschwanzhühner nicht auf Farbe gezüchtet, sondern lediglich auf die Länge des Schwanzes. Dazu bedurfte es besonderer Haltungsmethoden. Die Schauhähne wurden in besonderen Spezialkäfigen untergebracht, und wenn sie zum täglichen Auslauf in den Garten gebracht wurden, was auch heute noch so gehandhabt wird, dann brauchten die Tiere einen Schwanzträger, der aufzupassen hatte, daß der Federschmuck nicht beschmutzt oder beschädigt wurde. Diese Tiere brauchen also ihr ganzes Leben eine besondere Pflege und Wartung, denn von der Gesundheit, der Vitalität und dem Wohlbefinden der Tiere hängt es schließlich ab, ob die Hauptsicheln tatsächlich jährlich die erwarteten 70—90 cm wachsen.

Seit etwa 100 Jahren kennt man in Japan aber auch die Onagadorizucht in verschiedenen Farbschlägen wie Silberhalsig, Goldhalsig und Reinweiß. Sie wurden im Jahre 1923 unter besonderen staatlichen Schutz gestellt und 1952 zum japanischen Sonderdenkmaltier erklärt.

Die ersten Langschwanzhühner aus Japan, die bei uns den Namen Phönix erhielten, gelangten im Jahre 1878 durch den Kaufmann und Senator N. D. Wichman aus Hamburg nach Deutschland und damit erstmals nach Europa. Er brachte von einer Japanreise zwei Hähne und zwei Hennen mit. Der eine Hahn ging leider bereits nach sechs Wochen ein. Mit dem anderen Hahn, den japanischen Hennen und weiteren Hennen der Altenglischen Kämpfer gelang dann doch noch die Nachzucht. Damit wurde in Deutschland von führenden Züchtern die Zucht der Phönix aufgebaut, so u. a. auch von dem ersten Präsidenten der Rassegeflügelzüchter Hugo du Roi und der Baronin von Ulm-Erbach, die später auch noch weitere Importe aus Japan durchführte. Durch Einkreuzung anderer Rassen, aber auch im Ursprungsland Japan selbst, kennt man zwei Zuchtrichtungen, solche die ganz mausern, also auch jährlich die Hauptsicheln abwerfen, und solche, die ihre Hauptsicheln behalten. In Deutschland sind durch ungewöhnliche finanzielle Opfer und unverzagten Einsatz einer Züchterfamilie aus Steinmauern bei Rastatt im Jahre 1970 neue Importe aus Japan durchgeführt worden. Diese echten langschwänzigen Phönix stammen aus der japanischen Spitzenzucht und haben das Schönste unter den Zierhühnern in der deutschen Rassegeflügelzucht wieder lebendig werden lassen. Diese Tiere und ihre Nachkommen werden immer wieder auf den Sonderschauen des Sondervereins der Züchter seltener Hühnerrassen vor allem im süddeutschen Raum gezeigt.

### 1.3.2 Rassen im asiatischen Typ

Die Rassen im asiatischen Typ verkörpern einerseits heute die Schwergewichtler und Riesen unter den Hühnern, zum anderen aber auch die Anlage zu einer guten Leistung. Nahezu alle Wirtschaftsrassen haben einen guten Erbteil von diesen Rassen erhalten. Als um 1840 die ersten asiatischen Hühner nach Europa kamen, erregten diese durch ihre außerordentliche Größe das höchste Aufsehen. An erster Stelle standen die um 1842 über Shanghai nach England eingeführten Cochin-China. Nach Beendigung des englisch-chinesischen Krieges gelangten diese Tiere in den Besitz der Königin Viktoria. Diese Tiere wurden in einer Londoner Illustrierten am 23. Dezember 1843 abgebildet und können nicht als die Stammeltern unserer heutigen Cochin gelten; sie waren sehr hochgestellt, recht schlank, mit nur schwach befiederten Läufen.

Die *Cochin,* wie wir sie heute kennen, mit sehr breitem, tief getragenem und sehr kräftigem Körperbau, üppiger und weicher Körper- und Laufbefiederung, entstammen einer weiteren Einfuhr von Shanghai nach England aus dem Jahre 1847. Diese Tiere waren ein viel besseres Ausgangsmaterial, so daß die Nachzuchten bereits 1850 in Birmingham unter dem Namen Shanghais gezeigt wurden. Durch ihre massige, kompakte Erscheinung und die enorme Körpergröße erregten diese ersten ausgestellten Cochin großes Aufsehen und fanden auch

Abb. 47. Cochin 1,1 schwarz.

Abb. 48. Deutsche Langschan 1,0 schwarz, 0,1 blau gesäumt.

entsprechend viele Liebhaber. Auch in Amerika und Frankreich wurden 1848 und 1850 Tiere direkt aus China eingeführt. Ende 1850 tauchten dann die ersten Riesenhühner im Zoologischen Garten in Berlin auf und damit erstmalig in Deutschland.

Heute sind die Cochin unsere mächtigste und massigste Hühnerrasse mit der ungewöhnlich reichen Federfülle. Neben den Brahma sind sie die Riesen unter den Hühnern.

Diese mächtigen Federbälle haben aber auch sehr viel zur Entstehung von weiteren Geflügelrassen beigetragen.

Durch den sehr breiten, tief getragenen und sehr kräftigen Körper mit seinen durch den Feder- und Daunenreichtum schön ausgeglichenen vollen und runden Formen, die hohe, aufgerichtete Gestalt und die stark befiederten Läufe bieten die Cochin ein Bild würdiger Haltung und massiger Ruhe. Anerkannt und auch auf den meisten Schauen vertreten sind die Farbschläge Weiß, Schwarz, Gelb, Blau, Rebhuhnfarbig und Gesperbert.

Die *Brahma,* als eine der schönsten Riesenhühnerrassen, sind um 1850 in Nordamerika aus Cochin und Malaien entstanden. Es wird in alten Schriften aber auch behauptet, daß sie aus Hinterindien stammen, wo sie längs des Brahmaputraflusses von den Eingeborenen gezüchtet wurden. Andererseits gab es amerikanische graue Brahmas, die unter dem Namen Chittagong bekannt wurden, ein Kreuzungsprodukt von Cochin und gespreberten Malaien. Der Ursprung der Brahma ist heute mit Sicherheit nicht mehr zu ermitteln. Die Erscheinung ausgewachsener Brahma ist durch die volle, starke und riesen-

Abb. 49. Brahma 1,1 dunkel.

hafte Figur kraftvoll und stolz. Besonders der Hahn imponiert durch seine Größe und Federfülle und wirkt rassig und voller Kühnheit. Die vier Farbschläge sind auf den meisten Großschauen vertreten, und so sind die Brahma mit den befiederten Läufen und langen, harten Latschenfedern immer ein großer Anziehungspunkt.

Die *Langschan* kamen 1872 als rauhfüßige Tiere aus Nordchina nach Europa. Der englische Major A. L. Croads aus Durrington ließ durch seinen in Nordchina stationierten Neffen einen Stamm Langschan nach England kommen. Durch Einkreuzung von Cochin, Orpington und Kämpfern gab es in England verschiedene Zuchtrichtungen, jedoch behielten alle Nachkommen ihren befiederten Lauf. Die englische Zucht wurde nach dem Einführer „Croad-Langschan" benannt.

Im Jahre 1879 wurden die Langschan auch in Deutschland eingeführt, und zwar aus England und durch Direktimporte aus China. Durch Einkreuzung von Plymouth Rocks, Minorka und Sumatra wurde eine eigene deutsche Zuchtrichtung geschaffen. Diese Deutschen Langschan ohne Fußbefiederung haben auch eine sehr rasche Verbreitung gefunden und drängten die Croad-Langschan fast ganz zurück. Das Zuchtziel der Deutschen Langschan war die hohe Gestalt und ein satter Grünlack. Unter einem guten Langschan stellt man sich heute ein hochgestelltes Huhn mit langem gestrecktem Körper in etwas nach vorn geneigter Haltung und gleichmäßig ansteigender Rückenlinie vor.

Bei deutschen Langschan sind die drei Farbschläge Weiß, Blaugesäumt und Schwarz zugelassen. Die englische Zuchtrichtung, die Croad-Langschan, sind

Abb. 50. Orpington 1,1 gelb.

gleichfalls im deutschen Standard aufgenommen, aber nur mit dem schwarzen und weißen Farbschlag.

Das *Orpingtonhuhn* hat seinen Ursprung in England. Etwa um das Jahr 1880 wurde es erstmals von dem Züchter William Cook aus Orpington-House bei St. Mary Cray, in der Grafschaft Kent, gezeigt. Zur Erzüchtung dieser neuen Rasse, die nach ihrem Heimat- und Entstehungsort benannt wurde, haben schwarze Langschan, Plymouth Rocks, Minorka und sicherlich auch Sumatra Pate gestanden. Auf den Großschauen sah man die Orpington erstmals im Jahre 1886, wobei auch das eingekreuzte Cochinblut unverkennbar war. Die ersten gezeigten Tiere glichen aber mehr den Langschan. Im Jahre 1888 kamen die ersten schwarzen Orpington durch den Frankfurter Züchter Karl Huth nach Deutschland. Im Jahre 1891 brachte der Cochinzüchter J. Partington auf einer Londoner Schau Orpington zur Schau, die alle bis dahin gezeigten Tiere an Größe und Schwere übertrafen. Als im Jahre 1895 der Engländer Cook erstmals gelbe Orpington zeigte, wurden diese im gleichen Jahr durch Dr. B. Blanke, den Autor des ersten großen und ausführlichen Handbuches über die Rassekunde beim Großgeflügel, nach Deutschland importiert. Hier haben die Orpington in vielen Jahrzehnten eine modische Wandlung durchgemacht, was zu der heutigen wuchtigen Würfelform führte, indem man den Orpington Breite, Fülle und eine tiefe Stellung gab. Herrliche massige Formen sieht man heute bei den Schwarzen und Gelben von den insgesamt zugelassenen elf Farbschlägen.

Auf die *Australorps* wurden die europäischen Züchter im Jahre 1926 als neue Wirtschaftsrasse aufmerksam gemacht. Sie wurden in Australien als Wirtschaftshühnerrasse herausgezüchtet. Über ihre Entstehung ist nicht viel bekannt ge-

Abb. 51. Plymouth Rocks 1,1 gestreift.

worden, jedoch wird vermutet, daß sie aus Orpington und evtl. aus Rhodeländern hervorgegangen ist. Auch wer die Rasse erstmals in Deutschland eingeführt hat und auf welchem Wege sie zu uns kam, ist nirgends festgehalten worden. Als Lege- und Fleischhuhn wurden die Australorps, die nach ihrem Entstehungsland bezeichnet werden, erstmals ab 1952 auf deutschen Großschauen, wenn auch sehr uneinheitlich in Typ und Farbton, gezeigt. Durch planvolle Züchtung wurde das Erscheinungsbild dieses schlichten, schwarzen Leistungshuhnes wesentlich verbessert. Tiere mit wunderbar geschwungenen Linien im Hals, Rücken und Schwanz, ohne Ecken und Kanten, mit weichen, fließenden Übergängen sind heute bei dieser durchgezüchteten Rasse eine Selbstverständlichkeit. Australorps gibt es nur in einem tiefgrün glänzenden Schwarz.

*Plymouth Rocks* sind eine rein amerikanische Züchtung, die in verschiedenen Farbschlägen gezüchtet wird. Die Gestreiften dürften heute wie früher der am weitesten verbreitete Farbschlag sein, obwohl auch die Schwarzen, Weißen, Gelben und schließlich auch die Rebhuhnfarbigen ihren treuen Züchterkreis haben.

In der Mitte des 19. Jahrhunderts wurde die neue Rasse von einem Dr. Bennet aus Plymouth als „Rocks" herausgezüchtet. Der heutige Name Plymouth Rocks beinhaltet also zum einen die Stadt, in der sie herausgezüchtet wurden, Rock oder Rocky bedeutet Felsen oder felsig, was als Hinweis auf die wirklich felsenfeste Gesundheit der Felsenhühner zu verstehen ist. Die ersten Gestreiften wurden bei einer Ausstellung in Worcester, in Amerika, schon im Jahre 1869 gezeigt. Im Jahre 1872 waren sie bereits in einer Ausstellung in Birmingham, England, vertreten. Im Jahre 1879 sah man die ersten Plymouth in Deutschland, und zwar bei einer Ausstellung in Greifswalde. Noch vor der Anerkennung der

Abb. 52. Amrocks 1,1.

Plymouth Rocks in Amerika, im Jahre 1892, standen bei einer Londoner Kristallpalast-Schau im Jahre 1889 bereits 170 gestreifte Tiere. Der gelbe Farbschlag wurde aus weißen Plymouth Rocks, gelben Cochin und Italienern sowie aus Rhodeländern im Jahre 1896 herausgezüchtet, die damals annähernd die Farbe unserer heutigen New Hampshire hatten.

Heute sind die Plymouth Rocks eine international verbreitete Rasse und als großes und leistungsfähiges Huhn mit kräftigem Bau und mäßig gestrecktem Körper bekannt und beliebt. Das straff anliegende Gefieder trägt viel zu ihrer stolzen Erscheinung bei.

*Amrocks* sind eine amerikanische Züchtung mit sehr guten wirtschaftlichen Eigenschaften. Die Amrocks wurden bereits 1868 in Massachusetts aus Dominikanern, schwarzen Cochin und schwarzen Javahühnern geschaffen und unter der Bezeichnung Barred Rocks anerkannt. Dieser Rasse ist in über 100 Jahren durch Auslese nach Lebenskraft, Gesundheit und Wirtschaftlichkeit eine natürliche Vitalität angezüchtet worden; es ist daher auch keine auf Schönheit ausgerichtete Rasse. Die Amrocks kamen erstmals 1948 nach Deutschland, die Einführung gestaltete sich recht schwierig. Zunächst begegnete man dieser neuen amerikanischen Rasse mit viel Skepsis, denn es war nicht der gesuchte Ausstellungstyp, den man sich gerade um diese Zeit gewünscht hatte. Neben dem Typ war es aber auch dic schwarze Grundfarbe mit den groben grauweißen Streifen, die keineswegs dem Geschmack der Züchter entsprach.

Heute haben auch die Amrocks ihren großen Züchter- und Liebhaberkreis gefunden, und es darf auch schon von einer gut durchgezüchteten Ausstellungsrasse gesprochen werden. Die Amrocks sind aber nun einmal eine reine und gute Wirtschaftsrasse und müssen es auch bleiben. Darum darf die Bewertung auf den Ausstellungen bei der Zusammenstellung des Zuchtstammes nicht allein ausschlaggebend sein, sondern die Leistung der Elterntiere sollte auch beachtet werden, um die Wirtschaftlichkeit der Amrocks zu erhalten. Bei den Amrocks gibt es nur einen Farbschlag. Verlangt wird ausdrücklich eine grobe, grauweiße Streifung, die parallel und regelmäßig über das ganze Gefieder verläuft, und zwar beim Hahn in der gleichen Breite wie die Grundfarbe, während bei der Henne die schwarze Grundfarbe etwa doppelt so breit sein soll wie die grauweiße Streifung. Daher ist die Henne auch etwas dunkler im Erscheinungsbild als der Hahn. Gestreifte Rassen vererben bekanntlich ihre Streifung nicht gleichmäßig an ihre Nachkommen. Bei allen gestreiften oder gesperberten Rassen ist der Verhinderungsfaktor für die Ausbreitung der schwarzen Grundfarbe mit dem Geschlechtschromosom gekoppelt und daher beim Hahn doppelt, bei der Henne hingegen nur einfach vorhanden. Dadurch ist auch die hellere Farbe bei den Hähnen naturbedingt.

Die *Sussex* sollen schon um das Jahr 1800 in den Grafschaften Sussex und Kent, in Südengland, als Landhühner und typische Masthühner aus Dorking und

Abb. 53. Sussex 1,1 hell, Sussex 1,1 bunt.

Brahma entsanden sein. Über 100 Jahre wurden diese Hühner jedoch weder auf Farbe noch auf Form gezüchtet. Erst 100 Jahre später, um 1900, als die Tiere nach Deutschland kamen, erfolgte eine planvolle Zucht nach vorgegebener Musterbeschreibung. Es entstand ein Huhn mit guten Nutzeigenschaften in der gewünschten Kasten- oder Rechteckform. Ein rassebedingtes Zuchtmerkmal bei den Sussex, die in fünf Farbschlägen anerkannt sind, ist die fast gerade, von der Kehle senkrecht abfallende Brust mit einem kleinen Bogen als Unterbrust, die in einer waagerechten unteren Begrenzung des Rumpfes ansetzt. Die Henne in ihrem waagrechten Körperrechteck ist gedrungener als der Hahn. Die Sussex sind eine einheitlich durchgezüchtete Rasse und erfreuen sich eines großen internationalen Liebhaberkreises.

Die *Mechelner* sind eine belgische Masthuhnrasse, die in Deutschland leider sehr selten geworden ist. In Belgien gab es schon immer große, bodenständige, gesperberte Landhuhnschläge, die als flandrische Kuckuckshühner oder auch flämische Sperber bekannt waren. Es handelte sich um frohwüchsige Tiere mit hohem Schlachtgewicht, da man in Belgien wie in Frankreich schon immer Wert auf zartes, weißes Geflügelfleisch legte.

Nach der Einfuhr schwerer asiatischer Hühnerrassen konnte man auch in Belgien durch Kreuzungen von Kuckuckshühnern, vornehmlich mit hellen Brahma, Cochin und Langschan, noch besseres Hühnertafelfleisch produzieren. Das geschah damals in Mecheln und Umgebung, und das Ergebnis war das Mechelner Huhn, Lieferant der weltberühmten Brüsseler Poularden.

Im Jahre 1880 wurden dann die Mechelner auch nach Deutschland eingeführt, allerdings in dem Gedanken, daß sie als Masthühner Verwendung finden könnten, weniger als Ausstellungshühner, weil ihnen um die gleiche Zeit die Plymouth aus England den Rang streitig machten.

Das Zuchtziel der Mechelner ist ein schnellwüchsiges Masthuhn mit tiefem und breitem, gut gefülltem Körper. Die beiden Farbschläge sind gesperbert und weiß, wobei die Sperberung wegen des lockeren Gefieders nur wenig scharf ausgeprägt sein kann. Bei der leichten Befiederung der hellfleischfarbenen, starken Läufe ist darauf zu achten, daß diese nur an der Außenseite und um die äußeren Zehen befiedert sind. Die Mittelzehe ist nicht befiedert.

Die *Lachshühner* entstanden durch Einkreuzung von Brahma, Houdan und Dorking in eine alte französische Wirtschaftsrasse. Sie sind ursprünglich nur als Landhuhn gehalten, nach ihrem Herkunftsort Faverolles benannt und weder auf Farbe noch auf Form gezüchtet worden. Im Jahre 1866 werden die Faverolles erstmals als Masthuhnrasse genannt und kommen um 1900 auch nach Deutschland. Hier wurde aus den Faverolles ein Rassehuhn geschaffen, das sich heute, wohl proportioniert im Körperbau, ansprechend in der Form, wohlgefällig und apart in der Gefiederfarbe präsentiert. Als Zwiehuhn, in der Lachsfarbe und in Weiß gezüchtet, erhielt es 1912 den deutschen Namen „Lachshuhn". Bei den lachsfarbigen Lachshühnern gilt der großartige Farbkontrast in beiden Geschlechtern als ein ganz besonderes Schönheitsmerkmal. Der Hahn weicht in der Farbe entscheidend von der Henne ab, zeigt in der Oberfarbe gleichmäßig ein Braunrot im Rücken und den Schultern, das mit wenig lachsartig glänzendem Weißgold durchsetzt ist. Die Unterfarbe, also Brust und Schwanz, zeigen grünglänzendes Schwarz, ebenso Bauch, Schenkel und Hinterteil, aber auch der Bart und die Fußbefiederung. Bei der Henne haben wir in der Oberfarbe ein gleich-

Abb. 54. Lachshühner 1,1 lachsfarbig.

mäßiges Lachsrot, wobei jede rote Feder ins Braune übergeht und mit einem hellen Saum und rotweißem Federkiel versehen ist. Die Henne zeigt überhaupt kein Schwarz. Die Unterfarbe ist gelbweiß mit rötlichem Schein, wobei der Bauch etwas heller ist als die Brust. Der Bart ist weiß, die Laufbefiederung weiß bis weizenfarbig und der Schwanz lachsrot. Bei dem weißen Farbenschlag sind beide Geschlechter rein silberweiß.

Die Form der Lachshühner ist in der Rassegeflügelzucht wohl einmalig, denn sie gleicht einem Rechteck mit nicht gleich langen Seiten, eigentlich einem Trapez, bei dem die Unterlinie leicht abfällt, so daß zwischen Bürzel und Hinterleib eine größere Tiefe ensteht als vorn. Die Läufe sind nicht zu stark und an der Außenseite mit kurzen Federn bedeckt. Typisches Rassemerkmal sind fünf Zehen, von denen nur die drei vorderen Zehen bei aufrechtem Stand den Boden berühren. Die Zierde eines jeden Lachshuhnes aber ist der Bart, der ungeteilt Backen und Kehle bedecken soll.

Die Hühnerrasse *Sundheimer* stammt aus Sundheim, im Kreis Kehl in Baden, es handelt sich ursprünglich um ein Masthuhn. Durch Einkreuzung von Brahma entstand um 1890 zwar ein Zufallsprodukt, das für die Erbrütung von Winterküken sehr geeignet war, aber durch eine zielbewußte Züchtung zu einer eigenständigen Rasse wurde, ähnlich den hellen Sussex, mit dem Unterschied, daß die Sundheimer an der Außenseite der Läufe schwach befiedert sind.

Die *Niederrheiner* zählen zu den neueren deutschen Zuchtergebnissen und sind aus planmäßiger Zucht mit den Nordholländischen Blauen entstanden, die wiederum aus Mechelner Kuckucksperbern, Orpington, Plymouth Rocks und Rassen mit Kämpfereinschlag entwickelt wurden. Die Ausgangstiere kamen als Blaue Masthühner 1940 nach Deutschland und waren ein ausgesprochener Fleischtyp. Durch planmäßige Weiterzucht (Jobs und Regenstein) wurde der Grundstein für die heutigen Niederrheiner gelegt. Bis Kriegsende wurden für das Blaue Sperberhuhn, wie es damals hieß, neue Farbschläge geschaffen, von denen man bereits 1943 Kennsperber und Gelbsperber anerkannte. Später züchtete Regenstein noch die Birkenfarbigen. Seit 1947 erhielt die Rasse den Namen Blausperber, der auch vom Bundeszuchtausschuß anerkannt wurde.

Nachdem in der Zwischenzeit die Birkenfarbigen anerkannt waren, ist 1961 als Familienname der Rasse der Begriff „Niederrheiner" geprägt worden; zu ihnen gehören seit neuestem noch die Blauen.

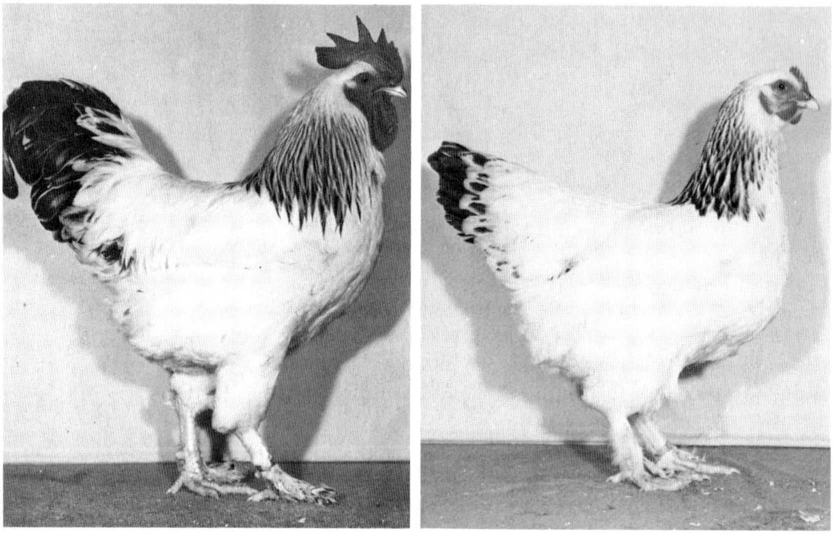

Abb. 55. Sundheimer 1,1 hell.

Abb. 56. Niederrheiner 1,1 Blausperber.

Die *Wyandotten* wurden seit etwa 1860 in Amerika als leistungsfähiges Zwiehuhn gezüchtet und nach einem Indianerstamm benannt. Als erster Farbschlag wurden 1883 die Silberwyandotten anerkannt, die noch im gleichen Jahr über England nach Deutschland kamen. Die Silberzierde eines jeden Formtieres ist weiterhin der Kopf, der bei den Wyandotten mehr rund als flach sein muß, mit einem flach aufgesetzten Rosenkamm mit sauberer, feiner Perlung ohne Auswüchse, guter Wölbung und einem lang auslaufenden, der Nackenlinie folgenden Kammdorn.

Abb. 57. Wyandotten 1,1 schwarz.

Die *Deutschen Reichshühner* verdanken ihre Entstehung einem Aufruf von Hauptmann Cremat, nach dem Italienerhuhn, dem Spanierhuhn, dem Belgierhuhn usw. auch eine Nationalrasse in Deutschland zu schaffen und als „Deutsches Reichshuhn" zu benennen. Es sollte ein gutes Wirtschaftshuhn sein und die Farben Schwarz-Weiß-Rot besitzen, was über die Columbiafarbe leicht zu erreichen war. Weiter wurde ein Rosenkamm gewünscht und fleischfarbene Haut und Beine. Als Ausgangsrassen standen weiße und helle Wyandotten, rosenkämmige Orpington, Dorking, weiße Minorka, weiße La Flèche und für ganz bestimmte Farbgebungen auch helle Sussex und Sundheimer, ferner helle Brahmas oder die gestreiften Plymouth zur Verfügung. Das Zuchtergebnis in den Farben Weiß, Hell und Gestreift wurde als Reichshuhn 1908 anerkannt. Es handelt sich um ein kraftvolles, backsteinförmiges, jedoch elegant gestrecktes Landhuhn, von dem heute acht Farbschläge bestehen.

Die *Barnevelder* stammen aus Holland und sind dort im Kreis Barneveld erzüchtet worden. Die Entstehung der Rasse konnte bis 1850 zurückverfolgt werden. Damals wurden holländische Landhühner mit Cochin gekreuzt, später auch mit Brahma, Croad-Langschan und Orpington, mit dem Ziel, braunschalige Eier zu bekommen.

Eine planmäßige Zucht des Barnevelder Huhnes begann später in Holland, dann kam es in einigen Farbschlägen nach Deutschland (1929). Doppelgesäumt ist der Hauptfarbschlag, daneben gibt es noch Schwarze und Weiße. Gewünscht wird ein mittelschweres, aber kräftiges Huhn mit breitem Rücken, gut gerundeter Brust und einem gut entwickelten Bauch. Die Zeichnungsangabe „doppelgesäumt" ist nicht ganz korrekt und könnte zu Irrtümern führen. Die Hennen haben ein Mantelgefieder, bei dem der Federkiel einer jeden Feder schwarz ist. Daran schließt sich dann ein braunes Zeichnungsfeld an, das die Form einer Lanzenspitze hat. Es wird von einem schmalen schwarzen Saum begrenzt, dem dann wieder ein braunes Federfeld folgt. Auch dieses wird wieder, und zwar bis zum Federrand, schwarz umsäumt. Dieser schwarze doppelte Saum begrenzt also immer die braune Zeichnungsfarbe. Darum muß der Hahn, der sich von der Henne durch andere Zeichnungsanlagen unterscheidet, die notwendigen Farbstoffreserven der braunen Zeichnungsfarbe besitzen, und zwar im Hals- und Sattelbehang. Die Behangfedern sind außen schwarz, daran folgt ein braunes Zeichnungsfeld, dem sich wieder ein schwarzes Zeichnungsfeld anschließt. Diese Hahnenzeichnung ist Voraussetzung für eine scharfe Hennenzeichnung.

Abb. 58. Barnevelder 1,0.

Auch die *Welsumer* kommen aus Holland und wurden dort als Zwiehuhn und wegen der braunschaligen Eier besonders gezüchtet. Ihren Namen haben sie von dem Ort Welsum, in dem die Rasse ihren Ursprung genommen hat. Durch verschiedene Einkreuzungen sind sie gleich den Barneveldern entstanden. In Deutschland wurden sie, wenn auch noch sehr enttäuschend in Form und Farbe, im Jahre 1925 eingeführt und seither auf rostrebhuhnfarbig durchgezüchtet, ohne Schaden der Eierschalenfarbe. Die Rostrebhuhnfarbe ist eine aufgehellte Rebhuhnfarbe und enthält mehr Braunpigment, wodurch bei der Henne eine hellere Mantelfarbe und beim Hahn die braune Brustzeichnung entsteht.

Abb. 59. Welsumer 1,1 rostrebhuhnfarbig.

Die *Rhodeländer* wurden in dem amerikanischen Staat Rhode Island erzüchtet. Ihre Entstehung geht zurück auf die Zeit um 1860. Diese Rasse ist aus Kreuzungen zwischen Landhühnern, roten Malaien und anderen Rassen asiatischen Ursprungs entstanden, und zwar als Ergebnis eines Wettbewerbes um das beste Lege- und Fleischhuhn. Die Rhodeländer sollen ihre Farbe einem Chittagong-Hahn verdanken. Ausgestellt wurden die ersten Kreuzungsergebnisse im Jahre 1880 unter dem Namen „Reds" (= Rote), aber damals sahen sie farblich so hell aus wie unsere heutigen New Hampshire. Erst später sah man sie unter dem Namen „Rote Rhode-Islands". Die ersten Rhodeländer kamen in den ersten Jahren unseres Jahrhunderts nach Deutschland (durch Radtke aus Berlin) und England und fanden einen großen Züchterkreis. Anfangs noch sehr hell mit dreifarbigem Hahn, setzte sich nach Aufnahme in den deutschen Standard erst 1925

Abb. 60. Rhodeländer 1,1.

die heutige dunkelrote Farbe durch. Sie wurden sehr stark von Züchtern aus Dänemark, England, Schweden, Holland und der Schweiz aufgekauft. Heute stehen die deutschen Züchter mit ihren Rhodeländern in herrlicher Lackfarbe und einer durchgezüchteten Backsteinform unbestritten am ersten Platz. Das Geheimnis ihres Erfolges ist das saftig reine rote Untergefieder als Garant für die Beständigkeit der Gefiederfarbe.

Die *New Hampshire* sind seit etwa 1905 in den Bergen von New Hampshire in Amerika als reine Auslesezucht aus den ursprünglich goldbraunen Rhodeländern entstanden. Zuchtziel war ein Zwiehuhn mit hoher Eierproduktion in dunkelbrauner Schalenfarbe, frohwüchsig und vital, bei guter Mastfähigkeit. Als die Tiere nach Deutschland kamen, fand sich gleich ein großer Züchterkreis, denn dieses goldbraune, einfachkämmige Nutzhuhn hielt, was es an Leistung versprach.

Abb. 61. New Hampshire 1,1 goldbraun, 0,1 weiß.

Das *Dresdener Huhn* ist eine Neuzüchtung aus New Hampshire, Rhodeländern und Wyandotten.

In der DDR wurden die dort herausgezüchteten Goldbraunen 1955 anerkannt, in der BRD 1958. Das Huhn gleicht in Form und Farbe den New Hampshire, nur daß es einen Rosenkamm hat.

Abb. 62. Dresdener 1,0 goldbraun.

### 1.3.3 Zwischentyp-Rassen

Hier sind eine Reihe von Hühnerrassen zusammengefaßt, die als noch mittelschwerer Typ gelten, aber allgemein nicht mehr zum asiatischen Typ und noch nicht zu den leichteren europäischen Rassen zählen.

Das *Araucana-Huhn* eröffnet diese interessante Gruppe als alte Neuheit der Absonderlichkeiten. Alt ist das Huhn, weil es schon vor mehr als 350 Jahren in Südamerika, vermutlich aus den Südseeinseln, eingeführt wurde, und als Neuheit gilt es in Deutschland, weil es hier erst 1965 als Rassehuhn mit besonderen Merkmalen in den Standard aufgenommen wurde. Das Huhn legt hellblaue bis grünblaue oder türkisfarbige Eier, es hat keinen Schwanzwirbel, was als dominante Erbanlage gilt, und trägt an den Kopfseiten Bommeln, das sind Federquasten, für die eine rezessive Erbanlage vorhanden ist. Weiter wird ein Backenbart gewünscht und weidengrüne Läufe.

So eigenartig wie das Huhn selbst, ist auch seine Entwicklungsgeschichte. Seine Heimat Südamerika kannte kein Wildurhuhn und demnach auch kein Haushuhn. Es müssen also in früheren Jahrhunderten Seeleute von den Südseeinseln Hühner mit an die Westküste Südamerikas gebracht haben. Dies geschah in der Tat, denn die Lebensmittelvorräte auf den Segelschiffen bestanden damals z. T. aus lebenden Hühnern. Lebende Proviantreste wurden dann bei den an der Westküste, dem heutigen Chile, lebenden Araucano-Indianern eingetauscht. Dieser Indianerstamm hatte an den eingeführten Hühnern einen besonderen Gefallen gefunden, weil sie bunte Eier legten und ein kämpferisches Aussehen hatten. Diese seltsame Hühnerart wurde bereits 1854 beschrieben, aber erst 1888 von amerikanischen Seeleuten aufgefunden.

Abb. 63. Araucana 1,0 wildfarbig, 0,1 weizenfarbig.

Die *Dorking* gelten als die älteste Hühnerrasse und kommen aus England. Ihre Existenz ist seit mehr als 1000 Jahren nachweisbar. Der römische Schriftsteller Columella beschreibt schon zu Beginn unserer heutigen Zeitrechnung das Dorkinghuhn und erwähnt neben den fünf Zehen auch wichtige Rassemerkmale. So haben sich auch immer wieder bis in die heutige Zeit Schriftsteller, Maler, Forscher und Wissenschaftler mit dem Dorkinghuhn beschäftigt. Nach Deutschland kam es bereits um das Jahr 1860, fand jedoch erst eine stärkere Verbreitung nach 1900. Nach dem ersten Weltkrieg wurde es in Deutschland um das englische Dorkinghuhn etwas ruhiger, und nach dem zweiten Weltkrieg schien es ganz ausgestorben. Nach dem Bezug von Bruteiern aus England tauchten dann nach 1965 wieder die ersten Dorking auf deutschen Schauen auf.

Die Dorking sind Formhühner mit langem tiefgestelltem, breitem und kastenförmigem Körper, wobei die Henne noch typischer wirkt als der Hahn. Als besonderes Rassemerkmal gilt die fünfte Zehe. Mit ihrem typischen Masthuhnschnitt demonstrieren sie aber erst im zweiten Lebensjahr ihre kraftvolle Figur. Während die asiatischen Rassen durch lockeres und bauschiges Gefieder schon im ersten Lebensjahr mehr Körper vortäuschen, als tatsächlich vorhanden ist, ist dies bei den Dorking umgekehrt. Übrigens verdanken viele neu entstandenen Hühnerrassen den Dorking ihr Dasein und das Sondermerkmal, die fünfte Zehe. Bei den fünf zugelassenen Farbschlägen besteht noch die Besonderheit, daß die Dunklen Einfachkamm und Rosenkamm haben dürfen, Rote und Silbergraue nur Einfachkamm, Gesperberte und Weiße nur Rosenkamm. Der älteste Farbschlag ist Weiß.

Die *Dominikaner* gelten als älteste amerikanische Rasse. Über ihren Ursprung ist sehr wenig zu erfahren, jedoch wird vermutet, daß sie aus gesperberten Dorking und grauen Schotten enstanden sind. Ihre Rassebezeichnung, die auch nicht geklärt ist, haben sie mit Sicherheit schon seit 1830. Die Dominikaner gelten als Landhuhntyp mit voller Brust und langem, walzenförmigem, kräftigem abfallendem Rumpf und breitem Rücken, sie kamen um 1875 nach Deutschland. Mit ihrem Rosenkamm und der Sperberung haben sie einen wesentlichen Beitrag geleistet bei der Herauszüchtung der gestreiften Wyandotten.

Bei der Sperberung ist die Grundfarbe Schwarz und mit bogiger, scharfer und klarer blaugrauer Sperberzeichnung unterbrochen. Bei der Henne ist der schwarze Federkeil breiter, sie wirkt daher etwas dunkler als der Hahn. Sicheln und Schmuckgefieder der Hähne zeigen ein v-förmiges Muster, wobei die Sichelfedern lang und breit und bis zum Federende gut durchgezeichnet sein sollen. Es gibt nur den gesperberten Farbschlag.

*Nackthalshühner* haben eine ungeklärte Vergangenheit und ein umstrittenes Alter. Ihre Herkunft wird entweder auf Siebenbürgen beschränkt, oder sie sollen aus dem Bereich von Mittelasien über die Ukraine, Persien, Türkei zum Balkan und von dort nach Deutschland gekommen sein. Eines steht jedenfalls fest, daß Nackthalshühner im Jahre 1875 anläßlich der Wiener Internationalen Geflügelausstellung gezeigt wurden und von hier sich sehr rasch in Deutschland und den übrigen europäischen Ländern verbreitet haben. Der Standard wurde aber erst 1905 festgelegt, so daß in Deutschland ab diesem Zeitpunkt von einer planmäßigen Zucht der Nackthalshühner gesprochen werden kann. Ursprünglich hatten die Nackthälse am vorderen Teil des Unterhalses ein Federbüschel, das aber später durch züchterische Maßnahmen verschwand. Die Nackthalsigkeit als Rassemerkmal vererbt sich dominant. Aber diese eigenwillige Erscheinung ist nicht nur auf den Hals beschränkt, sondern der ganze Körper ist nur mit Federzeilen bedeckt. Wenn man ein Tier in die Hand nimmt, so kann man feststellen ,daß es am Körper ganze Flächen und Streifen ohne Federn gibt. Durch die Federanordnung sieht man diese Kahlstellen aber nicht. Eine weitere Eigenart dieser wetterharten Tiere ist die Lauffarbe. Bei dem schwarzen und blauen Farbschlag sind die Läufe schwarz und dürfen im Alter auch schieferblau sein. Die Gesperberten, Roten und Gelben haben dagegen fleischige Läufe.

Abb. 64. Dorking 1,1 silbergrau.

Abb. 65. Altsteirer 1,1 wildbraun.

Die *Sulmtaler* sind ein steirischer Landhuhnschlag, der in der Gegend von Graz bis Marburg, vor allem im Sulmtal als Grenzlandhuhn zu Hause war. Dort wurde es seit Jahrhunderten in kompakter, mehr gedrungener Gestalt als Mast- und Fleischhuhn gehalten. Niemand weiß, aus welcher Rasse es einmal entstanden ist.

Als um 1870 neue Wunderrassen in Deutschland ihren Einzug hielten, glaubte man, auch die einheimischen Landhühner, die Altsteirer und die Sulmtaler, verbessern zu müssen. Die Sulmtaler wollte man noch schwerer haben und kreuzte sie mit Cochin und Brahma. Die Tiere wurden auch schwerer und massiger, aber das Fleisch hatte nicht mehr die gute Qualität. Bei den Altsteierern kreuzte man Italiener ein, um die Eierzahl zu erhöhen, aber auch das schlug fehl. Zwei bodenständige Rassen waren so in Gefahr geraten, durch Kreuzungen ganz zu verschwinden. Eine planmäßige Zuchtarbeit ließ jedoch die Sulmtaler und Altsteirer wieder in Reinzucht erstehen. Die Sulmtaler gibt es nur im Farbschlag Gold-Weizenfarbig.

Die *Altsteierer* wurden in den letzten Jahrzehnten auch in Deutschland zu einem verbesserten Landhuhntyp entwickelt und sind als wildbraune und weiße Farbschläge anerkannt.

Die *Oldenburger* sind eine 1960 entstandene Neuzüchtung aus dänischen braunen Leghorn, holländischen Landhühnern und Welsumern. Das goldhalsige Huhn ist aber bisher kaum bekannt und ist auch auf Großschauen selten vertreten.

Die *Ramelsloher* sind eine echte deutsche Züchtung, die planmäßig seit 1870 in Ramelsloh, im Kreis Harburg, entstanden ist und seit 1874 ausgestellt wird. Um die Leistung zu verbessern, wurden um 1885 fehlfarbige Andalusier eingekreuzt, nachdem vorher noch Cochinblut zugeführt wurde, um ein großes, kräftiges Huhn mit walzenförmigem Körper zu erhalten. Heute haben die Ramelsloher im nördlichen Bundesland noch einen treuen Züchterkreis, der die Farbschläge Rahmweiß und Gelb betreut.

Das *Vorwerkshuhn* wurde ab 1900 aus Lakenfeldern, gelben Orpington, gelben Ramelslohern, Andalusiern und den Sotteghems (einer heute nicht mehr bekannten Rasse) gezüchtet.

Im Jahre 1912 wurden die Zuchtergebnisse in Hannover und Berlin erstmals gezeigt. Um der Zucht zu dienen, wurden sehr viele Tiere nach Sachsen, Thüringen und Schlesien abgegeben, womit sich der Schwerpunkt der Zucht in dieses Gebiet verlagerte. Zuchtziel ist einst und jetzt ein derbes, kräftiges und gedrungenes Huhn mit guten wirtschaftlichen Eigenschaften, das mit seiner schönen sattgelben Farbe und den schwarzen Behängen auf jeden Bauernhof paßt.

Das *Sachsenhuhn* ist eine rein deutsche Züchtung. Um 1900 begannen Züchter aus dem Erzgebirge ein eigenes, bodenständiges, robustes Landhuhn zu schaffen, das winterhart und leistungssicher sein sollte. Diese Idee griff dann auch der Sächsische Landesverband der Geflügelzüchter auf und richtete für dieses Unterfangen Zuchtstationen ein. Man kreuzte Deutsche Langschan mit Minorka und kam zu guten Ergebnissen. Auch in Oberbayern bemühte man sich um eine bodenständige Rasse und kreuzte hierzu Deutsche Langschan und schwarze Italiener, denen man dann noch Minorka anpaarte. Ausgestellt wurden die Zuchtergebnisse unter dem Namen „Sächsisches Landhuhn“ bzw. „Oberbayerisches Landhuhn“. Im Jahre 1916 wurde die neue Rasse vom Sächsischen Ministerium und kurz darauf auch vom Bund Deutscher Rassegeflügelzüchter anerkannt.

Zur Verbesseung der Zucht wurden dann noch Sumatra eingekreuzt und nach der Gründung eines Sondervereins im Jahre 1922 das neue Huhn in „Sachsenhuhn“ umbenannt. Es ist ein Huhn im Zwischentyp, bei dem die Langschan-Form gemildert zum Ausdruck kommt. Bei den Hähnen wird aus dem Rükken ein ziemlich langer, voll befiederter und leicht gefächerter Schwanz ohne jeglichen Absatz gewünscht. Ein voller Sattelbehang füllt den Übergang harmonisch. Die Hennen haben einen gut entwickelten Bauch und oben zum Schwanzende hin wird praktisch auch eine gerade, leicht ansteigende Linie gefordert. Zugelassen sind die Sachsenhühner in Schwarz, Weiß und Gesperbert.

### 1.3.4 Mittelmeerrassen

Hier handelt es sich um Hühner aus den Ländern Spanien und Italien. Das Wesen dieser Tiere ist flüchtig, lebhaft und stolz. Von den spanischen Rassen kennen wir die Kastilianer, Spanier, Andalusier und Minorka. Als italienische Rassen gelten die stark verbreiteten Italiener und Leghorn.

Die *Kastilianer* sind eine sehr alte spanische Rasse, die im Jahre 1955 erstmals nach Deutschland kam. Da hier die Form und das Aussehen dieser spanischen Rasse nicht verändert werden sollte, mußte darauf geachtet werden, daß von dem leicht abfallenden Rücken ein ziemlich steil getragener Schwanz, der voll besichelt ist, emporstrebt. Das verleiht dem Tier eine stolze und elegante Haltung. Die gewünschte Walzenform kommt bei der Henne deutlicher zum Ausdruck als bei den Hähnen. Die Kastilianer gibt es nur in schwarz mit käfergrünem Glanz. Sie gelten als Stammeltern aller anderen spanischen Rassen.

Das *Spanierhuhn* war bis zur Einführung der Kastilianer das älteste unserer spanischen Rassen und die älteste Mittelmeerrasse überhaupt. Die stolzen Spanier mit dem auffallenden Rassemerkmal, dem Kopf mit dem großen weißen Gesicht, der glacélederartigen Gesichtshaut, sind schon 1844 nach Deutschland gekommen. Das Spanierhuhn ist vollschlank, kräftig, mittelgroß, hoch aufgerichtet mit stolzer Haltung und nur in der schwarzen Gefiederfarbe zugelassen. Ein

Spanier braucht einen großen, langen und breiten Kopf, auf dem nicht nur ein kräftiger Einfachkamm ausreichend Platz hat, sondern bei dem auch die weiße Gesichtsfläche glatt, rein und leuchtend zur Wirkung kommt. Das Gesicht mit dem weißen Emailleglanz soll an beiden Seiten an Kamm und Schnabelansatz beginnen und bis zu den Kehllappen herunterreichen.

*Andalusier* haben im Jahre 1972 ihre 100jährige Anwesenheit in Deutschland gefeiert. Die ersten Andalusier kamen über England nach Deutschland. Die Engländer hatten aus einem spanischen Landhuhn der Provinz Andalusien dieses rassige und schöne Huhn geschaffen. Bei den Kastilianern hatte man blaue Tiere gefunden, die mehr grau waren und mit den heute feingesäumten Tieren noch keine Ähnlichkeit hatten. Durch Einkreuzung von blauen Altenglischen Kämpfern wurde die blaue Farbe gefestigt, und die Tiere bekamen eine schnittige, elegante Form. Durch mühevolle Zuchtarbeit und sorgfältige Auslese entstand dann das Huhn mit der taubenblauen Grundfarbe, wobei jede Feder schwarz gesäumt ist. Da die Gefiederfarbe immer noch spalterbig ist, macht die Zucht noch große Schwierigkeiten.

Die *Minorka* wurden früher auch rotgesichtige Spanier genannt, sie tragen die großen weißen Ohrscheiben in etwas länglicher Form als Rassemerkmal. Obwohl als Ausgangsrasse das spanische Landhuhn gilt, also auch die Spanier und Kastilianer, wurden die Minorka erst in England geschaffen und geformt. Von dort wurden sie auch um 1880 in Deutschland eingeführt und teilweise mit Langschan gekreuzt. Das temperamentvolle, elegant schlanke und stolze Minorkahuhn gibt es in den beiden Farbschlägen Schwarz und Weiß, mit Einfachkamm und Rosenkamm.

Die *Italiener* wurden aus italienischen Landhühnern herausgezüchtet, sie sind über ganz Europa verbreitet und als sehr gutes und leistungsfähiges Legehuhn bekannt. Das Italienerhuhn ist älter als die deutsche Rassegeflügelzucht und bereits um 1850 bei uns eingeführt worden. Die größte Verbreitung hat der rebhuhnfarbige Farbschlag erreicht. Durch Züchtungsfleiß sind von diesem beliebten frühreifen Legehuhn 19 Farbschläge geschaffen worden. Hierzu kommt noch, daß für alle Farbschläge der Einfachkamm und der Rosenkamm zugelassen sind. Über die Form der Italiener gibt es keinen Zweifel: ein langer

Abb. 66. Minorka 1,1 schwarz.

Körper, mittelhoch und breit gestellt, aufrecht in der Haltung, kräftiger Rumpf, leicht hohl zum schräg aufwärts getragenen breitangesetzten Schwanz mit besonders zahlreichen Sicheln.

Die *Leghorn* sind seit 1910 in Europa, kamen von Amerika und wurden dort aus weißen italienischen Landhühnern geschaffen. Sie gelten als ganz ausgezeichnete Legehühner und sind die Stammform der in der ganzen Welt bekannten Legehybriden. Das weiße Gefieder der Leghorn ist dominant. Durch einen

Abb. 67. Italiener: oben 1,1 silberfarbig; mitte 1,1 schwarz; unten 1,1 kennfarbig.

Abb. 68. Leghorn 1,1 weiß.

Verhinderungs- bzw. Unterdrückungsfaktor wird die Ausbildung von schwarzem Pigment und Sperberung unterdrückt. Die gut ausgerundete Rückenlinie soll bei waagerechter Körperhaltung ohne jeden Winkel in den reich befiederten Schwanz übergehen. Der Schwanz ist breit und soll immer korrekt hoch getragen werden. Beim Hahn muß eine gute Besichelung vorhanden sein. Zu einem guten Leghorntyp gehört der mittelhohe Stehkamm, der beim Hahn mit freitragender Kammfahne endet. Die Unterlinie, mit voller, gut gerundeter Brust, vollem Bauch und Schenkelfreiheit, zeigt die Hauptmerkmale der Leghornform.

### 1.3.5 Haubenhühner und verwandte Rassen

Die Haubenhühner sind die Perlen in der Rassegeflügelzucht. Es sind Edelrassen, die sich eines großen Liebhaberkreises erfreuen. Die bekanntesten Haubenhuhnrassen sind die Paduaner und Holländer Weißhauben. Aber auch andere Haubenhühner wie die Sultanhühner, Houdan, Crève-Coeur und Brabanter haben ihren Freundeskreis.

Die Haube ist das auffallende Attribut der Schönheit dieser Rassen. Bei den Haubenhühnern steht die Haubenform und Haubenausbildung gleichwertig neben der Körperform. Die Haubenform ist bei den Geschlechtern unterschiedlich in der Federstruktur:

1,0 schmale und lange Feder der Schädelbefiederung, was besonders deutlich wird im Halsbehang.

0,1 Hennenfeder am Schädel kürzer und runder.

Die *Paduaner* haben ihren Namen von der oberitalienischen Stadt Padua, sind ohne Zweifel eine der schönsten und ältesten Geflügelrassen und seit dem 18. Jahrhundert auch in Deutschland bekannt. Paduaner sind leichtgebaute Hühner in Landhuhnform. Das entscheidende Merkmal ist die Form des Kopfes und des Schnabels. Auf dem Scheitel befindet sich eine beträchtliche blasige Erhöhung. Auf dieser Schädelauftreibung, der sog. Protuberanz, sitzt die Haube. Sie soll voll, dicht und kugelförmig sein. Die Haube muß nicht sehr groß sein, viel wichtiger ist, daß sie gut gefüllt ist und nicht scheitelartig auseinanderfällt. Das Schmuckstück der Haubenhühner ist naturgemäß bei der Henne kompakter und beim Hahn etwas aufgelöster, bedingt durch die langen und schmalen, strahlenförmig nach oben, hinten und den Seiten angeordneten Kopfschmuckfedern. Die Tiere haben weiter noch einen gut ausgebildeten Kinn- und Backenbart. Mit der Schädelerhöhung hängt auch die besondere Schnabelbildung zusammen mit den stark aufgetriebenen Nasenlöchern. Die dornartigen Fortsätze der Nasenbeine sind stark nach oben gekrümmt, so daß die Nasenlöcher sehr stark erscheinen. Von den acht zugelassenen Farbschlägen dürften wohl die Chamois mit ihrer ledergelben Hauptfarbe am weitesten verbreitet sein.

*Holländer Weißhauben* verraten mit ihrem Namen ihre Herkunft. Dort und in ganz Europa sind diese Haubenhühner viele Jahrhunderte bekannt. Das besondere Äußere dieses Huhnes hat schon immer die Aufmerksamkeit der Maler, insbesondere in Holland, erregt. Die älteste Darstellung einer schwarzen Henne mit weißer Haube stammt aus dem Jahre 1657. Heute kennen wir das Holländer Weißhaubenhuhn als mittelgroßes, elegantes Huhn mit einer verfeinerten Landhuhnform. Beim Hahn betonen die vollen Behänge, die reichlichen Deckfedern und ein breitbesichelter Schwanz die besondere Eleganz der Rasse. So sind auch die Holländer Weißhauben im Vergleich zu den anderen Haubenhühnern etwas feingliedriger, eleganter und stolzer in der Haltung. Die Züchter achten auf eine breite Feder, denn diese beeinflußt auch die Haubenfülle. Die Vollhaube soll leuchtend weiß und kugelförmig sein und ein gutes Volumen aufweisen. Größe und Form der Haube sind weitgehend abhängig von der aufgetriebenen Erhöhung des Schädeldaches. Wenn diese schon bei Eintagsküken gut ausgebildet ist, darf man auf eine gute spätere Haubenbildung hoffen.

Die unterschiedliche Form der Hahnen- und Hennenhauben ist durch die geschlechtsgebundene Verschiedenheit der Federstruktur bedingt. Holländer Weißhauben werden in fünf Farbschlägen gezüchtet und sind auf allen Ausstellungen ein besonderer Blickfang.

*Sultanhühner* sind eine Zwischenform zwischen Großrasse und Zwerghühnern. Ihre Herkunft ist noch nicht genau ergründet, es wird jedoch Osteuropa oder Kleinasien vermutet. Es handelt sich um ein Haubenhuhn, das als Zierhuhn gilt und im Jahre 1854 von Rußland nach Deutschland und von der Türkei nach England kam. Die Sultanhühner präsentieren sich mit ziemlich kurzem

Abb. 69. Holländer Weißhauben 0,1 gesperbert.

Rücken und tiefgebauter Landhuhnform in mäßig hoher Stellung. Sie tragen einen kleinen Hörnerkamm und Kinnbart, der zu runden Pausbacken ausgebildet ist. Leider sieht man heute die sultanweißen, fünfzehigen Hühner mit ihren stark an den Außenseiten befiederten Läufen nur noch selten.

*Houdan* ist eine kleine französische Stadt, etwa 40 km westlich von Paris, die einer eigenwilligen Hühnerrasse den Namen gab. Zu Beginn des 19. Jahrhunderts wurde in Houdan und Umgebung fleißig Hühnerzucht betrieben und dieser Erwerbszweig immer mehr ausgebaut. Als Fleischhühner waren die Houdan sehr geschätzt. Von Jahrzehnt zu Jahrzehnt hat sich das äußere Kleid der Rasse verändert, bis aus dem reinen Wirtschaftshuhn ein nationales Rassehuhn wurde.

Durch Einkreuzung von Dorking erhielten die Houdan mehr Masse, wurden zu einem kräftigen Landhuhnschlag und erhielten ein besonderes Rassemerkmal, die fünfte Zehe. Von den Holländer Weißhauben erbten sie eine größere Haube, die allerdings auch mehr Weiß brachte. Die anderen Merkmale wie der Masthuhntyp mit dem walzenförmigen, starkbrüstigen Körper blieben erhalten. Die dichte Haube ist beim Hahn gut zurückgeworfen und bei der Henne gerade in Form einer Kugel auf den Kopf aufgesetzt. Hier muß aber auch noch Platz sein für den Kamm, der aus zwei gleichmäßigen Blättern besteht. Der Kamm des Hahnes ist vergleichbar mit einem Schmetterling, der mit ausgebreiteten Flügeln auf der Mitte der Stirn sitzt.

Zum Houdan gehören auch noch der schleierförmige herabfallende Bart beim Hahn und der stark ausgebildete Knebelbart bei der Henne. Schließlich schließt sich dann noch der weniger auffällige Backenbart an, der die Ohrscheiben verdeckt. Die schwarz-weiß-gescheckten, perlgrauen und weißen Farbschläge sind zugelassen.

*Crève-Coeur* sind eine französische Hühnerrasse mit einer über 400 Jahre alten Geschichte. Es wird allgemein angenommen, daß die Crève-Coeur von den weiteren bekannten französischen Hühnerrassen wie Houdan und La Flèche wohl die ältesten sind. Weiter kann davon ausgegangen werden, daß die Paduaner im 15. Jahrhundert oder spätestens im 16. Jahrhundert erst die Grundlage für die Zucht von Hauben- und Barthühnern gegeben haben. Durch Kreuzung der damals schon vorhandenen Landhuhnschläge mit den Paduanern sind dann neue Rassen entstanden, wozu auch noch die schwergewichtigen Dorking beitrugen. Es handelt sich um ein Huhn mit kräftigem Körperbau, etwa dem der Dorking gleichend, und den besonderen Merkmalen wie Haube, Bart und Hörner- bzw. Geweihkamm. In Deutschland kennt man die Crève-Coeur seit 1868. Sie sind heute mit fünf Farbschlägen in den Standard aufgenommen.

Die *Brabanter* sind in der holländischen Zuchtrichtung in den deutschen Geflügelstandard aufgenommen. Neben den holländischen Brabantern gibt es noch eine belgische Zuchtrichtung, die jedoch keine Anerkennung fand. Die Brabanter sind in Holland eine alte bodenständige Rasse, die bereits im Mittelalter bekannt war und die vermutlich aus Paduanern, Crève-Coeur und Landhühnern enstanden ist. Nach der Helmhaube zu urteilen, dürfte die Vermutung nicht zutreffen, daß die Brabanter direkt aus Polen oder Rußland nach Holland eingeführt wurden. Vieles spricht dafür, daß diese Rasse tatsächlich in Holland herausgezüchtet wurde. Das Zuchtziel beim Brabanterhuhn ist die Förderung eines recht schnellen Wachstums, der Frühreife und einer guten Wirtschaftlichkeit. Weiter wird großer Wert auf die Erhaltung der Rasseeigenarten wie Geweihkammform und der Hauben- und Bartbildung gelegt. Die Kammhörner sollen v-förmig zueinander stehen und in Größe und Stärke gleichmäßig sein. Die Haube ist eine Steh- oder Helmhaube, die beim Hahn infolge der schmaleren und längeren Federn meist etwas auseinanderflattern. Der Bart soll voll sein und seitlich die weißlichen Ohrscheiben verdecken, ohne eine Halskrause zu bilden.

Die Form der Brabanter wird mittellang gewünscht, nicht dick, aber über die Schultern relativ breit. Die Rückenlinie ist leicht abfallend und soll harmonisch übergehen in den bis zum rechten Winkel zugelassenen, voll besichelten Schwanz. Bei acht Farbschlägen haben die Liebhaberzüchter eine sehr interessante Farbauswahl.

*Appenzeller Spitzhauben* haben ihre Heimat im Appenzeller Land. Dieses Schweizer Nationalhuhn ist leider in seiner Heimat nur noch wenig anzutreffen. Sie wurden, wie viele andere alte bodenständige Rassen, durch Leistungshühner verdrängt. Neben den Spitzhauben kennt man in dem Land südlich des Bodensees auch noch die Appenzeller Barthühner. Beide Hühnerarten wurden dort seit Jahrhunderten gezüchtet und standen in hoher Blüte, als sie schon sehr früh nach Deutschland kamen. Es handelt sich um ein leichtes, sehr temperamentvolles und wetterhartes Huhn mit leicht abfallendem Rücken beim Hahn, der aber bei der Henne waagerecht verlangt wird. Der Schwanz wird ziemlich steil getragen, so daß ein geschwungener Übergang nicht möglich ist. Hauptrassemerkmal ist die geschlossene Spitzhaube, die nicht zu breit sein soll und eine gute Neigung nach vorne hat. Der Hörnerkamm wird, obwohl er sehr klein ist, gleich lang, rund und oben auseinanderstrebend gewünscht. Das ist vor allem beim Hahn wichtig, damit die Spitzhaube nicht zurückgedrängt wird.

Die Appenzeller Spitzhauben gibt es in drei Farbschlägen. Die Silber-Schwarz-Getupften sind in Deutschland gut vertreten, auch die Schwarzen haben in den letzten Jahren zugenommen.

Abb. 70.
Appenzeller Spitzhauben 0,1 schwarz.

Abb. 71. Breda 1,1 schwarz.

Die *Bredas* sind vor einigen hundert Jahren in Holland aus Landhühnern und einigen eingekreuzten Rassen entstanden. Leider weiß man über die genaue Herkunft sehr wenig, jedoch darf man vermuten, daß die Croad-Langschan die Fußbefiederung geschaffen haben und die Crève-Coeurs für die Masse sorgten. Bredahühner sind zweifellos eine eigenwillige Erscheinung, mit mittellangem, gestrecktem Rumpf in leicht abfallender Walzenform, breiten Schultern und langem, breitem Rücken. Die Brustpartie ist nicht betont ausgebildet, was aber wiederum zu der rassischen Feinheit gehört. Obwohl die Breda zu den hörnerkämmigen Haubenhühnern zählen, ist vor dem Schopf nur noch eine kleine Vertiefung mit leicht wulstigen Rändern zu erkennen.

Von der Haube ist auch nur noch ein kleiner, unscheinbarer Schopf übrig geblieben, der kaum mehr als solcher angesprochen werden kann. Die Bredas mit ihren Federfüßen und fünf Farbschlägen haben in Deutschland einen Freundeskreis gefunden und sind auf großen Ausstellungen gut vertreten.

*La Flèche* sind eine alte französische Rasse, die um 1650 bereits bekannt war, aber weitaus älter ist und in Deutschland um 1860 eingeführt wurde. Nördlich von Paris sind sie in dem Landstädtchen La Flèche entstanden, und zwar mit einer kleineren Haubenform. Daran erinnert heute noch eine geringe Auftreibung auf dem Kopf, auf der ein kleiner, mit schmalen Federchen gebildeter, etwas verkümmerter Schopf sitzt. Der eigenartige Kopfschmuck ist der Hörnerkamm, der von zwei kräftigen, walzenförmigen, gleich langen Hörnern, die völlig glatt und an den Spitzen leicht abgerundet sind, gebildet wird. Der Hörnerkamm liegt senkrecht über dem Auge und hat einen parallelen Stand. Der Kamm der La Flèche besteht gewissermaßen aus zwei gleichen Hälften, die sich von rechts und links auf den Schnabelrücken auflegen. Diese Gleichheit der beiden Hälften ist für die Zucht von großer Bedeutung. Ein sich daraus ergeben-

Abb. 72. Augsburger 1,1 schwarz.

des besonderes Merkmal sind die aufgetriebenen Nasenlöcher und der hohe Nasenrücken. Die La Flèche haben die lange, vollfleischige und dabei elegante Haltung und eine herausgedrückte, breite und gewölbte Brust. Der Rücken fällt stark ab, so daß der gut entwickelte und mit reichlich großen und breiten Sicheln, aber knappen Nebensicheln versehene Schwanz bis zum rechten Winkel getragen wird. Am verbreitetsten waren schon immer die schwarzen La Flèche. Aber auch die weißen, gesperberten und blauen Hörnerhühner sind auf manchen Großschauen zu finden.

Das *Augsburger Huhn* ist eine deutsche Züchtung, die in Augsburg und Umgebung sowie im Schwarzwald seit 1850 aus Italienern und schwarzen La Flèche erzüchtet wurde. Das Ergebnis langjähriger Versuche war ein Huhn mit einem einzig dastehenden, eigenartigen, becherförmigen, kronenartig gezackten Doppelkamm. So wird auch das Hauptaugenmerk für diese Rasse immer der einzigartige Kronen- oder Becherkamm bleiben, der in seiner charakteristischen Art leider noch nicht dominant vererbt wird. Es fallen immer noch Tiere mit Hörnerkämmen und Einfachkämmen als Erinnerung an die La Flèche und Italiener.

Die völlige Dominanz ist eine züchterische Aufgabe für die Zukunft. Die Augsburger sind mittelschwere, schwarze Hühner mit walzenförmigem Körper. Ein kräftiger Rumpf, volle Brust, etwas aufrechte, stolze Haltung und eine abfallende Rückenlinie sind anzustreben. Der Schwanz mit breiten Federn und fächerförmig angeordneten Steuerfedern wird hoch, aber nicht zu steil getragen. Das Augsburger Huhn ist auch eines der wenigen Hühner, das nach einem Städtenamen benannt wurde.

### 1.3.6 Nordeuropäische Rassen

Hier sind unter anderen Hühnerrassen auch die deutschen Züchtungen zusammengefaßt.

Die *Rheinländer* wurden aus dem bodenständigen Eifeler Landhuhn planmäßig seit 1894 entwickelt. Man bemühte sich um ein wetterfestes, bewegliches und fleißiges Legehuhn für die bäuerlichen Verhältnisse des Rheinlandes. Man hielt an der herkömmlichen Landhuhnform mit dem typischen kastenförmigen Körperbau, gerader Rückenlinie und einer verhältnismäßig niedrigen Stellung fest. Als Farbschläge traten zunächst Rebhuhnfarbige und Weiße auf, später dann noch die Schwarzen, die durch ihr grünglänzendes Gefieder und die üppige Schwanzbefiederung, ihren rassigen Kopf mit dem feingeperlten Rosenkamm und ihrer stolzen Haltung einen großen Liebhaberkreis fanden. Mit der Verbesserung der Rassemerkmale haben sich die schwarzen Rheinländer sehr stark verbreitet, aber auch die Rebhuhnfarbigen, Blauen, Gesperberten und die Weißen sind heute sehr gefragt.

Abb. 73. Rheinländer 0,1 rebhuhnfarbig.

Die *Deutschen Sperber* sind ein Produkt deutscher Züchtung. Durch Kreuzungen aus gesperberten Italienern, schwarzen Minorka, Bergischen Schlotterkämmen und gestreiften Plymouth Rocks gelang es im Jahre 1903, die zunächst als gesperberte Minorka bezeichnete Rasse zu schaffen, die aber bald Deutsche Sperber genannt wurde. Das Zuchtziel war ein robustes, frühreifes und widerstandsfähiges Huhn mit guter Legeleistung. Nach der Umbenennung wurde die Rasse auf eine kräftige, vollrumpfige Landhuhnform mit tiefer Stellung und kräftigem Einfachkamm umgezüchtet. Für das Federkleid wird eine gute Sperberung und keine ausgesprochene Streifung verlangt. Sperberung bedeutet, daß die tiefschwarze Zeichnung und die lichtblaue Sperberung zwar in mehrfachem Wechsel auf jeder Feder vorhanden sein müssen, jedoch nicht so eng abwechselnd wie bei den gestreiften Plymouth Rocks. Deutsche Sperber sind ruhig in ihrer Art, aber dennoch vital und voller Lebenskraft. Als rein deutsche Züchtung ist ihre Wirtschaftlichkeit beachtlich.

Die *Bergischen Kräher* wurden in früheren Jahrhunderten einzig und allein auf Länge und Wohlklang des Krährufes gezüchtet. Alljährlich fanden große Preiswettkrähen statt, zu denen man im Bergischen Land hohe Preise stiftete. Das Wettkrähen blieb bis heute erhalten. Der Bergische Krähruf beginnt rein und tief, steigt allmählich, fällt dann wieder langsam ab und endet mit einem tiefen „Ahh“. Dieser Nachhall wird von den Kräherzüchtern „Schnork“ genannt und auch besonders bewertet. Früher hat weder Form noch Farbe der Bergischen Kräher eine Rolle gespielt. Als im Jahre 1884 eine Musterbeschreibung aufgestellt wurde, gab es nur noch einen, und zwar den gedobbelten Farbschlag. Bei der Dobbelung befindet sich inmitten der sonst schwarzen Feder ein brauner Fleck. Der Schwanz ist reinschwarz. Weiter wurde die Landhuhnform verlangt, was sich dann im Laufe der Jahre änderte. Heute gilt für die Bergischen Kräher die Dreibogenlinie, Hals-Rücken-Schwanz. Der gewölbte Rücken ist bei den Krähern ein Rassemerkmal. Von Interesse ist noch eine Anmerkung im Deutschen Rassegeflügel-Standard: „Für die Erhaltung und züchterische Förderung des eigenartigen Krähers werden alljährlich sog. Wettkrähen veranstaltet. Dabei rangieren Länge und Tonlage des Krährufes vor den Feinheiten der anderen Rassemerkmale."

*Bergische Schlotterkämme* sind eine alte deutsche Hühnerrasse, die schon seit Jahrhunderten im Bergischen Land gezüchtet wird. Sie sind aus einer Vermischung von westeuropäischen Sprenkelhühnern mit spanischen Landhühnern entstanden. Den Namen hat die Rasse von dem stark zur Seite umgelegten schlotternden Kamm bei der Henne. Die ganze Körperform erinnert daran, daß sie mit Hilfe der Minorka, aber auch der Bergischen Kräher herausgezüchtet wurden. Sie unterscheiden sich aber von den Krähern durch eine kürzere, gedrungene Form. Die vier Farbschläge sind: Schwarz-Weiß-Gedobbelt, Schwarz-Gebl-Gedobbelt, Schwarz- und Gesperbert.

*Krüper* sind eine anomale Rasse mit sehr kurzen Beinen und gelten als alter nordwestdeutscher Landhuhnschlag. Es dürfte keinen Zweifel darüber geben, daß die Krüper, das bedeutet auf plattdeutsch „Kriecher", durch eine Mutation entstanden sind. Durch eine sprunghafte Veränderung der Erbmasse sind kurzbeinige Tiere entstanden und wurden dann auch für die Nachzucht verwertet. Die Nachzucht hatte wieder kurze Beine, da die Kurzbeinigkeit dominant ist über die normale Beinlänge. Es gibt aber keine reinerbigen Krüper. Ein Letalfaktor bewirkt das Absterben der reinerbigen Küken im Ei. Damit verhindert die Natur allzu große Mißbildungen. Der Erbfaktor für Kurzbeinigkeit ist zwar dominant, tritt aber nur spalterbig auf. Setzt man einen kurzbeinigen Krüperhahn an kurzbeinige Krüperhennen, dann kann man aus 100 befruchteten Eiern folgende Aufspaltung erwarten: 50 Küken haben kurze Beine und sind wieder spalterbig, 25 Küken haben normale Beine, sind also keine Krüper mehr und reinerbig. (Näheres siehe Seite 124). Früher gab es übrigens zwei Krüperrassen in Deutschland, die Bergischen und die Westfälischen. Im Standard ist nur eine Krüperrasse mit vier Farbschlägen aufgenommen, und zwar die Westfälische.

Die *Westfälischen Totleger* gelten als altes deutsches Landhuhn und nahe Verwandte der Möwen und Brakel. Früher nannte man sie Alltagsleger, meinte damit aber Möwen in einer ganz bestimmten Zuchtgegend. Die Alltagsleger wurden dann zur besseren Unterscheidung im Jahre 1904 in Totleger umbenannt. Sie tragen einen Rosenkamm. Es ist ein derber Landhuhnschlag mit ansprechender Körpermasse und vollen abgerundeten Formen. Der mittellange Rücken ist etwas abfallend und geht beim Hahn über in einen schönen vollen Sattel in den gut gespreizten Schwanz. Der Schwanz soll groß und voll besichelt sein, mit langen, gut gebogenen Federn. Der Hennenkörper hat eine nur etwas geneigte Walzenform und ist in der Brustpartie nicht ganz so gerundet wie beim Hahn. Der Hennenschwanz wird etwas gefächert getragen. Die Westfälischen Totleger gibt es in zwei Farbschlägen, dem silberfarbigen und dem goldfarbigen

Abb. 74. Brakel 1,1 silber.

Außer dem Hals- und Sattelbehang, Schultern und Rücken beim Hahn und dem Hals der Henne ist das übrige Gefieder gesprenkelt, und zwar je nach Farbschlag, beim Hahn gröber, bei der Henne merklich feiner.

Die *Brakel* sind den Westfälischen Totlegern auffallend ähnlich, nur daß sie einen mittelgroßen Einfachkamm tragen und das Federkleid statt gesprenkelt mehr gebändert ist. Das gilt für die beiden Farbschläge in Silber und Gold. Die Brakel zählen zu den Sprenkelhühnern und sind ursprünglich eine belgische Landhuhnrasse, die vermutlich aus den Campinern herausgezüchtet wurde.

Brakel sind von Natur aus scheue Hühner. Ihr lebhaftes Temperament soll sich auch in der Körperhaltung ausdrücken. Beim Hahn ist der Rücken leicht abfallend, und bei der Henne soll er waagerecht sein. Im Gesamteindruck wird ein stattliches, derbes, aber durch sein schönes Federkleid auch gefälliges Landhuhn mittelhoher Stellung gewünscht.

Die *Ostfriesische Möwe* gilt als altes Landhuhn der deutschen Nordseeküste und gehört zur Gruppe der Sprenkelhühner. Das Verbreitungsgebiet ist heute

Abb. 75. Ostfriesische Möwen 1,1 silber.

noch verstärkt in Ostfriesland. Als Landhuhnrasse mit ausgezeichneter Legeleistung wurde es verhältnismäßig früh als Rassehuhn anerkannt. Um aber zu einer schärferen Unterscheidung und Abgrenzung in den Zeichnungsmerkmalen anderer gesprenkelter Landhühner zu kommen, wählte man als Hennenfarbe eine aufgelockerte, möglichst schwarze Flockenzeichnung. Beim Hahn verlangt man ein überwiegend weißes Mantelgefieder und genügend Farbstoffreserven. Diese sind in einer guten Nacken- und Bindenzeichnung gegeben. Will man ein intensives Schwarz im Schwanz und bei der Flockung erhalten, muß eine blaugraue Tönung des Untergefieders gegeben sein. Die Zierde eines Möwenhuhnes ist der Einfachkamm mit fünf Zacken und waagerecht verlaufender Kammfahne.

Das *Friesische Huhn* ist ein sehr altes Landhuhn aus Friesland. In jedem der drei Teile von Friesland gibt es seit mehr als 400 Jahren gesprenkelte Hühner. Die Friesischen Hühner gehören zu den kleinsten Landhuhnrassen. Sie sind schlank und leicht, was durch das glatt anliegende Gefieder noch unterstrichen wird. Die Tiere sind lebhaft und schnell in ihren Bewegungen. Der Körper ist vorn etwas aufgerichtet mit nur wenig nach hinten abfallendem Rücken. Der Einfachkamm ist beim Hahn kaum mittelgroß und bei der Henne sogar ziemlich klein, steht aufrecht und steigt etwas nach hinten an, so daß sich die Kammfahne deutlich vom Nacken abhebt. Es gibt bei den Friesischen Hühnern in Holland viele anerkannte Farbschläge. Im deutschen Standard ist aber nur der gelb-weiß-geflockte Farbschlag zugelassen.

Das *Lakenfelder Huhn* ist nicht nur auf einem grünen Auslauf, sondern auch im Ausstellungskäfig ein farblicher Blickpunkt und eine aparte Schönheit. Sein Ursprung reicht weit in die Vergangenheit zurück, die bisher auch nicht restlos geklärt werden konnte. Die Lakenfelder sind jedenfalls in einer langen züchterischen Arbeit entstanden und können nur bedingt als eine deutsche Rasse angesprochen werden, denn sie waren schon vor Jahrhunderten in Holland, Flandern und Friesland vorhanden. Die Zeichnung – weißes Laken über einem schwarzen Feld – ist typisch für die Holländer; sie wird auch in der Rinderzucht und Kaninchenzucht gefunden. Es gibt aber auch einen Ort Lakenfeld, dort soll das Lakenfelder Huhn gezüchtet worden sein. Es entstand aus Kreuzungen von Silberbrakeln, Möwen und Totlegern, an denen westfälische Züchter seit 150 Jahren beteiligt sind. Hinsichtlich der Schönheit können es die Lakenfelder jedenfalls mit allen anderen Rassen und Farbschlägen aufnehmen. Der weiße,

Abb. 76. Lakenfelder 1,1.

Abb. 77. Hamburger 1,0 schwarz, 0,1 Silberlack.

gestreckte Rumpf, nach den Körperenden durch tiefschwarz gefärbte Federpartien abgeschlossen, wirkt auf jeden Beschauer bestechend. Tiefsamtschwarz sind beim Hahn der Kopf, der Hals und der Schwanz. Die Innenfahnen der Schwingen sind schwarz, und das Untergefieder ist schwarzgrau. Bei der Henne ist der Kopf weiß, die Halsfedern sind nur im unteren Teil schwarz. Weiter ist nur der sichtbare Teil des Schwanzes schwarz, Schwingen und Unterfarbe wie beim Hahn. Der Sattelbehang des Hahnes ist weiß mit schwarzgestrichelten Enden. Das Hauptzuchtgebiet der Lakenfelder liegt heute überwiegend in Nordwestdeutschland.

Das *Hamburger Huhn* ist nicht, wie man zunächst vermuten könnte, ein in Hamburg entstandenes Züchtungsprodukt. Um das Erstgeburtsrecht streiten sich neben Deutschland auch Holland und England. Fest steht jedenfalls, daß die Hamburger aus Sprenkelhühnern hervorgegangen sind, und es werden insbesondere die Ostfriesischen Möwen, die Brakeln und die westfälischen Totleger als Ausgangsrassen angesehen. In ihrer langen Entwicklungszeit haben die Hamburger sich den Urtyp der Sprenkelhühner bewahrt. Durch verschiedene Einkreuzungen wurden in England die Größenverhältnisse etwas verschoben, was jedoch die deutsche Zuchtrichtung nicht beeinflußte. In Deutschland bezeichnen wir deshalb auch alle Farbschläge, die Schwarzen, Weißen, Silberlack und Goldlack sowie die Silbersprenkel und die Goldsprenkel als Hamburger. Dagegen unterscheidet man in Holland noch heute die kleinen holländischen und größeren englischen Hamburger Silber- und Goldlack. Die Sprenkelschläge aber werden dort nach wie vor ausschließlich als „Holländisches Huhn" bezeichnet. Neben der Form spielen aber noch sehr viele andere ausgeprägte Rassemerkmale, wie z. B. der käfergrüne Lack oder auch die zierliche Kopfform mit dem wirklich feinen Rosenkamm, der einen vollkommen runden Dornauslauf besitzt, eine entscheidende Rolle. Der Dorn soll in Verlängerung des Kammes gerade verlaufen.

Das *Appenzeller Barthuhn* kommt gleich den Appenzeller Spitzhauben aus dem Appenzeller Land in der Nordostecke der Schweiz. Dem Klima des Berg- und Hügellandes angepaßt, ist dort ein bodenständiges Huhn erzüchtet worden, das wetterhart ist. Als Vorfahren werden die Polveraras, ein Bart-Hauben-Huhn aus der Gegend bei Padua, genannt. Vermutlich sind diese Hühner von Italien über die Schweiz und später nach Frankreich und Holland gekommen. Die Vermischung mit anderen Hühnerrassen ergab verschiedenartige Bildungen, wie der Helmhaube bei den Appenzeller Spitzhauben und Bärten beim Appenzeller Barthuhn. Es wird mit Sicherheit angenommen, daß diese Hühnerrasse aus Oberitalien die Hühnerzucht des Alpengebietes beeinflußt hat, denn die geläufigen Hühnerrassen in der Schweiz oder allen Alpenländern ziert entweder ein Schopf, eine Haube oder ein Bart. Der Zeitpunkt der Entstehung der Appenzeller Barthühner wird etwa um das Jahr 1860 angegeben. Das Interesse der deutschen Züchter wurde erst im Jahre 1950 auf diese interessanten Gebirgshühner gelenkt. Es handelt sich um ein robustes Huhn mit stolzer Haltung und Landhuhnform, etwas abfallendem Rücken und gutangezogenem, fächernd getragenem, gut besicheltem Schwanz.

Der breit angesetzte Rosenkamm mit ausgeprägter Perlung und einem gerade auslaufenden Dorn weicht etwas von der eigentlichen Vorstellung vom Rosenkamm ab. Ohrscheiben und Kehllappen sind vom Bart verdeckt. Der Bart ist voll und dicht, von mittlerer Größe und darf nicht geteilt sein in Kinn- und Backenbart. Bis jetzt sind in Deutschland nur schwarze, grünglänzende Appenzeller Barthühner zugelassen.

Das *Thüringer Barthuhn* hat seine Heimat im Thüringer Wald. Wie bei vielen Hühnerrassen ist auch hier die Entstehungsgeschichte nicht ganz genau bekannt. Diese Hühner sind Anfang des 19. Jahrhunderts aus den Thüringer Pausbäckchen und diese aus den Otterköpfchen entstanden. Diese Otterköpfchen ähnelten den Brabantern, ja sie stammten vielleicht von ihnen ab. An der Entstehung der Thüringer Barthühner dürften auch noch die Paduaner beteiligt gewesen sein. Die Barthühner wurden bereits 1880 in Thüringen als eigenständige Rasse, allerdings noch unter dem Namen Pausbäckchen, ausgestellt. Die im Jahre 1907 gegründete Vereinigung der Züchter Thüringer Barthühner sorgte für einheitliche Zuchtrichtlinien und förderte die Rasse sehr. Heute wird ein frühreifes, schnell-

Abb. 78. Appenzeller Barthühner 1,1.

wachsendes und wetterhartes Legehuhn gewünscht, mit reichlicher Befiederung, die fest anliegt. Die Federfülle kommt insbesondere in dem voll und breit besichelten Schwanz des Hahnes zum Ausdruck. Das Charakteristische bei den Thüringer Barthühnern ist der Kopf mit seinen Besonderheiten. Im Gegensatz zu anderen Barthühnern haben sie einen nicht allzugroßen Einfachkamm. Der schleierartige, ungeteilte Bart soll bei beiden Geschlechtern recht voll sein und die ganz kurzen Kehllappen möglichst vollständig verdecken. Bei den Hennen entsteht, besonders bei mehrjährigen, die charakteristische Federkrause. Die acht Farbschläge haben in beiden Teilen Deutschlands eine große Zahl von treuen und begeisterten Züchtern.

Die schwanzlosen *Kaulhühner* sind Seltenheiten und zeigen besondere Abnormitäten wie die Araucana. Schon im 18. Jahrhundert nahmen die Kaulhühner unter den Hühnerrassen eine Sonderstellung ein, die heute noch in genetischer Hinsicht ihre Berechtigung hat. Die Schwanzlosigkeit ist durch eine Mutation entstanden. So ist durch eine sprunghafte Änderung der Chromosomen der Schwanzwirbel verlorengegangen. Bei dieser dominanten Mutation fehlen die Schwanzfedern und die Bürzeldrüse. Die Kaulhühner sind eine alte Landhuhnrasse, die im Laufe der Jahrhunderte mehrere Namen hatte. Da sie angeblich um 1600 n. Chr. über Persien nach Europa gekommen sind, wurden sie lange Zeit „Persische Hühner“ genannt. Später setzte sich der Name „Virginische Hühner“ durch, weil in dem amerikanischen Staat gleichen Namens viele schwanzlose Hühner gehalten wurden. Anerkannt sind nahezu alle Landhuhnfarbschläge, allerdings sind Farbreinheit und Zeichnung von untergeordneter Bedeutung. Neben dem leicht abfallenden, walzenförmigen Rumpf gehören ein schön geschnittener Kamm wie auch die Schwanzlosigkeit zu den typischen Rassemerkmalen.

### 1.3.7 Zwerghühner

Bei den Zwerghühnern unterscheiden wir die eigentlichen Zwerghühner und die verzwergten Rassen. Über den Ursprung der eigentlichen Zwerghühner, die auch Urzwerge genannt werden, ist leider sehr wenig bekannt. Die Entstehung der verzwergten Rassen dagegen ist in den meisten Fällen das Ergebnis züchterischer Arbeit der letzten 100 Jahre.

Den Ursprung der Zwerghühner darf man nicht in Europa, sondern muß man im asiatischen Raum suchen, dort, wo auch die normalgroßen Hühner herkommen. Die älteste uns bekannte Erwähnung der Zwerghühner findet man wohl bei Plinius (23–79 n. Chr.), er schreibt: „Es gibt eine zwergartige Hühnerart, die außerordentlich klein und doch fruchtbar ist“.

Um diese Zeit gab es in Nordafrika aber auch schon Kampfhühner, die nicht so groß waren wie die Bankiva. Später werden dann Zwerghühner kaum noch erwähnt. Wir erhalten dann erst wieder bestimmte Nachrichten durch Marco Polo; bei seinen Zwerghühnern handelt es sich zweifellos um Seidenhühner. In weiteren Beschreibungen bis in das 16. Jahrhundert werden Zwerghühner nicht erwähnt, obwohl heute feststeht, daß es in Holland schon solche gab. Alte Bilder aus Holland zeigen Zwerghühner mit starker Fußbefiederung, die in Bau und Haltung an unsere federfüßigen Zwerghühner erinnern.

Aber auch in Italien muß es um das 16. Jahrhundert schon Zwerghühner gegeben haben, denn sie werden in einem zeitgenössischen Buch Aldrovandis „Ornithologica“ erwähnt. Auch beschreibt der italienische Naturforscher Aldro Vandos um 1600 bereits einen Strupphahn. Der deutsche Naturforscher Pallas fand auf seinen Reisen durch Rußland von 1768–1773 Zwerghühner, die meist federfüßig waren.

Von holländischen Malern wissen wir, daß es um 1660 schon Chabos gab, denn auf einem Gemälde „Der Hühnerhof“ von Jan Steen (1626–1679) sieht man einen gelben, schwarzschwänzigen Chabos-Hahn. In Holland gab es im 17. Jahrhundert mehrere Zwerghuhnarten, die federfüßig waren oder teilweise einen Bart hatten. Auch Haubenzwerghühner waren schon bekannt, teils glattfüßig, teils mit Bart. Auf einem Gemälde von Albert Cuyp sind bereits wachtelfarbige Bartzwerge zu finden, wohl die Vorgänger unserer heutigen Antwerpener Bartzwerge. Allgemein wird angenommen, daß die Zwerghühner aus China und Birma auf dem Seeweg nach dem Westen kamen. Mit Hilfe dieser eingeführten Zwerghühner, die auch gerne als Urzwerge bezeichnet werden, war es dann verhältnismäßig leicht, viele unserer bekannten großen Hühnerrassen zu verzwergen.

Um 1850 gab es größere Importe von Zwerghühnern, insbesondere Zwerg-Cochin, Zwerg-Kämpfer, Bantam und Chabos aus Indien und Japan, doch erst nach 1900 konnte die Zwerghuhnzucht eine größere Verbreitung finden.

Die eigentlichen Zwerghühner sind also Hühnerrassen, die seit Menschengedenken als Kleinhühner bekannt sind. Bisher nannte man sie Urzwerge, konnte aber die Urwildform nicht nachweisen. Darum begnügte man sich mit der neuen Bezeichnung „eigentliche Zwerghühner“. Hierzu zählen die Seidenhühner, Zwerg-Cochin, Chabo, Bantam, Sebright, Antwerpener Bartzwerge, Federfüßige Zwerghühner, Bassetten, Holländische Zwerghühner und Deutsche Zwerghühner. In dieser Reihenfolge sollen sie nun auch besprochen werden.

Die *Seidenhühner* gehören zu den eigentlichen Zwerghühnern, sind also eine uralte Rasse und in der Literatur schon seit 700 Jahren nachweisbar. Ihre Heimat ist Vorder- und Hinterindien, China, Japan und einige vorgelagerte Inseln. Einwandfrei beschrieben wurden die Seidenhühner schon im 13. Jahrhundert von Marco Polo. Die ersten Seidenhühner fanden in Europa als Zierhuhn wegen ihrer aparten Schönheit und der Zutraulichkeit viele Freunde.

Abb. 79. Seidenhühner 0,1 weiß.

Über die Entstehung der Seidenfiedrigkeit gehen die Meinungen der Experten noch sehr weit auseinander. Einmal wird angenommen, daß diese eigenartige Federbildung durch eine Mutation entstanden ist. Dann wird vermutet, daß es sich um ein Zwischenglied zum flugunfähigen Vogel handelt, wie beim Strauß oder Emu, also um eine Degenerationserscheinung, und schließlich besteht noch die Meinung, daß dieses eigenartige Hühnchen Zeuge einer überwundenen Entwicklungsstufe auf dem Wege zur Vervollkommnung der Vögel sei. Wenn auch die Entwicklungsgeschichte etwas unklar ist, dann dürfte jedoch als Ursprungsland der Seidenhühner China angenommen werden.

Das seidige, haarähnliche Aussehen des Gefieders entsteht durch das Fehlen der Häkchen an den Federstrahlen, die hierdurch lose an dem Federschaft hängen und damit eine reine Flaumfeder sind. Durch dieses bauschige Gefieder wird eine Größe vorgetäuscht, die eigentlich nicht vorhanden ist, aber den gewünschten Würfeltyp bringt. Bei uns in Deutschland wird mehr der Cochintyp verlangt, also voll befiedert und überall schön angerundet. Weitere besondere Merkmale der Seidenhühner sind die dunkle, manchmal fast schwarze Haut, meist auch das dunkle Muskelfleisch und die dunkle Knochenhaut. Aber auch die Kopfpunkte sind blaurot bis schwarz, ja selbst die Ohrscheien sind bläulich. Ein wichtiges Rassemerkmal ist die Ausbildung der Haube, die beim Hahn mehr als Schopf und bei der Henne mehr als Halbhaube ausgebildet ist. Ferner haben die Seidenhühner, die in fünf verschiedenen Farbschlägen zugelassen sind und auch gezüchtet werden, die fünfte Zehe und an den Außenseiten der Läufe eine kurze Befiederung.

Die *Zwerg-Cochin,* früher einmal „Federbällchen" genannt, haben in den letzten Jahrzehnten einen großen Liebhaberkreis gefunden. Wenn bei vielen verzwergten Rassen eine gewisse Ähnlichkeit mit der entsprechenden Großrasse besteht, so muß man bei den Zwerg-Cochin grundsätzlich feststellen, daß die Großform mit der Zwergform nichts zu tun hat. Jede war von Anbeginn eine selbständige Rasse.

Bedeutende Zwerghuhnzüchter haben sich seit vielen Jahrzehnten mit den Zwerg-Cochin beschäftigt und daraus 16 Farbschläge geschaffen, mit der lockeren und flaumreichen Befiederung, einer schöner als der andere. Daß dieses ungemein stark entwickelte Federwerk, die starke Fußbefiederung eingeschlos-

Abb. 80. Zwerg-Cochin: 0,1 gesperbert; 0,1 rebhuhnfarbig.

Abb. 81. Chabo: 1,0 schwarz; 0,1 gesperbert.

sen, auch eine gewisse Masse vortäuscht, ist allgemein bekannt. Die kleinen Federbälle werden von einem internationalen Sonderverein betreut, denn sie werden in Europa genauso gerne gezüchtet wie in Amerika, und überall gelten die gleichen Zuchtrichtlinien.

Die *Chabos* kommen aus Japan und wurden 1860 in Deutschland eingeführt. Chabos sind groteske Hühnchen, bei denen der Schwanz als besonderes Schönheitsmerkmal gilt. Ein Züchter beschrieb sie einmal so: „Zum wunderlichen Typus der Chabos trägt nicht zuletzt der dieser Zwerghuhnrasse eigene, üppig entwickelte und senkrecht getragene Schwanz bei. In erster Linie natürlich der Schwanz des Hahnes, aber auch ein feingeformter und gut getragener Hennenschwanz wirkt in der Gesamterscheinung grotesk". Stark unterstützt wird bei formvollendeten Chabos der Gesamteindruck durch tiefe Stellung, kurzen Rükken und den sehr großen, breit aufgesetzten Einfachkamm. Die Chabos kommen in Deutschland heute in 14 Farbschlägen vor und werden auch gelockt und seidenfedrig gezüchtet.

Die *Bantam* gehören zu den schönsten der uralten Zwerghühner. Ihre Beliebtheit hat vorzugsweise ihren Grund in dem Adel, den diese Zwerge zeigen. Sie stammen vermutlich aus Java, aus dem Bezirk Bantam. Englische Seefahrer haben sie nach Europa gebracht. In England kannte man zunächst nur schwarze und weiße Bantam. Durch Kreuzungen entstanden später auch noch andere Farbschläge, jedoch dominieren die Schwarzen in der ganzen Welt, die auch in Deutschland um 1850 eingeführt wurden. Bantam, das ist das kleine Huhn mit dem großen Temperament, es ist kurz und breit gebaut und soll keine Ecken und Kanten aufweisen. Die Federform wird durch eine auffallende Breite beherrscht, die beim Hahn nicht allein in den Sichelfedern, sondern auch bei der Henne hinreichend ausgeprägt sein soll. Im reich befiederten Schwanz des Hahnes sollen

Abb. 82. Sebright: 1,0 gold; 0,1 silber.

auch die Sichelfedern im letzten Drittel ihrer Länge eine gute Breite und stumpf gerundete Sichelenden besitzen. Die Hauptsicheln bilden einen gefälligen Zirkelschlag. Besonderes Rassemerkmal bei den Bantam ist ein zierlicher Kopf mit den ausgeprägten Kopfmerkmalen, wie dem Rosenkamm mit dem in gleicher Richtung spitz auslaufenden Kammdorn, den großen, weißen, runden Ohrscheiben und den temperamentvollen Augen, die bei den Schwarzen dunkelbraun und bei den anderen neun Farbschlägen orangerot bis rot sind. Ein charakteristichses Merkmal ist der Bantamflügel, der leicht senkrecht getragen wird.

Die *Sebright* wurden Ende des 18. Jahrhunderts in England von Sir John Sebright erzüchtet. Sie sind ein einmaliges Erzeugnis von Formungs- und Züchtungskunst mit konstanter Vererbung. Bis heute haben sich die Sebright in Silber und Gold in ganz hervorragender Allgemeinqualität behauptet. Diese Zeichnung wurde von den Gold- und Silber-Paduanern übernommen.

Bei den kecken und zierlich anmutenden Sebright ist viel Temperament und eine stolze Haltung vorhanden. Die beiden Grundfarben sind Silberweiß und Goldbraun. Jede Feder ist mit einer schmalen, lackschwarzen Säumung versehen, die gleichmäßig breit um die Feder verlaufen muß. Bei dieser Zeichnungsanordnung handelt es sich um einer Veranlagung, die das Schwarz mehr und mehr zu den Körperenden verdrängt. Darum muß darauf geachtet werden, daß die Hennenfiedrigkeit der Hähne und der schwarze Saum auch bis zur letzten Schwanzfeder erhalten bleiben. Der Kamm dagegen ist bei den Sebright nicht so entscheidend wie bei den Bantam oder Hamburger Hühnern. Doch sollte bei der Zusammenstellung der Zuchtstämme darauf geachtet werden, besser geformte und nicht zu fleischige Kämme zu berücksichtigen.

*Antwerpener Bartzwerge* sind Zwerghühner aus Belgien, die heute in Deutschland in zehn Farbschlägen gezüchtet werden. Sie sind eine uralte Zwerghuhnrasse, deren Merkmale schon vor Jahrhunderten auf den Gemälden flämischer

Künstler zu finden sind. Die Antwerpener Bartzwerge haben mit anderen Zwerghuhnformen, auch mit der Landhuhnform, nichts gemein. Es sind auch keine Bantam mit Bart und besonderer Federbildung am Hals, sondern ihre Merkmale sind typisch und unverkennbar. Der Gesamteindruck der Antwerpener Bartzwerge ist ein gedrungenes und breites Kleinhühnchen mit vorgedrückter, ballonartiger Brust, ziemlich hängenden Flügeln, einem länglich runden Bart mit vollen Seitenbacken und stärker ausgebildeter Halsbefiederung. Alles zusammenfassend, könnte man von einem etwas überbauten Körper sprechen. Auf die Fülle der Befiederung des Vorderkörpers und eine gute Bartbildung muß der Züchter besonders achten.

Der belgische und holländische Standard kennt weit mehr Farbschläge als unserer. In Deutschland sind aber immerhin schon zehn Farbschläge zugelassen, wobei die Wachtelfarbigen heute in der Mehrzahl vertreten sind.

*Federfüßige Zwerghühner* sind echte Zwerghühner (Urzwerge), die viele Jahrhunderte ein meist unbeachtetes Dasein führten. Weil sie zu den ältesten Zwerghühnern überhaupt zählen, ist auch über ihre Herkunft oder Entstehung sehr wenig bekannt. Der porzellanfarbige Farbschlag, soviel ist aber gewiß, stammt aus Belgien, denn noch heute werden sie mit ihrem Heimatnamen „Mille fleurs" (Tausend Blumen) bezeichnet. In Deutschland gibt es heute 14 Farbschläge und dazu noch Tiere mit und ohne Bart. Die Federfüßigen sind also uralte Zwerge, für die es kein Ebenbild in der Großrasse gibt. Beim richtigen Typ wird verlangt, daß alles rund sein muß, ob das Brust, Rücken oder Übergang zur Schwanzpartie ist. Die Läufe sind reich befiedert, einschließlich der Mittelzehe. Diese Federfüßigkeit ist nicht nur ein typisches Rassemerkmal, sondern gab auch den formschönen Zwergen den Namen. Eine besonders schöne Art der federfüßigen Zwerge sind die Bärtigen, die neuerdings auch wieder auf den großen Schauen anzutreffen sind.

*Basetten* sind eine Neuerscheinung bei den Zwerghuhnrassen aus Belgien. Leider sind sie nur sehr selten anzutreffen. Mit der Zucht dieser verhältnismäßig jungen Rasse wurde 1923 erst begonnen; sie wurde 1931 in Belgien anerkannt. Es handelt sich um eine sog. Zwischenrasse, da die Größe zwischen den eigent-

Abb. 83.
Federfüßige Zwerge 1,0 porzellanfarbig.

Abb. 84. Deutsche Zwerghühner: 1,0 goldfarbig; 1,0 silberfarbig.

lichen Landhühnern und den Zwergen liegt. In Deutschland sind die Basetten seit 1959 bekannt, und wenige Jahre später wurden zwei Farbschläge zugelassen, die Wachtelfarbigen, die farblich den Antwerpener Bartzwergen gleichen, und die Silberwachtelfarbigen, die sich darin unterscheiden, daß die gelblich-braune Tönung in einem Silbergrau erscheint.

*Holländische Zwerghühner* sind in Holland das nationale Zwerghuhn. Über die Entstehung der Rasse ist nichts bekannt. Die Holländischen Zwerghühner, die früher einmal Goldhalsige Zwerge genannt wurden, kennt man in Holland mindestens seit 100 Jahren. In anderen europäischen Ländern war dieses schöne Zwerghuhn bis etwa 1955 kaum bekannt, jedenfalls kam es in dieser Zeit erst nach Deutschland. Das Holländische Zwerghuhn ist zwar klein und zart, aber sehr vital und lebhaft. Die Anerkennung von zehn Farbschlägen in Deutschland im Jahre 1963 steht noch nicht im Einklang mit dem, was von diesen zierlichen Zwergen auf großen Schauen gezeigt wird.

*Deutsche Zwerghühner* entstanden aus Kreuzungen zwischen rasselosen Landzwerghühnern und den Phönix. Sie wurden ab 1911 planmäßig gezüchtet und im Jahre 1917 erstmals auf einer Schau gezeigt. Neben den Landzwergen und den Phönix wurden dann auch noch englische Zwerghühner eingekreuzt, und das erhoffte Zwerghuhn wurde zum nationalen Zwerghuhn. Der erste Farbschlag waren die Wildfarbigen, deren Farbe heute noch als die echte Wildfarbe bezeichnet wird. Durch die verschiedenen Einkreuzungen gab es aber sehr rasch Aufspaltungen, was zu den heute zugelassenen zwölf Farbschlägen führte.

Stolz und fein in den Linien ist das Deutsche Zwerghuhn, und das beruht in erster Linie auf der einmalig eleganten, langgestreckten Körperform. Der fast waagerecht getragene, walzenförmige Rumpf ist doppelt so lang wie hoch. Das erinnert an die Phönix, denn bei dem Hahn wird der Schwanz flach getragen mit schön gebogenen, breiten Haupt- und Nebensicheln, bei der Henne ist der Schwanz leicht angehoben und lang gezogen. Hier haben die Züchter in jüngster Zeit Schwierigkeiten mit der sog. Dachfeder, das sind horizontal gewachsene obere Steuerfedern, die wie ein Dach auf den übrigen Schwanzfedern liegen. Der besondere Adel liegt jedoch bei den Kopfpunkten. Hier offenbart sich bei den Hennen die Rassigkeit und Feinheit.

Die *verzwergten Rassen.* Viele Züchter sahen ihren Ehrgeiz darin, Großrassen zu verzwergen. Während die eigentlichen Zwerge keine Vorbilder in der Großrasse haben und in den meisten Fällen schon hunderte von Jahren bestehen, wurden die meisten verzwergten Rassen erst in den letzten 60–70 Jahren herausgezüchtet. Dies hat zur Folge, daß noch nicht alle erblich so gefestigt sind, um in jedem Fall von einer reinen Zucht sprechen zu können. Oft kommen noch die für die Einkreuzung verwendeten Rassen oder Farbschläge zum Durchbruch.

Zu den *verzwergten Kämpfern* zählen Malaien, Indische Kämpfer, Belgische Kämpfer, Altenglische Kämpfer und die Modernen Englischen Kämpfer. Aber auch die Orloff, Kraienköppe, Jokohama und Phönix sind in verzwergter Form bekannt. Bei diesen und den folgenden verzwergten Rassen wird auf die vorhandenen Großrassen verwiesen, da sie bereits eingehend beschrieben sind.

Die *Zwerg-Malaien* wurden in England um 1880 aus Malaien, Asil und Zwergkämpfern gezüchtet. Sie sind zwar keine Zwerghühner, aber sie haben trotz ihrer Größe immer noch Zwerghuhncharakter, wenn man sie mit der Großrasse vergleicht. Auch Zwerg-Malaien müssen in ihrer kühnen Schönheit einem Raubvogel gleichen. Der mehr auf den Schnabel vorgeschobene Wulstkamm muß diesen Eindruck noch unterstreichen. Der s-förmig gebogene Hals mit seinem kurzen Behang ist in der Halsmitte aufgewölbt und verliert nach unten wieder an Stärke. Dadurch sitzt der Hals tief in den Schultern und bringt diese am muskelbepackten Rumpf voll zur Geltung. Durch das hoch aufgerichtete Tragen des Rumpfes erscheint die breite Brust trotz bester Bemuskelung mehr flach, was die harte und knappe Befiederung noch unterstützt. Eine weitere Kurve bildet der gewölbte Rücken, und schließlich erscheint als dritter Bogen der Schwanz mit seinen schmalen Sicheln, der leicht abwärts getragen wird. An den hoch gestellten Malaientyp werden auch in der Zwergform die Forderungen der aufgerichteten Haltung gestellt. Bisher sind sechs Farbschläge zugelassen.

*Indische Zwerg-Kämpfer,* gleichfalls eine in England gegen Ende des 19. Jahrhunderts entstandene Rasse, sind weit mehr verbreitet als die Zwerg-Malaien. Wie so manche Zwergrasse sind auch die Indischen Zwerg-Kämpfer unter Verwendung von anderen Kämpferrassen aus dem Vorbild der Großrasse entstanden. So sollten auch diese Zwerge dem Vorbild in Form und Typ der Englischen Bulldogge entsprechen. Das erste Erfordernis eines rassigen Vertreters der Zwerg-Kämpfer ist der kraftvolle Körper, der mit Muskeln bepackt erscheint, mit sehr breiter Stellung und Kampfcharakter.

Neben den großen Indischen Kämpfern sind Asil und Zwerg-Malaien zur Herauszüchtung benützt worden, also drei Rassen, die in enger Verwandtschaft zueinander stehen. Bei den Indischen Kämpfern ließ sich der Zwerghuhntyp eher gestalten als bei den Malaien, bedingt durch die tiefe, breite und wuchtige Stellung. Gerade darum darf aber ein solcher Typ nicht auf zwergenhafte Zartheit gezüchtet werden, sondern muß neben starken Knochen, harten Muskeln und straffer Feder einen breiten Körper zeigen. Der Rumpf soll unbedingt eiförmig sein, sich also stark nach hinten verjüngen. Je breiter Brust und Schultern sind, d. h. eckig hervortreten, und je knapper die Befiederung, um so rassiger wirkt das Tier in seinem Erscheinungsbild. Der Grundtyp ist fasanenbraun, dazu kommt noch der rot-weiße Farbschlag, auch Jubila genannt.

*Belgische Zwerg-Kämpfer* wurden um die gleiche Zeit in Belgien und Deutschland herausgezüchtet. In Belgien kennt man den Genter Typ, der einen Kamm hat, der nicht kupiert werden muß, und den Brügger Typ mit einem Stehkamm, der kupiert wird. Diese beiden Typen wurden erstmals in Belgien, 1961, gezeigt. In Deutschland ist ein Belgischer Zwergkämpfer bekannt, der hochgestellt mit aufrechter Haltung und einem breit angesetzten und etwas gefächert getragenen Schwanz gewünscht wird und in den Farbschlägen Schwarz-Rot, Blau-Rot und Schwarz zugelassen ist.

*Altenglische Zwerg-Kämpfer* sind als Rasse verhältnismäßig jung, denn sie wurden erst um 1900 aus Landzwergen durch Kreuzungen mit der Großrasse herausgezüchtet.

Früher waren diese Zwerg-Kampfhühner in England das Kampfhuhn des kleinen Mannes. Sie sind eine stolze und lebhafte Rasse, bei der durch Einkreuzung von Indischen Zwerg-Kämpfern die Muskulatur verstärkt und ein verbessertes kämpferisches Aussehen erreicht wurde. Altenglische Zwerg-Kämpfer kennen wir heute in 21 Farbschlägen.

Die *Modernen Englischen Zwerg-Kämpfer* wurden um 1840 in England gezüchtet und erstmals im Jahre 1844 auf einer Ausstellung vorgestellt. Die auffallend typische, hochgereckte Gestalt, die sie von allen anderen Zwerghühnern auch durch ihre vornehm schreitende Gangart unterscheidet, ist nichts anderes als die Miniaturausgabe der großen Modernen Englischen Kämpfer.

Wie bei der Großrasse gibt es auch bei den Zwerg-Kämpfern verschiedene Lauf- und Schnabelfarben von Gelb über Weidengrün bis Schwarz bei den bisher neun zugelassenen Farbschlägen.

Die *Zwerg-Orloff* sollen einen mittelhohen Stand haben, aufrechte Haltung,

Abb. 85. Moderne Englische Zwerg-Kämpfer 1,0 goldhalsig, 0,1 birkenfarbig.

Kämpfercharakter, kräftigen Knochenbau, breite Schultern und einen breit angesetzten Schwanz, der sogar steil getragen werden soll. Zur guten Form gehört aber auch der Orloff-Kopf mit weißlichem, starkem Backen- und Kinnbart. Die Grundfarbe bei den beiden Farbschlägen ist wie poliertes Mahagoniholz.

Bei den *Zwerg-Kraienköppen* hat man sich wie bei der Großrasse nur auf zwei Farbschläge, Silberhalsig und Goldhalsig, beschränkt. Die silberhalsigen Zwerg-Kraienköppe kamen aus Holland, die goldhalsigen Zwerg-Kraienköppe sind eine reine deutsche Züchtung. Beide Farbschläge verkörpern heute nahezu vollendet den Rassetyp der Kraienköppe als Landzwerghuhn mit kämpferischem Ausdruck und guten Leistungsveranlagungen. Farblich sollte immer daran gedacht werden, daß Silber- und Goldhalsig eine aufgehellte Wildfarbe ist, und zwar durch Verminderung von Schwarzpigment im Hals- und Sattelbehang des Hahnes und Auflockerung des Silber- bzw. Braunpigments bei der Henne durch feine silbergraue bzw. schwarze Rieselung.

*Zwerg-Jokohama* sind besondere Raritäten in der Rassegeflügelzucht. Sie entstanden nach mühevoller Zuchtarbeit. Leider sind sie sehr selten bei uns zu sehen. Zugelassen sind die Rotgesattelten und die Weißen.

Die *Zwerg-Phönix* entstanden in Deutschland im Jahre 1878 aus einer Kreuzung zwischen einem Hahn der Großrasse, gepaart mit goldhalsigen Altenglischen Zwerg-Kämpfer-Hennen. Bei der Zucht dieser außerordentlich langschwanzigen Zwergrasse wird der Hauptwert auf die Form und das Gefieder gelegt, weniger auf die Farbreinheit und zugelassenen fünf Farbschläge.

Die *verzwergten Rassen im asiatischen Typ* sind in der Regel ein Spiegelbild

Altenglische Zwerg-Kämpfer 1,0 goldfarbig.

Abb. 86. Zwerg-Kraienköppe 1,0 silberhalsig.

Abb. 87. Zwerg-Phönix 1,0 goldhalsig.

dieser mittelschweren Rassen in Kleinformat. Sie bringen hohe wirtschaftliche Leistungen und sind daher bei den Rassegeflügelzüchtern besonders beliebt. Rassen wie Orpington, Sussex, Wyandotten, Reichshühner oder Rhodeländer in der Zwergform stellen die größten Anteile bei den großen Geflügelausstellungen.

Die *Zwerg-Brahma* machen wie die entsprechende Großrasse einen massigen und kühnen Eindruck. Besonders der Hahn ist in seiner äußeren Erscheinung trotz seiner Kleinheit reckenhaft. Heute sind die Farbschläge Hell, Dunkel und Gelb-Columbia anerkannt und auf jeder größeren Schau zu finden. Wer sich einen Stamm Zwerg-Brahmas mit dem typischen asiatischen kämpferischen Ausdruck und der üppigen Befiederung halten will, sollte ihm zur Pflege der stark befiederten Läufe einen guten, kurzgehaltenen Grünauslauf zur Verfügung stellen.

Die *Deutschen Zwerg-Langschan* sind ein Beweis dafür, daß eine verzwergte Rasse in Form, Adel und Eleganz die Großrasse übertreffen kann. Ausgangstiere waren ein leichter, aber gut geformter Hahn der Großrasse sowie Zwerg-Cochin, schwarze Bantam und silberhalsige Landzwerge. Zur Formverbesserung wurde noch eine formvollendete Langschanhenne an einen birkenfarbigen Modernen Englischen Zwergkämpferhahn gepaart. Die sehr hochgestellten Tiere mit ihrer eleganten Figur in der Dreiecksform gibt es heute in sieben Farbschlägen.

Die *Zwerg-Orpington* wurden 1910 erstmals auf einer Ausstellung gezeigt. Zum Ausgangsmaterial gehörten Zwerg-Cochin und Bantam, aber auch noch andere verzwergte Rassen, die nicht genannt sind. Zur Verbesserung der Fußfarbe haben auch die Zwerg-Langschans beigetragen. Das Zuchtziel der Zwerg-Orpingtonzüchter ist für alle Farbschläge eine massige Würfelform mit tiefer, breiter Brust, waagerechter Körperhaltung bei tiefer Stellung. Es soll ein Zwerghuhn mit ruhigem und zutraulichem Wesen sein.

*Zwerg-Australorps* sind, wie die meisten verzwergten Rassen, eine reine deutsche Züchtung aus großen Australorps, Zwerg-Orpingtons, Zwerg-Barnevelder und Zwerg-Langschans. Mit der Herauszüchtung haben mehrere Züchter im Jahre 1955 begonnen. Seit 1960 ist durch den Bundeszuchtausschuß der tiefschwarze Farbschlag mit dem satten Grünglanz anerkannt. Für die Zwergrasse wird in Form, Farbe und Leistung die gleiche Forderung erhoben wie für die Großrasse.

*Zwerg-Plymouth Rocks* sind eine deutsche Züchtung aus den Anfängen des 20. Jahrhunderts. Wie bei der Großrasse sind auch zunächst die Gestreiften zuerst herausgezüchtet worden. Sehr gut gezeichnete Tiere der Großrasse und auch gute kleine Tiere der gestreiften Zwerg-Wyandotten mit Einfachkamm wurden immer wieder zur Verbesserung dieser Zwergrasse herangezogen. Heute sind insbesondere die gestreiften Zwerg-Plymouth in ihrem Erscheinungsbild und in bezug auf ihre saubere und vorbildliche Zeichnung eine Spitzenleistung züchterischen Könnens.

*Zwerg-Sussex* sind in England und in Deutschland erzüchtet worden. Für die englische Zuchtrichtung wurden helle Zwerg-Wyandotten verwandt, doch bei der deutschen Herauszüchtung hat man aus Gründen der unterschiedlichen Form darauf verzichtet. Die Zwerg-Sussex mit der guten Rechteckform kommen heute in Bunt und Hell und mit viel Erfolg auch in den beiden Farbschlägen Grausilber und Gelb-Columbia vor.

*Deutsches Zwerg-Lachshuhn* ist die Benennung der Zwerg-Lachse erst seit 1975. Bei seiner Erzüchtung wurde die Rechteckform angestrebt, der Zwerghuhncharakter immer mehr ausgeprägt und auf die Farbfestigkeit hingearbeitet. Im allgemeinen hat die Form der Deutschen Zwerg-Lachshühner heute recht gute Fortschritte gemacht, so daß sie ein getreues Abbild der Großrasse in verkleinerter Form abgeben. Die farblichen Feinheiten gehören aber nach wie vor zu den züchterischen Schwierigkeiten. Dazu kommen noch einige Eigenheiten, wie z. B. die fünfte Zehe, die Befiederung der Läufe an der Außenseite und der volle Bart, der Ohrlappen und Kehllappen völlig bedeckt. Außer dem lachsfarbigen Farbschlag gibt es auch noch weiße Deutsche Zwerg-Lachshühner.

Die *Zwerg-Niederrheiner* wurden aufgrund ihres Zuchtzieles zunächst auf gute Legeleistung gezüchtet, Form und Farbe kamen später. Es gibt sie heute in drei Farbschlägen: Blausperber, Birkenfarbig und Blau.

Die *Zwerg-Wyandotten* mit 17 Farbschlägen gehören zweifelsfrei zu den schönsten und meistgezüchteten Zwerghühnern in Deutschland. Sie gelten mit der behäbigen Eleganz und den feinen fließenden Linien als eine vorzügliche Nutzrasse in bezug auf die Fleisch- und Eierleistung. Die rebhuhnfarbigen Zwerg-Wyandotten sind in England aus rebhuhnfarbigen, rosenkämmigen Zwerghühnern gezüchtet worden. Außer den Rebhuhnfarbigen sind alle anderen Farbschläge in Deutschland entstanden:

Die weißen Zwerg-Wyandotten gibt es seit 1913. Die schwarzen Zwerg-Wyandotten sind bald nach der Einführung der rebhuhnfarbigen entstanden. Die blauen Zwerg-Wyandotten entstammen Kreuzungen von schwarzen und weißen Zwerg-Wyandotten um 1930. Die roten Zwerg-Wyandotten waren bereits 1920 bei den ersten ihrer Art bei der Nationalen Zwerghuhnschau in Berlin vertreten. Die gestreiften Zwerg-Wyandotten gibt es seit 1910 und die schwarzweiß-gescheckten Zwerg-Wyandotten seit 1926. Die braungebänderten Zwerg-Wyandotten haben als Henne die einheitliche satte, hellbraune Grundfarbe und die hufeisenförmige schwarze Zeichnung in der Form von intensiv schwarzen Bändern, bei durchgehender goldbrauner Kielfarbe, und als Hahn die satte, einheitlich goldbraune Grundfarbe und schwarze Einlagerungen in Form der

Hennenzeichnung im Halsbehang und die markante Untergefiederfarbe, am Beginn der Feder Sattbraun, dann Schwarzgrau. Die dunklen Zwerg-Wyandotten wurden seit 1910 planmäßig gezüchtet, die hellen Zwerg-Wyandotten verdanken ihre Entstehung den Fehlfarben, die in den Zuchten von den dunklen Zwerg-Wyandotten gefallen sind. Die Gelb-Columbia-Zwerg-Wyandotten sind seit 1964 zugelassen und heute weit verbreitet.

Die Silber-Zwerg-Wyandotten zeigen beim Hahn den Hals- und Sattelbehang rein silberweiß, wobei ein Schaftstrich zugelassen ist. Die Federn der Brust bis zu den Schenkeln sind weiß mit einer tiefschwarzen Säumung, die in gleichmäßiger Breite die Feder in ihrer ganzen Rundung umfassen soll. Die Henne hat einen weißen Halsbehang mit tiefschwarzem Schaft. Sonst sind alle Federn weiß mit schmaler, gleichmäßig breiter, tiefschwarzer Säumung.

Die Gold-Zwerg-Wyandotten sind um die gleiche Zeit wie die in Silber entstanden. Ihre farblichen Merkmale sind wie bei den Silber-Zwerg-Wyandotten, nur daß anstelle der weißen Federfarbe ein sattes Goldbraun ohne jede Pfefferung tritt.

*Deutsche Zwerg-Reichshühner* betonen in allen Farbschlägen die gestreckte Rechteckform, außerdem soll die Wirtschaftlichkeit gegeben sein.

*Zwerg-Barnevelder* sind heute in drei Farbschlägen anerkannt. Hauptsorge der Züchter ist die Breite in Sattel und Schwanz und die breite, volle Feder, die trotz der Kleinheit der Tiere bei dem doppelgesäumten Farbschlag genügend Platz läßt für die feine, schmale, schwarze, grünglänzende Säumung.

Die *Zwerg-Welsumer* wurden erst im Jahre 1947 als verzwergte Rasse anerkannt, obwohl schon zwanzig Jahre zuvor mit der Verzwergung begonnen wurde. Wichtigste und zugleich schwierigste Zuchtziele waren die Schaffung der langgestreckten Walzenform und die Festigung der Rostrebhuhnfarbe sowie der intensiv braunen Eischalenfarbe.

Abb. 88. Zwerg-Wyandotten

1,0 rebhuhnfarbig

0,1 braungebändert

Die *Zwerg-Rhodeländer* wurden von mehreren deutschen und ausländischen Züchtern bereits vor 1920 geschaffen, indem neben der Großrasse auch rote Zwerghühner ohne besondere Rassemerkmale als Ausgangsmaterial benützt wurden. Auch gelbe Zwerg-Cochin, Zwerg-Langschan und Bantam standen bei der Erzüchtung Pate. Die ersten Zuchtergebnisse wurden 1921 in Hannover gezeigt.

Die *Zwerg-New Hampshire* sind ein deutlicher Beweis, daß sich Wirtschaftlichkeit und Beliebtheit zu einer leistungsfähigen Zwerghuhnrasse vereinigen

1,0 silber

0,1 hell

1,0 dunkel

0,1 blaugold

lassen. Die goldbraunen Zwerge wurden im Jahre 1961 durch den Bundeszuchtausschuß anerkannt. Der weiße Farbschlag erhielt seine Anerkennung 1966. Zwerg-New Hampshire haben sich dank ihrer sehr guten wirtschaftlichen Eigenschaften als ein derbes, wetterhartes Leistungszwerghuhn rasch verbreitet.

Die *Zwerg-Dresdener* wurden wie die Großrasse in Dresden geschaffen. Für die Herauszüchtung wurden auch hier neben kleinen Hennen der Großrasse Zwerg-Wyandotten und Antwerpener Bartzwerge benutzt.

**Die verzwergten Zwischenformen**

Hierzu gehören nur vier Rassen, und zwar die Zwerg-Nackthälse, Zwerg-Sulmtaler, Zwerg-Altsteirer und Zwerg-Vorwerkhühner.

Die *Zwerg-Nackthälse* sind das Ergebnis einer Kreuzung von großen Nackthälsen mit Landzwerghühnern. Heute sind die Zwerg-Nackthalshühner in den Farbschlägen Schwarz, Weiß, Gesperbert, Rebhuhnfarbig, Rot und Silber-Schwarz-Geflockt zugelassen. Wichtigstes Rassemerkmal ist der rothäutige, federfreie Hals mit der typischen Bogenlinie, wie sie auch bei der Großrasse verlangt wird. Aber auch sonst müssen diese Zwerge das verkleinerte Ebenbild der Großrasse sein.

Die *Zwerg-Sulmtaler* sind von 1950–1960 in Niedersachsen entstanden. Die Verzwergung dieses schweren steirischen Landhuhnes hat eine lange Geschichte, die zum Endprodukt der gold-weizenfarbigen Zwerg-Sulmtaler mit ihrer gedrungenen Zwerglandhuhnform führte.

Die *Zwerg-Altsteirer* und die Sulmtaler gehören schon immer zusammen. So sind auch diese Zwerge um die gleiche Zeit erzüchtet und anerkannt worden.

Die *Zwerg-Vorwerk* entstanden mit Hilfe der Großrasse und unter Verwendung von gelben Zwerg-Orpington, orangefarbigen Deutschen Zwergen, Zwerg-Barneveldern und weiteren, nicht genannten Zwerghuhnrassen. Die besonderen Merkmale sind der samtschwarze Halsbehang, der einen besonderen Farbkontrast zu dem satten goldgelben Mantelgefieder darstellt. Weiße Ohrscheiben und schieferblaue Läufe sind weitere rassebedingte Merkmale.

**Die verzwergten Mittelmeerrassen**

Sie präsentieren sich derzeit auch nur in vier Rassen, den Zwerg-Andalusiern, Zwerg-Minorka, den Zwerg-Italienern mit ihrer großen Farbskala und den Zwerg-Leghorn.

Die *Zwerg-Andalusier* verdanken ihr Dasein deutschen und englischen Züchtern. Die Schwierigkeit bei der Erzüchtung bestand nicht darin, die Großrasse hinsichtlich der Form zu verkleinern, sondern die blaue Andalusierfarbe zu erreichen. Um farblich gute Tiere zu bekommen, bevorzugt man in der Zucht Hähne, die im Grundton etwas dunkler sind und auf der Brust eine gute, starke Säumung zeigen. Für die Zucht sollte man Althennen mit noch guter blauer Grundfarbe einstellen. Die Form muß, wie bei der Großrasse, edel und gestreckt, nach hinten leicht abfallend sein.

Die *Zwerg-Minorka* sind eine elegante und hübsche deutsche Züchtung, entstanden aus Kreuzungen der Großrasse mit schwarzen, einfachkämmigen Bantam, schwarzen Zwerglanschan und Landzwerghühnern. Die Zwerg-Minorka sind das verkleinerte Ebenbild der Großrasse, hochgestellt mit starkem Einfachkamm und großen, glatten, weißen Ohrscheiben. Die Tiere sind, entsprechend ihrem heimatlichen Temperament, sehr beweglich und lebhaft, eifrige Futtersucher und werden wegen ihrer guten wirtschaftlichen Eigenschaften sehr gelobt.

Die *Zwerg-Italiener* gelten als weitverbreitetste verzwergte Mittelmeerrasse, die in Deutschland und in England schon sehr frühzeitig herausgezüchtet wurde. Die 17 Farbschläge, zunächst die Schwarzen, die Gold- und Silberfarbigen, später die übrigen, sind in Form und Farbe das verkleinerte Ebenbild der Großrasse, mit Ausnahme der Orangefarbigen, denn hier gilt der Farbton der Deutschen Zwerge. Als jüngster Farbschlag wurden im Jahre 1975 die porzellanfarbigen Zwerg-Italiener zugelassen. Alle Farbschläge sind bei einer guten wirtschaftlichen Leistung auch markante Schönheiten.

Die *Zwerg-Leghorn* wurden in Amerika erzüchtet und von dort nach Deutschland importiert.

**Verzwergte Haubenhühner**

Bis heute kennen wir als verzwergte Haubenhühner die Zwerg-Paduaner, die Zwerg-Holländer Weißhauben, die Zwerg-Houdan, die Zwerg-Brabanter, die Zwerg-La Flèche und die Zwerg-Augsburger. Die Verzwergungen der Brabanter und Augsburger wurden erst im Jahre 1975 anerkannt, und dies gilt ab 1976.

*Zwerg-Paduaner* sind heute in sieben Farbschlägen zugelassen, wobei die Chamois mit ihrer ledergelben Hauptfarbe besonders verbreitet sind.

Die *Zwerg-Holländer Weißhauben* sind in ihrem Heimatland Holland und in ihrem größten Verbreitungsgebiet, in Deutschland, nahezu um die gleiche Zeit gezüchtet worden. Ihre geschlossenen, vollen weißen Hauben sind eine besondere Zierde auf den Ausstellungen. Die Zwerg-Holländer Weißhauben sind in fünf Farbschlägen: Schwarz, Weiß, Blau, Gesperbert und Schwarz-Weiß-Gescheckt zugelassen.

Die *Zwerg-Houdan* sind in England aus Tieren der Großrasse sowie Zwerg-Sussex und Zwerg-Ankona entstanden. Sie gehören zu den seltenen Hühnerrassen.

Die *Zwerg-Brabanter* werden in Deutschland seit 1959 gezeigt und sind seit 1961 anerkannt. Seit 1975 sind alle im Mutterland anerkannten Farbschläge zugelassen. Damit wurde die Zwerghuhnzucht in Deutschland um einige bemerkenswerte Neuerscheinungen bereichert.

Die *Zwerg-La Flèche* wurden in Deutschland und Frankreich in der Zeit von 1950–1960 erzüchtet. Ende der fünfziger Jahre wurden sie erstmals in Frankreich gezeigt und seit 1961 auf den deutschen Schauen.

Die *Zwerg-Augsburger* sind eine Neuschöpfung, die 1975 anerkannt wurde.

**Die verzwergten nordeuropäischen Rassen**

Sie umfassen alle Rassen, insbesondere die vielen deutschen Geflügelrassen, welche bisher eine Verzwergung erfahren haben.

*Zwerg-Rheinländer,* eine deutsche Züchtung, werden, wie bei der Großrasse, als Landhuhntyp in Backstein- oder Kastenform verlangt. Zugelassen sind die schwarzen, weißen, blauen, gesperbten und rebhuhnfarbigen Farbschläge. Sie sind heute auf allen Großschauen in bester Qualität vertreten.

*Bergische Zwerg-Kräher* machten in der Züchtung Schwierigkeiten. Die Mischung zwischen Bergischen Krähern und Schlotterkämmen in Zwergform sollte einmal die Wirtschaftlichkeit und zum anderen den langgezogenen Krähruf bringen.

Die *Zwerg-Brakel* sind in mühevoller Kleinarbeit als derbes Zwerghuhn in Landhuhnform mit den komplizierten Zeichnungsmerkmalen geschaffen worden.

Die *Ostfriesischen Zwerg-Möwen* sind eine verhältnismäßig junge deutsche Zwerghuhnrasse. Die Verbreitung der Ostfriesischen Zwerg-Möwen in Silber und Gold folgt dem allgemeinen Trend, daß leistungsfähige und dazu noch form- und farbschöne Zwerghühner heute viele neue Freunde gewinnen.

*Zwerg-Lakenfelder* entstanden aus kleinen Lakenfelder Hühnern, verpaart mit silberwachtelfarbigen Basetten und wachtelfarbigen Antwerpener Bartzwergen. Von den legefreudigen Zwerg-Lakenfeldern gibt es heute schon sehr gutes Zuchtmaterial, das sich in der Kontrastfarbe an Kopf, Halsbehang und Schwanz mit dem tiefen Samtschwarz und dem übrigen weißen Rumpfgefieder im grünen Rasen oder im Ausstellungskäfig so hervorstechend abhebt.

Die *Zwerg-Hamburger* sind zunächst in England aus großen Hamburgern, Bantam und Sebright um 1920 erzüchtet worden. Am stärksten waren in England die Zwerg-Silberlack vertreten, aber auch die Zwerg-Goldlack in den beiden Sprenkelarten waren vorhanden. Die ersten Zwerg-Hamburger in Silberlack kamen über Holland im Jahre 1922 nach Deutschland.

Die *Thüringer Bartzwerghühner* wurden erstmals 1919 in Berlin gezeigt. Sie sind eine der älteren verzwergten deutschen Hühnerrassen und durch ihre Besonderheiten zu einer beliebten Zwergrasse geworden. Sie bedürfen wegen der charakteristischen Bartbildung an Backen und Kinn einer besonderen Pflege und kommen in acht Farbschlägen vor.

*Zwerg-Kaulhühner* gibt es in vielen Farbschlägen der Landzwerghühner, wobei Farbreinheit und Zeichnung von untergeordneter Bedeutung sind.

# 2 Brut und Aufzucht

## 2.1 Brut

Zu den großen Unterschieden zwischen dem Hausgeflügel und den domestizierten Säugetieren gehören u. a. die Art der Fortpflanzung und die Erzeugung von fest ummantelten Eizellen, die außerhalb des Körpers bis zur Geburt (Schlupf) der Nachkommen (Küken) bebrütet werden. Diese sind verhältnismäßig selbständig, werden aber bei der Futtersuche von der Mutter unterstützt und suchen sie und das Nest immer wieder auf. Die Vorgänge des Nestbauens, des Brütens und der Nestpflege laufen bei den Hennen instinktmäßig ab und sind bei den einzelnen Geflügelarten unterschiedlich.

Der Mensch hat bei den Haushühnern durch systematische Selektion auf Legeleistung den Bruttrieb weitgehend weggezüchtet, so daß heute bei den meisten Leistungsrassen, vor allem bei den weißen Leghorn, kein Huhn mehr brütig wird. Ausnahmen bilden die schweren Hühner der asiatischen Rassen. Parallel zu dieser Entwicklung hat der Hühnerhalter das Eiersammeln und Brüten konzentriert und statt der Tiere künstliche Wärmequellen verwendet. Die Kunstbrut kann bis in das alte Ägypten zurückverfolgt werden, wo angeblich sogar Sklaven in die Brutöfen mit eingemauert wurden, um die Bruteier zu versorgen.

Im Laufe der Zeit sind alle möglichen Wärmequellen und Brutgeräte zur Erbrütung von Hühnereiern ausprobiert worden, und heute benutzt man elektrisch beheizte Klimakammern. In der Ausgestaltung sind sie ständig weiter entwickelt worden. Man benutzt entweder Flächenbrüter, ein tischähnliches Gebilde mit einer großen Schublade, oder Schrankbrüter, Eierhorden in mehreren Etagen übereinander, oder Raumbrüter, ein ganzer Raum mit Eierregalen. Es ist eine Frage der Größe und der Technik, für welches Modell man sich entscheidet.

In der Ausstattung der Brutschränke verfolgen verschiedene Systeme und Anordnungen denselben Zweck, nämlich durch technische Hilfsmittel die Brutfaktoren so optimal zu gestalten, daß möglichst viele Küken aus den befruchteten Eiern schlüpfen.

Der Bruterfolg hängt natürlich auch von der Qualität der Bruteier ab. Es dürfen nur normal geformte, saubere und in der Schale einwandfreie, mittelgroße Eier eingelegt werden. Die Form, gemessen mit dem Formindex, soll dem Normalei entsprechen. Verletzungen, Verformungen oder Risse der Schale mindern den Schlupferfolg. Schmutz bringt die Möglichkeit einer Keimübertragung mit sich. Zu große wie zu kleine Eier hindern den Schlupf. Die Lagerung soll in einem kühlen Raum (12–15 °C) mit wenig Luftbewegung erfolgen und 10–14 Tage möglichst nicht überschreiten. Es werden immer wieder Versuche unter-

Abb. 89. Blick in einen Schrankbrüter.

Tab. 41. Brutanweisung und Brutdauer

| | | |
|---|---|---|
| **Hühnerbrut** | | |
| Temperatur: | 1.–17. Tag | 37,8–38,0 °C |
| | 18.–21. Tag | 37,0 °C (Schlupf) |
| Feuchtigkeit: | 1.–19. Tag | 55–60 % relat. Luftfeuchtigkeit |
| | 20.–21. Tag | 80 % relat. Luftfeuchtigkeit |
| Wenden: | 1.–17. Tag | 5mal täglich oder automatisch |
| Schieren: | 6. u. 17. Tag | |
| | Brutdauer: 21 Tage | |
| **Putenbrut** | | |
| Temperatur: | 1.–22. Tag | 37,6 °C |
| | 23.–28. Tag | 37,2 °C |
| Feuchtigkeit: | 1.–24. Tag | 55–60 % relat. Luftfeuchtigkeit |
| | 25.–28. Tag | 80–85 % relat. Luftfeuchtigkeit |
| Wenden: | 1.–24. Tag | mind. 3mal täglich |
| Schieren: | 9. u. 22. Tag | |
| | Brutdauer: 28 Tage | |
| **Gänsebrut** | | |
| Temperatur: | 1.–16. Tag | 37,5–37,8 °C |
| | 17.–27. Tag | 37,3–37,4 °C |
| | 28.–30. Tag | 36,5–37,0 °C (Schlupf) |
| Feuchtigkeit: | 1.–28. Tag | 60 % relat. Luftfeuchtigkeit |
| | Beim Schlupf | 80 % relat. Luftfeuchtigkeit |
| | Eier besprengen | |
| Kühlen: | ab 10. Tag | 2mal täglich bis zum Anpicken Kühldauer je nach Alter der Embryonen bis auf Raumtemperatur |
| Wenden: | 2.–25. Tag | 2mal am Tag um 120° |
| Schwemmen: | am 25. Tag | |
| Schieren: | 10. u. 25. Tag | |
| | Brutdauer: 30–32 Tage | |
| **Entenbrut** | | |
| Temperatur: | 1.–22. Tag | 37,8–38,0 °C |
| | 23.–28. Tag | 37,0–37,5 °C |
| Feuchtigkeit: | 1.–22. Tag | 55–60 % relat. Luftfeuchtigkeit |
| | 23.–28. Tag | 80 % relat. Luftfeuchtigkeit |
| Kühlen: | ab 10. Tag | 2mal täglich bis zum Anpicken |
| Wenden: | 2.–22. Tag | 2mal täglich um 180° |
| Schieren: | 7., 14. u. 22. Tag | |
| | Brutdauer: 28 Tage | |
| **Moschusenten:** | Brutdauer 33–35 Tage | |
| **Wachteln:** | Brutdauer 16–17 Tage | |
| **Pfauen:** | Brutdauer 28 Tage | |
| **Fasanen:** | Brutdauer 22–24 Tage | |
| **Perlhühner:** | Brutdauer 26–28 Tage | |

nommen, Bruteier länger lagerfähig zu machen, was für die Züchtung von großem Wert wäre (Erhöhung der Geschwisterzahlen). Die bisher besten Ergebnisse hat man mit Verpackung von Eiern in Stickstoff-Atmosphäre in Plastikbeuteln erreicht.

Die Brutfaktoren sind die Temperatur, die Feuchtigkeit, die Luft und das Wenden. Ihre richtige Steuerung während der Brut sowie die Brutdauer werden in Tab. 41 für die wichtigsten Geflügelarten genannt.

Die Temperatur hat wahrscheinlich den größten Einfluß, ihre genaue Regulierung wird über Kontrollthermometer aufrecht erhalten. Zu niedrige Temperaturen verzögern die Brutdauer, zu hohe bewirken das Gegenteil bzw. bringen kleine, noch nicht voll befiederte oder tote Küken hervor oder solche mit blutigem Nabel.

Die relative Luftfeuchtigkeit, die psychrometrisch über ein feuchtes und ein trockenes Thermometer gemessen wird, kann ebenfalls über Kontaktthermometer gesteuert werden, die dann ihrerseits mit Befeuchtungsanlagen im Brutraum gekoppelt sind. Wichtig ist die Feuchtigkeit bzw. ihre Erhöhung zum Schluß der Brut (bei Wassergeflügel generell), da damit gleichzeitig gewisse Kühleffekte verbunden sind. Zu trockene Brutbedingungen führen zu höheren Prozentsätzen an abgestorbenen Küken, steckengebliebenen, verklebten oder wenig befiederten Tieren, während eine hohe Feuchtigkeit große, weiche und auch verklebte Küken bringt.

Die Luft als Brutfaktor ist nicht exakt zu regulieren. Die Bedingungen im Raum, in dem der Brutapparat steht, sind weitgehend ausschlaggebend für eine richtige Luft, richtig im Hinblick auf Menge und Zusammensetzung. Abgestorbene oder große, weiche Küken sind das Ergebnis einer schlechten Ventilation. Die Hersteller der Brutgeräte haben viele Systeme (z. B. Schlagleisten oder Ventilatoren) entwickelt, um ein gleichmäßiges Umspielen der Eier mit Luft zu gewährleisten und Temperaturgefälle des Gerätes unbedingt zu vermeiden.

Das Wenden schließlich, das bei jeder Glucke beobachtet werden kann, wird in Brutschränken dadurch ermöglicht, daß man mittels Schaltuhren und Elektromotoren den gesamten Einsatz mit den Eierhorden um 90 ° von der einen zur anderen Schräglage wendet. Das soll mindestens vier Mal täglich oder öfter erfolgen. Damit wird vermieden, daß der Keim oder der Embryo an der Schale festklebt. Wenn jedoch der Schlupf erfolgt und das junge Lebewesen sich mit seinem Schnabel zur Luftblase orientiert, um dort mit der Lungenatmung zu beginnen, muß man das Wenden einstellen und die Eier in einer Lage belassen.

Da außerdem während der letzten Bruttage auch die übrigen Brutfaktoren zu ändern sind und bei einem etwaigen Herdbuchschlupf dafür gesorgt werden muß, daß die Tiere in kleineren Kästen (Vollgeschwister zusammen) schlüpfen, hat man das Brutsystem grundsätzlich in Vorbrut und in Schlupfbrut eingeteilt und danach auch die Brutapparate differenziert konstruiert. Bei Gänsebrütern arbeitet man sogar mit drei verschiedenen Brutaggregaten.

Der Bruterfolg wird durch die Zahl der geschlüpften Küken in bezug auf die Einlage oder in bezug auf die befruchteten Eier ausgedrückt. Ob die Eier befruchtet sind, kann man bei einer Durchleuchtung (Schieren) nach 7 Tagen (bei Hühnern) erkennen. Die klar, wie Trinkeier erscheinenden Eier sind die nicht befruchteten. Mit Speziallampen (Quecksilberlampe) können die unbefruchteten Eier bereits nach 24stündiger Brut aussortiert werden. Ein zweites Schieren kann man beim Umlegen der Eier vom Vorbrüter in den Schlupfbrüter vornehmen, um Platz für die tatsächlich intakten Bruteier zu bekommen. Bei diesem Schieren kann man abgestorbene Embryonen an der Farbe der inneren Eimasse erkennen. Die letzten Abgänge sind dann noch beim Schlupf möglich, indem einige Küken im Ei stecken bleiben. Um ein zahlenmäßiges Beispiel zu geben, könnte eine Einlage von 1000 Bruteiern zu folgendem Ergebnis führen:

| | | |
|---|---|---|
| Einlage | 1000 | Eier |
| unbefruchtet | 50 | Eier = 95 % Fruchtbarkeit |
| abgestorben | 20 | Embryonen |
| stecken geblieben | 30 | Küken |
| geschlüpft | 900 | Küken = 90 % Schlupf der Einlage bzw. 94,7 % Schlupf der befruchteten Eier |

Die Brut muß unter einwandfreien hygienischen Bedingungen abgewickelt werden, weil unter den Brutbedingungen selbstverständlich auch Krankheitskeime ideal vermehrt werden können. In größeren Betrieben werden daher Vorbrut und Schlupfbrut räumlich getrennt. Die Staubentwicklung beim Schlupf (Kükenstaub = Hautteilchen vom Federdurchbruch) ist beträchtlich, außerdem fallen durch die steckengebliebenen Küken auch größere Abfallmengen an. Um die Reinlichkeit der Brutapparate zu gewährleisten, werden diese nach jedem Schlupf gereinigt und desinfiziert. Auch die Bruteier sind vor der Einlage zu desinfizieren. Das geschieht meistens durch Begasung mit Formaldehydgasen (35 g Formalin 40%ig + 17,5 g Kaliumpermanganat auf 1 $m^3$ Brutraum).

In der Rassegeflügelzucht werden je nach Bestandsgröße kleinere Flächen- oder Schrankbrüter benutzt. In der Wirtschaftsgeflügelzucht ist die Kunstbrut schon seit langem von Spezialbrütereien übernommen worden, die an einen Ring von Bruteierlieferanten und auf der Abnehmerseite von Kükenkunden gebunden sind. Diese Brütereien haben z. T. riesige Ausmaße und verfügen über eine perfekte Technik. Wichtig ist bei ihnen die Gesamtorganisation, die auf der einen Seite die räumliche Trennung von schmutzigen und sauberen Arbeitswegen, Eierannahme und Kükenabgabe, Lagerkapazität für Eier und genügend Raum für geschlüpfte Küken berücksichtigen muß und auf der anderen Seite auch eine kontinuierliche Brut mit regelmäßigen Schlüpfen und guter Verbindung zu den Liefer- und Abnahmekunden. Dazu kommt bei Legetieren noch die Verpflichtung, Küken geschlechtssortiert zu liefern bzw. sie gleich nach dem Schlupf gegen die Mareksche Hühnerlähme zu impfen.

Das Geschlechtssortieren, auch Sexen genannt, wird heute, wenn keine Kennküken erzeugt werden, fast nur noch nach der japanischen Methode vorgenommen. Sie beruht darauf, daß der Sexer durch einen Spezialgriff den Darminhalt des Kükens entleert und dann die Kloake herausstülpt. Dort kann man (bei jungen Hähnen bis zu 36 Stunden) den rudimentären Penisansatz in Form eines roten Fleckens erkennen, der später verschwindet. So werden die männlichen von den weiblichen Tieren getrennt. Die Methode ist sehr zuverlässig, es werden bis zu 99 % Sicherheit garantiert.

Geräte, die früher zum Sortieren eingesetzt wurden (beleuchtbare, kleine Glasstäbe) sind nicht mehr gebräuchlich, weil die Ausfallsquoten höher waren, die Genauigkeit und Geschwindigkeit geringer und außerdem die Tiere über den Darm verletzt oder infiziert werden konnten.

## 2.2 Aufzucht

### 2.2.1 Haltung

Nachdem die Küken ohne Mithilfe ihrer Mütter in Brutschränken schlüpfen, muß die Brutpflege und Aufzucht ebenfalls „künstlich“ erfolgen. Man verwendet dazu in Anlehnung an die Natur sog. Kunstglucken, die wie schirmartige Gebilde über den Küken hängen und die notwendige Wärme bringen. Im Laufe der Zeit sind Holz, Grude, Brikett, aber auch hitzeentwickelnde organische Materialien (Dünger) und neuerdings Öl, Gas und Elektrizität zur Erwärmung der Schirmglucken herangezogen worden. Die Küken benötigen am ersten Tag eine Temperatur von 32 °C, die man dann pro Woche um 2 °C reduzieren kann, so daß 5 Wochen alte Tiere etwa bei 20 °C zu halten sind. Viel kälter als ca. 20 °C sollte man die Küken bis zur 8. Woche nicht halten.

Bei Verwendung von Schirmglucken bezieht sich die angegebene Temperatur immer auf die Körperhöhe unter dem Schirmgluckenrand. Im übrigen Stall, „im Auslauf“, kann es kälter sein, weil sich die Tiere dort intensiv bewegen. Die Umstellung von Wärme zu Kälte ist sogar förderlich und als physiologischer Reiz für das Wachstum anzusehen.

Man hat Unterschiede zwischen Strahlungs- und Kontaktwärme gefunden und verschiedenen Strahlungssystemen Vorteile eingeräumt, diese Unterschiede sind aber zu vernachlässigen. In modernen Großställen für Kükenaufzucht oder Mast arbeitet man neuerdings mit Raumheizungen, ein Verfahren, das technische und arbeitswirtschaftliche Vorteile bringt, dafür aber verhältnismäßig teuer ist und durch die gleichmäßige Wärme auch einige Schwierigkeiten macht (einseitige Luftführung, hohe Luftgeschwindigkeit, meistens zu trockene Luft). Die Bodenheizung, die zeitweise auch schon propagiert wurde, hat sich nicht durchgesetzt. Zu den teuren Anschaffungskosten kamen mangelnde Kontrollmöglichkeiten und die hohe Staubentwicklung im Stall.

Bei der Auswahl des richtigen Heizungssystems für Aufzuchtställe sollte entscheidend sein, daß die Wärmequellen preiswert in der Anschaffung, gut regulierbar und funktionssicher sind, ferner daß das Heizungsmaterial immer vorhanden und wirtschaftlich erschwinglich ist.

Schirmglucken von 125 cm Ø reichen für 250 Küken,
Schirmglucken von 150 cm Ø reichen für 350 Küken,
Infrarotstrahler mit 250 Watt sind für 75 Küken ausreichend,
Raumheizungen mit Schalen- oder Düsenbrennern empfehlen sich ab 5000 Küken.

Bei der Heizungskostengegenüberstellung sollte man als Faustzahl zugrunde legen, daß man für eine Aufzuchtperiode pro Küken etwa

1 – 1,5 kg Briketts
0,5 – 1 l Öl
1 – 3 kWh Strom
1 – 1,5 bei Schirmglucken }
2 bei Tiefstrahlern } kWh Strom
2 – 3 bei Infrarot }
140 – 180 g Propangas

benötigt. In der Bodenhaltung sollte man während der ersten 6 Wochen 15–20 Küken pro m² halten, danach 10 Küken, in der Junghennenzeit 6–8 Tiere.

Tab. 42. Bedarf an Trögen und Tränken

| | 1. Woche | 2.–4. Woche | 5.–8. Woche | 9.–15. Woche | ab 16. Woche |
|---|---|---|---|---|---|
| Trogseite je Tier | | 3 cm | 6 cm | 10–12 cm | 12–15 cm |
| Troglänge je 100 Tiere | 0,25 $m^2$ Futter-brettchen | 1,5 m | 3 m | 5–6 m | 6–7,5 m |
| Tränken je 100 Tiere | 2 je 2 l | 3 je 2 l | 3 je 5 l | 20 l | 25 l |
| Tränkrinnenseite je Tier | 0,5 cm | 1 cm | 1,5 cm | 2,5 cm | 3 cm |

Soweit Auslaufflächen angeboten werden sollen, sind 1–2 m² für ein Küken und 5–10 m² für eine Junghenne vorzusehen.

Der Bedarf an Trögen und Tränken ist in Tab. 42 dargestellt.

Es besteht auch die Möglichkeit, Küken oder Junghennen in ein- oder mehrstöckigen Käfiganlagen aufzuziehen. Dann sollte man pro Tier

- bis zur 6. Woche 130 cm²
- bis zur 18. Woche 350 cm²
- bis zur Legereife 400 cm² Fläche anbieten.

Die Abmessungen der Käfige sind für die einzelnen Modelle unterschiedlich. Desgleichen gibt es Varianten für die Futter- und Wasserversorgung, für die Kotbeseitigung und die Heizung.

Zur Ausnutzung der Wärme und des Aufzuchtraumes kann je nach Käfigmodell empfohlen werden, die Tiere anfangs dichter bzw. nur in einer Etage unterzubringen und später auf alle Käfigeinheiten zu verteilen. Die gängigen Modelle sind mit genügend Trog- und Futterflächen ausgestattet.

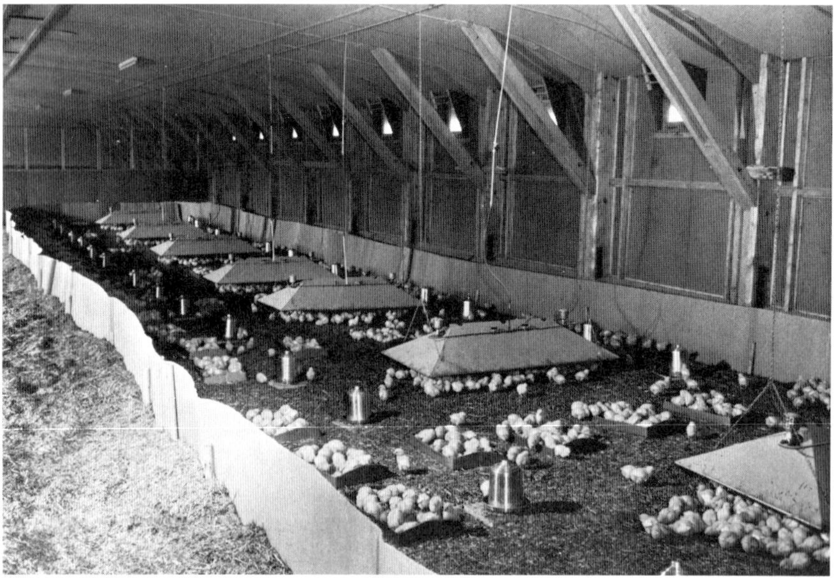

Abb. 90. Kükenaufzucht unter Gasstrahlern.

Der Hühnerhalter kann vor Beschaffung eines solchen Gerätes Prüfergebnisse der DLG anfordern, denn die meisten Käfiganlagen sind in Geräteleistungsprüfungen getestet worden.

Bezüglich der Beleuchtung von Küken wird auf Seite 332 ff. verwiesen.

### 2.2.2 Fütterung

In der Geflügelfütterung haben sich die beiden Möglichkeiten der kombinierten und der Alleinfütterung seit langem bewährt und durchgesetzt. Bei dem einen System wird das Futter getrennt in Form von Körnern bzw. Grütze und Ergänzungsfutter angeboten, beim anderen erhalten die Tiere, wie der Name sagt, alle notwendigen Nähr- und Wirkstoffe in einer Mischung als Alleinfutter.

Das Deutsche Futtermittelgesetz und die DLG-Standards haben die entsprechenden Sorten berücksichtigt und empfehlen gemäß der folgenden Aufstellung für die Aufzuchtzeit ein

- Alleinfutter für Küken (in den ersten Lebenswochen) = Starterfutter,
- Alleinfutter für Küken,
- Ergänzungsfutter für Küken,
- Alleinfutter für Junghennen,
- Ergänzungsfutter für Junghennen.

Die genannten Sorten werden als Mehl- oder als Preßfutter geliefert. Preßfutter ist für die jüngeren Tiere vorteilhaft, weil nicht so viel Futter vergeudet wird, Mehlfutter für die älteren Tiere, weil sie durch das Fressen länger beschäftigt sind.

Starterfutter – ein Futter mit besonders hoher Wirkstoffdosierung für die ersten Tage – gibt man pro Tier bis zu 200 g, anschließend wird bei der Alleinfütterung das Kükenalleinfutter ad libitum verwendet. Nach 8 Wochen geht man über zur Verfütterung des Junghennenalleinfutters, das ebenfalls zur freien Verfügung gestellt werden sollte, das bis zum Ende der Junghennenzeit aber auch mit Erfolg rationiert gegeben werden kann (90 % des ad libitum-Bedarfs bzw. im skip-a-day-Verfahren, d. h. mit Aussetzen des Futters während eines Tages in der Woche). Man rechnet etwa 0,2 kg Kükenstarterfutter, 1,8 kg Kükenalleinfutter und 7 kg Junghennenalleinfutter pro Tier für eine Aufzuchtperiode. Bei der Anwendung der kombinierten Fütterung hat man für die ersten 8 Wochen mit 1,2 kg Aufzuchtmehl und dem Rest (ca. 0,8 kg) Grütze zu rechnen. Während der Junghennenzeit sind bis zur Legereife Junghennenmehl und Körner etwa je zur Hälfte vorzusehen. Frühe Junghennen füttert man gern mit mehr Körnern. Der tägliche Futterverbrauch steigt bei leichten Wirtschaftsrassen vom ersten Tag bis zur Legereife von 10–100 g pro Tag.

Eine Futterverbrauchskurve ist in Abb. 91 festgehalten. Sie hat einen ähnlichen Verlauf wie die Kurve der Gewichtsentwicklung. Entsprechend verhält sich auch der Bedarf an Trinkwasser. Ein Huhn benötigt durchschnittlich das Doppelte des Futterverbrauches an Wasser. Bei Küken ist die Wassermenge noch nicht so hoch (ca. 1 : 1,5). Bei Hochleistungslegehennen dagegen kann sie bei normaler Temperatur darüber hinausgehen (1 : 2,5).

An Futter- und Tränkgefäßen werden die üblichen Trog- oder Automatenformen eingesetzt, die man bei der Technisierung in Großanlagen in Form von

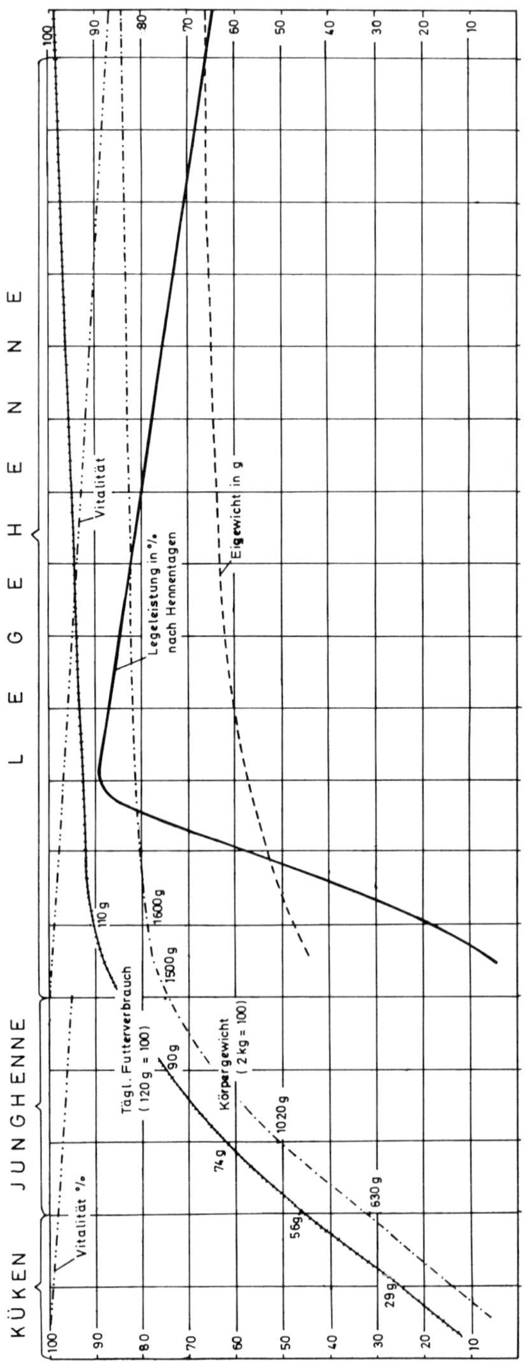


Abb. 91. Leistungen einer Legehenne im Laufe ihrer Entwicklung.

Futterbändern oder -ketten bzw. Rund- und Rinnentränken wieder findet. Neu, aber zuverlässig ist die Wasserversorgung mit Hilfe von Nippeltränken bzw. Schalentränken. Nähere Einzelheiten im nächsten Kapitel.

# 3 Wirtschaftshühner

Wirtschaftshühner sind Haushühner, die allein auf Wirtschaftlichkeit, d. h. auf Legeleistung oder Mastleistung, gezüchtet wurden. Da beide Merkmale genetisch negativ miteinander korreliert sind, hat man die Idee des Zweinutzungstyps (früher „Zwiehuhn" genannt) rasch aufgegeben und in der Züchtung bewußt nur das betreffende Hauptmerkmal berücksichtigt. Da außerdem zur Erlangung spezieller genetischer Effekte (Dominanz, Epistase, Heterosis) Tiere mehrerer Rassen kombiniert wurden, sind die Endprodukte der Wirtschaftsgeflügelzucht in der Regel Kreuzungshühner, und zwar Kreuzungen reiner Linien von einer oder mehreren Rassen. Zur weiteren Information über die Grundlagen der Kreuzungszucht sei auf Seite 135 verwiesen.

Die Organisation der Wirtschaftsgeflügelzucht unterscheidet drei Stufen:

1. Züchter bzw. Zuchtbetriebe = Besitzer der Ausgangslinien, die mit Hilfe bewährter Zuchtmethoden das Endprodukt für den Legehennenhalter bzw. Mäster erzüchten und Elterntierküken zur Vermehrung verkaufen.
2. Vermehrer = die zwischengeschalteten Betriebe, die von den Züchtern die Elterntiere erhalten und die Küken für den Endverbraucher herstellen.
3. a) Legehennenhalter = die Besitzer der Endprodukte, in diesem Falle der Legehennen. Diese werden ein Legejahr bzw. ein verlängertes Legejahr (manchmal auch über eine Zwangsmauser hinaus) gehalten. Eine Weiterzucht ist nicht möglich.
3. b) Mäster = die Besitzer der Endprodukte, in diesem Falle der Mastküken. Diese werden bis zum gewünschten Mastendgewicht (z. Z. 1500 g) gehalten, was von der Leistungskapazität der Tiere und der Futterqualität abhängig ist (z. Z. 45 Tage).

## 3.1 Legehühner

### 3.1.1 Rassen

Die modernen Legehybriden sind in den meisten Fällen weiße Leghorn-Hühner. Während man früher zur Verbesserung des Kreuzungseffektes noch vier, später zwei Rassen verwendete, ist man aus Wirtschaftlichkeitsgründen heute zu einer Rasse übergegangen. Neben den Leghorn sind zur Befriedigung der Verbraucherwünsche nach braunschaligen Eiern auch New Hampshire bzw. New Hampshire-Kreuzungen zu Braunleger-Hybriden weiter gezüchtet worden. Während in der BRD der Anteil an Braunlegern in der letzten Zeit beachtlich stieg (insgesamt aber noch weit unter 20 % liegt), werden sie in anderen Ländern, vor allem in Frankreich und Italien, bevorzugt, und der Verbraucher ist dort bereit, für das braune Ei mehr zu zahlen. Die Namen der auf dem Markt befindlichen Herkünfte sind in den meisten Fällen mit denen der Zuchtfirmen identisch (Babcock, Hubbard, Kimber, Lohmann, Seelaf, Shaver) und lassen keinen Rückschluß auf die verwendete Rasse zu. Nur in einigen Fällen wird auf das Zuchtverfahren angespielt (Ames Incross = Inzuchtlinien-Kreuzung, Nick Chick = Passerpaarung, Tetra = Vierfach-Kreuzung, Amberlink = geschlechtsgebunden).

Die Leistungen des Wirtschaftsgeflügels werden in der BRD von 6 staatlichen Leistungsprüfungsanstalten laufend überprüft. Die Prüfungsberichte jeder Anstalt bzw. das zusammenfassende Ergebnis gibt eine Fülle von Informationen für interessierte Hühnerhalter und Züchter. Die Angaben beziehen sich auf einen 500 Tagetest, d. h., es wird die Legeleistung der Tiere bis zum 500. Tage (5 Monate Aufzuchtzeit und 11,5 Monate Legezeit) berücksichtigt. Diese Zeit hat sich international durchgesetzt. Selbstverständlich werden die Herkünfte in mehreren Wiederholungen pro Anstalt und in genügend großen Tiergruppen getestet, so daß statistische Überprüfungen der Ergebnisse möglich sind. Desgleichen wird auf das Prinzip der repräsentativen Stichprobe geachtet und als Ausgangsmuster eine bestimmte Zahl von Bruteiern im Zucht- oder Vermehrungsbetrieb gezogen. Ein Auszug der zusammengefaßten Ergebnisse der amtlichen deutschen Legeleistungsprüfungen für Hühner 1974/75 ist in den Tab. 43 u. 44 abgedruckt.

Die Daten geben ein eindrucksvolles Bild von der Leistungsfähigkeit moder-

Tab. 43. Durchschnittswerte der Leistungsmerkmale in den deutschen Legeleistungsprüfungen 1974/75 *)

| Merkmal | Dimension | Ges. Durchschnitt | Standardabweichung ** |
|---|---|---|---|
| Verluste bis 140. Tag | % | 1,6 | 1,29 |
| Futterverzehr bis 140. Tag | kg | 8,66 | 0,182 |
| Körpergewicht 140. Tag | kg | 1,68 | 0,030 |
| Körpergewicht 500. Tag | kg | 2,32 | 0,042 |
| Alter bei 50 % Legeleistung | Tage | 168 | 2,4 |
| Verluste 141.–500. Tag | % | 7,7 | 2,69 |
| Eizahl je Anfangshenne | Stück | 249 | 5,7 |
| Eizahl je Durchschnittshenne | Stück | 259 | 4,9 |
| Eimasse | kg | 15,45 | 0,376 |
| Durchschnitts-Eigewicht | g | 61,9 | 1,24 |
| Futter je kg Eimasse | kg | 2,80 | 0,057 |
| Futter je 60 g Ei | g | 168 | 3,4 |
| Anteil ***) A 1–A 3-Eier | % | 61 | 3,7 |
| Bruchfestigkeit | $kg/cm^2$ | 3,30 | 0,133 |
| Eiklarindex | Einh. | 73 | 3,2 |

*) Weiß- und Braunleger zusammengefaßt
**) Standardabweichung nach Ausschaltung der Wechselwirkung Herkunft × Station
***) Gemeint sind die Eier der Güteklasse A und der Gewichtsklasse 1–3

Tab. 44. Leistungsunterschiede für Weiß- und Braunleger

| Herkunft | Futter je Ei in g | Eizahl je Anfangshenne | 500 Tage Gewicht in kg |
|---|---|---|---|
| Weiße Herkünfte | 166 | 254 | 1,70 |
| Braune Herkünfte | 180 | 244 | 2,16 |

ner Hybridherkünfte. Über 15 kg Eimasse in 500 Lebenstagen sind kaum überbietbar. Die biologische Grenze ist durch das natürliche Intervall der Eireifung im Uterus gegeben. Verbesserungen sind allenfalls noch in der Schalenstabilität denkbar. Ebenfalls erstaunlich sind die geringen Verluste (unter 1 % pro Monat) und der niedrige Futteraufwand pro Ei, so daß bei normalen Preisverhältnissen für die Erzeugungsmittel und die Eier eine gute Rentabilität gewährleistet ist. Über das Leistungsvermögen von leichten Legehybriden gibt außerdem die Übersicht in Abb. 91 Auskunft. Für die schweren Tiere, zu denen vorwiegend die Braunleger zu rechnen sind, hat man ähnliche Eizahl- und Eigewichtskurven anzunehmen, jedoch höhere Futterverbrauchs- und Körpergewichtsdaten.

### 3.1.2 Haltung

Von den bekannten Haltungssystemen Auslauf, Bodenhaltung und Käfighaltung werden in der Wirtschaftsgeflügelzucht eigentlich nur noch die beiden Letztgenanten angewendet. Der Auslauf bringt mit seiner Klimaabhängigkeit ein größeres Wirtschaftlichkeits- und Gesundheitsrisiko und kann auch wegen anderer Nachteile (Bodenpreise, Arbeitskosten) in der Rentabilität nicht mit den anderen Systemen konkurrieren. Wer aus Liebhaberei Hühner auf dem Auslauf hält, muß für ständigen Wechsel der Auslauffläche sorgen und eine „Hühnermüdigkeit" unbedingt zu vermeiden suchen. Vorschläge für Umtriebsmethoden und geeignete Auslaufgräser sind der Spezialliteratur zu entnehmen.

In der *Bodenhaltung* ist es wichtig, den Hühnern Platz zum Laufen und Scharren, zum Fressen und Saufen, zum Eierlegen und zum Schlafen anzubieten. Die Stallungen sind daher in der Grundkonzeption so einzurichten, daß ein Scharraum zur Verfügung steht, Sitzstangen zum Ruhen angebracht sind und außerdem genügend Nester, Tröge und Tränken leicht erreichbar sind. Je nach Intensitätsgrad ist im Laufe der Zeit die Scharrfläche immer mehr dem Kotkasten (Sitzstangenfläche) gewichen, weil man dort neben dem Kot auch Tropfwasser, Futterreste und Bruchеier abfangen, somit die Stallhygiene verbessern und die Zahl der verlegten Eier reduzieren konnte. Die Entwicklung (s. Abb. 92) ging sogar so weit, daß der Kotkasten auf den gesamten Stallraum ausgedehnt und der besseren Übersicht und der verlegten Eier wegen schräg gestellt wurde. Die Hühner befinden sich damit praktisch in einem großen Käfig. Die Schrägstellung des Bodens läßt die verlegten Eier abrollen, ein Mittelgang als Zugang zu den Nestern sorgt für bequemes Eiersammeln.

Als Nester werden Einzel- oder Gemeinschaftsnester benutzt. Ein Nest reicht für 4–5 Hennen. Bei Gemeinschaftsnestern ist 1 $m^2$ Nestfläche für 50 Hennen vorzusehen. Die neueren Nestmodelle sind häufig als Abrollnester gebaut, bei dieser Konstruktion rollen die Eier nach dem Legen nach einer Seite des Nestes in eine Sammelrinne.

Als Futtergefäße werden Einzeltröge oder Automaten eingesetzt, die in größeren Ställen zu Futterbändern oder Futterketten vereinigt bzw. über ein Rohr (bei Automaten) zusammengeschlossen sind. Es gibt verschiedene Trogformen und Fördersysteme. Man kann die Fütterungsanlage auf dem Boden oder auf dem Kotkasten installieren. Sie sind in der Höhe verstellbar, können schräg fördern und um Ecken gelenkt werden. Die Futterzuteilung erfolgt über kleinere Futtermaschinen, die ihrerseits aus Futtersilos mittels Schnecken befüllt werden.

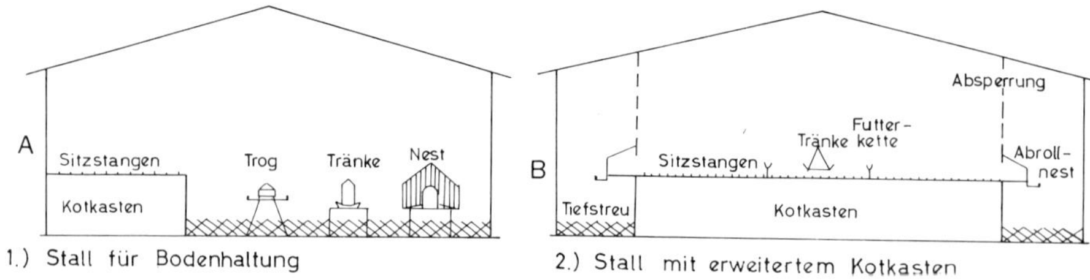


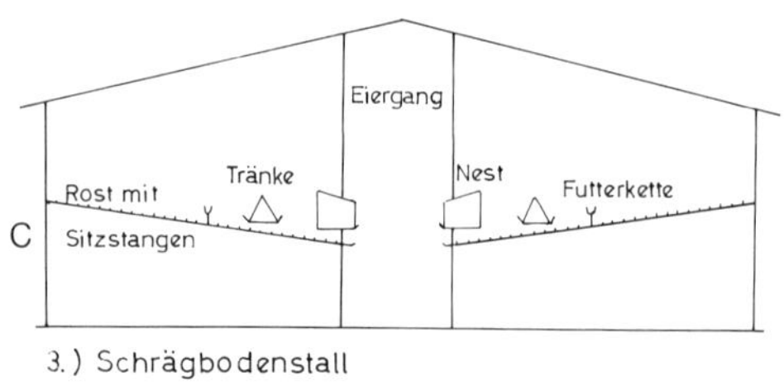


Abb. 92. Systeme der Bodenhaltung.

Will man rationiert füttern, kann man selbstverständlich auch Dosiergeräte einschalten. 1 m Futtertrog (mit 2 Seiten) reicht für 20 Hennen, ein Futterautomat mit 60 cm Durchmesser für 40–50 Hennen.

Als Tränken sind in kleineren Beständen die Rinnentränken üblich, in größeren die Rundtränken, die dann zu mehreren in einem Tränksystem vereinigt sind. Beide Modelle werden über Federventile gesteuert, und zwar handelt es sich um Doppelventile, die sowohl nach genügend Wasserzufuhr als auch beim Abhängen der Tränkgefäße die Wasserzufuhr absperren. Zur Druckminderung und zum Ausgleich wird das Wasser bei den meisten Tränksystemen über Vorratsbehälter geleitet. Das hat den weiteren Vorteil, daß man über das Trinkwasser sehr gleichmäßig und schnell Medikamente oder Prophylaktika an die Tiere verteilen kann. 1 m Rinnentränke mit zwei Seiten reicht für 80–100 Hennen; mit einer Rundtränke kann dieselbe Zahl von Hühnern versorgt werden.

Die Ausführung der Kotkästen und Sitzstangen ist nicht genormt. Man kann für 1 lfm Sitzstange 5–6 Hennen rechnen. Der Kotkasten sollte mindestens 50–60 cm hoch sein, die Maschenweite für das Kotkasten-Drahtgeflecht 2,5 × 5 cm betragen.

Die Tiefstreu ist möglichst vielseitig zusammenzusetzen. Alle Materialien, die ein gewisses Aufsaugvermögen besitzen und sich zum Kompostieren eignen, sind auch für die Tiefstreu brauchbar. Stroh sollte kurz gehäckselt Verwendung finden. In ihrem Aufsaugvermögen verhalten sich:

| | |
|---|---|
| Hobelspäne | 1 |
| Sägespäne | 1 |
| Weizenstroh | 1,8 |
| Roggenstroh | 1,8 |
| Haferstroh | 1,9 |
| Torfstreu | 2,8 |

Die Streu wird nur einmal in den Stall gebracht und dann ständig „gepflegt", also erneuert und aufgelockert. Ihre Feuchtigkeit soll unter 35 % liegen.

Die *Käfighaltung* hat im letzten Jahrzehnt eine beachtliche Verbreitung gefunden. Das gilt nicht nur für die Legehennenhaltung, sondern auch für die Aufzucht und die Elterntierbestände. Der Grad der Mechanisierung ist bis zur letzten Perfektion gediehen, so daß nicht nur automatisch getränkt, gefüttert und der Kot geräumt wird, sondern auch die Eier aus allen Etagen gesammelt und aus dem Stall befördert werden. Man unterscheidet die Käfige nach:

Aufbau: Flach-, Stufen- und Etagenkäfige

Die Käfige stehen entweder in einer Höhe nebeneinander oder in Stufen versetzt bzw. in Etagen übereinander.

Verwendung: Aufzucht-, Lege- oder Elterntierkäfige

Je nach Verwendungszweck werden z. T. Drahtmaschengröße, Neigung des Bodengitters, Ausführung der Tröge und Tränken konstruktiv verändert und dem jeweiligen Entwicklungsalter der Tiere angepaßt.

Mechanisierungsgrad: Käfige oder Käfigbatterien

In kleinen Verbänden zusammenhängende Käfige, die noch von Hand oder mit einem Futterwagen bedient werden, nennt man Käfige; dagegen werden größere Blöcke, die einheitlich mit einem Mechanisierungssystem für Fütterung und Entmistung gekoppelt sind, Käfigbatterien genannt.

Tierbesatz: Einzelkäfige, Mehrfachkäfige und Koloniekäfige

Sie sind besetzt mit einem bzw. zwei bis fünf oder mehr als sechs Tieren

Fütterungseinrichtung: Handfutter-, Futterwagen-, Futterketten- bzw. Futterschneckenanlagen

Abb. 93. Flachkäfige (Flatdecks).

Abb. 94. Käfigbatterie.

Diese Bezeichnungen bedürfen keines weiteren Kommentars. Die häufigsten Käfiganlagen sind mit elektrisch gesteuerten Futterwagen oder mit Futterketten ausgestattet.

Entmistungsart: Kontinuierliche oder Intervallentmistung

Die Ausstattung der Entmistung richtet sich danach, ob Naß- oder Trockenkot gewonnen werden soll. Bei kontinuierlicher Entmistung oder Naßkotgewinnung können Kotschieber, Kotbänder oder Papierrollen angeboten werden. Bei der Intervallentmistung zur Gewinnung von Trockenkot wird neben dem Schieber- oder Bändertransport häufiger die Lagerung von Kotwannen oder zwischen den Etagen in Kotkellern vorgenommen. Die sog. „Huckepack"- oder „Kompakt"-Systeme sind „zusammengeschobene" Stufenkäfige, die ein Durchfallen des Kotes auf einen unter der Batterie liegenden Sammelplatz zulassen.

Das zuletzt genannte Problem der Entmistung hat bei dem augenblicklichen Bestreben um umweltfreundliche Stallanlagen zu tiefgreifenden baulichen Eingriffen bei der Errichtung von Geflügelstallbauten geführt. Teilweise werden unter den Käfigen Gruben vorgesehen, in denen der Kot längere Zeit lagern kann. Z. T. wird sogar mit Kotkellern gearbeitet, in denen man durch Luftzuführen und Durcharbeitung des Materials an Ort und Stelle Trockenkot gewinnt. Auch die früher üblichen Lüftungssysteme (s. Abb. 50) sind nicht mehr alle zu empfehlen, weil neuerdings höhere Abluftschächte eingeführt werden sollen, um eine bessere Verteilung der Abluft und damit eine geringere Geruchsbelästigung der Nachbargebiete zu gewährleisten. Die an und für sich sehr funktionstüchtigen Querlüftungen wird man notgedrungen immer mehr aus dem Verkehr ziehen.

Die Eignung von Käfigen zur Legehennenhaltung wird von seiten des Tierschutzes bezweifelt, dennoch sagen die Erfahrungen, daß die Tiere bei diesem Haltungssystem zu hohen Leistungen fähig sind, ihre Lebensvorgänge (Futteraufnahme, Verdauung, Legetätigkeit u. a.) normal ablaufen und die Gesundheit zu keinerlei Klagen Anlaß gibt. Eine tiergerechte und wirtschaftliche Haltung schließen sich grundsätzlich nicht aus, weil nur bei optimaler Umweltgestaltung (Haltung, Fütterung, Hygiene) hohe Leistungen und damit auch die Wirtschaftlichkeit gewährleistet sind. Wenn einige Verhaltensweisen in Käfigen anders ablaufen als auf dem Boden, so sind diese Veränderungen in ihrem Umfang und in ihrer Einwirkung auf physiologische Abläufe noch nicht zu quantifizieren. Außerdem muß man wissen, daß Hühner ein großes Adaptationsvermögen besitzen.

Eine Fülle von Literatur hat sich inzwischen über die Frage der Käfighaltung angesammelt. Faßt man die Ergebnisse in- und ausländischer Untersuchungen zusammen, so kann man als Empfehlung für Legehennen

- die Tierzahl pro Käfig auf 3–4 Hennen,
- die Fläche pro Tier auf mindestens 450 $cm^2$ und
- die Troglänge pro Tier auf mindestens 10 cm

festsetzen, bei Käfighöhen von 35–40 cm, einem Gefälle des Bodengitters von 10 % und einer Drahtstärke des Bodengitters von 2,5 mm. Von seiten des Tierschutzes werden 600 $cm^2$ Fläche pro Tier gefordert. Außerdem ist ein Käfigmodell im Gespräch (der sog. „Get-away“-Käfig), das die Tiere in zwei Stockwerken unterbringt und dabei Sitzstangen und ein Nest berücksichtigt (s. Abb. 95).

Abb. 95. Get-away-Käfig.

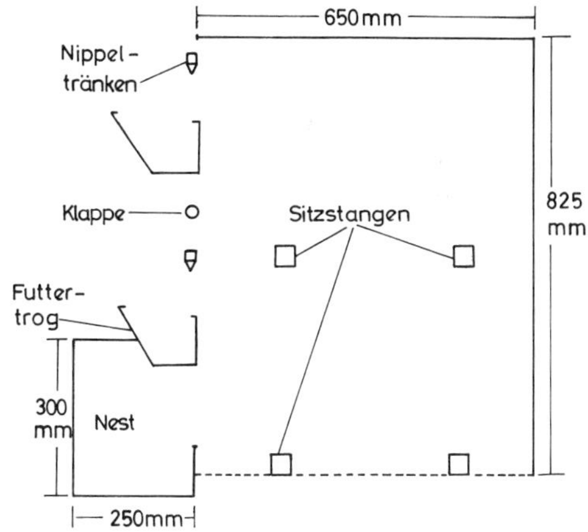


Die Versorgung der Tiere in Käfigen mit Wasser und Futter erfolgt ähnlich wie in der Bodenhaltung, nur haben sich hier als Tränken hauptsächlich die Nippeltränken (konisch eingepaßte Stifte, die sich in einer Druckleitung befinden und von den Hennen bei Wasseraufnahme eingedrückt werden) durchgesetzt und als Futtergefäße die Futterketten. Gemäß der obigen Aufstellung sind auch Hand- oder Wagenfütterung möglich.

### 3.1.3 Stall und Klima

Das Kapitel Haltung wäre unvollständig, wenn nicht auch einige Hinweise auf Stall und Klima gegeben würden. Die Intensivierung der Hühnerhaltung ging parallel mit dem Wechsel vom Auslauf zur Stallhaltung und vom kleinen Stammstall zur großen Legehalle. Moderne Hühnerställe sind fensterlos und werden im Fertigbausystem unter Einschaltung neuer raumtechnischer Erkenntnisse (gute Isolierung, vorgefertige und normierte Teile, eingebaute Klimasysteme) errichtet. Beim Bau der Ställe werden neben den technischen auch die hygienischen Gesichtspunkte berücksichtigt. Den größten Einfluß jedoch nehmen die klimatischen Forderungen. Was in dieser Hinsicht bei der Konstruktion versäumt wird, muß später durch teure Betriebsmittel (Heizung oder Kühlung) nachgeholt werden.

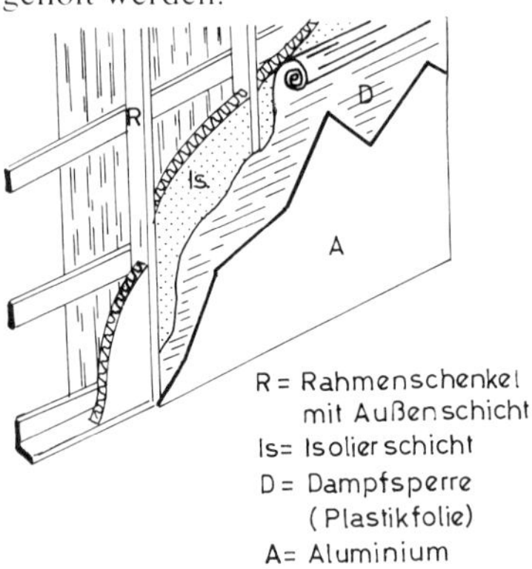


Abb. 96. Beispiel einer Wandkonstruktion.

Verbundplatten aus mehrschichtigem Material (Abb. 96) als Wände mit einer guten Schutzwirkung nach außen, genügend Dämmwert im Kern und einer ausreichenden Dampfsperre nach innen sowie entsprechende Dachteile sind das bevorzugte Baumaterial. Man verlangt in den mittleren Klimazonen k-Werte von 0,5 für Dach und Decke und von 0,7 für die Wände. $k = \frac{\text{kcal}}{\text{m}^2\ \text{h}\ ^\circ\text{C}}$ = Wärmedurchgangszahl). Erniedrigt sich der k-Wert, dann gehen weniger Wärmekalorien pro Stunde und °C pro m² des Bauelementes verloren.

Die Ansprüche der Hühner an das Stallklima sind wie folgt aufzulisten:

- Temperatur zwischen 12 und 18 °C, wobei das Optimum der Legeleistung mehr bei 12 °C und das der Futterverwertung mehr bei 18 °C liegt. Eine kalte Umgebung schadet den Tieren erfahrungsgemäß weniger als eine zu warme.
- Feuchtigkeit (rel.) zwischen 60 und 80 %. Bei Trockenheit stört die Staubentwicklung, bei Feuchtigkeit nehmen Verschmutzungen, Geruchsentwicklungen und feuchte Einstreu überhand.
- Luftmenge, pro Tier und Stunde minimal 3 m³, wobei je nach Haltungssystem, Leistungsniveau und Jahreszeit unterschiedliche Empfehlungen zu geben sind, die z. T. über 10 m³/h hinausgehen (s. Tab. 45).
- Luftzusammensetzung weniger als 0,1 ‰ Ammoniak ($NH_3$)
  weniger als 3,5 ‰ Kohlendioxid ($CO_2$)
  weniger als 0,02 ‰ Schwefelwasserstoff ($H_2S$).
- Luftgeschwindigkeit 0,2–0,3 m/sec in Tiernähe.

Tab. 45. Mindestluftraten für Hühnerställe im Sommer (nach WOLFERMANN)

| Tiergewicht | g/Tier | 55 | 165 | 310 | 520 | 700 | 1130 | 1630 |
|---|---|---|---|---|---|---|---|---|
| Temperatur- | 2 °C | 0,75 | 2,12 | 3,50 | 5,12 | 6,37 | 8,75 | 11,12 |
| differenz *) | 3 °C | 0,37 | 1,06 | 1,75 | 2,56 | 3,18 | 4,37 | 5,56 |

*) Temperaturdifferenz zwischen außen und innen

Zur Regulierung eines einwandfreien Klimas werden Lüftungssysteme verwendet, die nach dem Unter- oder Überdruckverfahren arbeiten, also belüften oder entlüften. Befeuchtungsanlagen werden noch nicht eingesetzt, weil sie zu aufwendig arbeiten. Aufgrund einer Klimabilanz (s. einschlägige Literatur) werden Belüftungspläne aufgestellt, die bei einer Standardfeuchtigkeit (z. B. 70 %) für unterschiedliche Temperaturdifferenzen von außen und innen die entsprechenden Lüftungsraten festlegen. Die praktische Durchführung wird dann von Hand oder mit Hilfe einer automatischen Steuerung (Thermostat, Hygrostat) vorgenommen. Besonders wichtig bei der Klimatisierung sind die Ventilatoren und ihre Funktion (Einbau, Leistung, Steuerung) sowie die Luftführung (Schächte, Klappen, Prallplatten). Einige der konventionellen Möglichkeiten sind in Abb. 97 gezeigt. Von ihnen wird man künftig nicht alle Alternativen praktizieren können, weil verschärfte Vorschriften mit Rücksicht auf die Umweltverschmutzung zu erwarten sind. So wird man z. B. die seitlichen Abzugsventilatoren bei der Querlüftung nicht mehr empfehlen können.

Zum Klima gehört in gewissem Umfang auch das Licht (Abb. 98). Da in fensterlosen Ställen mit Kunstlicht gearbeitet werden muß, ist eine genaue

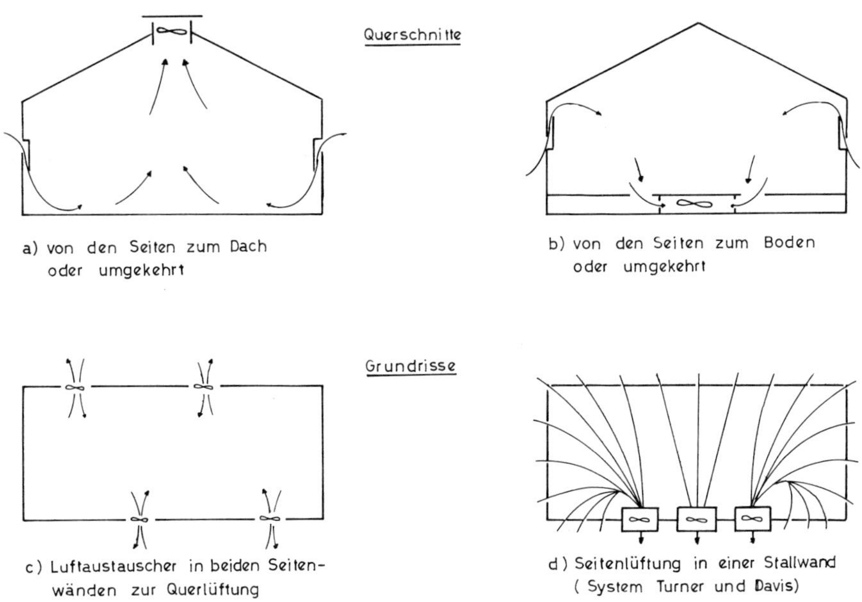


Abb. 97. Luftführungsbeispiele.

Kenntnis über Dauer und Stärke der Beleuchtung notwendig. Als Bedarf wird für Hühner in der Hauptbeleuchtungszone eine Lichtstärke von 15 lx genannt, d. h., man hat in Hühnerställen pro 25 m² Bodenfläche eine Neonleuchte mit 40 W oder pro 12 m² eine Glühlampe mit 60 W Leistung anzubringen. Generell soll die Beleuchtungsdauer während der Aufzuchtzeit verkürzt und in der Legezeit verlängert werden. Ein mögliches Lichtregime könnte dementsprechend am ersten Tage mit 24 Stunden Licht beginnen, dann von der ersten Woche bis zur 20. Woche systematisch von 20 Std. Licht täglich bis auf 10 Std. täglich einschränken und anschließend wieder wöchentlich um eine halbe Stunde Beleuchtungszeit verlängern, bis 14 Std. (maximal 17 Std.) erreicht sind. Die Zuchtfirmen geben unterschiedliche Lichtprogramme heraus. Auch die Höchstmenge

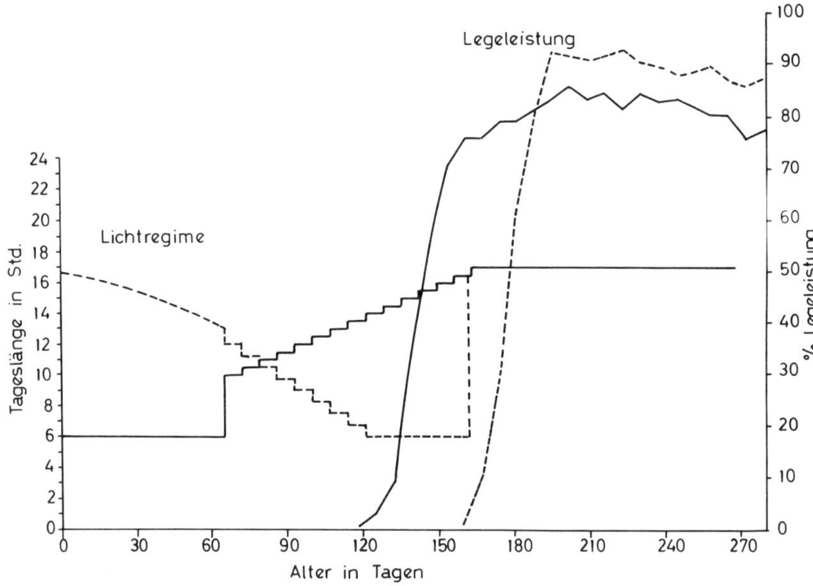


Abb. 98. Einfluß des Lichtregimes auf das Leistungsvermögen von Legehennen, nach Bray u. a. 1965.

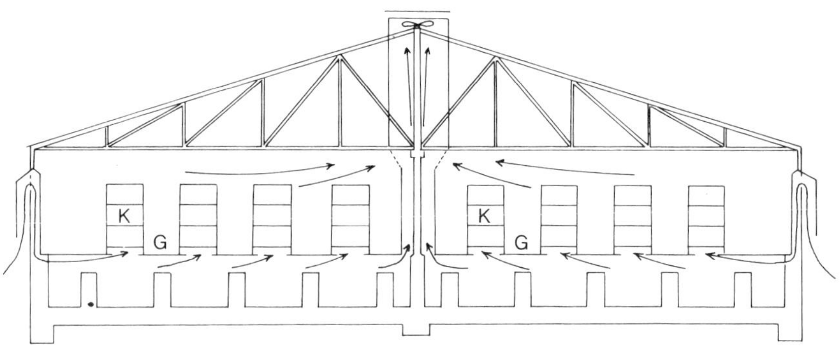


Abb. 99. Luftführung in einem Batteriestall mit Kotgräben; G = Bedienungsgang; K = Käfigblock.

an Licht zum Ende der Legeperiode ist nicht festgelegt und davon abhängig, ob die Tiere exakt ein Legejahr oder ein verlängertes Legejahr oder nach einer induzierten Legepause (Zwangsmauser) noch ein oder zwei Legeperioden länger gehalten werden sollen.

Im Zusammenhang mit dem Stallbau ist noch darauf hinzuweisen, daß in größeren Betrieben organisatorische Gesichtspunkte in ziemlichem Umfang technische oder konstruktive Details beeinflussen können. Zum besseren Verständnis dieser Behauptung seien vor allem die Transportprobleme angesprochen, etwa für Futter, Eier oder Kot. Für das Futter kommen Lager oder Silos in Frage. Die Eier kann man entweder von Hand oder per Band sammeln und dann entweder nur verpacken oder erst sortieren und danach verpacken. Je nach Entscheidung werden Spezialräume mit einigen technischen Voraussetzungen gebraucht. Besonders einschneidend aber wirkt sich das Kotproblem aus. Ein Huhn produziert pro Tag 175 g Frischkot, das sind pro Jahr 64 kg, also für eine Herde von 1000 oder 10 000 Tieren 64 oder 640 t. Kot kann entweder als Frischkot oder Flüssigkot abgeführt und aufbewahrt werden oder zu Humusdünger mit anderem Material vermischt und gestapelt werden. Besonders empfehlenswert ist seine Trocknung direkt im Stall.

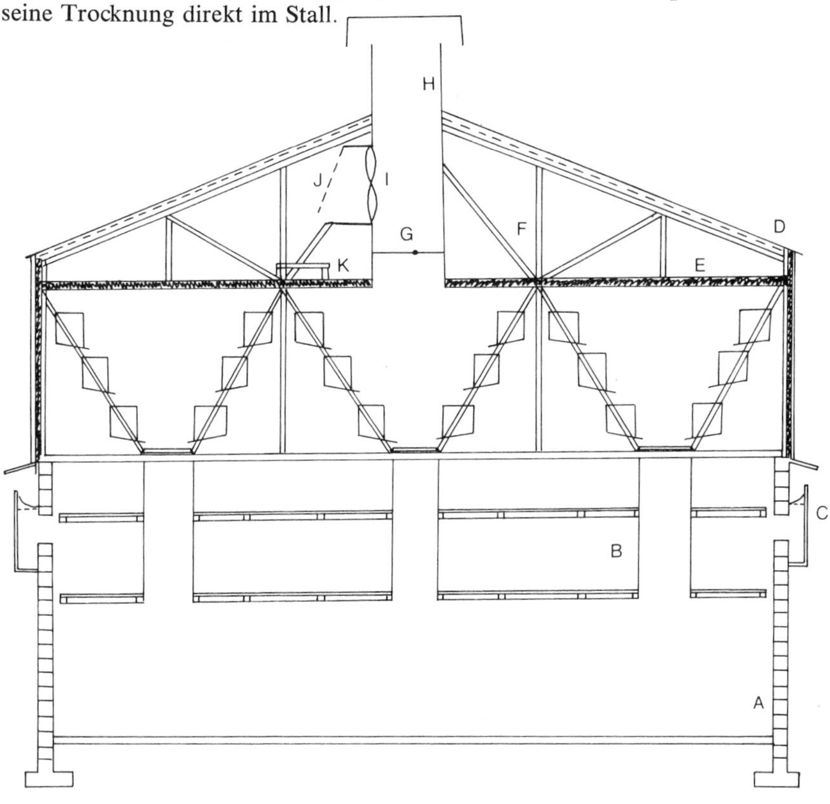


Abb. 100. Kotbunker unter dem Batteriestall mit Rosten; A = Kotkeller; B = Roste; C = Lufteintritt; D = Dach; E = Decke; F = Dachraum; G = Drosselklappe; H = Luftaustritt; I = Ventilator; J = Drosselklappe; K = Kanal.

Diese zuletzt genannte Methode hat sich immer mehr durchgesetzt, weil die vorher beschriebenen zu arbeitsaufwendig sind und auch – beim Frischkot und bei der Gülle – nicht zu unterschätzende Umweltprobleme mit sich bringen. Großfarmen trocknen den Kot in gesonderten Gebäuden in beheizten Trommeltrocknern. Sie müssen dann aber auch die Abgase chemisch vernichten, um keine Geruchsbeeinträchtigungen aufkommen zu lassen. Deshalb ist es eine lohnende Aufgabe, durch besondere Stallkonstruktionen Vorrichtungen zu schaffen, um den Kot noch im Stall direkt unter den Käfigen zu trocknen. Wenn Frischkot dauernd durchlüftet wird, sind keine anaeroben Umsetzungen und damit auch keine lästigen Geruchsentwicklungen zu erwarten.

In Abb. 99 und 100 sind zwei Stallbautypen für unmittelbare Kottrocknung gezeigt, einmal Kotgruben unter jedem Käfigblock und zum anderen eine Trocknungsanlage mit Trockenrosten. Wichtig erscheint eine ausreichende Sammelkapazität und vor allem die richtige Luftführung zur schnellen Abtrocknung des Kotes. Das Ergebnis ist ein trockenes, streufähiges Produkt. Hühnerkot hat einen großen Düngewert (s. Tab. 46).

Tab. 46. Nährstoffgehalte von Hühnerkot und anderen Düngern (in %)

| | N | $P_2O_5$ | $K_2O$ |
|---|---|---|---|
| frischer Hühnerkot | 1,60 | 1,50 | 0,85 |
| Trockenkot | 4–5 | 4–5 | 2–3 |
| Bodenhaltungskot | 2,60 | 3,35 | 1,90 |
| Humusdünger (Torf) | 2,90 | 3,70 | 1,70 |
| Puten-Frischkot | 1,30 | 0,70 | 0,50 |
| Gänse-Frischkot | 0,55 | 0,55 | 0,95 |
| Enten-Frischkot | 1,00 | 1,40 | 0,60 |
| frischer Rinderkot | 0,20 | 0,20 | 0,10 |
| Stapelmist | 0,60 | 0,30 | 0,70 |
| Schweinekot | 0,60 | 0,50 | 0,40 |

### 3.2.3 Fütterung

Ab 1. Juli 1976 gilt in der BRD ein neues Futtermittelgesetz, das besondere Rücksicht auf die Endprodukte der tierischen Veredelung und den Verbraucher nimmt. Erhaltung und Verbesserung der Leistungsfähigkeit der landwirtschaftlichen Nutztiere, sowie Sicherung der Unbedenklichkeit der Futtermittel für die Gesundheit der Tiere, stehen daher genau so im Vordergrund seiner Zielsetzung wie Schutz vor Täuschung im Verkehr und Gewinnung tierischer Erzeugnisse, die den qualitativen, insbesondere lebensmittelrechtlichen Anforderungen entsprechen. Wie schon nach den früheren gesetzlichen Bestimmungen werden verschiedene Sorten für die drei Entwicklungsabschnitte des Huhnes – Küken, Junghenne, Legehenne – angeboten, und zwar kann man jeweils nach der Alleinfuttermittelmethode oder mit Körnern und dem entsprechenden Ergänzungsfutter, also kombiniert füttern. Während früher offen deklariert werden mußte, brauchen heute nur die wertbestimmenden Bestandteile angegeben zu werden. Bei Auslieferung des Futters, gleichgültig ob Sackware oder lose Lieferung, muß ein Sackanhänger oder Warenbegleitpapier die Sortenbezeichnung, den Gehalt an Inhaltsstoffen, das Nettogewicht, die Zeit der Herstellung (Monat und Jahr),

Tab. 47. Anforderungen an Inhaltsstoffe bei Normtypmischfutter für Hühner

| Futtersorten | Methionin Rohprotein mind. % | mind. % | Energieträger mind. % * | Kalzium-spanne % | Phosphor-spanne % | Natrium-spanne % | Mangan mind. mg/kg | Zink mind. mg/kg | Vitamin A mind. I.E./kg | Vitamin $D_3$ mind. I.E./kg | Vitamin E mind. mg/kg | Riboflavin mind. mg/kg | Vitamin $B_{12}$ mind. µg/kg |
|---|---|---|---|---|---|---|---|---|---|---|---|---|---|
| **Alleinfutter** | | | | | | | | | | | | | |
| Hühnerküken (erste Wochen) | 22 | 0,45 | 49 | 0,7–1,2 | 0,6 | 0,12–0,30 | 50 | 50 | 6 000 | 750 | 10 | 4 | 10 |
| Hühnerküken | 17 | 0,35 | 46 | 0,7–1,2 | 0,6 | 0,12–0,30 | 50 | 50 | 4 000 | 500 | | 4 | |
| Junghennen | 12 | | 45 | 0,5–1,2 | 0,4 | 0,12–0,30 | 50 | 50 | 4 000 | 500 | | 2 | |
| Legehennen I | 15 | 0,28 | 46 | 3–4 | 0,5–0,8 | 0,12–0,30 | 40 | 60 | 6 000 | 750 | | 2,5 | |
| Legehennen II | 13,5 | 0,25 | 46 | 3–4,5 | 0,5–0,8 | 0,12–0,30 | 40 | 60 | 6 000 | 750 | | 2,5 | |
| Zuchthennen | 15 | 0,28 | 46 | 2–4 | 0,5–0,8 | 0,12–0,30 | 40 | 60 | 8 000 | 1 000 | | 4 | 5 |
| Masthühnerküken I | 22 | 0,45 | 51 | 0,7–1,2 | 0,6 | 0,12–0,30 | 50 | 50 | 6 000 | 750 | | 4 | 10 |
| Masthühnerküken II | 18 | 0,36 | 51 | 0,7–1,2 | 0,6 | 0,12–0,30 | 50 | 50 | 6 000 | 750 | | 2,5 | |
| **Ergänzungsfutter** | | | | | | | | | | | | | |
| Hühnerküken | 20 | 0,45 | | 1–1,8 | 0,75 | 0,18–0,45 | 75 | 75 | 6 000 | 750 | | 6 | |
| Junghennen | 14 | | | 0,75–1,8 | 0,60 | 0,18–0,45 | 75 | 75 | 6 000 | 750 | | 3 | |
| Legehennen | 18 | 0,35 | | 2–6 | 0,6–1,0 | 0,18–0,45 | 60 | 100 | 9 000 | 1 125 | | 4 | |
| Legehennen EE | 27 | 0,54 | | 8,5–12 | 0,9–1,8 | 0,3 –1,85 | 120 | 180 | 18 000 | 2 250 | | 7,5 | |
| Legehennen M | – | | | | 10 | 4–8 | 2000 | 3000 | 300 000 | 37 500 | | 125 | |

**Erklärung:**

*) Ernergieträger = Die Gehalte an Stärke und Zucker und der mit 2 multiplizierte Rohfettgehalt zusammengefaßt
Legehennen II = Nur für Bestände mit weniger als 70 % Legeleistung vorgesehen
Ergänzungsfutter = sind im Verhältnis 2 : 1 mit Getreide zu verfüttern
Legehennen EE = Eiweißreiches Ergänzungsfutter, im Verhältnis 1 : 2 mit Getreide zu verfüttern
Legehennen M = Mineralfutter für Legehennen (2 % der Gesamtration)

Hinweise für die sachgerechte Verwendung sowie Name und Anschrift des Herstellers kenntlich machen. Die verschiedenen Futtersorten für Hühner sind in Tab. 47 aufgeführt.

Die Aufzählung der obligatorisch zu berücksichtigenden Inhaltsstoffe führt neben dem Protein die Aminosäure Methionin auf, außerdem wird erstmalig offiziell ein Schätzwert für die Energiemenge im Futter angegeben. Auf die Festlegung von Rohfaser und Rohfett hat man verzichtet. Die Mineralien und Spurenelemente sind erweitert worden. Bei den Vitaminen ist es bei A, $D_3$, E, $B_2$ und $B_{12}$ geblieben. Den Herstellern bleibt es selbstverständlich unbenommen, ihre Futter darüber hinaus qualitativ zu verbessern. Dabei müssen sie allerdings die im Gesetz festgelegte Liste der Schadstoffe berücksichtigen und dürfen nur bestimmte Zusatzstoffe verwenden. Als Antibiotika sind solche zugelassen, die nicht in der Humantherapie eingesetzt werden (z. B. Flavomyzin und Zinkbacitracin) und dann nur in nutritiven Dosen. Kokzidiostatika müssen 3–5 Tage vor dem Schlachten abgesetzt werden. Erlaubt sind Antioxidantien zur Stabilisierung von Fett, Karotinoide zur Verbesserung der Dotterfärbung und Preßhilfsmittel.

Die Aufzucht und Mast-Alleinfuttersorten kommen „gepreßt" in den Handel (höhere Futteraufnahme, keine Entmischung, bessere Fütterungserfolge), die übrigen als Mehlfutter. Die lose Vermarktung in Silofahrzeugen setzt sich immer mehr durch, Sackware wird an kleinere Betriebe abgegeben. Mit Übernahme des Futters ist der Käufer für sachgemäße Lagerung in einem Futterlager oder in Silos verantwortlich. Die Tiere erhalten das Futter in der Regel zur freien Verfügung. Diese Art der Fütterung hat den Vorteil, daß damit eine kontinuierliche, automatisch gesteuerte Fütterung vorgenommen werden kann und auch bei starkem Besatz im Stall oder in den Käfigen immer Futter vorhanden ist und kein Konkurrenzkampf entstehen kann.

Restriktiv füttert man allenfalls in der Aufzuchtzeit, und zwar generell die Junghennen der Masteltern, in vielen Fällen auch die gleiche Altersgruppe der Legetiere. Mit dieser Fütterungstechnik ist es möglich, den Legebeginn hinauszuzögern, höhere Eigewichte und eine gleichmäßigere Leistung zu erzielen. Man unterscheidet zwischen qualitativer und quantitativer Restriktion, denn man kann entweder die Futtergüte ändern (mehr Rohfaser, Herabsetzung des Lysingehaltes u. a.) oder die Futtermenge herabsetzen (Futtereinschränkung, Futterzeiten durch Lichtregime, Auslassen eines Futtertages = skip a day).

## 3.2 Masthühner

### 3.2.1 Rassen

Das genetische Reservoir für Fleischhühner liegt erwartungsgemäß bei den asiatischen Rassen. Da zur Fleischfülle auch noch die Fleisch- bzw. die Hautfarbe als Qualitätsmerkmal kam, hat man dementsprechend Tiere mit dem Gold- oder dem Silberfaktor eingekreuzt. Die früher einmal begehrten Masthühner waren die La Flèche aus Belgien oder die deutschen Lachshühner bzw. die holländischen Blauen und in Österreich die Altsteirer. Die modernen Masthybriden bauen auf Sussex × Hampshire-Kreuzungen auf, züchten daraus das weibliche Elterntier und paaren dies mit einem schweren Cornish bzw. Cornish × White

Rocks-Kreuzungshahn. Bei der ersten Kreuzung erwartet man einen Heterosiseffekt, denn die beiden frohwüchsigen Rassen sollen noch in der Legeleistung Verbesserung bringen (wichtig zur Kükenproduktion), und die zweite Kreuzung soll über den Hahn die richtige Proportionierung des Endproduktes garantieren und besonders die Ausbildung von Brust und Schenkelpartie fördern. Die Leistungsfähigkeit der heutigen Broiler ist in Tab. 48 angegeben.

Tab. 48. Ergebnis von 3 Mastleistungsprüfungen in Unna-Königsborn 1975 (Mastdauer 43 Tage)

| Herkunft | Schlupf % | Kükengewicht g | Zunahme je Tier kg | Ausschl.-gewicht g *) | kg Futterverbr. je kg Zunahme | Verluste % |
|---|---|---|---|---|---|---|
| 1 | 77,4 | 42 | 1,390 | 959 | 1,777 | 2,0 |
| 2 | 76,5 | 42 | 1,445 | 983 | 1,819 | 3,1 |
| 3 | 70,0 | 43 | 1,427 | 984 | 1,784 | 1,6 |
| 4 | 72,8 | 43 | 1,539 | 1059 | 1,800 | 1,9 |
| 5 | 74,1 | 43 | 1,417 | 978 | 1,811 | 2,5 |
| 6 | 74,0 | 45 | 1,480 | 1027 | 1,802 | 2,2 |
| Gesamt | 74,1 | 43 | 1,450 | 998 | 1,799 | 2,2 |

*) ohne verwertbare Innereien

Auch hier, wie bei den Legetieren, hervorragende Leistungen: Mit 43 Tagen erreichen die Tiere Endgewichte von 1500 g bei einer Futterverwertung von 1 : 1,8. Leider bevorzugt der deutsche Verbraucher immer noch das 1000 g Hähnchen, dessen Mastdauer durch die Fortschritte auf dem Gebiete der Züchtung und Fütterung laufend verkürzt wurde. Ein älteres Masthuhn hätte für alle Beteiligten nur Vorteile: Der Mäster brauchte nicht so oft seinen Stall zu wechseln, der Schlächter könnte seine Schlachtanlage besser ausnützen und mehr Fleisch pro Arbeits- und Zeiteinheit produzieren, und der Verbraucher bekäme ein Tier mit einem günstigeren Fleisch-Knochen-Verhältnis und einem besser ausgereiften Fleisch. Vielleicht kann eine gezielte Verbraucheraufklärung oder ein vermehrtes Angebot von Teilstücken eine andere Tendenz in der Mastgeflügelproduktion einleiten.

### 3.2.2 Haltung

Die Haltung der Mastküken entspricht praktisch der von Legeküken. Die Tiere werden in Kükenkartons von der Brüterei angeliefert. Bei ihrer Ankunft finden sie einen vorbereiteten Stall (gereinigt, desinfiziert, neu eingestreut und erwärmt). Sie werden gruppenweise unter die Wärmestrahler gesetzt oder bei Raumheizung gleichmäßig auf den Raum verteilt. Um Schwierigkeiten während der ersten Tage zu vermeiden, werden oftmals noch Pappringe um jede Tiergruppe gestellt. In diesen Umgrenzungen finden die Tiere Wärme, Futter und Wasser und können sich nicht in irgendwelchen Ecken zusammendrücken. Mastställe sind sehr oft mit Raumheizungen versehen. Ein beliebtes Fütterungssystem ist die Rohrfutteranlage, weil sie an der Decke angebracht ist und beim Einfangen der Tiere schnell hochgeklappt werden kann. An Tränken werden meistens Rundtränken, neuerdings aber auch schon Nippeltränken verwendet.

Wichtig ist eine vernünftige Raumeinteilung, d. h., die Wärmequellen, Futter und Tränkgefäße sollen gleichmäßig verteilt sein, damit sie überall von den Tieren erreicht werden können.

Geräte mit scharfen Kanten sind zu vermeiden. Beim Ausstallen der Tiere muß sorgfältig vorgegangen werden, damit keine Verletzungen vorkommen. Es hängt viel vom Mäster ab, ob er eine ruhige Mastherde erzogen hat. Lichtregulierungen – Rot und Blau bzw. Hell und Dunkel – helfen beim Einfangen wesentlich.

Wie auch bei den Ställen für Legehennen sind die Mastställe große fensterlose Hallen und werden als Einraum genutzt. Unterteilungen haben sich nicht bewährt. Abgesehen von den bereits aufgezählten Geräten – Heizungen, Tröge, Tränken – sind keine besonderen Inneneinrichtungen notwendig, weil die Mast in der Regel auf dem Boden, auf Tiefstreu erfolgt. Eine dünne Schicht von Hobelspänen und Häcksel reicht für die kurze Mastperiode. Das Ein- und Ausbringen der Einstreu geschieht weitgehend durch Förderbänder und Frontlader. Mastställe müssen zu diesem Zweck und auch zum Abholen der fertig gemästeten Broiler eine große Stallzufahrt besitzen.

Die Mast in Käfigen hat sich wegen der vermehrt auftretenden Brustblasen und erhöhter Perosisanfälligkeit noch nicht durchgesetzt. Sollten diese Probleme eines Tages durch Verbesserungen der Bodengitter beseitigt sein, wird man die Käfigmast vornehmlich in mobilen Einheiten durchführen, d. h., man wird Käfige entwickeln, die in ein Regalsystem im Maststall eingeschoben werden, von dort direkt auf den LKW übernommen und zur Schlachterei transportiert werden können und nach Reinigung und Desinfektion zur Brüterei gelangen und von dort, neu mit Küken besetzt, wieder zum Mäster (s. Abb. 101).

Das System hätte den großen Vorteil der Arbeitserleichterung für den Mäster, denn die Stallreinigung bei Tiefstreu und das Einfangen der Tiere vom Boden

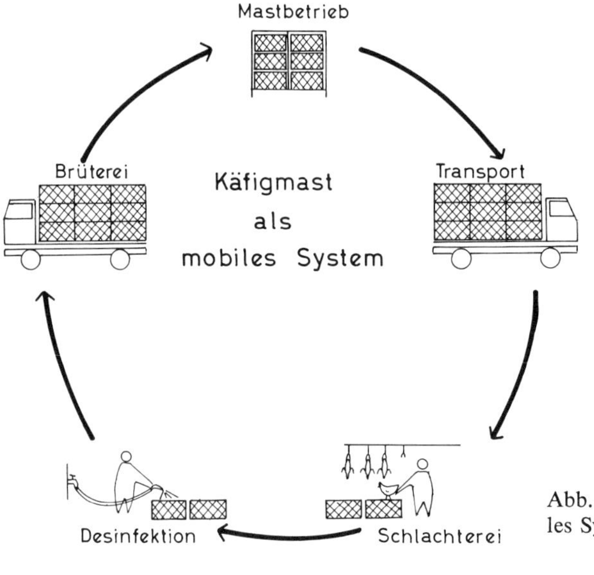


Abb. 101. Käfigmast als mobiles System.

sind beachtliche Arbeitsspitzen. Der Erfolg erscheint allerdings nur gewährleistet, wenn alle Beteiligten auf ein System umstellen, also auch die Schlachtereien und Brütereien die gleichen Käfige übernehmen.

Eine Faustzahl sollte noch genannt werden: Da sich das Mastendgewicht schnell verändert, ist es vielleicht am sinnvollsten, den Raumbedarf in der Mast nach kg Endgewicht pro $m^2$ Bodenfläche zu bemessen:

- für die Bodenhaltung werden 28 kg,
- für die Käfighaltung werden 38 kg Mastendgewicht pro $m^2$ Bodenfläche empfohlen.

### 3.2.3 Fütterung

Die Futtersorten für Jungmasthühner sind bereits in Tab. 47 genannt worden. Zu Beginn der Mast wird ein Starterfutter, 200 g des Alleinfutters für Masthühnerküken I, und danach das normale Mastfutter, Alleinfutter für Masthühnerküken II, verabfolgt. Das Futter ist pelletiert und soll den Tieren ständig zur freien Verfügung stehen. Desgleichen benötigen Broiler immer frisches Wasser. Bei einer Futterverwertung unter 1 : 2 muß man pro Tier bei einem Endgewicht von 1,5 kg mit ca. 3 kg Mastfutter rechnen.

Da die Mastzeit außerordentlich kurz ist, wird vorerst kein anderes Fütterungssystem in Frage kommen. Sollten später einmal höhere Mastendgewichte gefragt sein, wird man zu überlegen haben, ob es nicht sinnvoll ist, die Geschlechter getrennt zu füttern mit Futtersorten unterschiedlicher Nährstoffverhältnisse oder evtl. noch ein Endmastfutter zu entwickeln.

### Literatur

Bund Deutscher Rassegeflügelzüchter: Deutscher Rassegeflügel-Standard. Verlag Jürgens KG, München 1974.

Comberg, G., und Hinrichsen, J. K.: Tierhaltungslehre. Verlag E. Ulmer, Stuttgart 1974.

Ebell, H.: Eier-Erzeugung in Legekäfigen und -batterien. Verlag E. Ulmer, Stuttgart 1959.

Engelmann, C.: So leben Hühner, Tauben, Gänse. Verlag Neumann, Radebeul 1972, 4. Aufl.

– Vererbungsgrundlagen und Zuchtmethoden beim Geflügel. Verlag Neumann, Radebeul 1975.

Mehner, A.: Lehrbuch der Geflügelzucht. P. Paray Verlag, Hamburg 1962.

– Das Buch vom Huhn. Verlag E. Ulmer, Stuttgart 1968.

Regenstein, F.: Geflügelwirtschaft heute und morgen. deuka, Düsseldorf 1959.

– Vererbung bei Hühnern und Tauben. Oertel und Spörer, Reutlingen 1970.

Risler, H.: Bilderatlas des Geflügels. Oertel und Spörer, Reutlingen 1954.

Schmidt, L.: Moderne Geflügelhaltung. Verlag E. Ulmer, Stuttgart 1970.

Scholtyssek, S.: Vom Küken zur Junghenne. DLG-Verlag, Frankfurt 1961.

– Die Geflügelzucht-Lehre. Verlag E. Ulmer, Stuttgart 1962.

– Handbuch der Geflügelproduktion. Verlag E. Ulmer, Stuttgart 1968.

– Käfighaltung von Hühnern. Hohenheimer Arbeiten. **54**. Verlag E. Ulmer, Stuttgart 1971.

Vogt, H.: Jahrbuch für die Geflügelwirtschaft. Verlag E. Ulmer, Stuttgart 1976.

# Gänse

## 1 Abstammung und Rassebildung

Während Hühner- und Taubenrassen sich von Ost- und Südostasien aus nach Westen verbreiteten, entstanden die meisten Gänserassen in Europa. Ihre Verbreitung erfolgte von dort aus nach Süden und Südosten.

Mit wenigen Ausnahmen stammen sie von der wilden Graugans *(anser cinereus)* ab, in deren Brutgebieten auch heute noch häufig Kreuzungen mit Hausgänsen stattfinden. Unter menschlicher Obhut groß geworden, werden Wildgänse sehr anhänglich. Vielfach ziehen sie mit ihren wild aufgewachsenen Artgenossen in der herbstlichen Zugzeit nach Süden und kehren dann im Frühjahr auf das Gehöft zurück, auf dem sie aufgezogen wurden.

Über die Anfänge der Domestikation der Gänse fehlt der Nachweis. Nach Angaben mehrerer Historiker begann sie vor sehr langer Zeit im mittleren Europa, wo durch weite seenreiche Weideflächen die günstigsten Bedingungen für die Gänsezucht gewährleistet waren. Im alten Germanien waren es vor allem die Landgebiete, die heute zu West- und Ostfriesland gehören. In diesem Hauptentstehungsgebiet der Hausgänse waren bereits Jahrhunderte vor unserer Zeitrechnung die rein weiße und die weiß-grau-gescheckte Gefiederfarbe bekannt, die eine Folge der Haustierwerdung sind. Sie stehen nicht in Beziehung zu einer früher angenommenen Verkreuzung von gezähmten Graugänsen mit Singschwänen oder Schneegänsen.

Homer erwähnte bereits um 950 vor der Zeitrechnung reinweiße Hausgänse. In seinen zeitgeschichtlichen Berichten schreibt der römische Schriftsteller Plinius der Ältere (23–79 n. Chr.), daß riesige Herden weißer und grauweißgescheckter Gänse von Nordgermanien aus über die Alpen nach Rom getrieben wurden, wo zu seiner Zeit schon die Mast auf Fettlebern bekannt war. Die Ursprungsheimat der deutschen Gänserassen ist Ostfriesland; eine weit über zweitausend Jahre alte Zuchtstätte. Nach Plinius erfolgte ab Beginn der Seeschiffahrt aus diesem Lande die Ausfuhr von Gänsefedern. Die Federgewinnung (mehrmaliges Lebendrupfen im Jahr) und die Ausfuhr von Gänsefedern wird später zum bedeutenden Wirtschaftszweig der ostfriesischen Landwirtschaft. Diese „Gänse-Industrie“ fand im 13. Jahrhundert ein Ende, als durch große Sturmfluten weite Küstenlandstriche vom Meer verschlungen wurden; mit diesen gingen die Hauptzuchtgebiete verloren.

Unter Karl dem Großen erlebte die Geflügelzucht ganz allgemein und die Gänsezucht im besonderen aufgrund der kaiserlichen Verordnungen über die Mindestzahl der auf Gütern und Höfen zu haltenden Haustiere eine bedeutende Blütezeit. Die Hauptzuchtziele waren bei den Gänsen Größe und Mastfähigkeit, die Federgewinnung rangierte erst an zweiter Stelle. Nach Dürigen wurden zu dieser Zeit bereits Gänsefettlebern mit einem Gewicht von fünf Pfund erzielt.

Der Dreißigjährige Krieg, besonders aber die Aufhebung der Gemeindewirtschaften (= gemeinsame Nutznießung des Weidelandes einer Gemeinde) und die Regulierung der Gewässer, setzten dieser zweiten Blütezeit der Gänsezucht in Deutschland ein Ende.

In Amerika hat die Zucht der von Kolumbus eingeführten europäischen Gänse praktisch keine Verbreitung gefunden. In Nordamerika wurde indessen die dort heimische wilde Kanadagans domestiziert; d. h. in diesem Falle jedoch nicht mehr als gezähmt, denn eine Veränderung des Typus und der Gefiederfarbe ist bis heute nicht erfolgt. Die Ursachen der geringen Verbreitung der Gänsezucht in Amerika liegen in der dort seit langer Zeit weit verbreiteten Putenzucht, respektive dem Verzehr von Mastputen.

Dagegen hat die Gänsezucht in Osteuropa, insbesondere in Polen und Böhmen, eine relativ große Verbreitung gefunden und ist in diesen Ländern heute noch von größerer wirtschaftlicher Bedeutung. In Rußland, das lange Zeit eine führende Rolle in der Gänsezucht gespielt hat, ging die Verbreitung nach der Revolution (1917) erheblich zurück.

Ein Teil unserer jüngeren Rassen führt nicht nur das Blut der Graugans, sondern auch das der wilden asiatischen Schwanen- oder Höckergans *(anser cygnoides)*. In Asien wurden Nachkommen der wilden Graugans schon vor langer Zeit mit domestizierten asiatischen Höckergänsen gekreuzt. Besonders im asiatischen Teil Rußlands wurden Tiere aus den beiden wilden Ausgangsformen zur Erzielung schwerster Körpergewichte verkreuzt. Dabei entstand auch die erste, für Kampfzwecke geeignete Gänserasse, die Tulaer Kampfgans.

Während der langen Zeit ihrer Zuchtgeschichte haben die Gänse nur wenig Abänderungen ihrer äußeren Erscheinung erfahren. Die eigentlichen „Rassen“ unterscheiden sich lediglich durch Größe und Gewicht, erst in zweiter Linie auch in Farbe und Zeichnung des Gefieders und schließlich in den besonderen Merkmalen des Höckers bei Höckergänsen und des „Gebisses“, respektive der Schnabelform bei Kampfgänsen. Als besonderes Rassekennzeichen gilt vielfach das Vorhandensein oder Fehlen einer Bauchwamme (herabhängende Hautfalte). Bei einigen Rassen wird eine einfache Bauchwamme gefordert, bei anderen eine doppelte. Kleine Federhäubchen (ohne Schädelprotuberanz) mitten auf dem Kopf kommen vereinzelt vor, ferner eine „Lockenbildung“ durch spiralige Drehung der zu unnormaler Länge auswachsenden Flügeldeckfedern.

Die Höckergänse haben ihren Namen von einem mehr oder weniger stark ausgeprägtem Höckerwulst auf der Vorderstirn. Sie unterscheiden sich von anderen Hausgansrassen durch trompetende Lautgebung. Dieses stimmliche Merkmal ist rezessiv, d. h., es verliert sich bei Kreuzungen oft schon in der ersten Nachzuchtgeneration. Die Höckerbildung scheint intermediär vererbt zu werden. Kreuzungen haben nur kleine Höcker, jedoch ist ein Höckeransatz oft noch nach Generationen vom Fachmann zu erkennen. Bezüglich Kopf und Schnabelform fällt die Tulaer Kampfgans aus dem Rahmen. Ihr sehr dicker, kurzer Schnabel ist nach unten gebogen (Krummschnabel).

Trotz der wenigen Anlagen der Gänse zur Möglichkeit der züchterischen Formung prägnanter, in ihrem Äußeren stark differierender Merkmale erscheint es doch heute nicht mehr angebracht, wie früher nur von verschiedenen Schlägen zu sprechen. Die durch Summierung gefestigten Merkmale der sog. „Hauptrassen“ werden einheitlich vererbt und sind somit rassetypisch geworden. Es war also berechtigt, für sie einen Bewertungsstandard zu erstellen, nach dem die Zucht ausgerichtet wird.

Anders ist es – sieht man von zwei Ausnahmen ab – mit den veredelten, für Ausstellungszwecke nicht zugelassenen bzw. nicht mehr anerkannten Landgansschlägen, die sich lediglich – je nach Klima und Bodenart (Weide) – durch geringe Größenabweichungen unterscheiden, sonst aber den uralten Landganstyp bewahrten, meistens mehrere kleine Gelege im Jahr erbrüten und auch in anderer Hinsicht der wilden Ausgangsform noch am nächsten stehen.

# 2 Rassen

## 2.1 Schwere Rassen

### 2.1.1 Emdener Gans

Diese älteste Rasse ist aus der alten friesländischen Schlagzüchtung hervorgegangen. Sie wurde zuerst nur auf Körpergröße gezüchtet. Zunächst hatte sie eine schwanenähnliche Form, und ihr langer, ziemlich dünner, gebogen getragener Hals trug dieser alten Zuchtrichtung den Namen „Schwanengans“ ein. Die Form dieser Rasse war manchem Wechsel unterworfen. In England kreuzte man Toulouser Gänse (eine Mastrasse südfranzösischer Züchtung) ein, was zu äußerst massigen, wenig beweglichen Tieren führte.

Erst um die Jahrhundertwende besann man sich auf das alte Zuchtziel. Dabei blieben Größe und Schwere erhalten. Ein sehr breiter, langer, nur leicht gebogener Rücken, eine abgerundete, breite Brust, die etwas angehoben getragen werden darf, eine nicht zu tief reichende, doppelte Bauchwamme, die hinten geschlossen sein muß, ergaben die heutige Form. Der kurze Schwanz wird etwas angehoben getragen. Längere Läufe und die auf seine ursprüngliche, sehr lange sowie nur leicht gebogene Linie zurückgezüchtete Halsform, vollenden das Bild einer großen, schweren und dabei doch lebhaft beweglichen Gänserasse.

Der Kopf ist schlank, gestreckt mit leicht abgeflachter Stirn; die Schädellinie geht ohne Knick harmonisch in den Hals über. Die Kehle ist „trocken“, d. h. ohne Kehlfalte (Kehlwamme).

Die Emdener Gänse waren der Überlieferung nach vor Jahrhunderten grau wie die wilde Graugans. Heute kommen Alttiere nur in rein weißer Gefiederfarbe vor; jedoch schlüpfen junge Emdener Gänse meist mit grauen Dunen (wie beim Schwan), was später bei Junggänsen als leicht graues Gefieder besonders im Rücken in Erscheinung tritt. Junggänse können im ersten Jahr noch grau oder graugescheckt sein. Von Anfang an rein weiße Tiere sind ausnahmslos männlichen Geschlechts. Nach Beendigung der zweiten Hauptmauser sind alle Emdener rein weiß. Der Schnabel ist bei dieser Rasse gelbrot, die „Bohne“, eine etwa bohnengroße Fläche auf der Spitze des Oberschnabels, ist zart fleischfarben. Die Läufe sind orangerot, die Augen hellblau (wie bei allen Gänsen mit weißem Gefieder). Der schmale Augenrand ist rot.

Bei zunehmender Zucht auf höhere Legeleistung (70 Eier und mehr) gingen die Anlagen für Bruttrieb und ein zuverlässiges Führen der Gössel mehr und mehr verloren.

Geringe Körpergröße, graues Gefieder bei mehr als ein Jahr alten Tieren, schiefe oder einseitige Bauchwamme, dicker, kurzer Hals, Brustkiel, Kehlwamme, kurzer breiter Kopf und gebogener Schnabel sind grobe Fehler.

Das Standardgewicht der Emdener Gänse beträgt für den Ganter 11–12 kg, für die Gans 10–11 kg; das Bruteier-Mindestgewicht 170 g.

### 2.1.2 Pommersche Gans

Ihre Zucht ist fast solange nachweisbar wie die der Emdener und geht auch auf diese zurück. Hauptsächlich auf der Insel Rügen und im Landgebiet um Stralsund herausgezüchtet, sind die Pommerschen Gänse ein Beispiel dafür, was bei in etwa erhaltenem Landganstyp durch gezielte Selektion an Körpergröße und Rumpftiefe zu erreichen ist. Die Pommersche Gans gilt als beste Fleischgans und als zuverlässigste Brüterin unter den schweren Gänserassen. Reinblütige Tiere bringen im Frühjahr ein Gelege von 10–12 Eiern, im Juni ein zweites von etwa 10 Eiern. Tiefer gestellt als die Emdener, wirkt der Rumpf der Pommerngans eiförmiger, besonders breit und massig bei waagerechter Körperhaltung. Kopf und Schnabel sind kräftig, das Genick häufig kantig abgesetzt. Bei dieser Rasse tritt der erwähnte Ansatz zu einer Häubchenbildung häufiger auf und gilt bei der Bewertung nicht als Fehler, sondern eher als besonders rassetypisches Merkmal. Die Firstlinie des Schnabels ist leicht nach unten gebogen, die Schnabelfarbe Rosa bis Orangerot. Bei den Weißen ist die Augenfarbe Blau, bei den Graugescheckten je nach Verbreitung des Farbpigments Graublau oder Bräunlich. Die Grauen, die in Farbe und Zeichnung der wilden Graugans entsprechen, sowie Dunkel-Gescheckte haben braune bis graubraune Augen. Heute sind nur graue, weiße und in korrekter Abgrenzung graugescheckte Tiere zu Bewertungen auf Schauen zugelassen. Die Scheckung der letzteren soll möglichst gleichmäßig abgegrenzt sein. Das bräunliche Grau erstreckt sich auf Kopf und Oberhals, eine mehr oder weniger ausgebreitete Partie des Schultergefieders, die Schenkelbefiederung und die Steuerfedern. Während der Hals voll durchgezeichnet ist, sind die farbigen Federn an Schenkeln und Schwanz von einer weißen Säumung eingefaßt. Das übrige Gefieder ist weiß. Die Augenränder („Ringe") sind bei allen Farbschlägen rot. Der kräftige, mittellange Hals wird gerade getragen. Die breite, etwas angehobene Brust darf keinen Kiel (tiefreichende Hautfalte) aufweisen. Dagegen muß eine einfache Bauchwamme vorhanden sein. Der breite Schwanz wird waagerecht getragen. Ein besonderes Rassemerkmal sind die sehr starken Schenkel, die von einem dicken Federpolster bedeckt sind.

Dünne Schenkel, schwacher Körper, Kehlwamme und doppelte Bauchwamme sind grobe Fehler. Standardgewichte: Ganter 8–9 kg, Gans 7 kg; Bruteier-Mindestgewicht 170 g.

### 2.1.3 Toulouser Gans

Zu den schwersten Rassen zählt die Toulouser Gans. Ihre Zucht ist in der Garonne-Niederung im Südwesten Frankreichs seit dem 14. Jahrhundert nachgewiesen. Vor einigen Jahrzehnten wurden (ebenso wie bei der Emdener Gans) bei dieser, hauptsächlich auf Gewinnung von Fettlebern gezüchteten Rasse noch Körpergewichte von über 15 kg erzielt. Man ist dann von dieser Übertreibung der Körpergewichte zugunsten einer höheren Legeleistung und vor allem, um eine bessere Befruchtung zu erzielen, wieder abgekommen. Der Masttyp der französischen Toulouser unterschied sich ursprünglich nur wenig von dem anderer schwerer Gänserassen. Die abnorm tiefe, kastenförmige Figur wurde ihnen in England angezüchtet; auch die herabhängenden Hautfalten an Brust und Bauch (Brustkiel und doppelte Bauchwamme), die den Eindruck des Massiven bis zur Groteske verstärken. Die Rumpftiefe soll zwei Drittel der Körperlänge betragen. Der Rücken ist sehr breit und gerade, der kurze Schwanz wird breit (geöffnet) und waagerecht getragen. Ein dicker, grober, kantiger Kopf mit tiefliegenden Augen, eine stark ausgeprägte Kehlwamme sowie der dicke, kurze, gerade getragene Hals vervollkommnen dieses Bild.

Toulouser Gänse werden nur in Wildfarbe gezüchtet, d. h., das gesamte Körpergefieder ist mit Ausnahme des reinweißen Bauch- und Steißgefieders grau. der Schwanz grau mit weißer Umrandung der Steuerfedern. An Schulter, Rücken und Flanken (Schenkelbefiederung) sind die grauen Federn weißlich gesäumt. Der Farbton des grauen Gefieders soll ins Schwarze oder (besser) Blaue spielen, ist aber häufig braungrau; besonders bei Jungtieren. Schnabel und Läufe der Toulouser sind orangefarbig, die Schnabelbohne blasser. Wie bei allen wildfarbigen Gänsen sind die Augen braun. Der schmale Lidrand (Augenring) ist orangefarbig. Die in Hautfalten tiefliegenden Augen bewirken einen etwas düsteren Ausdruck.

Durch die bei Alttieren oft auf den Boden reichenden Bauchfalten sind Beweglichkeit und Befruchtung bei dieser Rasse erschwert. Die Toulouser können ohne Mastfutter bereits im Alter von fünf bis sechs Monaten Gewichte von 7 kg und mehr erreichen. Sie sind die Rasse mit der höchsten Fetterzeugung. Als Nutzrasse kommen reinblütige Toulouser aufgrund ihrer behinderten Beweglichkeit, mäßigen Fruchtbarkeit (20–40 Eier) und einer gewissen Anfälligkeit der Jungtiere nicht in Betracht. Jedoch sind Kreuzungen von Toulousern mit beweglicheren Gänserassen für die Fleischproduktion zu empfehlen.

Bei reinrassigen Tieren ist die Brutlust noch vorhanden, die Butzuverlässigkeit

Abb. 102. Toulouser Gans.

jedoch gering. Wie bei den meisten Gänserassen (mit Ausnahme der Pommerngänse) wird im eigentlichen Zuchtgebiet auch Wert auf die Federgewinnung gelegt, wobei das reich entwickelte Gefieder der Toulouser als besonders füllkräftig gilt.

Bei Bewertung auf Schauen sind grobe Fehler: Fehlender Brustkiel bei Alttieren, fehlende Kehlwamme, dunkle Schnabelbohne bei Alttieren.

Standardgewicht: Ganter 9–10 kg, Gans 8–9 kg; Bruteier-Mindestgewicht 160 g.

## 2.2 Leichte Rassen

### 2.2.1 Diepholzer Gans

Die Diepholzer Gans wird seit einem guten Jahrhundert nach bestimmten Merkmalen gezüchtet, und zwar bewußt nicht auf ein hohes Gewicht, sondern in erster Linie auf Erhaltung der guten Beweglichkeit und sonstigen Eigenschaften einer Weidegans. Neben anderen Landgansmerkmalen blieben Frühreife, Brutlust und zuverlässiges Führen der Gössel erhalten. Was seit Entstehung dieser Rasse gefordert wird, ist im wesentlichen heute noch im deutschen Standard unverändert festgehalten. Die Diepholzer verkörpert den Mustertyp aller anderen veredelten Landgansschläge, die sie aber fast alle an Frühreife übertrifft. Ihre elegante Form, Beweglichkeit, munteres und stets aufmerksam-zutrauliches Wesen sind ihre Vorzüge. Früher begannen die Diepholzer Gänse um Anfang Oktober zu legen und brachten im November die ersten Gössel. Wurden diese der Brüterin weggenommen und künstlich aufgezogen, legte die Gans in den Wintermonaten ein zweites Gelege von etwa 10 Eiern und zog im frühen Frühjahr eine dritte Brut selbst groß. Diese hohe Wirtschaftlichkeit ließ ihre Zucht besonders in ihrem eigentlichen Verbreitungsgebiet Oldenburg zum bedeutsamen Produktionszweig werden.

Während und nach dem zweiten Weltkrieg wirkten sich bei Gänsen die amtlichen Herdbuchbestimmungen mit dem Bestreben nach höherer Legeleistung auf Kosten des Bruttriebes ungünstig aus. Es wurden sog. „Legeganter", teils auch noch Emdener Ganter zur Erhöhung des Körpergewichts eingekreuzt. Die Anlagen für Zuverlässigkeit in der Brut und sonstige natürlichere Anlagen gingen dadurch zurück. Um die entstandenen Formenveränderungen wieder auszumerzen, griff der Bund Deutscher Rassegeflügelzüchter dadurch ein, daß er bei der Bewertung auf Schauen nur Tiere mit den „alten" Rassemerkmalen durchgehen ließ. Mit relativ zarten Köpfen, kurz abgedrehter Form, allseits gefällig gerundet und ziemlich hoch stehend, präsentieren sich die Diepholzer Gänse nunmehr wieder einheitlich in ihrer ursprünglichen Form. Ein schlanker, nicht dickbackiger Kopf, ein mittellanger, schlanker, ziemlich schmal angesetzter und aufrecht getragener Hals, ein mäßig gestreckter Rumpf mit geradliniger nur mäßig abfallender Rückenpartie sind Hauptmerkmale. Die nicht zu breite, gut gerundete Brust wird etwas angehoben getragen. Der Bauch tritt nicht stark hervor, ist gut gerundet und ohne Wamme. Unter den fest anliegenden Flügeln soll der Schwanz scharf abgegrenzt waagerecht herauskommen und geschlossen getragen werden. Das Körpergefieder muß glatt und fest anliegen. Die Läufe sollen gut mittellang, kräftig aber nicht starkknochig sein. Diepholzer Gänse kommen nur im rein weißen Farbschlag vor. Läufe und Schnabel sind hellrot, die Bohne fleischfarben. Die dunkelblauen Augen sind von einem orangegelben Lidring umgeben. Alles, was von diesen Merkmalen deutlich abweicht, ist als grober Fehler zu bewerten.

Standardgewicht: Ganter 7 kg, Gans 5,5–6 kg; Bruteier-Mindestgewicht 140 g.

### 2.2.2 Celler Gans

Die Celler Gans kann in Hinsicht auf Größe und Gewicht mit schwereren Landgansschlägen verglichen werden. Diese Rasse wurde ab 1948 in der Umgebung von Celle (Hann.) aus braunen und braungescheckten Landgänsen entwickelt. In den Linien ähnelt sie etwas einer zu leichten Pommerschen Gans. Bei der Herauszüchtung als selbständige Rasse ging es lediglich um die ausschließliche Festigung der braunen Gefiederfarbe, die vereinzelt als Verdünntfarbe der Wildfarbe bei Gänserassen ebenso auftritt wie auch (seltener) eine gelbe Gefiederfarbe. Die Farbe der Celler Gänse ist Hellederbraun mit schmalen, helleren Federsäumen des Körpergefieders. Der Bauch ist wie bei allen wildfarbigen Gänsen weiß. Der Schnabel ist blaß fleischfarben bis schwach orangefarben. Die Bohne hell-hornfarbig. Die Augen sind braun, der Ring gelbrot. Der Schwanz wird waagerecht und geschlossen getragen.

Als grobe Fehler gelten: Zu langer Körper, doppelte Bauchwamme, Ansatz zu Schnabelhöcker und ausgeprägter Aalstrich (dunkler durchgehender Streifen am Hinterhals).

Standardgewicht: Ganter 5,5–6,5 kg, Gans 4–6 kg; Bruteier-Mindestgewicht 130 g.

### 2.2.3 Lockengans

Als Mutation traten bei mehreren Gänserassen Einzeltiere mit einer sog. Lockenbildung des Schulter- und Rückengefieders auf. In Südosteuropa und am Schwarzen Meer wurde diese Eigenart zuerst beobachtet. Seit der zweiten Hälfte des 19. Jahrhunderts in Deutschland bekannt, hat man Tiere mit diesen Merkmalen als Rasse gefestigt und anerkannt. Es handelt sich um einen relativ schweren, etwas gedrungen wirkenden Landganstyp. Auch die sonstigen charakteristischen Merkmale entsprechen ganz denen der einfachen Landgansschläge. Das spezifische Rassemerkmal, die „Lockenbildung“, beruht auf einer Veränderung der Federschäfte. Diese sind nur 2–3 cm über der Haut von normaler Festigkeit. Danach sind die Schäfte sehr weich und biegsam und spalten in einzelne faserige Fortsätze auf. Die ungewöhnlich langen und breiten Federfahnen hängen seitlich, durch Drehung an den weichen Kielenden spiralförmig, herab. Um Locken im eigentlichen Sinne, mit aufgerollten Federenden, handelt es sich bei Lockengänsen also nicht. Zweifellos läßt sich diese merkwürdige Federmutation in ihrer Auswirkung züchterisch bzw. erblich summieren. Während die spiralige Federdrehung und die Langwüchsigkeit der Federn ursprünglich nur auf das Schultergefieder beschränkt waren, treten in der Zucht zunehmend Tiere auf, bei denen mit Ausnahme von Hals und Brust das ganze übrige Gefieder lockig und von besonderer Weichheit ist.

Der Körper der Lockengänse ist verhältnismäßig kurz, die Haltung waagerecht, wobei die etwas hoch ansetzende Brust allseits gerundet ist und sehr voll und breit wirkt. Der Kopf ist klein und rund, die Augen sind blau, der orangerote Schnabel ist ziemlich kurz. Der kaum mittellange, etwas dickliche Hals wird gerade getragen, der kurze Schwanz waagerecht. Nur rein weiße Lockengänse sind anerkannt.

Als grobe Fehler gelten: Vom Landganstyp abweichender Typus und verkümmerte Schwingen, für die eine Veranlagung als Koppelung mit der veränderten Kielbildung an den Lockenfedern besteht.

Standardgewicht: Ganter 5–6 kg, Gans 4,5–5 kg; Bruteier-Mindestgewicht 120 g.

## 2.3 Höckergänse

Ganz anderen Urspungs als die bisher beschriebenen Rassen ist die Höckergans. Sie stellt die domestizierte Form der wilden Höckergans aus Nord- und Nordostasien dar. Die wildfarbige Höckergans gleicht der wilden Stammform noch in erheblichem Maße, nur hat man die Kehlwamme (von der Kehle zum Schnabelansatz reichende Hautfalte) fast weggezüchtet. Die Wildfarbe der Höckergans ist bei gleichen Zeichnungsanlagen mehr braun statt des Grau der wilden Graugans. Ein weiterer Unterschied ist, daß Vorderhals und Oberbrust weißlich-fahl sind. Hinzu kommt ein sog. „Aalstrich“, ein ziemlich breiter dunkelbrauner Streifen, der sich von der Stirn über den Nacken und die ganze Länge des Halses bis zum Schultereinlauf hinzieht. Hauptmerkmal der Rasse ist ein halbkugeliger Schnabelhöcker, der dem des Schwanes ähnlich ist und bei älteren Gantern erhebliche Ausmaße erreichen kann. Charakteristisch für Höckergänse

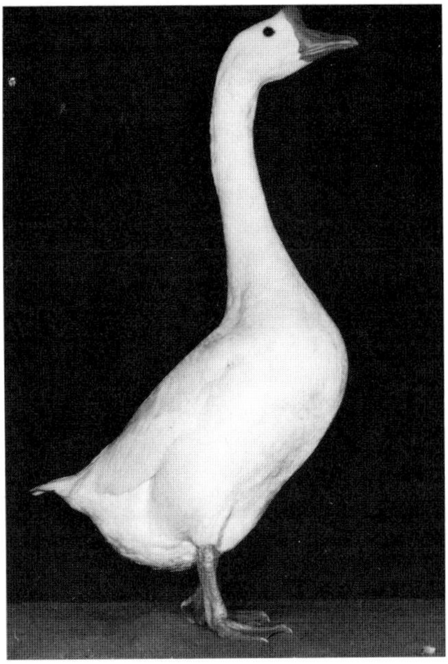

Abb. 103. Höckergans.

ist auch ihre Stimme, die von der der Graugansnachkommen abweicht und beim Ganter als gellendes Trompeten bezeichnet werden kann. Die Ganter stoßen diese trompetenden Laute fast fortwährend aus, und das Geschrei der Höckergänse ist weit lästiger als das anderer Hausgänse. Wie bei diesen liegt auch die Stimme der weiblichen Tiere um eine Terz tiefer als die der Ganter. DÜRIGEN bezeichnet die Höckergänse als Übergangsform von der Gans zum Schwan.

Außer dem wildfarbigen Schlag sind auch rein weiße Höckergänse standardmäßig anerkannt. Beiden Farbschlägen ist dieselbe hochaufgerichtete Haltung eigen, der lange Hals wird s-förmig getragen. Obgleich die Weißen auf die Einkreuzung einer weißen Rasse anderen Ursprungs zurückgehen, ist ihre Körperhaltung merkwürdigerweise meistens noch aufgerichteter als die der Wildfarbigen. Die Höckergänse halten sich in der Regel von anderen Gänsen abgesondert, sofern sie nicht mit diesen zusammen aufgezogen worden sind. Dennoch lassen sie sich leicht mit Gänsen der anderen Rassen verpaaren und übertragen auf diese ihre hohe Fruchtbarkeit (mehrere größere Gelege im Jahr).

Die wildfarbigen Höckergänse haben tiefdunkelbraune Augen, Höcker und Schnabel sind schwarz. Ein schmaler weißer Strich hinter dem Höcker grenzt diesen und den Schnabel scharf vom Gesicht ab.

Die über mittellangen, relativ starken Läufe sind dunkelorangerot. Die Weißen haben blaue Augen, Schnabel, Höcker und Läufe sind rötlich-gelb.

Grobe Fehler sind: Plumper, kurzer, dicker Hals, doppelte Bauchwamme, ausgeprägte Kehlkopfwamme und schwach entwickelter Höcker.

Standardgewicht: Ganter 5 kg, Gans 4 kg (die Wildfarbigen sind meist etwas leichter als die Weißen); Bruteier-Mindestgewicht 120 g.

## 2.4 Kampfgänse

Die Rasse Steinbacher Kampfgans entstand Ende des 19. Jahrhunderts aus einer Kreuzung von Höckergänsen mit europäischen Landgansschlägen in Steinbach (DDR). Zweifellos gehören aber auch Nachkommen der Tula-Gans, einer schweren russischen Gänserasse mit sehr starkem, nach unten gekrümmten Keilschnabel, zu ihren Ahnen. Die Tula-Gans wurde bereits im 16. Jahrhundert südlich und östlich von Moskau für Kampfzwecke gezüchtet. Ähnlich wie bei Hahnenkämpfen wurden die recht bösartigen Ganter dazu abgerichtet, sich bis zur Kampfunfähigkeit (Tod) eines Gegners oder bis zur gewaltsamen Trennung mit den Flügeln zu schlagen und zu beißen, unterstützt von dem aufreizenden Geschnatter der jeweiligen Lieblingsgans der Partner, die mit auf den Kampfplatz gebracht wurde. Auf ähnliche Weise wurden früher Steinbacher Kampfgänse in Ostdeutschland eingesetzt, wobei der Kampf allerdings in wesentlich abgemilderterer Form verlief.

Die Steinbacher Kampfgänse verkörpern den Typ einer sehr kräftigen, jedoch leicht beweglichen Landgans. Der Rumpf wird ziemlich waagerecht, der kräftige Hals aufrecht und gerade getragen; der kurze, spitze Schwanz waagerecht. Der kräftige Kopf darf weder Kehlwammen- noch Höckeransatz aufweisen. Charakteristisch ist der ziemlich lange, starke Schnabel, der seitlich vom Schnabelwinkel bis zur Mitte leicht bogig geöffnet erscheint, ein Merkmal, das nur von der krummschnäbligen Tulaer Kampfgans überkommen sein kann. An diesen Stellen zeigt sich das sog. „Gebiß“, das sind die sichtbaren, zähnchenartigen hornigen Erhebungen auf den Leisten des Unterschnabels. Dieses „Gebiß“ muß schwarz sein, ebenso die Bohne auf der Spitze des sonst rötlichgelben Schnabels. Die Läufe sind ebenfalls rötlichgelb. Die großen dunkelbraunen Augen sind von einem schmalen gelben Lidring eingefaßt.

Steinbacher Kampfgänse gibt es nur in zwei Farbschlägen: Grau (Wildfarbig) und Hellblau.

Die Grauen entsprechen in Farbe und Zeichnung der wilden Graugans, wie bei der Rasse Toulouser beschrieben. Bei den Hellblauen ist das Wildgrau durch den Einfluß weißer Stammeltern zu einem lichten Hellblau aufgelockert, wobei zarte kremweiße Federsäume das Pastellfarbenbild vervollkommnen. Bauch und Steißgefieder sind bei beiden Farbschlägen weiß wie bei allen wildgrauen Gänsen.

Zu den groben Fehlern zählen: Neben zu massigem Körper und starker Halsbiegung besonders der Ansatz zu Schnabelhöcker, andere als schwarze Gebißfärbung und fehlende helle Federsäumung, insbesondere an den Schenkeln.

Standardgewicht: Ganter 6–7 kg, Gans 5–6 kg; Bruteier-Mindestgewicht 120 g.

## 2.5 Lokalrassen und Landgansschläge

Außer den beschriebenen in Deutschland anerkannten Gänserassen sind als besondere Rassen zu erwähnen: die *Niederrheinische Legegans* (Herdbuchzucht auf hohe Legeleistung), die ebenfalls gut legende *Italienische Gans* und die mehr auf Fleischleistung gezüchtete *Lippe-Gans.* Eine Anzahl von Landgansschlägen hat örtlich begrenzt eine stärkere Verbreitung gefunden. Sie haben als Brutgänse, die frühe Gössel lieferten, sowie als Hütegänse (Stoppelnutzung) eine wirtschaftliche Bedeutung erlangt. Sie sind in zwei Gruppen aufgeteilt, von denen die erste ein größeres Fleischansatzvermögen besitzt. Es handelt sich um die mittelschweren Landgansschläge: *Mecklenburgische Landgans* und die *Ostpreußische Hausgans.* Der zweiten Gruppe der leichten, typischen Landgansschläge gehören an: die *Wendische Gans,* die hochbeinige *Rhöngans,* die *Wetterauer* und die *Böhmische Landgans,* die in allen Gänsefarben vorkommen; ferner die regelmäßig grau-weiß-gescheckte *Leinegans,* die als durchgezüchtete Rasse einmal anerkannt war.

Außer den genannten gab oder gibt es noch eine Anzahl von Lokalschlägen, z. B. die *Oberbayerische Landgans* und die *Ulmer Riedgans,* bei denen aber von einer Durchzüchtung gefestigter Merkmale nicht gesprochen werden kann.

Aufgrund der bekannten Einschränkungen der landwirtschaftlichen Flächen in vielen Gegegenden, insbesondere der Weidegebiete, aber auch aufgrund der veränderten Verzehrgewohnheiten ist die Zucht und Haltung der Gänse in Westeuropa in erheblichem Maße zurückgegangen. Bedeutung haben lediglich noch die Zucht der Legegänse in bestimmten Niederungsgebieten und besonders die Zucht der anerkannten Gänserassen auf rassische Feinheiten für die Bewertung auf Geflügelausstellungen.

# 3 Wirtschaftsgänsehaltung

Die Haltung von großen Gänsebeständen ist im Laufe der Zeit in der BRD immer mehr zurückgegangen. Noch während der letzten 5 Jahre erlitt der Gesamtbestand an Gänsen eine Einbuße von rund einem Viertel, von 491 000 auf 343 000 Tiere. Die meisten Gänse werden in Bayern, in Niedersachsen und in Rheinland-Pfalz gehalten. Der Verzehr an Gänsefleisch beträgt etwa 400 g/Jahr/Kopf der Bevölkerung. Von den 22 000 t Verzehr im Jahre 1974 mußten 20 000 t eingeführt werden. Importländer sind vor allem Polen, Tschechoslowakei und Ungarn. Auch die Bettferdernimporte kommen vorwiegend aus diesen Ländern. Dort hat sich aufgrund der guten Nachfrage in letzter Zeit eine moderne Wirtschaftsgänsehaltung entwickelt. Das geschah u. a. auch in Frankreich, wo man aber auch die Gänsehaltung auf die Produktion von Gänseleber spezialisiert hat. Gemäß dem Jahrbuch für die Geflügelwirtschaft (Vogt 1977) benutzt man zur Gänsehaltung:

| Rassen | Körpergewicht | Eizahl | Bruttrieb |
|---|---|---|---|
| Emdener Gans | 7,5 – 10 kg | über 40 | nicht |
| Pommersche Gans | 6 – 8 kg | 15 – 25 | sehr gut |
| Diepholzer Gans | 5 – 6 kg | 30 – 40 | mittel |

Den besten Befruchtungserfolg versprechen Geschlechtsverhältnisse von 1 : 3–4. Man verwendet 2jährige und ältere Zuchttiere. Es ist bekannt, daß auch 8–10jährige Gänse noch zur Zucht verwendet werden. Die beste Legeleistung dürfte im 2.–5. Jahr liegen. Gänseier wiegen 160–200 g. Das Gänseküken schlüpft nach 30–32 Tagen. Große Betriebe verfügen über spezielle Gänsebrüter, die das Kühlen bzw. Schwemmen der Eier automatisch steuern. Das Brutaggregat ist dreiteilig, so daß mit Vorbrüter, Hauptbrüter und Schlupfbrüter alle Vorgänge der diffizilen Brutphysiologie der Gänse nachgeahmt werden können.

Gänseküken wachsen nach dem Schlupf anfangs sehr langsam. Erst nach 11 Tagen verdoppelt sich ihr Gewicht. Dann beginnt eine schnelle Wachstumsphase, so daß man den Tieren genügend Raum zur Verfügung stellen muß. Während der Aufzuchtzeit sollten für

- 8 Gössel 1 m² im 1. Monat
- 8 Gössel 2 m² im 2. Monat
- 8 Gänse 8 m² im 3. Monat

als Stallfläche zur Verfügung stehen. Bei erwachsenen Tieren rechnet man 1–2 Gänse je m² Stallbodenfläche (für die Mast die Hälfte). Im Freien brauchen Zuchtgänse 150–200 m² Bodenfläche.

Die nicht zur Zucht vorgesehenen Gänseküken werden entweder in der *Junggänsemast* bis zum Erreichen von 5–6 kg im Alter von 9–10 Wochen gemästet. Sie erhalten dazu ein Alleinfutter und ab der 6. Woche zusätzlich Körner. Der Futterbedarf beträgt etwa 15 kg, so daß man mit einer Futterverwertung von 1 : 3 rechnen kann. Die zweite Möglichkeit ist die

*Weidegänsemast,* bei der die Tiere nach der Aufzucht auf die Weiden kommen, und dort etwa 150 m² Fläche benötigen. Eine Alleinfütterung bis zum Austrieb ist notwendig. Desgleichen erfolgt zum Mastende eine Zufütterung. Einen altbewährten Futterplan für die Weidegänsemast zeigt Tab. 49.

Tab. 49. Vorschläge für die Fütterung während der Weidegänsemast

| Futterzusammensetzung | Getreidemast Vormast % | Getreidemast Hauptmast % | Getreidemast Endmast % | Hackfruchtmast Vormast % | Hackfruchtmast Hauptmast % | Hackfruchtmast Endmast % |
|---|---|---|---|---|---|---|
| Mohrrüben | – | – | – | 50 | 20 | – |
| Hafer | 67 | 37 | 20 | 30 | 20 | 20 |
| Gerste | 30 | 30 | 40 | 20 | 30 | 40 |
| Mais | – | 30 | 40 | – | 30 | 40 |
| Eiweißkonzentrat | 3 | 3 | – | – | – | – |
| Verzehr je Tier und Tag | 250 g | 750 g | 500 g | 500 g | 750 g | 250 g |

**Literatur**

Bund Deutscher Rassegeflügelzüchter: Deutscher Rassegeflügel-Standard. Verlag Jürgens KG, München 1974.

Dürigen, B.: Die Geflügelzucht nach ihrem jetzigen rationellen Standpunkt. P. Parey Verlag, Berlin 1906, 2. Aufl.

Mehner, A.: Gänse-, Enten- und Putenrassen. In: Handbuch der Tierzüchtung. Bd. 3. P. Parey Verlag, Hamburg, Berlin 1961.

Scholtyssek, S.: Handbuch der Geflügelproduktion. Verlag E. Ulmer, Stuttgart 1968.

Vogt, H.: Jahrbuch für die Geflügelwirtschaft. Verlag E. Ulmer, Stuttgart 1977.

# Enten

Neben den Hühnern sind es hauptsächlich die Enten, die man schon lange getrennt auf die beiden Leistungsfähigkeiten der Eier- und Fleischerzeugung züchtete. Aufgrund ihrer Vitalität und Anspruchslosigkeit sind sie auch schon frühzeitig zur Intensivhaltung herangezogen worden. Wenn sich die Bestandsgrößen nicht weiter ausgedehnt haben, liegt es wohl in erster Linie daran, daß keine ständige, über das ganze Jahr andauernde Nachfrage nach Entenprodukten besteht.

## 1 Rassen

### 1.1 Schwere Rassen

#### 1.1.1 Amerikanisch-Peking

Die amerikanische Pekingente, eine heute über die ganze Welt verbreitete Wirtschaftsrasse, geht auf die chinesische Stammform zurück und wurde unter Verwendung von Aylesburyenten in den siebziger Jahren des 19. Jahrhunderts in USA erzüchtet. Anfang des 20. Jahrhunderts kam sie nach Deutschland. Die Rasse ist hauptsächlich auf Mast- und Legeleistung ausgerichtet. Das beweist ihr starker Körperbau von rechteckiger, nach allen Seiten leicht angerundeter Form; sie steht auf mittelhohen Läufen, leicht angehoben. Der Kopf ist lang mit nicht zu hohem Schädel, mit langem, breitem Schnabel von hellgelber Farbe mit weißer Schnabelbohne. Der verhältnismäßig schlanke, fast gerade Hals mündet gleichmäßig in die volle, leicht angehoben getragene Brust, die ohne jegliche Kielbildung sein muß. Der breite, leicht gewölbte Rücken fällt leicht zum Schwanzansatz ab. Der reichlich lange Flügel liegt straff am Körper, der seinerseits von einem feinknochigem Gerüst getragen wird. Die amerikanische Pekingente kommt nur in einem rein weißen Farbschlag vor.

#### 1.1.2 Deutsch-Peking

Die deutsche Pekingente ist eine Rasse von besonderer Eigenart und geht auf Stammformen zurück, die im letzten Drittel des vorigen Jahrhunderts von China nach Deutschland kamen. Bei aufrechter Haltung gleicht der massige Körper einem auf die Schmalseite gestellten Rechteck mit ausgeprägtem vollem Hinterteil, das angezogen wirkt. Die Schulter ist gut breit ausgebildet und unterstreicht somit noch die Rechteckform. Der Hals ist nicht allzu lang, sondern harmonisch zum Körper passend. Der Kopf ist kräftig mit fast rundem Schädelbogen und

Abb. 104. Deutsche Pekingente 1,1 weiß.

sehr starken Backen mit kurzem Schnabel von orangeroter Farbe und rein weißer Schnabelbohne. Den Hinterhals ziert die Frisur, durch zusammenstoßende Federn gebildet und besonders bei männlichen Tieren dieser Rasse gut ausgeprägt. Die nicht zu langen Flügel liegen straff am Körper. Die kräftigen kurzen Läufe sollten jedoch so weit entwickelt sein, daß sie das volle Hinterteil noch frei über den Boden heben. Das Obergefieder ist glatt, im Untergefieder finden sich reichlich Daunen, wodurch das Gesamtgefieder nicht so straff wirkt wie bei anderen Rassen. Die Gefiederfarbe ist Weiß mit über den ganzen Körper sich hinziehendem gelbem Anflug.

### 1.1.3 Aylesburyente

Die Aylesburyente kam aus England zu uns, sie wurde dort zu Mastzwecken erzüchtet. Es ist eine sehr große, schwere Ente, die durch ihre elegante Linie nicht plump wirkt. Der Körper ist großrahmig, breit und lang, mit leicht gewölbtem Rücken und wird waagerecht getragen. Die Brust ist voll und gut gerundet mit ausgeprägtem Kiel, der bis in den Bauch reicht. Letzterer ist voll aber nicht schleppend. Die Flügel, reichlich lang, liegen fest am Körper. Das Tier steht auf mittellangen, kräftigen, aber nicht grobknochigen Läufen von sattgelber Farbe, die im Alter noch nachdunkeln. Der Kopf ist lang und schmal mit fast flachem Schädelbogen. Das dunkle Auge sitzt hoch, so daß reichlich Platz für die gut ausgeprägten Backen vorhanden ist, ohne daß der Kopf jedoch dick erscheint. Der Schnabel ist lang, vorn etwas breiter mit flacher Wölbung, Farbe Blaßrosa. Der Hals ist sehr schlank und wird in einer Bogenlinie getragen. Alles an dieser Ente ist von einer auffallenden Eleganz, trotz ihrer Größe erreicht sie ein Gewicht von 3–3,5 kg. Die Farbe ist reines Weiß, ebenso die Hautfarbe, was besonders zur Marktfähigkeit beiträgt.

Abb. 105. Aylesburente 0,1 weiß.

### 1.1.4 Rouenente

Die Rouenente ist eine aus Landenten zu Nutzzwecken in Frankreich erzüchtete Rasse. Sie wurde in England auf Größe und Farbe verbessert und kam etwa in der zweiten Hälfte des 19. Jahrhunderts nach Deutschland. Sie ist eine sehr apart gefärbte, große Ente, eine echte Fleischrasse. Zu ihrer Beschreibung soll auszugsweise der Standard erwähnt werden: „Langer, breiter und tiefer Rumpf in waagerechter Haltung, schmaler, schlanker Kopf mit nur angedeuteten Backen und flacher Stirn, Schädelbogen mit einer Ellipse vergleichbar. Der ölgrüne, lange und breite Schnabel muß eine gerade Firstlinie aufweisen. Der nicht grob wirkende, leicht gebogene, mittellange Hals muß harmonisch zum Körper verlaufen. Der Rücken soll leicht gewölbt, der Schwanz waagerecht getragen werden. Die Brust soll vorspringen und voll und tief ausgebildet sein. Bauch und Hinterteil sind gut entwickelt. Eine von der Brust bis zum Hinterteil durchgehende Hautfalte bildet den Kiel, er sollte noch frei über dem Boden hängen. Die Läufe sind orangerot gefärbt mit dunklen Zehennägeln. Die Ente ist etwas

Abb. 106. Rouenente 1,1 wildfarbig.

kürzer als der Erpel, aber breit und mit tiefem Rumpf. Der Schnabel ist braungelb mit dunklem Sattel und schwarzer Bohne. Als Farbe wird die dunkelste Wildfarbe gewünscht. Kopf und Hals des Erpels sind grünglänzend und werden im unteren Drittel durch einen schmalen weißen Halsring abgeschlossen. Dieser umschließt den Hals von vorne etwa zu drei Vierteln und ist am Hinterhals offen. Die Brust ist rotbraun und geht ohne Ausläufer in die silbergraue Perlfarbe der Seiten und Schenkel über, die bis zum unteren Schwanzansatz reicht. Der Rükken, dunkel bis schwarzgrün, trägt eine schwarzgrün-glänzende Locke. Die Flügeldecken sind silbriggrau, Flügelrand und Flügelenden dunkel. Der Spiegel auf der Flügelmitte ist von blaugrüner Farbe. Der Spiegel wird hinten und vorne durch einen schwarzen und dann durch einen weißen schmalen Rand eingefaßt.

Die Farbe der Ente unterscheidet sich wesentlich vom Erpel. Der Kopf ist bräunlich, der Hals etwas heller. Der Rumpf ist saftig goldbraun mit scharfer braunschwarzer Hufeisenzeichnung, über Brust und Rücken sowie Flanken zum Hinterteil hin nachlassend. Die gezeichneten Federn sind also um den Kiel braun, dann folgt ein schwarzes Hufeisen, dann ein braunes Feld, welches wieder schwarz eingefaßt ist, und als Abschluß ein braunes hufeisenförmiges Band. Der Spiegel wird wie beim Erpel auch beiderseits schwarz und weiß eingefaßt. Über dem Auge befindet sich ein etwas aufgehellter Strich, der Zügel."

Aus dieser kurzen Beschreibung der Farbe sehen wir, daß diese Rasse eine unserer schwierigsten Zuchten ist. Ihre vorschriftsmäßige Weiterzucht verlangt den ganzen züchterischen Einsatz.

### 1.1.5 Sachsenente

Diese Ente wurde in den fünfziger Jahren in Sachsen erzüchtet als schwere Landentenform mit fast waagerechter Körperhaltung, langem und fleischigem Rumpf, langem Kopf mit flacher Stirn. Der Schnabel des Erpels ist gelb mit schwach grünlicher Tönung, bei der Ente bräunlich, die „Bohne" bei beiden Geschlechtern gelb. Der Hals darf nicht allzu lang, soll aber kräftig entwickelt sein. Man verlangt einen breiten, lang wirkenden Rücken, Brust voll, breit und tief ohne Kiel, Flügel nicht zu lang und fest geschlossen, Gefieder glatt anliegend. Die Gefiederfarbe: Kopf des Erpels taubenblau bis zum geschlossenen weißen Halsring, Brust, Unterhals sowie Schultern rostrot, Brustpartie mit schwacher silberfarbiger Säumung, Bürzel taubenblau, Schwanzlocke und Handschwingen fast mehlfarbig, Unterschwanz blaßblaugrau, auf den Flügeln ein taubenblauer Spiegel. Die Ente: Kopf, Hals und Brust sattes Gelb, Brust noch etwas intensiver gefärbt, beiderseits vom Schnabelansatz über den Augen ein heller fast weißlicher Augenstrich, am Vorderhals ein schwach angedeuteter Halsring, nach hinten offen, Flügeldecken kremfarbig mit leicht bläulicher Tönung, Spiegel taubenblau.

Abb. 107. Sachsenente 1,0 blaugelb.

## 1.2 Mittelschwere Rassen

### 1.2.1 Cayugaente

Die Cayugaente stammt aus Nordamerika; ihren Namen trägt sie nach einem See. Die Rasse kam im letzten Drittel des 19. Jahrhunderts über England zu uns. Es ist eine mittelgroße, sehr harmonisch gebaute Ente mit waagerechter Haltung. Alles an dieser Rasse wirkt elegant und harmonisch. Der Kopf ist schlank und schmal mit flacher Stirn, mit dunklem, kleinem Auge. Der Schnabel verläuft breit und flach, nicht allzu lang und ist grün gefärbt. Bei der Ente ist die Schnabelfarbe schwärzlich grün. Der elegante Hals, nicht zu lang, schön gebogen, geht in die gut gerundete Brust über. Der Rücken ist gewölbt, am breitesten über dem Flügelbug. Die mittellangen Läufe sollten so dunkel wie möglich sein, also fast schwarz. Als Gefiederfarbe wird tiefes Schwarz mit auffallend viel Grünglanz gewünscht. Jegliches Weiß im Gefieder schmälert den Rassewert. Die Cayugaente war in Deutschland dank einiger qualifizierter Züchter gut durchgezüchtet. Leider sind nach Wirren des Zweiten Weltkrieges nur spärliche Restbestände übrig geblieben.

### 1.2.2 Gimbsheimer Ente

Die Gimbsheimer Ente ist eine deutsche Züchtung und wurde erst in jüngster Zeit von dem bekannten Züchter Oswald geschaffen; als Rasse wurde sie Anfang der sechziger Jahre anerkannt. Es handelt sich um eine mittelgroße Landente, nicht plump, mit leicht aufrechter Haltung. Der Kopf ist schmal mit gut flacher Rundung ohne ansteigende Stirn. Der weidengrüne Schnabel mit schwarzer Bohne ist lang und gleichmäßig breit. Der leicht gebogene, nicht so starke Hals soll zum Körper passen, aber nicht zu lang sein. Der Rumpf ist kräftig entwickelt und nach den Seiten abgerundet. Die Brust soll gerundet sein ohne jegliche Kielbildung. Die schwarzrot bis schwarzen Läufe stehen fast in der Mitte des Körpers. Das Gefieder soll glatt sein und fest anliegen, ebenso die Flügel. Die Farbe ist ein gleichmäßig über den ganzen Körper gehendes Blaugrau mit etwas dunklerem Kopf und Hals.

Abb. 108. Gimbsheimer Ente 0,1.
Abb. 109. Orpingtonente 1,0 gelb.

### 1.2.3 Orpingtonente

Die Orpingtons kommen aus England und stellen leichte bis mittelschwere Enten dar. Der Rumpf ist mittellang, nach allen Seiten gut abgerundet (eine Walzenform), der Kopf lang und schmal mit flacher Stirn und mit gut ausgeschnittener Kehle. Der nicht allzu lange Schnabel ist orangegelb mit schwarzer Bohne bei beiden Geschlechtern. Der leicht gebogene Hals sitzt anmutig auf dem walzenförmigen Körper, an dem die Flügel fest anliegen, ohne daß sich aber die Schwingen kreuzen. Die Tiere stehen auf nicht zu groben Läufen so frei, und das gut ausgebildete Hinterteil berührt nicht den Boden. In Deutschland ist nur ein gelber Farbschlag anerkannt. Der Kopf des Erpels und der obere Hals sind braun, das übrige Federkleid gleichmäßig braungelb ohne jeglichen anderen Farbton. Das Federkleid der Ente ist ledergelb am ganzen Körper, je gleichmäßiger desto besser.

### 1.2.4 Pommernente

Unter verschiedenen Bezeichnungen wurden gleichgezeichnete blaue, schwarze oder gelbe Enten in vielen Teilen Europas schon im 18. Jahrhundert gehalten und gezüchtet. Schließlich wurde sie in Deutschland nach dem deutschen Hauptzuchtgebiet Pommern benannt. Es ist eine Landentenform mit etwas starkem Körperbau, die aber nicht plump erscheinen soll. Der waagerecht getragene Körper soll ohne Kiel sein. Der Kopf ist gezogen mit flacher Stirn, der Schnabel lang und breit. Der nur mittellange Hals ist etwas gebogen. Der breit wirkende Rücken wölbt sich nach den Seiten. Die Brust ist voll und rund, der Bauch gut und voll entwickelt. Das Gefieder liegt fest an. Die Rasse wird in zwei Farbschlägen bei uns gezüchtet:

1. Blau: Ein gleichmäßiges lichtes Blau am ganzen Körper, einzelne schwarze Federn kommen vor.
2. Schwarz: Ein tiefes Schwarz mit reichlichem Grünglanz. Als Zeichnung haben beide Farbschläge am Vorderhals und der oberen Brust einen weißen Latz, der möglichst scharf gegen die übrige Gefiederfarbe abgegrenzt sein soll. Die Schnabelfarbe der Blauen ist dunkelschiefergrau, die der Schwarzen dunkelgrün, bei beiden mit schwarzer Bohne.

Abb. 110. Pommernente 1,0 blau.

## 1.3 Leichte Rassen (Legerassen)

### 1.3.1 Campbellente

Als Gegensatz zur Aylesbury haben wir von den Engländern auch die Campbellente übernommen, die hauptsächlich als Legeente gezüchtet wurde. Sie ist leicht und sehr beweglich, aber doch so kräftig, daß alle Voraussetzungen für eine gute Legeleistung gegeben sind. Der längliche, gut gerundete Kopf zeigt eine flache Stirn mit trockenen Backen, so daß er sehr schmal wirkt. Der mittellange, nicht so breite Schnabel ist von dunkelgrüner Farbe mit schwarzer Bohne. Der Hals paßt harmonisch zum Körper, ist nicht lang und mündet, allmählich stärker werdend, in die Brust.

Der Erpel steht meistens etwas höher als die Ente. Das Hinterteil ist gut ausgebildet, darf aber nicht auf dem Boden hängen. Die Farbe ist ein dunkles Khakibraun. Der Kopf ist dunkelbraun mit mattem, grünlichem Glanz und geht ohne abzusetzen in die Halsfarbe über. Den Spiegel wünscht man saftiger, aber je matter um so besser, auf keinen Fall blau- oder grünglänzend. Schwanz und Unterschwanz sollten etwa der Kopffarbe entsprechen. Die Schnabelfarbe ist dunkelgrün mit schwarzer Bohne.

Die Ente ist nur wenig heller mit leicht angedeuteter Wildzeichnungsanlage. Je reduzierter diese Zeichnung in Erscheinung tritt, um so wertvoller ist das Tier. Die Augenfarbe bei beiden Geschlechtern ist braun. Allgemein läßt die Farbe mit fortschreitender Legetätigkeit nach und wird blasser. Es gibt in dem Ursprungsland England noch einen rein weißen Farbschlag dieser Rasse, der aber in Deutschland nicht gezüchtet wird. Das Gefieder wird rein weiß verlangt, ebenso die Haut. Die Schnabelfarbe ist grün (gelblich mit grünen Flecken würde schon genügen), Läufe braun-rötlich. Die ideale Färbung dieser Ente ist ein interessantes Betätigungsfeld für die Züchter.

### 1.3.2 Streicherente

Das Urspungsland der Streicherente ist England. Sie kam etwa in den zwanziger Jahren zu uns nach Deutschland. Nach dem zweiten Weltkrieg wurden ihre Restbestände stark gefördert. Es handelt sich um ein leicht gebautes, sehr bewegliches Tier mit etwas aufgerichteter Haltung und länglichem, gut gerundetem Rumpf. Die Rücken- und Unterlinie sollen annähernd gleich verlaufen. Der Kopf ist gezogen und gerundet und läuft ohne Backen zum Schnabelansatz zu. Der Schnabel ist mittellang, leicht zur Stirn ansteigend (kein Keilschnabel), der Hals mittellang. Bei geradlinigem Rücken und nicht so voll, aber gut gerundeter Brust ohne Kiel sind Bauch und Hinterteil nicht sonderlich entwickelt.

Die orangefarbigen Läufe des Erpels sind etwa mittellang, die der Ente sind schmutzigbraun. Die Ente steht etwas tiefer als der Erpel, aber so frei, daß auch ältere Tiere nicht das Hinterteil am Boden schleppen. Die Farbe ist Silberwildfarbig, die hellste Variante der Wildfarbe bei Enten. Die Grundfarbe ist Silber-Rahmweiß. Brust und Halsansatz, bis zu den Schultern reichend, sind rotbraun mit silberweißem schmalem Saum, der Bauch bis zum Bürzel silber-rahmweiß, der Bürzel braunschwarz mit weißer Säumung. Der untere Rücken ist silbergrau mit dunklen Tupfen. Jede Feder auf den Flügeldecken ist grau gemischt mit weißem Saum, der Schwanz hat einen hellen Außensaum. Auf dem Flügel sieht

Abb. 111. Streicherente 1,1 silber-wildfarbig.

man einen grünglänzenden Spiegel. Der Kopf ist braunschwarz mit grünem Glanz. Diese Partie wird durch einen weißen, nicht zu schmalen, den ganzen Hals umschließenden Halsring abgeschlossen.

Bei der Ente tritt die helle Grundfarbe noch auffallender in Erscheinung. Die obere Brust, der Halsansatz und der Rücken sind leicht braungestrichelt. Der Unterrücken ist gelblichgrau mit dunkleren Tupfen. Die übrige ganze Unterseite, Brust sowie Bauch sind auffallend rahmweiß gefärbt. Die Kopffarbe ist Bräunlichgelb mit klarer, feiner, dunkler Strichelung, am stärksten auf der Stirn. Die Schnabelfarbe ist Graugrün, die der Läufe Schmutzig-Braun.

### 1.3.3 Laufente

Die Laufente kommt aus Ostasien über England zu uns und wurde im 20. Jahrhundert in Deutschland rassisch veredelt. Laufenten sind aufrecht gehende, sehr schlank gebaute Tiere. Der Kopf ist langgesichtig, kantig, mit flacher Stirn, ohne Backen. Schnabel und Kopf müssen ohne Absatz keilförmig ineinander übergehen. Das Genick ist scharf abgebogen, die Kehle scharf ausgeschnitten. Die Augen liegen sehr hoch, unmittelbar unter der Schädeldecke. Der Hals ist gerade, wird allmählich stärker und geht in den walzenförmigen, gut abgerundeten Rumpf über. Der Schwanz wird in Verlängerung der Rückenlinie geschlossen getragen. Die Flügel sind schmal, fest anliegend und fügen sich ohne Kanten in die Rundung des Körpers ein. Die weit hinten angesetzten Läufe mit verhältnismäßig langen Unterschenkeln gewährleisten den aufrechten Stand. Die Laufenten kommen in sieben anerkannten Farbschlägen vor:

1. Wildfarbig: Kopf und Hals grünglänzend, von der braunroten Brustfarbe durch einen rein weißen, nach hinten offenen Halsring getrennt. Die Flügel graubraun mit blauem Spiegel, der schwarz und weiß eingefaßt ist. Der Unterkörper und Bauch perlgrau mit schwarzer Wellung. Der Schnabel dunkelgrün mit schwarzer Bohne. Das weibliche Tier ist nicht auffallend in der Farbe, es zeigt ein gleichmäßig über den ganzen Körper verteiltes Braun, jede Feder möglichst mit schwarzbrauner Zeichnung. Beiderseits des Kopfes

die etwas helleren Zügel fast bis zum Nacken. Flügel einfarbig braun mit Spiegel wie beim Erpel.

2. Forellenfarbig: Kopf und Hals beim Erpel grün, ein weißer nicht geschlossener Halsring. Rücken und Flügel silbergrau mit blauem Spiegel. Bauch fast elfenbeinfarbig mit braunen Tupfen. Schnabel orangegelb mit grünlicher

Abb. 112. Laufente

1,1 wildfarbig

1,1 schwarz

1,1 rehfarbig-weißgescheckt

Tupfung. Ente: Kopf und Hals ein sehr helles Braun mit hellen Augenstrichen. Rücken silbergrau. Flügel mit blauem Spiegel. Brust und Bauch elfenbeinfarbig, der ganze Rumpf braun getupft.
3. Weiß: Ein reines Weiß, möglichst ohne gelblichen Anflug. Schnabel gelb, grünlich getönt mit schwarzer Bohne.
4. Schwarz: Ein reines, grünglänzendes Schwarz. Schnabel dunkelgrün. Läufe fast schwarz.
5. Braun: Ein gleichmäßiges Braun. Beim Erpel sind Kopf, Spiegel und Schwanzlocke etwas dunkler.
6. Blau: Über den ganzen Körper ein lichtes Blau. Schnabel schiefergrau mit schwarzer Bohne.
7. Rehfarbig-Weißgescheckt: Die Farbe gleicht sich fast bei beiden Geschlechtern. Der Kopf dunkelrehbraun, über die Wangen ein weißer Strich, der sich auch um das Auge zieht. Bei den Erpeln ist die Kopffarbe etwas intensiver. Der Hals ist weiß. Das untere Drittel, Brust, Rücken und Schultern und auch der Schwanz rehbraun. Flügel, Schwingen und Bauch weiß. Die Läufe orangegelb.

## 1.4 Zierenten

### 1.4.1 Haubenente

Die Haubenente ist eine nicht allzu schwere Landente, die in Europa schon seit langer Zeit bekannt ist. Eine auf dem Hinterkopf sitzende vollrunde Haube gab ihr den Namen. Ein weiteres Charakteristikum ist der auffallend gekrümmte, nur bei dieser Rasse vorkommende Hals. Der Körper wird waagerecht getragen. Der Kopf ist länglich mit vollen Backen und trägt am Hinterkopf die kugelförmige Haube, die nach allen Seiten gut geschlossen ist und gerade sitzt. Die Brust ist gut gerundet und voll entwickelt ohne jegliche Kielbildung. Die nicht so langen Läufe und der Schnabel sind je nach der Gefiederfarbe heller oder dunkler. Die Haubenente kommt in allen Farben und Zeichnungen der Rasseenten vor.

Abb. 113. Haubenente 1,0 wildfarbig.

### 1.4.2 Hochbrutflugente

Die Hochbrutflugente ist eine deutsche Züchtung, bei der unter Zuhilfenahme von Wild-Stockenten die Flugfähigkeit erhalten blieb. Der Rumpf ist etwas größer als bei der Stockente, der Rücken ist leicht gewölbt mit flacher Unterlinie. Der Kopf ist länglich ohne Backen und zeigt wenig Stirn. Der Schnabel ist ziemlich lang, die Brust voll gerundet, der Bauch flach ohne Kiel, und die Flügel sind lang. Hochbrutflugenten kommen auch mit Haube vor, die kugelförmig gerade sitzen muß. Es sind alle bei den Großrassen anerkannten Farbschläge zugelassen. Auch mit Latzzeichnung sowie in Laufentenscheckung und Grobscheckung.

### 1.4.3 Smaragdente

Die Herkunft der Smaragdente ist Amerika. Sie wurde im 19. Jahrhundert nach England, etwas später nach Deutschland eingeführt. Der Rumpf ist länglich, gut abgerundet und klein. Der Kopf soll nur leicht gezogen und nicht so lang sein, mit kurzem Schnabel, der am First ganz leicht eingebogen sein kann. Der Hals ist kurz und gebogen, der Rücken leicht gewölbt, die Brust voll gerundet. Die Flügel sind reichlich lang. Die Enten haben zarte Läufe, durch die straffe Unterlinie muß das Fersengelenk sichtbar sein. Ihre Farbe ist ein reines tiefes Schwarz mit metallischem Grünglanz. Der Schnabel ist beim Erpel dunkelgrün, bei der Ente ein dunkles Grau, beide mit schwarzer Bohne.

### 1.4.4 Zwergente

Die Herkunft der Zwergenten ist nicht genau festzustellen. Sie wurden in den Niederlanden sehr häufig gehalten und in England auf rassische Merkmale durchgezüchtet. Der Gesamteindruck dieser Rasse ist ein gnomenhafter: kurzer, gedrungener Rumpf mit rundem Kopfzug und stark ausgeprägten Backen, sehr kleiner und kurzer Körper. Der Kopf ist auffallend rund mit hochgewölbter Stirn. Der Schnabel ist kurz und schmal und entspricht in der Farbe den Läufen und dem Gefieder. Der Hals wird kurz gebogen getragen, der Rücken nach allen Seiten gewölbt und kurz. Die Brust ist voll, der Bauch flach, die Flügel sind verhältnismäßig lang, der Schwanz kurz und waagerecht. Zwergenten sind in allen anerkannten Farbschlägen zugelassen, mit und ohne Haube.

## 1.5 Warzenenten

Die Warzenente gehört zoologisch zu einer anderen Gattung als die unter 1.1 bis 1.4 genannten Rassen. Ihr Herkunftsland ist Südamerika. Dort ist sie schon seit einigen Jahrhunderten domestiziert und wurde auch bald nach Europa gebracht. Hier fand sie eine sehr gefällige Aufnahme, denn ihr Fleisch ist eine Delikatesse. Aber auch die Federn, besonders die Daunen, sind sehr reichlich und für viele Zwecke bestens geeignet. Artgemäß unterscheidet sich die Warzenente auffallend von allen anderen Enten, besonders durch das warzige, nackte rote Gesicht sowie einen Schnabelhöcker und den langen Schwanz ohne Locke beim Erpel.

Auch die Größe des Erpels, der weit schwerer als die Ente ist, gehört zu den Merkmalen, die diese Art von allen anderen Entenrassen unterscheiden. Der Rumpf ist langgestreckt und breit ohne Kielbildung und wird waagerecht getragen. Der Kopf ist groß und gewölbt. Die etwas verlängerten Scheitelfedern sträuben sich in der Erregung. Gesicht und Auge sind nackt und rot. Diese fleischige Partie geht beim Erpel bis über den Oberschnabelansatz. Der Schnabel ist nur mittellang mit hakig auslaufender Bohne. Der Hals ist kräftig, leicht gebogen und bei der Ente erheblich kürzer und schwächer. Der Rücken ist breit und gewölbt. Lange, breite, sehr harte Federn bilden den Schwanz. Die sehr langen Flügel reichen bis zur Mitte des Schwanzes. Die Läufe sind stark entwickelt, die Zehennägel gekrümmt und spitz.

Warzenenten kommen bei uns in sechs Farbschlägen vor:

1. Wildfarbig: Die Hauptfarbe ist Schwarz mit reichlich Grünglanz. Die Unterseite läßt farblich etwas nach. Auf den Flügeldecken befindet sich ein mehr oder weniger großes weißes Feld. Bei älteren Tieren sind oft die sträubbaren Oberkopffedern leicht weiß durchsetzt. Die Augenfarbe ist Braun, der Schnabel am Ansatz bräunlich-schwarz, nach vorne heller werdend, Bohne schwarz.
2. Blau-Wildfarbig: Ein über den ganzen Körper lichtes Blaugrau. Auf den Flügeln das weiße Feld wie bei den Wildfarbigen. Augen und Schnabel wie bei den Wildfarbigen, meist etwas aufgehellt.
3. Blau: Am ganzen Körper ein möglichst lichtes Blaugrau ohne weiße Abzeichen. Augen-, Schnabel- und Lauffarbe der Gefiederfarbe entsprechend heller.
4. Schwarz: Ein tiefes, glänzendes Schwarz ohne jegliche Abzeichen. Bei diesen ist in der Regel das fleischige, rote, nackte Feld um die Augen mit schwärzlichen Einlagerungen leicht durchsetzt.
5. Weiß: Ein reines Weiß am ganzen Körper. Die nackte Gesichtspartie rot, Augenfarbe Blaugrau, Schnabel rötlich-fleischfarben, Läufe gelb.
6. Schecken: Schwarz und blau gescheckt. Auf weißer Grundfarbe scharf abgegrenzte, in sich reine Farbfeder. Die farbigen Felder bedecken den Oberkopf, Schultern und Rücken, auch den Schwanz. Die Schnabel- und Lauffarbe ist nicht von Bedeutung. Die Augenfarbe, da der größere Anteil des Gefieders weiß, Bläulich. Bei diesem Farbschlag kommen reichlich Fehlfarben vor, da ja bekanntlich Schecken nicht konstant vererben. Alle nur Melierten oder über den ganzen Körper Fleckigen sind Fehlfarben und als Schecken nicht anzusprechen.

Abb. 114. Warzenente 1,1 weiß.

Es sei noch erwähnt, daß bei dieser Art der Erpel fast doppelt so schwer ist wie die Ente. Die Brutdauer, die bei allen anderen Entenrassen 28 Tage dauert, beträgt bei den Warzenenten 35 Tage. Wiederum ein Merkmal, das diese Art von allen anderen Entenrassen wesentlich unterscheidet.

## 2 Wirtschaftsentenhaltung

Von den vielen im vorangegangenen Kap. behandelten Entenrassen werden eigentlich nur die Amerikanischen Pekingenten in großen Farmen gehalten. Neuerdings macht auch die Mast von Warzenenten in größeren Beständen von sich reden. Man muß jedoch abwarten, welche Resultate auf die Dauer bei diesem Tier zu erzielen sind. Dank der Vitalität und der verhältnismäßig geringen Ansprüche an Futter und Unterbringung sind bei der Weißen Pekingente selbst bei Großherdenhaltung üppiges Wachstum und niedrige Verlustquoten die Regel. Die Küken verdoppeln ihr Gewicht bereits in der ersten Woche und erreichen nach 8 Wochen etwa 2700 g (fast das 50fache). Nach dem Schlupf nehmen sie Futter und Wasser ohne Schwierigkeiten auf. Sie brauchen zwar noch Wärme (30 °C), sind aber sonst vollkommen selbständig. Die Temperatur kann schneller gedrosselt werden als in einem Stall mit Puten- oder Hühnerküken (nach 3 Wochen ca. 20 °C). Die Mast erfolgt auf Tiefstreu, jedoch ist eine geschlossene Stallhaltung nicht notwendig, weil die Tiere auch beim Wechsel zwischen Stall (= Futterplatz) und Auslauf (meistens mit Stroh eingestreute Betonplatte) gut gedeihen. Dieses System hat darüber hinaus noch den Vorteil, daß man dann dem Wachstum entsprechend genügend Platz zur Verfügung stellen kann. Empfohlen werden gem. Jahrbuch für die Geflügelwirtschaft (Vogt 1977):

| | | | |
|---|---|---|---|
| Platzbedarf: | 1.–2. Woche | 20 Tiere | je 1 m² Stallgrundfläche |
| | 3.–5. Woche | 8–10 Tiere | |
| | 6.–8. Woche | 4– 5 Tiere | |

dazu mindestens 1 m² mit Stroh eingestreuter Auslauf oder 12–15 m² Weideauslauf (Zaunhöhe 60 cm) je Tier.

Weidehaltung während der Mast führt zu einer ungünstigen Futterverwertung. In der DDR werden Enten auch in der Teichwirtschaft gehalten, weil dann durch die „Düngung“ der Teiche die Karpfenhaltung offensichtlich erfolgreicher gestaltet werden kann.

Die Ausstattung von Stall und Auslauf ist unterschiedlich. Im Stall wird meistens das Futter angeboten und im Auslauf das Wasser. Einige Farmen stellen Wasser nur zum Trinken zur Verfügung, andere dagegen lassen durch den Auslauf in einer flachen Rinne Wasser fließen, in dem sich die Tiere gleichzeitig putzen können, was zur Verbesserung des Federkleides beitragen soll. Ein optimales Wachstum einschließlich genügender Federbildung wird auch dadurch erreicht, daß man in Großherden kleinere Einheiten abteilt (ca. 30 Tiere), zumal sich Schrecksituationen bei Enten verheerend auswirken.

Als Entenfutter haben sich die Normtypen für die Entenmast, zwei Alleinfuttersorten in Preßlingform, durchgesetzt. Sie enthalten zu Beginn 18 % und in der zweiten Mastperiode 15 % Rohprotein sowie etwa 2700 kcal UE. Man

Abb. 115. Weiße Pekingenten in einer Enten-Großfarm (Bölts-Archiv).

hat mit einer Futterverwertung von 1 : 3 zu rechnen, also mit einem Futterverbrauch von 8–9 kg pro Tier.

Der Schlachttermin der Enten ist abhängig vom ersten Federwechsel. Unmittelbar davor lassen sich die Tiere am besten rupfen. In der Schlachttechnik wird der Federn wegen häufig mit Trockenrupfern und Rupfwachs gearbeitet, damit eine maximale Federnausbeute sichergestellt ist und keine Stoppelfedern sichtbar bleiben.

Die Elterntiere hält man im Geschlechtsverhältnis 1 : 5 in Halboffenställen mit Auslauf. Mit 6–7 Monaten beginnen die Tiere zu legen. Die Legeleistung in einer Legeperiode von 10 Monaten beträgt 200 Eier mit einem Eigewicht von durchschnittlich 70 g. Die Brut der Enteneier entspricht der Hühnerbrut. Das Küken schlüpft nach 28tägiger Bebrütung.

**Literatur**

Bund Deutscher Rassegeflügelzüchter: Deutscher Rassegeflügel-Standard. Verlag Jürgens KG, München 1974.

Mehner, A.: Gänse-, Enten- und Putenrassen. In: Handbuch der Tierzüchtung. Bd. 3. P. Parey Verlag, Hamburg, Berlin 1961.

Scholtyssek, S.: Handbuch der Geflügelproduktion. Verlag E. Ulmer, Stuttgart 1968.

Vogt, H.: Jahrbuch für die Geflügelwirtschaft. Verlag E. Ulmer, Stuttgart 1977.

# Puten

## 1 Abstammung und Herkunft

Nachdem Kolumbus 1492 Amerika entdeckt und in den folgenden Jahren die Spanier die umliegenden Inseln und Küstenländer besetzt hatten, unternahm Ferdinand Cortez seinen berühmten Feldzug gegen Mexiko und zerstörte das Reich Montezumas. Damit faßten die Spanier festen Fuß auf dem amerikanischen Kontinent. Bei diesen Unternehmungen entdeckten sie bei den Indianern gezähmte wilde Truthühner. Auch am Hofe des Aztekenherrschers fanden sie Hunderte gezähmter wilder Truthühner vor. Da man glaubte, Westindien entdeckt zu haben, wurden die Truthühner von den Spaniern „Indische Hühner" genannt.

Schon 1520 nahmen die spanischen Seefahrer die ersten „Indischen Hühner" mit nach Spanien. 1524 kamen sie nach England, schon 1533 nach Deutschland und bald darauf nach Frankreich. In Italien waren sie 1557 noch so kostbar, daß der Rat von Venedig bestimmte, auf welcher Festtafel „Indische Hühner" verspeist werden durften.

In der Mitte des 16. Jahrhunderts erwähnte die Chronik über die Expedition des spanischen Feldherrn Corondos, auf der er bis zum heutigen New Mexiko vorstieß, auch die großen Hähne mit dem „hängenden Kinn". Diese Puten waren vermutlich gezähmte Abkömmlinge der bergbewohnenden Rasse der Merriams.

Aus dem Buche von Marcel Brion „Die frühen Kulturen der Welt" ist zu entnehmen, daß schon in vorgeschichtlicher Zeit Truthühner bei den Indianern gehalten wurden. So fanden Archäologen 1917 bei Ausgrabungen einer der berühmten sieben „goldenen Städte" des Königreiches Gibola nicht nur monumentale Bauwerke, Wohn- und Grabstätten aus mehreren Epochen, sondern auch wertvolle Aufschlüsse über die Vergangenheit und Lebensweise dieser ungefähr um 500 v. Chr. lebenden Indianer. Schon damals, also vor Beginn unserer Zeitrechnung, wurde der Züchtung des wilden Truthahnes, von den Pueblos „Toka" genannt, ganz besondere Beachtung geschenkt. Dort liest man, daß sein Fleisch verzehrt, die Knochen zu Werkzeugen verarbeitet und aus den Federn Schmuck und Bekleidung angefertigt wurden. 1930 stieß Charles Bergen bei seinen Ausgrabungen im Mimbres-Tal in New Mexiko auf bemalte Tongefäße der Mogolan-Kultur (etwa zwischen 1050 und 1200 n. Chr.), die unter anderem den „wilden Truthahn" zeigen mit Brusthaarbüschel und Fleischzapfen auf dem Kopfe.

Nordamerika ist die Heimat der bronzefarbigen wilden Truthühner, die als Ahnen aller unserer heutigen Puten zu betrachten sind. Genau gesagt und enger begrenzt, sind es die heutigen Vereinigten Staaten von Amerika und das Land Mexiko. Nach alten Überlieferungen soll es früher 7 Arten wilder Truthühner in Nordamerika gegeben haben, von denen einige noch stärker und schwerer waren als die jetzt dort wild lebenden Tiere. Heute gilt ein 11 kg schwerer Hahn als kapitale Jagdtrophäe. Audubon unterschied 4 Arten nordamerikanischer wilder Truthühner:

1. den *„Florida turkey“*, einen leichten, schlanken Vogel mit ganz dunkelbrauner, fast jodfarbiger Endsäumung und sehr guter Bronze. Er malte ihn sehr farbenprächtig mit breiten Bronzeplatten auf dem Schenkelgefieder und mit einer Schwingenzeichnung von 1 : 1, wie wir sie heute wünschen und bei unseren besten Bronzeputen auch haben. Sein Lebensraum hat sehr mildes, z. T. subtropisches Klima und eine sehr üppige Vegetation;
2. den *„Eastern turkey“*, einen kräftigen, vollrumpfigen Puter mit kastanienbrauner Endsäumung und schwarzem Rücken. Er bewohnt die östlichen Staaten, westwärts bis zum Ohio und Mississippi. Eichen, Buchen und andere Laubholzwälder sind sein bevorzugter Lebensraum. Am stärksten vertreten ist er in Alabama;
3. den *„Rio Grande turkey“*. Er ist etwas leichter als der Eastern turkey, hat hellere, gelblichbraune Endsäumung und lebt in den lichten Steineichengehölzen und den offenen Prärien und Weideländern des Mittelwestens, in Texas ist er am meisten verbreitet;
4. den *„Merriams turkey“*, einen kräftigen Gebirgsvogel mit schwarzem Rücken, wenig Bronze und weißer Säumung. Er bewohnt die westlichen Gebirge und ist in offenen Steineichen- und Kieferngehölzen zu finden, die sich bis in Höhen von 2000–3000 Meter die Berghänge hinaufziehen. Felsige Grasländer und tiefeingeschnittene Canyons mit Buschwerk sind in sehr hohen Lagen sein Lebensraum. Er verträgt große Hitze und strengste Kälte, so lebt er auch in Montana, dem Lande mit den gegensätzlichsten Temperaturen, strengster Kälte im Winter und tropischer trockener Hitze im Sommer. Ein Bericht aus dem Jahre 1942 schätzte den Bestand der Merriams turkeys auf 40 000 Tiere.

## 2 Rassemerkmale

| | |
|---|---|
| Rumpf: | langgestreckter, kräftig, nach dem Schwanz schmaler werdend. |
| Rücken: | lang, von den Schultern in gerader Linie sanft abfallend. |
| Brust: | voll und breit. |
| Kopf: | nackt, von blauer Farbe, dicht besetzt mit roten Fleischwarzen. Über dem Schnabel am Stirnansatz ist ein Fleischzapfen, der beim Hahn stärker als bei der Henne ist und sich in der Balz beim Hahn handbreit verlängert. |
| Augen: | rotbraune Iris mit schwarzer Pupille. |
| Schnabel: | kräftig und hornfarbig. |
| Hals: | mittellang etwas im Bogen getragen. Unterhalb des Schnabels beginnt eine lose Haut, die kehlwammenartig bis zum Mittelhals herabhängt. |
| Brustbüschel: | An der Brust tragen ausgewachsene Hähne einen schwarzen roßhaarähnlichen Büschel, der öfter auch bei älteren Hennen auftritt. Bei Junghähnen kommt er erst zwischen 8–9 Monaten zum Vorschein. |

# 3 Rassen nach dem Standard

## 3.1 Farbschläge

Der deutsche Rassegeflügelstandard sieht folgende Farbschläge vor:

**Bronzefarbig**
Brust, Hals, Schultern und Flügelbug sind im Grundton schwarz mit hohem Bronzeglanz in allen Regenbogenfarben schillernd. Die seitlichen Brustfedern zeigen beim Hahn einen samtschwarzen, bei der Henne einen dunkelsandfarbigen, braunen und auch dunkelgrün glänzenden Endsaum. Die Schwingen sind schwarz mit grauweißen Querbändern, möglichst gleichmäßig gestreift. Die oberen Flügeldeckfedern enden mit einem glänzend braunen Saum. Den Flügel ziert eine olivgrüne bis bronzefarbige Flügelbinde, die von einem schillernden samtartigen Band abgeschlossen wird. Jede Rückenfeder soll bei Hahn und Henne ein 1–2 cm breites gold- bis violettrot schillerndes Bronzeband zeigen. Dasselbe endet beim Hahn mit schmalem schwarzem, bei der Henne jedoch mit breitem grünem bis orangerotem Saum. Hahn und Henne haben auf den Schwanzfedern eine 2–3 cm breite Bronzeplatte, die mit einem kastanienbraunen Endsaum abschließt. Auf den großen Schwanzeckfedern (von den Züchtern kleines Rad genannt) wird beim Hahn das breite Bronzeband gefordert, bei der Henne ist es anzustreben. Die langen, breiten Schwanzfedern sind kastanienbraun mit schwarzen Bändern quer über die Feder. Bei Hennen mit schwarzgrüner Brustsäumung ist anstatt der schwarzen Querbänder häufig eine feine schwarze Rieselung festzustellen, die nicht als Fehler gewertet werden darf. Sie ist auf den 1936 importierten Kanada-Hahn zurückzuführen. Die langen Schwanzfedern zeigen am Ende eine 3–4 cm breite Bronzeplatte mit einem goldbraunen Endsaum, je dunkler desto besser. Lauffarbe bei Jungtieren Braun, bei Alttieren Rot.

**Weiß**
Farbe reines Weiß mit Ausnahme des schwarzen Brusthaarbüschels. Läufe bei Jungtieren kräftig rosarot, bei Alttieren rot.

**Schwarz**
Das ganze Gefieder ist schwarz, samtfarbig glänzend. Dunkles Untergefieder, nur auf der Endsäumung des Rückens und des Schwanzdeckengefieders bronzeartiger Glanz. Läufe schwarz, bei alten Tieren in Violettrot übergehend.

**Blau**
Das ganze Gefieder hat ein gleichmäßig dunkles oder helles Blau. Einzelne im Gefieder verstreut auftretende Punkte sind zulässig. Lauffarbe Rötlich.

**Rot**
Das ganze Gefieder zeigt ein gleichmäßiges Rot, weiße Flügelspitzen sind zulässig. Lauffarbe Rötlich.

**Gelb**
Das ganze Gefieder hat ein schönes, sattes ockerfarbiges Gelb mit tiefgelbem Untergefieder. Läufe fleischfarbig bis hellrot.

Abb. 116. Pute 1,0 bronzefarbig.

Abb. 117. Pute 1,0 weiß.

**Kupfer**

Leuchtende Kupferfarbe mit lebhaftem Glanz. Beim Hahn bilden die Federn auf Hals, Brust, Rücken und Flügelbinden eine 2–3 mm breite schwarzblaue Bänderung. Bei der Henne ist diese Bänderung nicht so ausgeprägt. Die Schwingen und Schwanzfedern zeigen diese Bänderung nicht. Die roten Schwanzfedern haben am Ende eine 2 cm breite dunklere Querbinde und einen helleren Endsaum. Das Untergefieder ist gelbgrau, die Läufe sind bei Jungtieren und bei Alttieren rot.

**Cröllwitzer**

Die Hauptfarbe ist Weiß. Jede Feder vor dem Ende mit einem schwarzen Saum, der möglichst von einem schmalen 1–2 mm breiten silberweißen Saum eingefaßt sein soll. Das Fehlen dieses Silbersaumes gilt bis auf weiteres nicht als Fehler. Seine Wiedererzüchtung ist weiterhin anzustreben. Beim Hahn wirkt die Brustzeichnung schuppenartig, bei der Henne ist sie weniger stark ausgeprägt. Rücken, Schwanzdecken und Körperseiten weisen eine stärkere Zeichnung auf. Schwanzfedern und große Schwanzdeckfedern mit schwarzem Querband und breitem, weißem Endsaum. Die Flügelbinden müssen mit schwarzem Endsaum abschließen. Armschwingen weiß, Außenfahnen schwarz auslaufend. Handschwingen schwarzgrau mit weißem Kiel. Läufe fleischfarbig bis rot.

**Rotflügel**

Erzüchtet aus Bronze-Puten und Roten Bourbon.

Hals, Brust und Schultern sind dunkellederbraun und grün schillernd. Bei der

Abb. 118. Pute 1,0 Cröllwitzer.

Henne ist der Endsaum an Brust und Seiten rotbraun. Auf dem Rücken und den rostrot gesäumten Schwanzdeckfedern haben Hahn und Henne breite, hellviolett goldene Bronzeplatten. Bei sehr feinen Hennen zeigt sich im Übergang vom Rücken zu den Schwanzdeckfedern ein schmaler smaragdgrüner Querstreifen. Die großen Schwanzdeckfedern sind rein rostrot, haben braunschwarze Wellen quer über die Feder und vor dem Ende eine 3 cm breite Bronzeplatte.

Namengebend sind die intensiv roten Armschwingen mit feiner Rieselung in den mittleren Federn. Die Handschwingen sind grauweiß-schwarz gepfeffert und haben einen rotbraunen Kiel. Lauffarbe bei den Jungtieren Braun und bei den Alttieren Rot.

**Rote Bourbon**

In Amerika erzüchtet.

Hahn und Henne haben eine rötlichbraune Farbe. Der Hahn zeigt auf der Brust eine 2–3 mm breite schwarze Säumung, bei der Henne jedoch ist die Brust weiß gesäumt. Hand- und Armschwingen sind weiß, die oberen Federn der Armschwingen dürfen rot auslaufen. Der Schwanz ist weiß, wird vor dem Ende mit brauner Querbinde versehen und von einem weißen Saum abgeschlossen. Die Flügelbinden sind rotbraun, das Untergefieder gelblich-braun.

Lauffarbe helles rötliches Braun. Grobe Fehler: fehlende Brustsäumung, rote Armschwingen und roter Schwanz.

**Schwarzflügel**

Erzüchtet aus Bronze- und Rotflügelputen.

Hals, Brust und Schultern schillern lebhaft olivgrün. Von den Schultern bis zum Schwanzende zeigt jede Feder eine breite violett- bis goldrote Bronzeplatte, auch bei den Hennen auf den großen Schwanzdecken gefordert. Rücken beim Hahn mit schmalem, schwarzem, bei der Henne mit breitem, grünem Endsaum. Auf den Schwanzdeckfedern und den langen Schwanzfedern ist die Säumung braun und schwarz gerieselt. Die Handschwingen sind rein schwarz, die Armschwingen jedoch sind mit einem 2–3 mm breiten, stufenförmig ansteigenden, weißen Endsaum versehen. Das Untergefieder ist hellgrau mit weißem Federkiel.

## 3.2 Gewicht

Die **schweren** Puten bringen als Alttiere<br>
18–15 (♂) bzw. 6–8 kg (♀)<br>
als Jungtiere 9–12 (♂) bzw. 6–7 kg (♀) auf die Waage.<br>
Zu ihnen sind zu rechnen die Bronzefarbigen, die Schwarzflügel und die weißen Puten.<br>
Die **mittleren** Puten erreichen nach Standard als Alttiere<br>
10–12 (♂) bzw. 6–7 kg (♀)<br>
als Jungtiere 8–10 (♂) bzw. 5–6 kg (♀). Zu ihnen gehören die Rotflügel, die schwarzen und die Bourbon-Puten.<br>
Die **leichten** Puten wiegen als Hähne<br>
7–8 kg (alt bzw. 6–7 kg (jung) und als Henne<br>
4–5 kg als Alt- oder Junghenne. Zu den leichten Rassen zählt man die blauen, roten, gelben, Kupfer- und Cröllwitzer Puten.

## 3.3 Pfauentruthühner

Die Pfauentruthühner, in Amerika „ocelated turkeys“ benannt, leben nur in den Niederwaldgebieten Mittelamerikas, besonders in Honduras, Guatemala und auf der Halbinsel Yucatan. Die Pfauentruthühner wurden ungefähr 1920 in Honduras entdeckt. Dem Zoo in San Diego in Kalifornien gelang in den vierziger Jahren die erste Zucht. Der Frankfurter Zoo hält seit 1955 Pfauentruthühner, ohne jeden Zuchterfolg. Erst mit den 1960 neu aus Rotterdam erhaltenen Tieren glückte die Nachzucht.

Der Pfauentruthahn ist etwas über 1 m lang, 5 kg schwer, in Form und Federstruktur den wilden Truthühnern gleich. Er hat kein Haarbüschel auf der Brust, und er ist der farbenprächtigste Hühnervogel der „Neuen Welt“. Seine Kopfhaut ist blau und hat bis zum Oberhals orangefarbige, warzenähnliche Auswüchse. Ein dicker, aufrecht stehender Zapfen befindet sich auf dem Scheitel und ein biegsamer, verlängerter, dünner Zapfen auf der Stirn. Hals, Schultern und Flügelbug sind leuchtend blau, die Brust schwarz mit rein goldenem Saum. Dieser feine Goldsaum setzt sich über den blau bis grün schillernden Rücken fort. Auf den Schwanzdeckfedern und den langen, abgerundeten, grauen Schwanzfedern zeigt jede Feder ein wunderbar schillerndes, samtschwarz eingefaßtes azurblaues Auge, welches von einem fabelhaft glänzenden, breiten, kupferfarbigen Saum abgeschlossen wird. Die Schwingen sind schwarzweiß gestreift, in der Mitte fast ganz weiß und auf den oberen Flügeldeckfedern je nach Lichteinfall lebhaft schillernd. Das leuchtend azurblaue Auge hat dieser Art zu ihrem Namen „ocelated turkey“ verholfen.

# 4 Wirtschaftsputen

Im Laufe der letzten Jahre ist die Pute zu einem wichtigen Fleischlieferanten auf dem Schlachtgeflügelsektor geworden. Putenfleisch ist eiweißreich (ca. 30 %), energiearm (2000 kcal gegenüber 3000 beim Rind- und 4000 kcal beim Schweinefleisch) und besitzt eine niedrige Fettmenge. Seine Erzeugung ist wirtschaftlich, denn bis zu Gewichten von 10 kg werden Verwertungszahlen von 1 : 3 nicht überschritten. Die Eiweißmast hält lange an, so daß ein Putenmäster theoretisch länger den Marktpreisen nachgehen kann als ein Hähnchenmäster. In der Wachstumsgeschwindigkeit stehen einer täglichen Zunahme von 25 g bis zur 12. Woche bei Hähnchen ca. 65 g bei der Pute gegenüber. Die Wachstumsgeschwindigkeit ist allerdings stark abhängig vom Typ der Tiere.

Wirtschaftlich interessant sind nur noch die breitbrüstigen Puten, von denen heute drei Typen zu unterscheiden sind, nämlich die leichte *Baby- oder Broiler-Pute* zur Ganzkörpervermarktung, abzusetzen nach 10–12 Mastwochen, die *mittlere Pute,* die sich ebenfalls noch ganz verkaufen oder aber bis zu 20 Wochen ausmästen und dann zerlegen läßt, und schließlich die *schwere Pute,* die bis zu etwa 26 Wochen gehalten wird und dann die gefragten Teilstücke liefert. Im Kap. Fleischqualität (vgl. Seite 244 und Tab. 38) wurde bereits auf die Teilstücke bei Puten hingewiesen. Die dort angeführten Körperteile werden noch weiter zerlegt zu Schnitzel oder Filets (aus dem Brustfleisch) oder verarbeitet zu Putenschinken (aus den Schenkeln) und Rollbraten (aus Abschnittsfleisch).

Ebenso groß ist selbstverständlich die Liste der Fertigprodukte. Der Ideenreichtum des Herstellers und die örtliche Nachfrage bestimmen, wie vielfältig das

Abb. 119. Ein Paar der weißen, breitbrüstigen Hybridputen.

Sortiment ausfällt. Meist orientiert man sich an gängigen Wurstsorten (Bierschinken, Mortadella, Fleischkäse, Leberwurst) und kann diese wegen ihres günstigen Nährstoffverhältnisses als Diätwurst bezeichnen, oder man führt neue Produkte ein, wie etwa Putenpasteten.

Bei allen Putenherkünften, die sich für das oben beschriebene Verarbeitungsprogramm eignen, handelt es sich um Hybridkreuzungsprodukte, die nach der Dreiwegekreuzung (wie bei den Broilern) gezüchtet werden. Allerdings haben sich dabei die männlichen und weiblichen Linien größenmäßig so weit voneinander entfernt, daß man zur Erstellung der letzten Hybridkreuzung die künstliche Besamung anwenden muß. Die K. B. ist damit auf diesem Gebiet der Geflügelzucht gebräuchlich geworden und hat sich aufgrund langer Erfahrungen und spezieller Techniken gut bewährt.

Ausgangsrassen der heutigen Puten-Hybriden sind die großen weißen und die Beltsville Puten (kleine weiße Rasse). Die großen Bronze-Puten, die in USA noch in einigen Farmen gehalten werden, gehen bestands- und zahlenmäßig zurück. Das Gros der Mastputenbestände auf der ganzen Welt stammt herkunftsmäßig aus wenigen Zuchten (führend sind die Nicholas-Puten).

# 5 Fütterung und Haltung

Auf dem Fütterungssektor gibt es nach den DLG-Empfehlungen aufgrund des neuen Futtermittelgesetzes fünf Standards für die Putenmast: die Alleinfutter für Truthühnerküken-Kurzmast (mit 28 % Rohprotein) und Langmast (mit 25 % Rohprotein) und die Alleinfutter für Masttruthühner I (22 % Rohprotein), II (18 %) und III (14 %). Die Mischungen sollen außerdem noch in UE-Gehalte abgestuft sein und den Tieren in den entsprechenden Altersabschnitten (s. Tab. 50) verfüttert werden.

Die Standards wurden weitgehend den Erfahrungen in der Praxis angeglichen, wonach jeweils in 6-Wochen-Abständen (6, 12, 18, 24 Wochen) andere Futtersorten eingesetzt bzw. Tiere zum Mastabschluß geführt wurden. Da sich bei Puten der Geschlechtsdimorphismus auch bei der Anlage von Fettdepots auswirkt, empfiehlt es sich, die weiblichen Tiere frühzeitiger zu schlachten oder mit höheren Eiweißanteilen im Futter weiterzumästen.

In der BRD hat sich die Mast von leichten Puten kaum durchgesetzt. Bei den schweren läßt man die Hennen oftmals nur 12 oder 15 Wochen alt werden, um sie als ganze Schlachtkörper abzusetzen, und mästet die Hähne bis zu 24 Wochen, um sie nach dem Schlachten als Zerlegputen zur Herstellung von Teilstücken oder Produkten zu verwenden. Bei dieser Mast wird oftmals zur Verbesserung der Anfangsleistung mit Kurzmaststarter begonnen bzw. zum Schluß schon eher das Mast-III-Futter eingesetzt.

Während für die Mast fünf Sorten als Standards genannt sind, umfaßt das Programm für die Junghennen- oder Elterntierhaltung nur ein Alleinfutter für Jungtruthühner mit 14 % Rohprotein und ein Alleinfutter für Zuchttruthühner mit 15 % Rohprotein. Der Unterschied beider Sorten liegt mehr im Energiegehalt und vor allem im Kalziumanteil (0,7–1,7 % für Jungtruthühner und 2–3 % für Zuchttruthühner) sowie in der Vitaminierung (Zuchtputen erhalten mehr Vitamin E, $B_6$, $B_{13}$ und Biotin).

Tab. 50. Fütterungsempfehlungen für die Putenmast

| Putentyp und Mastdauer | Fütterungsdauer für die fünf Standards (in Wochen) sowie Futterverbrauch in kg (in Klammern) Küken KM * 28 % | Küken LM * 25 % | Mast I 22 % | Mast II 18 % | Mast III 14 % |
|---|---|---|---|---|---|
| a) Leichte Puten 3,5–5 kg bratfertig | 1–6 ♀♂ (2,5) | | 7–12 ♀♂ (7,5) | 13–15 ♂ (7,5) | |
| b) Mittlere Puten 7–10 kg bratfertig | 1–6 ♀♂ (2,5) | | 7–12 ♀♂ (7,5) | 13–18 ♂ (12) | |
| c) Schwere Puten 10–12,5 kg bratfertig | | 1–6 ♀♂ (2,5) | 7–12 ♀♂ (7,5) | 13–18 ♀♂ (15) | 19–24 ♂ (24) |

* KM = Kurzmast; LM = Langmast.

Das Futter kann den Zuchttieren in Mehlform angeboten werden, bei Masttieren ist unbedingt Preßfutter zu bevorzugen. Man hat je Tier als Trog- oder Freßfläche zu rechnen:

| | |
|---|---|
| von der 1. bis 3. Woche | 2,5 cm bei Preßfutter |
| | 3,5 cm bei Mehlfutter |
| 4. bis 7. Woche | 3,5 cm bei Preßfutter |
| | 4,5 cm bei Mehlfutter |
| danach | 5–8 cm bei Preßfutter. |

Bei Rundautomaten genügen für 250 Tiere:
5 Stück mit einem Durchmesser von 40–50 cm bzw. 3 Stück mit einem Durchmesser von 70 cm bzw. während der Mast ab 8. Woche je 70 cm Durchmesser-Automat für 70–80 Puten.

Die Tränkfläche sollte je Tier in der
1. Woche 4–5 cm je Küken,
2.–7. Woche 1,5–2,5 cm je Küken betragen und
ab der 8. Woche 2–3 cm je Tier oder
1 Rundtränke mit 40 cm Durchmesser für 80–100 Puten.

Bei kleinen Küken muß man besonders darauf achten, daß die Tiere die Futter- und Wasserplätze finden. Es hat sich daher bewährt, die Ausleuchtung während der ersten 8 Tage besonders hell zu gestalten bzw. die Tiere durch Haferflocken anzulocken. Am besten setzt man Gruppen von 200–250 Tieren unter eine Wärmequelle und eine 100-Watt-Lampe und versieht sie mit einem Ring aus Wellpappe oder Maschendraht (je nach Ventilation). Die Einstreu muß möglichst fein sein und soll keineswegs von den Küken als Nahrung aufgenommen werden. Man setzt in gut klimatisierten Ställen in den ersten 8 Tagen bis zu 15 Tiere auf einen $m^2$, in der 8.–12. Woche 11 bzw. 7 Tiere und in der 12.–16. Woche 7 bzw. 6 Tiere (jeweils leichter bzw. schwerer Rassen). Will man weiter mästen, so sollte man nach Geschlechtern trennen und von den schweren Hähnen 3 pro $m^2$, von den Hennen 4 pro $m^2$ belassen. Diese Zahlen richten sich weitgehend nach der Stallklimatisierung und nach der benutzten Herkunft. Man kann sich aber auch danach richten, grundsätzlich nicht mehr als 25 $kg/m^2$ Boden bei Mastende zu erreichen.

Während der ersten 8 Wochen haben Putenküken einen verhältnismäßig hohen Bedarf an Wärme. Gut isolierte Ställe sind daher am wirtschaftlichsten. Bezüglich der Klimatisierung sollte man 4–7 $m^3$ Luft je kg Lebendgewicht vorsehen. Die Temperatur in Tierhöhe sollte am ersten Tag 35 °C betragen. Wöchentlich kann die Temperatur um etwa 3 °C reduziert werden. Ab 8 Wochen sind die Tiere nicht mehr temperaturempfindlich, im Gegenteil, es handelt sich bei Puten um ausgesprochene Freiluftliebhaber. Zur Not können für die Endmastphase von mittelschweren und schweren Tieren auch primitivere Stallräume genutzt werden. Man sollte dann nur Zugluft in unmittelbarer Tiernähe vermeiden und beim Umsetzen in die Mastställe sorgfältig zu Werke gehen.

Die Herdengröße sollte 2000–3000 Stück nicht überschreiten, Zwischentrennwände sind vorteilhaft. Die Lichtmenge ist nach 14 Tagen zu reduzieren. Die Lichtdauer sollte für die ersten vier Wochen 24 Stunden, danach aber nur 12 Stunden/Tag betragen, die Lichtstärke mit fortschreitender Mast stark redu-

Abb. 120. Kalifornische Zuchtputen im Auslauf.

ziert (bis 14 Tage 3 W, 3.–6. Woche 1,5 W, 7.–24. Woche 0,5 W/$m^2$) bzw. Rotlicht eingesetzt werden.

In vielen Empfehlungen wird besonders auf das Schnabelstutzen hingewiesen. Es soll als Vorbeuge gegen den Kannibalismus dienen und kann zwischen dem 7. und 10. Tage am Oberschnabel vorgenommen werden. Wenn eine ständige Kontrolle der Herde gewährleistet ist, kann man auf das Schnabelstutzen auch verzichten bzw. es erst dann vornehmen, wenn es notwendig wird. Das Stutzen von Flügel- und Schwanzfedern ist nur bei Auslaufhaltung angebracht.

Bezüglich der Stallhygiene wird auf die Spezialliteratur verwiesen. Aufgrund jahrelanger Erfahrungen werden zusammenfassend noch einmal besonders wichtige Bedingungen für die Putenmast genannt:

1. genügend Wärme bei Ankunft der Tiere,
2. ausreichende Stallfeuchtigkeit während der Kükenzeit,
3. genügend Frischluft nach 8 Wochen,
4. Stallverdunklung in der Endmast und Trennung der Geschlechter.

Zur Zeit werden die meisten Puten auf dem Boden gemästet. Selbstverständlich gibt es auch schon Putenmastkäfige.

Über die Haltung der Aufzucht und Zuchtbestände sind nur wenige Bemerkungen zu machen. Die Pute ist anspruchsvoll an Wärme und Licht während der ersten Kükentage und an Frischluft während der Aufzucht und Legezeit. Als ausgewachsenes Tier braucht sie auch genügend Raum, so daß man den $m^2$ Bodenfläche nicht mit mehr als 2 Tieren besetzen sollte. Beim Paarungsverhältnis reicht 1 Hahn für 8 Hennen. Große Zuchtherden werden noch im Auslauf gehalten. Dabei muß man vor allem für genügend Tränkfläche und Schattenspender sorgen, auch Futtergefäße sollten ausreichend vorhanden sein.

Da bei der Dreiwegekreuzung in der Zucht die Endprodukte aus der Kreuzung von Hennen der leichten Mutterlinie und Hähnen der schweren Vaterlinie stammen, wird in der Putenzüchtung schon weitgehend die künstliche Besamung eingesetzt. So wie es für Großbetriebe Desinfektions- und Einfachkolonnen gibt, sind in der Putenvermehrung Besamungskolonnen tätig, die nach einem bestimmten Verfahren in kurzer Zeit große Herden besamen. 2 Personen nehmen den Samen bei den Hähnen, 3 Personen besamen die Hennen, der Besitzer braucht nur 2 Personen zu stellen, die Hähne und Hennen hintreiben und zur „Besamungsrampe“ bringen.

**Literatur**

BUND DEUTSCHER RASSEGEFLÜGELZÜCHTER: Deutscher Rassegeflügel-Standard. Verlag Jürgens KG, München 1974.

v. KESSEL, M.: Putenmast. Verlag E. Ulmer, Stuttgart 1969.

MEHNER, A.: Gänse-, Enten- und Putenrassen. In: Handbuch der Tierzüchtung. Bd. 3. P. Parey Verlag, Hamburg, Berlin 1961.

SCHOLTYSSEK, S.: Putenhaltung und Möglichkeiten des Absatzes von Puten. Hohenheimer Arbeiten. **46**. Verlag E. Ulmer, Stuttgart 1969.

– Handbuch der Geflügelproduktion. Verlag E. Ulmer, Stuttgart 1968.

VOGT, H.: Jahrbuch für die Geflügelwirtschaft. Verlag E. Ulmer, Stuttgart 1977.

# Perlhühner

Früher fand man die Perlhühner auf einzelnen Bauernhöfen nur in geringer Zahl. Sie erlangten keine größere wirtschaftliche Bedeutung. Man kann das seltene Vorkommen dieser Tiere mit ihren Eigenschaften erklären. Perlhühner können ungewöhnlich lebhaft, aufmerksam, je nach Situation auch sehr schreckhaft sein. Andererseits zeichnet sich das Perlhuhn durch eine hohe Anpassungsfähigkeit und Anspruchslosigkeit aus.

## 1 Abstammung und Herkunft

Die Heimat des Perlhuhns ist Afrika. Der Name „guinea fowl“ (Guinea-Huhn) mag auf seine Herkunft hinweisen. In Italien nennt man das Perlhuhn „la faraona“. Landläufig trifft man auch auf die Bezeichnung „Zigeunerhuhn“, wohl in Anspielung auf das Verhalten der Tiere in freier Natur. Da sie weit ausschwärmen, herumzigeunern, hat ihnen diese Eigenart den Namen eingebracht.

In Afrika lebt das Perlhuhn als Wildform in Savannengebieten. Es kommt dort in kleineren Herden von 15–20 Stück vor. Einzelne Paare findet man selten. Die Tiere sind scheu und streben bei Gefahren wie wild auseinander. Auf der Flucht spielen sie ihre körperliche Schnelligkeit und die Beweglichkeit ihrer Läufe aus. Nur in äußerster Gefahr versuchen sie, auch auf dem Luftwege zu entkommen.

Die Herde wird meistens von einem starken Hahn geleitet. Er bestimmt den Fluchtweg und sammelt die Herde nach überstandener Gefahr wieder durch laute Rufe.

Da das Perlhuhn in größeren Herden auftritt, wird es in Afrika häufig als Schädling angesehen. Es lebt hier vorwiegend von pflanzlicher Nahrung, frißt aber auch Insekten. Das Verhalten bei der Nahrungssuche ist mit dem des bei uns heimischen Feldfasans zu vergleichen.

Auffällig ist besonders das laute Geschrei der Tiere, das man auch bei den domestizierten Formen als hervorstechendes Merkmal beobachten kann. Die Lautäußerungen, die häufig mit Trompetensignalen verglichen werden, kennzeichnen im besonderen behelmte Perlhühner, während z. B. Hauben-Perlhühner oder auch das Geier-Perlhuhn in ihren Lautäußerungen erheblich zurückhaltender sind. Wegen des aufdringlichen Geschreis soll man Perlhühner als Wachttiere geschätzt haben. So wird gelegentlich berichtet, daß sie von Bauernhöfen nicht allein Raubtiere fernhalten, sondern auch Schädlinge, wie z. B. Ratten, vertreiben sollen.

## 1.1 Körperbeschreibung

Perlhühner *(Numidinae),* die zur Unterfamilie der Fasanenvögel zählen, fallen durch einen kräftigen, rundlich wirkenden Körperbau auf. Die Flügel sind kurz und nicht kräftig ausgebildet. Der von Haushühnern bekannte breitgefächerte Schwanz fehlt. Der Körper ist reichlich befiedert. Vorherrschend sind kurze Federn mit grauer bis leicht bläulich schimmernder Färbung und auffälliger Sprenkelung. Hals und Gesicht sind unbefiedert. Die Ständer sind relativ kurz und schiefergrau in der Farbe. Am leicht behaarten Kopf fällt der stark ausgeprägte hornfarbene Schnabel auf. Am Schnabelgrund zeigt sich eine rötliche, z. T. auch gelbliche Färbung, die in einen Wulst am Schnabelgrund von rötlicher Farbe überwechselt.

Der Kopfhelm ist Merkmal für die Bezeichnung „Helm-Perlhühner". Beim männlichen Tier ist der Helm stärker ausgebildet, und bei entsprechender Übung läßt sich anhand dieses Merkmals das Geschlecht feststellen. Das dunkelbraune Auge ist von bläulich-weiß schimmernden Wangen umgeben. Die Kehllappen sind von rötlicher Färbung und wirken bei Erregung der Tiere wie kleine aufgeblähte Segel. Zusätzlich werden dann die Kehllappen leicht quergestellt, so daß die Kopfpartie optisch imposant vergrößert scheint.

Weit verbreitet sind wildblaue Perlhühner, die man auch als Stammform bezeichnet. Daneben kommen weiße und gescheckte Farbschläge vor, wobei letztere

Abb. 121. Perlhuhn, Numida meleagris.

sich aus der Kreuzung mit blauen Perlhühnern ergeben. Seltener sind Variationen bräunlicher Färbungen, mit und ohne Perlzeichnung, sowie stahlblaue mit dunklerer Perlzeichnung.

### 1.2 Geschichte

Wie die Sage berichtet, wurden Meleagers Schwestern in Vögel verwandelt, als sie untröstlich über den Tod ihres Bruders waren. Tränen tropften auf das Gefieder; es erhielt eine Sprenkelung, und die Tiere bekamen nach der Perlzeichnung ihren Namen.

Aus der Sage geht hervor, daß Perlhühner im Altertum bekannt gewesen sind. Der Schriftsteller Ovid beschreibt in seinen Metamorphosen den Schrei des Perlhuhns und das bunte Gefieder. Zur Zeit der Pharaonen zählte das Perlhuhn wie der Pfau zu den heiligen Tieren. Cäsar soll es nach Rom gebracht haben.

Die Bezeichnung „Meleagres“ liest man in den Schriften von Aristoteles. Varro und Plinius erwähnen das Perlhuhn wegen seines geschätzten Fleisches. Columella unterscheidet zwei Rassen, von denen er eine mit roten Kehllappen „Meleagres“ nennt, die andere mit blauen Kehllappen „Numida“ oder „Gallina Africana“.

In Europa haben wahrscheinlich portugiesische Seefahrer das Perlhuhn angesiedelt. Nach der Entdeckung Amerikas nahmen Seefahrer es mit in die neue Welt. In Amerika fanden die Tiere gute Bedingungen. Sie vermehrten sich zahlreich und fanden als Wildformen weite Verbreitung. Heute ist das Perlhuhn vor allem in wärmeren Klimazonen beheimatet, so in Frankreich, Italien und Ungarn. Seine hohe Anpassungsfähigkeit erlaubt aber auch die Haltung z. B. in Sibirien bei Tiefsttemperaturen von ca. minus 40 °C. Neuerdings hat man besonders in Frankreich und Italien begonnen, unter Anwendung gezielter Selektions- und Zuchtverfahren die Leistungsfähigkeit der Perlhühner zu verbessern. Dies gilt sowohl für die Legeleistung als auch für die Fleischproduktion.

### 1.3 Zoologische Stellung

Perlhühner zählen zur Ordnung der Scharrvögel. Wie Prachthühner, Kammhühner, Fasanen, Pfauen und Truthühner gehören sie zur Familie der Fasanenvögel.

## 2 Rassen

Vorherrschend sind die Helm-Perlhühner, welche auch als Stammform gelten. Kennzeichnend für diese Rasse ist ein kräftiges Horn, bzw. ein Helm auf dem Kopf und zwei Haut- oder Fleischlappen am Unterkiefer.

Das Horn-Perlhuhn erkennt man an der ungefleckt lilafarbenen Partie an Nacken und Oberbrust. Auf dem Rücken findet man in Kontrast zum grauen Grund viele kleine, weißliche, dunkel umrandete Perlflecken, die auf den Oberarmschwingen größer werden, teilweise auch außen in schmale Querbänder zusammenfließen. Die Schwingen erscheinen bräunlich, außen weiß gebändert.

Dem Horn-Perlhuhn gleicht stark das Hauben-Perlhuhn. Seine Färbung ist im allgemeinen jedoch dunkler, und abweichend vom ersteren trägt es auf dem Kopf einen Federbusch.

Als die Stammform der heutigen Haus-Perlhühner gilt das Horn-Perlhuhn.

In Nordostafrika trifft man heute noch häufig auf das Pinsel-Perlhuhn. Bekannt ist ferner das edler wirkende Geier-Perlhuhn. Es vertritt die Gruppe der Königs-Perlhühner. Äußerlich unterscheidet sich diese Gruppe wesentlich von den übrigen Perlhühnern. Das Gefieder ist ähnlich bunt und attraktiv wie beim Fasan. Hervorstechend ist eine dunkelrotbraune Krause, der Hals ist ultramarinblau, schwarz und silberweiß gestreift. Auf Brustpartien schimmert das Federkleid samtschwarz. Die Perlflecken sind von einem schwarzen Hof umschlossen. Auffallend ist hier ein ca. 15 cm langer Schwanz.

## 2.1 Leistungen der Stammformen

Die z. T. heute noch als gering zu bezeichnende wirtschaftliche Bedeutung des Perlhuhns resultiert hauptsächlich aus drei Gründen:

1. Die nutzbaren Leistungen sind relativ niedrig.
2. Perlhühner sind sehr lebhaft und schreckhaft. Das aufdringliche Geschrei wird häufig als störend empfunden.
3. Perlhühner verlegen ihre Eier, schwärmen weit aus und gelten als unverträglich mit anderen Hühnern.

Die Wildformen legen häufig nicht mehr als zehn Eier je Gelege und brüten bis zu zweimal im Jahr. Domestizierte Perlhuhnhennen legen jährlich 60–90 Eier oder auch noch höhere Zahlen, wenn man die gelegten Eier stets wegnimmt. Das durchschnittliche Gewicht der Eier liegt bei 40–45 g. Besonders zu erwähnen ist die ungewöhnlich hohe Festigkeit der Eischalen. Die Eier sind von bräunlicher Färbung und zeichnen sich durch ein vorzügliches Aroma aus.

## 2.2 Neue Leistungszüchtungen

Ausgehend von der hervorstechenden Eigenschaft des Perlhuhns, ein wohlschmeckendes Fleisch mit hohem Eiweißgehalt, andererseits niedrigem Energieanteil und ausgeprägtem aromatischem Geschmack zu liefern, hat man vor ungefähr einem Jahrzehnt besonders in den Nachbarländern Frankreich und Italien begonnen, die Leistungsfähigkeit der Perlhühner durch eine gezielte züchterische Selektion systematisch zu verbessern. Nach den in der Geflügelzucht erfolgreichen Linienhybridzuchtverfahren sind auf speziellen Betrieben Zuchtlinien aufgebaut worden. Um die züchterische Auslese möglichst effektiv zu gestalten, hält man die Tiere überwiegend in Käfiganlagen. Die Befruchtung erfolgt auf dem Wege der künstlichen Besamung. Hierbei umgeht man das bei Perlhühnern ausgeprägte Verhalten, sich nur während der wärmeren Jahreszeit zu paaren, d. h. etwa in den Monaten März bis August/September. Auf diese Weise sind Zuchtfarmen mit mehreren 10 000 Tieren entstanden.

Mit Hilfe einer dem Bedarf der Tiere angepaßten Leistungsfütterung, einer regelmäßigen und leistungsgünstigen Beleuchtung, der Einrichtung von leistungsbezogenen Ställen mit kontrollierter Lüftung und Wärmeregulierung, ist es gelungen, die Nutzleistungen der Perlhühner erheblich zu steigern. Die Leistungsverbesserung hat nicht allein ihren Ausdruck in einer höheren Legerate, einem besseren Durchhaltevermögen, einem schnelleren Wachstum und günstigerer Futterverwertung gefunden, sondern wirkte sich bei strenger Selektion nach der Samenqualität der Perlhuhnhähne auch in einer deutlichen Fruchtbarkeitssteigerung aus.

Ein Wegbereiter der modernen Leistungszucht bei Perlhühnern ist in Frankreich Beghin. Als nach den Verfahren moderner Linienhybridzucht erstellte Gebrauchskreuzungen sind besonders in Frankreich die Zuchtherkünfte: Galliano, in der Nähe von Amboise/Loire; Studler, Bretagne; Essor.

Im Nachbarland Italien ist als Vertreter einer Leistungszucht mit ca. 25 000 Tieren der Zuchtbetrieb Morini, in der Nähe von Bologna, zu nennen.

Moderne, auf Leistung gezüchtete Perlhühner erbringen in ca. 9–10monatiger Legedauer eine Eizahl von 160–170 Stück. In der Mastleistung werden nach 12 Wochen Mastdauer Durchschnitts-Lebendgewichte von ca. 1200–1300 g und nach 14wöchiger Mastdauer von ca. 1400–1500 g erreicht. Die Rohverwertung, d. h. der Futteraufwand je kg Lebendgewichtszuwachs, liegt bei 1 : 4,0.

Tab. 51. Leistungen und Aufwand in der Produktion von Perlhuhneiern *)

| (Durchschnitt je Henne nach 300 Legetagen) | |
|---|---|
| Eizahl, Stück | 159,4 |
| Eigewicht, g | 47,4 |
| Futterverbrauch je Tag, g | 117,3 |
| Futteraufwand je Ei, g | 241 |
| Futteraufwand je kg Eimasse, kg | 5,159 |

*) Ergebnisse Versuchsanstalt Großhüttenhof (Krefeld)

# 3 Schwerpunkte der Perlhuhnproduktion

Einen bedeutsamen Stellenwert besitzt die Perlhuhnhaltung in Frankreich. 1974 hat die Produktion von Perlhühnern ca. 40 Mill. Stück betragen, d. h., daß die Produktion in ca. 5 Jahren verdoppelt werden konnte. Die Erzeugung von 40 Mill. Perlhühnern entspricht ungefähr 25 % der westdeutschen Jungmastgeflügelerzeugung. Auch in Italien ist, wie bereits ausgeführt, die Perlhuhnmast in einem beachtlichen Umfange gewachsen.

Aus der Literatur anderer Länder kann man ebenfalls auf ein steigendes Interesse für Perlhühner schließen. Die Sowjetunion hat 1945 Tiere aus Ungarn importiert. Wie berichtet wird, passen sich Perlhühner selbst Temperaturen von minus 50 °C in den nördlichen und östlichen Gebieten der Sowjetunion gut an. Als Legeleistung wird eine Eizahl von 70–100 Stück je Henne und Jahr angegeben. Mittels 4jähriger Selektion auf hohe Legeleistung erzielte man eine 30%ige Steigerung. Einer Statistik zufolge soll im Jahre 1966 der Hennenbestand in der UdSSR 30 000 Tiere betragen haben.

In Polen und in der CSSR schätzt man Perlhühner nicht zuletzt als Jagdtiere. Nach einem Literaturbericht schlüpften im Jahre 1966 in Librice (CSSR) 35 000 bis 40 000 Perlhühner.

In Deutschland regt sich ebenfalls Interesse für Perlhühner. Der Markt für Perlhühner ist jedoch begrenzt, so daß man hierüber keine statistischen Unterlagen erhält. Man findet Perlhühner im Angebot des speziellen Wild- und Geflügelhandels, im Feinkost- und Delikatessengeschäft, außerdem z. T. in Großverbraucherläden. Ein Angebot aus deutscher Produktion ist z. Z. noch nicht im nennenswerten Umfange vorhanden. Der Einkaufshandel bedient sich vorwiegend der Importe aus Ostblockstaaten und zunehmend aus Frankreich.

Preislich konkurriert das Perlhuhn mit dem Fasan, der als Jagdtier mit besonderen saisonalen Schwerpunkten im Angebot erscheint. Je kg bratfertiges Perlhuhn kann man DM 9,– bis DM 10,– veranschlagen. Der relativ hohe Preis führt auf dem Markt zu einer reservierten Kaufhaltung des Verbrauchers. Bei einer eingeführten Produktion kann man jedoch unterstellen, daß die Produktionskosten etwas niedriger werden, so daß daraus die Annahme zu rechtfertigen ist, daß Perlhuhnfleisch zu leicht höheren Preisen als Putenfleisch angeboten werden kann.

In marktnahen Lagen bietet sich das Perlhuhn für eine Frischvermarktung an, die bekanntlich vom Verbraucher mit einem Preisaufschlag honoriert wird.

Zunächst wird es sehr darauf ankommen, einen höheren Bekanntheitsgrad für Perlhuhnfleisch zu erlangen. Diesem Ziel dienen Aufklärungen für den Verbraucher, Anzeigen und Werbeprogramme, Vorschläge für Rezepte und Zubereitungen und nicht zuletzt Hinweise auf den hohen physiologischen Wert und das ausgezeichnete Aroma des Fleisches.

## 3.1 Perlhuhneier

Im Vergleich zu Hühnereiern sind Eier vom Perlhuhn kleiner. Das Gewicht beträgt zwischen 43–48 g.

Auffällig ist die sehr harte Schale, die verglichen mit dem Hühnerei erheblich stabiler ist. Insofern gibt es bei Perlhuhneiern kein Knickeierproblem.

Die Schalenfarbe ist bräunlich mit einer punktförmigen helleren Sprenkelung. Da die Eier in der Größe sehr ausgeglichen sind, braucht man im allgemeinen keine maschinelle Sortierung; ein Verlesen von Hand genügt. Hierbei werden mißgebildete Eier oder auch gelegentlich vorkommende weichschalige Eier aussortiert.

Obgleich das Aroma der Perlhuhneier ganz vorzüglich schmeckt, findet man so gut wie keinen Markt für Perlhuhneier, die zu Konsumzwecken gekauft werden. Selbst in Frankreich, dem Land, in dem Delikatessen besonders geschätzt werden, ißt man kaum Perlhuhneier. Verschiedene Tests auf dem Großhüttenhof haben die Vorzüglichkeit des Perlhuhneies hinsichtlich des aromatischen Geschmacks bestätigt. Seit einigen Jahren bietet man dem Kunden Perlhuhneier zum Kauf an. Eine positive Entwicklung der Nachfrage ist feststellbar. Man kann davon ausgehen, daß Perlhuhneier hauptsächlich von Kunden gekauft werden, die gehobene Ansprüche stellen bzw. Perlhuhneier für besondere Festlichkeiten servieren. Nicht zu übersehen ist der höhere Preis für ein Perlhuhnei.

Nach vorläufigen Berechnungen beläuft sich der Preis für ein Perlhuhnei auf ca. 0,30 DM. Gemessen am Hühnerei ist somit das Perlhuhnei ungefähr doppelt so teuer. Im Vergleich zum Wachtelei, für das der Kunde z. T. einen Liebhaberpreis zu zahlen bereit ist, können Perlhuhneier relativ preiswert sein.

Tab. 52. Ei- und Eibestandteile

| **Perlhuhnei** * | | **Hühnerei** ** |
|---|---|---|
| Eigewicht, g | 46,9 (100,0 %) | 58,0 (100,0 %) |
| Schalengewicht, g | 8,0 (17,1 %) | 6,6 (11,4 %) |
| Dottergewicht, g | 15,8 (33,7 %) | 17,3 (29,8 %) |
| Eiklargewicht, g | 23,1 (49,2 %) | 34,1 (58,8 %) |
| **Gehalte je Ei** | | |
| Phosphor | 61,4 mg | 101 mg |
| Vitamin A | 928 I.E. | 555 I.E. |
| Vitamin E | 2,3 mg | – |
| Vitamin $B_2$ | 7,6 mg | 0,13 mg |

Auffällig sind beim Perlhuhnei die höheren Schalen- und Dotteranteile, während das Eiklargewicht deutlich niedriger liegt. Im Vergleich zum Hühnerei ist der höhere Gehalt an den Vitaminen A und $B_2$ hervorzuheben.

* nach Untersuchungsbefunden der Lufa, Bonn.
** Angaben aus Jahrbuch für die Geflügelwirtschaft 1976, S. 65, Verlag Eugen Ulmer, Stuttgart.

### 3.1.1 Fütterung und Haltung

Das Perlhuhn ist ein Tier aus ariden Klimazonen. Trockene und warme Gebiete sind für seinen Aufenthalt günstig. Es verträgt zwar auch andere Witterungsbedingungen, reagiert jedoch auf niedrige Temperaturverhältnisse mit einem Abfall bzw. einem Einstellen der Legeleistung. Domestizierte Züchtungen finden das Wärmeoptimum bei ca. 18–22 °C. Als minimale Leistungstemperatur gilt + 15 °C. In Beziehung zur Temperatur von ca. 20 ° sind relative Luftfeuchtigkeitsgehalte von 55–60 % günstig.

### 3.1.2 Haltung der Zuchttiere

Perlhühner erreichen nach 16–18 Lebenswochen die Geschlechtsreife. Da bei Zuchttieren besonderer Wert auf hohes Durchhaltevermögen und höhere Eigewichte zu Legebeginn gelegt wird, schiebt man durch eine Kurztagsbeleuchtung den Legebeginn hinaus. Hierzu werden die Tiere in Dunkelställen gehalten und allgemein bis zur 28. Woche auf Bodentiefstreu aufgezogen. Mit Beginn der 29. Woche erfolgt das Umsetzen der Tiere in Käfiganlagen. Auf dem Boden beträgt die Besatzdichte im allgemeinen 5–6 Tiere je m². Bei den Hähnen wird eine Umstallung in Batterien im Alter von 25–26 Wochen empfohlen.

Mit der Umsetzung der Tiere in Batterieanlagen beginnt eine Phase der Einwirkung verschiedener Streßfaktoren. Unter Berücksichtigung des vitalen Verhaltens der Tiere bedeutet bereits der Wechsel der Haltungsform einen Streß.

Abb. 122. Perlhühner im Auslauf.

Hiermit sind verschiedene andere Umstellungsfaktoren verbunden. So kann sich z. B. die Technik der Wasserversorgung ändern, wenn von Rundtränken in der Bodenhaltung auf Nippeltränken in der Käfighaltung umgestellt wird. Im Regelfall wird zu diesem Zeitpunkt ebenfalls das Futter geändert. Gleichzeitig verlängert sich der Lichttag, um die Tiere mit etwa 30–32 Wochen in die Legeproduktion zu führen. Eine bedeutsame Streßsituation bedingt dann weiterhin die Durchführung künstlicher Besamungen. Während dieser Zeit ist somit besondere Umsicht geboten, um die Tiere nicht zu überfordern. Zur Vermeidung von Schrecksituationen ist es angebracht, während der ersten Tage des Umsetzens das Licht volle 24 Stunden brennen zu lassen. Den Übergang auf Nippeltränken kann man bereits in der Bodenhaltung erleichtern, wenn man die Tiere vorher an Bedienung von Nippeltränken gewöhnen kann. Im allgemeinen wird man davon ausgehen müssen, daß die Tiere ca. 3 Tage benötigen, um den neuen Tränkmechanismus kennen zu lernen. Es erscheint ebenfalls ratsam, die Umstellung auf ein neues Zuchtfutter bereits vor dem Wechsel der Haltungsform vorzunehmen.

### 3.1.3 Beleuchtungsprogramm

Die Anwendung eines abgestimmten Beleuchtungsplanes bezweckt, die Entwicklung der Tiere in der Jugendphase zurück zu halten, damit die Geschlechtsreife nicht zu früh eintritt. Zieht man die Jungtiere unter Bedingungen eines Kurztages auf, verlaufen das körperliche Wachstum und die sich anschließende geschlechtliche Reife langsamer. Man kann somit bei genauer Dosierung des Lichtes den Beginn der Legereife bestimmen.

Unter Berücksichtigung der gewünschten Harmonisierung zwischen Körper- und Geschlechtsreife hat sich die Anwendung des nachfolgenden Beleuchtungsmodells bewährt. Dieses geht grundsätzlich von der Maßgabe aus, den Küken anfänglich einen langen Lichttag zu gewähren, im wichtigen Zeitabschnitt der

Geschlechtsreifung dagegen einen Kurztag und anschließend zum Zeitpunkt des gewünschten Legebeginns durch zusätzliche Lichtstunden stimulierend auf die geschlechtliche Entwicklung einzuwirken.

Tab. 53. Beleuchtungsplan (nach DEBASTE)

| | Lichtstunden je Tag |
|---|---|
| 1.–3. Tag | 24 |
| 4.–7. Tag | 21 |
| 2. Lebenswoche | 20 |
| 3. Lebenswoche | 19 |
| 4. Lebenswoche | 18 |
| 5. Lebenswoche | 17 |
| 6. Lebenswoche | 16 |
| 7. Lebenswoche | 15 |
| 8. Lebenswoche | 14 |
| 9. Lebenswoche | 13 |
| 10. Lebenswoche | 12 |
| 11. Lebenswoche | 11 |
| 12. Lebenswoche | 10 |
| 13. Lebenswoche | 9 |
| 14. Lebenswoche | 8 |
| 15. Lebenswoche | 7 |
| 16.–23. Lebenswoche | 7 |
| 24. Lebenswoche | 9 |
| 25. Lebenswoche | 10 |
| 26. Lebenswoche | 11 |
| 27. Lebenswoche | 15 |
| 28. Lebenswoche | 15 |
| 29. Lebenswoche | 15 |
| 30. Lebenswoche | 16 |
| und weiterhin | 16 |

Vereinfacht kann man auch folgende Beleuchtungsempfehlung geben:

| | Lichtstunden je Tag |
|---|---|
| 1. Lebenstag bis 4. Lebenswoche | 20 |
| 5.–10. Lebenswoche | 16 |
| 11.–16. Lebenswoche | 12 |
| 17.–28. Lebenswoche | 8 |

Danach wird allmählich auf 14 Stunden erhöht und parallel dazu auch die Lichtintensität heraufgesetzt.

### 3.1.4 Zuchtdauer

Der Beginn der Legeleistung der nach einem gesteuerten Lichtprogramm aufgezogenen Perlhühner liegt im Alter von 30–32 Wochen. Nach 34 Lebenswochen werden etwa 50 % Legeleistung erreicht. Als Dauer für eine Legeperiode sind ungefähr 40 Wochen zu veranschlagen. Rechnet man die Aufzuchtzeit bis zum Eintritt in die Legeproduktion hinzu, sind die Tiere nach Abschluß der Legezeit ca. 500 Tage alt. Im Regelfall kommt eine zweite Legeperiode nicht in Betracht, so daß die Tiere nach dieser Zeit und im Alter von 72 Legewochen zur Schlachtung kommen. Das Gewicht der Tiere liegt dann bei ca. 2000–2200 g (Hennen) und bei ca. 1800 g bei den Hähnen. Die Schlachtkörper sind weniger zum Braten geeignet, als Suppentiere jedoch gut verwendbar.

Unter Berücksichtigung künstlicher Besamung liegt das Geschlechtsverhältnis zum Zeitpunkt der Einstallung bei 1 : 3, d. h., auf 3 Hennen rechnet man 1 Perlhuhnhahn. Dieses Verhältnis liegt enger als bei natürlicher Paarung und ist insofern bemerkenswert, als üblicherweise bei Ausschöpfung der Vorteile der künstlichen Besamung männliche Zuchttiere in geringerer Zahl benötigt werden. Der Grund des abweichenden Verhaltens liegt darin, daß die Fruchtbarkeit der Perlhuhnhähne nicht immer befriedigend ist. Ein größerer Teil der für Zuchtzwecke vorgesehenen Hähne liefert zu wenig Sperma, in ungenügender Qualität oder scheidet wegen Infertilität aus, so daß in Wirklichkeit das Geschlechtsverhältnis auf 1 : 5 erweitert wird.

### 3.1.5 Künstliche Besamung

Obwohl die technische Handhabung des Verfahrens nicht gerade als einfach zu bezeichnen ist, der Arbeitsaufwand ganz erheblich ins Gewicht fällt und gegenüber natürlicher Paarung keine männlichen Tiere gespart werden können, ist die künstliche Besamung dennoch Voraussetzung und Grundlage der modernen Leistungszucht in der Perlhuhnhaltung. Da die Tiere in natürlichem Paarungsverhalten eine ausgeprägte Abhängigkeit von der Jahreszeit zeigen, ist das Ziel einer ganzjährigen Produktion von Bruteiern ohne künstliche Besamung nicht zu erreichen. Die Notwendigkeit zur Durchführung der künstlichen Besamung wurde frühzeitig erkannt und die Grundlage konsequenterweise erarbeitet. Auf diesem Sektor hat sich in Frankreich besonders Petitjean verdient gemacht. Die ersten Versuche begann Petitjean 1964 in Magneraud.

Die Perlhuhnhähne werden wie die Hennen in Etagenbatterien gehalten. Gewöhnlich sitzen die Hähne in der oberen Reihe und die weiblichen Tiere in der mittleren bzw. in der unteren Reihe. Man kann jedoch auch die männlichen Tiere in der unteren Reihe halten und die weiblichen Tiere in den beiden oberen Reihen. Die Samenentnahme erfolgt zweimal in der Woche. Hierfür braucht man zwei Personen, von denen die eine Person den Hahn auf dem linken Unterarm hält und durch leichte Handmassage die Samenejakulation bewirkt, während die zweite Person mit Hilfe einer Pipette den Samen aufnimmt. Bei entsprechender Routine ist die Samengewinnung relativ einfach.

Bei den weiblichen Tieren wird der Samen in verdünnter Form eingeführt. Die Samenverwendung erfolgt in frischer Form, d. h., das Sperma wird ca. 30 bis 40 Min. nach der Gewinnung injiziert.

Für die Verdünnung des Spermas muß eine spezielle Lösung verwandt werden. Nach Untersuchungen der Firma Coolen, Heythuysen, eignet sich hierfür die Zusammensetzung gem. Tab. 54.

Für die Besamungsleistung gibt Debaste an, daß ein Team, d. h. zwei Personen, einen Bestand von 3200 Perlhühnern betreuen und besamen kann. Somit ist je AK ein Bestand von 1600 Perlhühnern zu rechnen. Vergleicht man hiermit die Arbeitsleistung, die eine Arbeitskraft in der Elterntierhaltung von Hühnern erbringen kann, liegt der Arbeitsaufwand in der Perlhuhnzucht vier- bis fünffach höher.

Die je Henne injizierte Samenmenge beträgt 0,05 ml (verdünnter Samen). Nach DEBASTE werden in Frankreich von 600 000 gehaltenen Perlhuhnzuchthennen 80 % der Tiere künstlich besamt.

Tab. 54. Stoffliche Zusammensetzung eines Verdünners für Puten- unnd Perlhuhnsperma. (Die Angaben beziehen sich auf 1 l dest. Wasser)

| | |
|---|---|
| 0,2 g | Kaliumchlorid |
| 0,2 g | Kalziumchlorid |
| 0,1 g | Magnesiumchlorid |
| 5,0 g | Glukose-Monohydrat |
| 2,2 g | meso-Inosit |
| 0,05 g | L + Cystin |
| 23,0 g | Natrium (L.) Glutaminat (Monohydrat) |
| 7,7 g | Natriumzitrat |
| 1,3 g | Zitronensäure |

Der pH-Wert ist mit KOH-Lösung auf 7,2 einzustellen.

Tab. 55. Haltungstemperaturen und Trogbedarf bei Perlhühnern

| **Alter** | **Temperaturen unter dem Strahler** | **im Stall** |
|---|---|---|
| 1.–2. Tag | 36–38 °C | |
| 1. Woche | 34–36 °C | 22 °C |
| 2. Woche | 31–33 °C | 20 °C |
| 3. Woche | 27–29 °C | 20 °C |
| 4. Woche | 24–26 °C | 20 °C |
| 5. Woche | 20–22 °C | 20 °C |

| | **Tröge und Tränken** (Angaben für 100 Küken) | |
|---|---|---|
| **Alter** | **Tränken** | **Tröge** |
| 1.– 2. Woche | 1 | 2 à 1 m |
| 3.–12. Woche | 1–2 (⌀ 1,5) Rundtränken bzw. 2 m Rinnentränke | 3–4 à 1 m |

Tab. 56. Fütterung der Mastperlhühner

| Alter in Wochen | kcal u. Proteingehalt des Futters | Futterverbrauch g/Tag | insgesamt | Umsetzbare Energie kcal/Tier/Tag | Protein g/Tier/Tag |
|---|---|---|---|---|---|
| 1 | 3070 | 11 | 77 | 34 | 2,60 |
| 3 | 23,7 % | 18 | 203 | 55 | 4,26 |
| 2 | kcal U. E. | 30 | 413 | 92 | 7,11 |
| 4 | Protein | 38 | 679 | 117 | 9,00 |
| 5 | 3250 | 43 | 980 | 140 | 9,63 |
| 6 | kcal U. E. | 49 | 1323 | 159 | 10,97 |
| 7 | 22,4 % | 56 | 1715 | 182 | 12,76 |
| 8 | Protein | 65 | 2170 | 211 | 14,56 |
| 9 | 3200 | 69 | 2653 | 221 | 14,35 |
| 10 | kcal U. E. | 77 | 3192 | 246 | 16,01 |
| 11 | 20,8 % | 82 | 3766 | 262 | 17,05 |
| 12 | Protein | 82 | 4340 | 262 | 17,05 |

## 3.2 Die Perlhuhnmast

Bekanntlich stellen Perlhühner hohe Ansprüche an das Wärmeklima. Außerdem sind die Tiere von Natur aus schreckhaft und ängstlich. Bei der Aufzucht und Mast der Jungtiere ist deshalb auf diese beiden Eigenschaften besonders Rücksicht zu nehmen. Besonders in diesen beiden Punkten unterscheidet sich das Perlhuhn in der Aufzucht und Mast von Hühnern.

Die Mast der Jungtiere erfolgt auf dem Boden auf einer Schicht von Hobelspänen bzw. Stroh. Dunkelställe haben sich gut bewährt. Die Besatzdichten betragen:

1.–6. Woche: bis 18 Tiere je 1 m² Bodenfläche
7. Woche: bis 16 Tiere je 1 m² Bodenfläche
8. Woche: bis 14 Tiere je 1 m² Bodenfläche
9. Woche: bis 12 Tiere je 1 m² Bodenfläche
10. Woche: bis 11 Tiere je 1 m² Bodenfläche
11. Woche: bis 10 Tiere je 1 m² Bodenfläche
12. Woche: bis 9 Tiere je 1 m² Bodenfläche
13. Woche: bis 8 Tiere je 1 m² Bodenfläche.

Die Mastdauer beträgt je nach gewünschtem Endgewicht zwischen 12 und 14 Wochen.

In den ersten drei Tagen gewährt man den Küken zweckmäßig 24 Stunden Licht, danach 20 Stunden. Die Lichthelligkeit soll 2 Watt pro m² betragen, ab der 5. Woche sind 0,3 Watt pro m² ausreichend. Die Angaben beziehen sich auf die Verwendung von normalen Glühlampen.

Der Temperaturbedarf geht aus der nachstehenden Tab. 55 hervor.

**Stalleinrichtungen**

Für die Perlhuhnmast genügen herkömmliche Ställe, die sich z. B. auch für die Kükenmast eignen. Dunkelställe mit Zwangsventilation sind ebenso vorteilhaft wie in der Kükenmast. Je besser die Ställe gegen Einflüsse von außen (Licht, Geräusch, Tiere) abgeschirmt werden können, um so geringer sind Störungsrisiken. Die relative Luftfeuchtigkeit soll 55–60 % betragen.

**Fütterung**

Unter Bezugnahme auf die Untersuchungen von Calet gibt Debaste für die Fütterung der Mastperlhühner die in den nachstehenden Tab. 56 u. 57 verzeichneten Normen an.

Perlhühner starten mit einem relativ hohen Rohproteingehalt in der Ration. Während der eigentlichen Mastzeit bis zur 8. Woche liegt der Rohproteingehalt mit 22,4 % ebenfalls relativ hoch und etwa auf vergleichbarer Höhe wie im Kükenmastfutter. In der Endmastphase verringert sich der Rohproteinanteil auf 20,8 %. Wie Debaste jedoch kommentierend vermerkt, kann nach der 8. Lebenswoche der Proteingehalt auf 16–17 % verringert werden.

Als Futterform empfiehlt sich in allen Fällen Preßfutter, da hiermit die geringsten Futterverluste erreicht werden können.

Da in Deutschland keine speziellen Futterstandards für Perlhühner hergestellt werden bzw. nur in Ausnahmefällen erhältlich sind, wird man versuchen müssen, mit herkömmlichen Futtersorten auszukommen. Nach eigenen Erprobun-

Tab. 57. Nähr-, Mineralstoff- und Wirkstoffbedarf für die Perlhuhnmast (nach DEBASTE)

| Futterperiode | Umsetzbare Energie kcal/kg Futter | Rohprotein % | Methionin + Cystin % | Lysin % | Kalzium % | verfügbarer Phosphor % | Phosphor insgesamt % |
|---|---|---|---|---|---|---|---|
| Starter | 3070 | 23,7 | 0,87 | 1,35 | 0,82 | 0,48 | 0,69 |
| Vormast | 3150 | 22,4 | 0,83 | 1,27 | 0,82 | 0,47 | 0,67 |
| Endmast | 3220 | 20,8 | 0,76 | 1,16 | 0,74 | 0,42 | 0,62 |
| Vitamin A | (I.E.) | | 12 000 | | Vitamin $B_6$ | (mg) | 3 |
| Vitamin $D_3$ | (I.E.) | | 2 500 | | Biotin | (mg) | 0,1 |
| Vitamin E | (mg) | | 10 | | Folsäure | (mg) | 1,5 |
| Vitamin $K_3$ | (mg) | | 4 | | Cholin | (mg) | 1600 |
| Vitamin $B_1$ | (mg) | | 1 | | Vitamin $B_{12}$ | (mg) | 0,01 |
| Vitamin $B_2$ | (mg) | | 4,5 | | dl.-Methionin | (mg) | 500 |
| Pantothensäure | (mg) | | 10 | | | | |
| Nikotinsäure | (mg) | | 30 | | | | |
| Zink | (mg) | | 55 | | Eisen | (mg) | 25 |
| Magnesium | (mg) | | 500 | | Kupfer | (mg) | 3 |
| Mangan | (mg) | | 70 | | Kobalt | (mg) | 0,6 |
| Jod | (mg) | | 1,5 | | | | |

gen eignet sich für Perlhühner Geflügelmastfutter. Es kann ferner ein Mastalleinfutter für Jungputen in Betracht kommen und für die Endmastphase ein Endmastfutter aus dem Programm für Mastputen.

In einer Vergleichsuntersuchung hat Splittgerber drei verschiedene Programme verglichen. Das in der Untersuchung von Splittgerber eingesetzte Spezialfutter für Perlhühner wurde aus Frankreich importiert. Nach den Untersuchungsresultaten hat sich der Einsatz des speziellen Perlhuhnmaststandards als vorteilhaft erwiesen. Jedoch erbrachten auch die beiden anderen eingesetzten Programme für die Praxis zufriedenstellende Resultate.

Weitergehende Informationen über den Bedarf an Mineralstoffen, Aminosäuren, Vitaminen und Spurenelementen enthält Tab. 57.

Die Mischfutter enthalten üblicherweise einen Zusatz gegen Kokzidiose und bei Bedarf auch gegen Schwarzkopferkrankung. Für die Endmastphase sind jedoch die einschlägigen futtermittelrechtlichen Bestimmungen zu beachten.

### 3.2.1 Gewichtsentwicklung

Vergleicht man Perlhühner mit speziellen Hühnermastrassen, so wachsen Perlhühner erheblich langsamer. Während Masthähnchen nach 6 Wochen Endgewichte von über 1300 g erreichen, brauchen Perlhühner hierfür gut die doppelte Zeit. Mastküken produzieren mit ca. 1,9 kg Futter 1 kg Lebendgewichtzuwachs. Für Perlhühner wird man etwa 4,0 kg Futteraufwand je 1,0 kg Gewichtszuwachs rechnen müssen.

Anfangs wachsen männliche Perlhühner etwas schneller. Später geht dieser Vorsprung verloren, und die weiblichen Tiere sind im schlachtreifen Alter leicht schwerer. Ein ausgeprägter Gewichtsunterschied wie in der Junggeflügelmast ist nicht vorhanden. Zur Information über in der Praxis erreichbare Wachstumsleistungen sei eine Aufstellung von Gewichtsdaten und Futterverbrauchswerten von Debaste gegeben (Tab. 58).

Tab. 58. Gewichtsentwicklung und Futterverwertung bei Mastperlhühnern (nach Debaste, 1971)

| Alter Wochen | Gewicht g ♂ | ♀ | Futterverwertung ♂ | ♀ |
|---|---|---|---|---|
| 1 | 74 | 74 | 1,41 | 1,36 |
| 2 | 152 | 148 | 1,76 | 1,80 |
| 3 | 252 | 241 | 2,31 | 2,73 |
| 4 | 358 | 346 | 2,43 | 2,81 |
| 5 | 522 | 484 | 2,36 | 2,68 |
| 6 | 672 | 633 | 2,46 | 2,69 |
| 7 | 816 | 776 | 2,61 | 2,79 |
| 8 | 930 | 890 | 2,83 | 2,99 |
| 9 | 1095 | 1056 | 2,99 | 3,11 |
| 10 | 1183 | 1148 | 3,17 | 3,27 |
| 11 | 1283 | 1255 | 3,35 | 3,43 |
| 12 | 1348 | 1365 | 3,62 | 3,59 |
| 13 | 1459 | 1448 | 3,75 | 3,80 |
| 14 | 1490 | 1536 | 4,05 | 3,96 |

In Versuchen auf dem Großhüttenhof (Krefeld) wurden folgende Mastleistungen erzielt:

| | 1.–12. Woche | 1.–14. Woche |
|---|---|---|
| durchschnittliches Lebendgewicht, g | 1360 | 1500 |
| Futterverbrauch, kg | 5,0 | 6,0 |
| Futterverwertung 1 : | 3,75 | 4,1 |
| Tierverluste, % | 4–6 | 4–6 |

Man verabreicht in den ersten zwei Wochen ein Starterfutter mit 23 25 % Rohprotein. Dieses könnte z. B. ein proteinarmer Putenstarter in granulierter oder fein pelletierter Form sein. Während der 3.–5. Mastwoche kommt man mit 22–23 % Rohprotein (Kükenmastfutter) gut aus. Ab der 6. Woche bis zum Mastende reichen 18–20 % Rohprotein, die man beispielsweise in einem Putenendmastfutter findet.

### 3.2.2 Ausschlachtungsergebnisse

Die Schlachtung der Perlhühner stößt auf keine technischen Schwierigkeiten. Die Federn sind gut mit herkömmlichen Rupfmaschinen zu entfernen. Je nach Alter und Fettablage der Schlachtkörper sehen die Tiere im geschlachteten Zustand auf der Haut leicht dunkel bis bläulich aus. Jedenfalls unterscheidet man den Schlachtkörper leicht von Jungmasthühnern, da die vollfleischige Bemuskelung und eine gut erkennbare Fettabdeckung unter der Haut fehlen.

Über die Zusammensetzung der Schlachtkörper geben Daten Aufschluß, die aus Untersuchungen von Risk (1976) entnommen sind (Tab. 59).

Tab. 59. Prozentualer Anteil vom Rumpfgewicht (nach Risk)

| | Perlhühner, 12 Wochen alt | Pute |
|---|---|---|
| Lebendgewicht, g | 1303 | 10 843 |
| Schlachtausbeute, % | 76,8 | 83,9 |
| Rumpfgewicht ohne Innereien, g | 953 | 8843 |
| Flügel, % | 12,2 | 8,8 |
| Hals, % | 6,0 | 5,5 |
| Brust, % | 32,1 | 41,1 |
| Schenkel, % | 29,4 | 30,4 |
| Rücken, % | 20,0 | 13,5 |
| | **Gewebeanteile (%) vom Rumpfgewicht** | |
| Brustfleisch | 24,5 | 34,2 |
| Schenkelfleisch | 21,6 | 24,7 |
| Gesamthaut | 10,0 | 7,6 |
| Gesamtknochen | 12,0 | 9,7 |
| Abdominalfett | 1,4 | 0,7 |

| | Nährstoffinhalte (%) | | | |
|---|---|---|---|---|
| | Brustfleisch | | Schenkelfleisch | |
| | Perlhuhn | Pute | Perlhuhn | Pute |
| Wasser | 73,4 | 73,7 | 75,0 | 75,6 |
| Roheiweiß | 25,2 | 24,8 | 21,4 | 21,0 |
| Rohfett | 1,1 | 1,2 | 2,7 | 2,4 |
| Asche | 1,1 | 1,2 | 1,1 | 1,1 |

Hinsichtlich des Nährstoffgehaltes ist Perlhuhnfleisch gut mit Putenfleisch zu vergleichen. In den Merkmalen Schlachtausbeute, Gewebeanteile Brustfleisch, Schenkelfleisch, Knochen erreichen Schlachtputen aufgrund des höheren Körpergewichts bessere Werte.

**Literatur**


DEBASTE, H.: Perlhuhnproduktion in Frankreich. D. Geflügelwirtsch. (31 u. 32), 1974.

RISK, M.: Vergleichende Untersuchungen über Mast- und Schlachtleistungen sowie Fleischqualitätsmerkmale bei verschiedenen Geflügelarten und Herkünften. Dis agr. Bonn, 1976.

SPLITTGERBER, H.: Zur Perlhunhmast. D. Geflügelwirtsch. (6), 1973.

# Tauben

## 1 Entwicklungsgeschichte der Tauben

Die meisten unserer Haustiere gehen auf Wildformen zurück, die mehr oder weniger zwangsweise zu Nutzzwecken gezähmt wurden. Im Gegensatz dazu hat sich die Stammform der Haustaube, die wilde Felsentaube *(Columba livia)* den Menschen freiwillig angeschlossen. Als ausgesprochene Kulturfolgerin siedelte sie sich in grauer Vorzeit in den Bauten der Menschen an, wenn diese Gebäude dunkle Winkel und Schlupflöcher boten, die der Taube als Höhlenbrüterin besonders zusagen. Und da die Tauben ursprünglich nur hochgelegene Nistplätze bevorzugten, bezogen sie in erster Linie solche Baulichkeiten, die hoch über die gewöhnlichen Wohnstätten hinausragten, die Tempelbauten.

Vor etwa 5000 Jahren sah man diese halbzahmen Wildtauben deshalb als „Götterboten" und „Gäste der Götter" an. Sie blieben so lange Zeit nur Gegenstand kultischer Verehrung und waren den Taubengöttinnen des Altertums geweiht. Später dienten sie als Opfertiere für die armen Bevölkerungsschichten. Die Nachkommen dieser nicht verwilderten, sondern halbwild gebliebenen Tauben, teils rückwirkend mit wieder verwilderten Haustauben vermischt, existieren noch heute. Sie haben die Gewohnheiten beibehalten, hohe Stadthäuser und Kirchtürme zu bevölkern, und ihr ätzender Kot kann bei längerer Einwirkung Mauerwerk, Ornamente und Dachfugen beschädigen. Deswegen werden die einstigen „Götterboten", heute Stadttauben genannt, als Schädlinge bekämpft. Bei Tauben ist diese Bekämpfung wegen der vorgenannten Schäden berechtigt, auch ohne den Vorwand einer Übertragungsmöglichkeit von Paratyphus der Tauben auf Menschen. Aber dieses Abschreckungsmittel erleichtert das Durchsetzen notwendiger Tötungsmaßnahmen bei der Stadtbevölkerung

Die älteste Nachricht über halbgezähmte Tauben stammt nach Dürigen aus der Zeit um 3000 vor der Zeitrechnung. Die erste Nutzung, von der berichtet wird, erfolgte durch Verwendung des Taubendüngers. Zu dessen Gewinnung wurden sog. Taubentürme, Rundbauten mit zahllosen Einflugöffnungen für oft tausende von Tauben errichtet. Die Fleischnutzung blieb über lange Zeit ohne Bedeutung. Später stand die Zucht farbenschöner, markant gezeichneter, kunstvoll fliegender oder Nachrichten überbringender Tauben bald im Vordergrund.

Bis in das Mittelalter blieb die Zucht bei strenger Selektion auf die entsprechenden Merkmale und Eigenschaften der Tiere, die zur Bildung der ältesten Haustaubenrassen führte, ein Privileg der herrschenden Bevölkerungsklassen. Für zur Zucht wertvoll erscheinende Pärchen wurden für heutige Verhältnisse unvorstellbar hohe Preise gezahlt. Der indische Kaiser Akbar (um 1580), einer der größten Taubenliebhaber seiner Zeit, pflegte Rassetauben als erlesene Geschenke an Könige und Fürstenhäuser zu senden. Der Handelsverkehr über die Schiffahrt sowie Kriegszüge verbreiteten die Taubenzucht über den südöstlichen Mittelmeerraum bald in alle damals bekannten Länder der Welt. Die Zucht von

Botentauben zur Nachrichtenübermittlung spielte in vielen Ländern Afrikas und Asiens schon damals eine bedeutende Rolle. Nach ZURTH hat bereits im 3. Jahrhundert v. Chr. von Peking aus über ganz China eine Nachrichtenübermittlung durch Botentauben bestanden.

Holländische Seefahrer haben viele bis dahin unbekannte Rassen in die Niederlande gebracht. Hierbei handelte es sich zunächst hauptsächlich um Tümmler (Hochflieger), ferner um einige Farbentauben sowie Pfautauben.

In „Die Varietäten der Tiere und Pflanzen im Zustand der Domestikation“ schrieb DARWIN: „Wenn auch der Mensch Variabilität nicht erzeugen, ja nicht einmal verhindern kann, so kann er die ihm durch die Natur dargebotenen Variationen doch selektieren, erhalten und summieren. Auf welche Weise dies auch geschehen mag, er wird immer zu außergewöhnlichen Ergebnissen kommen.“

Für kaum eine Haustierart treffen diese Variabilität und die Möglichkeiten des genetischen Summierungseffekts in derart hohem Maße zu wie für die Taube. Im 19. Jahrhundert kamen von überall her neue Haustaubenformen zu uns. Eine Vielzahl von Rassen wurde seitdem geschaffen. Heute wie vor Jahrhunderten wird der größte Teil dieser nur aus Liebhaberei, aus Freude an der Möglichkeit des züchterischen Variierens von Form und Farbe gehalten. Allerdings sind dabei auch Übertreibungen vorgenommen und Mutationsformen gefestigt worden, deren Daseinsberechtigung zu Zweifeln Anlaß gibt.

„Die Taube ist seit Jahrtausenden ein besonderer Liebling aller Völker der Erde, und keine Macht wird imstande sein, dieser Liebhaberei Einhalt zu gebieten“ (SCHACHTZABEL). Einer der Gründe für die Beliebtheit dieser Tiere ist zweifellos das Zusammenleben der Paare in Einehe bei relativem Treueverhältnis und die Brut- und Aufzuchtpflege, der sich beide Partner zu etwa gleichem Anteil sorgsam widmen. Damit wird einerseits die gefühlsmäßige Seite des menschlichen Betreuers angesprochen, andererseits ergeben sich daraus bei 4–10 Bruten im Jahr eine Vereinfachung der Abstammungskontrolle und eine verhältnismäßig sichere Feststellung des Vererbungsvermögens der einzelnen Elternpaare.

Außer der Formen- und Farbenzucht steht auch heute noch die Begeisterung für den Fern- und Hochflugsport mit im Vordergrund der Taubenliebhaberei. Taubenhaltung, zumal die der Sporttauben, erfordert je nach Leistungsanforderung und Jahreszeiten, verschiedene Unterbringung, Haltung und Fütterung (Futtersorten), Geschlechtertrennung, Training, Fertigmachen für Ausstellungen, tägliche Hygienemaßnahmen usw., sehr viel Sachverstand und Einfühlungsvermögen und nimmt viel Zeit in Anspruch. Sie ist wie wenige andere Liebhabereien geeignet, negative Auswirkungen von zuviel Freizeit zu verhindern und älteren Menschen Gesundheit und Lebensfreude zu erhalten.

Dagegen hat die Zucht auf Fleischnutzung früher nur in Italien und Frankreich eine gewisse Bedeutung erlangt, und dieser Züchtung entstammen die meisten unserer größten und schwersten Rassen. Seit jüngerer Zeit wird in den USA eine planmäßige Masttaubenzucht in recht bedeutendem Umfange betrieben.

# 2 Taubenrassen

## 2.1 Sporttauben

### 2.1.1 Brieftauben

Im Verband Deutscher Brieftaubenliebhaber e. V. sind über 90 000 Züchter organisiert. Sie betreiben den sog. Reisesport. Die *Brieftauben* werden nach sorgfältigem Training auf Preisflüge von 100–1200 km Entfernung verschickt. Die Flugzeit der zurückkehrenden Tauben wird mit Konstatierapparaten auf Sekunden genau festgestellt und die Geschwindigkeit je Schlagentfernung umgerechnet. Ähnlich wie beim Pferdesport erringen die schnellsten Tauben (25 % der gesetzten Taubenzahl) die ausgesetzten Preisgelder.

Die Orientierungsmöglichkeiten, d. h. das komplette Navigationssystem der Brieftauben (und der Zugvögel) ist noch immer ein Mysterium, wenn auch die Forschung auf diesem Gebiet in letzter Zeit einen weiten Schritt vorangekommen ist. Mit Augenhaftschalen gelang der Nachweis (Schmidt-König u. Mitarb.), daß nicht nur optische Sinneseindrücke und – wie in Versuchen mit Zugvögeln nachgewiesen – die Verstellung der Zeituhr (Sonnen- bzw. Sternenstand) für die Orientierung von Bedeutung sind. Vielmehr sind eine „Luftdrucküberempfindlichkeit" (Veränderung der Herzschlag-Frequenzen) und ein empfindliches Reagieren auf das irdische Magnetfeld entscheidend. Nach Versuchen der Amerikaner Keeton und Kreithen (mit auf den Tauben befestigten Stabmagneten) können Tauben ein Fünfhundertstel, wahrscheinlich weniger als ein Tausendstel des natürlichen Magnetfeldes noch registrieren. Magnetisierte Tauben verfehlen das Ziel hoffnungslos, weil für sie das Magnetfeld der Erde durcheinandergeraten ist.

Brieftauben werden in allen vorkommenden Taubenfarben ausschließlich auf Orientierungsvermögen, Schnelligkeit und Ausdauer und, ohne Rücksicht auf äußere Formgebung und Farbe, auf solche körperlichen Merkmale (Flügelform, Gefieder, Knochenbau, Muskulatur, Reaktionsvermögen der Augen usw.)

Abb. 123. Reisetaube.

gezüchtet, die den Leistungsanforderungen entsprechen. Bewertungen auf speziellen Brieftaubenausstellungen werden nur nach entsprechender Handbewertung nach Punkten durchgeführt.

### 2.1.2 Hochflugtauben

Zu den Sporttauben zählen ferner die *Hochflugtauben* (Flugtümmler) und deren Nebenformen. Die Züchter dieser sind in jeweils eigenen Organisationen (Deutscher Hochflug-Club, Deutsche Flugtippler Union, Deutscher Flugroller-Club u. a.) zusammengefaßt. Hochflieger steigen im allgemeinen gruppenweise oder auch einzeln auf Höhen auf, in denen sie letztlich nur noch mit dem Fernglas auszumachen sind. Je nach Veranlagung der verschiedenen Rassen werden Flugverhalten, Flugziel und Flugdauer bewertet. Bei *Dauerfliegern* (Engl. Tippler) spielt die Flughöhe eine geringere Rolle. Entscheidend ist die Flugdauer, deren Weltrekord (England) bei 21 Stunden liegt.

Beim Training oder Abbruch eines Preisfluges werden die Tauben durch einen sog. „Dropper" aus der Luft heruntergeholt. Es ist dies eine zahme weiße Taube (Pfautaube), die auf den Ausflugskasten gesetzt wird. Die Flugtauben sind von Jugend an gewohnt, daß das Zeigen dieser weißen Taube das Signal zur Fütterung, respektive zur Beendigung des Fluges ist.

### 2.1.3 Kunstflugtauben

Kunstflugtauben sind solche Tümmler- oder Rollertauben-Rassen, die im Fluge in geschlossenem Schwarm, in Gruppen (Stich) oder einzeln Loopings, d. h. Überschläge vorwärts, rückwärts oder über die Längsachse ausführen. Diese Eigenschaft, sich im Fluge zu überschlagen (Taumeln, Tümmeln, Purzeln, Rollen) ist nicht auf eine degenerative Nervenveränderung zurückzuführen, sondern als Ausdruck höchster Lebensfreude zu werten. Nicht in Form befindliche oder gar kranke Roller überschlagen sich im Fluge nicht. Die Eigenschaft ist durch Summierung erblich stark gefestigt. Einige Arten „rollen" nach geraumer Flugzeit wie Kugeln vom Himmel herab, andere in spiraligen Drehungen. Einzelne Exemplare lassen sich derart vehement aus der Luft zu Boden fallen, daß dabei auch Todesstürze vorkommen.

Mehrere Rollerrassen haben keine Bürzeldrüse, was mit diesen Eigenschaften (ohne Beweise) in Verbindung gebracht wurde.

Mutativ sind in Indien Tümmlerrassen entstanden, die flugunfähig wurden. Diese sog. *Bodenpurzler* überschlagen sich bei aufforderndem Ansprechen oder Berühren entweder in einem Einfachsalto rückwärts am Boden auf der Stelle, oder führen zwei Saltos hintereinander aus (Doppelpurzler), ohne dazwischen den Boden zu berühren. Eine dritte Abart schließlich bewegt sich in vielen Saltos über längere Strecken vorwärts, wobei die zurückgelegten Strecken und die Zahl der Überschläge bewertet werden.

Einzelne Kunstflugrassen, z. B. der aus Rußland stammende Nikolajewer Tümmler, zeigen einen bei Tauben sonst ungewohnten Flugstil. Sie rütteln wie Falken, steigen wie Lerchen in engen Spiralen auf und schweben dann nach Art der Schmetterlinge.

Bei allen Kunstflugtauben steht die Bewertung ihrer Akrobatik, ihres Flugstils oder der Flugdauer im Vordergrund. Eine Zucht auf Rassefeinheiten für Schauzwecke wird abgelehnt, weil sie – dann vielfach mit Volierenhaltung verbunden – zum Verlust der besonderen Flugfähigkeiten führen kann.

Der Kunstflugtaubensport wird nicht nur von stationären Schlägen aus durchgeführt. Häufig werden transportable, zusammenlegbare Flugkästen mittels PKW zu vorher bekannt gegebenen Auflaßplätzen gebracht. Die Tauben sind daran gewöhnt, – aus solchen Kästen aufgelassen – ihre Hoch- und Kunstflüge vorzuführen und nach Beendigung in den Flugkasten zurückzukehren, gleich wo dieser im Gelände aufgestellt wurde und wie groß die staunende Zuschauermenge ist.

Eine besondere Art Flugsport wird in Südostasien betrieben. An den Schwanzfedern der Tauben werden kleine Musikinstrumente befestigt. Es handelt sich um kleine Pfeifchen, auch Doppelpfeifchen, die zumeist aus Bambus geschnitzt sind, sowie um kleine Metallglöckchen. Je nach Kombination dieser und den Schwenkungen der fliegenden Tauben werden melodische Töne erzeugt, an denen sich die Taubenzüchter ergötzen. Indonesische und thailändische Taubenpfeifen unterscheiden sich in der Form. In China stand früher nur wenigen Familien in Peking das (erbliche) Privileg für die Herstellung von Taubenpfeifen zu.

## 2.2 Rassetauben (für Ausstellungszwecke)

Im Bund Deutscher Rassegeflügelzüchter e. V. (BDRG) sind ca. 120 000 Züchter organisiert. Über die Hälfte befaßt sich mit der Zucht von Rassetauben für Schauzwecke. Ihre Tiere treten alljährlich auf den Geflügelschauen in Schönheitskonkurrenz, wo sie anhand eines bis ins Detail für jede Rasse festgelegten Standards von geschulten Preisrichtern bewertet werden. In den meisten Ländern der Welt werden solche Schauwettbewerbe nach gleichen oder ähnlichen Richtlinien durchgeführt.

Von den etwa 350 bekannten Taubenrassen sind in der BRD über 200 und ein Vielfaches an verschiedenen Farbschlägen innerhalb dieser Rassen vom BDRG anerkannt.

### 2.2.1 **Formentauben** (Gruppe I)

Zu dieser Gruppe gehören: Antwerpener Smerle, Berner Halbschnäbler, Carneau, Cauchois, Coburger Lerche, Damascener, Deutsche Schautaube, Eichbühler, Exhibition Homer, Lahore, Luchstaube, Mondain, Montauban, Poster, Römer, Saarlandtaube, Show Antwerp, Show Homer, Soultzer Haube, Strasser, Texaner, Ungarische Riesentaube.

Zwischen mehreren Rassen dieser Gruppe bestehen keine wesentlichen Merkmalsbeziehungen, jedoch sind sie insofern gleich, als sie die normale Zahl der Knochenwirbel ohne Abweichungen gemeinsam haben. Die meisten Großrassen, die z. T. als Wirtschaftsrassen gelten, aber auch einzelne kleine Rassen sowie die sog. „Homer-Rassen", d. h. fast alle Brieftaubenverwandten, sind in dieser Gruppe zusammengefaßt.

Die Formentauben werden in erster Linie nach der Figur bewertet oder einigen Merkmalen, nach denen sie in keiner anderen Gruppe unterzubringen sind.

Als Riese unter den Tauben gilt der *Römer* (Gewicht 1 kg), Flügelspannweite 1 m). Ihm stehen die *Montauban* (Spannweite bis 96 cm) mit großer, federreicher Muschelhaube am Hinterkopf und die *Ungarische Riesentaube* wenig nach. Zu den schwergewichtigen Tauben zählen ferner die früher als Wirtschaftsrassen anerkannten *Strasser, Coburger Lerchen* und *Luchstauben* sowie die jüngere Rasse *Saarlandtaube* (800–950 g) und die *Soultzer Haube* als leichteste unter den Wirtschaftstypen. Hierher gehören ferner die ursprünglich nur für Mastzwecke gezüchteten französischen Rassen *Carneau, Cauchois* und besonders die schweren *Mondain* mit enormer Brustbreite und -tiefe. Eine interessante Wirtschaftsrasse amerikanischer Züchtung aus jüngerer Zeit sind die *Texaner,* die ihre Farbe geschlechtsgebunden vererben und somit eine Kennrasse darstellen.

Einige Formentaubenrassen könnten – abgesehen von ihrer Größe – auch zu den Farbentauben gezählt werden. So die *Lahore* und die *Strasser,* die eine exakte Farbzeichnung aufweisen, deren Abgrenzung bzw. Intensität neben der Körperform mit ausschlaggebend bei der Bewertung ist. Das gleiche trifft sinngemäß für einige andere Rassen der Formentaubengruppe zu. So weisen z. B. die französischen Cauchois mit rot, mahagoni, gelb, walnußfarbig, rosenrot oder pfirsichblütenfarbig geschuppten Flügelschildern mit roten, weißen oder gelben Flügelbinden auf Blau oder Silberfahl sowie mit einfarbig Roten, Gelben und Schwarzen eine Farbenvielfalt auf, wie sie manche Farbentaubenrasse nicht hat.

Zu den Farbenschönheiten gehören ferner die Coburger Lerchen und die aus Polen stammenden Luchstauben.

Bei Tauben besteht die normale Hämmerungszeichnung aus mehr oder weniger gleichmäßig angeordneten dunkleren Farbtupfen auf hellerem Grund der Flügelschilder. Die auf natürlichem Taubenblau schwarze Hämmerung ist bei

Abb. 124. Römertaube (Jungtiere).

der Coburger Lerche verdünnt, die Grundfarbe ebenfalls. Auf hellgrauer Grundfarbe ist die Hämmerung dunkelschieferfarbig. Sie besteht bei dieser Rasse in einer gleichmäßigen Anordnung scharf begrenzter Dreiecke auf dem Flügelschild und wird bei dieser Farbenzusammenstellung „Lerchung" genannt. Mit dieser verbunden ist eine Aufhellung des Brustgefieders zu einer hellen Ockerfarbe, während der Hals matt grünglänzend ist. Diese Farbe und Zeichnung gilt für alle gelerchten Tauben – auch unter den eigentlichen Farbentauben – wenn auch mit geringer Abwandlung der Tönungen. Ohne Lerchung des Flügelschildes sind die etwas helleren sog. „Silberlerchen" oder „Mehllichten" mit zwei schiefergrauen oder ohne Flügelbinden.

Binden nennt man zwei der Flügelform angepaßte, leicht bogig, in etwa parallel verlaufende Farbstreifen auf dem hinteren Drittel des Flügelschildes. Sie sind entweder dunkler, d. h. schwarz, grau, braun, rot oder gelb auf hellerem Schildgrunde oder rein weiß auf dunklerem. Schildfarben ohne Hämmerung bzw. Lerchung oder ohne Binden heißen in der Fachsprache „hohlig".

Das feinste Muster für eine Schuppenzeichnung findet man bei geschuppten Luchstauben. Bei blauer, schwarzer, roter oder gelber Grundfarbe ist eine klare, schuppenartige weiße Zeichnung über das ganze Flügelschild gleichmäßig verteilt. Bei dieser Zeichnung weist jede Farbe beiderseits des Schaftes je ein fast gleich großes, weißes Oval auf, das bei blauer Grundfarbe noch von einem schwarzen Saum eingefaßt ist (dieses Farbmuster gilt auch für alle weiß-geschuppten Farbentauben).

Alle *Luchstauben* haben weiße Flügelbinden, auch die nicht geschuppten in Blau, Schwarz, Rot und Gelb. Die Schwingen sind weiß oder farbig.

Bei den meisten der Brieftaubenverwandten innerhalb der Gruppe Formentauben spielt die Kopf- und Schnabelform die ausschlaggebende Rolle, noch vor der Bewertung von Körperform und Haltung. Während beim *Exhibition Homer* eine lang und flach gestreckte, waagerechte Kopf- und Schnabelpartie gefordert wird, sind es bei anderen Homern (Show Antwerp, Show Homer usw.) eine exakte Rundung des Kopfbogens nebst Verlauf des Schnabelsitzes und der wie eingeschliffen wirkende Sitz der Schnabelwarzen. Dabei differieren Gesichts- und Schnabellänge bei diesen Rassen erheblich. Die weitaus verbreitetste Rasse dieser Gruppe sind die Deutschen Schautauben. Sie sind aus der sog. Schönheitszucht der Reisebrieftauben hervorgegangen, wurden später nur noch für Schauzwecke gezüchtet und bilden ein eklatantes Beispiel dafür, wie schnell andere Eigenschaften, besonders auch der Orientierungssinn, bei einseitiger Zucht auf Ausstellungserfolge verloren gehen können.

Aus dem Rahmen fallen, was Form, Typ und Größe anbetrifft, unter den Formentauben der *Berner Halbschnäbler,* mit einer regelmäßigen Scheckung und mit bei Formentauben sonst nicht vorkommender Spitzkappe, sowie die *Damascenertaube.* Diese sehr alte orientalische Rasse ist klein, relativ kurzschnäblig und in dieser Gruppe die einzige mit ausgeprägter Kehlwamme, so daß sie einen Übergang zu den Mövchentauben bilden könnte. Ihre Oberfarbe ist ein glänzendes Eisweiß, das Untergefieder dunkelgrau, der zweiringige (häutige) Augenrand blauschwarz. Die brieftaubenhafte *Smerle* trägt als einzige Formentaube ein Jabot, das sonst ein Merkmal der Mövchentauben ist.

Anhangsweise sind die z. Z. nicht mehr in der BRD vorhandenen, respektive nicht anerkannten *Ägyptischen Seglertauben* und die *Syrischen Wammentauben* zu erwähnen. Die Seglertauben haben unverhältnismäßig lange Flügel, so daß ihr demzufolge schwerfälliger Flug ihrem Namen wenig entspricht. Die starken Brieftauben ähnlichen Wammentauben (mit verschiedenen Nebenformen) haben eine stark hervortretende befiederte Kehlwamme, die ihnen ein recht eigenartiges Aussehen verleiht.

### 2.2.2 **Warzentauben** (Gruppe II)

Zu den Warzentauben zählen: Carrier, Dragoon, Fränkische Bagdette, Französische Bagdette, Indianer, Nürnberger Bagdette, Spaniertaube und Steinheimer Bagdette.

Bei diesen Rassen sind die sog. Nasenwarzen, zwei die Nasenöffnungen überdeckende, erhabene häutige Gebilde, außerordentlich stark entwickelt oder aufgetrieben oder von warzenartigen Wucherungen überlagert. Ferner sind bei fast allen Warzentaubenrassen die das Auge umgebenden nackten Hautringe (Augenränder) sehr stark entwickelt und je nach Rasse zwei- oder mehrfach ausgebildet. Diese Rassen sind aus den uralten Botentauben Vorderasiens und Nordafrikas, den Bagdadtauben und den späteren Türkentauben, entstanden und somit in etwa alle gleicher Herkunft.

Ihre ältesten Vertreter sind der *Carrier* und der *Indianer*. Beide sind direkte Nachkommen der Botentauben des Altertums und Ahnen der Brieftauben, wobei deren langschnäbelige Form (Antwerpener Typ) zunächst weitgehend Carrierblut führte, die kurzschnäblige Indianerblut. Die namengebende Warzenbildung ist beim Carrier am stärksten ausgeprägt. Sein sehr langer Schnabel, dessen untere Hälfte die gleiche Länge und Stärkc hat wie die obere (Oberschnabel), wird als büchsenförmig bezeichnet. Bei mehrjährigen Tieren ist die Warzenwucherung am Schnabel in Größe und Struktur einer Walnuß ähnlich. Die Warzenbildung am Unterschnabel bildet etwa ein Drittel des Umfangs. Ober- und Unterwarze sollen zusammen ein möglichst volles, geschlossenes Bild ergeben. Die bei älteren Tieren das Auge in dreifacher Rundung umschließenden Augenringe (Randfleisch) sind weichhäutig und von heller bis weißlicher Farbe. Beim Indianer und allen Bagdettenrassen ist die Farbe der Augenränder Karmin- bis Korallenrot. Der Carrier ist langhalsig und langbeinig, steht also sehr hoch.

Der Indianer ist knapp mittelhoch gestellt und wirkt breiter und massiger. Der Schnabel ist sehr breit, mittellang; die gleiche Stärke von Ober- und Unterschnabel ergibt einen abgestumpften Büchsenschnabel. Die Oberschnabelwarze ist sehr breit und aufgetrieben, aber relativ glatt. Sie ist in der Mitte geteilt, der Unterschnabel weist drei getrennte kleine Warzen auf, eine mittlere und in den Schnabelwinkeln je eine kleine.

Eine der Übergangsformen zu den späteren Homerrassen stellt der im 17. Jahrhundert in England herausgezüchtete *Dragoon* dar. Diese breite, tiefgestellte Taube fällt durch eine Eigenart auf, die es bei keiner anderen Taubenrasse gibt. Ihre Kopfhaltung ist auch bei normaler Ruhestellung des Tieres etwas nach oben gerichtet und erweckt den Eindruck, als ob die Taube etwa mit den Blicken einen fliegenden Raubvogel verfolgt. Auch der Dragoon hat als eines seiner Hauptmerkmale einen Schnabel, dessen obere und untere Hälfte gleich stark sind. Ein stärkerer Unterschnabel erhöht den Wert des Tieres noch. Der Schnabel ist breit und stumpf und soll massig wirken. Die Schnabelwarzen verlaufen, an der Schnabelspitze beginnend, gerade, leicht zur Stirn ansteigend. Sie sind in Längsrichtung gerillt. Seitlich gesehen stellen sie einen Keil dar, von oben gesehen vermitteln sie den Eindruck einer Kreiselform. Diese Warzenbildung und die zweireihig angeordneten, je nach Farbschlag blaugrauen bis fleischfarbigen Augenränder lassen die Einstufung der Rasse bei den Warzentauben auf den ersten Blick eher gerechtfertigt erscheinen als die der Bagdetten.

Diese haben durchweg längere Nasenwarzen als Tauben anderer Rassen. Die Warzen sind lang gezogen, flach, glatt, ohne Wucherungen oder Erhebungen. Gemeinsame Merkmale sind lange Schnäbel und verhältnismäßig breite, rote Augenränder. Den ältesten, auffallendsten Typ der Bagdetten verkörpert die Nürnberger Bagdette. Sie ist ein Direktabkömmling der alten Bagdadtaube. Hochgestellt, kräftig, der gebogene Hals stolz aufgerichtet bei waagerechter Körperhaltung, vor allem aber die eigenartige Kopf- und Schnabelform sind ihre Hauptmerkmale. Der lange Schnabel wird bei dieser Rasse „Horn" genannt. Seine obere Hälfte darf die untere nicht überragen. Er ist halbkreisförmig gebogen wie bei keiner anderen Taubenrasse. Er bildet praktisch ohne Unterbrechung eine Fortsetzung der halbkreisförmigen Kopfbogenlinie. Dieser Schnabelbogen ist in seiner derartigen sichelähnlichen Form nun nicht allein auf rein züchterischem Wege zu erzielen. Hier wird „nachgeholfen", indem der noch weiche Schnabel der wenige Tage alten Jungtiere über den Daumen gebogen und sanft massiert wird. Nach wenigen Tagen (bei zunehmender Verhornung) behält er die stark gebogene Form. Die Nürnberger Bagdetten müssen ihr Futter in Gefäßen erhalten, da sie kaum Körner vom flachen Boden aufnehmen können.

Die *Fränkischen Bagdetten* und die (in Deutschland erzüchteten) *Spaniertauben* sind als Lokalschläge entstanden. Ihre Abstammung geht mehr oder weniger – je nach Verwendung anderer eingekreuzter Rassen – auf die Nürnberger Bagdette zurück. Beide haben an der Spitze gebogene Schnäbel.

Die *Steinheimer* und die *Französische Bagdette* kommen aus einer Nebenlinie der genannten orientalischen Stammform. Beide haben lange, starke, gerade Büchsenschnäbel. Während die Steinheimer Bagdette als kräftige Taube mit „normalen" Formen bezeichnet werden kann, hat die Französische einige ungewöhnliche Merkmale aufzuweisen. Ebenfalls groß und kräftig, hat sie sehr lange Beine, wobei besonders die Schenkellänge über ein normales Maß hinausgeht. Brust und Flügelbug stehen, etwas eckig wirkend, vor. Der unter Einbeziehung des Schnabels keilförmig erscheinende Kopf sitzt auf überlangem, sehr dünnem Hals, dessen mittlere Wirbel an der Vorderseite nach vorne durchgedrückt werden (sog. Bagdettenknorpel).

### 2.2.3 **Huhntauben** (Gruppe III)

Zu dieser Gruppe gehören: Deutscher Modeneser, Englische Modena, Florentiner, Huhnschecke, Kingtaube, Malteser.

Diese Rassen haben ihren Namen von der allen gemeinsamen hohen Schwanzhaltung her, durch die ihre Form der der Hühner recht ähnlich ist. Mit Ausnahme der kleinen Modeneser sind die Huhntauben wenig flugfähig und laufen mehr wie Hühner umher.

Bei allen Rassen dieser Gruppe wirkt, je nach Körperlänge, die Unterpartie mehr oder weniger halbkreisförmig. Am stärksten ist dies bei den Englischen Modena und den aus den USA stammenden King der Fall. Beide Rassen sind besonders breit und massig, einen bulligen Eindruck erweckend. Die Englischen Modena und die wesentlich zierlicheren, eleganteren *Deutschen Modeneser* sind beide gleichen Ursprungs. Ihre Vorfahren werden in Italien noch als Flugtauben mit der Fahne gejagt, obgleich diese Rasse nicht mit Hochflugrassen verwandt ist. Die Modeneser werden in einer Vielzahl von Farbschlägen (65), einfarbige, vielfarbige und solche mit exakt begrenztem Zweifarben-Zeichnungsbild gezüchtet. Jedoch ist die Beurteilung der gerundeten Huhnform stets vorrangig.

Groß, hochgestellt und weniger abgerundet wirkend sind die *Florentiner,* die *Huhnschecken* und die *Malteser.* Bei letzteren stehen der ungewöhnlich lange Hals und die sehr langen Beine proportional in keinem Verhältnis zu dem kurzen Rumpf mit sehr kurzem Schwanz und Flügeln.

Die normale Wirbelzahl der Tauben beträgt: 12 Hals-, 7 Brust-, 11–12 Kreuzbeinwirbel (embryonal 11–14 Lendenwirbel) und 8 Schwanzwirbel. Bei einigen Rassen treten mehr Halswirbel auf, auch differiert die Anzahl der Schwanzwirbel. Unter den Maltesern gibt es z. B. Exemplare, die nur 11 Kreuzbeinwirbel und 7 Schwanzwirbel haben.

Bei den Huhnschecken finden wir die komplizierteste, am schwierigsten zu züchtende Zeichnungsanlage unter allen Taubenfarben bzw. -zeichnungen (Abb. 125). Bei dieser und allen anderen Rassen, bei denen eine scharf begrenzte Linienführung des Zeichnungsbildes gefordert wird, ist ein „Putzen“ mit der Schere erlaubt. Dieses erfordert viel Mühe und muß so sorgfältig vorgenommen werden, daß das „Nachhelfen“ äußerlich nicht erkennbar wird.

### 2.2.4 **Kropftauben** (Gruppe IV)

Zu dieser Gruppe gehören: Aachener Bandkröpfer, Altdeutscher, Altholländischer, Amsterdamer, Bayerischer, Brünner Kröpfer, Elsterkröpfer, Englischer Kröpfer (Großrasse), Englischer Zwergkröpfer, Französischer, Genter und Hanakröpfer, Hessischer, Liller, Norwich, Pommerscher, Sächsischer, Schlesischer Kröpfer, Starwitzer Flügelsteller, Steigerkröpfer, Stellerkröpfer, Thüringer Kröpfer, Verkehrtflügelkröpfer, Voorburger Schildkröpfer.

Bei diesen Rassen, bei denen es hinsichtlich der Größe beträchtliche Unterschiede von Riesen- (Altdeutsche, Holländer, Pommern) bis zu Zwergformen (Englische Zwergkröpfer, Brünner) gibt, ist das Vermögen, den Kropf zu mehr oder minder großen Dimensionen aufzublasen und lange Zeit in aufgeblasenem Zustand zu halten, das gemeinsame Merkmal. Ihr imponierendes Gehabe ist das, was ihre Züchter besonders fesselt. Während einige Kröpferrassen ebenfalls interessante Zeichnungsmuster aufweisen, haben andere eine mittlere oder zu starken „Latschen“ ausgeprägte Fußbefiederung. Die Köpfe sind durchweg glatt; nur wenige haben Spitz- oder Muschelhauben.

Außer durch Größe, Kopf- und Fußbefiederung unterscheiden sich manche der Kröpferrassen durch die verschiedene Körperhaltung. Die meisten stehen hochaufgerichtet auf hohen Beinen, besonders die englischen und die französischen Rassen, andere fast waagerecht bei niedriger Stellung (z. B. Altdeutsche). Eines der Hauptbewertungsmerkmale ist die Kropfform. Während die Ballon-

Abb. 125. Malteser Taube.

Abb. 126. Norwich Kröpfer.

form nur noch wenig Anklang findet, wird auf eine Birnenform mit „Taille" (leichte Einschnürung zwischen Kropf und Rumpf bei den betreffenden Rassen, z. B. Bayer., Hana, Steiger und Verwandte) großer Wert gelegt, auf eine größere (Norwich) oder kleinere (andere englische, Brünner Kröpfer) Kugelform bei anderen.

Der *Steigerkröpfer* und seine Verwandten (Starwitzer, Steller) zeichnen sich durch ein besonderes Flugspiel aus, wobei sie steigend und fallend stark mit den Flügeln klatschen. Die Vermutung, daß sie etwas Tümmlerblut führen, wird durch ihr mehr oder weniger rein weißes „Perlauge" erhärtet, das bei anderen Kropftaubenrassen nicht vorkommt.

In figürlicher Hinsicht fällt der *Amsterdamer Kröpfer* aus dem Rahmen. Ziemlich klein, rund, kurz, breit mit in die Breite statt in die Höhe geblasenem Kropf, wirkt er, denkt man sich den kurzen Schwanz und die Flügelenden weg, vollkommen kugelförmig. Beim ruhig in Positur stehenden Tier sind Kopf und Hals soweit zurückgebogen, daß eine durch das Auge gefällte Senkrechte hinter den Beinen enden würde. Dabei darf der Kopf nicht auf dem Rücken aufliegen. Der sehr lange, s-förmig gebogene Hals wird beim Gurren ruckweise auf den Rücken geschlagen; ein Erbteil einer alten holländischen Rasse, der *Groninger Slenke* (s. Gruppe X).

Auch in der Gruppe der Kropftauben gibt es Rassen, die mit markanter Zeichnung und hübschen Farben auch den Farbentaubenliebhaber erfreuen. Geelsterte (= „geherzte") Zeichnung, teils mit weißem Brust-Halbmond, sowie die von den Strassern her bekannte Zeichnung (Kopf, Flügel und Schwanz farbig bei sonst weißem Gefieder), weiter Isabellfarbe (Thüringer) und nur farbiges Flügelschild auf Weiß (Voorburger) sind bei einigen Rassen verbreitet.

**Diebskröpfer – Sport**

Die spanischen Kröpferrassen haben den sonst verpönten Hängekropf, der nach unten herabhängt und nur wenig nach oben geblasen wird. Diesen Kropftauben, die vermutlich aus alten, kurzschnäbligen orientalischen Botentauben und Kröpfern entstanden sind, ist ein ungewöhnlich starker Paarungstrieb eigen. Er ist so ausgeprägt, daß die Vögel ihre Gelege oft schon nach wenigen Bruttagen wieder verlassen, um erneut mit dem Liebesspiel zu beginnen. Ledige Täuber streifen weit über der Ortschaft auf der Suche nach einer Täubin umher. Sie locken und verfolgen eine solche (oft tagelang) mit aufwendigem Blasen, Gurren und Flügelklatschen, bis es ihnen gelingt, die Täubin in den Schlag zu locken. Ihr Verhalten ist derart anziehend, daß sogar häufiger gleichgeschlechtliche Tauben anderer Rassen und auch Jungtiere verleitet werden, ihrem lockenden Flugbild zu folgen (auch bei anderen Rassen kommt dies vor und ist auf die „singende" Lautgebung bei bestimmten Schwingenstellungen zurückzuführen).

Wegen des „Stehlens" von Tauben erhielten die spanischen Kröpferrassen den Sammelnamen „Diebeskröpfer". Aus dieser Verhaltensweise hat sich eine schon Jahrhunderte alte Sportart entwickelt, die auf die Mauren zurückgehen soll, der Fangsport. Die Züchter verabreden Diebes- oder Fangflüge. Dabei werden eine Täubin und beliebig viele Täuber zum Flug freigegeben. Gewinner des Spiels ist, wer die von seinem Täuber schließlich eingebrachte Täubin fängt. Der Sport ist in Spanien (Sevilla) noch stark verbreitet, in Portugal weniger, zunehmend in Holland. Während die eingefangenen Tauben – es kommt selten auch umgekehrt vor, daß ein Täuber den Lockungen der Täubin erliegt – in Spanien gegen ein geringes Entgelt zurückgegeben werden, gehen sie nach den Satzungen der holländischen Organisation (Den Haag) in den Besitz des Fängers über.

### 2.2.5 **Farbentauben** (Gruppe V)

Schöne Farben und Zeichnungen gibt es bei fast allen Taubenrassen. Wenn dennoch nur eine Gruppe die Bezeichnung „Farbentauben" trägt, ist dies insofern widersinnig, als das wichtigste Merkmal der Farbentauben nicht die Farbe, sondern ihre einheitliche natürliche Feldtaubenform ist. Der Begriff „Farbentauben" soll also nur aussagen, daß im Gegensatz zu den anderen Rassen hier keine züchterische Formveränderung erfolgte, sondern fast nur die farblichen Merkmale ausschlaggebend sind.

Zu den anerkannten Farbentaubenrassen zählen:

Altdeutscher Mohrenkopf, Bernhardiner Schecke, Böhmentaube, Dänischer Stieglitz, Eistaube, Feldfarbentaube, Verkehrtflügelfarbentaube, Münsterländer Feldtaube, fener Gimpeltaube, Mondtaube, Storchtaube, Startaube, Schlesischer Mohrenkopf und Prachener Kanik. Nach enger begrenzten Herkunftsgebieten sind folgende Rassen zusammengefaßt:

*Fränkische:* Feldtaube, Herzschecke und Samtschildtaube, Nürnberger Lerche und N. Schwalbe.

*Sächsische:* Flügeltaube, Pfaffentaube, Mönchtaube, Schildtaube, Schnippe, Schwalbe, Brüster und Weißschwanz.

*Süddeutsche:* Blasse, Kohllerche, Latztaube, Mönchtaube glatt und belatscht, Mohrenkopf, Schildtaube, Schnippe, Tigermohr und Weißschwanz.

*Thüringer:* Brüster, Einfarbige, Flügeltaube, Mäusertaube, Schildtaube, Schnippe, Schwalbe, Weißkopf, Weißlatz und Weißschwanz.

Bei dieser über 50 Rassen umfassenden Gruppe werden manche Tauben desselben Typs nur nach verschiedenen Zeichnungen und Farben unterschieden, die streng genommen nur einer Rasse angehören. Die Farbentauben sind insofern die „natürlichsten", als ihre Form der Ausgangsform der Felsentauben, respektive deren unmittelbaren Nachkommen, den gewöhnlichen Feldtauben, noch am nächsten steht. Dies kommt nicht nur in der Figur, sondern auch in der ziemlich langen, geraden Schnabel- und der länglich ovalen Kopfform zum Ausdruck. Allerdings sind einige Rassen im Laufe der Züchtung größer und kräftiger geworden als die gewöhnlichen rasselosen Feldtauben.

Gemeinsam haben die Farbentauben mit wenigen Ausnahmen auch ein orangefarbiges bis gelbes Irispigment, sofern es sich nicht um rein weiße (pigmentlose) Exemplare handelt oder um weißköpfige. Bei diesen ist die Iris farblos und erscheint aufgrund des durchscheinenden Augengrundes tiefdunkel. Perlaugen (d. h. weiße oder grauweiße Iris) kommen bei Farbentauben nicht vor.

In der Vielfalt der Farben und Zeichnungen sowie teils in Attributen, wie starker oder schwächerer Bildung von Haubenfedern und Fußbefiederung, unterscheiden sich die Rassen oft erheblich voneinander. Man unterscheidet die verschiedenen Haubenbildungen je nach ihrer Form und Stärke in Spitzkappen, Rundkappen, etwas abstehende Muschelhauben und gerade, sehr breite Schaufelhauben. Bei einigen Rassen werden seitlich hinter den Ohröffnungen in Rosetten endende Haubenbegrenzungen gewünscht; bei anderen wird Haubenbildung ohne Rosetten gefordert.

Auch für die Fußbefiederung bei Tauben gibt es verschiedene Bezeichnungen, je nach Stärke und Ausdehnung der Fußbefiederung. Ist diese voll und lang, weit über die Seiten und nach vorne über die Zehen hinausgehend, sind es „Latschen". Bei dieser Befiederung sind meistens die Schenkelfedern ebenfalls verlängert und haben verstärkte Federkiele, so daß sog. „Geierfersen" oder „Stulpen" entstehen. Tauben mit dichter, jedoch verhältnismäßig kurzer, nur bis an die Zehennägel reichender Fußbefiederung nennt man „beströmpft". Eine weniger starke Fußbefiederung der Läufe, bei der die Zehen jedoch unbefiedert (nackt) sind, heißt „behost" (Hosen), ein Ausdruck, der jedoch zugleich auch für die Farbe des Schenkelgefieders benutzt wird.

Man findet harte und zarteste Farben, Eis-, Grün-, Kupfer- und Goldglanz. Viele Rassen zeigen exakt begrenzte Zeichnungsbilder, wobei meistens die Zeichnung farbig (schwarz, rot, gelb, blau, silber, fahl usw.) auf weißem Grund ist. Bei gescheckten und getigerten Farbschlägen ist es teilweise umgekehrt. Bei den Mohrenköpfen und ihren Verwandten sind nur Kopf bzw. Brustlatz und Schwanz farbig, das übrige Gefieder ist weiß. Nur bei Latztauben und Brüstern ist auch der Schwanz weiß.

*Einfarbige* in den Hauptfarben Schwarz, Rot und Blau mit schwarzen Flügelbinden sowie deren aufgehellte Variationen (Verdünntfarben) Rotfahl, Gelb, Gelbfahl, Blaufahl werden z. T. auch mit zwei weißen Flügelbinden gezüchtet. Ferner gibt es blau-, rot- und gelbgehämmerte Farbschläge. Die Hämmerung besteht in einer regelmäßigen dunkleren Fleckung auf dem helleren Untergrund des Flügelschildes, z. B. Blau mit schwarzer Hämmerung. Die Hämmerung ist bei einigen Rassen pfeilspitzenartig in regelmäßigen Abständen auf den Flügelschildern angeordnet.

Bei den *Schildtauben* ist nur das Schild (d. h. die ovale Flügelfläche ohne die Schwungfedern) farbig, das sonstige Gefieder weiß. *Schimmel* zeigen einen silberweißen Überzug auf den Haupt- (Grund-) farben. Häufig kommt die sog. *Elsterzeichnung* vor, die jedoch selten der Zeichnung der Elstern ganz entspricht. Vielmehr ist hierbei meistens auch der Kopf weiß. Bei den *Mondtauben* sind eine Halbmondzeichnung auf dem unteren Vorderhals und die beiden Flügelbinden braun oder gelb auf elfenbeinfarbigem Grunde. Bei *Schwalbentauben* ist der Flügel nebst Schwingen farbig, desgleichen der Oberkopf sowie, falls vorhanden, auch die Fußbefiederung (Latschen). Auf dem Rücken dehnt sich aber eine ovale weiße Federfläche (Herz) beiderseits auf die oberen Deckfedern des Flügelschildes aus.

*Flügeltauben* haben die gleiche Zeichnung, jedoch ist statt des Oberkopfes nur ein Stirnfleck, die sog. „Schnippe", farbig. Bei der eng mit den Flügeltauben verwandten Böhmischen Flügelschecke sind die farbigen Flügelschilder ziemlich regelmäßig weißgescheckt. Die Hand- und Armschwingen sind eine um die andere weiß und farbig, ebenso die Latschenfedern. Diese auch den Laien fesselnde Zeichnung ist äußerst schwierig zu züchten und wird teilweise nur durch Manipulierung erreicht. So können farbige Federn, die nicht mit weißen in gleichmäßigem Wechsel stehen, durch mehrfaches Ausziehen zu weißen „gemacht" werden. Mit Ausnahme der blauen Farbe ist dies besonders bei Rot und Gelb, aber auch bei Schwarz verhältnismäßig leicht zu bewerkstelligen. Einmalig oder mehrfach gezogene farbige Federn wachsen schließlich pigmentlos, d. h. weiß, nach. Für andere Rassen gilt dies auch, jedoch nur dann, wenn sie durch vorhandenen Scheckungsfaktor dafür prädestiniert sind.

Außer den Farben und Zeichnungen sowie gegebenenfalls Kopf- und Fußbefiederung ist bei manchen Farbentaubenrassen auch die Schnabelfarbe ein besonderes Bewertungskriterium. So wird bei den dunklen Farbschlägen mit weißer Pfaffenzeichnung oder mit weißen Schnippen ein weißer Oberschnabel und ein dunkler Unterschnabel gefordert. Bei farbiger Schwalben-Kopfzeichnung und farbigen Schnippen ein schwarzer Ober- und ein weißer Unterschnabel.

*Schnippentauben* haben nur einen farbigen Stirnfleck und farbigen Schwanz, im übrigen sind sie rein weiß. Während bei *Mönchtauben* der ganze Kopf, Schwingen und Schwanz sowie ggf. Latschen und Binden weiß bei sonst farbigem Körpergefieder sind, hat die *Pfaffentaube,* eine der wenigen Farbentauben-Rassen mit Schnabelnelke (vgl. Trommeltauben), nur einen weißen Oberkopf und weiße Binden. Bei *Brüstern* sind Kopf, Hals und Oberbrust farbig, alles übrige Gefieder weiß. Mehrere Rassen werden als *Weißschwänze* gezüchtet. Bei ihnen sind außer dem Schwanz eine Stirnschnippe und teils auch die Binden weiß.

Die *Startauben* variieren von einfarbig (in den Hauptfarben) mit weißem Halbmond auf dem Unterhals über solche mit weißen Binden, mit weißem Schwanz, mit oder ohne weißen Kopf, mit weißer Schuppenzeichnung auf den Flügelschildern bis zur „Silberschuppe", bei der das Flügelschild weiß ist, jede dieser weißen Federn aber eine pfeilspitzenartige schwarze Zeichnung aufweist. Bei ihren Verwandten, dem Dänischen Stieglitz schließlich ist die Zeichnung fast in Silberweiß aufgelöst. Nur der mittlere Teil des Kopfes, die Unterbrust, Schwingen und Schwanz sind dunkelfarbig. Auf dem Ende jeder Handschwinge befindet sich ein weißer Fleck (Perle). Auf dem geschlossenen Flügel erscheinen die Perlen stufenförmig im gleichen Abstand („Treppe“ oder „Finkenzeichnung“). Alle Startauben-Farbschläge haben vorn auf dem Unterhals eine weiße Halbmondzeichnung.

Bei den *Eistauben* ist das ursprüngliche Blau so aufgehellt, daß ihre Farbe wie ein reines Eisweiß erscheint; nur die Schwingen und die Schwanzbinde sind dunkel.

Goldgelb ist die Nürnberger *Lerche* mit Ausnahme von Flügel und Schwanz. Die Flügelschilder sind rahmweiß mit gleichmäßig verteilten, schwarzen Tupfen, der Schwanz ist blaugrau. Die Tupfung (Lerchung, Hämmerung) auf dem Flügelschild fehlt bei dem zweiten Farbschlag dieser Rasse („Mehllichte“). *Storchtauben* sind weiß bis auf einen farbigen Stirnfleck (Schnippe), einen kleinen Teil des Flügelbugs und die farbigen Schwingen (beim belatschten Schlag ist auch die Fußbefiederung farbig). *Blassen* sind einfarbige Tauben, bei denen nur der Oberkopf bis zum Auge sowie der Oberschnabel weiß sind. Von ihnen unterscheidet sich die *Mäusertaube* nur durch ihren weißen Schwanz. *Tigermohren* sind schwarze Tauben mit weiß gesprenkeltem Kopf (bei anderen Rassen auch „muselköpfig“ genannt). Der Thüringer *Weißkopf* und der Thüringer *Weißlatz,* bei dem sich die Weißzeichnung des Kopfes auch auf den Vorderhals erstreckt, stellen insofern eine Ausnahme von der Mönchszeichnung dar, als sie nicht weiße, sondern farbige Schwingen haben. Weiß sind indessen bei ihnen der Schwanz und die Fußbefiederung.

Als Sondergruppe kann man die Rasse der *Gimpeltauben* bezeichnen. Aus Dalmatien stammend, wurde die Rasse zunächst in England verfeinert. Bei ihnen ist der Glanzfaktor der Farben auf ein Höchstmaß summiert. Bei glänzendem Kupferrot (Kupfergimpel) des übrigen Gefieders sind Flügel und Schwanz schwarz (Schwarzflügelgimpel) oder elfenbeinfarbig (= Weißflügelgimpel) oder blau bzw. blaugehämmert (= Blauflügelgimpel). Die gleichen Farbabgrenzungen und Flügelfarben wiederholen sich beim Goldgimpel mit dem Unterschied, daß Kopf-, Hals- und Körpergefieder bei diesem goldgelb statt kupferfarbig sind. Bei beiden Formen kommen im Schwarzflügel- und Blauflügel-Farbschlag auch weißschwingige Tiere vor, selten solche mit Mönch- oder Pfaffenkopfzeichnung. Ein vollkommenes Bild der Schönheit dieser und anderer Taubenrassen mit farbiger Zeichnung kann nicht beschrieben, sondern nur durch Anschauung aufgenommen werden.

Von einer Vielzahl von Farbentauben sind hier nur die hauptsächlichsten Farb- und Zeichnungsanlagen aufgeführt. Diese und andere Farbzusammenstellungen wiederholen sich bei mehreren Rassen.

Schon lange bevor amerikanische Wissenschaftler gezielt kennfarbige Tauben erzüchtet haben, entstand ungewollt eine deutsche Kenntaubenrasse, die Thüringer Einfarbige, deren Name irreführend ist. Bei den Täubern unterscheidet man die geschlechtsgebundenen Farben: Hellgrundfarbig, Gelbgrundfarbig und Blaugrundfarbig. Die entsprechenden Täubinnen sind blaufahl gelercht, blau und blaugehämmert. Leider wurde die Zucht auf Kennfarbigkeit nicht in allen Farbschlägen korrekt weitergeführt, so daß heute auch Täuber in den für Täubinnen genannten Farben vorkommen und auf Schauen zugelassen sind. Als Charakteristika blieben erhalten: Ein Silberkranz um den Hals bei den hellen Farbschlägen, ein gelber bis brauner Halbmond („Noster“) auf der Oberbrust bei den anderen.

### 2.2.6 **Schweizer Farbentauben** (Gruppe V a)

Der Gruppe Farbentauben ist die Sondergruppe Schweizer Farbentauben nachgeordnet mit folgenden Rassen: Berner, Thurgauer, Wiggertaler und Aargauer Tauben sowie Luzerner Tauben und Züricher Weißschwanz.

Alle Schweizer Farbentauben kommen in ihrer zarten Form, mit den länglichen Köpfen mit meist normal langem, dünnem Schnabel und durchweg unbefiederten Beinen der ursprünglichen Feldtaube am nächsten. Jedoch haben sie mit einer Ausnahme nicht orangefarbige, sondern dunkelbraune bzw. dunkle Augen. Eines ihrer Hauptmerkmale ist eine spitz zulaufende Federkappe am Hinterkopf. Diese sog. „Spitzkappe“ findet man in gleicher Vollendung bei den Gimpeltauben.

Körperform und Kappe aber auch Ausdruck und Verhaltensweise sind bei den Schlägen Berner, Thurgauer, Wiggertaler und Aargauer Tauben so identisch, daß man sie als eine Rasse zusammenfaßte. Sie kommen in vielen bei den Farbentauben beschriebenen Farben und Zeichnungen vor; für einige Farbschläge werden aber andere Bezeichnungen gebraucht. Zum Beispiel heißen schwarze Berner mit weiß getigertem (gesprenkeltem) Kopf hier „Rieselkopf“ im Gegensatz zum deutschen „Tigermohr“ bzw. „Muselkopf“. Einzelne Tiere dieses Farbschlages weisen eine sonst kaum vorkommende Merkwürdigkeit auf: ein „Schnäuzchen“, das sind einige weiße, vom Schnabelwinkel abstehende Federchen.

Bei anderen Farbschlägen der Schweizer Tauben bezeichnet man wenige weiße Federchen an Kopf und Hals als „Guggerzeichnung“. Farben, die der der deutschen Mondtaube gleichen, werden bei gelben Binden und gelbem Halbmond „Gelbelmer“, bei brauner Färbung dieser „Braunelmer“ genannt. Mehlfarbige Grundfarbe, dazu dunkle, fast schwarze Binden und intensiv gelben Kragen (Halbmond) hat der Thurgauer Mehlfarb-Goldkragen. Derselbe mit dunkler Hämmerung auf den Flügeln heißt Mehlfarbgenagelter Goldkragen. Für Blaufahl steht „Katzgrau“ und „genagelt“ heißt dasselbe wie gehämmert. Wiggertaler Farbenschwänze sind Weiße mit schwarzem, blauem, rotem oder gelbem Schwanz. Der leuchtend blaue Berner Spiegelschwanz trägt vor der dunkleren Schwanzbinde auf jeder Steuerfeder einen ovalen weißen Fleck, den „Spiegel“. Der Thurgauer Weißschwanz kommt in allen Hauptfarben mit oder ohne schwarze oder weiße Binden sowie mit Finkenzeichnung vor. Beim Thurgauer, Aargauer und Züricher Weißschwanz ist der weiße Schwanz nicht mit einer weißen Stirnschnippe gekoppelt, wie dies bei Weißschwänzen anderer Rassen der Fall ist. Der Aargauer Weißschwanz tanzt aus der Reihe: Seine Beine nebst Zehen sind kurz und dicht befiedert.

Die *Luzerner Tauben* können als eigenständige Rasse unter den Schweizer Farbentauben angesehen werden. Kopf und Körper sind kürzer, respektive gedrungener als bei den anderen, der Schnabel kürzer und dicker, die Läufe behost. Er wird in denselben Farbschlägen gezüchtet wie die anderen beschriebenen Rassen; wie diese auch schildig und gelercht, jedoch nicht als Farbenschwanz.

Der *Züricher Weißschwanz* schließlich verkörpert ebenfalls eine selbständige Rasse. Als einzige der Schweizer Farbentauben hat er zwar dieselbe Form sowic den typischen langen, dünnen Schnabel, jedoch keine Spitzhaube. Er ist glattköpfig, was in der Fachsprache auch als „schlicht“ bezeichnet wird. Ferner ist er „bestrümpft“, d. h., Füße und Zehen sind kurz befiedert. Er kommt in allen Farbschlägen vor, die beim Thurgauer Weißschwanz genannt sind.

### 2.2.7 **Trommeltauben** (Gruppe VI)

Zu dieser Gruppe gehören 11 Rassen: Altenburger, Arabische, Bernburger, Bucharische, Deutsche Doppelkuppige, Deutsche Schnabelkuppige, Dresdener, Fränkische, Deutsche Gabelschwanz-, Schmöllner und Vogtländer Trommeltaube.

Eine merkwürdige Stimmbegabung, das sog. Trommeln, führte zur Zusammenfassung dieser Taubengruppe. Es handelt sich um ein langanhaltendes, in gleichbleibendem Rhythmus vorgetragenes Lautgeben anstelle des gewöhnlichen Gurrens anderer Tauben. Es klingt wie dumpfer Trommelwirbel. In Ostdeutschland werden die besten Trommler unter diesen Rassen, die Altenburger und die Schmöllner, noch „verhört“. D. h., ähnlich wie bei der Prüfung von Gesangskanarien wird Stärke und Dauer des Trommelns bewertet. Die Rassen kommen in allen gewöhnlichen Feldtaubenfarben vor; darunter „Gemönchte“, d. h. mit weißem Kopf und weißen Schwingen.

Die meisten Trommeltauben stammen von der Bucharischen (Rußland) ab. Sie vererbte ihnen ein eigentümliches Merkmal: die sog. „Schnabelrose“ oder „Nelke“. Das ist ein stärker oder schwächer ausgebildeter Federkranz auf der Stirn, der die Nasenwarzen und teils auch den Oberschnabel bedeckt. Mit Ausnahme der beiden Farbentaubenrassen Sächs. Pfaffentaube und Sächs. Schildtaube (beide führen etwas Trommeltaubenblut) kommt diese Federbildung nur bei Trommeltauben vor. (Bei einer chinesischen Tümmlerrasse kommt eine „Halbnelke“ vor, die also nur einseitig ausgebildet ist und asymmetrisch bzw. schräg über den Schnabel verläuft.)

Tauben, die eine Schnabelnelke und eine Federhaube am Hinterkopf haben, nennt man „doppelkuppig“; fehlt die Haube, wird die Bezeichnung „einfachkuppig“ verwendet.

Bei der Bucharischen Trommeltaube ist die Nelke stark entwickelt und bedeckt den ganzen Vorderkopf so, daß für das Tier Sichtbehinderung besteht. Bei den anderen kuppigen Rassen ist sie kleiner und behindert die Sicht nicht. Die meisten Trommeltaubenrassen haben eine starke, lange und dichte Fußbefiederung (Latschen). Im Fluge wirken die seitwärts nach hinten gebogenen langen Latschen wie ein zusätzliches Flügelpaar („Doppeldecker“). Zwei Trommeltaubenrassen sind einfachkuppig, vier glattköpfig, ohne Nelkenbildung. Bei der deutschen Gabelschwanz Trommeltaube – mit mindestens 16 Steuerfedern – und der Schmöllner Trommeltaube – mit mindestens 14 Steuerfedern – ist der Schwanz in der Mitte gespalten (gegabelt). Diese Eigenart gilt bei anderen Taubenrassen als grober Fehler. (Die normale Anzahl der Schwanzfedern ist 12.)

Unter den Trommeltauben fällt die Arabische hinsichtlich Größe, Trommelstimme und sonstigen Merkmalen aus dem Rahmen. Klein, zierlich mit unscheinbarer Feldtaubengestalt, jedoch mit anderer Kopfform, kürzerem Schnabel und kleiner Kehlwamme, gibt sie zu der Vermutung Anlaß, anderen Ursprungs als die übrigen Trommeltauben zu sein. Ihre Stimme gleicht einem melodischen Lachen und Singen in mancherlei Abwandlung. Nach Berichten aus dem Orient wird sie in Bambuskäfigen in den Harems gehalten, um die Damen des Hauses mit ihrem „Gesang“ zu unterhalten.

### 2.2.8 **Strukturtauben** (Gruppe VII)

Dazu gehören: Altholländischer Kapuziner, Chinesentaube, Perückentaube, Pfautaube, Schmalkaldener Mohrenkopf und Lockentaube.

In dieser Gruppe sind Taubenrassen mit ungewöhnlicher Federbildung zusammengefaßt. Bei den *Perückentauben* und ihren Verwandten, dem Altholl, Kapuziner und dem Schmalkaldener Mohrenkopf, erreicht die Länge der Halsfedern ein derartiges Ausmaß, daß Kopf und Hals kapuzinerartig bedeckt oder auch vollständig von ihnen eingehüllt sind. Bei der *Chinesentaube* führen Federwirbel an Schenkel-, Brust- und Halsfedern zu eigenartigen Kissen-, Kragen- und Höschenbildungen, die den Tieren ein bizarres Aussehen verleihen. Bei der Lockentaube sind alle Federn des gesamten Flügelschildes in Locken nach oben gedreht. Bei der Pfautaube bildet der große Fächer der Schwanzfedern ein vollkommenes, in sich geschlossenes Rad, etwa dem Rad eines balzenden Pfauhahnes vergleichbar.

Die *Pfautaube* zählt zu den ältesten Taubenrassen. Sie wurde aus Indien im 16. Jahrhundert zuerst nach England eingeführt und dort züchterisch verfeinert. Während die ursprüngliche auch heute noch existierende indische Stammform einen wenig über die normale Länge hinausgehenden mehr trichterförmigen Schwanz hat, ist dieser bei den Tieren der modernen Zuchtrichtung zu einem großen, flachen Fächerrad mit sehr breiten Einzelfedern geworden (22 oder mehr Federn). In Paradestellung soll der Schwanz fast senkrecht getragen werden. Der Fächer soll nicht nach vorn kippen (Schirmschwanz), nach hinten herabfallen oder hohl sein (Trichterschwanz) wie noch bei der Stammform. Bei flüggen Jungtieren kann durch Nähen und Spreizen die Fächerbildung „korrigiert“ werden. Die Pfautauben haben noch eine Eigenschaft, die nur bei wenigen

Abb. 127. Perückentaube.

Taubenrassen ausgeprägt ist: sie sind zitterhalsig. D. h., der Hals wird durch Einbiegen der Wirbel und Wiedervorschnellen dieser in eine schnelle, schlängelnde Bewegung gesetzt. Bei sehr schneller Folge wird dies als „Zittern", bei langsamerer (andere Rassen) als „Schlagen" bezeichnet.

Die Perückentauben können den Kopf und das Gesicht in Paradestellung durch Aufstellen der Kapuzenfedern verhüllen. Sie können die Strukturfedern leicht absenken und dann etwas besser sehen. Es empfiehlt sich aber während der Zuchtzeit ein Zurückschneiden der langen nach oben gerichteten Halsfedern. Bei den Kapuzinern und den Schmalkaldener Mohrenköpfen ist dies nicht erforderlich.

### 2.2.9 **Mövchentauben** (Gruppe VIII)

Zu dieser Gruppe gehören: Aachener Lackschildmövchen, Altdeutsches, Altholländisches, Anatolisches Mövchen, Deutsches Farbenschwanzmövchen, Deutsches Schildmövchen, Dominomövchen, Einfarbiges Mövchen, Englisches Owlmövchen, Hamburger Sticken, Italienisches Mövchen, Orientalisches Mövchen, Turbitmövchen.

Sie zählen zu den zierlichen, besonders anmutigen und im Verhalten relativ sanften Rassen. Vielfach kommen sie mit der sog. Mövchenzeichnung, das ist ein farbiges Flügelschild bei sonst weißem Gefieder (teils auch farbiger Schwanz) vor. Ein möglichst halbkreisförmig gerundeter „Kugelkopf" nebst eingebauter stumpfer Schnabelpartie ist ein typisches Rassemerkmal bei den meisten Mövchenrassen. Der Schnabel ist so kurz, daß er maulartig wirkt.

Mehrere Rassen, besonders die Orientalischen Mövchen, werden mit Spitzkappe gezüchtet, einige mit etwas anliegender Rundhaube (Altdeutsches Mövchen). Während letztere sich den Rundungen in etwa anpaßt, ist bei den spitzkappigen die Kugelform am Hinterkopf natürlich unterbrochen, dennoch geht der Eindruck eines Kugelkopfes nicht verloren. Im Gegensatz zu den übrigen Rassen steigt bei dem Altholländischen Mövchen die Stirn vom Schnabel in gerader Linie bis zum höchsten Punkt vor den Augen an. Die Scheitellinie verläuft bis zur hoch angesetzten Spitzkappe waagerecht. Der Schnabel ist bei dieser Rasse länger als bei den übrigen, so daß sie sowie auch die Altdeutschen und die Italienischen Mövchen ihre Jungen selbst einwandfrei auffüttern. Bei den Italienischen M. wird als Ausnahme eine abgeplattete Scheitellinie gefordert, wodurch Stirn und Hinterkopf etwas kantig markiert sind. Alle Mövchen haben gelbrote Iriden, mit Ausnahme weißer und weißköpfiger, die dunkle Augen haben.

Die Orientalischen Mövchen weisen eigenartige Farben und Zeichnungen auf. Die Flügelschilder sind bei manchen Farbschlägen geschuppt oder jede Schildfeder ist von einem dunkleren, zarten Saum eingefaßt. Die Bezeichnungen Blondinetten, Satinetten, Silveretten, Sulferetten, Bluetten und Brunetten vermitteln einen Eindruck über die Farbvarianten und die Zartheit der Farben. Während sich bei den gesäumten Schlägen die Säumung auch auf die Schwanzfedern erstreckt, haben die Einfarbigen und die Geschuppten einen „Spiegelschwanz", d. h., jede Steuerfeder ist kurz vor dem Ende mit einem weißen, länglich runden Fleck (Auge) versehen.

Das so bezeichnete „Jabot", eine aus Federn gebildete Halskrause am Vorderhals, haben alle Rassen und Schläge ohne Ausnahme. Fast alle Mövchen wurden auf absolute Schnabelkürze gezüchtet, hinzukommt eine „gefüllte Kehle“ (Kehlwamme), so daß der nur noch maulartig vorhandene Schnabel in die Vorderlinie des runden Kopfbogens harmonisch „eingepaßt“ ist. Mehrere Mövchenrassen sind wegen des fast weggezüchteten Schnabels nicht mehr dazu fähig, ihre Jungen selbst aufzufüttern. Für ihre Zucht werden Ammentauben mit mindestens mittellangen Schnäbeln benötigt. Beim Umlegen der frisch geschlüpften Jungen soll dem betreffenden Mövchenpaar ein entsprechendes Jungtier klein-, mittel- oder langschnäbliger Rassen untergeschoben werden, damit durch das Füttern dieses Fremdlings ein zu häufiges, schwächendes, zur Schalenlosigkeit der Eier führendes Legen der Mövchentäubin unterbunden wird.

### 2.2.10 **Tümmlertauben** (Gruppe IX)

In jeder größeren Stadt wurde bis zum Anfang des 20. Jahrhunderts der Hochflugsport in großem Umfang betrieben. Fast jede hatte den Ehrgeiz, innerhalb der gleichen Ausgangsrassen ihre „stadteigene“ Lokalrasse zu züchten. Über 60 Tümmlerrassen sind anerkannt und im „Deutschen Taubenstandard“, Verlag Oertel & Spörer, Reutlingen, bis ins Detail beschrieben. Nach Städten oder Ländern geordnet, ergeben sich folgende Ursprungs-, respektive Lokal- und Ländergruppen: Die stärkste Gruppe bilden die in den Ländern Pommern, Ostpreussen (Polen) beheimateten Rassen (14). Von den Tümmlern der Balkanländer und des vorderen Orients sind 12 bei uns anerkannt. Es folgen Berlin und die Mark Brandenburg mit 9 Rassen. Holländische und Kölner Tümmler sind gleichen Ursprungs und mit 3 Rassen vertreten, ebenso England. Gleichen Ursprungs sind ferner die Deutschen, die Mitteldeutschen und der Kasseler Tümmler (alle langschnäblig) sowie der Elsterpurzler. Wien ist eine alte Hochburg des Hochflugsports mit 4 Heimatrassen. 3 Lokalrassen wurden in Hamburg herausgezüchtet (alle kurzschnäblig). Soloflieger (Einzeltier) sind der Bremer und der Hannoversche Tümmler. Eine der ältesten deutschen Rassen ist das Deutsche Nönnchen; ein Produkt aus jüngster Zeit der Regensburger Tümmler. Der Kasaner und der Rshewer Sternschwanztümmler stammen aus Rußland. Schließlich zählt die Indische Mookeetaube zu den Tümmlern.

Diese größte Gruppe der Rassetauben verkörpert die fast oder ganz für den Ausstellungs-, also Schönheitswettbewerb, erfolgte Umzüchtung der an anderer Stelle erwähnten Hochflug-, Purzel- und Kunstflugtauben. Die Flugeigenschaften dieser sind bei der einseitigen Zucht auf rassische Feinheiten verloren gegangen. Auch spielte die den heutigen Haltungsmöglichkeiten angepaßte Haltung in Zucht- und Flugvolieren ohne Freiflug dabei eine wesentliche Rolle. Hier zeigt sich, wie schon bei anderen Rassen erwähnt, die negative Seite der schnellen Variationsmöglichkeiten. Bei einigen Tümmlerrassen unterscheidet man noch heute einen Flieger- und einen Schautyp. Nur letztere sind zu Ausstellungswettbewerben des Bundes Deutscher Rassegeflügelzüchter zugelassen, während die Fliegertypen im vorerwähnten Hochflugsport Verwendung finden.

Alle diese Rassen werden mit verschiedenen Körper- und Schnabelformen sowie dazu in einer Vielzahl von verschiedenen Farbschlägen gezüchtet. Die meisten sind glattköpfig und haben unbefiederte Beine, mehrere Rassen sind bestrümpft, einige haben starke Latschen, andere auch Hauben.

Ein entscheidendes Merkmal bei der Bewertung der Tümmler ist die Schnabelform, so daß man sie auf Schauen in drei Gruppen: Langschnäblige, Mittelschnäblige und Kurzschnäblige aufteilt.

Mit ganz wenigen Ausnahmen haben alle Tümmlerrassen, auch die rein weißen, sofern sie „summierte“ Rotschimmel sind, ein gemeinsames Merkmal, das ist das sog. Perlauge, bei dem die Farbe der Iris vom perlfarbigen Grauweiß bis zum blendend reinen Weiß reicht. Auch die Weißen ohne Rotfaktor des Gefieders sowie die geelsterten und gescheckten Farbschläge mit weißer Kopfpartie, die wegen des an weißen Gefiederstellen bestehenden Pigmentmangels „farblose“, d. h. dunkle Iriden haben, tragen die Anlage für die Vererbung von Perlaugen (weißen Iriden). Dunkelfarbige Augen mit Pigment haben nur der schwarze Prager Weißbrüster und der „eulige“ Stettiner Weißbauch. Bei beiden sind nur Brust und Bauch weiß, das übrige Gefieder schwarz bzw. graublau. Rehbraune Augen hat der als „Rotband“ bezeichnete Farbschlag der Stettiner Tümmler. Beim Bremer Tümmler ist nur der innere Irisring (um die Pupille) weiß, der äußere rotgelb oder rot (eine Zwischenform der Augenfarben, häufig bei Brieftauben als „Glasauge“ vorkommend). Die wirklich krasse Ausnahme bezüglich der Augenfarbe der Tümmler macht nur der Köröser, dessen einfarbige Schläge gelbe Augen haben.

Hinsichtlich der Form unterscheiden sich die Tümmlerrassen erheblich. Hochaufgereckte Haltung, ungewöhnlich lange Hälse und Beine, sehr lange Schnäbel, langgezogene keilförmige Schädel verkörpern das eine, kleine, kurze, sehr zarte Tiere mit extrem kurzem Schnäbelchen, oft mit runden, meistens mit würfelförmigen, kantigen Köpfen das andere Extrem. Für die Zucht der Kurzschnäbler werden Ammen benötigt (vgl. Mövchentauben).

Bunte Farben, auch regelmäßige Zeichnung sowie Hauben und stärkere Fußbefiederung kommen bei vielen Tümmlern wie bei allen anderen Taubenrassen vor. Bei den meisten stehen Kopf- und Schnabelformen, vor allem Schnabelsitz, Reinheit der Augenfarbe sowie Stand und Haltung im Vordergrund des züchterischen Interesses.

Bei den Tümmlern werden mehr Spezialausdrücke für Farbe und Zeichnung des Gefieders (traditionell) verwendet als bei anderen Rassen. Deshalb wird hier auf einige der wichtigsten eingegangen. Geelstert = regelmäßige elsterähnliche Zeichnung, häufig jedoch auch mit weißem Kopf und/oder weißem Fleck („Herz“) auf dem Vorderhals. Auch Halbmondzeichnung auf der Oberbrust bei Elsterzeichnung kommt vor (häufiger bei Kropftauben). Beim Wiener Tümmler wird die Elsterzeichnung „geganselt“ genannt. Tiere mit farbigem Körpergefieder und weißen Schwingen werden als „schwingig“ oder als „gespitzt“ (meist nur, wenn die äußersten der 10 Haupt- oder Handschwingen weiß sind) bezeichnet.

Rahmweiße mit gelben oder roten Flügelbinden nennt man „Gelbstreifige“ bzw. „Rotstreifige“ oder „Gelbbänder“ bzw. „Rotbänder“. „Kupfrige“ sind kupferrote Tauben mit schwarzblauen Schwingen, Schwanz und (ggf.) Latschen. Häufig sind Perl-, Silber-, Isabell- und Kremfarben. Farbkompositionen ergeben „Perlfahl“, „Perleulig“, „Silbereulig“ usw. Der Ausdruck „eulig“ wird für ein zartes Taubenblau gebraucht, bei dem die Flügelschildfarbe eine feine helle Säumung und kleine dunkle Pünktchen aufweist. Bei „Helleuligen“ zeigt das gesamte Gefieder einen schimmeligen (silbrigen) Überzug. Weißbäuche, farbig mit weißer Unterseite ab Mitte des Vorderhalses, heißen beim Wiener Tümmler

„Kiebitze". „Hellgestorchte" sind Weiße mit mehr oder weniger dunklen Schwingen. „Violette" und „grüne Dunkelgestorchte" haben schwarzblauen Kopf mit violettem, respektive grünem Schimmer. Vom „Bart" (Kehle) bis zum Brustansatz ist der Hals violett bzw. grün und leicht gesperbert („gestarlt"). Bauch und Schenkel sind weiß, das übrige Gefieder blaugrau.

„Gedachelte" Wiener Tümmler sind wie die Kiebitze gezeichnet, jedoch muß der Hals weiß sein. Einzelne kleine weiße Federchen auf dem Vorderflügel in Nähe des Bugs nennt man „Rosen". Farbige Wiener Tümmler mit weißem Rückenherz und kleinen Rosen heißen „Röserlschecken".

„Gemasert" nennt man Gefiederfarben, bei denen dunklere und hellere, auch weiße Tönungen wie bei einer Holzmaserung verschwommen durcheinanderlaufen. „Gebrandet" ist ein anderer Fachausdruck für dieselbe Zeichnungsanlage. Streng zu unterscheiden sind „Tiger" und „Schecken". Bei getigerten Tauben sollen farbige und weiße Federn abwechselnd möglichst gleichmäßig über das ganze Gefieder verteilt, Schwingen und Schwanz jedoch stets farbig (ohne Weiß) sein. Bei Gescheckten wird dagegen eine möglichst gleichmäßige Verteilung mehr oder weniger großer weißer und farbiger Federpartien über das Gesamtgefieder einschließlich Schwingen und Schwanz gefordert.

Bei neun Tümmlerrassen (Berliner Kurze, Engl. Kurzschnäbliger, Kasaner, Köröser, Regensburger, Rumänischer Nackthals-, Rshewer Sternschwanztümmler, Orientalischer und Persischer Roller), meistens noch gut rollenden oder purzelnden, ist das Tragen der Schwingen unter dem Schwanz ein wichtiges Rassemerkmal, das bei anderen Taubenrassen als schlechte Flügelhaltung und somit als grober Fehler gilt.

Beim *Rumänischen Nackthalstümmler* ist der Hals wie beim Nackthalshuhn unbefiedert oder wenig bestoppelt; das gleiche ist bei einer spanischen Tümmlerrasse der Fall, sonst kommt dies bei Tauben nicht vor. Beim Nackthalstümmler, dem Köröser, dem Orientalischen, dem Persischen Roller und ihrem Verwandten, dem Regensburger Tümmler, fehlt die Bürzeldrüse (Rassemerkmal). Bei dem aus Rußland stammenden Rshewer Sternschwanztümmler (Spiegelschwanz, vgl. Mövchentauben) kann sie fehlen. Mit dem Fehlen der Bürzeldrüse scheint bei diesen Tümmlerrassen das Vorhandensein von mehr als normalerweise 12 Schwanzfedern gekoppelt zu sein. Die meisten haben 14–18, bei einigen ist eine Feder in der Schwanzmitte gespalten, d. h., es wachsen zwei Federfahnen (Zwillingsfeder) aus einem gemeinsamen Kiel. Beim Persischen Roller sind bis zu 22 Steuerfedern erwünscht. Eine Ausnahme macht der Danziger Hochflieger mit Bürzeldrüse. Sein Schwanz besteht aus 14–18 breiten, langen Federn, wird leicht dachartig gewölbt und breit getragen. Auch bei ihm sind Zwillingsfedern in der Schwanzmitte gestattet.

Nur bei einer Tümmlerrasse, den *Pommerschen Schaukappen,* ist ein besonderes Federmerkmal vorhanden. Über beiden Augen stehen kleine Federschirme, die die Sicht nach oben etwas verdecken, die sog. „Schaukappen". Man nimmt an, daß diese Art der Federbildung genetisch mit der Bildung von Schnabelnelken (vgl. Trommeltauben) in Zusammenhang steht.

Ein eigenartiges Merkmal bei einigen Tümmlerrassen (und den Pfautauben) ist die Zitterhalsigkeit, ein durch Summierung verstärktes, erblich gefestigtes Merkmal. In Ruhestellung des Körpers, aber auch in der Bewegung, wird der Hals oft und weit ruckartig zitternd nach hinten durchgedrückt (sog. „Schlagen"). Diese

Eigenschaft ist am stärksten bei dem danach benannten Stargarder Zitterhals vorhanden, ferner beim Altstämmer, beim Berliner Kurzen und der Indischen Mookeetaube, die auch dieselbe Halshaltung wie die mit ihr entfernt verwandte Pfautaube zeigt. Leicht zitterhalsig sind der Regensburger Tümmler und die zu den Spielflugtauben zählende Groninger Slenke.

### 2.2.11 **Spielflugtauben** (Gruppe X)

Hierzu zählen: Der Belgische und der Rheinische Ringschläger und die Groninger Slenke.

Die drei Rassen dieser Gruppe zeichnen sich durch besonders eigenartiges Balzverhalten und ungewöhnliche Flugweise aus. Die Täuber der Ringschläger umfliegen ihre auf dem Boden laufende Täbin in geringer Höhe, mehrere Kreise schlagend. Hierbei werden die Handschwingen laut klatschend derart heftig zusammengeschlagen, daß die Federfahnen nach geraumer Zeit völlig zerschlissen sind. In Belgien wurden um die Zahl der geschlagenen „Ringe“ Wetten abgeschlossen, weshalb die Ursprungsrasse der Belgischen Ringschläger „Speelderke“ (Spieltierchen) heißt. Die Merkwürdigkeit der Groninger Slenke – ihre Zucht als reine Rasse wird bereits im 16. Jahrhundert erwähnt – besteht ebenfalls in ihrem Flugspiel, das bei keiner anderen Rasse vorkommt. Man unterscheidet die Flugbilder „Springen“, „Schwimmen“ und „Segeln“, die in weiten Kreisen in ständigem Auf und Ab gezeigt werden. Dabei werden die Handschwingen über und – in sonst ungewöhnlicher Weise – auch unter dem Körper klatschend zusammengeschlagen. Eine weitere Merkwürdigkeit ist ihr langer, s-förmig gebogener Hals, wobei der Kopf fast auf dem Rücken liegt. Die Groninger Slenke ist eine der Ausgangsrassen, die zur Herauszüchtung des Amsterdamer Kröpfers (s. dort) gedient haben, und vererbte Halsform und -lage nebst Zitterhalsigkeit („Nackenschlag“) auf diesen.

Die *Ringschläger* sind mit den Tümmlern nur wenig verwandt. Beim Belgischen Ringschläger wird keine reine Irisfarbe, sondern das sog. „gebrochene“ Auge bei der Bewertung vorgezogen. D. h., die Iris ist teils orangefarbig und teils dunkel (nicht ausgefärbt, pigmentlos). Das gilt bei allen anderen Taubenrassen als Fehler. Bei den drei Spielflugtaubenrassen rangiert die züchterische Erhaltung ihrer Flugspiele vor dem Schauwert, wenn dies auch im Schaukäfig nicht überprüft werden kann.

## 3 Wirtschaftstauben

Seit einiger Zeit gewinnt die Masttaubenproduktion an Bedeutung. Durch Übergang zu intensiven Haltungsformen sowie Nutzung frohwüchsiger und fruchtbarer Rassen hat das neue Verfahren Aussicht auf Erfolg.

Zur kostengünstigen Produktion und zur Erzielung eines Gewinns sind folgende Voraussetzungen zu erfüllen:

- Erzeugung einer möglichst großen Zahl verkaufsfähiger Jungtauben pro Paar und Jahr,
- tiergerechte und arbeitssparende Haltung,

– preisgünstiges und leistungsgerechtes Futter,
– wirksame Hygiene und Gesundheitsvorbeuge,
– rationelles Schlachten der Tiere und Bearbeitung zum bratfertigen Produkt,
– zügiger Absatz zu angemessenen Preisen.

**Leistungsvermögen**
Pro Elternpaar und Jahr können beim heutigen Stand der Produktionstechnik maximal 24 Jungtauben erzeugt werden. Dies liegt in dem sich grundlegend von der Fortpflanzungsbiologie des übrigen Wirtschaftsgeflügels unterscheidenden Brutverhalten der Tauben begründet:

a) Tauben sind monogam.
b) Ein Gelege besteht maximal aus zwei Eiern.
c) Beide Elternteile betätigen sich an der 17tägigen Brut und der 28 Tage dauernden Aufzucht der Jungen, die Nesthocker sind.
d) Tauben legen bei vollständigen Brutzyklen nicht öfter als alle dreißig Tage im Jahresdurchschnitt. Daraus ergibt sich eine Leistung von 24 Eiern pro Jahr, die aber äußerst selten erreicht wird. Realistischer sind Leistungen von jährlich 13–18 verkaufsfähigen Küken. Die Zuchtbenutzung der Elternpaare beträgt 4–5 Jahre.

Es fragt sich, was zu tun ist, um eine möglichst große Produktivität zu erzielen, damit die hohen Elterntierkosten auf mehr Nachkommen verteilt werden können.

Zunächst sei auf die künstliche Aufzucht der Küken eingegangen. Nähme man den Elterntieren laufend die Eier fort, würde diese im Brutapparat schlüpfen lassen und zöge die Jungen künstlich auf, so ließen sich leicht ca. 55 Eier pro Paar und Jahr erzeugen, wie italienische Untersuchungen zeigen. Obwohl die Kunstbrut gut möglich ist, scheitert das Verfahren an der Aufzucht der Jungen. Zum einen gibt es trotz verschiedener Versuche noch keinen vollwertigen Ersatz für die Kropfmilch, welche die Küken in den ersten zehn Lebenstagen benötigen und von ihren Eltern erhalten.

Zum anderen ist noch kein mechanisiertes Verfahren entwickelt für die sich an die Kropfmilchgabe anschließende Atzung mit normalem Futter. Eine Aufzucht von Hand nach der der Kolostralmilchphase bei den Säugern vergleichbaren Kropfmilchphase ist zwar möglich, jedoch viel zu arbeitsaufwendig.

Eine andere Methode, nämlich das Unterlegen je eines dritten Eies, das von Zulieferpaaren erzeugt wird, ist wegen des hohen Arbeits- und Organisationsaufwandes unrentabel.

Es bleibt also nur eine Möglichkeit übrig, nämlich die Verbesserung der genetischen Leistungsfähigkeit und der Umweltbedingungen.

Wie groß die genetischen Leistungsreserven und wie wenig durchgezüchtet unsere Masttaubenrassen heute noch sind, deutet die Tatsache an, daß manche der 240 Paare auf dem Großhüttenhof bei gleicher Behandlung nur 8 Junge pro Jahr erzeugen, andere dagegen 20. Eine sorgfältige Zuchtwahl ist daher zwingend.

Dabei besteht in der Vermehrungsfreudigkeit kein Unterschied zwischen den beiden hier gehaltenen Rassen „Utility King“ und „Texan Pioneer Autosex“. Dies bestätigt die aus Gesprächen mit italienischen und deutschen Züchtern gewonnene Erfahrung, daß es bei der Auswahl wirtschaftlicher Elterntiere nicht auf die Rasse ankommt, handele es sich nun um typische Wirtschaftsrassen, wie Utility King, Silver King, King Autosex, White Carneaux oder Texan Pioneer Autosex, oder um Liebhaberrassen, wie Coburger Lerchen, Polnische Luchstauben oder Strasser.

Vielmehr sollte man sich, wenn möglich, aus allen Rassen die besten Paare heraussuchen, auch wenn dabei ein buntes Rassendurcheinander entsteht. Natürlich findet man bei den Wirtschaftsrassen eher gute Paare als bei Liebhaberrassen, deren züchterischer Schwerpunkt mehr auf äußeren Merkmalen liegt.

Die Masttaubenpaare unterscheiden sich nicht nur erheblich hinsichtlich ihrer Reproduktionsleistung, sondern auch in ihrem Körpergewicht. Die Elterntiergewichte der Tauben auf dem Großhüttenhof schwanken innerhalb der Rassen zwischen 400 g und 800 g. Dementsprechend liegen die Lebendgewichte der Jungmasttauben im Schlachtalter von 28 Tagen zwischen 300 und 600 g, und die bratfertigen Täubchen wiegen 250–400 g.

Ob man nun schwere oder leichte Masttauben erzeugen soll, hängt von der Nachfrage ab. Manchen Kunden sind große Tauben zu teuer, manche kümmern sich nicht um den Preis und wollen „ordentlich was auf dem Teller haben".

Bei der Wahl der Elterntiere sollte jedoch beachtet werden, daß allzu schwere Tauben weniger Eier legen und ihre Eier und Küken zertreten. Lebendgewichte von 700 g für Täubinnen und 800 g für Täuber sollten nicht wesentlich überschritten werden. Damit das genetische Leistungspotential ausgeschöpft werden kann, ist die Umwelt optimal zu gestalten.

Für eine gleichmäßige Legeleistung ist die ganzjährige Haltung in einem Stall mit 14–16stündiger Beleuchtung erforderlich. Temperaturen von + 5–28 °C werden ohne nennenswerte Beeinträchtigung der Leistung ertragen, jedoch sollte man Wärmegrade außerhalb dieses Bereiches vermeiden. Für frische Luft im Stall ist ständig zu sorgen. Zugluft und Feuchtigkeit müssen unbedingt von den Tieren ferngehalten werden, da sonst Infektionskrankheiten, insbesondere Schnupfen und Luftröhrenentzündung, kaum aufzuhalten sind.

Die derzeit häufigste Haltungsform wurde schon vor Jahrzehnten in den USA entwickelt und wird in allen Masttaubenfarmen der führenden Länder Italien, Frankreich, Ungarn und USA heute noch praktiziert. Es ist dies die Unterbringung von je 20–30 Paaren in Volieren, die von einer festen Stallhülle umgeben sind. Ein Stall nimmt üblicherweise 10–20 Volieren auf, die beidseitig eines Arbeitsganges liegen.

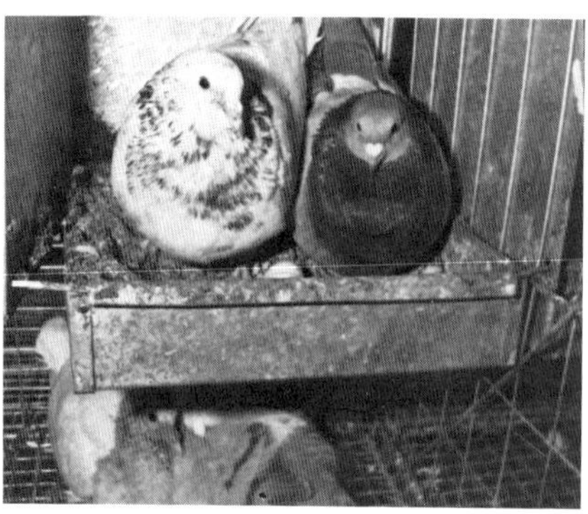

Abb. 128. Wirtschaftstauben in Käfighaltung.

Außenvolieren, insbesondere die praktischen Balkonvolieren, dienen dem Wohlbefinden der Tiere und sollten den Innenvolieren angeschlossen sein. Man rechnet mit einer Besatzdichte von 2 Elternpaaren pro m² Volierenfläche.

Der Volierenboden ist mit 2 cm Sand oder mit Lattenrosten bzw. Drahtgitterböden in 40 cm Höhe abgedeckt.

Als Brutplätze dienen die „Egglestonschen Doppelnester". Dabei stehen jedem Paar zwei Nester zur Verfügung, weil gute Paare bereits wieder Eier legen, während die Jungen des letzten Geleges noch im Nest sitzen.

Die Fütterung erfolgt über Automaten ad libitum. Zur Wasserversorgung werden automatische Tränken verwendet, die so konstruiert sind, daß die Tauben, die gerne baden, nicht ins Wasser steigen können.

Eine solchermaßen aufgebaute Haltung erfordert eine AK für 1000 Paare. Sie kann jedoch hinsichtlich Arbeitswirtschaft und Hygiene noch nicht befriedigen. Neue Haltungsformen befinden sich auf dem Großhüttenhof in der Versuchsphase.

Die Verluste vom Ei bis zur schlachtreifen Jungtaube sind durch die Haltungstechnik teilweise zu beeinflussen.

6 % Bruch- und Knickeier werden in der Literatur als normal bezeichnet. Seit auf dem Großhüttenhof die Nester sorgfältig mit Stroh ausgepolstert werden, sind überhaupt keine Eier mehr mit beschädigter Schale festzustellen.

Die Befruchtungsrate beträgt auf dem Großhüttenhof 90 %. Ein häufiger Fehler, der neben den Hauptursachen genetischer Veranlagung, Krankheit und Fehlernährung zu schlechter Befruchtung führt, ist das Überbelegen der Volieren mit mehr als vier Alttauben pro m².

Aus 100 befruchteten Eiern schlüpften auf dem Großhüttenhof 97 Küken und 96 % der geschlüpften Tauben erreichten das Schlachtalter. Sowohl Schlupfrate als auch Aufzuchtrate sind allerdings weniger von der Haltung als vielmehr von der Fütterung, der Hygiene und der Zuchtwahl abhängig.

Als vorläufige Richtzahlen zum Nährstoffbedarf lassen sich 15 % Rohprotein und 2600–2800 kcal Umsetzbare Energie pro kg Futter angeben.

Gepreßtes kokzidiostatikafreies Junghennenalleinfutter ist daher recht gut geeignet, zumal es das preisgünstigste Futtermittel für die Taubenmast darstellt.

Beim Futtereinkauf sollte man darauf achten, daß die Pellets möglichst hart grepreßt sind, da der Abrieb von den Tauben nicht aufgenommen wird, daher als Verlust zu verzeichnen ist und zudem u. U. die Futterautomaten verstopft.

Als Futterverbrauch sind für ein produzierendes Paar mit jährlich 15 Jungen 40–45 kg Mischfutter zu veranschlagen.

Mit etwa 28 Tagen ist das optimale Schlachtalter erreicht. Man sammelt die Jungtauben ein- bis zweimal wöchentlich zur Schlachtung ein, wobei man die Schlachtreife daran erkennt, daß die Federn unter den Flügeln, wo sie zuletzt wachsen, halb aus ihrer Umhüllung heraustreten.

Da die Kröpfe der Tiere ein sehr großes Fassungsvermögen haben, ist es angebracht, die Tötung erst nach einer 24stündigen Nüchterungszeit vorzunehmen.

Bis vor wenigen Jahren rupfte man Tauben trocken von Hand. Heute gibt es recht gute Rupfmaschinen auch für so empfindliche Schlachtkörper.

Beim Ausnehmen wird man vergeblich nach einer Gallenblase suchen, da die Taube eine solche nicht besitzt. Das Entfernen des leicht zerreißbaren Kropfes erfordert etwas Übung und Fingerspitzengefühl.

Zum Verkauf biegt man den Hals unter die auf dem Rücken verschränkten Flügelenden, was dem Schlachtkörper ein kompaktes Aussehen verleiht.

Im übrigen erfolgt die Verabeitung wie beim Huhn oder Masthähnchen.

Tauben haben beim Verbraucher ein sehr gutes Image. Sie gelten als Inbegriff eines Schlemmermahles.

Die Kostenstruktur der Masttaubenproduktion ist, wenn man von einem Taubenelternpaar mit jährlich 15 verkaufsfähigen Schlachttauben ausgeht, folgende:

| Kostenart | % |
|---|---|
| Futter | 47 |
| Arbeit | 27 |
| Gebäude und Einrichtung | 11 |
| Tierbestand | 11 |
| Medikamente und Desinfektion | 2 |
| Sonstiges | 2 |
| | 100 |

Demjenigen, der mit der Masttaubenerzeugung beginnen will, sei empfohlen, sich zunächst nur einige Paare zu beschaffen und erst einmal hobbymäßig Erfahrungen zu sammeln.

Will man dann erweitern, so tue man dies langsam und erkunde so die Aufnahmefähigkeit seines Absatzgebietes. Bei dieser Vorgehensweise mit gutem Tiermaterial und geschicktem Management kann die Erzeugung von Masttauben ein durchaus interessanter Betriebszweig sein.

**Literatur**

Engelmann, C.: Die Taube. VEB Deutscher Landwirtschaftsverlag, Berlin 1973.

Regenstein, F.: Vererbung bei Hühnern und Tauben. Oertel und Spörer, Reutlingen 1970.

Tüller, R.: Masttaubenproduktion. DGS. (29), 750–752, 1977.

Vogt, H.: Jahrbuch der Geflügelwirtschaft. Verlag E. Ulmer, Stuttgart 1977.

# Wachteln und andere Kleinhühner

## 1 Wachteln, Coturnix

Die Wachteln sind die kleinsten Hühnervögel und ähneln äußerlich winzigen Rebhühnern. Von diesen unterscheiden sie sich jedoch durch einen ganz anderen Flügelbau: Wachtelflügel sind im Verhältnis länger und spitzer, wodurch diese einzigen Zugvögel unter den Hühnervögeln eine große Flugfähigkeit besitzen. Der sehr kurze Schwanz wird von den Oberschwanzdecken verdeckt. Die Läufe der Hähne weisen keine Sporen auf. Die Geschlechter sind bei manchen Arten fast gleich, bei anderen recht verschieden gefärbt. Wachteln sind Grassteppenbewohner der alten Welt, die nicht aufbaumen. Unter den Arten der Gattung hat die Japanische Wachtel wirtschaftliche Bedeutung gewonnen, während die Zwergwachtel sehr häufig als Ziervogel gehalten wird. Auf die Europäische Wachtel braucht nicht näher eingegangen zu werden, weil sie wegen ihrer zunehmenden Seltenheit heute kaum noch in den Käfigen und Volieren der Vogelliebhaber gehalten wird.

### 1.1 Japanwachtel, Coturnix japonica

**Beschreibung**

Beim Hahn im Brutkleid ist der Oberkopf schwarz mit breiten rost- oder rotbraunen Federspitzen; längs der Scheitelmitte ein schmaler, rahmfarbener Streif; von der Stirn bis über die Seiten des Hinterkopfes ein weißlicher Überaugenstreif; Kopfseiten und Kehle zimtbraun oder blaß ziegelrot; Kehlmitte bisweilen mit, meist aber ohne bräunlichschwarzen, mehr oder minder dreieckigen Fleck; Vorderrücken und Schultern rost- oder rötlichbraun, die meisten Federn mit ziemlich breitem, zugespitztem, meist schwarz eingefaßtem rahmgelbem Schaftstreifen und unregelmäßigen, ausgedehnten, oft nur an einer Fahne vorhandenen schwarzen Querflecken und hellbraunen Querstreifen; Rückenseiten ebenso gefärbt, Rückenmitte schwarz mit rost- und gelbbraunen, schmalen, oft winkelförmigen Querbinden und Kritzeln; Handschwingen braun, die erste mit rahmfarbenem Außensaum, die übrigen auf den Außenfahnen fahl rötlichbraun quergefleckt; Armschwingen mit ebensolchen Querstreifen über beide Fahnen, die inneren mit deutlichen hellen Schaftlinien und schwarzen Flecken; Oberflügeldecken braun mit rahmfarbenen Schaftlinien und bräunlich rahmgelben Querbinden; Oberschwanzdecken und die kurzen Schwanzfedern dunkelbraun mit rahmfarbenen Schäften und Querbinden; Kropf und Vorderbrust rostbraun mit weißen Schaftlinien; übrige Unterseite weiß, mit Ausnahme der Mitte rahmgelblich angehaucht; Seiten rotbraun mit breiten weißen Schaftstreifen und oft einigen schwarzbraunen Flecken; Unterschwanzdecken rahmfarben; Schnabel graubraun, an der Spitze fast schwarz, Basis und oft auch an den Schneiden entlang weißlich fleischfarben; Iris braun; Füße bräunlich oder blaß fleischfarben.

Die Henne im Brutkleid unterscheidet sich vom Hahn vor allem durch die Kopffärbung. Bei ihr ist der Zügel weiß, vor dem Auge braun; Strich unter dem Auge und Ohrdecken braun; Kehle wohl stets weiß, meist in der Mitte mit etwas Schwarz, manchmal mit breitem, schwarzem Keilfleck, an den Seiten etwas rostbraun; übrige Kopf- und Kehlseiten weiß, von einem unterhalb des Ohres beginnenden rostbraunen bis schwarzen Streif durchzogen, hinter dem Ohr ein Parallelstreif gleicher Farbe, der die Kehle umzieht, vorn aber nicht geschlossen ist.

Im Winterkleid sind bei beiden Geschlechtern der Japanwachtel verlängerte und zugespitzte Kehlfedern charakteristisch.

Abb. 129. Japanwachtel, Coturnix japonica.

**Verbreitung**

Die japanischen Inseln Hokkaido und Hondo. Außerhalb Japans Sachalin, die S-Kurilen, das Ussuri- und Amurgebiet, westwärts die N-Mongolei und Transbaikalien, südwärts die Mandschurei, Korea, Tschuschima und China südwärts bis Hopei. Auf den japanischen Inseln überwintern die Wachteln südlich ihres Brutgebietes, auf dem Festland von S-China südwärts bis Indochina und Hainan.

**Biotop und Lebensweise**

Die Wachtel ist weit in Japan verbreitet. Im Nordteil von Hokkaido brütet sie im Grasland der Ebenen, im Bergland von Hondo noch in über 500 m Höhe und an den Küsten im dichten Dünengras. Im Herbst rotten sich die Wachteln zu Gesellschaften zusammen, die nach Süden ziehen. Über die Lebensweise des Vogels sind wir durch die Haltung in Gefangenschaft gut informiert.

**Haltung**

Die Japanwachtel spielt heute in Japan und anderen Ländern Ostasiens als Nutztier eine bedeutende Rolle. Die Haustierwerdung der Wachtel in Japan geht bis auf die Muromadura-Ära etwa um 1300 n. Chr. zurück; damals wurden Wachteln als Singvögel gehalten und gezüchtet. Die gewaltige Legeleistung dieses kleinen Hühnervogels wurde erst im 20. Jahrhundert herausgezüchtet. Nach Enomoto produzieren die Wachtelbetriebe der Stadt Toyohaschi heute täglich etwa 1 300 000 Eier, die in frischem und gekochtem Zustand exportiert werden. Spezialwachtelbetriebe umfassen etwa 20 000–30 000 Tiere, während Nebenbetriebe nur 300–1000 Tiere halten. Seit Mitte der fünfziger Jahre spielt die Zucht der Japanwachtel auch in Europa, vor allem Italien und Frankreich, eine gewisse Rolle. In der BRD, Großbritannien und den USA wird diese Wachtel z. Z. vor allem als Labortier für wissenschaftliche Versuche geschätzt.

Die Wachteleier können in gewöhnlichen Hühnerei-Brütern mit entsprechenden Brutmethoden bebrütet werden. Auch spezielle Wachtelbrüter werden auf dem Markt angeboten. Das durchschnittliche Eigewicht beträgt 10 g. Wachteleier besitzen bei bräunlicher oder grünlicher Grundfarbe dunkelbraune Fleckenmuster der verschiedensten Form, und jede Wachtelhenne soll ein individuelles Fleckenmuster hervorbringen. Die Befruchtungsrate der Wachteleier schwankt innerhalb weiter Grenzen, nämlich zwischen 30 und 90 %. Die Erbrütungsdauer beträgt 16–18 Tage. Das Alter der Bruteier soll höchstens 7 Tage betragen, während der sie bei Temperaturen zwischen 13–15 °C lagern. Im Vorbrüter wird eine Temperatur von 37,8 °C bei einer relativen Feuchtigkeit von 60–65 % empfohlen, während im Schlupfbrüter eine Temperatur von 37,3 °C und eine mittlere Feuchtigkeit von 80 % am günstigsten sein sollen. Die Eier müssen alle 3 Stunden gewendet werden. Das Schlupfgewicht der Küken beträgt 7 g. Da die Küken während der ersten Lebenswoche noch keine sichere Wärmeregulation besitzen, sind sie sehr temperaturabhängig. Zur Aufzucht können während dieses Zeitabschnittes für etwa 150 Küken einstöckige Batterien mit hineingestellten Trögen und Tränken verwendet werden. Danach setzt man die Küken bis zum Alter von 3 Wochen in mehrstöckige Batterien mit 30 cm breiten und tiefen und 10 cm hohen Abteilen; Tröge befinden sich an den Vorderseiten, die Tränken an den Rückseiten der Batterien. Gefüttert wird handelsübliches Putenstarterfutter mit mindestens 28 % Protein.

Im Alter von 3 Wochen werden die Jungen nach Geschlechtern getrennt. Die Eiproduktion beginnt bei den Junghennen etwa im Alter von 50 Tagen. Sie werden nur 8–12 Monate lang gehalten, weil dann ihre Legetätigkeit am höchsten ist. Unter natürlichen Bedingungen und ohne Kunstbeleuchtung legt die Wachtelhenne von März bis Ende August ca. 100 Eier, um danach 2 Monate zu mausern. Bei entsprechender Intensivhaltung sind Legeleistungen von 250–300 Eiern jährlich erreicht worden. Legewachteln benötigen 22–24 % Protein im Futter. Die Tiere werden teils in Einzelhaltung, teils in Massenhaltung (Herdenkäfigen) gehalten. Als Platzbedarf für ein einzelnes Tier rechnet man bei Einzelhaltung ca. 130 $cm^2$, bei Massenhaltung 200 $cm^2$.

Als Herdenkäfige sind Kükenaufzuchtbatterien geeignet. Die Käfighöhe sollte niemals 30 cm überschreiten, um Kopfverletzungen durch Hochfliegen der Wachteln zu vermeiden. Der nach vorn abschüssige Boden besteht aus Drahtgeflecht, auf dem die Eier nach vorn zum Absammeln rollen. Tränken befinden sich in der Mitte zwischen zwei Käfigreihen als gemeinsame Tränke. Die Futtertröge hängen an der Käfigvorderseite. Die beste Legeleistung wurde bei einer Raumtemperatur von 21–25 °C und einer relativen Luftfeuchtigkeit von 50 bis 60 % sowie 18stündiger Beleuchtung erzielt.

In Japan hält man die Wachteln nur bei Dauerbeleuchtung. Als Futter wird Legehennen-Alleinfutter mit 22–24 % Protein verwendet. Eine Überbesetzung der Käfige kann leicht zum Kannibalismus führen. Die Hackordnung läßt sich durch Käfighaltung nicht ausschalten und ist bei 10–12 Monate alten Wachtelhennen besonders ausgeprägt. Unterlegene Tiere werden u. U. zu Tode gehackt. Zuchttiere hält man meist paarweise, da dabei erfahrungsgemäß die besten Befruchtungsergebnisse erzielt werden. Das Verhältnis 1 Hahn für 3 Hennen sollte nicht überschritten werden.

Die zur Mast bestimmten Wachteln erhalten Putenmast-Alleinfutter mit einem Proteingehalt von 20 %. Sie werden schon im Alter von 5 Wochen geschlachtet und haben dann ein Gewicht von 110 g erreicht, das sich bei längerer Mästung nicht mehr verbessert.

Seite Mitte der fünfziger Jahre wird die Japanwachtel in den USA und seit 1960 in Europa in zunehmendem Maße als Versuchstier für die Wissenschaft verwendet, denn sie erfüllt in geradezu idealer Weise die Bedingungen, welche an ein Labortier gestellt werden. Für ihre Verwendung in der Geflügelforschung ist die nahe Verwandtschaft mit dem Haushuhn besonders günstig. Die Haltung ist außerordentlich billig, der Futterbedarf gering, die Embryonalentwicklung geht rasch vonstatten, und die Geschlechtsreife wird schon mit 5–6 Lebenswochen erreicht. Dadurch können bis zu 5 Generationen jährlich zu Untersuchungen herangezogen werden.

Die Japanwachtel eignet sich auch als Ziervogel für Volieren. Wie alle Hühnervögel braucht sie ein Stück trockenen Sandboden, da sie täglich ausgiebige Sandbäder nimmt. Für genügende Versteckmöglichkeiten in Form von Grasbülten und Strauchwerk sollte ebenfalls gesorgt werden. Da die Japanwachtel nicht winterhart ist, muß sie während der kalten Jahreszeit eine frostfreie Unterkunft erhalten. Anderen Kleinvogelarten gegenüber, mit Ausnahme verwandter Arten, ist die Wachtel verträglich.

## 1.2 China-Zwergwachtel, Coturnix chinensis

### Beschreibung

Beim Hahn sind Oberkopfmitte und die übrige Oberseite braun mit schwarzen, wurmförmigen Querbändern und Flecken; Rückenfedern mit nach hinten breiter werdenden weißlichen Schaftstrichen, die bei sehr alten Vögeln fehlen; Stirn, Oberkopfseiten, Halsseiten und Oberschwanzdecken dunkelschiefergrau; von der Schnabelwurzel zieht sich zum Auge ein schwarzes Band; Kinn und Kehle schwarz, von einem breiten weißen, außen schmalen schwarzen Band umgeben; Kropfgegend und Körperseiten schiefergrau; Unterkörpermitte und übrige Unterseite kastanienbraun; kleine und mittlere Flügeldecken schiefergrau verwaschen, Spitzen und Außenfahnen eines Teils der letzteren kastanienbraun; Außenfahnen der beiden letzteren heller mit braunen wurmförmigen Zeichnungen; Schwanz kastanienbraun; Schnabel schwarz; Iris dunkelrotbraun; Füße orangefarben.

Henne oberseits braun, breit schwarz gezeichnet und gefleckt, alle Federn mit breiten weißlichen Schaftstrichen, die auf der Körpermitte und an den Oberkopfseiten je ein helles Band bilden; Stirn, Augenbrauenstreif und Wangen rostgelb-

Abb. 130. Ein Pärchen Chinesischer Zwergwachteln.

lich; Unterhals weiß, nach den Seiten rostfarben; übrige Unterseite gelblichweiß, die Mitte heller; Brust, Seiten und Flanken schwärzlich quergestreift.

**Verbreitung**

Zwergwachteln sind in neun einander sehr ähnlichen Rassen von Vorderindien und Sri Lanka bis nach SO-China und Taiwan, südwärts über Indonesien bis nach Australien, ostwärts bis zu den Bismarckinseln verbreitet. Betrachtet man die afrikanische Zwergwachtel *(Coturnix adansoni)* als Rasse der gleichen Art, kann auch noch Afrika südlich der Sahara in das Verbreitungsgebiet einbezogen werden.

**Biotop und Lebensgewohnheiten**

Zwergwachteln sind Graslandbewohner der Ebenen und des Berglandes bis in Höhen von 2300 m. Bezüglich des Biotops sind sie nicht wählerisch: Feuchte und trockene Kurzgraswiesen, abgeerntete Reisfelder und die indonesischen Alang-Alang-Grassteppen mit ihren mannshohen schilfähnlichen Halmen beherbergen sie ebenso wie die bis 3 m hohen Elefantengrasdschungel. Zwischen den Grasbülten treten die Vögelchen regelmäßig begangene Pfade aus. Feinden versuchen sie laufend zu entkommen und nur bei höchster Gefahr erheben sie sich etwa 2 m hoch in die Luft, um nach einem Flug von ca. 15 m wieder einzufallen. Man vermutet, daß manche Zwergwachtelpopulationen Wanderungen ausführen, doch ist darüber noch nichts Genaues bekannt. Bei ihrer versteckten Lebensweise ist diese Wachtel in ihrer natürlichen Umgebung schwer zu beobachten, so daß fast alle Kenntnisse über das Verhalten der Art aus Gefangenschaftsbeobachtungen stammen.

**Haltung**
Mit einem Gewicht von 35–40 g ist die Zwergwachtel der kleinste Hühnervogel. Wenig bekannt dürfte sein, daß der frühere lateinische Gattungsname „Excalfactoria“, d. h. „die Wärmende“, darauf zurückgeführt wird, daß sich die Chinesen die Vögelchen während der kalten Jahreszeit in die Rocktaschen steckten, um sie als lebende Händewärmer zu benutzen. Zwergwachteln gelangten erstmalig 1842 nach Europa in den Amsterdamer Zoo und zu Anfang der siebziger Jahre in den Londoner und Berliner Zoologischen Garten. Die Erstzucht gelang dem Franzosen Vérin im Jahre 1881. Seitdem ist die Zwergwachtel bei vielen Vogelliebhabern zur Brut geschritten und kann heute schon fast als domestiziert gelten. Reinerbige Mutationen sind die silbergraue Silberwachtel und die weiße Albino-Zwergwachtel. Als Futter reicht man Hirsearten, Spitzsamen, Mohn, Waldvogelfutter. Mehlwürmer werden gern genommen. Vitakalk darf nicht fehlen. Die Zucht gelingt mit wechselndem Erfolg in großen Käfigen wie in Volieren. Bei Käfighaltung beginnt die Wachtelhenne nur mit der Brut, wenn in einem größeren Käfig genügend Versteckmöglichkeiten vorhanden sind. Anderenfalls werden die Eier wahllos überallhin gelegt und keine ernsthaften Brutversuchte unternommen. Soll ein Zuchtpaar neu zusammengestellt werden, muß man die beiden Vögel vorher durch ein Trenngitter aneinander gewöhnen. Es kommt sonst häufig vor, daß die Henne sich auf den Hahn stürzt und ihn tötet. Dieses eigenartige Verhalten der Henne ist wohl keine Domestikationserscheinung, sondern dürfte mit einem Paarungszeremoniell zusammenhängen, bei dem die Henne zunächst den flüchtenden Hahn verfolgt, der dann später seinerseits hinter der Henne herrennt. Da im Käfig kein Raum für Verfolgungsjagden ist und Paarungsverhalten leicht in Aggression umschlagen kann, bringt die Henne den Hahn um. Hat sich das Paar einmal aneinander gewöhnt, halten die Partner treu zusammen, sitzen in Ruhestellung oft eng aneinandergeschmiegt, und der Hahn reicht seiner Henne häufig Futterbröckchen im Schnabel. Zwergwachteln verfügen über ein reichhaltiges Stimmrepertoir. Der Hahn kräht in stolzer Haltung, hochaufgerichtet und sich fast auf die Zehenspitzen erhebend, seinen Revierverteidigungsruf. Hennen fliegen zuweilen mit einer klingelartigen Rufreihe vom Nest.

Bei der Balz umläuft der Hahn in Seitenhaltung die Henne, den ihr abgewandten Flügel herabhängen lassend und mit dem rotbraunen Bauchgefieder prahlend. Diese duckt sich nieder, und die Kopulation erfolgt, indem sich der Hahn mit dem Schnabel im Kopf- oder Nackengefieder der Henne festhält. Da sich Kopulationen während der Brutzeit recht häufig wiederholen, haben die meisten Wachtelhennen bald kahle Scheitel und Hinterhälse. In freier Wildbahn legt die Henne durchschnittlich 4–6 olivbraune, fein dunkelbraun oder schwarz getupfte Eier, in Gefangenschaft ca. 7–13 Eier pro Normalgelege. Ähnlich vielen anderen Wildhuhnarten in Gefangenschaft können jedoch innerhalb eines Jahres 80 Eier und mehr gelegt werden. Manche Hähne lassen die brütende Henne nicht in Ruhe und müssen deshalb entfernt werden. Die günstigste Bruttemperatur für Zwergwachteleier beträgt 38 °C. Während der ersten 14 Tage soll eine relative Feuchtigkeit von 60 % herrschen, die danach bis zum Schlupf auf 90 % erhöht wird. Die Küken können in eine Holzkiste von 20 x 20 cm Bodenfläche gesetzt werden, die mittels eines Heizstrahlers (Rotlicht) auf 38 °C beheizt wird. Als Bodenbelag wird Leinwand oder Papier, jedoch kein Sand verwendet.

Im Alter von 8–35 Tagen erhalten die Küken eine größere beheizte Kiste etwa mit 80 x 30 cm Bodenfläche. Während der ersten Lebenstage soll der Pfleger mit einem Streichholz als Mutterschnabel-Atrappe auf Futterbröckchen hinweisen, denn die Küken gehen oft nicht selbständig ans Futter. Im Hinblick auf eine normale Verhaltensweise der Vögel ist jedoch die natürliche Aufzucht durch die Eltern vorzuziehen.

Soweit aus freier Wildbahn bekannt, ist die Zwergwachtel eine monogam lebende Art. Bei der Haltung in gut bepflanzten Volieren kann aber auch ein Hahn mit 2–3 Hennen zusammenleben. Die Hennen legen dann teils ihre eigenen Nester an, oder sie legen in ein einziges Nest und wechseln sich auch beim Brüten ab. Dabei dürfte es sich um eine typische Domestikationserscheinung handeln, denn Polygamie kommt in Gefangenschaft z. B. auch bei Virginiawachteln, Chukarhühnern und Goldfasanen vor. Der Zwergwachtelhahn hält bei der brütenden Henne Wache und greift wütend jeden vermeintlichen Nestfeind an, der sich nähert. Er schießt dann in geduckter Haltung mit gesträubtem Gefieder, herabhängenden Flügeln und gespreiztem Schwanz dem Gegner entgegen. Es kommt vor, daß so ein mutiger kleiner Kerl am Pfleger hochspringt, um ihn zu vertreiben. Abgesehen vom starken Nestverteidigungsverhalten sind jedoch Zwergwachteln anderen Kleinvogelarten gegenüber verträglich, wenn es sich nicht gerade um verwandte Arten oder die äußerlich ähnlichen Laufhühnchen *(Turnix)* handelt. Die Henne verläßt 2–3mal täglich das Nest zur Kotabgabe, Futter- und Wasseraufnahme.

Nach 16tägiger Bebrütung schlüpfen die nur hummelgroßen Küken, die von beiden Eltern gehudert und geführt werden. Ein Küken führendes Paar Zwergwachteln gehört zu den reizvollsten Bildern, die man sich in der Ziervogelhaltung vorstellen kann. Damit die winzigen Kleinen nicht durch den Volierendraht entweichen und sich verlaufen, wird die Volierenverdrahtung allseitig bis zu einer Höhe von 30 cm mit Fliegengaze abgedeckt.

Zur Aufzucht wird eine ganz flache Schale mit Wasser und eine zweite mit feingehacktem Ei, kleinen Ameisenpuppen (Rasenameise), Mohn und feingeschnittenem Salat als erste Nahrung angeboten. Während der ersten Tage legt die Wachtelhenne ihren Küken das Futter unter Ausstoßen eines leisen Locktones mit dem Schnabel vor die Füße. Die Kleinen sind recht wärmebedürftig und es empfiehlt sich deshalb, die ganze Schar bei kaltem Frühlingswetter bis zum Alter von 14 Tagen in einem großen Käfig im Zimmer zu halten. Mit 2–3 Tagen brechen bei den Küken die Flügel- und Schwanzfedern durch, danach die des Rückens und der Brust. Die Kopfdaunen werden erst nach 5 Wochen durch Federn ersetzt. Gegen Ende der 2. Lebenswoche können die Jungen schon ihre Schwingen gebrauchen und als halbflügge gelten. Mit 3–3½ Wochen lassen sich die Hähnchen von den Junghennen durch das Erscheinen weißer Kehlfedern unterscheiden. Mit 4 Wochen müssen die Jungen vom Elternpaar getrennt werden, weil sie zu diesem Zeitpunkt vom Hahn als feindliche Artgenossen angesehen und verfolgt werden. Im Alter von 6 Wochen ist das dem Weibchenkleid ähnliche Jugendgefieder vollständig. Die Hähne sind mit 5 Monaten, Hennen mit 7 bis 8 Monaten zuchtreif. Bei sachgemäßer Pflege haben in Einzelfällen Zwergwachteln ein Alter von 10 Jahren erreicht.

Zwergwachteln sind bei uns nicht winterhart und leiden besonders unter feuchter Kälte. Ein kleiner Schutzraum und ein Stück trockenen Sandbodens sollte ihnen auch im Sommer stets zur Verfügung stehen. Am zweckmäßigsten bringt man die Zuchtpaare im April/Mai zusammen.

# 2 Zahn- oder Baumwachteln, Odontophorinae

Die Baum- oder Zahnwachteln bilden eine Gruppe neuweltlicher Hühnervögel von Wachtel- bis Rebhuhngröße. Sie bewohnen ausschließlich den amerikanischen Kontinent, übernehmen dort die Rolle der altweltlichen Kleinhühner und haben sich wie diese an viele Lebensräume angepaßt. Charakteristisch für sie ist ein kurzer Schnabel mit hakig herabgebogener Spitze und scharf gezähnten Schneiden. Die Läufe sind sporenlos und die Füße besitzen eine lange Hinterzehe. Die Geschlechter sind teils gleich, teils verschieden gefärbt. Von den 35 Arten werden bei uns nur 2 häufig gepflegt, die Kalifornische Schopfwachtel und die Virginiawachtel.

## 2.1 Kalifornische Schopfwachtel, Lophortyx californicus

**Beschreibung**

Der Hahn trägt einen schräg nach vorn hängenden, tropfenförmigen schwarzen Scheitelschopf; Stirn gelblichweiß; ein bis in die Ohrengegend verlaufendes, weißes breites Band; die schwarze Wangen-, Kinn- und Kehlregion wird hinten von einem breiten weißen Band begrenzt; Hinterhals-, Halsseiten- und Oberrückengefieder grau mit schwarzen Schaftstrichen, schwarzen Säumen und weißen Spitzenflecken, ein Perlenmuster bildend; übrige Oberseite olivbraun; Kropf und Oberbrust einfarbig blaugrau; die gelblichen Federn der Brustmitte und die kastanienbraunen der Bauchmitte breit schwarz gesäumt, ein Schuppenmuster bildend; auf dem bräunlichen Seitenbauch- und Weichengefieder zahlreiche gelblichweiße Längsstreifen; Schnabel schwarz; Iris dunkelbraun; Füße bleigrau.

Bei der Henne ist der Scheitelschopf viel kleiner, das Gefieder insgesamt unansehnlicher, trüber gefärbt, auch fehlen das schwarze Gesicht und die braune Färbung der Bauchmitte.

**Verbreitung**

Pazifikküste Nordamerikas von SW-Oregon bis zur Halbinsel Niederkalifornien in Mexiko in mehreren Rassen. In anderen westlichen Staaten der USA, in Britisch Kolumbien, auf Hawaii, Neuseeland und in Chile erfolgreich eingebürgert.

**Biotop und Lebensgewohnheiten**

Schopfwachteln bewohnen die Abhänge des pazifischen Küstengebirges mit ihren Eichenwäldern und Hartholzgehölzen. Als Kulturfolger haben sie sich auch in Weinbergen, Gärten und den großen Parkanlagen der Städte angesiedelt. Während der Wintermonate bilden die Vögel große Trupps, die gemeinsam zur Tränke fliegen und zur Nachtruhe aufbaumen. Gegen Ende Februar beginnen sich die Wintergesellschaften aufzulösen, und im März beziehen die Paare ihre Brutreviere. Zu dieser Zeit stoßen die Hähne häufig ihren wie „Kah-ah“ klingen-

Abb. 131. Kalifornische Schopfwachtel, Lophortyx californicus.

den Revierruf aus. Vor seiner Henne balzt der Hahn mit gesträubtem Gefieder, lang ausgestrecktem Hals und tief gehaltenem Kopf, gespreiztem Schwanz und etwas ausgebreiteten Flügeln, deren herabhängende Handschwingen den Boden streifen. In dieser Stellung nähert er sich ihr in kurzen schnellen Sätzen, worauf die Henne flieht und er sie verfolgt, bis sie sich zur Kopulation niederduckt. Die Henne erbrütet das aus durchschnittlich 14 auf rahmweißem Grund dunkelbraun getüpfelten Eiern bestehende Gelege in 22–23 Tagen. Der Hahn hält in Nestnähe Wache und warnt die Henne bei nahender Gefahr. Hat er das Weibchen verloren, erbrütet er das Gelege manchmal selbst. Die Küken werden von Henne und Hahn oder von einem Partner geführt. Sie vermögen im Alter von 9 Tagen aufzubaumen und sind mit 4 Wochen selbständig. Benachbarte Familien schließen sich dann zu den schon erwähnten großen Wintertrupps zusammen.

**Haltung**

Über die Ersteinfuhr der Kalifornischen Schopfwachtel nach Europa ist nichts bekannt. Sie ist die hier noch immer am häufigsten gehaltene und populärste Zahnwachtelart. Ein in der Voliere flink hin und her rennendes Paar mit dem beim Laufen lustig wippenden „Kopflampion" bietet einen anmutigen Anblick. So vertraut mit dem Pfleger wie Reb- und Chukarhühner werden diese kleinen Wachteln allerdings nie, bleiben vielmehr dem Menschen gegenüber stets mißtrauisch. Da sie gern aufbaumen und auch die Nacht auf Ästen verbringen, muß die Voliere mit Astwerk ausgestattet sein. Als Futter kann Kanarienfutter oder Hirse, Mohn und Spitzsamen, dazu Grünzeug und kleingehacktes Obst verwendet werden. Mehlwürmer werden gern genommen. In einer Voliere darf im zeitigen Frühjahr stets nur ein Paar dieser streng monogam lebenden Art zur Zucht angesetzt werden. Schopfwachtelhennen sind eifrige Legerinnen, die aber nur in größeren, dicht bepflanzten Volieren selbst zur Brut schreiten. 30–40 Eier pro Jahr sind nichts ungewöhnliches. Manche Hennen bringen es sogar auf 100 Eier und mehr. Allerdings sollte man die Henne nicht zu so extrem hoher Legeleistung treiben und sie besser vom Hahn trennen, zumal die letzten Eier kaum noch befruchtet sind und schwache Küken bringen. Die Eier läßt man im Brutapparat oder von Zwerghennen erbrüten. Die winzigen Küken tragen bereits aufrichtbare Haubenfederchen. Sie benötigen während der ersten Lebenstage viel tierisches Eiweiß. Man kann z. B. Wachtelfutter nach Celler Zusammensetzung mit 28%igem Rohproteinanteil verfüttern. Auch Kükenhefe, Fischmehl, gemahlenes Preßkorn und dazu zerkleinerte Mehlwürmer sind geeignet. Während der ersten Lebenstage benötigen die Kleinen eine Temperatur von 35 °C. Mit 2–3 Wochen kann man sie in eine Freivoliere setzen, die aber stets einen Schutzraum mit Rotlichtstrahler haben muß. Man kann Küken verschiedenen Alters zusammensetzen, ohne daß sie sich streiten. Bei den Hahnenküken zeigt sich zuerst die weiße Halsumrandung. Schopfwachteln sind bei uns nicht winterfest. Bei Temperaturen unter –10 °C sollen sie eine geschlossene Unterkunft erhalten. Warme Wintertage können sie in der Außenvoliere verbringen. Trokkene Plätze für Sandbäder sollen stets zur Verfügung stehen. Jungtiere können bis zum nächsten Frühjahr bei den Eltern bleiben, müssen dann aber unbedingt von ihnen getrennt werden. Mit anderen Kleinvögeln soll man Schopfwachteln möglichst nicht zusammenhalten; sie sind nämlich ausgesprochen unverträglich. Die kleinen Wachtelhähne greifen selbst wesentlich größere Hühnervögel sehr mutig an.

## 2.2 Virginiawachtel, Colinus virginianus

**Beschreibung**

Beim Hahn der fast ausschließlich gehaltenen Nominatrasse ist die Stirn schwarz; Federn des Oberkopfes schwarz, breit rostbraun gefleckt; Federn des Oberhalses und der Halsseiten weiß, schwarz und braun gefleckt; vom Schnabelwinkel aus unter dem Auge hin bis zu den braunen Ohrdecken zieht sich ein schwarzes Band, das die weiße Kehle umsäumt; übrige Kopfteile weiß; Oberrückenfedern weinrötlichbraun, Federseiten grauer, manchmal undeutlich schwarz quergebändert; übrige Oberseite olivgrau, schwarzgrau und rostbräunlich gefleckt; Kropf und Brustseiten weinrötlichbraun, nach hinten in Bräunlichweiß, auf der Bauchmitte in Weiß übergehend, mit schmalem pfeilförmigen schwarzen Fleckenbändern; Weichen braun und weiß, unregelmäßig schwarz quergebändert; Federn der Unterschwanzdecken rostfarben mit weißlichgelbem Spitzenfleck, darunter einem pfeilförmigen schwarzen Fleck; Flügeldecken wie Oberrücken; Schwanz schiefergrau, heller grau gefleckt; Schnabel dunkelhornbraun; Iris braun; Füße blaugrau.

Beim weiblichen Tier sind die schwarzen Kopfzeichnungen wesentlich weniger stark ausgedehnt, und das beim Hahn weiße Kopf- und Kehlgefieder ist bräunlichweiß.

**Verbreitung**

Östliches Nordamerika nordwärts bis S-Maine, New York, S-Ontario, Wisconsin, Minnesota, westwärts bis SO-Wyoming, O-Colorado, O-New Mexiko, südwärts bis Chiapas in Mexiko, ferner Guatemala. Innerhalb dieses riesigen Verbreitungsgebietes werden 22 Rassen der Virginiawachtel unterschieden, von denen die meisten Mittelamerika bewohnen. Diese Rassen unterscheiden sich in der Männchenfärbung z. T. erheblich voneinander.

**Biotop und Lebensgewohnheiten**

Die Virginiawachtel bewohnt von Gebüschstreifen durchzogene Wiesen und Felder sowie lichten Kiefernwald. Durch die Ausbreitung der Getreidekultur ist die Art zum Kulturfolger geworden und hat ihr Verbreitungsgebiet erheblich ausdehnen können. Die Nahrung besteht in Abhängigkeit von der Jahreszeit aus Sämereien, Beeren, zarten Grünpflanzen und Insekten. Zeitig im Frühjahr stößt der Hahn von einem erhöhten Punkt aus, etwa einem Zaunpfahl oder Stein, immer wieder seinen wie „bobweit" klingenden Revierruf aus, der der Art zu ihrem populären amerikanischen Namen „Bobwhite" verholfen hat. Balzend nähert sich der Hahn seiner Henne in frontaler Stellung mit zu ihr hingeneigtem Körper, niedrig gehaltenem Kopf und nach vorn ausgebreiteten Flügeln, deren Handschwingen den Boden berühren, gleichsam eine Federwand bildend. Flüchtet die Henne, so verfolgt er sie in schnellen Sätzen in dieser Haltung. Bei der folgenden, nur kurz dauernden Seitenbalz läuft der Hahn mit niedrig gehaltenem Kopf, zur Henne hin geneigtem Körper, gesträubtem Gefieder und ausgebreitetem Schwanz um dieselbe herum, wobei die Flügel nicht besonders ausgebreitet werden. Die Kopulation erfolgt nach Flügelzitterbewegungen und Niederducken der Henne.

Als Nistplatz werden am liebsten Grasbülten auf sonst übersichtlichem kahlem Boden ausgesucht. Beide Partner scharren trockenes Laub in eine Bodenmulde und ziehen benachbarte Grashalme als Deckung darüber. Vollständige Gelege bestehen aus durchschnittlich 14 kremweißen Eiern, aus denen nach 24tägiger Bebrütung die Küken schlüpfen. Man hat festgestellt, daß sich 25 % der Hähne an der Brut beteiligen. Die gleichzeitig schlüpfenden Küken können bereits innerhalb weniger Tage einige Meter weit fliegen und wachsen schnell heran. Nach ihrem Selbständigwerden bleibt die Familie, der sich noch Einzelgänger anschließen können, zusammen. Der Trupp bleibt während des ganzen Winters beieinander und verteidigt ein bestimmtes Revier gegenüber benachbarten Trupps. Die Nächte verbringt die Gesellschaft in einer windgeschützten Bodenmulde. Die Vögel legen sich dabei so im Kreis zusammen, daß ihre Köpfe nach außen, die Schwänze nach innen gerichtet sind. Durch diese Kreisformation wärmen sich die Vögel nicht nur in kalten Winternächten gegenseitig, sondern erkennen schnell jeden Feind, von welcher Seite er sich auch nähern mag. Die rechtzeitig gewarnten Vögel fliegen nach allen Richtungen auseinander und können sich gegenseitig nicht behindern. Schon eintägige Küken beherrschen diese „Igelstellung".

**Haltung**

Virginiawachteln sind bereits zu Beginn des 19. Jahrhunderts nach Europa importiert worden. Zahlreiche Einbürgerungsversuche in verschiedenen europäischen Ländern waren auf die Dauer nicht erfolgreich, vielleicht weil die den Vögeln zusagende ökologische Nische bereits von dem stärkeren Rebhuhn besetzt war. In den USA werden Bobwhites, das dort beliebteste Niederjagdwild, in großen Farmen massenhaft gezüchtet, um verwaiste Reviere wiederzubesetzen. Aber auch die Liebhaberei hat sich des interessanten Vogels angenommen und mehrere Farbmutationen sind gezüchtet worden. Eine erythristische Phase mit sattbrauner Gesamtfärbung bei Beibehaltung der weißen Kopfabzeichen der Hähne ist als „Red Bob" bekannt. Eine in der Grundfärbung stark aufgehellte, isabellfarbene Mutation wird als „Blond Bob" bezeichnet. Auch schneeweiße Albinostämme gibt es. Bei den in amerikanischen Geflügelzeitschriften annoncierten „Northern Bobs" handelt es sich um besonders robuste und winterharte Stämme, die sich zum Aussetzen in nördlichen Gebieten mit strengen Wintern, etwa in S-Kanada, eignen. In Italien werden die dort als „Colini" bezeichneten Baumwachteln in mehreren großen Farmen zum Aussetzen in Jagdrevieren gezüchtet.

Zur Zucht werden die Paare einzeln in Käfigen von 1,50 cm Länge, 30 cm Breite und 30 cm Höhe auf Drahtböden gehalten. Ein Holzkasten an jedem Käfigende enthält Futterbehälter, Staubbad und Nesteinstreu zur Eiablage. Die anfallenden Eier, ca. 40 pro Saison von einer Henne, werden eingesammelt und in Kunstbrütern ausgebrütet. Enthält der Auslauf viel Strauchwerk und hohes Gras und findet die Henne darin ein verstecktes Plätzchen, brütet sie häufig selbst. Hat das Gelege die Zahl von 12–18 Eiern erreicht, entfernt man am besten den Hahn. Anderenfalls legt die Henne immer weiter, u. U. bis 80 Eier, was sie natürlich erschöpft. Nach der Trennung vom Hahn darf sie mit diesem keine Stimmfühlung haben. Die Eier sind gewöhnlich fast alle befruchtet. Die geschlüpften Küken erhalten Kükenkleie vermischt mit zerriebenem Eigelb und feingehacktem Grünzeug, z. B. Brennesseln oder ein Kükenaufzuchtfutter für Fasanen, vermengt mit Mohn, Magerquark und zerschnittenen Mehlwürmern. Später geht man auf Mohn, Hirse und feingehackten Salat über und schließlich reicht man Erwachsenenfutter, das aus Kanarienfutter bestehen kann. Im Alter von 10 Tagen nehmen die Kleinen fast nur noch Körnerfutter auf und nach 8 Wochen sind sie ausgewachsen. Das Männchengefieder erscheint bei den Junghähnen nach 3 Monaten. Virginiawachtelküken sind zwar recht robust, benötigen jedoch wie alle anderen Küken Wärme und Trockenheit. Nach anfänglicher Scheu werden sie ihrem Pfleger gegenüber bald sehr zahm und anhänglich.

## 3 Steinhühner, Alectoris

Die Steinhühner sind nahe Verwandte der Rebhühner, ihnen in Größe und Gestalt ähnlich, aber viel bunter gefärbt. Charakteristisch für die Arten dieser Gattung sind lackrote Schnäbel und Füße sowie eine bunte Flankenbänderung. Die Geschlechter sind gleich gefärbt. Statt eines Sporns trägt der Hahn am Hinterlauf einen oder zwei stumpfe Höcker. Die insgesamt 7 Arten leben vorwiegend in felsigem Hügel- und Berggelände und baumen nicht auf. Beide Partner beteiligen sich an der Jungenaufzucht. Während unser heimisches Alpensteinhuhn heute nur ganz selten von Liebhabern gehalten wird, trifft man als einzige Vertreter der Gattung überwiegend das Chukarhuhn und seltener auch das Rothuhn an.

## 3.1 Chukarhuhn, Alectoris chukar

**Beschreibung**
Bei beiden Geschlechtern ist die Oberseite olivbräunlich, auf den Schultern und oft auch dem Scheitel weinrötlich überhaucht; Scheitelseiten grau, nach unten zu durch einen schmalen isabellgelben Überaugenstreif begrenzt, der vor dem Auge schmal und dahinter sehr breit ist; äußere Schulterfedern blaugrau, breit rotbräunlich gesäumt; Flügeldecken wie die übrige Oberseite olivbraun, die großen Decken auf den Außenfahnen breit isabellgelb gerandet; Handschwingen schwärzlich, auf den Außenfahnen teilweise breit isabellgelb gesäumt; Schwanzfedern gelblichgrau, nur die Endhälften der äußeren hell kastanienbraun; oberhalb des Nasenrückens über die Vorderstirn durch die Augen ein breites schwarzes Band, das die kastanienbraunen Ohrdecken umschließt und von dort in rechtem Winkel nach unten und vorn quer über die Vorderbrust zieht, um sich dort in einem V-förmigen Winkel mit dem Band der anderen Körperseite zu ver-

Abb. 132. Chukarhuhn, Alectoris chukar.

einigen; der vom Augen-Brustband umschlossene Bezirk kann je nach der Rasse blaß ockergelb bis rostgelb sein; ein kleiner schwarzer Fleck im Kinnwinkel des Unterschnabels und beiderseits des Schnabelwinkels; Brust aschgrau mit unscharf begrenzten ockerbräunlichen Federsäumen, nach den Brustseiten hin weinrötlich verwaschen; übrige Unterseite hell isabellgelb; Seiten und Flanken mit bis zu den Bauchseiten reichenden breiten, samtschwarzen Querbinden, hinter denen in unregelmäßiger Anordnung schmalere, kastanienrotbraune Bänder verlaufen. Schnabel, Augenwachshaut und Füße rot; Iris braun.

**Verbreitung**
In 14 Rassen von der südöstlichen Balkanhalbinsel, Kleinasien, dem Nahen Osten, Kaukasien, dem Iran bis W-Sind und vom W-Himalaja bis in die S-Mandschurei, Transkaspien, Russisch- und Chinesisch Turkestan bis in die Dsungarei sowie die Äußere Mongolei verbreitet. Erfolgreich eingebürgert in die westlichen USA, auf Neuseeland und Hawaii.

**Biotop und Lebensgewohnheiten**
Chukarhühner bewohnen trockene Grashänge der Gebirge und offene, ziemlich flache Wüstensteppen ebenso wie Hochplateaus. Größere Kahlschläge inmitten von Wäldern werden gewöhnlich bald von ihnen besiedelt. Während der kalten Jahreszeit leben die Chukarhühner in Völkern zusammen, die sich im zeitigen Frühjahr durch Abwanderung der Paare in ihre Brutreviere allmählich auflösen. Obwohl die Art im allgemeinen monogam lebt, hat man in den USA bei 10 % der Hähne 2 Hennen beobachtet. Volle Gelege bestehen aus 10–20, im Mittel 15 Eiern. Die Brutzeit dauert von Anfang März bis Mitte August. Die Eier variieren sehr in der Färbung von hellgelblich bis graubräunlich und weisen eine spärliche rötlichbraune oder rosig-purpurne Sprenkelung auf. Die Küken schlüpfen nach 24 Tagen und verlassen das Nest mit einem oder beiden Elternteilen. Nach wenigen Wochen tun sie sich zu Gesellschaften von 30–50 Jungvögeln zusammen, die von einem bis drei Altvögeln begleitet werden. Sogar Gesellschaften von mehr als 100 Jungvögeln mit bis zu 10 Altvögeln wurden gelegentlich beobachtet.

**Haltung**
Chukarhühner werden seit langem in ihrer asiatischen Heimat vom Menschen aufgezogen und laufen nach Art von Haushühnern frei im Gehöft umher. Die von Natur aus kampflustigen Hähne greifen Besucher ohne weiteres an und beißen sie schmerzhaft in Zehen und Waden. In Pakistan und Afghanistan gibt es neben den Hahnenkämpfen auch einen Chukarkampfsport, wobei man die aus kleinen geflochtenen Käfigen entlassenen Hähne miteinander kämpfen läßt. Bei uns ist dieses Hühnchen als Volierenvogel sehr beliebt, weil es sich von allen Steinhuhnarten als am ausdauerndsten, dazu als leicht zähmbar und züchtbar erwiesen hat. Die Voliere für ein Paar sollte nicht kleiner als 4 $m^2$ sein. Der Erdboden sei gut drainiert und unter einem überdachten Teil stets mit trockenem Sand zum Baden ausgestattet. Im Sandbad liegen alle Steinhühner gern stundenlang in wohliger Stimmung und lassen sich ausgiebig von der Sonne bescheinen. Als Futter kann ein Gemisch aus Hirse, Spitzsaat, Weizen und etwas Hanf, als häufige Beifütterung Grünzeug wie Klee, Luzerne, Salat, Vogelmiere

und Schafgarbe verabreicht werden. Steine in der Voliere sind als Sitz- und Kletterplätze sehr geschätzt und dienen außerdem zum Abwetzen des sehr schnell nachwachsenden Schnabelhorns. Man hält den Hahn am besten mit nur einer Henne zusammen. Will man Chukars in größerer Zahl züchten, kann man den Hahn abwechselnd in die Volieren von 3 verschiedenen Hennen sperren. In Kleinvolieren gehaltene Chukarhennen nehmen zwar gern Nistkisten an und legen ihre Eier hinein, brüten aber meist unzuverlässig oder gar nicht. Man ist also als Ersatz auf die Zwergglucke oder den Brutapparat angewiesen. Während einer Legeperiode bringt die Chukarhenne durchschnittlich bis 50 Eier, bei entsprechend eiweißreicher Fütterung auch mehr. Bei der Aufzucht mit der Zwerghuhnglucke verwendet man am besten 30–40 cm hohe, zu ein Drittel überdachte und zu zwei Drittel oben verdrahtete Holzrahmen für eine Fläche von 2 x 2 m, die alle 2 bis 3 Tage auf kurzem Rasen ein Stück weitergeschoben werden. So können die Jungtiere stets frische Grasspitzen aufnehmen und sich außerdem nicht mit Endoparasiten infizieren. Das Erstlingsfutter kann das gleiche sein wie bei Rebhuhnküken beschrieben. Nach ca. 2 Monaten beginnen sich die Beine der Jungvögel rosa zu färben, mit 1½ Monaten werden die Schnäbel rot und die ersten Federn des Halslatzes brechen durch. Mit 4 Monaten tragen sie fast das Erwachsenengefieder. Zu einer Gruppe von jungen Chukars darf man nicht ohne weiteres eine andere setzen, weil diese als Feind behandelt und abgebissen wird. Im Frühjahr müssen die Jungvögel bei eintretender Paarbildung nach Paaren getrennt werden. Die vorjährigen Jungen dürfen unter keinen Umständen bei den Elternvögeln bleiben, da sie nun von diesen als Eindringlinge betrachtet würden. Chukarhühner können in der Regel ohne weiteres mit baumbewohnenden Kleinvogelarten (Stare, Waldvögel, Kleintauben etc.) in Volieren zusammengehalten werden.

## 3.2 Rothuhn, Alectoris rufa

**Beschreibung**
Bei beiden Geschlechtern ist die Vorderstirn grau, Scheitel und Hinterkopf sind weinrötlichbraun; Zügel schwarz, über denselben je ein weißer Fleck, in der Mitte des Hinterhalses einige schwarze und weißliche Striche; Nacken und Vorderrücken weinrötlichbraun, übriger Rücken gräulich-fahlbraun, auf Bürzel und Oberschwanzdecken mehr gräulich; Oberflügeldecken wie Bürzel; Schwingen dunkelbraun mit gelblichbraunen Federschäften, die Armschwingen bräunlicher; Schwanzfedern lebhaft rotbraun, das mittelste Paar wie die Oberschwanzdecken; Kehle weißlich-rahmfarben, rings von einem schwarzen Bogen umgeben, am Kinn ein schwarzes Fleckchen; Halsseiten und Kropf weißlichgrau, schwarz gestrichelt und gefleckt, nach den Flügeln zu in rötliches Braun übergehend; Seitenfedern bläulichgrau, die Federspitzen kastanienrotbraun, vor denselben erst eine schwarze, dann eine weiße Linie; Brust bläulichgrau, übrige Unterseite nebst Unterschwanzdecken ockerfarben. Iris dunkelrot, Schnabel, Augenwachshaut und Füße rot.

**Verbreitung**
Frankreich von der O-Bretagne, Hoch-Marne und dem Jura südwärts, Iberi-

sche Halbinsel, Korsika, NW-Italien. Auf den Azoren, Madeira, Gran Canaria, den Balearen und in S-England eingebürgert.

**Biotop und Lebensgewohnheiten**

Rothühner sind weniger als die anderen Steinhuhnarten an Bergland gebunden. Sie bewohnen Felder, Weinberge, gebüschbestandenes, steiniges Ödland in der Ebene wie in hügligem Gelände. Die Balz des Hahnes gleicht ganz der des Chukarhahnes. Ende bis Mitte Juni legt die Henne im Mittel 10–12 Eier von gelblicher, blaß lehmfarbener oder hellrötlichbrauner Grundfarbe, die mit kleinen rotbraunen Punkten und Fleckchen bedeckt sind. Manchmal werden Gelege von einer Henne in 2 Nester gebracht, von denen der Hahn das eine erbrütet. Die Küken schlüpfen nach 24–26tägiger Brutdauer. Nach 4 Monaten sind die Jungen ausgewachsen und mit einem Jahr geschlechtsreif. Im Herbst schließen sich mehrere Familien zu größeren Rudeln zusammen, die sich im folgenden Frühjahr wieder auflösen.

**Haltung**

Rothühner werden viel seltener angeboten als Chukarhühner und sind deshalb nicht häufig in den Volieren der Liebhaber anzutreffen. Die Vögel benötigen eine geräumige Voliere mit viel Grasbewuchs, den sie durch Abweiden dauernd kurz halten. Körner- und Weichfutter werden wenig und besonders im Winter angenommen. Rothühner sind bei uns nicht winterhart und müssen frostfrei überwintert werden. Pro Voliere wird nur je ein Paar gehalten. In französischen

Abb. 133. Rothühner.

Zuchtbetrieben legten Rothuhnhennen pro Saison 40 Eier und mehr. Zweijährige Hennen legen besser als einjährige. Die Eier sollen in einem kühlen Raum aufbewahrt und täglich gewendet werden, falls man sie länger als eine Woche lagert. Man kann die Eier in herkömmlichen Kartons betten, und zwar im Winkel von 45 ° in Schräglage. Am folgenden Tag müssen sie um 180 ° gewendet werden. Sind sie für den Kunstbrüter bestimmt, dürfen sie niemals länger als 10 Tage liegenbleiben. Für eine Hühnerglucke sollen sie nie länger als 14 Tage aufbewahrt werden. In Haltung, Ernährung und Aufzucht gleichen Rothuhnküken den Rebhuhnküken. Rothühner erfreuen ihren Pfleger durch ihr lebhaftes Wesen und ihre Schönheit. Ihre Haltung kann daher wärmstens empfohlen werden. Einbürgerungsversuche des Rothuhnes in besonders witterungsbegünstigten Teilen Südwestdeutschlands, etwa im Rhein- und Moseltal, haben zu keinen endgültigen Erfolgen geführt, weil gelegentlich auftretende strenge Winter die Bestände gewöhnlich wieder zum Erlöschen bringen.

# 4 Rebhühner, Perdix

Rebhühner sind kleine Hühnervögel mit unscheinbar graubraunem Gefieder, schwach gerundetem 16–18fedrigem Schwanz, runden Flügeln und sporenlosen Läufen. Die Geschlechter sind zwar recht ähnlich, aber nicht vollständig gleichgefärbt, wie es bei den Steinhühnern der Fall ist. Von den 3 Arten der Gattung wird ausschließlich unser heimisches Rebhuhn gelegentlich von Liebhabern und zum Zwecke des Aussetzens in Reviere in Fasanerien gehalten.

## 4.1 Rebhuhn, Perdix perdix

**Beschreibung**
Die Färbung dieses populären Hühnervogels ist so bekannt, daß auf eine ausführliche Beschreibung verzichtet werden kann. Zur Unterscheidung der Geschlechter sei nur darauf hingewiesen, daß sie an der unterschiedlichen Zeichnung des Schultergefieders erkennbar sind. Während beim Rebhahn jede Schulterdeckfeder einen schmalen, scharf abgesetzten gelblichen Schaftstrich, kastanienbraune und schwarze Basalabschnitte und gelbbräunliche, fein schwarz gewellte Spitzen aufweist, sind diese Federpartien bei der Rebhenne viel weniger kastanienbraun, im Basalabschnitt dunkelbraun und blaßbräunlich gebändert. Der rotbraune Hufeisenfleck am Bauch des Hahnes kann bei der Henne kleiner, nur angedeutet sein oder auch ganz fehlen.

**Verbreitung**
Das Rebhuhn bewohnt in 7 Rassen Europa von S-Schweden und S-Finnland im Norden bis N-Spanien, Italien und den Balkan im Süden, Kleinasien, N- und W-Iran. In West-Ost-Richtung reicht das Verbreitungsgebiet von den Britischen Inseln durch die ganze Sowjetunion bis nach W-China, wo es in Sinkiang vorkommt. In weiten Teilen Nordamerikas ist es seit Ende des 19. Jahrhunderts erfolgreich eingebürgert worden.

**Biotop und Lebensgewohnheiten**

Rebhühner sind ursprünglich Steppenbewohner, die sich in West- und Mitteleuropa erst als Kulturfolger dem Leben auf Feldern und Wiesen angepaßt haben. Gewöhnlich sind sie Bewohner der Ebenen, kommen aber in den südlichen Teilen ihres Verbreitungsgebietes, etwa im Mittelmeerraum, auf Gebirgswiesen und in Hochtälern vor. Das Rebhuhn lebt in Einehe. Die während der Wintermonate gesellig in Familienverbänden, den „Völkern" der Jägersprache zusammenlebenden Tiere, lösen sich alsbald bei Eintritt milden Frühlingswetters durch Abwanderung gepaarter Stücke in ihre Brutreviere auf.

Interessant sind die im Gegensatz zu Wachteln, Steinhühnern und anderen Kleinhühnern die vielseitigen Balzhandlungen des Rebhuhnes. Balzend steht der Rebhahn hochaufgerichtet und stellt mit aufgeplustertem Halsgefieder und vorgestreckter Brust den kastanienbraunen Hufeisenfleck zur Schau. In dieser Haltung läuft er mit am Boden schleifenden Flügeln vor der Henne her und umkreist sie auch. Auch das Weibchen seinerseits verfügt über typische Balzhandlungen. Mit weit vorgestrecktem Hals und Kopf läuft es auf den Hahn zu, wobei der Schnabel auf sein Brustschild gerichtet ist. Hat es ihn erreicht, verfällt es in eine Auf- und Abbewegung des Kopfes, die wellenförmig über den Hals verläuft. Sodann umkreist die Henne den Hahn und streicht dabei mit ihrem Kopf über dessen Flanken und Rücken. Schließlich stellt sie sich ihm Brust an Brust gegenüber und reibt ihren hochgestreckten Hals an seinem. Daran schließt sich oft noch gegenseitiges Schnabelreiben an. Auf diese Balzhandlungen folgt keine Kopula. Die beiden Partner putzen sich und gehen anschließend auf Nahrungssuche. Paarungen erfolgen gewöhnlich ohne jede Einleitung, indem die Henne sich plötzlich niederduckt und der Hahn sie besteigt.

Die Wahl des Nistplatzes erfolgt lange nach der Verpaarung im April/Anfang Mai. Das Nest, eine allein von der Henne gescharrte Mulde, wird von ihr mit eingescharrten Blättern und trockenem Gras ausgefüllt und gut getarnt im

Abb. 134. Rebhuhn, Perdix perdix.

Schutz der Vegetation von Wegrändern, Feldrainen und Hecken angelegt. Die Gelegestärke schwankt nach dem Alter der Henne zwischen 10 und 20 blaß olivbraunen oder grünlich- bis bräunlichgrauen, zuweilen dunkelbraunen Eiern. Der Hahn hält Wache beim Nest, warnt bei Gefahr die Henne und lockt Feinde vom Nest fort. Die Küken schlüpfen nach 25tägiger Brutdauer. Sie verlassen, manchmal schon vor dem Trockenwerden, unter Führung beider Eltern das Nest. Im Alter von 13–14 Tagen können sie fliegen und mit 5 Wochen sind sie völlig selbständig, bleiben aber bis zum kommenden Frühling mit den Eltern zusammen. Verwaiste Küken werden bis zum Alter von 14 Tagen von einem führenden Paar und dessen Kükenschar aufgenommen. Junge Rebhühner werden im ersten Lebensjahr geschlechtsreif.

**Haltung**

Die Haltung von Rebhühnern in Volieren bereitet keine Schwierigkeiten. Wichtig ist, daß der Volierenboden aus schnell trocknendem, gut durchlässigem Erdreich besteht und daß durch Anpflanzung von Strauchwerk für Versteckmöglichkeiten gesorgt wird. Alt gefangene Rebhühner werden niemals zahm, jungaufgezogene dagegen bald dem Pfleger gegenüber recht vertraut. Sie geben reizende Pfleglinge ab. Pro Gehege darf nur ein Paar der streng monogam lebenden Art gehalten werden. Beherzigt man diese Regel nicht, wird man über Verluste zu klagen haben. Erwachsene Jungvögel werden im Frühling unweigerlich vom Elternpaar getötet.

An die Fütterung stellen Rebhühner keine besonderen Ansprüche. Körnermischung für Fasanen, dazu Grünfuttergaben genügen zu ihrem Wohlbefinden. Jungaufgezogene Rebhuhnpaare – und nur diese – schreiten in einer zweckmäßig mit Deckungsmöglichkeiten versehenen Voliere leicht zur Brut. Im Gegensatz etwa zur Jagdfasanenhenne erbrütet die Rebhenne zuverlässig ihr Gelege selbst. Will man recht viele Eier ernten, nimmt man ihr jeweils im Abstand von 10 Tagen das frisch vollendete Gelege fort und läßt es von einer Zwerghenne erbrüten. Wird der Rebhenne das Gelege frisch, nicht erst nach 14tägiger Bebrütung genommen, scharrt sie sich eine neue Nestmulde und bringt weitere Gelege. Bei dieser Methode haben es manche Rebhennen während einer Legeperiode auf 60, ausnahmsweise sogar 100 Eier gebracht.

Da die Küken sehr klein sind und deshalb leicht durch gröberen Maschendraht entweichen, muß u. U. vor das übliche Drahtnetz noch bis zu einer Höhe von 50 cm ein weiteres, recht feinmaschiges Drahtnetz gespannt werden. Von der Zwerghenne werden Rebhuhnküken nach der gleichen Methode wie Fasanenküken aufgezogen. Während der ersten Lebenstage benötigen sie viel tierisches Eiweiß. Da die bequemen Ameisenpuppen heute wohl nur noch selten als Aufzuchtfutter zur Verfügung stehen werden, reicht KEYSERLINGK nach 24 Stunden Fasanenkükenfutter, über das in den ersten Tagen etwas hartgekochtes Eigelb oder Quark, gehackte Schafgarbe und Brennessel gestreut wird. Vom 14. Tage an werden Hirse und Buchweizen zugefüttert, danach allmählich auf das Erwachsenenfutter übergegangen. In Volieren gehaltene Rebhühner haben ein Alter von 7 Jahren erreicht.

**Literatur**

BEHNKE, H.: Hege, Aufzucht und Aussetzen von Fasanen und Rebhühnern. P. Parcy Verlag, Berlin, Hamburg 1964, 3. Aufl.

BLOTZHEIM, U. M. G.: Handbuch der Vögel Mitteleuropas. Bd. 5. Galliformes und Gruiformes. Akad. Verlagsgesellsch., Frankfurt a. M. 1973.

CHRISTENSEN, G. C.: The Chukar Partridge, Its introduction, Life History, and Management. Biol. Bull. (4), Nevada Department of Fish and Game, 1970.

ELLER, G.: Die Japanische Wachtel – C. coturnix japonica. Eine Monographie. Dis. vet. med., Gießen 1971.

HARTERT, E.: Die Vögel der Paläarktischen Fauna. Bd. III. Verlag R. Friedländer + Sohn, Berlin 1921/22.

JAHN, H.: Zur Ökologie und Biologie der Vögel Japans. Journ. f. Ornith. (90), 297 bis 301, 1942.

JOHNSGAARD, P. A.: Grouse and Quails of North America. Univ. of Nebraska. Lincoln 1973.

RAETHEL, H. S., WISSEL, C., und STEFANI, M.: Fasanen und andere Hühnervögel. Verlag J. Neumann-Neudamm, Melsungen 1976.

ROSENE, W.: The bobwhite quail: its life and management. New Brunswick, N. J. Rutgers University Press, 1969.

STEINKE, L.: Über die künstliche Erbrütung von Wachteleiern. DGS. (18), 106–107, 1966.

VAURIE, CH.: The Birds of the Palaerctic Fauna, Non-Passeriformes. H. F. + G. Witherly Ltd., London 1965.

VOGT, H.: Die Japanische Wachtel als Versuchstier. DGS. (16), 728–734, 1964.

ZUCKER, H., GROPP, J., PEH, J., und ZENTZ, CH.: Erfahrungen mit der japanischen Wachtel als Labortier sowie einige Ergebnisse von Nährstoffbedarfsuntersuchungen. Tierärztl. Umschau. (22), 416–423, 1967.

# Fasanen und Pfauen

## 1 Jagdfasanen, Phasianus

Jagdfasanen sind mittelgroße Hühnervögel mit langem, spitzem 18fedrigem Schwanz, dessen mittlere Federpaare zerschlissene Säume aufweisen. Bei den prächtig gefärbten Hähnen, deren Hinterkopfseiten aufrichtbare Federohrbüschel tragen, sind die Federn der Oberschwanzdecken und des Bürzels verlängert und haarartig zerschlissen. Die in der Jägersprache „Rosen" genannten nackten roten Kopfseiten werden während der Balz durch Blutzufuhr in die Schwellkörper dieses Gewebes erheblich ausgedehnt. Die Läufe tragen scharfe Sporen. Im Gegensatz zu den Hähnen tragen die Hennen eine schlichtbraune Tarnfärbung, die das brütende Weibchen mit seiner gleichfarbigen Umgebung so vollkommen verschmelzen läßt, daß es für seine Feinde unsichtbar wird. Jagdfasanen bewohnen in einer aus 33 Formen bestehenden Superspezies riesige Gebiete Eurasiens vom Atlantik bis zum Pazifik, dazu durch Einbürgerung weite Teile Nordamerikas, Neuseelands, Hawaiis und einige andere Länder. Damit wurde der Jagdfasan durch Menschenhand zu dem am weitesten über die Erde verbreiteten wilden Hühnervogel. Die Enstehung der zahlreichen Rassen ist auf die Standorttreue des Vogels sowie auf geographische Bedingungen zurückzuführen. Viele Rassen entstanden in der Nacheiszeit, als in Zentralasien riesige Gebiete austrockneten und die Fasanen nur in weit auseinanderliegenden Oasen und in der Vegetationszone der Flüsse überleben konnten. Unter den Rassen des Jagdfasans sind für uns vornehmlich jene vier von Bedeutung, aus deren Kreuzung der heutige heimische Jagdfasan entstand. Diese sind: der Transkaukasische Fasan („Colchicus"), der Chinesische Ringfasan („Torquatus"), der Kirgisische Ringfasan („Mongolicus") sowie der japanische Buntfasan („Versicolor").

### 1.1 Transkaukasischer Jagdfasan, Phasianus colchicus colchicus

**Beschreibung**

Beim Hahn sind Kopf und Hals glänzend dunkelgrün, auf dem Scheitel mit Bronzeschimmer, an Kehle und Halsseiten mit Purpurglanz; Rücken und Schultern dunkelkupferrot mit U-förmigen schwarzen und sandfarbenen Bogenflecken und nach hinten breiter werdenden purpurroten Federrändern; Bürzel und Oberschwanzdecken purpurrot mit grünem und purpurnem Glanz; Brust, Körperseiten und Flanken kupferrot, die Federn glänzend blau oder purpurschwarz gerandet; übrige Unterseite matt braunschwarz, die Federn der Brustmitte mit glänzend grün-purpurnen, Bauchfedern und Unterschwanzdecken mit rotbraunen Federspitzen; mittlere Schwanzfedern in der Mitte gelbbraun, schwach schwärzlich gesprenkelt und mit schmalen, nach dem Ende zu breiter werdenden schwarzen Querbinden ausgestattet; seitlich davon erst ein rotbrauner, noch weiter außen ein breiter, zerschlissener, kupferroter, purpurn glänzender Saum; übrige Schwanzfedern mit nach außen schwächer werdender schwarzer Bindenzeichnung, schmaler werdendem purpurrotem Außenrand und zunehmender schwarzer Sprenkelung; Handschwingen dunkler, Armschwingen heller graubraun mit unregelmäßigen Querbinden, die Armschwingen mit hellbräunlich verwaschenen Außenfahnen; große Oberflügeldecken graubraun mit bogiger, heller Bindenzeichnung; übrige Oberflügeldecken zimtbraun; Schnabel grünlich horngelb; nackte Gesichtshaut scharlachrot, Iris orange-bernsteingelb, Füße bräunlichgrau.

Bei der Henne ist der Oberkopf braunschwarz mit bräunlichen Federrändern und Binden; Halsoberseite rosabraun mit schwarzen Subterminalflecken; Oberseitengefieder rotbraun mit sandfarbenen und schwarzen U-Abzeichen, seitlichen schmalen schwarzen Spitzensäumen und schwarzgrünem Spitzenkeilfleck; Schulterfedern mit breitem kastanienbraunem Subterminalfleck; Zügel und Augenumgebung hell beige, zwischen Ohr und Ohrdecken ein deutlich abgesetzter weißlicher Fleck, der scharf mit einem dunkelbraunen Unteraugenfleck kontrastiert; Kinn hell rosabräunlich, Kehle, Halsunterseite und Vorderbrust hell rötlichbraun mit schwarzen Federzentren und rosafarbenen Endbinden; Hinterbrust, Körperseiten und Flanken brauner, mit gröberer dunkler Zeichnung; Bauch und Unterschwanzdecken hellbräunlich mit unregelmäßiger hellbrauner Querwellung; Schwanzfedern rötlichbraun mit sandfarbenen Rändern und breiten, weißlich gekernten schwarzen Binden; Hand- und Armschwingen ähnlich dem Hahn; Bindenzeichnung aber kontrastreicher abgesetzt, quer über die Federfahne laufend und bis in die Federspitze reichend; große Oberflügeldecken dunkler graubraun mit unregelmäßiger hellbräunlicher Querbänderung; übrige Oberflügeldecken graubraun mit hellerer Flecken- und Sprenkelzeichnung; Schnabelfärbung wie beim Hahn; Iris gelbbraun bis orange, nacktes Augenfeld blaß fleischrot.

## Verbreitung

Transkaukasien von Abshasien ostwärts nach Georgien (Grusinien) bis in das Gebiet von Telavi, außerdem NO-Aserbeidjan bis in die Gebiete von Sakatali und Ismailli und zwischen Kuba und Khatschmas, auch S-Armenien im Gebiet von Kafan. Fasanen, die lokal in der Türkei, SO-Bulgarien und Thrakien brüten, sind mit transkaukasischen identisch. Man weiß nicht, ob diese Gebiete zum natürlichen Verbreitungsgebiet gehören oder ob die Vögel dort vom Menschen eingeführt wurden.

## Biotop und Lebensgewohnheiten

Als Lebensraum bevorzugt der Fasan Auwälder, dichten Buschwald und Schilfbestände, die am Rande in Wiesen- und Feldgelände übergehen. Wasser muß stets in der Nähe sein. Während der kalten Jahreszeit bilden die Vögel Gesellschaften, wobei die Geschlechter oft unter sich bleiben. Die geselligeren Hennen bilden größere Verbände als die Hähne. Diese bleiben oft mit einigen Hennen zusammen, bilden aber auch reine „Männerclubs“ von 2–10 Individuen. In den ersten warmen Frühlingstagen beginnen die Hähne vereinzelt zu balzen, und die Trupps lösen sich allmählich auf. Gegen Mitte März besetzen die Hähne ihre

Brutreviere, wobei auf einen Hahn mehrere Hennen entfallen. Bei den Balzhandlungen der Hähne ist der Revierruf am auffälligsten. Beim Umwerben der Henne „präsentiert“ der Hahn in Seitenstellung vor ihr mit eingezogenem und tiefgehaltenem Kopf, gesträubtem Gefieder, den ihr zugewandten Flügel gespreizt und gesenkt haltend, die Rückenoberseite und den gespreizten Schwanz ihr zugeneigt. Dabei schwellen die Rosen an und die Federohren werden aufgerichtet. In dieser Haltung umläuft er die Henne in immer enger werdenden Kreisen, was allmählich in seitliches Andrängen übergeht. Der Kopula geht zu Beginn der Paarungszeit oft mehrmaliges Präsentieren und Futterlocken der Hähne voraus, doch kann später die Henne die geduckte Paarungsaufforderungshaltung auch ohne jede Einleitung einnehmen.

Noch 11–22 Tage nach der letzten Begattung legt die Henne befruchtete Eier. Die Hauptlegezeit dauert von Ende April bis Anfang Juni. Die Henne trifft die Wahl des Nistplatzes und scharrt eine flache Mulde, die meist gut gedeckt zwischen hoher Gras- und Staudenvegetation liegt. Freie Abflugmöglichkeit bei Annäherung von Feinden ist stets vorhanden. Fasanenhennen sind bis zur Vollendung ihres Geleges und während der ersten Tage der Bebrütung gegen Störungen am Nest sehr empfindlich. Die durchschnittliche Gelegestärke beträgt 8–12 Eier mit Schwankungen zwischen 6–16 Eiern. Größere Eizahlen werden vermutlich dadurch verursacht, daß mehrere Hennen ihre Eier in ein Nest legen.

Das Frischgewicht eines Fasaneneis beträgt 32,5 g. Es kann recht verschieden gefärbt, nämlich einförmig hell olivgrünlichgrau, olivbraun, seltener dunkelbraun bis grünlichgrau sein und ist stets zeichnungslos. Schon die Eier einer Fasanenhenne sollen stark in Tönung und Färbungsintensität variieren. Gelegt wird von der ersten Aprilhälfte bis zur ersten Julihälfte und später. Durch Wegnahme der Eier können die Hennen zu weiterem Legen veranlaßt werden. In freier Wildbahn wird nur eine Jahresbrut durchgeführt, wenn man von Nachgelegen nach Zerstörung des ersten Geleges absieht. Die Brutdauer beträgt 23–23½ Tage. Schon bei eintägigen Küken kann man an der vorderen Begrenzung und Größe des Augenfeldes mit 95%iger Sicherheit das Geschlecht unterscheiden. Bei Hahnenküken ist das – später nackte – Augenfeld größer und ragt spitz gegen die Federschneppe an der Oberschnabelseite vor. Sein tiefster Punkt liegt unter dem Niveau der Unterschnabelkante. Bei größeren Jungen hilft bei der Bestimmung des Geschlechts ferner die unterschiedliche Zeichnung der Handschwingen, die beginnende Sporenbildung der Hähnchen und ab 6 Wochen das Erscheinen erster brauner Brustfedern bei ihnen.

Die Küken können im Alter von wenigen Tagen über den Boden schwirren und mit 10–12 Tagen, knapp wachtelgroß, richtig fliegen. Mit 3–4 Wochen baumen sie zum Schlafen auf, und mit 10–12 Wochen sind sie praktisch selbständig. Die Geschlechtsreife wird im ersten Lebensjahr erreicht. Die Hoden der Junghähne entwickeln sich bereits im ersten Herbst, die Ovarien der Junghennen erst im Frühjahr darauf. Unter experimentellen Bedingungen legten Junghennen bereits mit 185 Tagen befruchtete Eier.

**Haltung**

Schon im Altertum hatten der gemästete und der wilde Fasan sowie die Fasanenhenne einen hohen Marktwert. Im 4. Jahrhundert n. Chr. referiert der Römer Pallasius fachmännisch über ländliche Fasanenzucht. Während der sittenstrenge

Kaiser Julian neben anderen Leckerbissen auch den Fasan von der Tafel verbannte, ließ Kaiser Heliogabal seine Menagerielöwen mit diesen Vögeln füttern. Ob der Fasan durch die Römer oder erst nach dem Zerfall des Römischen Reiches in das Europa nördlich der Alpen gelangt ist, entzieht sich der genauen Kenntnis. Fränkische Quellen von 511 und 800 n. Chr. weisen erstmalig eindeutig auf Fasanenhaltung hin, als Karl der Große seine Meierhöfe anwies, Fasanen und Pfauen zu pflegen. Erste Hinweise auf das Vorkommen freilebender Fasanen stammen aus dem Rheinland des 12. und 13. Jahrhunderts. Später hat sich der Fasan ganz allmählich mit menschlicher Hilfe weiter gen Norden verbreitet und kommt jetzt sogar in S-Schweden und S-Norwegen vor. Gingen alle diese Importe auf Kaukasische Fasanen zurück, so wurden seit Beginn des 18. Jahrhunderts noch andere Rassen zwecks Kreuzung eingeführt. Daran waren vor allem der Chinesische Torquatus-Fasan, der Japanische Versicolor-Fasan und der Kirgisische Mongolicus-Fasan beteiligt. Bei dem Mischling, den wir Jagdfasan nennen, vererbt sich der weiße Halsring des Torquatus-Fasans dominant. Die Flügeldecken sind meist graubraun, die Bürzel mehr oder weniger kupferrot oder kupferbraun, weiße Brauenstreifen fehlen oder sind nur schwach angedeutet. Das hellgold- oder strohgelbe Vorderrückengefieder entspricht am meisten dem des Torquatus-Fasans.

Bei den Ziergeflügelhaltern sind die Jagdfasanen trotz der bestechenden Schönheit der Hähne nicht gerade beliebt. Sie bleiben nämlich meist auch bei künstlicher Aufzucht von Jungen außerordentlich schreckhaft und fliegen beim Betreten ihrer Voliere oder beim Vorbeilaufen von Hunden und Katzen senkrecht gegen die Volierenverdrahtung, wobei sie sich häufig verletzen. Besonders scheuen Fasanen muß man daher die Handschwingen einseitig kürzen. Zur Pflege und Zucht kann man einen Jagdfasanenhahn zusammen mit mehreren Hennen in einer 5 × 3 m großen und 2 m hohen Voliere halten. Ein vorn offener Verschlag mit einer 1 m über dem Boden angebrachten Sitzstange zur Übernachtung und zum Schutz bei schlechter Witterung darf nicht fehlen. Die Voliere wird mit Stäuchern bepflanzt, um den scheuen Vögeln ein Gefühl der Sicherheit zu geben.

Um Nistmöglichkeiten zu schaffen, werden Kiefern oder Reisig, auch Bretter gegen eine hinten geschlossene Wand der Voliere gestellt. Jagdfasanenhennen nisten bei Volierenhaltung nur selten selbst und dazu recht unzuverlässig, legen aber fleißig. Die Gelege werden zur Erbrütung einer Hühnerglucke oder dem Kunstbrüter anvertraut. Die Eier müssen regelmäßig eingesammelt werden, da die Fasanenhennen sie oft einfach dorthin fallen lassen, wo sie gerade stehen. Die Vögel gewöhnen sich sonst leicht das Eierfressen an, das gewöhnlich mit dem Auspicken eines zerbrochenen Eis beginnt.

Das Futter für Jagdfasanen wird der Jahreszeit angepaßt. Während der Ruhezeit bis einen Monat vor Legebeginn füttert man Weizen, Hafer, Hühnerlegemehl und gibt dazu Grünzeug, Futterrüben, Karotten und Topinambur. Danach erhalten die Tiere ein Fasanenlegealleinfutter des Handels, das durch Aufzuchtalleinfutter für Puten, gemischt mit Weizen und Hafer in geringer Menge, ersetzt werden kann. Ferner sollte zusätzlich Grünfutter regelmäßig beigefüttert werden. Das nachgewiesene Höchstalter eines (freilebenden) Jagdfasans betrug 7 Jahre und 7 Monate.

## 1.2 Chinesischer Ringfasan, Phasianus colchicus torquatus

**Beschreibung**

Beim Hahn ist der Scheitel oliv oder gelblich bronzegrün, ein mehr oder weniger ausgeprägter und schmal schwarzgrün gesäumter Brauenstrich weiß; die schwarzen Federohren mit stark blaugrünem Glanz; Stirn, Kehle, Oberhals purpurblau, teilweise metallischgrün schimmernd; um den Hals ein stets vorhandener schmaler, vorn und oft auch im Nacken unterbrochener weißer Halsring; Vorderrückenfedern mit goldgelber Grundfärbung und schwarzer Säumung; Mittelrücken- und Schultergefieder breit rotbraun gesäumt, darüber ein schmaler schwarzer Saum gegen die weißliche Federmitte; Bürzel und Oberschwanzdecken wechselnd blau- bis graugrün, an den Bürzelseiten rostrot; Schwanzfedern heller olivbraun als beim Kaukasier, breiter schwarz gebändert und mit violettroten, zerschlissenen Randsäumen versehen; Oberflügeldecken hell blaugrau; Kropf und Vorderbrust kupferrot, die Vorderbrustfedern in der Randmitte tiefer eingeschnitten und schmaler purpurschwarz gerandet als bei der Nominatrasse; Körperseiten strohgelb, die eckig gerandeten Federn mit dreieckigen schwarzen Endflecken; Unterkörpermitte schwarz, die Federn grünlich stahlblau gesäumt.

Hennen des Torquatus-Fasans sind von denen der Nominatrasse wenig verschieden, nur ist das Braun der Oberseite etwas rötlicher und lebhafter.

**Verbreitung**

O-China von Schantung südwärts bis zur Grenze von N-Tonkin (N-Vietnam).

**Biotop und Verhalten**

Im unteren Jangtse-Tal bewohnt der Ringfasan vor allem die ausgedehnten Schilfdickichte der Flußufer, die Umgebung von Reisfeldern und die als Überreste ehemaliger Wälder auf niedrigen Hügeln wachsenden Gestrüppinseln aus Laub- und Nadelhölzern. Im Verhalten unterscheidet er sich nicht von anderen Rassen der Colchicus-Gruppe.

**Haltung**

Chinesische Ringfasanen wurden bereits im 18. Jahrhundert nach England eingeführt und dort in den Revieren ausgesetzt, was zur Vermischung mit dem dort vorkommenden kaukasischen Jagdfasan führte. Motive für die Einbürgerung des Ostasiaten durch die Jäger waren das lebhaftere Temperament, die größere Scheu und die höhere Fruchtbarkeit dieser Rasse. Wegen seiner hellen Färbung wird er aber nur allzu leicht ein Opfer des Raubwildes. Über die Haltung in Gefangenschaft gilt das vom Kaukasier gesagte. In den Fasanerien sollen die Jungen leichter aufzuziehen sein als die anderer Colchicus-Rassen.

## 1.3 Kirgisischer Ringfasan, Phasianus colchicus mongolicus

**Beschreibung**

Der Hahn hat kleine Federohrbüschel, dunkelmetallischgrünen Scheitel und Hinterhals; das breite weiße Halsband ist am Vorderhals unterbrochen; Rückengefieder kastanienbraun, schwarz gefleckt, die Federn breit messinggrün gesäumt und an der Schaftspitze schwarz gefleckt; Bürzel und Oberschwanzdecken dunkelkastanienbraun, schwarz gezeichnet und breit grün gesäumt; Schwanzfedern gelbbraun, die schmalen schwarzen Querbinden von feinen hellen Binden begleitet, die zerschlissenen Federrandsäume purpurn und grün schimmernd; Oberflügeldecken weiß; Kehle und Vorderhals bronzerotbraun, purpurn schimmernd; Halsseiten nach oben zu purpurblau; Kropf und Brust rotbraun, die Federn metallischgrün gesäumt; Körperseiten heller, goldener, die Federn mit breiten schwarzen, grünschimmernden Endsäumen; Bauchmitte durch die dort besonders breite grüne Säumung der Federn dunkelgrün; Schnabel horngrau, Iris gelb, Füße weißlichgrau.

Mongolicus-Hennen unterscheiden sich nur wenig durch leicht lilarötlich getönten Hinterhals und Oberrücken von denen anderer Colchicus-Rassen.

**Verbreitung**

SO-Kasachstan (früher Kirgisien) bis zum 48. Breitengrad nordwärts. Die Senken des Issyk-kul, Balkasch, Ala-kul und Saisan-Nor. Ostwärts bis zu den Nebenflüssen des Ili, die Dsungarei vom Ebi-Nor bis Gutschen. Die lateinische Rassenbenennung „mongolicus“ ist irreführend, da dieser Fasan in der Mongolei nicht vorkommt.

**Biotop und Verhalten**

Kirgisische Ringfasanen bewohnen die mit Tamarisken- und Schilfdschungeln sowie lichten Pappelhainen bestandenen Ufer der Steppenflüsse und Seen und halten sich gern in der Umgebung von Kulturland auf. Das Verhalten gleicht dem unseres Jagdfasans.

**Haltung**

Im Jahre 1900 führte die Tierhandelsfirma Hagenbeck auf Bestellung von Lord Rothschild in Tring diese Fasanenrasse nach England ein, wo sie bereits im darauffolgenden Jahr gezüchtet wurde. Auf diesen einmaligen Import lassen sich alle noch in Europa vorhandenen Mongolicus-Stämme zurückführen. Diese besonders winterharte Rasse wurde in vielen Revieren ausgesetzt, um den europäischen Jagdfasan resistenter, größer und fruchtbarer werden zu lassen. Die Einkreuzung hat sich vor allem im rauheren Norddeutschland, z. B. Schleswig-Holstein, als nützlich erwiesen. In der Volierenhaltung gleicht diese Rasse ganz den übrigen Colchicus-Rassen.

## 1.4 Japanischer Buntfasan, Phasianus (colchicus) versicolor

**Beschreibung**

Der Hahn hat dunkelbronzegrünen Scheitel, blaue Kehle und purpurvioletten Hals; Mantelgefieder dunkelbronzegrün, im hinteren Teil mit hellrostgelber und rahmfarbener Linienzeichnung; Rücken, Bürzel und Oberschwanzdecken bronzegrün mit olivgrünem und bläulichgrauem Anflug; Schwanzfedern grünlichgrau mit breiten schwarzen Querbinden und braunroten, zerschlissenen Randsäumen; Schultergefieder breit braunrot gesäumt mit grünen Schaftflecken; Oberflügeldecken grau, blau und grün schimmernd und mit reichlicher kastanienbrauner

Zeichnung; Unterseite dunkelgrün, die Brust mit bronzefarbenem, die Weichen mit blauem Schimmer.

Hennen sind stärker gesprenkelt als die der Colchicus-Festlandrassen; dunkler Teil der Mantelfedern schwarz mit Ausnahme des schmalen hellbraunen Randes und mit grünem Glanz nahe der Spitze; Unterseite stärker gewellt und gefleckt.

**Verbreitung**

Buntfasanen bewohnen in 3 recht ähnlichen Rassen die japanischen Inseln Hondo, Shikoku, Kyushu und die Osumi-Inselgruppe.

**Biotop und Lebensgewohnheiten**

Der Buntfasan bewohnt nach Jahn Grasländereien, Buschwälder, lichte Koniferen- und Laubwälder von den Ebenen bis etwa 1200 m hoch im Gebirge. Er meidet jedoch reine Kulturlandschaft gänzlich und wird nur selten in Feldern angetroffen, wo er sich nie offen zeigt. Von April bis Juli (Brutzeit) hört man häufig, vor allem gegen Abend, den Balzruf der Hähne. Ein Umherstreichen im Herbst ist bei diesem Fasan nur in sehr geringem Maße zu beobachten.

**Haltung**

Die ersten nach Europa importierten Bundfasanen gelangten im Jahre 1840 nach Amsterdam. Weitere Einfuhren folgten, und um 1860 war die Art in den Fasanerien gut vertreten. Zuerst in England, später auch in Deutschland ist der Japaner zwecks Vermischung mit dem heimischen Jagdfasan ausgesetzt worden. Er soll dessen helle Färbung zum Schutz gegen Raubwild abdunkeln, ist außerordentlich wendig und steht eher vor dem Hund auf als europäische Jagdfasanen. Besonders eignet sich der Buntfasan nach Behnke ferner für die deutschen Mittelgebirge wie auch sonst für Reviere mit 40–70 % Wald. Bei der Volierenhaltung sind Buntfasane außerordentlich scheu und wild, in der Färbung aber so schön, daß viele Fasanenliebhaber nicht auf diese Art verzichten möchten. Die Küken sollen empfindlicher sein als die der übrigen Jagdfasanenrassen.

# 2 Mutationen der Jagdfasanen

Unter den in Gefangenschaft gehaltenen Jagdfasanen sind mehrere reinvererbende Rassen gezüchtet worden, die für die Volierenhaltung interessant sind.

## 2.1 Tenebrosusfasan

**Beschreibung**

Diese melanistische Mutation des Jagdfasans ist ein sehr dunkler, fast violetter Vogel, der aber in der Färbung nicht ganz einheitlich ist. Hähne sind im Idealfall mit Ausnahme der dunkelbräunlichen Flügeldecken, des ebenso gefärbten Unterbauches sowie des goldbraunen, schwarzgebänderten Schwanzes oberseits metallisch grün gefärbt. Das Gefieder der Körperseiten ist purpurblau mit hell isabellgelber Schäftung.

Tenebrosushennen variieren in der Gesamtfärbung von dunkel kastanienbraun bis rußig braunschwarz, die Federn besitzen schmale und unregelmäßige Säume und Binden, oberseits und an den Brustseiten oft auch mehr oder weniger ausgeprägten grünen Glanz; Steuerfedern dunkelbraun mit unregelmäßiger kastanienbrauner und ausgedehnter schwarzer Querzeichnung.

**Entstehung**

Die Tenebrosus-Mutante soll etwa um das Jahr 1880 in Norfolk (England) aufgetreten sein. Sie ist erblich so konstant, daß sie sich auch bei neuerlichen Kreuzungen mit normal gefärbten Jagdfasanen stets durchsetzt. Es entstehen Nachkommen, die dem einen oder dem anderen Elternteil vollständig gleichen. Aus solchen Kreuzungen hervorgegangene Tenebrosusfasanen spalten bei neuerlicher Verpaarung untereinander nicht mehr auf, sondern ergeben wiederum zu 100 % dunkle Vögel. Durch Herauszüchtung der charakteristischen Merkmale ist es gelungen, eine noch dunklere Gesamtfärbung zu erlangen, so daß heute Zuchtstämme mit tief dunkelgrün und -blau gefärbten Hähnen und schwarzen Hennen häufig anzutreffen sind. Nach Pollard handelt es sich bei der Tenebrosus-Mutante wahrscheinlich um einen Abkömmling des japanischen Buntfasans, der zu jener Zeit in O-Anglia eine größere Rolle spielte als die anderen Jagdfasanenrassen und dem die Tenebrosushähne am ähnlichsten sehen. Delacour glaubt nicht, daß diese Auffassung zutrifft, weil Mischlinge zwischen europäischen Jagdfasanen und Buntfasanen ganz anders gefärbt sind.

**Haltung**

Tenebrosusfasanen sind im allgemeinen größer und kräftiger als ihre Colchicus-Ahnen, ungünstigen klimatischen Bedingungen gegenüber härter und im Wesen lebhafter. Die Küken sind leicht aufzuziehen. Alle diese günstigen Eigenschaften haben dem Tenebrosusfasan in Züchterkreisen viel Freunde verschafft.

## 2.2 Isabellfasan

Beim Isabellfasan sind im männlichen Geschlecht die rotbraunen und goldigpurpurnen Gefiederpartien durch isabellbräunliche Färbung ersetzt, während Kopf und Hals die blaugrüne Farbe behalten haben. Hennen sind vorwiegend isabellbräunlich gefärbt.

**Entstehung**

Die Isabellvariante tritt seit jeher hin und wieder unter wildlebenden Jagdfasanen auf und pflanzt sich nach übereinstimmenden Angaben nicht selten reinerbig fort. Konstante Isabellstämme scheint es in europäischen Fasanerien seit langem zu geben.

## 2.3 Weißer Jagdfasan

Zuchtstämme weißer Jagdfasanen sind seit langem bekannt. Früher waren diese Vögel jedoch selten rein weiß, sondern wiesen im Gefieder meist einige bunte

Federchen auf. Neuerdings gibt es Stämme, die in beiden Geschlechtern rein weiß sind, weiße Schnäbel und Beine sowie blaue Augen haben. Davon stechen die scharlachroten Rosen der Hähne besonders während der Balzzeit kontrastreich ab. Wie alle pigmentarmen Rassen sind auch weiße Fasanen ungünstigen Klimabedingungen und Krankheiten gegenüber empfindlicher als ihre wildfarbigen Artgenossen.

## 3 Langschwanzfasanen, Syrmaticus

Die Langschwanzfasanen unterscheiden sich im männlichen Geschlecht von den Jagdfasanen durch das Fehlen der Federohren und an abgerundeten harten, schuppenförmigen, statt feinzerschlissenen Bürzelfedern. Der bei einigen Arten ungewöhnlich lange Schwanz trägt bei allen Vertretern der Gattung ein auffälliges Muster breiter Querbinden. Die 5 Arten bewohnen Gebirgswälder von Nord- und Ostchina bis nach N-Thailand, außerdem Taiwan und Japan.

### 3.1 Königsfasan, Syrmaticus revesii

**Beschreibung**

Beim Hahn sind Stirn, Kopfseiten, Ohrdecken sowie ein von dort um den Hinterkopf herum verlaufendes Band schwarz; hinter dem Auge ein unbefiederter rötlicher Fleck und unter dem Auge ein weißer Fleck; Oberkopf bis an den Hinterkopf weiß, nach hinten zu mit schwarzen Federspitzen; Kinn, Kehle und übriger Hals weiß, nach hinten zu durch breiten schwarzen Ring begrenzt; Rücken und Bürzel lebhaft hell zimtbraun, die Federn abgerundet, schwarz umsäumt und um den Schaft nach der Basis zu mit an Ausdehung wechselndem Schwarz, die schwarzen Säume in der Rückenmitte am breitesten; Handschwingen dunkelbraun, Innenfahnen mit rotbraunen Querflecken, Außenfahnen mit ebensolchen und dazu rahmfarbenen Flecken; Armschwingen schwarzbraun mit weißen Querbinden, die Außenfahnen an den Spitzen bräunlichgelb gerandet, die innersten an den Spitzen wie die Rückenfedern; Oberflügeldecken weiß mit breitem schwarzem Saum und ebensolchem Mittelfleck; Schwanzfedern in der Mitte grauweiß mit breiten, nahe dem Schafte schwarzen, nach außen zu kastanienfarbenen Querbinden und breit gelblichbraunen Säumen; äußere kurze Schwanzfedern hell zimtbraun, Spitzen und Innenfahne schwarz punktiert und gefleckt; Vorderbrustfedern den Oberflügeldecken ähnlich, aber mit breitem kastanienbraunem Endsaum; Weichenfedern weiß und schwarz quergezeichnet und mit ausgedehnter, gelbbräunlicher, fein rotbraun umsäumter Spitze; Unterkörpermitte, Schenkel und Unterschwanzdecken schwarz; Schnabel weißgrünlich, Iris rötlich, Füße bräunlich horngelb.

Bei der Henne sind Stirn, Zügel, Überaugenstreif und ein Teil der Kopfseiten rahmockerfarben; Oberkopf schwarzbraun mit rotbraunen Federsäumen; ein schmaler Strich über und hinter den Augen sowie die Ohrdecken schwarz, letztere rostbraun gestreift; am oberen Teil des Hinterhalses ein Fleck aus schwarzen, rotbraun gesäumten und gebänderten Federn, auf die ein Ring aus

Abb. 135. Königsfasan, Syrmaticus revesii.

ockerfarbenen, graubraun gesäumten Federn folgt; von dort bis auf den Vorderrücken sind die Federn größtenteils rotbraun, vor den Spitzen schwarz und mit mehr oder minder pfeilförmigen weißen Schaftflecken versehen; übriger Rücken und Bürzel graubraun, die Federn fein rostgelblich gesäumt, gewellt und gefleckt, dazu mit pfeilförmigen schwarzen Schaftflecken versehen; Schultern und Armschwingen sowie deren Decken mit großen schwarzen Flecken, teils auf den Innenfahnen allein, teils auf beiden Fahnen und mit rostgelblichen Schaftstrichen; die Oberflügeldecken rötlicher und mit weniger Schwarz, außerdem blaß rostgelb endgesäumt; Schwingen dunkelbraun; Außenfahnen der Handschwingen größtenteils hell rötlich rostgelb, Innenfahnen breit braunrot gebändert; äußere Schwanzfedern kastanienrotbraun, die Spitzen weiß, die Innenfahnen braunschwarz und weiß gebändert; mittelste Schwanzfedern blaß graubräunlich, braun gesprenkelt und längs des Schaftes schwarz gefleckt; Kinn, Kehle und oberer Abschnitt des Vorderhalses hell ockergelblich, unterer Teil desselben und Kropfgegend rotbraun, Federspitzen bräunlichgrau, vor denselben eine weiße Querbinde; Brust und Unterkörper rahmfarben, an den Seiten mit rotbraunen Federwurzeln.

**Verbreitung**

N-China auf Hügeln und Bergen von der SW-Mandschurei (Jehol), der Inneren Mongolei (S-Tsahar) und W-Hopeh südwärts durch Schansi und Honan nach Anhwei und N-Hupeh, ostwärts nach NO-Szetschuan und S-Schensi.

**Biotop und Lebensgewohnheiten**

Königsfasanen bewohnen offenes Waldland aus Kiefern, Zypressen, Lebensbäumen und Eichen in gebirgigem Gelände zwischen 300 und 1800 m Höhe.

Außerhalb der Brutzeit leben sie in kleinen Gesellschaften zusammen, die sich im Frühling in Paare und Trios auflösen. Als Balzruf stößt der Hahn einen häufig wiederholten Pfiff aus. Während der Balz sträubt er, in einiger Entfernung von der Henne stehend, sein Gefieder und springt in känguruhartigen Sätzen, den ihr zugeneigten Flügel teilweise herabhängen lassend, den ihr abgewandten Flügel angezogen und den Schwanz ausgebreitet, in seitlicher Haltung auf sie zu. Im Augenblick höchster Erregung wirft er den Kopf zurück und erhebt den ausgebreiteten Schwanz. Das Nest wird von der Henne in hohem Gras oder Azaleenbüschen als flache Mulde angelegt. Die 7–15 erbsengelben bis hell kaffeebraunen, recht kleinen Eier werden 24–25 Tage lang bebrütet. Königsfasanen sind sehr schnelle Flieger, die ihren bei Hähnen bis 1,60 m langen Schwanz als Steuer für plötzliche Wendungen benutzen können.

**Haltung**

Schon der im 13. Jahrhundert nach China gelangte venezianische Weltreisende Marco Polo hat über das „Pfeilhuhn" der Chinesen berichtet. Den ersten Königsfasanenhahn hat 1831 Reeves nach England gebracht; 1838 folgte eine Henne und wenige Jahre später trafen weitere Vögel in London ein. 1867 gelang dem Londoner Zoo der erste Zuchterfolg. Wenige Jahre danach wurden Königsfasanen bei englischen und französischen Züchtern in großer Menge gezogen und gehören jetzt zu den regelmäßigen Bewohnern unserer Fasanerien. Die ungewöhnliche Schwanzlänge in Verbindung mit dem prächtigen Gefieder machen den Königsfasanenhahn zu einem der auffallendsten Zierfasanenarten. Da die Schwanzfedern des Hahnes leicht abbrechen, benötigen Königsfasanen eine geräumige Voliere, die 50 $m^2$ Bodenfläche haben sollte. Während der Balzzeit sind die Hähne den Hennen gegenüber oft recht stürmisch. Deshalb sollten in der Voliere Versteckmöglichkeiten in Form von Reisigbündeln und Buschwerk nicht fehlen. Besonders „aktiven" Hähnen werden am besten die Handschwingen einseitig gestutzt. Die Hennen haben dann auf hoch angebrachten Sitzästen Ruhe vor ihnen. Einem Hahn gesellt man 2–3 Hennen zu. Die Legezeit währt von April bis Juni. Die Eier wird man einer Hühnerglucke zum Ausbrüten unterlegen. Die Küken wirken klein und zerbrechlich, sind aber nicht weichlich und lassen sich leicht aufziehen. Da sie sehr unverträglich sind und sich oft heftig bekämpfen, müssen sie zusammen mit ihrer Glucke einen recht geräumigen Auslauf erhalten. Mit Küken anderer Fasanenarten dürfen sie nicht zusammen aufgezogen werden. Im Herbst des ersten Lebensjahres sind die Geschlechter bereits ausgefärbt und im folgenden Frühling fortpflanzungsfähig. Wetterfestigkeit, Fruchtbarkeit und Genügsamkeit veranlaßten die Jägerschaft Europas und der USA zu häufigen Einbürgerungsversuchen des Königsfasans in den Revieren. In lichten Mittelgebirgswaldungen, die dem chinesischen Heimatbiotop weitgehend entsprechen, waren sie meist erfolgreich. Da aber ein Königsfasanenhahn in kurzer Zeit alle Jagdfasanen aus dem Revier vertreibt, hat man die Ostasiaten meist wieder abgeschossen. Immerhin gibt es eine kleine Anzahl von Revieren in England, Frankreich und Italien, in denen der Königsfasan fest eingebürgert worden ist.

## 3.2 Elliotfasan, Syrmaticus ellioti

### Beschreibung

Beim Hahn ist der Oberkopf kastanienbraun, die Überaugenregion mit hellgrauen Federn durchsetzt; Wangen und Ohrdeckfedern graubraun, Halsseiten weißlichgrau, Hinterhals dunkler grau; Kinn, Kehle, Vorderhals schwarz; Mantel und Oberbrust rötlich kastanienbraun, jede Feder mit schwarzem Band und metallisch kupferrot glänzendem Saum; ein weißes Schulterband; Flügel rötlich kastanienbraun mit breitem stahlblauem Band auf den kleinen Flügeldecken; große Flügeldecken mit schwarzem Band und breiten weißen Federspitzen, die über den Flügel hinweg eine Binde bilden; Armschwingen kastanienbraun mit schwarzem Band und weißen oder grauen Federspitzen; Handschwingen stumpf braun; Unterrücken- und Bürzelgefieder schwarz mit weißem Saum, ein auffälliges Schuppenmuster bildend; der bis 195 cm lange Schwanz mit breiten hellgrauen und rötlich kastanienbraunen Bändern, die durch schmale schwarze Bänder voneinander getrennt sind; Unterbrust und Bauch weiß, Schenkel kastanienbraun mit weißer Bänderung; Flankengefieder kastanienbraun mit breiten weißen Spitzen; Unterschwanzdecken schwarz und kastanienbraun; nackte Augenumgebung rot; Schnabel horngelb; Iris orangefarben bis braun; Füße grau.

Bei der Henne ist der Oberkopf rötlichbraun mit schwärzlichen Federspitzen; Augenbrauengegend, Gesicht, Seiten- und Hinterhals graubräunlich; Kinn, Kehle, Vorderhals schwarz; Mantelgefieder gesprenkelt, jede Feder rötlichbraun mit pfeilförmiger weißer Schaftzeichnung und breitem schwarzem Streifen oberhalb der Federspitze; Schultergefieder rötlichbraun, aschgrau gespitzt; Flügel- und Armdecken braun und schwarz bekritzelt mit großen schwarzen Flecken vor den hellgrauen Federspitzen; Handschwingen bräunlichschwarz mit unterbrochenen rötlichen Rändern; Unterrücken und Bürzel rötlichbraun, fein schwarz bekritzelt; Oberschwanzdecken kastanienbraun mit hellbraunen Spitzen; mittlere Schwanzfedern hellbraun mit schwärzlicher Kritzelzeichnung und undeutlich kastanienbrauner Bänderung und Spitze; übrige Schwanzfedern rein kastanienbraun, vor den weißen Spitzen schwarz gebändert; Oberbrust rötlichbraun getüpfelt mit schwarzer Fleckung oder Bänderung von den Federspitzen; Unterbrust-, Brustseiten- und Flankengefieder braun, weiß gespitzt; die weißen Spitzen werden am Unterbauch so breit, daß er weiß erscheint; Schenkel braun, Unterschwanzdecken kastanienbraun, breit schwärzlich gesäumt und weiß gespitzt; Schnabel hornbraun; Iris braun; Füße grau.

### Verbreitung

O-China südlich des Jangtse in den Provinzen Kiangsi, S-Anhwei, Tschekiang und Fokien.

### Biotop und Lebensgewohnheiten

Elliotfasanen lebten ursprünglich in Gebirgswäldern und mit dichtem Dschungel bestandenen Schluchten. Seitdem die Wälder infolge starker menschlicher Besiedlung verschwunden sind, haben sie sich an Biotope aus dichtem Farn- und Bambusgestrüpp angepaßt. Mit Ausnahme der Balzzeit sind Elliotfasanen sehr schweigsam. Im Frühjahr stößt der Hahn seinen Revierruf mit hochaufgerichtetem Körper aus, wobei er mit den Flügeln schwirrt. Bei der Balz neigt der

Hahn der Henne seinen Körper in Seitenstellung schräg zu, wobei die weißen Flügelbinden, die Schuppenzeichnung von Unterrücken und Bürzel sowie die auffällige Bindenmusterung des Schwanzes besonders vorteilhaft präsentiert werden. Die Hähne werden mit ein bis zwei Hennen angetroffen. Die Henne legt durchschnittlich 6–8 kremfarbene bis rosigweiße Eier mit glänzender Schale.

**Haltung**

Der erste Elliotfasan wurde durch den berühmten Chinaforscher und Jesuitenpater David im Jahre 1874 in den Pariser Jardin des Plantes eingeführt. Danach gelangten hin und wieder einige Paare über Schanghai nach Europa, wo sie bald in großer Zahl gezüchtet wurden. Obwohl aus subtropischen Gebieten Chinas stammend, ist der Elliotfasan bei uns winterhart. Während der Balzzeit ist der Hahn den Hennen gegenüber oft stürmisch, tötet sie jedoch selten. Man hält einen Hahn mit 2–3 Hennen zusammen. Diese sind untereinander verträglich und beginnen schon im März mit der Eiablage. Die Brutdauer beträgt 25 Tage. Die entsprechend der geringen Eigröße kleinen Küken sind während der ersten Lebenstage recht scheu und kälteempfindlich. Sie sollen nicht mit den Küken anderer Fasanenarten zusammen aufgezogen werden. Im Alter von 2 Monaten kann man die Geschlechter unterscheiden: Die Bänderung der mittleren Schwanzfedern deuten auf Hähne, einfach kastanienbraune Schwänze auf Hennen hin. Im Herbst des ersten Lebensjahres erhalten die Jungvögel das Erwachsenengefieder und sind im darauffolgenden Frühjahr zuchtfähig. Der Elliotfasan ist ein schöner Zierfasan, der bei dichter Bepflanzung seiner Voliere nach anfänglicher Ängstlichkeit dem Pfleger gegenüber recht vertraut werden kann.

## 3.3 Mikadofasan, Syrmaticus mikado

**Beschreibung**

Beim Hahn sind Kopf und Hals purpurblau, Mantel und Brust glänzend purpurblau, schwarz gefleckt; kleine Flügeldecken, Unterrücken und Bürzel tiefschwarz mit metallischblauen Federsäumen; bei manchen Individuen treten in der Bürzelregion teilweise und ganz weiße Federsäume auf; große Flügeldecken schwarz, breit weiß randgesäumt, wodurch eine weiße Binde entsteht; innere und äußere Armschwingen mit dreieckigen weißen Spitzenflecken; Handschwingen bräunlichschwarz; Oberschwanzdecken und 16fedriger Schwanz schwarz mit weißen Querbinden, die unregelmäßig fein schwarz gesprenkelt sind; Unterbauch stumpf schwarz, Unterschwanzdecken schwarz, die Federn schmal weiß gespitzt; nackte Augenumgebung rot; Oberschnabel schwarz mit gelblicher Spitze, Unterschnabel horngelblich; Iris rötlichbraun; Füße dunkelgrau.

Bei der Henne sind Kopf und Hals olivbraun, nach Oberkopf und Genick zu rötlicher werdend; Ohrdecken schwarz und weiß; Mantel, Rücken und Bürzel schwarz, rötlich gefleckt und mit auffälliger, weißer Pfeilmarkierung, die durch die hellen Federschäfte entsteht; Schultern und Flügeldecken mit je 2 schwarzen Augenflecken mit rötlichen und olivfarbenen Säumen; rötliche Armschwingen schwarz gebändert; mittlere Schwanzfedern kastanienbraun, in ganzer Länge schwarz quergebändert, im übrigen hell sandbraun mit schwarzer Sprenkelung, das mittlere Federpaar mit weißer Spitze; Federn der Oberbrust und Körper-

Abb. 136. Mikadofasan, Syrmaticus mikado.

seiten unregelmäßig schwarz und weiß gebändert und gezeichnet und olivbraun gerandet; Mittelbrust ähnlich, aber weißer; Bauch und Unterleib graubraun, die Federn schwarz gebändert und weißlich gesäumt; Unterschwanzdecken kastanienbraun, schwarz gebändert und breit weiß gesäumt.

**Verbreitung**

Insel Taiwan (Formosa).

**Biotop und Lebensgewohnheiten**

Der Mikadofasan bewohnt zentrale Gebirgszüge der Insel in Höhenlagen zwischen 2000 und 3000 m. Dort kommt er in dichten Wäldern aus Eichen, Zypressen, Wacholdern und Kiefern mit reichem Unterwuchs aus buschigem Bambus vor. Mit Vorliebe halten sich die Vögel an den Steilhängen der Täler auf. Während der Morgen- und Abendstunden treten die Paare, aber auch Hähne mit zwei Hennen zur Äsung auf Waldblößen aus. Der Stimmfühlungslaut beider Geschlechter ist ein oft wiederholtes leises Glucksen, der Balzpfiff des Hahnes ein schrilles, langgezogenes „Chiri". Die Balz des Mikadohahnes gleicht der des Elliotfasans. Vollständige Gelege bestehen durchschnittlich aus 5–10 kremfarbenen Eiern, die viel größer und in der Form länger sind als bei den übrigen Langschwanzfasanen.

**Haltung**

Der auch in seiner Heimat seltene Gebirgsfasan wurde erst im Jahre 1906 von dem englischen Sammler Goodfellow am Mount Arizan entdeckt und durch ihn erstmalig im Jahre 1912 nach England gebracht. Später wurden noch mehrere

Paare importiert und die Art häufiger gezüchtet. Nachdem der Bestand nach den beiden Weltkriegen in Europa und Amerika bis auf wenige Paare zusammengeschmolzen war, gelang es wiederum, einige Paare aus Taiwan zu importieren. Jetzt sind Mikadofasanen wieder in allen großen Fasanerien vertreten. Man hält einen Hahn mit 2–3 Hennen zusammen, mit denen er sich auch während der Balzzeit im allgemeinen gut verträgt. Bei warmer Witterung beginnt die Henne Ende März mit der Eiablage. Bereits im ersten Lebensjahr bringt sie es auf Gelege von 15–20 Eiern. Man sollte jedoch besser erst mit zweijährigen Hennen züchten, die von Ende März bis Mitte Juli 3 Gelege bringen können. Die Brutdauer ist länger als bei anderen Langschwanzfasanen und beträgt 26 bis 28 Tage. Die Küken sind robust, nicht scheu und einfach aufzuziehen. Küken eines Gesperres sind untereinander verträglich, fremden Küken gegenüber jedoch unduldsam. Mit 2–3 Monaten zeigen sich bei den Junghähnen am Kopf blaue Federchen, und die nachwachsenden Schwanzfedern tragen das schwarzweiße Bindenmuster. Mikadofasanen sind bei uns winterhart, leicht züchtbar und werden bald zutraulich.

# 4 Hühnerfasanen, Lophura

Die Hühnerfasanen bilden eine in sich geschlossene Gruppe, deren Arten trotz oft erheblicher Unterschiede in der Färbung der Hähne untereinander eng verwandt sind. Während früher mehrere Gattungen anerkannt wurden, hat DELACOUR sie wegen vieler gemeinsamer Merkmale in der Gattung Lophura vereinigt. Allen Vertretern gemeinsam sind die durch Blutzufuhr dehnbaren Gesichtslappen (Rosen) der Hähne, der hühnerartig dachförmige Schwanz und bei fast allen Arten eine verschiedene Färbung der Geschlechter. Die Hähne schwirren in der Balzzeit nach Art der Jagd- und Langschwanzfasanen weit hörbar mit den Schwingen. Die Wald- und Dschungelbewohner sind über Südostasien verbreitet.

## 4.1 Silberfasan, Lophura (Gennaeus) nycthemera

**Beschreibung**

Beim Hahn sind die langen zerschlissenen Federn der Kopfhaube, Kinn, Kehle, Vorderhals und Unterseite blauschwarz; Oberseite reinweiß, auf Rücken und Flügeln mit dünnen, schwarzen V-förmigen Linienmustern versehen; das bis 32 cm lange mittlere Schwanzfederpaar rein weiß, an der Basis der Außenfahnen mit wenigen dünnen schwarzen Linien bedeckt; Gesichtslappen scharlachrot; Schnabel grünlichweiß mit dunklerer Basis; Füße leuchtend karminrot mit langen Sporen.

Henne olivbraun mit undeutlicher dunkler Sprenkelung und hellen Schäften der Federn; Haubenfedern mit schwarzen Spitzen; Kinn und Kehle weißlichgrau gesprenkelt; Bauch, Unterleib braun, zuweilen weiß oder hellgrau gestrichelt; äußere Schwanzfedern braun, schwarz und weiß gebändert, die mittleren braun, dunkel gewellt: Füße karminrot.

**Verbreitung**
S-China in Kwangtung und Kwangsi, ferner O-Tonkin bis zum Roten Fluß. Weitere 12 Rassen bewohnen Indochina, Thailand und NO-Burma.

**Biotop und Lebensgewohnheiten**
Silberfasanen bewohnen Bergwälder, dichten Busch und Farngestrüpp in Lagen von 600–2000 m. Die Hähne leben mit mehreren Hennen zusammen. Die Balz ist eine einfache Seitenbalz, bei der der Hahn mit gesträubter Haube, ausgedehnten Rosen und vertikal ausgebreiteten Schwanzfedern, wobei der Schwanz geschüttelt wird, die Henne umkreist. Volle Gelege bestehen aus 6–8 glänzenden, rosig-isabellfarbenen Eiern.

**Haltung**
Silberfasanen wurden im 18. Jahrhundert bereits häufig in England und Frankreich gehalten und waren in China schon seit 5000 Jahren als Ziergeflügel anzutreffen. Der Silberfasan ist nicht nur ein dekorativer, sondern auch anspruchsloser und wetterharter Zierfasan, der keine größeren Ansprüche an die Pflege stellt als das Haushuhn. Der Hahn wird mit mehreren Hennen zusammengehalten, die untereinander meist verträglich sind. Die Legezeit beginnt gegen Ende April. Die Stärke der Gelege variiert stark, und die Eizahl kann durch laufende Fortnahme der Eier stark erhöht werden. Werden oft zerbrochene und leere Eischalen in der Voliere gefunden, so ist meist der Hahn der Übeltäter. Da sein Beispiel schnell bei den Hennen Schule macht, werden die Eier 2mal täglich eingesammelt. Silberfasanenhennen sind meist zuverlässige Brüterinnen, denen man auch die Eier seltenerer Fasanenarten zum Erbrüten unterlegen kann. Silberfasanenküken schlüpfen nach 25tägiger Brutdauer. Sie sind wenig wetterempfindlich, schnell wüchsig und ebenso leicht aufzuziehen wie Hühnerküken. Im Alter von 6 Wochen erkennt man Junghähne an den grob gemaserten, Hennen an den fein graugesprenkelten Schwanzfedern. Hähne erhalten das Prachtgefieder im Herbst des 2. Lebensjahres und sind mit 2 Jahren zuchtfähig. Junghennen bringen schon nach einem Jahr erste Gelege.

Silberfasanen eignen sich gut als Parkgeflügel, wenn genügend Buschwerk Deckung bietet. Leider werden freilaufende Hähne dem Menschen gegenüber oft aggressiv und attackieren Parkbesucher mit Sporen und Schnäbeln. Versuche, den Silberfasan als Jagdwild bei uns heimisch zu machen, sind gescheitert: Die schneeweißen Hähne fallen stets dem Raubwild zum Opfer.

## 4.2 Swinhoefasan, Lophura (Hierophasis) swinhoei

**Beschreibung**
Der Hahn trägt eine weiße aufrichtbare Scheitelhaube; Kopf, Hals und Unterseite seidig dunkelblau; unterer Nacken und Oberrücken schneeweiß; Federn des Unterrückens, Bürzels und der Oberschwanzdecken blauschwarz, metallischblau gesäumt, darüber mit samtschwarzer Binde; die beiden mittleren Schwanzfedern stark verlängert, etwas gebogen und nach hinten zugespitzt, weiß; übrige Schwanzfedern kürzer, dunkelblau; Schultergefieder weinrot; Flügeldeckfedern schwarz, glänzendgrün gesäumt; Arm- und Handschwingen dunkelgraublau; die

scharlachroten Gesichtslappen können durch Blutfüllung ihrer Schwellkörper stark erweitert werden und stülpen dann je 2 Stirn- und Kehlzapfen aus; Schnabel horngelb mit schwärzlicher Basis; Iris rotbraun; Füße karminrot mit weißgelbem Sporn.

Bei der Henne ist der Scheitel haubenlos, dunkelkastanienbraun mit schwarzer Bänderung; Gesicht und Kehle hellgrau; Federn des Oberrückens, der Schultern und Flügeldecken mit auffällig V-förmiger hellockerbrauner Mittelfleckung und schwarz und braun bekritzelten Rändern; Rücken, Bürzel und Oberschwanzdecken schwarz und braun gesprenkelt; mittlere Schwanzfedern ebenso gefärbt, dazu noch unregelmäßig hellbraun gebändert; übrige Schwanzfedern leuchtend kastanienrotbraun; Brustfedern rotbraun mit einzelnen V-förmigen schwarzen Strichen, die nach den Seiten und zum Unterbauch hin undeutlicher werden und schließlich ganz verschwinden; nackte rote Gesichtshaut kleiner als beim Hahn; Schnabel, Iris und Füße wie bei diesem gefärbt.

**Verbreitung**
Insel Taiwan (Formosa)

**Biotop und Lebensgewohnheiten**
Swinhoefasanen bewohnen dichte Gebirgswälder der Insel in Höhenlagen zwischen 900 und 2000 m. Die Balz beginnt früh im März. Zur Markierung des Reviers richtet sich der Hahn während dieser Zeit steil auf und schwirrt laut mit den Flügeln. Bei der Balz umkreist er die Henne, den ihr zugekehrten Flügel herabhängen lassend und die Schwanzfedern spreizend; dazu wird der weiße Schopf aufgerichtet, und die leuchtendroten Gesichtslappen, deren Stirnzapfen wie Hörnchen aufgerichtet sind, bilden eine große farbige Scheibe. Dabei ruckt er mit dem Kopf auf und ab und führt aus gebückter Haltung Sprünge aus. Volle Gelege bestehen aus 6–12 rötlich- bis krem-isabellfarbenen Eiern.

**Haltung**
Das erste Paar dieses herrlichen Fasans gelangte 1866 nach Paris und brachte bereits im folgenden Jahr reichliche Nachzucht. Die Art wurde bald vielerorts gezüchtet und ist in den großen Fasanerien stets vertreten.

Swinhoefasanen sind bei uns winterhart und schreiten leicht zur Brut. Da mehrere Hennen in Gemeinschaftshaltung sich untereinander zu bekämpfen pflegen, hält man besser den Hahn mit nur einer Henne zusammen. Soll ergiebig gezüchtet werden, hält man weitere Hennen in je einer Voliere und setzt den Hahn wechselweise dazu. Es gibt aggressive Hähne, die ihre Henne in Balzekstase skalpieren und töten. Ihnen werden die Handschwingen eines Flügels beschnitten, damit sich die Hennen vor ihm auf einem hoch angebrachten Ast in Sicherheit bringen können. Die Erbrütungsdauer des Geleges beträgt 25 Tage. Swinhoehennen ziehen ihre Küken selbst auf, aber auch die Aufzucht mit der Hühneramme bereitet keine Schwierigkeiten. Junghähne erhalten im 1. Lebensjahr noch nicht das volle Prachtkleid, sind aber bereits zuchtfähig. Es empfiehlt sich jedoch, zur Zucht ein wenigstens zweijähriges Paar zu verwenden.

## 4.3 Prälatfasan, Lophura (Diardigallus) diardi

**Beschreibung**

Der Hahn trägt auf dem Scheitel einen langgestielten Schopf aus schwarzen Federn, deren Schäfte in den unteren zwei Dritteln kahl sind; Kopf, Kinn und Kehle schwarz; Hals, Vorderrücken und Oberbrust grau, fein schwärzlich gewellt; Mittelrücken goldgelb; Unterrücken, Bürzel und kleinere Oberschwanzdecken metallischblau, jede Feder kupferrot gesäumt; größere Oberschwanzdecken und Schwanzfedern schwarz, blau und grün reflektierend; mittlere Schwanzfedern breit, sichelförmig gebogen und am Ende zugespitzt; Flügeldecken grau mit feiner schwarzer Wellenmusterung und breiter schwarzer Bänderung in Nähe der Federenden; Armschwingen braungrau; Unterbrust, Körperseiten und Unterschwanzdecken schwarz, die Federn glänzendblau gesäumt; Bauch und Schenkel rein schwarz; große Gesichtslappen rot; Schnabel hornschwärzlich; Iris braun bis rot; Füße karminrot, der Lauf mit langem spitzem Sporn.

Bei der Henne fehlt die Scheitelhaube; Kopf, Kehle und Hals trübbraun, das Kinn etwas heller; Oberrücken und Unterseite kastanienrötlich, auf dem Rücken mit schwarzer Wellenzeichnung, auf Unterbrust und Körperseiten weiß gesäumt; Flügel, Unterrücken und Oberschwanzdecken sowie die Mittelpaare der Schwanzfedern schwarz mit breiter isabellfarbener Bänderung und schwarzer Sprenkelung; übrige Schwanzfedern einfarbig kastanienbraun; Unterbauch hellgrau; rote Gesichtslappen viel kleiner als beim Hahn, Iris und Füße wie bei diesem.

**Verbreitung**

O-Thailand und Indochina nordwärts bis Mittel-Annam und N-Laos.

**Biotop und Lebensgewohnheiten**

Prälatfasanen bewohnen tropische Regenwälder, Bambuswälder und dichten Gestrüppdschungel von den Ebenen bis ins Bergland in Höhenlagen bis 600 m. In ihrer Heimat sind diese Fasanen häufig. Die Art lebt während der Brutzeit

Abb. 137. Prälatfasan, Lophura diardi.

monogam. Zur Balzzeit schwirrt der Hahn hochaufgerichtet mit den Flügeln und ruft häufig und laut. Bei der Balz umschreitet er seine Henne mit ausgebreitetem Schwanz, den ihr zugewandten Flügel herabhängen lassend und ihr die auffällig gelbroten Rückenpartien zuwendend; Nester wurden in Thailand von Mitte April bis Anfang Mai gefunden. Volle Gelege bestehen aus 5–8 rosigisabellfarbenen, rundlich geformten Eiern.

**Haltung**

Der erste Prälatfasan gelangte im Jahre 1862 als Geschenk des Königs von Thailand nach Paris. Weitere Vögel erwarb der Pariser Akklimatisationsgarten, wo die Art erstmalig gezüchtet wurde. Seither ist dieser schöne Fasan in großen Fasanerien und Zoologischen Gärten fast stets vertreten. Der Prälatfasan ist trotz seiner tropischen Herkunft nicht allzu kälteempfindlich, muß aber frostfrei überwintert werden. Die Henne beginnt bei uns in der 2. Aprilhälfte mit dem Legen. Die Brutdauer beträgt 24–25 Tage. Die Küken sind nicht besonders empfindlich, nehmen wenig Futter auf und müssen vor zu intensiver Sonneneinstrahlung geschützt werden. Sie sollten nicht zusammen mit den Küken anderer Fasanenarten aufgezogen werden. Obwohl die Jungvögel nach Vollendung des 1. Lebensjahres weitgehend den Erwachsenen ähneln, legen Prälathennen erst im Alter von 3 Jahren. Nach anfänglicher Scheu werden Prälatfasanen gewöhnlich bald zutraulich, die Hähne aggressiv. Sie glauben ihr Territorium verteidigen zu müssen und greifen den Pfleger oft plötzlich wütend an. Die elegante Gestalt in Verbindung mit der harmonischen Farbenkomposition des Gefieders, leichte Züchtbarkeit und Zahmheit haben dieser schönen Hühnerfasanenart viele Freunde erworben.

## 5 Kragenfasanen, Chrysolophus

Die beiden Arten der Gattung sind zierliche, im männlichen Geschlecht prächtig bunt gefärbte Hühnervögel. Den Kopf der Hähne schmückt eine aus langstrahligen, harten Federn bestehende Haube, den Hals ein Kragen aus fächerförmigen, breit gerandeten Federn. Der Schwanz ist sehr lang, dachförmig und stark gestuft, die äußeren Oberschwanzdecken sind stark verlängert. Die Hennen tragen ein schlicht braunes Tarngefieder. Die Kragenfasanen bewohnen Gebirge Mittel- und West-Chinas sowie kleinere Teile Tibets und Burmas.

### 5.1 Goldfasan, Chrysolophus pictus

**Beschreibung**

Beim Hahn ist die Kopfoberseite einschließlich der in den Nacken fallenden Haube goldgelb; die am Ende fast rechteckigen Kragenfedern mit breitem schwarzem Endsaum und ca. 1 cm vor demselben einer gleichfarbigen Querbinde; Raum zwischen beiden Binden orangegelb; Federn des Vorderrückens breit, dunkelgrün mit schwarzen Endbinden; übriger Rücken, Bürzel und Oberschwanzdecken tief kadmiumgelb; seitliche Bürzelfedern mit orangeroten Spitzen; seitliche Oberschwanzdecken bis 25 cm verlängert, lanzettförmig, dunkelrot; Oberflügeldecken schwarz- und rotbraun gefleckt, Schultergefieder braunrot; Schwingen überwiegend schwarzbraun; die bis 75 cm langen Schwanzfedern hellockerbraun mit schwarzer Netzzeichnung; Augenumgebung nackt, gelblich; übriges Gesicht fahl hellbraun; Kinn und Kehle rostbraun; übrige Unterseite dunkelrot, Bauchmitte rötlichbraun; Schnabel und Füße hellbräunlichgelb; Iris hellgelb.

Die Henne hat Oberkopf und Hals dunkelbraun und gelbbraun gebändert; Vorderrücken breit schwarzbraun und rotbraun gebändert; Hinterrücken, Bürzel und Oberschwanzdecken braun, fein schwärzlich bekritzelt und punktiert; Schwingen dunkelbraun; Iris braun.

**Verbreitung**

Gebirge Zentral-Chinas von SO-Tsinghai ostwärts durch S-Kansu nach S-Schensi und nordwärts zum Tsinlingebiet, südwärts Szetschuan, Kweitschau, W-Hupeh und von W-Hunan nach N-Kwangsi.

**Biotop und Lebensgewohnheiten**

Der Goldfasan bewohnt gut mit Buschwerk, Bambus oder anderem dichten Gehölzschutz bewachsene untere Berghänge und Täler. Dort kommt er paarweise vor, ist also ein ursprünglich monogam lebender Vogel. Da die von ihm bewohnten Biotope für Menschen fast unzugänglich und für die Landwirtschaft ungeeignet sind, ist seine Ausrottung nicht zu befürchten.

Die Balz ist ein eindrucksvolles Schauspiel: Mit gesträubter Haube und zur Henne hin gespreiztem Federkragen, der Schnabel und Hals verdeckt, umspringt der Hahn sie mit zierlichen hohen Sätzen, fährt dann plötzlich herum und wiederholt das Gleiche von der anderen Seite, dabei ein scharfes schlangenartiges Zischen ausstoßend. Die Brutzeit in Hopeh fällt in den April. Die Nester sind so gut getarnt, daß selbst die Chinesen sie selten finden. Volle Gelege bestehen aus 12–16, im Vergleich mit der Größe des Vogels sehr großen, hell-isabell- bis kremfarbenen Eier.

Abb. 138. Goldfasan, Chrysolophus pictus.

**Haltung**

Goldfasanen waren bereits um 1740 in England gut bekannt und wurden in China schon vor der Zeitrechnung gehalten. Der Goldfasan ist ein idealer Ziervogel, der alle guten Eigenschaften eines solchen verkörpert: Er ist absolut winterhart, in der Pflege anspruchslos, leicht züchtbar, und der Hahn besticht durch sein herrlich buntes Gefieder. Goldfasanen halten auch noch in kleinen Volieren gut aus. Ein windstiller trockener Verschlag soll ihnen aber auf jeden Fall zur Verfügung stehen. Dieser enthalte 4–6 Sitzstangen zum nächtlichen Aufbaumen, die in strengen Wintern entfernt und durch Strohschütten ersetzt werden, damit die Fasanen am Boden übernachten müssen und sich nicht die Zehenglieder erfrieren. Während der Hahn in freier Wildbahn monogam lebt, gesellt man ihm bei der Volierenhaltung 3–4 Hennen zu, die sich untereinander vertragen. Gelege benötigen 23 Tage zur Erbrütung. Goldfasanenhennen sind zuverlässige Brüterinnen und gute Mütter. Ältere Hennen können durch das Erbrüten von Gelegen seltener und kleiner Fasanenarten wertvolle Ammendienste leisten. Küken gegenüber verhalten sich Goldfasanenhähne meist friedlich, beteiligen sich sogar ausnahmsweise an der Jungenaufzucht. Küken sind recht klein und zart, aber trotzdem leicht aufzuziehen. Im Alter von einem Monat lassen sich bei ihnen die Geschlechter an der braunen Iris der Weibchen und der viel helleren Iris der Männchen unterscheiden. Mit 3 Monaten sind die Jungvögel selbständig. Der Junghahn erhält das Prachtgefieder im Herbst des 2. Lebensjahres und ist mit 2 Jahren zuchtfähig. Junghennen sind schon nach einem Jahr legereif, bringen aber noch wenig Eier. Goldfasanenvolieren sollten stets schattige Plätze aufweisen. Bei voller Besonnung bleicht das Gefieder der Hähne leicht aus, um nach der nächsten Mauser wieder in kräftigen Farben zu erscheinen. Goldfasanenhennen sind leider früher so häufig mit Amhersthähnen gekreuzt worden, daß heute nur noch selten ganz reinrassige Vertreter der beiden Arten anzutreffen sind. Amhersteinkreuzung macht sich beim Goldfasanenhahn vor allem durch Bänderung der langen Schwanzfedern bemerkbar.

Vom Goldfasan sind mehrere Mutationen gezüchtet worden.

## 5.2 Dunkler Goldfasan

**Beschreibung**

Hahn mit dunklerer Grundfärbung als beim gewöhnlichen Goldfasan; Gesicht, Kehle und Oberbrust rauchschwarz, die mittleren Schwanzfedern gebändert statt gefleckt. Diese wellenförmige Bänderung ist ein besonders auffälliges Merkmal und hat nichts mit Beimischung von Amherstblut zu tun. Augenumgebung, Schnabel und Füße sind dunkler gelb, bisweilen schwärzlich. Hennen sind viel dunkler als gewöhnliche Goldfasanenhennen; Grundfärbung ein dunkles Rötlichbraun, Kehle und Unterbauch von gleicher Farbe.

Das Dunengefieder dieser Mutation ist ganz anders gefärbt als das des gewöhnlichen Goldfasans: Die Küken sind einfarbig braunschwarz mit scharf abgesetztem kremweißem Augenquerband und ebensolcher Kehle. Sie unterscheiden sich als Küken vielmehr voneinander als es später im Altersgefieder der Fall ist. Dies ist nach O. Heinroth um so bemerkenswerter, als es das gerade Gegenteil der sonst ziemlich allgemein gültigen Regel ist, wonach die Jugendformen der verschiedenen Arten sich ähnlicher sind als die vollkommen ausgebildeten Tiere.

**Entstehung**
Die dunkle Mutation des Goldfasans ist erstmalig im Jahre 1865 von Schlegel beschrieben worden und vermutlich in Holland entstanden. Die Paarung eines wildfarbenen mit einem dunklen Partner ergibt teils wildfarbene, teils dunkle Nachkommen. Kreuzt man letztere untereinander, erhält man stets dunkle Goldfasanen. Stämme der dunklen Mutation gehören inzwischen zum festen Bestandteil unserer Fasanerien. Metallisch grüne Federn auf der Oberbrust dunkler Hähne verraten Amherstblut.

## 5.3 Lutino-Goldfasan

**Beschreibung**
Beim Hahn ist der gelbe Schopf etwas heller als bei der Wildform; Gesicht, Kehle und Halsseiten hellgelb; Halskragen orangegelb, jede Feder mit 2 stahlblauen Querbinden; Mantelfieder dunkelgrün, der Unterabschnitt einer jeden Feder gelblich; Unterrücken und Bürzel zitronengelb; mittlere Schwanzfedern hellbraun, hellgelblich getüpfelt; übrige Schwanzfedern unregelmäßig hellbraun und gelblich quergebändert; Oberschwanzdecken wie mittlere Schwanzfedern, im oberen Abschnitt gelb; Schultergefieder gelblich, braun gespitzt; innere Armschwingen und -decken dunkelbraun, äußere mehr oder weniger dunkelbraun gebändert; Handschwingen hell strohgelb; Unterseite gelb; Iris und Augenumgebung gelb; Schnabel und Füße horngelb.

Lutinohennen sind bei gleicher Gefiedermusterung mehr oder weniger stark aufgehellt.

**Entstehung**
Lutino- oder Isabell-Goldfasanen sind früher gelegentlich unter wildfarbenen Vögeln aufgetreten, worüber schon Dürigen 1886 berichtete. Erst Ghigi in Bologna hat 1952 aus einem gelben Hahn reinerbige Lutinostämme gezüchtet. Aus der Kreuzung mit einer wildfarbenen Henne erhielt er heterozygote wildfarbene Nachkommen, deren Hennen, mit einem Lutino-Hahn verpaart, zu gleichen Teilen heterozygote und homozygote Nachkommen brachten. In der Folge gelang die Fixierung reinerbiger Lutino-Vögel. Der gelbe Goldfasan wird häufig von europäischen und amerikanischen Züchtern gehalten.

## 5.4 Amherst- oder Diamantfasan, Chrysolophus amherstiae

**Beschreibung**
Hahn mit dunkelbronzegrünem Scheitel und einer 6 cm langen Haube aus schmalen dunkelroten Federn am Hinterkopf; ein großer Halskragen besteht aus weißen, schmal schwarz gesäumten Hinter- und Seitenhalsfedern; Vorderrücken, Schultern und kleine Flügeldecken blaugrün, die Federn schwarz gesäumt; große Flügeldecken und Armschwingen metallischblau mit breiteren schwarzen Feder-

säumen; Handschwingen schwarzbraun mit weiß gesäumten Außenfahnen; Hinterrücken goldig strohgelb; Bürzel und Oberschwanzdecken dazu mit scharlachroten Binden; seitliche Oberschwanzdecken schmal, bis 24 cm lang, weiß mit blauschwarzer Bänderung in der Vorder-, orangerot in der Hinterhälfte; das leicht gebogene, dachförmige mittlere Schwanzfederpaar bis 1,15 m lang, weiß mit schiefstehenden, etwas gebogenen schwarzen Querbinden, zwischen denen sich schwarze Querkritzelmusterungen befinden; übrige Schwanzfedern mit matt bräunlichen Außenfahnen und schwarzer Querbänderung; Kinn und Kehle grünglänzend, Kropf- und Kropfseitenfedern stahlgrün, breit schwarz gesäumt; übrige Unterseite weiß; Schenkel, Aftergegend und Bauchseiten mit schwarzen Endbinden; Unterschwanzdecken schwarz, vor den Spitzen glänzend grün; Schnabel grünlichgelb; nackte Augenumgebung hellbläulich oder grünlich, Iris hellgelb; Füße hellbläulich hornfarben.

Amhersthennen sind denen des Goldfasans recht ähnlich, jedoch ist die nackte Haut der Augenumgebung breiter und bläulich; Oberkehle und Unterbauch sehr hell, fast weiß; schwarze Querbindenzeichnung des Gefieders wesentlich breiter und gröber; Schwanzefederenden abgerundet, statt spitz zulaufend wie bei der Goldfasanhenne; Schnabel und Füße bleigrau.

**Verbreitung**

Gebirge SW-Chinas von der Region westlich Kwanghsiens in W-Szetschuan, westwärts zum Salwenfluß in Sikiang, südwärts nach NO-Burma, die östlichen Shanstaaten, in Jünnan bis 23° N, ferner W-Kweitschau.

**Biotop und Lebensgewohnheiten**

Amherstfasanen bewohnen mit Wald, Dickicht und Bambusdschungeln bestandene Steilhänge in Höhenlagen zwischen 2100 und 3600 m. Bei starker winterlicher Kälte mit hohem Schneefall begeben sich die Vögel in die wärmeren Täler, wo sie in Gesellschaften von 20–30 Stück überwintern.

**Haltung**

Dieser schöne Fasan gelangte erstmalig 1828 nach England. Erst um 1870 gelang die Reinzucht, da vorher fast ausschließlich Hähne importiert und mit den nahe verwandten Goldfasanenhennen gekreuzt worden waren. Letzteres war auch danach noch so häufig der Fall, daß es heute fast unmöglich ist, ganz rassereine Amherststämme zu erwerben. Bei unseren Amherststämmen handelt es sich um Fasanen, die weitgehend reinrassigen Vögeln gleichen. Goldfasanenblut erkennt man an auffällig großen Hauben, roten Federchen an Flanken und Schenkeln, scharlachroten, statt orangeroten Endhälften der langen Oberschwanzdecken und Flecken in der Schwanzzeichnung. Viel schwieriger sind Mischlingshennen zu erkennen. Sie haben oft ein befiedertes Gesicht, dem die nackten bläulichen Gesichtslappen fehlen, und spitze, statt abgerundete Schwanzenden. In der Haltung unterscheidet sich der Amherst- wenig vom Goldfasan. Im Balzverhalten gleichen sich beide Arten. Im allgemeinen sind Amhersthähne ihren Hennen gegenüber aggressiver und zuweilen bösartig. Solche Hähne sollte man von der Zucht ausschließen. Amherstfasanen benötigen geräumige Volieren, in denen eine dichte Bepflanzung Versteckmöglichkeiten für verfolgte Hennen bietet. Diese legen im April/Mai durchschnittlich 6–12 isabellfarbene Eier, aus denen nach

23tägiger Brutdauer die Küken schlüpfen. Amherstküken sind etwas empfindlicher als die des Goldfasans. Mit einem Monat lassen sich die Hähnchen an der hellgrauen, Junghennen an der braunen Iris erkennen. Bei den jungen Männchen beginnt sich bald der Halskragen zu bilden und die Bänderung der Schwanzfedern zeigt sich. Mit 3 Monaten sind die Jungen selbständig. Zu Beginn des 2. Lebensjahres bringen Junghennen das erste, noch kleine Gelege. Junghähne erhalten das Prachtkleid erst im Herbst des 2. Lebensjahres und sind mit 2 Jahren fortpflanzungsfähig. Ein Amhersthahn erreichte bei einem australischen Züchter ein Alter von 21 Jahren. Diamantfasanen sind häufig in Wildparks und Jagdrevieren ausgesetzt worden und gewöhnen sich als winterharte Vögel gut ein. Sie vertreiben jedoch zur Brutzeit alle Jagdfasanen aus ihrem Revier, so daß sie aus diesem Grunde zur Einbürgerung wenig geeignet sind.

# 6 Glanzfasanen oder Monals, Lophophorus

Glanzfasanen sind große, plump wirkende Hühnervögel mit starken kurzen Beinen und robustem, leicht gebogenem Schnabel. Der mittellange Schwanz ist flach und in der Form fast viereckig. Die Hähne tragen ein wundervoll glänzendes Gefieder, während die Hennen schlicht braun gefärbt sind. Die 3 Arten der Gattung sind Hochgebirgsbewohner des Himalaja und W-Chinas.

## 6.1 Königsglanzfasan, Lophophorus impeyanus

**Beschreibung**

Der Hahn trägt auf dem Scheitel ein Büschel kahlschäftiger, an der Spitze mit einer blattförmigen Fahne ausgestatteter, erzgrün schillernder Federn, die ein Krönchen bilden; Kopf und Oberhals goldig metallgrün; Hinterhals und Halsseiten feurig kupferrot; Rücken und Bürzel weiß; Oberschwanzdecken purpurn mit blaugrünem Metallglanz; Schwanzfedern zimtbraun; Schultern, innere Flügeldecken, innere und mittlere Armschwingen purpurblau, die Federn blaugrün gerandet; äußere Flügeldecken metallisch blaugrün; äußere Armschwingen schwarz, auf den Außenfahnen grünglänzend gesäumt; Handschwingen bräunlichschwarz; Unterseite samtschwarz; von den Unterhalsseiten zieht sich ein schmales Band metallisch grünglänzender Federn hinunter zur Brust und endet an der Flügelbeuge; nackte Haut um das Auge hellblau; Schnabel hornbraun, Spitze, First und Schneideränder gelblich; Iris braun; Füße bräunlichgrün. An der Laufhinterseite ein dicker Sporn.

Henne mit kurzer Haube aus schwarzen Federn mit rostfarbenen Schaftstreifen; Oberseite braunschwarz, die Federn mit hell rostfarbenen Schaftreifen und damit gleichlaufenden, an der Spitze zusammentreffenden Streifen; die gelbbraunen Hinterrückenfedern mit unregelmäßigen schmalen schwarzen Querlinien; längste Oberschwanzdecken mit weißen, oft schwarz gemusterten Enden; Handschwingen braunschwarz, Armschwingen ebenso, aber rotbraun quergebändert; Kinn und Kehle weiß; Kropf schwarzbraun, hell rostfarben gestreift; übrige Unterseite dunkelbraun, hell rostfarben gefleckt und punktiert, jede Feder mit weißlichem Schaft und ebensolchem Mittelstreifen; Unterschwanzdecken schwarz, rostfarben gefleckt und rahmweiß gespitzt.

**Verbreitung**
O-Afghanistan ostwärts durch den Himalaja nach Bhutan und NO-Assam sowie S-Tibet und SW-Sikang.

**Biotop und Lebensgewohnheiten**
Glanzfasanen bewohnen zerklüftete, steile Felshänge, die mit offenen Nadelholz-, Misch- und Laubwäldern sowie Rhododendron-Dschungeln bewachsen sind, in Höhenlagen zwischen 2700 und 3600 m. Dort graben die Monals auf grasigen Stellen mit ihren schaufelförmigen Schnäbeln ohne Benutzung der Krallen unermüdlich nach Zwiebeln, Wurzelrhizomen, Insekten und Würmern. Nur harte Winter vertreiben sie aus dem Gebirge und zwingen sie zur Abwanderung in die wärmeren Täler. Dort halten sich die Althähne und die Hennen mit ihren vorjährigen Jungen in getrennten Gesellschaften auf. Nach Eintritt milderen Wetters finden sie sich alsbald in ihren angestammten Bergrevieren ein. Von Ende März bis Anfang April ertönen dann die lauten brachvogelartigen Pfiffe der Hähne, die bis 3 Hennen um sich versammeln. Die eindrucksvolle Balz vor der Henne beginnt in Seitenstellung zu ihr, wobei er den ihr zugeneigten Flügel herabhängen läßt, den Hals lang ausstreckt und den Schnabel abwärts gegen den Hals preßt. In dieser Haltung umkreist er die Henne mit zögernd wirkenden Schritten, bis er, ihr gegenüberstehend, zur Frontalbalz übergeht. Dabei beugt er den Körper schräg zur Henne, daß der Kopf den Erdboden berührt, öffnet die Flügel etwas und fächert den Schwanz. In dieser Position kommt die Farbenpracht des Gefieders besonders zur Geltung. Volle Gelege bestehen aus 4–5 rahmfarbenen, gleichmäßig mit rotbraunen Flecken und Punkten bedeckten Eiern.

**Haltung**
Glanzfasanen sind zwar als „Hochgebirgler“ bei uns winterhart, stellen aber bestimmte Sonderansprüche an die Pflege. Zur Zucht wird eine wenigstens 40 $m^2$ große Voliere benötigt, die gut mit Buschwerk bepflanzt sein soll. Dem Hahn werden 2–3 Hennen beigegeben. Eine vorn offene Hütte mit Sitzstange wird gern zum Übernachten benutzt. Die Voliere darf nicht voller Sonnenbestrahlung ausgesetzt sein und wird zweckmäßig mit schattenspendenden Bäumen umpflanzt. Der Erdboden der Voliere muß gut wasserdurchlässig sein. Glanzfasanen sind starke Gräber, die sich in nassem Lehmboden schnell das Kopfgefieder verschmieren, was zu hartnäckigen Augenerkrankungen führt. Außer dem üblichen Fassanenfutter reiche man stets viel Grünfutter, im Winter Möhren, Zwiebeln und Topinamburknollen. Mais, Hanf und Ölsaaten sollten wegen ihres zu hohen Fettgehaltes nicht an Glanzfasanen verfüttert werden. Die Henne beginnt meist Anfang April mit der Eiablage. Das erste Gelege ist als vollständig anzusehen, wenn die Henne nachts auf dem Nest sitzen bleibt. Nimmt man ihr das erste Gelege fort und ebnet die Nestmulde ein, so kann man nach 12 Tagen mit einem zweiten und bei gleichen Verfahren einem dritten Gelege rechnen. Die robusten Küken schlüpfen nach 27tägiger Brutdauer. Sie sind leicht mit der Hühnerglucke aufzuziehen und stellen keine besonderen Ansprüche an die Füt-

terung. Im Alter von 2–3 Wochen können sie mit der Glucke bei trockenem Wetter im Garten laufen, und nach weiteren 4 Wochen erhalten sie ein große Voliere mit Schutzraum. Zur Vermeidung der häufigen Zehenverbiegungen sollten ihnen stets Sitzäste zum nächtlichen Aufbaumen zur Verfügung stehen. Mit 3 Monaten haben die Jungen die Größe der Erwachsenen erreicht. Im 1. Lebensjahr erkennt man Junghähne am Erscheinen schwarzer Federchen im weißen Kehlbereich. Das Prachtgefieder wird im 2. Lebensjahr angelegt und die Geschlechter sind dann zuchtfähig. Bei richtiger Haltung und in trockenem Klima können Monals recht alt werden. Berichte über Glanzfasanen, die 25–30 Jahre lang in Volieren gelebt haben, sind verbürgt. Mit seiner massig wirkenden Gestalt, den kurzen robusten Läufen und dem kurzen flachen Schwanz wirkt der Glanzfasan weder graziös noch edel wie viele andere Zierfasanen. Jedoch macht die einmalige Farbenpracht des Hahnes diesen ungünstigen Eindruck wieder wett.

## 7 Ohrfasanen, Crossoptilon

Ohrfasanen sind robuste Hühnervögel mit samtschwarzer Kappe, weißen borstenartig steifen Ohrdeckfedern, dichtem, langem, haarartig zerschlissenem Körpergefieder und keilförmigem Schwanz, dessen mittelstes Federpaar viel länger als die übrigen, bogig gekrümmt und mit langen haarartigen Fahnen versehen ist. Die Geschlechter sind gleich gefärbt. Die 4 Arten bewohnen ostasiatische Hochgebirge an der oberen Baumgrenze.

### 7.1 Blauer Ohrfasan, Crossoptilon auritum

**Beschreibung**
Bei beiden Geschlechtern trägt der Oberkopf eine schwarze Kappe aus samtartigen Federchen; unbefiederte Kopfseiten erdbeerrot; Zügel, Kinn, Kehle sowie die stark verlängerten, über das Genick hinausragenden borstenartigen Federn weiß; Ober- und Unterseite blaugrau, die Federn haarartig zerschlissen. Armschwingen dunkelbraun mit Purpurschimmer; mittlere Schwanzfederpaare mit blaugrauen, langen haarartigen Federfahnen, nach den Spitzen hin dunkler, metallischgrün; die 6 äußeren Schwanzfederpaare mit breiter weißer Querbinde am Basisteil, einen „Schwanzspiegel“ bildend; das Endviertel dieser Federn dunkelstahlblau glänzend; Schnabel hornbraun; Iris gelb; Füße karminrot mit bei beiden Geschlechtern vorhandenen kurzen Sporen.

**Verbreitung**
W- und Mittelchina in Gebirgen der Inneren Mongolei (Alaschan), westwärts nach Kansu und O-Tsinghai.

**Biotop und Lebensgewohnheiten**
Blaue Ohrfasanen sind standorttreue Bewohner der oberen Bergwaldregionen, wo sie in Wacholderwäldern und Mischwaldungen leben. Die vom Herbst bis Frühjahr zusammenhaltenden großen Gesellschaften bleiben in der Nähe ihrer Brutreviere. Im März trennen sich die Paare von dem sich auflösenden Herden-

verband. Bei der Balz lüftet der Hahn in Seitenstellung zur Henne die Flügel und spreizt den Schwanz. Vor der Kopulation kommt es zu harmlos verlaufenden Verfolgungsjagden des Hahnes hinter der zeremoniell fliehenden Henne. Paare dieser streng monogamen Gattung leben friedlich das ganze Jahr hindurch zusammen. Volle Gelege bestehen aus 5–8 dickschaligen, hell steingrauen Eiern.

**Haltung**

1928 gelangte eine Anzahl Blauer Ohrfasanen nach Japan, Deutschland und in die USA. Überall erwies sich die Art als leicht züchtbar. Allerdings dürfen Ohrfasanen nicht in engen Ausläufen gehalten werden, wo sie sich regelmäßig das Federrupfen angewöhnen und unbefruchtete Eier legen. Bei großräumiger Haltung stellen sich dagegen bald Erfolge ein. Nach 26–27tägiger Bebrütung schlüpfen die Küken. Sie sind robust, wenig wärmebedürftig und schon in den ersten Lebenstagen erstaunlich selbständig. Im Alter von 5 Monaten sind sie ausgewachsen, nachdem das blaue Gefieder mit etwa einem Monat zutage getreten war. Ohrfasanen eignen sich gut zur Freilaufhaltung in großen Gärten und Parkanlagen, da sie sehr standorttreu sind und ungern fliegen. Dem Pfleger gegenüber werden sie zutraulich wie Hunde und scheinen außerdem über eine für Hühnervögel beträchtliche Intelligenz zu verfügen. Ähnlich den Glanzfasanen graben auch diese Hochgebirgsvögel viel mit den robusten Schnäbeln im Erdboden und müssen reichlich vegetarische Nahrung erhalten.

Abb. 139.
Blauer Ohrfasan,
Crossoptilonauritum.

# 8 Pfauen, Pavo

Das Hauptkennzeichen dieser größten altweltlichen Hühnervögel ist die nur im männlichen Geschlecht ausgebildete Schleppe, die aus extrem verlängerten starren Oberschwanzdeckfedern gebildet wird, also nichts mit dem Schwanz zu tun hat. Dieser ist viel kürzer, flach und gut sichtbar, wenn ein Pfauhahn sein Rad schlägt. Dabei wird der kurze Schwanz ebenfalls gefächert und stützt hinten die strahlig ausgebreiteten Schleppenfedern ab. Beide Geschlechter tragen auf dem Scheitel ein zierliches Federkrönchen. Die Hähne besitzen lange Sporen. Die beiden Arten der Gattung bewohnen den süd- und südostasiatischen Raum.

## 8.1 Blauer Pfau, Pavo cristatus

**Beschreibung**
Aussehen und Färbung dieses prächtigen und populären Ziervogels sind jedem Menschen so gut bekannt, daß auf eine Beschreibung verzichtet werden kann.

**Verbreitung**
Sri Lanka (Ceylon), die vorderindische Halbinsel nordwestwärts bis zum Indus, nordwärts bis zum Fuß des Himalajagebirges und ostwärts zum Tal des Brahmaputraflusses.

**Biotop und Lebensweise**
In ihrer Heimat kommen Pfauen in der heißen indischen Ebene, auch in hügligem Gelände, aber nicht im Gebirge vor. Als Lebensraum schätzen sie offenes Gelände, das von Waldstücken und dichtem Dschungel durchsetzt wird. Wasser muß stets vorhanden sein. Morgens und abends begeben sich die Familien zur Futtersuche auf die Felder. Pfauen sind Allesfresser. In den Saatfeldern richten sie durch das Verbeißen von Keimlingen und Jungpflanzen oft großen Schaden an. Wo sie als Emblem des Gottes Krischna bei den frommen Hindus völligen Schutz genießen, halten sie sich vertraut in unmittelbarer Nähe der Dörfer auf. Bei Verfolgung werden sie jedoch schnell vorsichtig und wachsam. Die Brutsaison ist von den Regenfällen abhängig. Schwerpunkt der Fortpflanzung ist die Zeit von Mitte Juni bis Ende August. Der polygame Hahn lebt in seinem Revier zusammen mit mehreren Hennen. Außerhalb der Brutzeit leben Pfauen in aus mehreren Familien bestehenden Gesellschaften friedlich zusammen. Bei Gefahr retten sie sich am liebsten laufend ins nächste Dickicht und fliegen nur in höchster Not auf. Trotz ihrer langen Schwanzschleppen brauchen die Hähne zum Abflug keinen Anlauf zu nehmen, sondern steigen schnell hoch und fliegen mit ununterbrochenen, ziemlich langsamen Flügelschlägen ganz anders als die übrigen Hühnervögel, die im Flug abwechselnd zu gleiten und zu flattern pflegen.

**Haltung**
Der Pfau ist unbestritten der prächtigste Ziervogel der Rasenflächen großer Parkanlagen und war als solcher schon den alten indischen, vorderasiatischen

und Mittelmeerkulturen seit über 3000 Jahren bekannt. In West- und Mitteleuropa gehörte er vor 500 Jahren noch zu den Seltenheiten. Erstaunlicherweise sind diese Tropenbewohner bei uns vollständig winterhart und man wundert sich immer wieder darüber, sie unbeschadet auf hohen, schneebedeckten Bäumen übernachten zu sehen. Da der Pfau recht standorttreu ist, ist man auch der Sorge enthoben, ihm die Handschwingen stutzen zu müssen. Zur Haltung in Kleingärten ist der Riesenvogel allerdings ungeeignet. Gegenüber Raubwild wissen sich Pfauen zu behaupten, wie es u. a. der stetig zunehmende Pfauenbestand auf der Berliner Pfaueninsel beweist. Bei Gemeinschaftshaltung von Pfauen mit anderem Haus- und Ziergeflügel kommt es selten zu ernsthaften Scharmützeln. Unangenehm für nervöse Menschen kann die laute miauende Stimme der Pfauhähne werden, die sie während der Balzzeit auch in mondhellen Nächten oft bis zum Überdruß ertönen lassen.

Auf einen im Freiland gehaltenen Hahn rechnet man 4–5 Hennen. Diese beginnen gegen Mitte April zu legen. An gut getarnten Plätzen kratzt die Pfauhenne eine Nistmulde aus und füllt sie mit zusammengescharrtem Fallaub. Bei Volierenhaltung bereitet man ein Nest in einer Stallecke vor. Es kann aus übereinandergeschichteten Rasenplaggen bestehen, auf denen eine flache Mulde gegraben und mit Heu ausgepolstert wird. Dort hinein legt man das erste aufgefundene Ei, und die Pfauhenne wird meist die übrigen Eier dazulegen. Volle Gelege bestehen aus 3–5 hellkremfarbenen bis isabellgelben Eiern, aus denen nach 28tägiger Brutdauer die Küken schlüpfen. Sie sind leicht mit Putenkükenstarter in Krümelform, Quark, Schabefleisch sowie viel feingehacktem Grünzeug aufzuziehen. Während der ersten Lebenswochen sind Pfauenküken sehr wärmebedürftig und entwickeln sich langsam.

Mit 6 Monaten sind sie noch nicht ausgewachsen und erst gegen Winterende erreichen sie die Größe erwachsener Tiere. Nach der ersten Mauser lassen sich

Abb. 140. Blauer Pfau, Rad schlagend.

Hähne an den hellkastanienbraunen, dunkelbraun gesprenkelten Handschwingen erkennen. Bei einjährigen Hähnen sind gewöhnlich schon Kopf und Hals blau, und zweijährige Hähne tragen kurze Schleppen ohne Pfauenaugen. Ihre volle Länge erreicht die Schleppe manchmal erst im 6. Lebensjahr. Junghennen beginnen im 2. Lebensjahr mit dem Legen.

Für die Volierenhaltung empfiehlt Bergmann ein 5 × 10 m großes und 2 m hohes Gehege, das 1 Paar Pfauen beherbergen kann. Ein Schutzhaus mit etwa 70 cm hoch angebrachter Sitzstange dient den Vögeln zur Übernachtung. Erwachsene Pfauen stellen keine besonderen Ansprüche ans Futter. Man reicht Körnermischfutter, im Winter zusätzlich Mais und stets als Beigabe Grünfutter.

## 8.2 Schwarzflügelpfau

**Beschreibung**

Hähne dieser Mutation unterscheiden sich von der Stammform durch das schwarze, dunkelgrün und blau gesäumte Schulter-, Flügeldecken- und Armdeckengefieder, das bei ihr isabellfarben und mit feiner schwarzer Querbänderung versehen ist. Schwarzflügelhennen sind viel heller gefärbt als gewöhnliche Pfauhennen. Ihre kremweiße Oberseite ist graubraun gesprenkelt, Flügeldecken und Armschwingen besitzen weiße Außenfahnen; innere Armdecken schwarzbraun gemustert, Handschwingen rötlichbraun, Oberschwanzdecken weiß mit schwarzer Schaftstreifung; Unterseite kremweiß.

**Entstehung**

Die Schwarzflügelmutation trat in England plötzlich unter normalgefärbten Pfauenstämmen auf und wird schon 1823 von dem englischen Ornithologen Latham erwähnt. Aus Kreuzungen zwischen normalgefärbten und Schwarzflügelpfauen entstehen entweder normalgefärbte oder schwarzflügelige Nachkommen. Die Schwarzflügel untereinander vererben in der Folge reinerbig.

In der Haltung unterscheidet sich der Schwarzflügelpfau nicht von der blauen Stammform; im Aussehen ist er schöner als diese.

## 8.3 Gescheckter Pfau

**Beschreibung**

Scheckpfauen weisen weiße Gefiederpartien auf.

**Entstehung**

Wie bei allen Wildtieren tauchen auch beim Pfau zuweilen Individuen mit Teilalbinismus auf. Kreuzt man einen blauen Pfauhahn mit einer rein weißen Henne, so erhält man Nachkommen mit weißen Schwungfedern. Die $F_2$ Generation wird zu 25 % blau, zu 25 % rein weiß und zu 50 % blau mit weißen Schwingen. Werden Pfauen der 1. Kreuzung zwischen Blau und Weiß mit Reinweiß gekreuzt, wird die Nachkommenschaft je zur Hälfte rein weiß und rein blau. Werden Schecken mit rein blauen Pfauen gekreuzt, erhalten die Nachkommen ein überwiegend blaues Gefieder mit einzelnen weißen Flecken. Am beliebtesten sind Scheckpfauen mit blauem Kopf und Hals, bei denen große weiße Flecke im Gefieder regelmäßig verteilt sind.

## 8.4 Weißer Pfau

**Beschreibung**

Gefieder zartweiß; die Augenflecke auf den Schwanzdecken heben sich in einem kräftigeren Ton und prächtigem Schimmer vom Mattweiß der Umgebung ab; Schnabel und Füße rötlich. Junge tragen ein gelblichweißes Dunenkleid, das dann vom weißen Federkleid verdrängt wird.

**Entstehung**

Über den Zeitpunkt des ersten Auftretens weißer Pfauen und ihre Reinzüchtung ist uns nichts bekannt. Der weiße Pfau macht in seinem einfarbig weißen Gefieder, das sich prächtig gegen einen Hintergrund aus dunkelgrünem Parkgesträuch abhebt, der blauen Stammform fast den Rang streitig.

**Haltung**

Wie alle unpigmentierten Mutationen ist auch der weiße Pfau in der Haltung etwas zarter und empfindlicher als die blaue Stammform, was vor allem für die Küken gilt.

**Literatur**

Beerbe, W.: A Monograph of the Pheasants, Witherby, London 1888–1922.

Behnke, H.: Hege, Aufzucht und Aussetzen von Fasanen und Rebhühnern. P. Parey Verlag, Berlin, Hamburg 1964, 3. Aufl.

Bergmann, J.: Pfauen, die größten aller Fasanenvögel. Gefl. Welt. (65–67), 1970.

Blotzheim, U. M. G.: Handbuch der Vögel Mitteleuropas. Bd. 5. Galliformes und Gruiformes. Akad. Verlagsgesellsch., Frankfurt a. M. 1973.

Delacour, J.: The Pheasants of the World. Country Life Ltd. London. Allen Publishing Company Salt Lake Cit, USA 1957.

Gerrits, H. A.: Pheasants including their care in the Aviary. Blandord Press, London 1961.

Ghigi, A.: A new mutation of the Golden Pheasant. Avicult. Magaz. (63), 190–191, 1957.

Hartert, E.: Die Vögel der Paläarktischen Fauna. Bd. III. Verlag R. Friedländer + Sohn, Berlin 1921/22.

Kayserlinkgk, I.: Jagdfasanen und sonstiges Federwild. Verlag E. Ulmer, Stuttgart 1967.

Raethel, H. S., Wissel, C., und Stefani, M.: Fasanen und andere Hühnervögel. Verlag J. Neumann-Neudamm, Melsungen 1976.

Vaurie, Ch.: The Birds of the Palaerctic Fauna. Non-Passeriformes. London 1965.

Wayee, P.: A Guide to the Pheasants of the World. Country Life. London 1969.

# Sachregister

# Bildquellen

**Abbildungen**
Heidenreich: 1–21
Engelmann: 22–24
Scholtyssek: 25–33, 39–42, 89–101, 115, 119–120 und 128
Woernle: 34–38
Scheide: 43–88, 102–114 und 116–118
Tüller: 121 und 122
Regenstein: 123–127
Raethel: 129–140

**Farbtafeln Hühner**
Scheide: Bild 1–4 und Bild 17–20

**Farbtafeln Hühnerfedern**
(nach der Natur gemalt)
van der Laan: Bild 5–16

**Farbtafel Gänse**
Willig: Bild 21–24

**Farbtafel Enten**
Scheide: Bild 25–28

**Farbtafel Fasanen**
Raethel: Bild 33–35